사회법

에버하르트 아이헨호퍼 저
이호근 역

사회법

에버하르트 아이헨호퍼 저
이호근 역

Sozialrecht

EBERHARD EICHENHOFER

인간과복지

1., Auflage 1995
2., neubearbeitete Auflage 1997
3., bearbeitete Auflage 2000
4., bearbeitete Auflage 2003
5., bearbeitete Auflage 2004
6., neubearbeitete Auflage 2007
7., neubearbeitete Auflage 2010
8., neubearbeitete Auflage 2012
9., neubearbeitete Auflage 2015
10., neubearbeitete Auflage 2017
11., neubearbeitete Auflage 2019

ISBN 978-3-16-157556-3 / eISBN 978-3-16-157557-0
DOI 10.1628/978-3-16-157557-0
ISSN 2568-4566 / eISSN 2568-924X

Eberhard Eichenhofer
Sozialrecht
ISBN 978-3-16-157556-3

필립과 요하네스를 위하여

Für Philipp und Johannes

제11판 서문

이 책은 1995년 첫 출판이후 신 개정판 작업이 계속되어 오고 있습니다. 이번 판에서는 사회법을 다시 종합적으로 들여다보는 동시에, 이를 더욱 압축적으로 표현하고자 하였습니다. 그간 사회법의 여러 개별 규정들이 빈번한 변화가 있었지만, 그럼에도 불구하고 이번 판에서도 초판 이후 이 책의 기초가 된 목차와 본문 내용의 기본 구조는 전체적으로 그대로 유지하였습니다. 사회법이 지난 3년 여에 걸친 시간 동안에 그 내용과 기본 방향에서 일부 변화가 있었다 하더라도, 전체적인 내용의 통일성과 일관성은 유지할 수 있었습니다. 이는 아마 초판 이후 이 책에서 다뤄진 주요 내용과 형식에서도 나타나고 있습니다. 즉 사회법은 구조에 있어서는 안정적이나, 모든 개별적인 모습에서는 변화가 풍부합니다. 사회법은 그와 같이 법 제도를 특징짓고, 유지하며, 그러한 시대적 변화를 이겨내며 계속되는 그 자체의 체제에 기초하고 있습니다. 사회법의 이러한 특성이 이번 판에서도 그대로 다시 나타나고 있습니다.

2019년 2월 7일 베를린에서

에버하르트 아이헨호퍼

제1판 서문

사회법은 옛날부터 실무자와 전문가의 영역입니다. 그것은 아주 드물게 서로 연관성있게 압축적으로 기술되고 있습니다. 이 책은 사회법을 그 속성과 기본 구조 속에서 하나의 완결된 법의 영역으로서 볼 수 있도록 하고자 합니다. 이는 외부자들 – 학생, 다른 영역의 전문가 혹은 비법조인들 – 에게 그에 대한 지식이 없이는 법도, 20세기 말에 이를 규율하는 사회도 이해할 수 없는 영역에 대해 접근할 수 있는 길을 열어주고자 하는 것입니다. 이 책은 사회법을 국제적이며 학제 간 영역으로 지칭하고자 합니다. 국제적이란 세상의 모든 나라에 사회법이 존재하기 때문이며, 학제적이란, 사회법이 다른 학문의 분석대상이며 많은 다른 법 영역과 다양한 연결고리를 보이고 있기 때문입니다.

1995년 1월 5일 오스나브뤼크에서

에버하르트 아이헨호퍼

역자 해설

독일의 저명한 사회법학자인 에버하르트 아이헨호퍼(Eberhard Eichenhofer) 교수의 『사회법(Sozialrecht)』은 사회법에 대한 가장 대표적인 대학 교재이자 전문서이다. 저자 아이헨호퍼 교수의 이 책은 무엇보다 독일 사회법의 역사와 제도 그리고 '사회법전(Sozialgesetzbuch, 이하 SGB)'의 개별적인 법률의 주요 내용은 물론, 관련 판례와 법리에 대한 심층적 분석을 담고 있는 정통 전문서이다. 독일에는 이 책 외에도 여러 권의 사회법 교재가 있으나 이 책은 그 가운데에서도 법령, 판례, 주요 법리와 쟁점 등을 두루 집약하여 포괄하고 있는 드문 책이다. 1995년 초판 출판 이래 매 2~3년마다 개정되고 있으며, 이후 거의 사반세기 동안 독일 사회법에 대한 대표적인 저서라 할 수 있다. 이 책은 비교 사회법 연구에 관심이 있는 학자와, 사회법에 대한 기본적인 이해와 안내를 원하는 입문자와 학생 그리고 사회복지와 사회보장 현장의 실무자 등 모두를 위하여 독일 사회법을 한 눈에 알아볼 수 있도록 하고 있다. 그런 의미에서 이 책은 사회법이라는 법의 영역에서 바다의 등대와 같은 안내서 역할을 하고 있다.

독일 사회법은 독립적인 법체계로서 19세기 후반기에 형성되어, 20세기 현대 국가의 핵심 법 영역의 하나로 발전하였다. 독일 사회법은 특히, 20

세기 양차 세계대전과 전후 복지국가의 비약적 발전과정을 거치면서 양적·질적으로 크게 발전해 왔다. 독일사회법은 1960~70년대 이후 복지국가의 발전과, 대외적으로는 전후 1950년대 이래 병행되어 온 유럽통합과정 등의 영향 하에 지속적으로 확대 발전하여 왔다. 최근에는 대내적으로 1990년 역사적인 독일 통일과정을 거치면서 여러 가지 도전들을 헤쳐 나오며 현재에 이르고 있다. 그러나 체제가 전혀 다른 동서독 두 국가 간 '경제·통화 통합과 사회질서'의 복잡한 통합과정[1]을 거치면서도 사회법은 근본적인 흔들림없이 그 근본 기조를 유지해왔고, 50년 이상 지속되어 온 관련 '법전화(Kodifikation)' 작업은 계속되고 있다. 무엇보다, 독일은 법체계상 우리가 계수한 대륙법의 원조 격에 해당하는 나라이며, 사회법상 우리가 직면하고 있거나, 직면할 다양한 대내외적인 도전요인들을 앞서 경험하고 있어, 우리에게 특별히 의미가 있는 시사점을 주는 사회법 모델국가이다.

특히 독일에서는 1970년대부터 시작하여 현재까지 반세기 넘게 사회법전(Sozialgesetzbuch, SGB)의 '법전화' 작업이 진행 중이다. 이 책은 바로 그러한 독일 사회법 형성과정의 역사적 배경은 물론 그 이후의 발전과정과 '사회보험(Sozialversicherung)', '사회적 보상(soziale Entschädigung)', '사회적 촉진(soziale Förderung)' 및 '사회부조(Sozialhilfe)'에 이르기까지 사회보장제도의 주요 영역별 관련 법률의 핵심 내용과 쟁점 사항들에 대하여 일목요연하게 파악할 수 있도록 하고 있다. 각 장에서는 주제별로 해당 법률과 관련 주요 판례가 분석되고 있으며, 최근까지의 사회법 관련 각종 전문저널

1 이호근, "독일 통일 30주년과 분리통합에 관한 연구 – 독일의 전후 분리와 통합의 동학을 중심으로", 『東西研究』, 제32권 3호, 2020, pp. 111-157. 참조

과 저서와 논문, 관련 주요 문서와 기록 그리고 해당 영역별 핵심 참고문헌 목록에 이르기까지 잘 정리되어 있다. 특히, 이 과정에서 저자는 역사적으로 형성·발전 된 독일 사회법의 독자적인 법리도 흥미롭게 분석·소개하고 있다. 예를 들어, 독일 사회법전 제4권 7조의 '취업(Beschäftigung)과 취업자(Beschäftigte)'의 개념, '회복청구권(Herstellungsanspruch)'의 연원 그리고 민사법상 '인과관계 법리(Kausalitätsprinzip)'와 비교되는 독일 사회법의 이른바 '중요조건설(Theorie der wesentlichen Bedingungen)' 등에 이르기까지 사회법의 원조국가로서 독일 사회법이 독립적인 '사회법원(Sozialgericht)'의 설치 및 운영과 함께 오랜 기간에 걸쳐 형성·발전시켜 온 법리들을 이 책은 흥미롭게 분석·소개하고 있다. 저자 아이헨호퍼교수는 독일 사회법 및 관련 판례와 법리에 대한 장기간에 걸친 연구에서부터 인접 법 영역으로 독일의 민법, 국제사법, 유럽사회법 및 국제사회법 분야에 이르기까지 매우 폭넓은 연구의 범위를 보여주고 있다. 이 책은 독일 사회법의 체제와 내용에 대해 저자의 그러한 관심영역과 연관된 시각 속에서 파악하는데 도움이 되고 있다.

이 책은 독일 사회법의 역사와 현재는 물론, 인공지능(AI), 빅 데이터(Big Data), 사물인터넷(IoT) 등으로 특징되는 제4차 산업혁명의 시대 사회법과 사회정책이 맞이하고 있는 내외의 도전과 대응이 독일 사회법 분야에서 어떻게 나타나고 있는지를 곳곳에서 살펴볼 수 있는 중요한 기회를 제공하고 있다. 그런 점에서 이 책은 우리에게 사회보장제도 관련 법과 제도의 현재를 포함하여, 향후 사회법의 지속가능한 미래를 위하여 중요한 시사점을 주고 있다. 따라서 법체계상 역시 그러한 대륙법 체계의 영향을 받고 있는 우리나라 사회보장법과 사회정책의 발전 '방향' 및 관련 구체적인 '방안'의 모색을 위하여 이 책은 중요한 시사점을 주는 필독서의 성격을 띠고 있다.

다른 말로 얘기하면 이 책은 '고용'과 '노동' 사회를 전제로 성립 발전해 온 독일 및 대륙권 (독일, 오스트리아, 프랑스, 베네룩스국가 등) 국가 등 이른바 사회보험 중심 사회국가 모델의 특성과 동시에, 바로 이들 사회보장 모델이 오늘날 직면하고 있는 내외의 도전 요인들에 대한 대응과 법제적 발전 방향을 비교 분석해 볼 수 있는 매우 소중한 기회를 제공하고 있다. 그러한 예로, 인구학적 변화가 초래하는 노령화시대 기존의 '소득보장' 관련 법제도의 대응방안, 4차 산업혁명시기 일의 미래와 고용시장의 변화, 이와 연계된 사회보장 법제도의 대응방안, 아동수당, 청년수당, 기초연금 및 기본소득 등 이른바 보편적 소득보장 관련 법제도와 이들의 확장추세 및 그 구체적 적용에 따르는 쟁점, 최근의 '코로나19'와 같은 새로운 사회적 위험으로서 감염병의 도전과 관련 새로운 사회적 '보상'에 대한 법적 근거 논의 등을 살펴볼 수 있다. 최근 보편적 소득보장방안으로 사회적 위험으로서 감염병으로 인한 소득상실시 이를 사회 '보상'으로 포섭하고자 하는 논의가 구체적으로 전개되고 있다. 이 번역서는 그러한 주요 법적 근거와 현재 독일 사회법이 맞고 있는 문제점들을 흥미롭게 추론할 수 있도록 하고 있다. 독일 사회법은 이처럼 우리와 그 역사와 체제가 상이함에도 유사한 대내외적인 변화와 오늘날 우리나라 사회보장제도와 사회법이 맞고 있는 내외의 여러 도전과 관련 중요한 시사점을 주고 있다. 사회법은 그 중심에 있으며, 사회법 관련 가장 오랜 역사를 갖고 있는 독일 사회법을 체계적으로 분석하고 있는 이 책의 번역 소개의 가장 중요한 의미는 바로 거기에 있다.

한편, 독일 사회법 및 관련 제도의 적확한 이해와 소개를 기반으로 하여 바라본 이 번역서의 다른 중요한 의의는 다음과 같다. 첫째, 독일 사회법 그 자체의 체제와 내용에 대한 정확한 해석과 이해가 우선 중요한 일이다. 이것이 중요한 이유로 사회법 등 대부분의 비교 연구 시에 우리는 흔히 한 나라의 법·제도에 대한 종합적이며 체계적인 인식을 결여한 채, 개개의 단편적인 법 규정과 제도에 대한 평면적인 이해나 정보에 기반하여 관련 시사점을 판단하는 경향이 있다. 특히, 다양한 외국의 비교사례에 대하여 주로 OECD 각국의 보고서나 연구, 국제노동기구(ILO) 또는 국제사회보장협회(ISSA: International Social Security Association) 등과 같은 국제기구 연구보고서와 MISSOC(Mutual Information System on Social Protection)과 같은 유럽지역사회보장제도 상호 간 연구 시스템을 통한 비교연구 또는 개별 국가 법제도에 대한 이해를 갖고 있는 전문가로부터 각각의 특정 주제에 대한 전문적인 개별연구나 해석에 의존하게 된다. 그런데, 이 때 해당 국가의 사회법 규정과 내용 그리고 관련 주요 판례나 법리와 주요 논쟁들을 아우르는 종합적인 해설이나 설명에 대한 포괄적인 분석이나 이해는 흔히 부재한 실정이다. 때문에 많은 법·제도 개선방안에 대한 논의는 자주 심층적이지 못한 한계를 보이고 있다. 이처럼 주요 쟁점관련 체제 '내', 체제 '간' 및 체제 '외'적인 특성과 법·제도상 '공통점'이나 '차이점' 등에 대한 정확한 이해나 문제인식을 공유하지 못한 채 관련 정책대안 논의나 법·제도 개선방안을 검토하게 된다. 그처럼 비교분석이 매우 중요한 문제임에도 법·제도에 대한 적확한 이해가 부재한 채 불완전한 정보나 판단 속에서 특정 사안에 대한 분석이나, 판단 또는 결정에 이르게 된다. 이 책의 번역은 바로 그런 점에서 그와 같은 상황에 이르기에 앞서 보다 정확히 독일 사회법에 대한 정통한 이해를 인정받은 전문가의 시각에서 집필한 전문서적을 통해 독일 사회법과 사회보장 제도에 대한 분석과 그에 기반한 보다 정확한 이해가 우선되어야 할 필요성이 있다는 인식에서 시작되었다.

둘째, 독일은 사회법과 사회정책이 시작된 나라이자 통일된 '사회법전(SGB)'을 갖춘 나라이다. 또 오래전부터 독립된 '사회법원(Sozialgericht)'을 설립·운영하여 온 대표적인 나라이다. 독일 '사회법전(Sozialgesetzbuch, SGB)'은 독일 '민법전(Bürgerliches Gesetzbuch, BGB)'이나 독일 '형법전(Strafgesetzbuch, StGB)'에 이어 사회법이 독일 법조계에서 차지하는 위상과 그 비중을 상징적으로 잘 나타내주고 있다. 총14권 및 기타 관련 10여개의 법률로 구성되어있는 독일 사회법전과 사회법 관련 법률들은 그 체제가 방대하며, 각각이 긴 역사적 배경을 갖고 있다. 사회법전은 현재 제13권인 독일 사회법원법(Sozialgerichtsgesetz, SGG)에 이어 이제 마지막 제14권 사회보상법이 조만간에 선보일 예정이다.

1960년대 말에 그 논의가 시작되어 반세기를 넘어 아직까지 계속되어 오고 있는 독일 사회법전의 '법전화(Kodifikation)'는 법학사상 전대미문의 현재 진행형 작업이다. 특히, 전술한 바와 같이 2020년에 들어 전 세계가 코로나19로 인한 미증유의 팬데믹 상황을 겪고 있는 상황에서 감염법과 보상 관련 새로운 법 규정은 독일은 물론 글로벌한 사회법 비교연구의 중요한 사례를 제시할 것으로 전망되고 있다.

이처럼 사회법과 사회보장의 종합적인 체제와 관련 법 제도를 구축하고 있는 독일의 사회법 체제를 소개하고 있는 이 책은 전문가, 정책담당자, 학생, 실무자 등 다양한 사회법학도는 물론 독일 사회법의 체제와 내용에 관심이 있는 사람들 모두에게 도움이 될 수 있는 보다 정확한 자료를 제공하고 있다. 독일의 사회법전은 전후에 역사적으로 형성되어 온 여러 사회보장 법률을 하나의 법전으로 통합하자는 움직임 속에서 발전되어 온 것이다. 전후 기민당(CDU)의 콘라드 아데나워(Konrad Adenauer) 수상이 사회보장제도의 새로운 질서에 대한 개념을 정비해 줄 것을 한스 아힝어(Hans Eichinger) 등 전문가 그룹에 주문하였다. 이들이 1955년 이른바 '로텐펠스건의서(Rothenfelser Denkschrift)'를 작성 제출함에 따라 사회법전의 법전화 논의가 시작되었다. 이후 1959년 사민당(SPD)의 계급정당에서 대중정당으로의 역사적 전환이 이루어진 '고데스베르크 강령(Godesberger Programm)'에서 사회법 관련 입법은 하나의 '노동법전'과 '사회법전'을 통해 통일적이고 전체적으로 조망할 수 있도록 정비되어야 할 것을 명시한 이후 법전화 작업은 본격화되었다.[2] 이처럼, 전후 보수당인 기민당(CDU)/기사당(CSU)과 사민당(SPD)은 사회국가 건설 및 사회법의 법전화 필요성에 대해서 큰 틀의 역사적 수렴이 있었다고 평가할 수 있다. 이후 노동법의 법전화작업은 지체된 반면, 사회법 법전화 작업은 1969년에 전후 처음으로 사민당(SPD)이 자민당(FDP)과의 연정을 통해 집권한 사민당 출신 빌리 브란트(Willy Brandt) 수상이 '사회적 법치국가(Sozial Rechtsstaat)' 실현을 위한 사회법의 '법전화(Kodifikation)' 작업을 연방정부의 주요 과제로 천명하며 구체화되었다. 이후 이 작업이 본격화되어 무려 50여 년 동안 반세기를 넘는 기간 동안 현재까지도 그 작업이 계속되고 있다.

독일 사회법전은 총칙편인 제1권(SGB I Sozialgesetzbuch - Allgemeiner Teil)이 7년 만인 지난 1975년 12월 11일 제정되어 1976년 1월 1일부터 시행에 들어간 이후 80년대를 경과하며 단계적으로 출간되기 시작하였다. 1977년 7월 1일에는 사회보험의 공통규정을 다룬 제4권(SGB IV Sozialgesetzbuch - Gemeinsame Vorschriften für die Sozialversicherung), 1981년 1월 1일에는 사회보장 행정절차와 사회보장 정보보호를 다룬 제10권(SGB X Sozialgesetzbuch

2 박지순, "〈사회법전〉의 체계와 주요 내용", 『독일의 사회보장제도』, 한국보건사회연구원·나남, 2018. p. 238. 참조.

- Verwaltungsverfahren und Sozialdatenschutz) 등 공통규정이나 행정절차 관련 법전이 우선 제정되었다. 이어서 1989년 1월 1일에 제5권 법정의료보험법(SGB V Sozialgesetzbuch - Gesetzliche Krankenversicherung), 독일 통일 직후인 1991년 1월 1일에는 제8권인 아동청소년부조법(SGB VIII Sozialgesetzbuch - Kinder- und Jugendhilfe)이 제정되었고, 1992년 1월 1일에는 제6권인 법정연금보험법(SGB VI Sozialgesetzbuch - Gesetzliche Rentenversicherung), 1995년 1월 1일에는 수십 년 간의 논쟁 끝에 드디어 제11권인 장기요양보험법(SGB XI Sozialgesetzbuch - Soziale Pflegeversicherung)이 보험방식으로 제정되었다. 1997년 1월 1일에는 제7권인 법정재해보험법(SGB VII Sozialgesetzbuch - Gesetzliche Unfallversicherung)이 제정되었다. 이후 1998년 1월 1일에는 제3권이 직업소개 및 취업지원을 위한 고용촉진법(실업보험)(SGB III Sozialgesetzbuch – Arbeitsförderung, 실업수당 I)과 2001년 7월 1일에는 제9권인 장애인 재활과 참여법(SGB IX Sozialgesetzbuch - Rehabilitation und Teilhabe behinderter Menschen), 2005년 1월 1일에는 제2권인 구직자의 기초보장법(실업부조)(SGB II Sozialgesetzbuch - Grundsicherung für Arbeitsuchende, 실업수당 II)이 그리고 제12권인 사회부조법(SGB XII Sozialgesetzbuch - Sozialhilfe)이 순차적으로 제정 시행되었다. 그 다음으로 제13권으로 분류되는 사회법원법(SGB XIII Sozialgesetzbuch - Sozialgerichtsgesetz (SGG))이 있고, 마지막으로 감염병 등으로 인한 사회보상을 다룬 제14권 사회보상법(SGB XIV)이 조만간 선보일 예정이다. 법전에 편입되지 않은 사회보장 법률로 각각 총론적인 총칙(SGB I), 사회보험 공통규정(SGB IV)과 사회보장 행정절차 및 사회보장 정보보호(SGB X) 등이 적용되는 법률들로 다음이 있다. 연방직업교육촉진법(Bundesausbildungsförderungsgesetz: BAföG), 연방육아수당 및 육아휴직법(Bundeselterngeld- und Elternzeitgesetz: BEEG), 연방아동수당법

(Bundeskindergeldgesetz: BKGG), 주거수당법(Wohngeldgesetz: WoGG), 연방부양법(Bundesversorgungsgesetz: BVG), 감염보호법(Infektionsschutzgesetz: IfSG), 예술가사회보험법(Künstlersozialversicherungsgesetz: KSVG), 기타, 농민연금(Gesetz über die Alterssicherung der Landwirte: ALG)과 농민의료보험(Zweites Gesetz über die Krankenversicherung der Landwirte: KVLG 1989) 등 농민사회보장관련 법령과 보험계약법(Versicherungsvertragsgesetz: VVG), 보험감독법(Versicherungsaufsichtsgesetz: VAG), 연방사회부조법(Bundessozialhilfegesetz: BSHG) 등이 있다.

개별적인 사회법의 실질적인 적용범위

전체 사회법: 사회법전 제1권, 사회법전 제10권; 사회법전 제9권			
사회적 사전대비: (사회법전 제4권; 사회법전 제9권)	사회적 보상	사회적 촉진	사회 부조
의료보험: (사회법전 제5권) 연금보험: (사회법전 제6권) 장기요양보험: (사회법전 제11권) 재해보험: (사회법전 제7권) 실업보험: (사회법전 제3권)	부진정 재해보험 외: (= 사회법전 제7권) 전쟁희생자부양: (연방부양법), 범죄피해자보상법: 피해자보상법: 군인부양: 감염병피해: (감염병보호법 제60조) (= 미래 사회법전 제14권)	가족부담: (소득세법; 연방아동수당법) 고용촉진: (사회법전 제3권; 제2권) 직업훈련촉진: (연방직업교육촉진법) 주거: (주거수당법)	사회부조: (사회법전 제2권; 제12권) 청소년부조: (사회법전 제8권)

출처: E. Eichenhofer, Sozialrecht 제11판, Mohr Siebeck, Tübingen, 2019, p. 98. 그림 7.

독일 사회법전은 특히 1990년대에는 동서독 '통일(Wiedervereinigung)' 과정을 경과하며 체제 간 통합을 가장 중요한 과제로 삼아 발전되어왔다.

역사적으로 형성되어 전후 서독지역에서 높은 수준으로 발전하고 있던 사회국가 및 사회권의 발전에 기반하여 사회법이 사회통합을 실현하는 중심적 위상을 갖게 되었다. 독일은 80년대에는 사회국가재편과 유럽통합을 주도하며, 1990년에 역사적인 동서독 통일에 이르게 되었다. 이후 1990년부터 2020년까지 30년간 지속되어 온 통일과정을 거치는 과정 속에서도 사회법 법전화 작업을 지속하여 왔다. 2000년대, 21세기 들어서는 이제 그간 발전되어 온 독일 사회국가와 사회보장모델의 향후 미래에 지속가능한 발전에 대한 논의를 계속해오고 있다. 이 과정에서 독일 사회법은 언제나 독일의 사회국가를 형성하는 가장 중심적인 기반으로서 작용하고 있다.

이 책은 이러한 배경 하에 사회권과 사회법의 원조에 해당하는 독일 사회법의 체제와 법률 및 관련 판례와 법리들을 개괄하는 종합 해설서라는 점에 그 특징이 있다.

셋째, 이 책의 의의는 독일 사회법과 사회법 체제의 역사적 형성 및 발전과정 못지않게, 현재 직면하고 있는 다양한 도전들, 예를 들어 고령화와 저 출산과 같은 '인구학적 도전', 디지털 자본주의로의 이행과 같은 '기술적 도전', 고용 없는 생산과 같은 '노동의 미래(Die Zukunft der Arbeit)에 대한 도전', '파편화(fragmented)' 되고, '분절적인(segmented)' '노동시장적 도전' 등 구조적인 문제와 대응을 살펴볼 수 있다. 역시 이와 유사한 도전에 직면하고 있는 우리에게 과연 독일 사회법 모델이 향후 하나의 중요한 대안이자 발전모델로서 어떤 중요성을 갖고 있느냐를 검토하고 비교 연구할 소중한 기회를 제공하고 있다. 흔히, 독일은 복지국가 또는 사회국가 중에 이른바 대륙권 보수주의적 복지국가모델로 분류되어 왔다(Esping-Andersen, 1990). 독일의 사회보장체제가 보수적이라는 말은 이 모델이 무엇보다 주로 '노동사회(Arbeitsgesellschaft)' 를 중심으로 형성·발전 된 모델로 '탈상품화

(decommodification)' 정도에 견주어 볼 때, '일자리를 가진 자(insider)'와 '그렇지 않은 자(outsider)'를 구분하고 있다는 점이다. 게다가 '남성-제조업-정규직' 중심의 전통적인 노동사회를 중심으로 한 사회국가 모델에 치중해 온 반면, 여성이나 서비스업 종사자, 비정규직 노동자, 노인, 아동 그리고 장애인, 이민자, 기타, 사회적 취약계층에 대한 보편적인 사회보장모델로서는 미흡하다는 점에 그 특징이 있다. 이러한 '노동사회(Arbeitsgesellschaft)'와 비스마르크(Bismarck)형 '기여형 사회보험(Sozialversicherung)모델'은 오늘날 소득보장과 의료보장 그리고 각종 사회서비스분야에서 지속가능성 면에서 역시 도전에 처해 있다. 그 중심에 서있는 독일 사회법에 대해 종합적이면서도 체계적으로 다루고 있는 이 책은 그 의의나 중요성이 남다른 의미를 지닌다. 독일과 한국은 '노동사회'를 전제로 하는 전형적인 복지국가모델이라는 점에서 형식상 체계적 유사성을 보인다. 하지만 사회보장제도의 사각지대, 사회보장 수준과 미비한 전달체계 등 부가적인 특성이나 한계 등 많은 과제를 안고 있는 우리나라 사회보장제도와는 실질적으로 많은 차이점을 안고 있다. 사회보장제도의 개편논의와 관련 노동사회에 기반 한 사회보장모델이 직면하고 있는 도전 속에 독일 사회법에 있어 오늘날 다양한 쟁점들을 다룬 이 책은 우리에게 이런 문제점들을 비교·분석할 좋은 기회를 주고 있다. 다시 말해 사회보장제도의 성숙기가 아닌 발전기에 머무르고 있으면서 동시에 새로운 도전에 대한 대응 등 이중적인 과제에 직면하고 있는 우리에게, 이미 성숙기를 지나 지속가능성을 고민하고 있는 독일 사회국가와 사회법 그리고 사회보장제도는 우리의 사회보장제도 미래의 발전 방향과 관련 매우 유의미하고 구체적인 시사점을 주고 있다.

무엇보다, 이 책은 분명하고도 일관되게 독일의 사회법이 노동사회 그리고 복지국가 또는 사회국가에 기반하고 있으며 그것이 독일 사회법을 형성하는 기본적인 전제임을 다양한 방식으로 강조하고 있다. 독일 노동시장에서 임노동의 비율이 90%에 달하고 있다. 이른바 제4차 산업혁명론이 제기하는 통상적인 전망과 달리 독일에서는 자동화와 인공지능에도 노동시장에서 고용은 감소하지 않고, 최근까지 오히려 증가하고 있다. 새로운 기술발전이 고용을 단순히 감소시키는 것이 아니라, 끝임없는 혁신과 새로운 경제활동을 통하여 새로운 유형의 고용이 동시에 계속적으로 창출되어가는 과정으로 노동이 없는 미래나 그에 기반 한 사회보장제도의 개편에 대해 이 책은 여전히 신중론을 대변하고 있다. 반면에 이 책은 독일 사회법 관련 체제와 내용에 대하여 '전통적인 위험요인들(이른바 old social risks)'과 '새로운 도전들(이른바 new social risks)'은 항시 기존의 법·제도를 중심으로 장기간의 과정을 거쳐 다양한 대응방안이 모색된다고 보는 '경로의존적(path-dependent)' 발전의 결과를 나타내고 있음을 보여주고 있다. 이 책은 동시에, 독일 사회국가의 근간이라 할 수 있는 '법치국가성(Rechtsstaatlichkeit)', '사회적 시장경제(soziale Marktwirtschaft)'와 당사자의 자치와 자율을 중시하는 '자율행정과 참여(Selbstverwaltung und Teilhabe)'를 기반으로 하는 독일 사회보장제도의 특성과 그것을 떠받치고 있는 '사회적 이익대변제도(Interessenvertretung)'가 민주적 통제과정 속에서 상호균형을 이루며, 질서정연하게 작동하고 있음을 보여주고 있다. 이런 독일 사회보장제도를 구축하고 떠받치고 있는 기반이 다름 아닌 바로 독일 사회법이라 할 수 있으며 이 책은 그러한 체제와 내용을 종합적으로 분석·소개하고 있다는 점에 그 의의가 있다.

이 책의 구성을 보면, 모두 27개의 장으로 구성되어 있다. 제1부에서는 제1장에서 제6장까지 사회법의 '기초(Grundlagen)'를 다루고 있다. 여기에서는 주로 사회법의 개념과 정의 그리고 대상 및 사회법의 역사, 사회법의 경제적 의의와 미래, 사회법의 국제적 차원, 헌법과 사회법 그리고 법체계상 사회법의 지위 등 사회법의 개략적인 기초를 소개하고 있다. 사회법(Sozialrecht)이 약자를 보호하는 것을 목적으로 하는 '사회적 법률(Soziales Recht)'과 전체적으로 사회를 형성하고 있는 총체적 외연이라 할 수 있는 '법(Recht)'의 영역에서 체계상 어떻게 구분될 수 있는지를 보여주고 있다. 아이헨호퍼 교수에 따르면, 사회법은 그 뜻이 다의적이고 오해의 소지가 있을 수 있는데 약자를 보호하는 '사회사상'을 기반으로 하는 것이며, '공법과 사법의 중간에 위치한 제3의 법 영역'이며, '사회급여를 그 대상으로 하고 있는 독자적인 법 영역'이란 3가지 요소로 정의할 수 있다. 즉 사회법은 기본적으로 사회적 약자를 보호하는 것을 목적으로 하는 법에 속한다. 그러한 영역이라 할 수 있는 이른바 '사회적 법률(여기에는 '사회법' 이외에 다양한 방식으로 약자를 보호하는 내용을 담고 있어 '사회적' 성격을 띠고 있는 사회적 민법, 사회적 형법, 사회적 행정법 등 다수의 법률이 포함된다)'의 '부분영역'으로 정의된다. 이것은 '사회적 정의'와 '사회보장'의 실현을 위하여 '사회적 급여'를 형성하는 것을 그 '대상'으로 하는 것으로 정의하고 있다. 그 때문에 사회법의 주 대상은 '특별행정법의 부분으로서 공적 급부행정에 관한 법'이라고도 할 수 있다. 이를 달리 표현한다면, 좁은 의미의 사회보장법에 대한 정의에 해당하는 것으로, 국가 또는 공법인이 주체가 되어 개인을 생활위험으로부터 보호하는 것을 직접적인 목적으로 하는 '급여관계'를 규율하는 법의 영역(전광석, 2018)이라고 정의할 수 있을 것이다. 이어서 아이헨호퍼 교수는 사회법의 전통적인 분류와 달리 새로운 분류방식의 필요성을 제기하며 이를 제안하고 있다. 즉, 사회법의 전통적인 분류방식인 3분법(Trias)적 분류방식에 따라 합목적적 급여영역이라 할 수 있는 공공부조 및 기타 원호성격의 급여영역인 '사회원호(Sozialfürsorge)', 국가나 공동체가 그에 대해 유무형의 희생이나 기여를 한 사람과 그의 가족에 대하여 보상하는 급여 영역인 '사회부양(Sozialversorgung)' 그리고 사회적 위험에 대한 예방적 성격의 '사회보험(Sozialversicherung)'이 바로 그것이다. 그는 이러한 사회법의 분류체계는 현대 사회에 들어서 확대·발전하고 있는 사회적 급여의 다원화와 급여 목적상 기존 분류방식에 포괄하기 어려운 새로운 사회적 위험 및 관련 급여를 포괄할 새로운 분류방식을 필요로 하고 있다며, 그러한 기존 사회법의 분류방식을 대체할 4분법적인 분류방식을 제안하고 있다. 이것은 첫째, 사회적 위험에 대한 예방적 성격의 보험제도로 '사회적 사전대비(Soziale Vorsorge)'가 있으며, 둘째, 공동체에 대한 특별한 기여와 희생에 대한 보상인 '사회적 보상(Soziale Entschädigung)'이 있다. 이 사회적 보상에는 '부양보상법(Versorgungsgesetz)'상 부부의 혼인관계 종료에 따라 야기되는 배우자 부양에 관한 '부양행정(Versorgungsverwaltung)' 일체와 재해보상에서 사용자와 고용계약을 체결하고 그의 지배관리 하에 발생한 사고와 질병에 대하여 사용자의 보험료로 보상이 이루어지는 일반적인 재해보험 외에, 기타 일반 조세로 지원되는 보상인 자발적, 명예직 봉사활동 참여자, 학생, 유치원생에 대한 이른바 '부진정 재해보험(unechte Unfallversicherung)' 등을 포괄하여 분류하고 있다. 여기에, 2020년부터 논의되고 있는 코로나19와 관련 이것이 급여화 된다면 바로 이 사회적 보상영역에 추가될 것으로 현재 이에 대한 논의가 진행 중[3]이다. 즉 감염병으로

3 U. Becker et. 'Protecting Livelihoods in the COVID-19 Crisis : Legal Comparison of Measures to Maintain Employment, the Economy and Social Protection', in: Max Planck Institute for Social Law and Social Policy, Working

인하여 국가가 공동체의 건강과 안전을 위하여 공공질서를 확립하고 공동체의 질서를 확립하고자 내린 조치로 인한 영업의 단축 및 중지 등으로 손실이 발생하고 있다. 이러한 손실에 대한 소득보상의 필요성은 근자에 빈발하는 '조류인플루엔자(AI)'. '메르스(Mers)' 그리고 '코로나19'에 이르기까지 반복되고 있다. 따라서 감염병으로 인한 사회적 위험과 그에 대한 손실보상은 더 이상 이것이 일회적이고, 우연적인 위험이 아니고, 새로운 사회적 위험으로 국가와 공동체가 책임져야 하는 새로운 급여영역이다. 이는 그 보상방안에 대한 새로운 법적근거를 신설하여 체계적으로 대처할 필요가 있는 급여영역이라는 점에서 매우 주목되는 부분이라 할 수 있다. 2020년에는 코로나19로 인한 소득상실에 대하여 각국은 국가가 이른바 '긴급재난지원금' 성격의 보조금을 긴급예산을 편성하여 임의적이며, 즉흥적으로 지급했다. 이것은 권리라기보다는 반사적 이익으로 국가의 과도한 '재량'에 의존하는 것으로 그에 대한 사회법적 개선방안 마련이 논의되고 있다. 즉 이 감염병으로 인한 새로운 사회적 보상급여는 사후적으로 발생한 원인관계에 대하여 국가가 개인의 영업활동이나 직업생활에 대한 제한을 초래하여 발생한 소득상실에 대한 보전방안으로 사회법의 새로운 급여대상으로 독일 사회법학계는 그 점을 논의하고 있는 중이다(Becker외, 2020). 셋째, 새로운 영역에 해당하는 것으로 볼 수 있는데 이것이 바로 '사회적 촉진(Soziale Förderung)' 영역이다. 이 분류방식에서 주목되는 것은 급여의 기초가 '기회균등(Chancengleichheit)'을 목적으로 하는 것이다. 급여내용은 구체적 필요보다는 추상적 지원의 성격을 띠는 것으로 국가가 급여 제

Paper Vol 7, November 2020.

공자가 되며, 각종 '가족급여보상(Familienleistungsausgleich)', 및 '직업교육과 고용촉진(Ausbildungs- und Arbeitsförderung)' 등을 목적으로 하는 영역으로 이것이 현대 사회법의 새로운 중요한 영역으로 분류하고 있다. 그리고 마지막으로 네 번째, '사회부조(Sozialhilfe)'가 있다. 이것은 생계의 보장을 목적으로 한다. 국가와 지자체가 급여부담의 주체이다. 기초생활수급자에 대한 사회부조와 사회법전(SGB) 제II권에 새롭게 포함된 이른바 '실업급여 II(Arbeitslosengeld II)'로 불리는 '구직자 기초보장(Grundsicherung)' 그리고 '청년부조(Jugendhilfe)' 및 '긴급생계비보조(Unterhaltsvorschuß)' 등이 여기에 포함되고 있다.

이 책 제2부에서는 본격적으로 '사회법의 체제(System des Sozialrechts)'를 다루고 있다. 사회법의 '일반적 기본원칙(Allgemeine Grundsätze)'을 시작으로, 법의 원천과 그 위계인 '법원(Rechtsquellen)', '사회급여청구권(Sozialleistungsanspruch)', '사회법적 행정절차(Sozialrechtliche Verwaltungsverfahren)', '사회급여제공자의 보상청구권(Ausgleichsansprüche)', '사회법에서의 권리구제절차에 해당하는 법적보호(Rechtsschutz im Sozialrecht)' 등을 다루고 있다.

이어지는 각론에서는 전술한 바와 같이 아이헨호퍼 교수의 분류법에 근거하여 사회법 체계상 4개의 영역(사회적 '사전대비', 사회적 '보상', 사회적 '촉진' 및 사회 '부조' 등)에 걸쳐 사회적 위험과 관련 급여체계를 체계적으로 다루고 있다. 먼저 사회적 사전대비 관계에서는 '노령'과 '장애' 그리고 '사망으로 인한 유족보장'의 형태에는 무엇이 있는지를 개괄하고 있다. 여기에 해당하는 것으로 첫째, '법정연금보험(Gesetzliche Rentenversicherung)' 제도가 있다. 독일의 연금보험제도는 가입자로 일반 '노동자(Arbeitnehmer)'

와 '자영업자(Selbständige)'의 노령, 장애 그리고 사망 시의 유족의 보장 등을 포괄하고 있다. 그 주된 가입자로 일반 '노동자(Arbeiter)', '사무직 노동자(Angestellte)', '광부(Bergleute)', '선원(Seeleute)' 및 '독일철도(DB)회사의 노동자(Arbeitnehmer der Deutschen Bahn AG)' 등이 포함된다. 둘째, 1977년부터 도입되어 제도화 된 부부의 혼인관계 종료시 노령, 장애, 유족보장 등을 규율하고 있는 이른바 '부양보상법(Versorgungsausgleichgesetz)'상 부양보상제도가 있다. 이것은 주로 계속적으로 일하지 않는 여성취업자들의 장애와 노후보장을 개선하기 위한 것으로, 이혼 시에 '분할연금(Rentensplitting)' 규정 등이 이에 포함된다. 셋째, '법정의료보험(Gesetzliche Krankenversicherung)' 제도와 '민간의료보험(Private Krankenversicherung)' 제도 및 '장기요양보험(Pflegeversicherung)' 제도 등 건강보험제도가 해당된다. 독일의 의료보험은 첫 번째 축으로 주 가입자가 노동자인 '법정의료보험(Gesetzliche Krankenversicherung)' 제도가 있고, 그 두 번째 축으로는 '자영업자(Selbständigen)'와 '법인의 임원(Orbanmitgliederm juristischer Personen)'과 '노동자 중 그 소득이 사회적 의료보험법상의 보험의무 가입 한도를 넘어서는 사람들(Arbeitnehmer, deren Einkommen die Versicherungspflichtgrenze in der sozialen Krankenversicherung übersteigt)'을 그 대상으로 하는 역시 의무가입제도인 '민간의료보험(Private Krankenversicherung)' 제도가 있다. 전자의 경우 일반 '노동자(Arbeitnehmer)', '실업급여 수급자(Bezieher von Arbeitslosengeld)', '농민(Landwirte)', '예술가(Künstler)', '재활중인 자(Rehabilitanden)', '특수시설에 수용중인 장애인(Menschen mit Behinderung in Sondereinrichtungen)'과 그 외에 '학생(Stundenten)', '실습생(Praktikanten)' 및 기타 '연금수급자(Leistungsbezieher aus der Rentenversicherung)' 등이 의무가입자들(pflichtversichert)이다. 마지막, 세 번째 축으로 '공무원

(Beamten)' 의 의료보장을 위하여 연령, 가족상황, 수급권자의 생계의무 등을 고려하여 발생한 비용의 50~80%가 보전되는, 이른바 '비용보상원칙(Kostenerstattungsprinzip)' 을 따르는 '보조금형식의 의료보장(Beihilfe)' 등 의료보장이 모두 세 갈래로 병존하여 발전하여 왔다. 마지막의 경우 보조금으로 충당되지 않는 비용은 민간보험을 통해 해결되고 있다. 그 외에 이들과 이른바 제5의 사회보험으로 통칭되는 '장기요양보험(Pflegeversicherung)' 등을 종합적으로 지칭하여 보건의료부문의 사회적 사전대비라 할 수 있다. 넷째, 사회적 사전대비에는 주로 고용관계를 기반으로 하는 '법정재해보험(Gesetzliche Unfallversicherung)' 이 있는데 이것은 중심적인 산재보험제도로 일반 노동자(Arbeitnehmer)를 사업장내 업무상 '사고' 와 '직업병' 으로부터 보호하며, 사업주는 책임의무보험과 같이 사법상 면책이 된다. '보험가입 의무가 있는 취업(Beschäftigung)' 활동이 모두 보호의 대상이 된다. 여기에는 무급가족종사원(die von Verwandten, Freunden und Bekanten geleisteten unentgeltlichen Gefälligkeiten), 이른바 1유로 직업[4] 수행자(Beschäftigung gegen Mehraufwandsentschädigung, 'Ein-Euro-Job') 등이 해당된다. 동시에, 그 외에 '자영인(Selständige)' 은 부진정 재해보험 대상자이다. 여기에는 '농민(Landwirte)', '가내업종사자(Hausgewerbetreibenden)', '연안운항선원(Küstenschiffern)' 및 '연안어선원(Küstenfischer)' 등이 해당된다. 기타 산재보험조합 정관에 규정되어 있는 '취업자(Beschäftigte)', '직업훈련생(Lernende währende der beruflichen Aus- und Fortbildung in Betriebsstätten)', 법정의 주요

---

4 이른바 '1-유로-일자리(Ein-Euro-Jobs)' 는 '사회보험이 면제되는 공익을 위한 활동' 이다. 취업기회라고 불리우며, 사회법 제2권 실업급여 II 수혜자들의 취업생활로 돌아가는 길을 지원하기 위한 것이다.

검사나 시험 중인 사람, '시설의 장애인(behinderte Menschen in anerkannten Werkstätten)' 또는 기타 임의로 재해보험에 가입한 사람들이 이에 해당된다. 또한, 사용자 또는 사용자적 지위에 있는 자가 없거나 그것을 특정하기 어려운 가입대상자로 '어린이집 방문 중 아동(Kinder von Tageseinrichtungen)', '일반 또는 직업학교 방문 전후의 학생(Schüler)', '대학의 훈련이나 직업교육프로그램에 참여 중인 대학생(Studierende)'이나 '자발적 또는 무보수(selbständig oder unentgeltlich)로 특히 보건의료 또는 복지시설에서 명예직으로 돌봄서비스 활동에 참여하는 자' 등이 재해보상에 포함된다. 후자의 경우 '조세'로 통합 지원되며, 진정재해보험과 비교하여 이른바 '부진정 재해보험(unechte Unfallversicherung)'이라 불리운다. 이것은 사회적 위험에 대한 진정 재해보험과 달리 그 형태가 사회보상적 성격을 띠고 있기 때문이다. 이들을 포괄하여 사회적 사전대비 관계라 분류하고 있다.

독일 사회법에서 이들 사회적 사전대비 관계는 급여의 내용이 도래할 사회적 위험에 대한 예방과 보험의 성격을 띠고 있으며, 그 급여는 추상적이며 각각이 특별기금에 의하여 운용되고 있다는 점이 특징이다. 이것은 현대 사회국가 또는 복지국가에서 가장 전형적인 사회보장 제도로 주로 사회보험 또는 일부 사회보상을 포함한 방식으로 사회적 위험에 대처하는 것을 의미한다고 할 수 있다. 이 번역서에서는 이것을 사회적 예방 또는 사회적 배려라 하지 아니하고 '사회적 사전대비'라 번역하였다. 이것은 한편으로, 그 개념이 사회적 위험에 대한 보험과 그 급여의 지급방식 등을 규율하는 것으로 단순한 예방적 성격을 넘어서는 것이기 때문이다. 동시에 다른 한편, 사회적 위험이 도래하였을 때 급여가 지급되는 것은 급여제공자에 의한 단순한 일방적 배려가 아닌 가입자와 사용자의 보험가입을 전제로 하여, 그 위험의 도래 시 지급되는 급여 관계를 규율하는 것이기 때문이다. 급여제공자 일방의 의사에 따르는 듯한 사전적 '배려' 라기보다는 사전적 '대비' 라고 번역하는 것이 더 적절하다는 판단이다.

이 책은 이어 '사회적 보상(soziale Entschädigung)' 을 다루고 있다. 독일의 사회적 보상은 우리나라의 보상법 관련 기본법인 국가보훈기본법에 상응하는 이른바 '연방부양법(Bundesversorgungsgesetz)' 에 따라 제공되는 사회급여와 사회보상적 성격의 '부진정 재해보험(unechte Unfallversicherung)' 을 의미한다. 독일 사회법전(SGB) 제1권 제5조는 사회적 보상을 국민의 생명과 재산의 보호에 책임이 있는 국가공동체가 국민의 특별한 희생에 대한 보상의 책임을 지는 것으로, "누구나 건강상의 피해를 입은 사람은 '요양' 과 적정한 '경제적 부양' 에 대한 청구권을 갖는다" 고 규정하고 있다. 즉 이것은 국가가 국민의 그러한 특별한 희생에 의한 피해발생 시에 지게되는 일반적인 피해보상의 의무로 국가가 가해자로서 국민의 손해에 대해 국가배상법상 책임을 지는 손해배상과는 다른 손실보상이라고 할 수 있다. 특히 최근의 '코로나19' 와 관련된 감염보호법상 피해보상이 바로 이 사회적 보상의 주된 대상으로 크게 주목되고 있다. 한편, 연방부양법에 따른 개별적인 보상대상은 주로 '인적피해(Personenschäden)' 에 대한 보상을 의미한다. 따라서 나치로부터 박해를 받았던 피해자들에 대한 별도의 '자산피해(Vermögensschäden)' 보상인 연방보상법(Bundesentschädigungsgesetz)이나 반대로 외국에서 추방되어 자산피해를 보게 된 독일인 추방자에 대한 '부담보상법(Lastenausgleichgesetz)' 등 주로 자산피해 보상은 각각 별도의 법에 의하여 다뤄지며 여기에는 포함되지 않는다. 반면 사회법상 사회적 보상에 포함되는 것은, '전쟁희생자부양(Kriegsopferversorgung)', '범죄피해자보상(Gewaltopferentschädigung)', '감염피해보상(Impfschäden)', '군 복무 및 공익복무 중 피해에 대한 보상(Wehrdienst- und Zivildienstbeschädigung)' 등이 그 주 대상이다. 이어 전술한 바와 같이 '부진정 재해보험(unechte Unfallversicherung)'은 이타적인 동기에서 행해진 행동을 하다가 발생한 재해에 대한 보상이 그 대상이다. 또한 명예직이거나 자발적으로 공익적 목적의 활동을 행하다가 발생한 재해의 보상을 의미한다. 아울러 앞에 언급한 바와 같이 어린이집(Kindergarten)의 '아동(Kinder)', '학생(Schüler)' 그리고 '대학생(Studenten)' 등의 재해 발생 시 이들에 대한 보호를 위한 것이다. 이것은 사용자의 지배관리 하에서 사용자의 지시나 근로계약상의 업무를 수행하다 발생한 일반 산재의 업무상 사고와 직업병에 대한 재해보상의 원인관계와는 별도로, 국가공동체가 '합목적적 성격(Finalitätsprinzip)'에서 책임을 지고 제공하는 재해에 대한 손실보상이다. 따라서 이것은 사용자의 보험료가 아닌 일반 '조세'로 지원되며 그래서 '부진정 재해보험(unechte Unfallversicherung)'이라 불린다.

다음으로 이 책은 '사회적 촉진(Soziale Förderung)'을 다루고 있다. 사회법상 사회적 위험과 그 원인관계 및 대응방안에 대한 '종래의 3분류법(사회적 원호, 사회적 부양, 사회보험 등)'과 달리 어떻게 현대적인 의미의 재분류법(사회적 사전대비, 사회적 보상, 사회적 '촉진' 그리고 사회부조 등)이 필요한지를 설명하는 중요한 부분이다. 즉 현대 사회국가 또는 복지국가에서 고용문제는 사회보장의 주요한 과제로 되었고, 고용유지지원, 각종 고용서비스 및 직업교육훈련 등에 대한 사회보장이 무엇보다 강조되고 있다. 현대 복지국가에서는 생산영역인 1차 노동시장에서 노동자의 노무제공과 사용자에 의한 임금지급 등 교환관계를 근로계약에 의해 규율하고, 해고보호, 근로시간, 산업안전·보건 그리고 최저임금 등 노동법적 보호방안을 통해 규율한다. 반면에 주로 사회적 재생산영역을 규율하는 사회법은 이러한 1차 노동시장에서의 노동법적 주요 과제인 고용 및 관련 과제를 측면에서 '지원' 하고 '촉진' 하는 것을 중요한 목표로 삼고 있다. 여기에서는 먼저 '고용촉진(Arbeitsförderung)' 조처로서 주기적으로 경기변동에 따라 발생하는 실업과 기타 산업의 구조변화 등으로 인한 구조적 실업에 대한 대응, '직업소개(Arbeitsvermittlung)' 와 '영리목적의 노동자파견(Gewerbliche Arbeitnehmerüberlassung)' 의 허용 및 관련 규율, 구직자의 '작업장 배치(Eingliederung)' 및 정부에 의한 공공근로 등 직접적인 '고용창출(Arbeitsbeschaffung)' 조처 등 '적극적 노동시장정책(Arbeitsmarktpolitik)' 등이 주요 사회법상 법규에 의하여 규율되고 있다. 또한 외국인 노동력의 국내 노동시장접근에 대한 규율과 외국인 '고용허가제(Arbeitsgenehmigungsrecht)' 와 '노동이민(Arbeitsmigration)' 등이 사회법적 규율대상이다. 그 다음으로 '부분실업(Teilarbeitslosigkeit)' 이나 여러 사유로 인한 기업이 폐업이나 휴업을 대신하여 '조업단축(Kurzarbeit)' 시 노동자에 대해 근로시간을 단축하는 대신 그에 대한 현금보상방안을 규정하고 있다. 이는 매우 중요한 고용정책적 조처로 사회법상 모법(SGB III § 95~111a)에 그 주요 내용과 관련 급여지급이 세부적으로 명문화되어 있다.[5] 이 부분은 우리나라의 고용보험법상 고용유지지원에 해당하는 것으로 점차 우리에게도 그 중요성이나 활용도가 높아가고 있다. 그 주요 내용이 시행령에 의해 규율되고 있는 우리와 달리 중요한 사회법상 법적 권리로서 2020년 코로나19

5 이호근, "정리해고 등 기업의 고용조정과 독일의 '조업단축지원금' 제도의 고용안정망 역할에 대한 고찰", 『노동정책연구』, 제12권. 제3호, 한국노동연구원, 2012, pp. 177~214. 참조.

로 인한 글로벌 경제위기로 초래된 고용위기에 대한 대응으로 독일, 프랑스, 영국 등 주요 유럽 국가들의 가장 핵심적인 고용유지전략으로 기능하고 있다. 아울러, 종래 실업부조에 해당하는 '구직자 기초보장(Grundsicherung für Arbeitsuchende)(SGB II)'과 또한 '실업자의 사회보장(Soziale Sicherung der Arbeitslosen)'과 '파산 시 노동자의 임금채권보장(Insolvenzsicherung)' 등의 사회보장이 그 주요 대상이다. 그 다음의 고용촉진 대상으로는 '직업교육훈련의 촉진(Ausbildungsförderung)'이 독일의 대표적인 고용 관련 인적자원정책 부문이다. 그 다음의 촉진대상으로 가족에 대한 지원과 촉진을 위한 '가족급여(Familienleistung)'가 있다. 구체적으로 핵심적인 가족급여에 해당하는 것으로 1996년 이래 도입된 '아동수당(Kindergeld)' 및 '육아휴직수당(Elterngeld)' 등이 그 주요 대상이다. 특히 아동수당은 수급권의 '보편성원칙(Universalitätsprinzip)', 국제적인 적용범위와 관련 '거주지원칙(Wohnsitzprinzip)', 급여의 기초로서 '생계의 원칙(Unterhaltsprinzip)'과 청구권 경합문제를 해소하고 중복급여를 방지하기 위하여 '한 아동에게 하나의 아동수당만이 인정'되는 '1회 지급 원칙(Einmaligkeitsprinzip)' 등이 적용되고 있다. 반면 육아휴직수당은 첫 생애단계에서 부모의 출산자녀에 대한 양육을 지원하기 위하여 지급되는 것으로 '연방육아휴직수당 및 육아휴직시간법(Bundeselterngeld- und Elternzeitgesetz, BEEG)'에 규정되어 있는데 노동법상 출산 후 첫 2개월간 육아휴직기에 자녀 양육을 위한 고용관계의 휴지와 그에 상응하여 보장되는 수당에서 발전된 것이다. 종래 1986년 1월 1일 출생자에 보장되어 오던 육아보조금(Erziehungsgeld)제도는 2007년부터는 새롭게 대체되어 이 육아휴직수당(Elterngeld)으로 불리고 있다. 급여는 실업급여에 상응하여 지급되는데 대략 최저 월 300유로에서 최대 월 1,800유로에 달한다. 이 육아휴직수당은 그 사이에 지급기간과 적용기간이 계속 증가하여 현재 3세에서 8세 자녀의 양육을 위하여 최대 24개월까지로 지급기간이 연장되어 저 출산시대 중요한 출산장려대책으로 기능하고 있다. 이어 '주거급여(Wohngeld)' 역시 중요한 사회적 촉진급여영역인데, 사회법전 제1권 제7조에 그 법적 근거를 두고 있다. 그에 따르면 누구든 적정 주거확보를 위해 그 비용을 스스로 마련하기 힘든 사람들에게 국가는 임대료 또는 그에 상응할만한 비용보조금에 대한 권리를 부여하고 있다. 이 '주거급여법(Wohngeldgesetz)' 에 따라 수급권자는 주거급여로 임대료에 대한 보조 또는 자기가 필요로 하는 주거공간에 대한 보조를 요구할 수 있다(SGB I, 제26조). 마지막으로 사회적 촉진급여로 '장애인복지법(Recht der Menschen mit Behinderung)' 상 참여수당이 있다. 사회법전(SGB) 제1권 제10조는 그와 같은 장애인복지를 위한 법적 근거를 두고 있다. "신체적, 정신적 또는 심적으로 장애가 있는 사람 또는 그런 장애의 위협을 받고 있는 사람은 장애의 원인과 독립적으로 필요한 구제에 대한 권리를 갖는다"고 하고, 1. 장애를 억지하고, 제거하고, 개선하고, 그 악화를 막기 위해서 또는 결과를 완화하기 위해서, 2. 그의 취향과 능력에 상응하는 사회 속의 자리, 특히 노동을 하는 삶 속에서의 자리 확보"를 촉진하기 위한 것으로 특히 장애인의 '참여권(Teilhaberecht)' 을 보장하고 있다. 이러한 권리는 유엔협약에 그 근거를 찾을 수 있으며 이는 장애인을 위한 보편적인 인권을 구체화하고 그것을 함께 보장하고자 하는 것이다. 그것은 장애인에 대한 포용실패나 그에 대한 예방적 조처로 차별에 대하여 장애인을 보호하고자 하는 목적에서 비롯되고 있다. 1960년대 중반 이른바 '재활(Rehabilitation)' 이라는 이름으로 요청되던 장애인의 보호가 2001년에 발효된 독일 사회법전 제9권(SGB IX)에는 '참여(Teilhabe)' 라는 개념으로 '보완' 되었다. 이것은 그간 1백년 동안 재활이라는 이름으로 수행되어 오던 것을 개선하여 사회법전 제9권은 장애인에 대하여 사회권적 차원에서 '참여'를 그들의 권리로서 보장하고자 하는 것이다. 궁극적으로 장애인이 사회 속에서 그들의 능력과 취향에 맞는 합당한 위치를 갖도록 하고, 장애인의 '일하는 삶'을 보장할 수 있도록 사회적으로 촉진하며, 노동과 사회로의 통합적 조치를 목표로 하고 있다.

이 책은 사회법 체계상 마지막으로 '사회부조(Sozialhilfe)'와 아동·청소년복지지원인 '아동·청소년부조(Kinder- und Jugendhilferecht)'를 다루고 있다. 주지하다시피 사회부조는 인류사회에서 빈곤한 자에 대한 가장 오래된 공공부조이자 인간의 존엄과 가치를 유지하기 위한 가장 기본적인 사회급여에 해당한다. 우리나라의 국민기초생활보장법에 해당하는 '연방사회부조법(Bundessozialhilfegesetz)'은 근로능력이 없는 사람이나 가계에 대한 생계급여와 의료급여 등을 지급하는 것을 의미한다. 이 사회부조는 인간존엄의 정신에 기반한 것으로 국가와 공동체가 스스로 자신과 그와 생계를 갖이하는 사람으로 생활능력이 없는 사람들에 대하여 그들의 생계급여를 보장하며, 특히 자활을 지원하는 개별화된 급여를 의미한다. 주목되는 것은 이러한 사회급여는 국가에 의한 반사적 이익이 아닌 관련 법령에 의거하여 그 수급권이 인정되는 사회법상 법적 청구권으로 규정되어 있다는 점이다. 아울러 사회법전 제12권 제70~74조에는 특별한 상황에서 보장되는 긴급구제지원금이 규정되어 있다. 재원은 수급권자의 소득, 자산 및 근로능력 조사를 거쳐 마련된다. 한편 사회법전 제12권은 사회부조 규정의 국제적인 적용범위를 규정하고 있다. 이어서 '아동·청소년부조법(Kinder- und Jugendhilferecht)' 역시 사회법 체계상 사회부조법 영역에 해당하는 것이다. 청소년복지지원에 대한 헌법적인 근거를 규정하고 있으며 급여내용과 이 법이 추구하는 다른 과제를 규정하고 있다. 특히 청소년복지지원 사업의 서비스 제공자나 급여제공자는 '공적' 제공자 외에 기타 자발적인 '민간' 제공자에 의해 이루어진다.

차례

제1부
기초

Sozialrecht

EBERHARD EICHENHOFER

인간의 존엄
그 중 더도 말고, 내가 여러분에게 청합니다.
먹을 것을 그에게 주시오, 잠잘 곳을.
그들이 벌거벗음을 덮으면,
스스로의 존엄이 주어집니다.
프리드리히 쉴러 (예나, 1795)

제1장 개념, 대상 그리고 체계

a) 개념

"사회법" 개념은 오해하기 쉽고 다의적이며 애매하다. 사회법 개념은 사회법이 사회적 공동생활을 규율한다는 식으로 오해될 수 있다. 법학의 언어 관행을 보면 그 개념은 세 가지 방법으로 사용된다. 법의 사회사상적(sozialen Gedanken) – 약자의 보호 – 의무가 있는 부분[1], 사법과 공법[2] 외 제3의 부분영역, 또는 사회적 급여를 대상으로 하는 독자적 법 영역. 1

그 개념은 유동적이다. 왜냐하면 이 개념은 체계적인 내용 이외에 법철학적 내용을 보이고 있기 때문이다. 사적 자치, 자유, 법적 평등의 질서 위에 세워진 "개인주의적 법"에 대해 타인에의 종속과 그로부터 야기되는 의무를 강조하는 "사회적 권리" 또는 "사회법"이 대비된다.[3] 법은 그로 인해 일

---

1 *라드부르흐*, 개인주의적인 것에서 사회법으로, in: 동 저자(편), 법에서의 인간, 1957, 35.

2 *아이헨호퍼*, 사회법 2012, 76ff; *카스켈*, 독일법률신문 1918, 541쪽 이하; *폰 기에르케*, 사법의 사회적 과제, 1889; *귀에르비치*, 사회법의 이념, 1932

3 *뒤기*, 사회법, 개인적 법과 국가의 변용, 1908(이에 대해서는, *그림*, 법 원칙으로서 연

차적으로 사회적 균형에 기여한다.

2 사회법은 사회적 급여를 대상으로 하는 법 영역이라 할 수 있다. "사회법"은 사회적 공동생활만을 규율하는 것이 아니라 전체 법[4]을 규율한다. "사회법"은 사회사상에 맞춰진 법이지만 그 자체가 사회적 법률의 전부는 아니다. 수 많은 법 영역들이 약자들을 보호한다.[5]

3 사회사상적 의무가 있는 개별 규범들은 "사회적 법"이라 불려야 할 것이다. 그러한 예로 "사회적 민법"[6]으로서 채무자, 임차인 혹은 소비자 보호 등이 있고, "사회적 사법"으로서 노동법을 통한 노동자 보호가 있으며, 또는 일당제로 벌금형을 산정하여 범죄자를 재사회화하려는 목표를 지닌 형법("사회적 형법")에서 찾아볼 수 있다. 저소득자의 소득세공제, 생활에 중요한(예를 들어, 기초 식료품) 그리고 기타 재화 판매의 차등과세 및 소득이 상승함에 따라 상대적으로나 절대적으로 증가하는 누진적인 소득세 과표는 "사회적 세법"인 것이다.[7] "사회적 소송법"은 소송비용지원 그리고 상담지원, 생활에 필수적인 물품과 생존보장에 기여하는 채권에 대한 압류금지

대, 1973); *라드부르흐*, 개인주의적인 것에서 사회법으로, in: 동 저자(편), 법에서의 인간, 1957, 35(이에 대해서는, *아이헨호퍼*, 사회개혁 잡지 1983, 393); 개념사에 대해: *슈미트*, 사회법과 사회보장법, 1981.

4 *차허*, 사회법의 기본유형들, in: 동 저자(편), 사회법에 대한 논문, 1993, 257; *라이스너*, 공법에서 생존보장, 2007.

5 *폰 히펠*, 약자의 보호, 1982; *하이니히*, 자유의 봉사 속의 사회국가, 2008

6 *노이너*, 사법과 사회국가, 1998, 237쪽 이하; *도이블러*, 민법의 과제로서 최저생계의 보호, in: *부브/크니퍼/메츠/빈터*(편), 사회국가에서 민법, 데를레더를 위한 기념논문, 2005, 39쪽 이하; *아이헨호퍼*, 법학교육 1996, 857.

7 *레흐너*, 소득세법과 사회부조법, 1993.

규정 등에 나타나고 있다.

"사회적 법률"은 전체적으로 약자보호를 목적으로 하지만 그 문제 규율의 전제는 사회적 원칙들의 적용이다. 민법은 급부교환과 같은 법익과 혼인·가족 및 상속권을 규율하고, 형법은 범죄와 범행의 제재를 규율하며, 세법은 국가적 과제를 위한 재원의 조달과 세출을, 그리고 소송법은 권리의 관철을 규율한다. "사회적 법"은 앞에 언급된 목적의 실현에 있어서 사회적 요구를 보장하는 동시에, 법의 비"사회적" 사안의 실현 시에 교정요소로 작용한다.

그와 달리 법 영역으로서 사회법에 있어서는 약자의 보호가 주된 동기이 4
다.[8] 다른 모든 법 영역과 달리 사회법은 약자를 보호하기 위해서 창설되었고, 약자를 보호하기 위해 정해진 것이다. 사회사상(soziale Gedanke)은 사회법의 토대이며 경계이다. 따라서, 사회법은 사회적 법의 부분 영역이고, 사회적 법은 그 쪽에서 법의 부분영역이다(그림 1 참조).

〈그림 1: 사회법과 사회적 법률의 관계〉

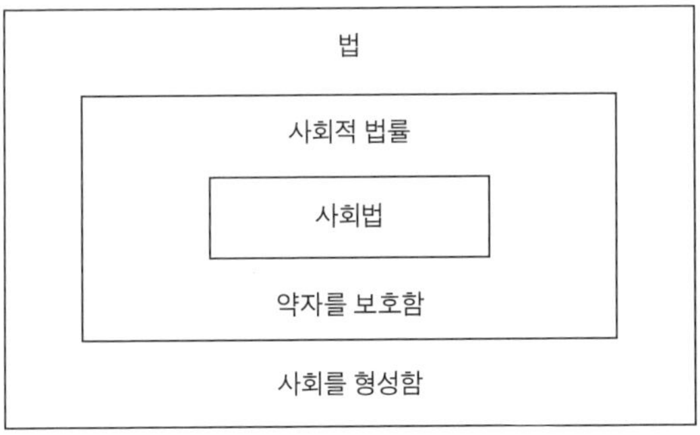

8 *바나가트*, 사회보험법 교재, 1권, 1965, 170.

b) 대상

5 독일에서[9] 확산된 언어관행은 1970년대 부터 시작되어 오늘날 거의 완결된 사회적 급여에 관한 전체 법규를 한권의 법전 – 사회법전(SGB) – 에 통합하고, 이 법전을 체계적인 통일체로서 법제화하려는 시도에서 비롯되었다(이에 관해 아래 방주 167 이하 참조).[10] 체계적 통일체의 도입규정은 다음과 같다(사회법전 제1권 제1장 제1조). "사회법전의 법은 사회적 정의와 사회보장의 실현을 위하여 사회급여를 … 형성하여야 한다". 사회급여는 개인적인 법적 청구권에 근거한다. 사회적 급여의 규율목표는 사회보장을 통한 사회적 정의이다. 사회법은 사회급여가 법에서 그 근거와 한계를 갖는다는 것을 분명히 한다. 사회급여는 독자적인 규칙성을 따르며, 정치적 기회주의나 자의적인 문서로서 처리될 수는 없다.[11]

6 사회급여는 사회법전 제1권 제11조에 정의되어 있지 않고, 그 대신에 서비스, 현물, 현금급여를 위한 상위개념으로서 예시되어 있다. 그 개념은 사회법전 제1권 제2~10조로부터 규명될 수 있다. 사회급여는 공적보험자가 개개인에게 채무가 있는 현금, 서비스, 현물급여이다. 그와 같은 급여의무에

---

9 다른 곳에서 독일의 "사회법"의 짝이 되는 것은 – social law, diritto sociale 혹은 derecho social – 등 익히 알고 있는 것이 아니거나 또는 다른 의미가 있는 것이다: "droit social"은 노동법과 사회법을 의미한다(*슈미트*, 사회법과 사회보장의 법, 1981, 52쪽 이하; *바이드너*, 법률신문 1959, 698쪽 이하 참조).

10 "형식적" 사회법개념 참조. *차허*, 사회법이란 무엇인가? in: 동 저자(편), 사회법에 대한 논문, 1993, 249쪽 이하.

11 *라이히*, 개인적 권리와 사회복지: 출현하는 법적이슈 74(1965) 예일 법 잡지, 1245.

대한 법적인 근거는 사회법전 제1권 제3~10조까지가 포괄하고 있다. 그것은 어떤 급여청구권을 보장하는 것은 아니지만(사회법전 제1권 제2조 참조), 교육과 고용촉진, 사회보험(= 의료보험, 장기요양보험, 재해보험, 연금보험), 사회적 보상(예를 들면, 군유공자부양 급여 또는 범죄피해자 보상), 가족급여(아동수당 또는 양육수당), 주거수당, 청년부조 및 사회부조 또는 장애인 참여수당 등에 대한 사회적 권리를 정당화한다.[12] 사회적 법들은 사회급여 청구권을 위한 '주된 가능성'을 만들어 내고, 사회법을 구조화한다. 사회급여 개념은 공적 제공자의 '보조금'에 국한되며, 그에 포함되지 않는 것은 사회적 동기를 갖는 사적 급여(무료배식, 의류기부, 산후조리시설) 또는 사업주(기업연금, 휴가지, 직장어린이집) 들이다. 사회법의 대상은 여기서[13] 특별행정법의 부분으로서 공적인 급부행정법이다.[14]

사회법적 규정은 "사회적 정의"를 지향한다. 이 개념은 불분명하며 논란이 7
많다. 비판론자들은 거기에서 "두말 할 것 없는 규칙"[15] – 즉 시장의 분배결과에 대한 무단도용을 말한다.[16] 다른 사람들은 거기에서 박애[17] 또는 연대

---

12 이에 대해서는 *아이헨호퍼*, 사회재판(잡지) 2011, 301, 511; *프롬만*, 사회법 계간지 2010, 27, 51. 참조.

13 예외: 보조금- 또는 공무원법

14 다른 전체적 서술은 *코케무어*, 사회법, 2014(6판); *이글/벨티*, 사회법, 2007(8판); *묵켈/오고렉*, 사회법, 2011(4판); *푹스/프라이스*, 사회보험법, 2009(2판); *프링스*, 사회적 노동을 위한 사회법, 2011; *발터만*, 사회법, 2014(11판); *블라이/크라이케봄/마쉬너*, 사회법, 2007, 9판.

15 *폰 하이에크*, 격세유전 "사회적 정의", in: 동 저자(편), 과학과 사회주의, 2004, 197.

16 *동 저자*, 자유의 헌법, 1971, 366쪽 이하.

17 *밀러*, 사회적 정의의 기본 원칙, 2008; *차허*, 사회법과 정의, in: *동 저자*(편), 사회법

성의 법과 윤리적 계명을 인간의 상호적인 연대[18]의 표현이자 타자를 위한 상호적인 책임의 표현으로서 본다.[19]

사회적 정의는 사회국가성의 요구이다(기본법 제20조, 제28조).[20] 그것은 국가에 적극적인 사회적 형성을 위한 권한을 부여하고 있다. 이런 과제는 성과를 요구하고, 보상하며, 사법에서 그 표현을 찾을 수 있는 것으로 노동사회, 성과사회, 시장사회 그리고 교환사회의 토대 위에서 국가에 귀속되는 것이다. 성과사회에는 실질적으로 아무것도 할 수 없는 보호받지 못하는 사람들이 있다. 어찌할 수 없는 무력함은 평등과 인권의 이상에 배치되며 – 그들의 보호가 사회국가에 요구된다.

사회적 정의는 사회법전 제1권 제1조 1항 2문에 명문화되어 있다. 사회법은 "인간의 존엄에 상응하는 생존을 보장하고, 인격의 자유로운 실현을 위한 균등한 조건을 … 창출하며, 가족을 보호하고 지원하며, 자유롭게 선택한 활동을 통해서 생계의 유지를 가능하게 하고, 생활의 특별한 고통을 … 예방하거나 보상하는 것이다." 여기에 모든 이에게 그에 합당한 것을 얻게 한다는 정의의 일반원칙이 표현되어 있다.[21] 사회법의 목표는 사회국가

에 대한 논문, 1993, 308쪽 이하; 역시 *티트무스*, 사회정책, 1974, 26 참조. : 사회정책은 "행동 또는 문제지향적이다", "변화의 긍정적 수단", "전체 정치과정의 예측할 수 없고, 계산할 수 없는 부분".

18 *피아졸로*, 연대성. 유럽연합의 중심 원칙에 대한 해석, 2004; *슈피오*, 회란드 기념논문, 167.

19 *바나가트*, 사회법의 사회윤리적 측면, in: *브란트/골비쩌/헨쉘*(편), 판사, 시민, 기독교인. 헬무트 시몬스를 위한 기념논문, 1987, 773, 787쪽 이하.

20 *바에르*, 사회적 정의, 빌레펠트 2012.

21 Iustitia est constans ac perpetua voluntas ius suum quique tribuens = 정의는

의 "기능적인 이론" 속에 표현되어 있다.[22] 그에 따라 국가는 개인의 자유의 실현을 위한 틀을 제공하며, 국가는 이를 위해 사회급여의 제공으로 인간의 존엄, 행동의 자유, 가족과 직업의 자유(기본법 제1조, 제2조, 제6조, 제12조)를 보장해야 한다. 사회법전 제1권 제3-10조에 포함된 사회적인 법과 제도의 언급은 사회법[23]이 필요의 정의(사회법전 제1권 제7조 이하), 기회의 정의(사회법전 제1권 제3조, 제6조, 제10조) 및 급여의 정의(사회법전 제1권 제4조 이하) 등 상이한 정의의 원칙에 대해 의무가 있음을 보여주고 있다.

사회적 정의는 "복합적 평등"[24]으로서 그것들의 조합과 혼합을 요구한다. 사회적 정의는 사람들 상호 간의 연대를 강조하는데, 그로부터 궁핍한 자에 대하여 이른바 성과능력이 있는 사람이 서로를 위해 연대한다는 원칙이 나온다.[25] 사회법은 모든 성과능력이 있는 사람이 궁핍한 사람에게 도움

모든 이에게 그 자신의 것을 보장하는 변치 않는, 지속적인 의지이다(Gaius의 제도의 1절); *베렌츠/크뉘텔/쿠피쉬/자일러*, Corpus iuris civilis, 제도, 1993, 1; 더 나아가 *카우프만*, 근대 후기에서의 법 철학, 1992(2판), 40: 참조. "기본적으로 법은 항시 모든 사람에게 인간으로서 그에게 귀속되는 것을 보장하는 것만을 통해서 정당화된다: Das suum iustum".

22 *회페*, 정치적인 정의, 1987, 469쪽 이하; *아이헨호퍼*, 법률신문 2005, 209; *크라머*, 사회적 정의 – 내용과 경계, 1992, 102쪽 이하; *하에렌델*(편), 사회국가에서의 정의, 2012; *롤스*, 공정성으로서 정의, 1977, 25, 37, 39, 57, 65, 100, 104쪽 이하, 그는 최악의 것에 맞서 정당화 될 수 있는 사회질서를 정당한 것으로 간주한다; *판베르그*, 사회적 시장경제와 사회적 정의, 2012.

23 *차허*, 사회법과 정의, in: 동 저자(편), 사회법에 대한 논문, 1993, 308쪽 이하.

24 *발쩌*, 복합적 정의, in: *크렙스*(편), 평등 혹은 정의, 2000, 172.

25 *길버트*, 복지 정의, 1995; *구딘*, 복지를 위한 이유, 1988; *케스팅*, 사회적 정의의 이론, 2000; *마가리트*, 존엄의 정치, 1997; *티. 에이치. 마샬*, 시민권과 사회적 계급,

을 줄 의무가 있다는 공동체론적인 가정에 근거한다. "인민의 힘은 약자의 복지로 측정된다".[26]

8 사회법은 "사회보장"을 실현해야만 한다. 이 개념은 범세계적으로 확산되었다.[27] 1935년 당시 미국 대통령 프랭클린 루스벨트에 의해 각인되어[28] 2차 세계대전 동안 대서양헌장(1941)에 연합군 전쟁의 목표로서 "공포와 궁핍으로부터의 자유"로서 선언되었고, 이 개념은 인권헌장의 전문, 국제노동기구의 규약에서도 찾을 수 있으며(아래 방주 75 참조), 그리고 유럽평의회와 유럽연합 사회법의 중요한 당사자들을 특징짓고 있다(방주 78 이하, 86 참조). 그 개념은 궁핍 시에 시장의 저편 생존의 보장(탈상품화)[29]과 사회적 위험(질병, 장애, 재해, 노령, 부모 또는 배우자의 사망)의 출현 시 또는 공동체를 위한 희생 시 소득보장 및 개인과 그 가족의 지원을 약속한다. "현대인은 국가에서 살 뿐만아니라, 국가에 의해서 산다."[30] 사회보장을 실현하여야만 하는 국가는 그 주민을 위한 생존의 보장자가 되었다.

9 사회보장은 우선적인 사회적 평등이 아니라, 스스로의 결정에 의해 노동에

1950; *센*, 불평등 재평가, 1992.

26 스위스 연방헌법 전문

27 *카우프만*, 사회학적 그리고 사회정책적 문제로서의 안전, 1973(2판); *슈미트*, 사회법과 사회보장의 법, 1981, 43.

28 *아이헨호퍼*, 사회재판 1984, 563쪽 이하; 동 저자, 미국에서의 사회적 보장법, 1990, 16쪽, 54쪽 이하.

29 *에스핑 앤더슨*, 복지자본주의의 세 가지 세계, 1990.

30 *포르스트호프*, 사회국가의 헌법문제, in: 동 저자(편), 법치국가성과 사회국가성, 1968, 145, 149; *헬코*, 영국과 스웨덴에서의 현대사회정책, 1974, 1쪽 이하.

근거하여 삶을 영위하는 개인적인 자유에 봉사하는 것이다.[31] 사회적 불평등은 모든 분화된 개인의 자유에 근거한 사회에서는 그 존재의 '전제 조건이자' 결과이다.[32] 포괄적인 평등을 창출하려고 했던 국가는 전체적인 자유를 제거해야만 했을 것이다.[33] 왜냐하면 자유는 사람들간의 차이를 전제로 하는 것이며 이것이 불평등으로 이어지기 때문이다. 사회보장이란 교환거래에 기반한 경제에 있어서 자기 자신의 힘으로 그의 생계를 유지할 수 없는 모두를 보호하는 것이다. 사회보장과 사회법은 모든 성인이 그 생계를 교환거래에 대한 참여 – 생필품의 구입, 주거공간의 임대 – 를 통해, 즉 그의 취업활동을 통해 보장한다는 전제[34]에 근거하고 있다. 사회국가는 노동사회에 근거하고 있으며, 이것을 형성하는 것이다.[35] 사회보장의 급여는 어떤 취업활동을 할 수 없는 사유가 있는 그런 사람들에게 생계를 마련해 주도록 하는 것이다. 병든 이, 취업활동 불능자, 노인, 실직자, 산재희생자, 전쟁

---

31 헤베르트 에렌베르그/안케 푹스, 사회국가와 자유, 프랑크푸르트/마인 1980, 29쪽 이하.

32 *다비*, 사회적 평등, 독일 국가법학자학회 출판물 68 (2009), 122쪽 이하; *악서*, 사회적 평등, 독일 국가법학자학회 출판물 68 (2009), 177쪽 이하; *누스버거*, 독일행정관보 2008, 1081; *해리 프랑크푸르터*, 평등, 2016.

33 *다렌도르프*, 인간 사이의 불평등 기원에 대하여, 1966(2판); *포이만/웨스트모어랜드*, 평등, 1997.

34 *크라머*, 사회적 정의, 1992, 104쪽 이하; *하이니히*, 인간존엄과 사회국가, in: 바/하이니히(편), 세속적인 헌법질서에서의 인간존엄, 2006, 251쪽 이하; *헤벌레*, 국가공동체의 토대로서 인간존엄, in: *이센제/키르히호프*(편), 사회법 핸드북, 2004 (3판), 2권 § 22-60, 72-74; *차허*, 사회재판 1982, 329쪽 이하.

35 *아이헨호퍼*, 회란트 기념논문, 261.

또는 범죄희생자, 학생, 아동양육자. 사회보장은 더 나아가 사회의 모든 사람이 기초보장, 사회부조 또는 청년부조의 형태로 최저생계보장을 얻게 되지만 그 사회에 노동의 책임이 있다는 것을 의미한다.

사회보장은 모두의 자유의 기반으로서 모든 사람을 위한 생존보장을 창출하고 그 참여(포함)를 보장하는 것이다.[36] 그 수요의 충족은 더 이상 취업활동에 의존하지 않을 뿐만 아니라, 개개인이 그런 상황에 있지 않은 경우에도 보장되는 것이다.[37] "사회법"은 사회정책의 법적인 표현이다. T. H. Marshall[38]은 이것을 "경제시스템이 그 스스로 도달할 수 없는 결과를 이루기 위하여 경제시스템의 운영을 대체하고 보완하거나 또는 수정하는 '정치권력' 의 행사"로서 규정한다. 이것이 기본적인 사회적 불평등을 배제하는 사회적 평등의 실현으로 나타난다.[39]

c) 체계

10 사회법은 약자를 보호하고 "복합적 평등"으로서의 정의를 형성하는 것이

---

36 *아커만/알스토트*, 이해관계자 사회, 1999.

37 기든스는 올바르게 표현하였다: "복지제도는 위험의 관리제도로 이해되어야만 한다"; *동 저자*, 좌우의 저편 – 급진정치의 미래, 1994, 137.

38 *동 저자*, 20세기 사회정책, 1975, 15.

39 *차허*, 사회국가와 번영, in: 바우어(편), 개방적 헌법국가에서의 경제, 라이너 슈미트를 위한 기념논문, 2006, 305쪽 이하; *다비*, 사회적 평등, 독일 국가법학자학회의 출판물 68 (2009), 122쪽 이하; *악서*, 사회적 평등, 독일 국가법학자학회의 출판물 68 (2009), 177쪽 이하; *부르짠*, 사회적 불평등, 2011(4판); *누스버거*, 독일행정관보 2008, 1081쪽 이하.

다. 사회법은 사회적인 법의 총괄개념이며, 사회법을 얘기하는 사람은 사회적인 법에 대해서 침묵할 수도, 해서도 안된다. 상이한 사회적인 법은 사회법 체계 속에서 나타난다. 많은 사회급여는 일방적으로 보장되고, 다른 것은 반대급부에 근거해서 보장된다. 많은 사회급여는 요양처럼 개인적 – 구체적인 것에 맞춰지고, 다른 것은 즉 아동수당처럼 유형화 된 – 추상적인 수급자의 수요에 맞춰져 있다. 사회급여 가운데 급여의 규정에 있어 차이가 다음과 같이 존재한다. 그 차이는 종래의[40] 3분류 체계화의 시도 – (사회적)원호, (사회적)부양 그리고 (사회적)보험 (그림 2 참조)에 표현되어 있다.

〈그림 2: 사회급여 분야의 삼각 추〉

	구체적	추상적
일방적 반대급부에 의존하는	원호 사회보험	부양 사회보험

이러한 분류는 20세기 초반의 사회법에 근거한 것이다. 지방자치단체에서 시행되는 사회원호, 국가에 의해서 수행되는 전쟁희생자부양, 그리고 의료보험·연금보험·실업보험·재해보험으로 분류된 사회보험으로 알려진 것이다. 이것은 노동자와 사용자에 의해서 부담되고 위험의 보상의무가 있는 것이었다. 20세기 후반 사회법의 계속된 분화로 인해(방주 48, 51 참조) 이 3분류 체계는 현대의 사회법에 더 이상 맞지 않게 되었다. 나아가 보험, 부양과 원호의 표시는 다의적이고(부양은 역시 공무원의 부양이다), 언어적으로 오해의 11

40 *보스*, 사회보장법과 그 개혁의 근본문제, 1955, 15쪽 이하; *바나가트*, 사회보험법 교재 1권, 1965, 1쪽 이하.

여지가 있다(원호의 개념은 수급자의 객체적 지위를 환기시킨다).

12 사회법전과 함께 새로운 체계화[41]가 발전되었다. 그것은 오늘날의 사회급여 분야의 전체 모습을 보여준다. 그것은 사회법을 네 개로 세분화하여 급여의 기초, 제도, 급여의 내용과 이행자로 구분되는 부분영역으로 나눈다. 사전대비, 보상, 촉진 그리고 부조. 급여의 기초는 급여의 목적을 지칭하며, 제도는 개별적인 급여분야를 나타내고, 급여의 내용은 유형화 된 – 추상적인 것 또는 개인적 – 구체적인 것으로 구분되며, 그리고 이행자는 그가 자체의 재정권한을 갖고 특별자산을 운용하는가 또는 조세수입으로부터 재정지원되는가, 그리고 국가 또는 지자체인가에 따라 구분된다(그림 3 참조).

d) 정의

13 사회법은 모든 법 규정의 총괄개념으로 정의될 수 있다. 즉 – 사인에 대한 공적 서비스, 현물 또는 현금급여의 보장으로 사전대비에 기초하고, 피해의 보상, 조정, 직업훈련 또는 일자리 수용의 촉진 또는 궁핍한 경우에 또는 – 사회보험(연금보험, 의료보험, 장기요양보험, 재해보험, 또는 실업보험), 사회적 보상(전쟁희생자보상, 범죄피해자보상, 예방접종 피해자의 보상 그리고 소위 부진정 재해보험 사례들), 사회적 촉진(가족급여보상, 직업훈련촉진, 고용촉진, 재활), 사회적 부조(사회부조, 기초보장, 전쟁희생자원호, 청년부조, 생계비 대부)를 지칭하는 것이

---

41 *차허*, 사회법의 기본 유형, in: 동 저자(편), 사회법에 대한 논문, 1993, 257쪽 이하; 또한 *이글/벨티*, 사회법, 2007(8판), § 2 참조. ; *발터만*, 사회법, 2014(11판), 방주. 76쪽 이하.

다 (도표 3). 전자의 정의는 내부적인 것이고, 후자는 외부적인 것이다.[42]

〈그림 3: 사회법의 체계〉

	급여의 근거	제도	급여의 내용	이행자
사전대비	사회적 위험의 발생	연금보험, 의료보험, 장기요양보험, 재해보험, 그리고 실업보험	추상적*	특별자산
보상	공동체를 위한 특별희생자 보상	부양행정, 부진정 재해보험	추상적*	국가
촉진	기회균등	가족급여보상, 직업교육과 고용촉진	추상적*	국가
부조	최저생계의 보장	사회부조, 기초보장, 청년부조, 생계비대부	구체적	국가와 시·군

* 서비스와 현물급여: 구체적

e) 추가적인 기술

다음에는 사회법의 기초(A)와 체계가 다뤄진다(B). 사회법의 일반적인 기본 원칙(I), 사회적 사전대비(II), 보상(III), 촉진(IV), 부조(V)가 기술된다. 14

42 "내부적"이란 그 속성에 의한 정의이다. "외부적" 정의란 그에 반하여 전체적으로 그에 해당되는 특징적인 그룹의 열거를 통해서 정의를 하는 것이다. 예를 들어: "과일" – 내부적이란: "달고, 즙이 맛있는 식물의 생산물", 외부적이란: "사과, 배, 오렌지, 딸기 등"을 말한다.

참고문헌

Axer, Soziale Gleichheit, VVDStRL(독일 국가법학자학회 출간물), 68권(2009), 177 ff.; *Davy*, Soziale Gleichheit, VVDStRL(독일 국가법학자학회 출간물), 68권(2009), 122 ff.; *Eichenhofer*, Sozialrecht und soziale Gerechtigkeit, JZ(법률신문) 2005, 209; *동 저자*, Soziales Recht – Bemerkungen zur Begriffsgeschichte, SR(사회법 잡지) 2012, 76; *동 저자*, Sozialrecht und Sozialphilosophie, VSSR(사회법계간지) 2016, 233; *Haerendel(편)*, Gerechtigkeit im Sozialstaat, 2012; *Heinig*, Der Sozialstaat im Dienst der Freiheit, 2008; *Leisner*, Existenzsicherung im öffentlichen Recht, 2007; *Miller*, Grundsätze sozialer Gerechtigkeit, 2008; *Nussberger*, Soziale Gleichheit – Voraussetzung oder Aufgabe des Staates?, DVBl(독일행정관보) 2008, 1081; *Piazolo*, Solidarität. Deutungen zu einem Lei tprinzip der Europäischen Union, 2004; *Radbruch*, Vom individualistischen zum sozialen Recht(1931), in: *동 저자*, Der Mensch im Recht, 1957, 35; *Rawls*, Gerechtigkeit als Fairneß, 1977; *Reich*, Individual Rights and Social Welfare: The Emerging Legal Issues, 74(1965) The Yale Law Journal, 1245; *Titmuss*, Social Policy, 1974; *Zacher*, Zur Anatomie des Sozialrechts, SGb(사회재판) 1982, 329; *동 저자*, Sozialrecht und Gerechtigkeit, in: *동 저자*, Abhandlungen zum Sozialrecht, 1993, 308.

제2장 사회법의 역사

사회법은 새로운 법 영역이다 – 19세기의 사회문제에 대한 20세기의 답이다. 그 당시에 사회적 사전대비는 오늘날 사회법의 가장 중요한 분야로 성립되었다. 이것은 대략 100년 이상 되었다. 사회적 보상과 사회부조는 수 백년 동안 존재해 온 것이다. 그럼에도 형법 또는 민법과 비교하여 사회법은 짧은 역사를 갖고 있다. 그것은 어떤 전제 없이 성립한 것이 아니고 고대, 중세 또는 근대 초기에 발전해 온 제도로부터 유래한 것이다. 그 때문에 현재의 사회법은 "이전의 역사"(a), "형성사"(b), "발전사"(c) 를 갖고 있다. **15**

a) 사회법의 이전 역사

사회법은 고대부터 약자의 보호를 위해 창출된 제도에서 유래한다. 구호는 우선적으로 서비스 또는 현물급여로 시작되었다. 오늘날과 달리 부조는 법적 채무가 있는 것이 아니었다. 그러나 종교적 또는 도덕적으로 책무가 있는 것이었다. 그런 종류의 제도들은 이미 고대에도 존재하였다(aa). 중세에는 그 의미가 더 성장하였고(bb), 근대 초기에 제도는 근본적으로 개혁되었고, 18세기와 19세기 초에 지속 발전하였다(cc). **16**

aa) 고대 – 복지의 초보적 착안점들

17 아테네와 로마의 고대[1] 도시문화에서 복지국가제도와 같은 최초의 접근들이 발견된다. 빈곤한 사람, 약자, 병자 그리고 노인들은 공동체로부터 식료품 지원(frumentaio)을 받았다. 아우구스투스 황제 시대에는 주민의 1/3이 지원을 받았다. 기부와 복지국가세로 재정 지원된 식료품 지원이었다. 도시에는 공적 감독기관 아래에 질병금고와 장의사가 있었고, 이들이 질병이나 또는 사망 시에 지원을 제공하였고, 종국적으로 전상자 및 전몰자의 유족에 대한 지원을 하였다.

bb) 중세 – 빈민구제의 생성

18 로마제국의 붕괴 그리고 콘스탄티누스 황제 시대에 교회의 공인과 함께 고대 후기에 교회에 복지구제의 과제가 점차 증가하였다. 기독교는 모든 사람에게 이웃사랑의 의무가 있었다.[2] 아무것도 가진 것이 없는 자를 돕는 것은 기본적인 기독교적인 계명이다.[3] 이에 맞추어 중세 동안 교회공동체와 수도

---

1 *페터스*, 독일 사회보험의 역사, 1978, 3판, 15쪽 이하; *바나가트*, 사회보험법 교재, 1권, 1965, 40쪽 이하.

2 *마태복음* 7, 12: "사람들이 너희들에게 하도록 하기를 원하는 모든 것을 이제 너희들이 그들에게 하도록 하라"; 22, 37: "너희는 신, 너희 주를 충심으로, 온전한 정신 그리고 온전한 마음으로 사랑하라. 이것이 가장 우선하여야 할 최고의 계율이라. 다른 사람들은 그러나 그와 같으니: '너희는 너희 이웃을 너 자신과 같이 사랑하라.' "

3 대략 *마태복음* 25, 40: 참조. "그들이 이런 나의 가장 가진 것 없는 형제들에게 한 것, 그것이 나에게 한 것이라."; 갈라티 6, 2: "한 사람이 다른 이의 짐을 덜고, 그렇게 그들이 그리스도의 법을 채워가리라."; 2. 테살로니커 3, 10쪽: 참조. "일하려 하지 않는 자, 그 역시 먹지 말아야 할 것이다. 그럼에도 불구하고, 우리는, 너희들 중에 몇몇이 무질서한 삶을 살고, 일하지 아니하며, 오로지 이리저리 떠돌아 다닌다는 것을 들

원들은 가난한 이, 병든 이, 취약자, 노인, 미망인 그리고 고아를 위한 피난처로 발전되었다.[4] 중세 중반기에는 빈곤한 사람들에 대한 특별한 평가기준이 생겼는데, 이것은 탁발수도회에서 찾을 수 있다(프란츠 폰 아시시). 시범적인 자선행위가 증가하여, 자선목적의 유산이 행해졌고 교회에는 궁핍한 자들을 위하여 사용토록 약정하는 자산이 많이 귀속되었다. 교회는 구호를 필요로 하는 사람들을 위해 **망명자피난처**, **병약자요양소**(빈곤자 병원)를 창출하였다. 그들은 병든 이, 약자, 노인, 고아 그리고 미망인을 받아들였다. 궁핍한 사람들은 교회의 기부금수입에서 자선을 받았다.

중세후기[5]에는 수공업자를 위한 자체지원 제도로 **동업조합**이 형성되었다 19
(동업조합 연합). 유사하게 수공업자들은 궁핍한 상황에서 지원을 제공했던 도제조합을 결성하였다. 자영업 광부들 – 광물자원 채굴권 소유자 – 은 13세기부터 **광부조합**을 결성하였다.[6] 이들이 사고 시에는 광부조합이 급여를 제공하였으며, 재해관련 사망 시에는 그 유족에게 급여를 제공하였다. 이 광부조합은 이렇게 "사회보험의 선구자"가 되었다.[7] 중세 말에 교회공동체(교구) 그리고 수도원, 동업조합, 광부조합, 도제조합은 실질적인 구호의 이

었느니라."

4 *피셔*, 역사에서 빈곤, 1982, 10쪽 이하; *게레멕*, 빈곤의 역사, 1988, 29쪽 이하.

5 *페터스*, 사회보장의 역사, 1978(3판), 22쪽 이하; *쉐베*, 사회 및 민간보험의 역사, 2000.

6 *다프리히*, 사회재판 1982, 514쪽 이하.

7 *바나가트*, 사회보험법 교재, 1권, 1965, 45; *링겔바하*(편), 1566년 헤네베르거의 등정순서, 2002, 94; 참조. *쉐베*, 유럽 길드에서 중세에의 사회 및 민간보험의 역사, 2000, 110쪽 이하.

행자였다.

cc) 근대 – 빈민구제의 합리화와 탈종교화

20 종교개혁, 인본주의 그리고 주권을 보유한 영토국가가 출현한 근대는 중세 말기에 나타났다. 14세기에 중세 농업사회는 해체되었다. 이주운동이 개시되었다. "도시의 공기가 자유롭게 한다"는 그 시대의 구호였다. 전 유럽에서 많은 사람들이 농촌에서 그들에게 보호와 지원을 제공하는 도시로 이주하였다. 그러나 이러한 보호와 지원은 유랑자와 구걸이 널리 확산되어 더 이상 충분치 못하였다.

21 이것이 빈민구제 합리화의 계기가 되었다.[8] 체계화된, 다시 말해 일반적인 법적 질서를 요구하게 되었다. 이미 1349년에 영국 국왕은 구걸의 금지로서 "임노동자령"을 발하였다. 이는 노동능력이 있는 사람에게는 노동의 의무를 정당화하였고, 구제가 필요한 노동불능자에게는 그의 본적지에서 구제되도록 규정하였다. 1531년 황제 칙령서에서 칼 5세 황제는 구걸과 유랑을 금하였고, 병든 이와 약자들은 그들의 도시공동체에 구제를 할당토록 하였다. 프랑스 도시에서는 15세기 초에 병원 그리고 구빈원(hôpitaux généraux)이 생겼다. 16세기 말에는 영국에서 엘리자베스 1세 여왕 시대에 유럽의 다른 지역에 모범적인 구빈제도가 발전하였다.[9] 모든 공동체에는 빈민구제원(Armenfürsorger)이 임명되고, 구빈세를 징수하며, 궁핍한 자를 지원해야만

---

8 *아이헨호퍼*, 유럽 사회국가의 역사, 2007, 20쪽 이하; *피셔*, 역사에서 빈곤, 1982, 33쪽 이하; *게레메크*, 빈곤의 역사, 1988, 155쪽 이하.

9 *레오나드*, 영국 빈민구제의 초기 역사, 1900; *웹*, 영국 지방정부 혁명으로부터 지방자치단체 법령으로, 7권: 영국 구빈법 역사, 1부: 구 구빈법, 런던 1927.

했다. 빈민구제는 점차 노동능력이 있는 사람의 규율에 기여하였다. 노동불능자들만이 빈민구제 급여를 받도록 하였던 것이다. 특별히 프로테스탄트 지역에서는 종교개혁 이후에 수도원이 해체되고 점차적으로 도시공동체가 빈민구제를 떠맡았고, 그렇게 공동체 정책의 부분이 되었다.

18~19세기에 빈민구제는 분화되었고 점차 중앙화되었다.[10] 빈곤은 그 시기 **22**
에 많은 사람들의 삶의 운명이었다. 점차적으로 공동체가 지원단체로 되었고, 도시에서는 그 자체 구빈행정이 형성되었다. 이것은 노동불가능자와 노동능력이 있는 빈민을 구분하였다. 전자는 자신의 잘못 없이 빈곤한 사람들이었고, 후자는 노동을 통해 그들의 빈곤을 극복하여야만 했다. 암스테르담시를 본받아 17세기 많은 도시에 그 자체의 노역장 - 흔히 감옥과 연계되어[11] - 이 설치되었다. 거기에 노동능력이 있는 사람들이 수용되었고 노역하도록 하였다. 1794년[12] 프로이센 국가의 일반국가법(ALR, Allgemeines Landrecht für die Preußischen Staaten)은 그들의 생계를 스스로 확보할 수 없고, 다른 사람에 의해서도 역시 얻어질 수 없는 사람들을 돌보는 짐을 국가에서 지도록 하였다. 국가는 그와 함께 빈민구제를 위한 마지막 책임을 떠맡았지만, 주된 부담은 확실히 여전히 공동체에 있었다. 왜냐하면 국가는 공동체의 구제를 오로지 감독하는 것이었기 때문이고, 나아가 그것은 그들의 군인을 보살폈다(방주 417).

---

10 *라이데겔트*, 독일에서 국가의 사회정책, 2006(2판); *슈미트*, 독일에서의 사회정책, 2005(3판); *리터*, 국제비교에서의 사회국가 - 성립과 발전, 2010(3판), 30쪽, 이하.

11 *베젤*, 유럽에서 법의 역사, 2010, 359-363.

12 II부, VII부 § § 18, 122-130; XIX 장 § § 1, 9조 이하, 16, 32조 이하 일반국가법(ALR) 참조.

23 공동체의 빈민구제로 거주이전의 자유가 제한되었다. 왜냐하면 궁핍한 사람들은 그들의 공동체에 의해서만 지원을 받을 수 있었기 때문이다. 이는 본적지주의였다. 아담 스미스[13]는 거기에서 "아마도 영국 경제정책의 가장 큰 악"을 보았다 – 그리고 이것은 대륙에서도 확인되었다. 19세기에 빈민구제를 위해서, 본적지주의는 점차 궁핍한 자는 어려운 상황에 빠지기 전의 "지원 – 주거지"를 갖고 있었던 공동체에 의해서 도움을 받아야 한다는 원칙으로 대체되었다. 공동체로 하여금 노동능력이 없는 사람들과 사회적 취약계층에게 그 지역의 출입을 금지하도록 하였다.

b) 사회법의 발생

24 현대 사회법은 19세기 말 경에 형성되었다. 빈민구제가 노동불능력자에 대한 구제보장과 노동능력이 있는 자의 활성화에 국한된 것이었다면, 사회보험의 창출과 함께 급속히 성장한 노동계층들이 – 뒤에 역시 수많은 자영업자 – 포괄적인 공적 사전대비체제로 편입되었다. 사회정책은 그 이후 더 이상 사회의 주변그룹에 국한되지 않고 경제적으로 활동하는 사람들을 피보험자에 포함시켰다. 사회보험은 사회적 위험 – 질병, 재해, 실업, 노령 그리고 부양자 사망 – 발생 시 궁핍에 대해서 그리고 그와 함께 빈민구제를 피보험자에게 보장해야만 했다. 이런 위험들에 노동자들이 노동사회에서 노출되었다. 사회보험은 경제, 사회, 이념사적인 조건에서 형성되었다. "그것은 많은 나라에서 입증"되었다(aa). "독일은 사회보험을 최초로 도입한 국가"였

13 *스미스*, 국부론(1776), I 권, 10 장.

고, 이러한 예를 많은 나라들이 따랐다(bb). "다른 나라들 역시 사회법의 새로운 법 제도를 가져 왔고", 그러한 "발견"은 후에 독일에 의해 받아들여졌다(cc).

aa) 사회보험의 경제, 사회 그리고 이념사적인 발생조건들

사회보험의 설치와 확산은 경제적인 조건들부터[14] 설명된다. 18세기에 자연과학과 기술이 발전하였고, 그들은 기계작업과 산업적인 재화의 생산을 가능하게 하였다. 19세기에 산업은 종전의 지배적인 농업, 상업 및 수공업을 구축하고 공장업과 함께 시작되었다. 이것은 프랑스 대혁명이 사적 자치와 법적 평등에 근거한 사법상의 질서와 산업 경제를 위한 틀을 창출한 이후에 가능하게 되었다. 이것은 선대제 강제의 폐지와 농민의 해방 이후, 즉 개인의 구역예속 폐지와 함께 실현된 영업의 자유를 전제로 하였다. 25

이러한 조건들은 농촌에서 도시로의 대량이주[15]로 이어졌고, 거기서 새로운 일자리가 생겼다. 이것을 두고 수많은 사람들이 경쟁을 하게 되었다. 절약을 통한 투자와 공업생산의 필요성과 연계되어 산업들 간에 심한 경쟁은 저임금을 초래하였다. 빈곤과 궁핍이 다수 노동자들의 운명이 되었다. 임금은 노동자들의 생존에 충분치 못하였으며 병든 자, 사회적 취약자, 산업재해 26

---

14 *피셔*, 사회보험의 성립과 발전에 있어 경제적 조건과 요소들, in: 차허(편), 1979, 91; *헨첼*, 독일 사회정책의 역사, 1983, 13쪽 이하; *쾰러*, 사회보험의 형성. 중간보고, in: 차허(편), 1979, 19쪽 이하.

15 *그루너*, 사회사의 시각으로부터 사회보험의 사회적 조건과 사회정책적 개념, in: 차허(편), 1979, 103쪽 이하; *알버*, 경험적 분석의 관점에서 사회보장제도의 발전, 같은 곳, 123쪽 이하.

희생자, 노인, 미망인 또는 고아들은 말할 것도 없었다. 그처럼 산업화와 함께 19세기 산업노동의 대량빈곤이 어떻게 극복될 수 있을 것인가 하는 "사회적인 문제"가 대두되었다. 독일은 1880년대에 사회보험을 도입하였다. 몇몇 주변국가들은 이미 1차 세계대전 전에 – 단지 부분적으로나마 뒤를 따랐다.[16]

27 사회보험은 1930년대 초 세계경제 위기의 영향 속에 2차 세계대전 이후에 세계적으로 확산되었다. 그 당시에 많은 곳에서 축적된 노동무능력자의 궁핍화의 경험 그리고 생산성 하락의 결과 노동자들의 빈곤화는 사회보험을 필요로 하였다. 왜냐하면 이것은 수요를 보장하고, 그와 함께 국민경제의 생산성을 뒷받침하기 때문이다.

28 산업화, 자본축적 그리고 상업화에 근거한 화폐경제는 깊숙이 사회적 삶의 조건을 변화시켰다. 동업조합 가입강제의 폐지와 농민해방 이후 동업조합과 농장 간 재래의 연대적 결합은 사라졌다. 그러한 "해방"은 그 전에 그와 연결된 연계를 제거하였을 뿐만 아니라 보호를 제거하는 것이었다. 모든 세대를 포괄하는 연대단체로서의 가족은 부모와 자녀를 포함하는 소가족으로 대체되었다. 평균적인 사람들의 수명은 의학의 발전 덕에 늘어났다. 노년은 그 자체 삶의 형태가 되었다. 19세기 중반 이래 프랑스에서 시작하여[17], 노인들은 그들의 생계를 개인보험에서 지불되는 연금에서 받았고, 연금생활자들은 독자적인 사회계층이 되었다.

29 산업화는 인간 존재의 한시적 시간성을 더 의식하도록 하였다. 투자는 미래

---

16 *아이헨호퍼*, 유럽에서 사회국가의 역사, 2007, 37쪽 이하.

17 *네터*, 20세기 전반기 프랑스에서의 연금제도, 사회권 1963, 358쪽 이하.

에 대한 선제적 대응이며, 그러한 재정은 계획을 필요로 한다. 13세기에 해운거래에서 현물이나 자산손실의 위험에 대처하기 위해 성립한 보험업은 – 19세기에 책임보험, 생명보험, 그리고 건강보험의 형태로 삶의 위험의 보호에서 새로운 과제를 열어갔다. 보험은 인간의 평등과 완전성을 보장하기 위한 것이다. 콩도르세에게는 명확했다. 자산에서부터 노령과 질병 등 생명의 위험으로부터, 교육의 기회로부터 생겨나는 불평등이 공화국을 위협하는 것이다. 공화국은 그러한 위험을 "사회적 예술"(art social)을 통해서 극복해야 한다.[18]

산업화의 과정에서 노동계층이 형성되었고 그들은 노동조합으로 조직되었다. 노동조합은 그들의 직업적인 이해를 대변했고 동시에 상호 보험협회로서 작용하였다(공제금고, 상호조합, 우애조합). 이것은 그들 개개인을 "생활의 변고(Wechselfällen des Lebens)" – 산업재해, 질병, 취업불능, 노령, 부양자 사망 등으로부터 보호했다.[19] 사회적으로 책임있는 기업들은 노동자들을 위해서 지원시설을 설립하였다 – 무엇보다도 자신들을 위해 그들을 확보하기 위해서.

국가가 노동능력이 있는 사람의 생존기반 확보를 위해서 그들의 노동불능 30
에 대해 '사전 대비'를 하여야만 하는지[20] 19세기에는 그 자체로서는 이해되지 않았다. 반대로 이러한 요구는 그 당시 지배적인 국가의 과제인 자유주

---

18 *카리타트 드 콩도르세*, 인간 정신 진보의 연대기적 설명 개요, 파리(1792), 1988.

19 *코흐*, 독일보험학 역사, 1998; *스톨라이스*, 산업혁명과 사회보험, in: *롤란트*(편), 헌법, 사회국가의 이론과 실제, 한스 에프 차허 70세 기념논문, 1998, 1081.

20 우연치 않게 복지국가에 대한 프랑스 단어는: "신의 섭리의 국가"를 뜻한다: "예정국가"!(vorausschauende Staat)

의적 이해에 반하는 것이었다. 사회가 모든 시민에게 생계의 부담을 지고 있다는 것은 즉 그것이 노동의 제공을 통해서든, 생존보장의 수단을 통해서이든 1793년부터 아주 급진적인 자코뱅당의 요구였다! 그에 반해 이는 19세기 부르주아-자유주의 국가에 대한 이해에 상응하는 것이 아니었다. 왜냐하면 페르디난드 라샬레에 의하면[21], "부르주아지는 [...] (내 생각으로는, fasse, E. E.) 윤리적인 국가의 목적을 그렇게 이해를 하는 것으로..., 그것은 오로지 개인의 자유와 소유권을 보호하는 데에만 있다는 것이다. 이것이 야경 순찰자의 이념이다…. 왜냐하면 그것은 국가를 그 모든 기능이 강도와 절도를 예방하는 야경 순찰자의 상에서만 생각할 수 있기 때문이다."

31 여기에 덧붙여 19세기의 빈민구제 자체가 점차 불투명한 상태에 빠지게 되었다. 영국의 저작가이자 설교자인 토마스 맬더스는 빈민구제가 오히려 빈민의 숫자를 증가시킨다는 관점을 주장했는데, 이것이 그들에게 억제되지 않는 번식을 가능하게 하기 때문이라는 것이다. 맬더스의 비판은 1795년과 1834년 사이에 유효했던, 노동에 대한 의무 없이 궁핍한 자에 기본소득을 예견했던 영국의 빈민법에 해당되는 것이었다.[22] 이러한 빈민구제를 폐지하라는 그의 사회적 다윈주의에 따른 요구는 사회에서 많은 지지를 받았다. 그에 반해, 부르주아지 자유주의 전통이 보다 약하게 발전된 국가들, 즉 관헌주의적-권위주의 전통이 계속 영향을 미쳤던 국가들에서는 정의로운 사회

---

21 *라샬레*, 노동자 프로그램(1892), 1973, 42.

22 *아이헨호퍼*, 유럽에서 사회국가의 역사, 2007, 37쪽 이하; 이 요구에 대하여: *엥겔러*, 시민, 노동이 없는: 사회의 급진적인 새로운 형성을 위하여, 2005, 152, 158쪽 이하; *비더퀴스트/노구에라/반더보르프트/데 비스펠라에레*(편), 기본소득. 현대 연구선집, 2013.

질서 속에서 정치적인 생존보장에 대한 요구는 "좋은 정책(guter Policey)"이라는 큰 반향을 일으켰다.

bb) 독일에서 사회보험의 발생

19세기에 독일은 소국가 상태로 분할되어 농업적 특성을 지닌 신분사회로부터 산업사회로 변환되었고, 1871년에야 민족적 그리고 국가적인 통일을 하게 되었다.[23] 인구는 급속하고 지속적으로 증가하였고 도시화가 시작되었고, 그와 함께 집단적인 생활형태가 형성되었다. 점점 더 많은 사람들이 산업노동자가 되었다. 산업노동자의 대량 궁핍화가 세기 초에 영국과 서유럽에서 먼저 발생하였고, 독일에서도 이제 나타나게 되었다. 이에 대한 반응으로서 노동운동이 일어났다. 이것은 칼 마르크스와 프리드리히 엥겔스의 영향아래 혁명적인 프로그램을 발전시켰다. 19세기 중반 독일 정신생활의 선도적인 대변자들 게오르그 프리드리히 헤겔, 로버트 폰 몰 또는 로렌츠 폰 슈타인은 국가는 만족스럽고 균형 있는 그리고 사회적 형성자로서 작용하여야 한다고 주장하였다. 이 같은 주장을 비스마르크의 적대자이자 독일 사회민주주의의 창시자였던 페르난드 라샬레 역시 주장하였던 것이다. 그는 더 큰 평등과 사회정의의 국가적, 법적 질서를 통해 노동계급의 사회로의 통합을 목표로 하였다. 교회 역시(Kolping, Ketteler, Innere Mission: 콜핑, 케텔러, 내적 미션과 자선단체) 노동계층의 빈곤 완화에 대한 국가적 조처를 옹호하였다. 32

23 *니퍼다이*, 독일 역사 1800-1866, 1987; *페터스*, 사회보험의 역사, 1978(3판), 41쪽 이하.

33 19세기 중반에 공적 의료제도가 발전하였다.[24] 그와 병행하여 노동자들의 구제금고가 자체 이니시어티브에 의해 형성되었거나, 기업가들에 의해서 탄생되었다.[25] 그 이후 프러시아의 상공업조례는 시·군 지자체의 구제금고를 위한 보험의무 도입을 허용하였다. 1854년 프러시아에서는 광부조합에서 광부를 위한 보험의무가 수립되었다. 1871년에는 제국책임보험법(Reichshaftpflichtgesetz)이 생겨났다. 이는 사용자의 위험에 대한 책임, 즉 노동자가 기계를 다루다가 개인적 손상을 당했을 경우 책임을 정당화하는 것이다. 1870년대에 산업계와 "사회정책학회"(강단 사회주의자)의 지식인들은 국가에 의한 장애보험, 노령보험, 재해보험 그리고 의료보험의 도입을 요구하였다. 또한 프러시아의 정부관료들 역시 광범위한 사회개혁을 추진하였다. 사회보험은 기술시대에 맞는 사회공학을 창출하였다.

34 1870년대 말[26] 독일 제국은 커다란 위기(창립위기)에 빠졌다. 민족통일의 달성 이후 먼저 꽃피었던 경제가 약화기에 들어섰다. 정치적 위기가 첨예화되었다. 보호관세, 문화투쟁, 사회민주주의의 강화-제국정부는 내부의 정치

---

24 *리터*, 사회국가. 형성과 발전 국제비교. 2010(3판), 60쪽 이하; *쬘너*, 독일 국가보고서, in: 쾰러/차허(편), 사회보험 1백년, 1981, 45쪽 이하.

25 *비르코프*, 공적 건강돌봄, 의료개혁 1848, 21쪽, 37쪽, 45쪽 이하, 53쪽 이하; *동 저자*, 빈민의사, 1848, 125쪽 이하, 161쪽 이하; 인민의 질병, 의료개혁 1849, 269쪽.

26 *슈미트*, 독일 사회국가, 2012, 10쪽 이하; *아야쓰*, 사회민주주의 노동운동과 세기말 전환기까지 사회보험, in: 베커/호커르츠/텐펠데(편), 독일에서의 사회국가, 2010, 17; *하텐하우어*, 독일 법의 정신사적인 토대, 1983(3판), 243쪽 이하; 동 저자, 유럽법 역사, 2004(4판), 730쪽 이하; *스톨라이스*, 비스마르크의 사회보험. 그 성립의 정치적 제도적 조건, in: 차허(편), 사회보험의 성립과 발전을 위한 조건들, 1979, 387쪽 이하; *포겔*, 비스마르크의 노동보험, 1951; "강단사회주의"에 대하여": 참조. *바그너*, 재정학과 국가사회주의, 1887.

적 적대자의 수가 늘어나는 것을 마주하게 되었다. 1878년 한 무정부주의자가 황제암살을 시도했다. 그는 체포되었는데, 사회민주주의 당원증을 소지하고 있었다. 제국정부는 이를 사회주의를 금지하는 계기로 삼았다(사회주의탄압법). 몇년 후 황제 빌헬름 1세는 1881년 11월 17일 독일제국의회에서 다음과 같이 선언하였다.[27]

"짐, 빌헬름, 신의 은총을 받은 독일 황제이자 프로이센의 왕은 이에 공표한다.

[…]

이미 금년 2월에 짐은 확신을 갖고 공언한 바 있다. 사회적 피해의 치유는 사회민주주의의 억압에만 있지 아니하고, 노동자들 복지의 적극적인 촉진을 추구한다는 것에 있다는 것을. 그것을 짐의 제국의 의무로 간주하고, 제국의회에 이러한 과제를 새롭게 진심으로 제출하였다. 그리고 짐은 모든 성공에 대해 보다 만족스럽게, 신이 짐의 정부에 축복을 내려준 것을 뒤돌아보게 되리라. 즉, 한때 그런 의식을 갖고 우리의 조국에 새롭고 지속적인 내적 평화의 담보 그리고 도움이 필요한 자에게 더 큰 안전과 그들이 청구하는 지원이 넉넉히 이루어졌으면 하리라. 짐의 그런 것을 지향하는 노력 속에 짐은 모든 연방정부들의 동의를 확신하며, 당의 위치에 차이 없이 제국의회의 지지를 기대한다.

---

27 사회문제에 대한 최초 황제교서. 제국의회의 협의 최대 5번째 회기, I분기 1881/82, 1권, 1; 역시 노동자들의 노령-폐질보험 관련 법의 근본문제에 대한 1883년 9월 8일 테오도르 로만의 회고록; 참조. 독일 사회정책의 역사에 대한 출처 선집, 6권, 2004, 62쪽 이하; 1889년 5월 18일 제국의회에서의 오토 폰 비스마르크의 연설, 같은 곳, 666쪽.

이런 의미에서 연방정부들에 의해 전 회기에 제출된 이 법안의 초안, 즉 작업장 재해에 대한 노동자들 보험에 관한 법의 개정안이, 이에 대한 연방의회에서 착수된 협의를 고려하여, 그와 같은 새로운 자문을 준비하기 위하여 마련되었다. 보완적으로, 상공업 질병금고 제도와 같은 조직을 과제로 하는 안이 제출되었다. 또한 노령이나 취업능력이 없는 사람들 모두에게 역시, 전에 그들에게 할당될 수 있었던 것보다 높은 수준의 국가 원호에 대한 정당한 청구권을 갖도록 하였다.

이러한 원호에 대한 적절한 수단과 방법을 찾는 것은 어렵지만, 이는 기독교 인민생활의 윤리적 토대 위에 서있는 것으로, 모든 공동체의 최고 과제 중 하나이다. 우리가 희망하듯이, 이와 같은 인민의 삶의 실질적인 힘과의 연계 그리고 국가적인 보호 및 촉진 하에 조합주의적 협동공동체의 형태로 인민의 삶의 결속이 있을 경우 국가권력만으로는 같은 수준으로 대처할 수 없었던 과제를 해결할 수 있게 하는 것이다. 어쨌거나 이 길에서 그러한 목적은 상당한 수준의 비용지출 없이는 도달하기 어려울 것이다."

35 "황제교서"는 독일 사회정책을 새롭게 설정하였다. 노동자의 사회적 곤경(사회적 손실의 치유)은 노동운동의 국가적 금지에 의해서만 대처될 수 없고, 동시에 노동자의 사회적 지위를 향상시키려는 국가적인 도움이 필요한 것이다. 이러한 조치는 사회적 평화를 공고히 하는데 필수적인 것이다 (내적 평화의 시민권). 지원 대상인 재해, 질병, 노령, 장애 시에 강제적인 보험의 보호이어야만 한다. 이러한 보험은 국가기구가 아니라, 자치행정기관으로 조직되어야 한다. 그것은 분명하여야만 한다. 국가는 더 높은 위치에 있는 계층만이 아니라, 노동자를 보호한다. 이상만이 아니라, 실질적인 이익이 시민을 국가에 결합시킨다. 대량 이주와 도시화에 직면하여 빈민구제의 본적지주의에 더 이상 머무를 수 없게되어 이것은 재해, 질병, 노령, 계절노동이나 실

업으로부터 초래되는 궁핍한 상황을 전체적으로 보호할 수 없었다.[28]

교서에 따른 조치가 실행되었다. 1883년 질병보험, 1884년 재해보험, 그리 36
고 1889년 노령 및 장애보험이 만들어졌다. 연금보험들은 요양기관과 병원을 창출하였고 그와 함께 건강을 촉진하였으며, 노동자의 의료공급을 개선하였다. 이는 많은 국가들에게 본보기가 되었다. 왜 독일은 사회보험을 실시한 최초의 국가가 되었는가?[29] 이것은 우선 제국의 정치적인 불안정성에서 설명된다. 10년 전에 이루어진 공동체는 내적으로 공고하지 않았고, 내부 정치적 적대자들과의 갈등을 과거의 공고한 국민국가에 존재하는 전형적인 여유를 갖고 고집할 수 없었다. 사회보험은 산업노동자, 즉 새로운 국가의 번영의 토대를 창출했던 그들을 제국에 충실하게 하여야 했다. 나아가 독일에서는 자유주의 전통이 다른 나라보다 약하게 형성되었다. 예로부터, 독일에서 국가는 자유와 평등 실현의 외적인 틀을 창출하는 것에 국한되지 않고, 항상 사회적 질서를 적극적으로 형성하고자 하였다.[30] 그 외에 독일에서는 혁명적인 전통이 결여되어 있었는데, 근본적인 변화는, 즉 19세기 초의 자유주의적 원칙의 관철 역시 개혁으로 후퇴하였다. 국가는 항시 기존 사회적 경제질서의 보장자가 되었던 것이다. 사회보험에서 "위로부터의 개

---

28 *리터*, 독일과 영국에서의 사회보험, 1983, 28-36.

29 *리터*, 사회국가. 형성과 발전 국제비교 2010(3판), 60쪽 이하: *스톨라이스*, 비스마르크의 사회보장. 그 형성의 정치적, 제도적 조건들, in: 차허(편), 사회보험의 성립과 발전을 위한 조건들, 1979, 387쪽 이하; 쬘너, 독일 국가보고서, in: *쾰러*/차허(편), 사회보험 1백년, 1981, 45쪽 이하; *헬코*, 영국과 스웨덴에서의 현대 사회정책, 1974, 사회정책은 그곳에서 "기술의 대용"으로 (68) 정의된다; 301쪽 이하: 영국과 스웨덴에서 역시 관료주의가 사회정책의 발전을 위하여 중요했다.

30 *마이어*, 고전 독일 국가학 및 행정학론, 1980(2판)

혁"이라는 독일의 전통이 새롭게 표현되었다. 19세기 말, 무수한 새로운 공적 시설들이 형성되었다. 상수관과 하수관, 전기, 통신 그리고 가스관, 주택 및 도로건설, 철도 및 전차로 그리고 목욕시설 등. 거기에 현대적 기술에 바탕을 둔 서비스 사회(Dienstleistungsgesellschaft)가 최초의 모습을 드러냈다. 역시 사회보험도 포함되었다.

cc) 다른 나라의 사회정책 발명품들 – 20세기 사회보험의 국제적 확산

37 이른바 독일의 재해보험은 1차 세계대전 전 몇몇 인근 국가들에 의해서 (오스트리아-헝가리, 룩셈부르크, 벨기에, 네덜란드) 받아들여졌다.[31] 다른 나라들은 사회적인 문제에 대해서 그 자신의 독자적인 답을 찾고자 하였고, 거기에서 새로운 모습들이 나타나게 되었다. 이것은 사회보험에 대해 경쟁관계에 있었고, 그 기법은 새로운 과제영역으로 뻗어나갔거나 혹은 그 과제와 내용을 새롭게 정의하게 되었다. 덴마크는 1890년대에 일반 조세재원에 의해서 조달되는 모든 주민에게 지급되는 노령연금과 의료보험을 도입하게 되었다. 아직 1차 세계대전 전에 영국은 최초의 공적 의무 실업보험을 창출하였다.[32] 이런 예를 따라, 1차 세계대전 이후에 이탈리아(1919년)와 독일(1927년)이 뒤따랐고, 반면 다른 나라들은 임의의 실업보험을 공적으로 보조하였다. 1920년대 벨기에와 프랑스에서는 임의적인 기반의 가족급여보상이 생

---

31 *차허/쾰러*, 사회재판 1981, 420쪽 이하; *림링어*, 사회보험의 출현: 1914년 이전 유럽의 경험, in: 쾰러/차허(편) 사회보험의 역사와 현재 상황에 대한 논문, 1983, 111쪽 이하; *아이헨호퍼*, 유럽에서 사회국가의 역사, 2007, 45쪽 이하.

32 *오구스*, 영국 국가보고서, in: 쾰러/차허(편), 사회보험 1백년, 1981, 269, 327쪽 이하.

겨나게 되었다.[33] 부양 자녀가 있는 가족은 가족에 합당한 보상에 대한 가톨릭 사회교리의 요구를 충족시키기 위하여 지원되어야만 했다. 1930년대 초 가족급여보상이 벨기에, 프랑스, 이탈리아에서 도입되었다.

1차 세계대전 이후에 오스트리아-헝가리제국의 후계국가들(오스트리아, 헝 38
가리, 체코슬로바키아)과 그 영토의 일부를 넘겨받은 국가들(폴란드, 루마니아, 유고슬라비아, 이탈리아)에서 종래의 사회보험이 계속되었다. 그와 마찬가지로 전에 독일에 속했으나, 베르사이유 조약 이후 떨어져 나간 프랑스 영토부분(알사스-로렌)과 폴란드(동북부 슐레지엔, 포젠지방) 그리고 단찌히 등에서 사회보험이 계속 유효했다. 이전의 오스트리아-헝가리 또는 독일에 속했던 지역에서 사회보험의 적용을 제한하는 것은 장기적으로 불가능했다. 이에 1920년대에서 1930년대까지 위에서 언급된 국가들은 사회보험을 전 국가지역으로 확대하였다.[34]

사회보험은 추가적인 추동력을 세계경제위기 시(1929~1935)에 얻게 되었 39
다.[35] 뉴욕증시에서 주식의 갑작스런 폭락의 결과 1930년대 초에 모든 공업국가에서 경제적 붕괴가 일어났다. 국제무역은 보호주의 추세 속에 급감하였고, 생산성은 극적으로 감소하였으며, 가격이 하락하였고 수백만의 사람들이 일자리를 잃게 되었다. 독일에서는 아돌프 히틀러가 권력을 장악하였다. 미국에서는 1932년 가을 프랭클린 D. 루즈벨트가 압도적인 선거승리를

---

33 *생-주르*, 프랑스 국가보고서, in: 쾰러/차허(편), 1981, 181, 231.

34 *네프*, 양차 세계대전 사이의 발전, in: 쾰러/차허(편), 사회보험의 역사와 현재 상황에 대한 논문, 1983, 125쪽 이하; *리터*, 사회국가. 성립과 발전 국제비교, 2010(3판), 87쪽 이하; *생-주르*, 프랑스 국가보고서, in: 쾰러/차허(편), 1981, 181, 225쪽 이하.

35 *아이헨호퍼*, 미국에서의 사회보장법, 1990, 52쪽 이하, 73쪽 이하.

쟁취하였다. 짧은 기간 내에 그는 미국의 경제 사회 질서를 근본적으로 변화시켰다. 그의 대통령 재임 시 1935년에 사회보장법이 만들어졌다. 이 법은 모든 노동자의 연금과 실업보험에 대한 가입의무를 부과하였다. 루스벨트는 제2차 세계대전 동안 사회보장의 국제적 확산에 적극 참여하였고, 모든 나라에서 그 도입이나 심화가 연합국의 전쟁목표가 되었다(위 방주 8 참조). 현대 산업사회에서 민주주의와 시민의 자유는 오로지 사회보장이 확보될 때만 보존될 수 있기 때문이다.

40 사회법의 발전은 추가적인 중요한 추동력을 윌리엄 베버리지를 통해 얻게 되었다. 그는 20세기 초 영국에서 실업보험을 발전시켰다. 더 나아가 그는 1940년대 초 세계적으로 존중 받는 보고서 "사회보험과 관련 서비스"를 집필하였다.[36] 여기서 그는 인권으로서 사회보험제도의 도입을 찬성하였고, 모든 사람에 대해 인정된 사회적 위험에 대해 동일하게 수요를 충족시키는 급여를 보장하고, 소득비례에 의한 기여에 의해 재정 지원되는 사회급여제도를 공언하였다(보편성, 포괄성, 적합성의 원칙).

41 전쟁 직후 이러한 이념은 영향력이 컸다. 경제 재건 과정에서 많은 나라에서 사회보험은 신설되고 확장되었으며, 사회법 체제로 계속 발전하였다. 탈식민화(1960)이래 여기에 개발도상국들이 참여하게 되었다(아래 방주 104 이하 참조).

c) 독일 사회법의 발전

---

36 *베버리지*, 사회보험과 관련 서비스, 1942, 1974 재판; 베버리지에 대해: *해리스*, 윌리엄 베버리지, 1977; *아사 브릭스*, 역사적 전망 속의 복지국가, 2 (1961) 유럽사회학저널, 221 그리고 이어서(et esq).

aa) 독일에서 사회보험의 구축

의료보험은 1850년 이후 형성된 질병금고 위에서 건설되었다. 법은 모든 산업노동자들을 위해 보험의무를 두게 하였고, 이전의 사적인 구제금고를 공적 법인으로 격상시켰다. 이 지원금고에 대한 기여액은 그 당시에 노동자가 2/3, 사용자가 1/3을 부담하였다. 지출비용은 절대적으로 임금보전(90%)으로 그리고 약간만이 건강상의 치료(10%)에 사용되었다.[37] 42

재해보험은 위험 책임에 대한 대안으로 모든 기업에 확산되었다. 이것은 43
1870년대 제국의 책임보험법을 통해서 철도에서 촉발된 피해에 대해 도입되었다. 재해보험은 독립적인 보험자(산재보험조합)에 의한 공법적 보장에 기반한 것이다. 비스마르크에 의해서 시도된 하나의 국가기관에 의한 위탁은 성사되지 않았다.

폐질과 노령보험은 70세가 되는 시점으로 규정되었고, 이것은 초기에는 생계보조금에 국한하였다. 그 이외에 폐질 시 급여가 보장되었다. 이는 평균 소득능력의 1/6이하인 자에 정해졌다. 사용자와 노동자는 그 비용에 대해 균등하게 계산된 기여액이 부담되었다. 제국은 보조금을 부담하였다. 보험자는 주 보험청이 되었다.

뒤이은 10년 간[38] 보장의 팽창으로 이어졌다. 1차 세계대전 전에 의사들의 44

---

37 *슈미트*, 독일 사회국가, 2012; *에르트만*, 독일 사회입법의 발전, 1957(2판); *하에렌델*, 독일 법정 연금보험의 초기. 제국 행정부, 연방상원과 하원간의 긴장 영역에서 1889년 폐질 및 연금보험, 2001; *텐스테트*, in: 연방사회법원 60년 기념논문집, 73쪽 이하, *쵤너*, 독일 국가보고서, in: 쾰러/차허(편), 사회보험 1백년, 1981, 45, 83쪽 이하, 92쪽 이하; *바나가트*, 사회보험법 교과서, 1권, 1965, 61쪽 이하.

38 *헨라인/텐스테트*, in: 사회법 핸드북, § 2 방주 15쪽 이하; *마네스*, 사회보험, 1912, 3판; *스티어-좀로*, 노동자보험법, 1906; *바나가트*, 사회보험법 교과서, 1권, 1965, 76

"대변"기구로서 하르트만 연합이 형성되었다. 1913년 최초로 의료보험조합과 의사협회가 의료보험 피보험자 급여보장의 조건에 대해서 합의하였다. 재해보험 보험자는 하나의 중앙협회로 결집되었다. 사무직보험법 (1913)에서 연금보험이 사무직에게 확대되었고, 이를 위한 그 자체의 보험자(사무직을 위한 제국보험청)가 설치되었다. 이미 1차 세계대전 전에 사회입법은 전체적으로 개괄하기가 어려웠다. 그래서 노동자 사회보험 모든 분야에 대한 규정의 법전화가 요구되었다. 이러한 노력이 보험감독의 통일로 된 1911년의 제국보험령(RVO)[39]으로 이어졌다.

bb) 1918년 이래: 사회법적 보호 확대

45 1차 세계대전과 함께 사회법적인 주제가 확대되었다. 전쟁과 전후시기는 새로운 사회적 문제를 던졌고, 이것들은 그 이후 시기에 작업되어야만 했다.[40] 원호법은 제국대통령 긴급명령(1924)(방주 533)을 통해 조율되었다. 원호수급자들은 더 이상 더 그들의 시민권을 상실하지 않게 되었다.[41] 의료보험에서는 치료의 제공과 진료소가 증가하였고 1930년대 초에 보험의(사) 법이 형성되었다. 재해보험에서는 통근재해(1925년)와 직업병이 추가적인 보험사

쪽 이하.

39 *푹스*, 최초의 사회법 법전화로서 제국보험령, in: 헬름홀쯔/미카트/뮐러/스톨라이스(편), 법의 기초, 페터 란다우를 위한 기념논문집, 2000, 883.

40 *복스*, 바이마르공화국에서의 사회보험, 1981; *아이헨호퍼*, 사회재판 2018, 664; *헨라인/텐스테트*, in: 사회법 핸드북, § 2 방주 24쪽 이하; 학술적인 학문으로서 사회법의 발전에 대하여, 참조. *스톨라이스*, 독일 공법의 역사, 3권(1999), 216쪽 이하.

41 *뷔트너*, 바이마르, 과부하 된 공화국, 1918-1933, 2008, 369쪽 이하.

고로 도입되었다. 최초의 부진정 재해보험 항목이 나타났다. 연금보험은 전쟁과 인플레이션에 의해 적립방식에서 부과방식으로 전환되었다.

전쟁은 전쟁피해자들, 전사자의 유족들을 보장해야만 하는 문제를 던졌다. 46
이로부터 전쟁희생자 부양법이 형성되었다.[42] 1차 세계대전 이후 발생한 대량실업은 실업자 원호의 확대로 이어졌다. 이것은 먼저 시·군에 부과되었고 그 비용에는 제국(1/2)과 주(1/3)가 참여하였다. 1920년대 중반 노동자와 사용자가 이와 같은 원호의 재정지원에 참여한 이후에, 1927년 제국은 직업알선과 실업보험을 사회보험의 새로운 영역으로 창출하였다.[43] 이러한 과학적 학문으로서 사회법은 여러 대학에서 보험법, 경찰법 및 상법 또는 집단적 노동법으로부터 발전하게 되었다.[44]

사회보험은 국가사회주의(1933~1945)에서 계속되었다.[45] 그럼에도, 반대자의 47
차별과 사회보험에서 유대인이 배제되었다. 그 외에도 사회보험의 특징인 피보험자의 자치행정이 폐지되었고, 총통원리에 따른 지도와 조직으로 대체

---

42 *노이너*, 정치와 심리치료, 2011.

43 *베녀어*(편), 근대 독일 법 역사에서 직업소개와 실업부양, 1991. 이것은 강력한 사회지출의 증가로 이어졌고, 조세와 기여금의 분명한 상승을 수반하였으며, 바이마르 공화국에서의 사회국가에 대한 토론에로 이어졌다: 아이헨호퍼, 사회법, 2017. 2쪽.

44 *미케식*, 과학적인 학문으로서 사회법, 2002.

45 *알리*, 히틀러의 인민국가, 2007; *폰 미구엘*, 독재와 민주주의에서 사회보험, 2007, 188쪽 이하; *헨라인/텐스테트*, in: 사회법 핸드북, § 2 방주 52쪽 이하; *폰 미구엘*, 연방사회법원 60년 비망록, 119쪽 이하; *스톨라이스*, 사회보험과 개입국가 1881-1981, in: 독일 사회법원연맹, 독일 사회보험 1백년, 1982, 60쪽 이하; *슈미트*, 독일 사회국가, 2012, 12쪽 이하; *바나가트*, 사회보험법 교과서, 1권, 1965, 87쪽 이하; *쾰너*, 독일 국가보고서, in: 쾰너/차허(편), 사회보험 1백년, 1981, 45, 127쪽 이하.

되었다. 사회다윈주의적이며[46] 오이겐적인 학설[47]들의 영향력이 컸다. "반사회적인" 것은 경멸되었고 범죄시 되었으며 살해되었다.[48] 그리고 "인종주의적인" 목적에 봉사하는 의료제도가 설정되었다.[49] 장애인들은 "쓸모없는" 것으로 여겨졌다고, 중증장애인들은 – 무엇보다 어린아이들 – 살해되었다. "인민동지"를 위한 사회보험입법은 더욱 더 확대되었다. 1938년에는 자영업 수공업자, 추가적인 자영인 그룹들이 사회보험에 포함되었고, 1941년에는 연금생활자들이 의료보험에 포함되었다. 그 이외에 모성들은 자녀의 출산 시 소득보상을 받게 되었다.

cc) 1945년 이후: 사회보장 표지 내 사회법

48 1945년 이후 사회입법은 엄청난 비약을 이루었다.[50] 사회보험의 지속된 발

---

46 삶이란 보다 강한 자가 관철시키고, 약한 자가 굴복한다는 점에서, "생존에 대한 투쟁"에서 살아남는 것이라 불리운다.

47 인간의 속성이 여러 민족(인종) 간에 상이하게 형성된다는 세계관.

48 *아야쓰*, 국가사회주의에서 "반사회적인 것", 1995.

49 *스톨라이스*, 독일에서 사회법의 역사, 2003, 184쪽 이하.

50 *아칭어*외, 사회급여의 재편, 1955; *바르톨로메*(편), 1945년 이후 사회정책, 1977; *복스*, 사회보장법의 기초와 그 개혁, 1995; 연방 노동과 사회질서부 및 연방기록실(편), 1945년 이래 독일 사회정책사, 11권, 2001년 이래; *호커르트*, 전후 독일에서의 사회정책적인 결정, 1980; *동 저자*, 연방사회법원 60년 비망록, 139쪽 이하; *헨라인/텐스테트*, 사회법 핸드북, § 2 방주 75쪽 이하; *차허*, 40년 사회국가 – 법적 질서의 중점사항, in: 차허/블륌, 40년 사회국가 독일연방공화국, 1989, 19쪽 이하; *슈미트*, 독일사회국가, 38쪽 이하; *차허*, 독일 연방공화국에서의 사회정책의 기초, in: 연방 노동과 사회질서부 및 연방기록실(편), 1945년 이래 독일의 사회정책 역사, 1권(사회정책의 기초), 2001, 333쪽 이하.

전 외에 전쟁과 전쟁의 결과들은 무수한 추가적인 사회법안의 계기가 되었다. 독일연방공화국 건국초기에 전쟁희생자들의 경제활동에 포괄적인 참여가 있었다. 그 이외에 박해받은 자와 추방된 자들이 보상되었다. 의료보험에서는 전체 비용에서 서비스부문이 소득대체를 희생으로 성장하였다. 입법은 질병 시에 사용자들에게 임금계속지불 의무를, 처음에는 사무직을 대상으로 – 그리고 뒤에는 모든 노동자를 대상으로(1969) 지도록 하였다. 재해보험 외에 사회적 보상이 형성되었다. 연금보험은 1957년에 근본적인 새로운 방향을 경험하게 되었다. 연금생활자들에게 경제기적에 참여하도록 하기 위하여 연금이 생활수준을 보장토록 하고, 연금생활자들이 취업자들의 경제성장에 참여하도록 하였다. 1960년대 후반에 사회적 촉진법(아동수당, 직업훈련촉진, 고용촉진)이 발전되었다. 1970년대 이래 여러 사회보장법들이 하나의 법전 – 사회법전 – 으로 편찬되었다(아래 방주 167이하 참조.).

dd) 사회법에서 독일의 분단과 재통일

사회법 역사는 독일 분단 수십 년 동안(1949~1990) 서와 동에서 상이한 발 49
전을 하게 되었다. 이미 1945년 직후에 그 길이 나뉘게 되었다. 독일에서 두 국가의 수립과 함께(1949년) 여기에서 두 개의 상이한 사회보장 제도가 발전하게 되었다. 서쪽진영에서는 종래의 조직적으로 나뉘어 진 사회보험이 건설되었던 반면, 소련진영은 소련점령군의 상당한 영향아래, 그런 의미에서 철저히 그 시기 국제적인 중심모델(베버리지) 하에서 사회보험의 모든 분야를 위하여 조직적으로 통일적인 시스템을 창출하였다. 의료보험은 바로 공적인 의료서비스로 대체되었다.

50 독일민주공화국(DDR, 동독)[51]은 사회보장의 체계를, 전체적으로 사회보장이 가능하도록 하는 경제정책의 종속적인 부분의 하나로 파악하였다. 실업보험은 더 이상 구축되지 않았지만, 시·군 단위의 실업자 원호는 계속 존재하였다. 그 대신에 1945년에서 1952년 사이에 국유화 된 기업들은 실업자들을 고용해야만 했다. 주거공간의 임대는 법적으로 제한되었다. 주택시장 대신 주거공간의 배분이 존재했고, 토지는 국유화되었다. 주택재고는 시·군 행정이나 신탁으로 넘어갔다. 생필품 가격은 국가에 의해 정해졌다. 단계적으로 전체경제가 계획을 통해 조종되었고 사회정책적인 목적의 의무가 부여되었다. 기초 생필품과 집세는 저렴하였는데, 왜냐하면 보조가 많이 되었기 때문이었고, 모든 사람을 위해서 – 어쨌든 단순한 – 일자리는 존재하였다. 이러한 보장은 확실히 생필품 선택의 여지가 거의 없이, 매우 협소하거나 현대화되지 않은 주거관계와, 대량의 비생산적이고 매력 없는 일자리의 대가로 얻어진 것이었다.

"이러한 사회정책적으로 봉사하는 경제정책"에서 사회보장이란 실질적으로 노인, 취업불능자들을 위해서 연금을 마련해주는 것이자 전 국민을 위한 의료서비스를 보장하는 것이다. 취업자를 위한 연금은 낮은 액수에 머물렀는데 이것은 기여금의 산정한도가 1950년대 기준(1개월당 600마르크)에 동결되었기 때문이다. 반면에 평균소득은 곧 이러한 한도를 초과하여 상

---

51 *키리우스*, 프로섹트: 통일보험, 2008; *호커르트*, 독일 사회국가성의 세 가지 길, in: 룰란트/마이델/파피어(편), 헌법, 사회국가의 이론과 실제, 차허를 위한 기념논문, 1998, 267; *호프만*, 소련점령지역/동독에서의 사회정책적 재편, 1996; *로만*, 독일민주주의공화국, in: *차허*(편), 법적 비교에서의 노후보장, 1991, 193; *슈멜*(편), 독일 통일과정에서의 사회정책, 1992; *슈미트*, 동독의 사회정책, 2004; *동 저자*. 독일 사회국가, 2012, 49쪽 이하.

승하게 되었다. 더 많은 연금은 단지 국가공무원들을 위한 부가 및 특별부양을 위해서만 규정되었다. 반면, 연금은 피보험자 다수에게 오로지 최저생계수준만을 충족했다. 1971년에는 소득의 더 많은 부분을 대체하는 임의의 부가보험이 도입되었다.

그에 반해서 실업, 재해보험은 반드시 필요하지는 않은 것으로 생각되었다. 이것은 노동의 권리로 여겨졌는데, 기업들은 생산력이 낮은 노동자를 고용해야만 했다. 사회적 원호는 역시 큰 의미를 갖고 있지 않았는데, 기업들에게 사회적 배려의 많은 과제가 부과되어졌기 때문이었다. 사회적 원호는 고전적인 빈민경찰에 더 가까워, 반사회적인 사람들에[52] 대한 구제와 촉진보다도 그 통제와 투쟁에 더 의무가 있었다.

독일연방공화국[53]은 성장한 사회보험의 조직을 이어 받았다. 하지만 그 내용 51
은 여러가지로 계속 변화되었다. 1957년 연금개혁은 연금생활자들에게 보험료납부자들의 상승하는 평균소득에 맞추어 참여를 보장하였다. 연금보험에 포함되지 않은 자영업자들에 대해서는 독자적인, 직업신분에 맞는 노

---

52 *코르쩰리우스*, 소련점령지역/동독의 법에서 "반 사회적인 것"과 "기생충들", 2005; *빈트뮐러*, 강제없이는 인도주의는 존재할 수 없다 … 동독에서 "반 사회적인 것", 2006; *히르쉬*, 동독의 범죄학 및 형법에서 "사회적으로 탈통합적인" 범법자의 유형, 2008.

53 *연방 노동 및 사회질서부와 연방기록실*(편), 1945년 이래 독일 사회정책의 역사, 11권, 2001년 이래; *눌마이어*, 연방사회법원 60년 비망록, 181; *슈미트*, 연방사회법원 60년 비망록, 221; *슈멜*, 독일에서의 노후보장정책, 2018; *스톨라이스*, 독일 연방공화국에서 사회정책의 역사적 기초, in: 연방 노동 및 사회질서부와 연방기록실(편), 1945년 이래 독일 사회정책의 역사, 2001, 199쪽 이하; *차허*, 독일 연방공화국에서 사회정책의 기초, in: *연방 노동 및 사회질서부와 연방기록실*(편), 1945년 이래 독일 사회정책의 역사, 1권(사회정책의 기초), 2001, 333.

령 및 장애보장이 형성되었다. 법정 의료보험은 효율적이나, 값비싼 건강관리 체계로 지속 발전되었으며, 민간 보험회사의 강력한 경쟁에 노출되었다. 실업보험은 적극적인 노동시장정책에 전념하였다. 전쟁희생자를 위한 사회보상이 구축되었고, 범죄피해자 희생자를 위한 보상이 생겼다. 유사하게 소득 취약자들의 주택공급을 위한 국가보조, 저소득가족 출신 학생에 대한 장학금지급, 모두를 위한 보편적 아동수당 등이 도입되었다. 사회부조는 법적 청구권을 갖는 차등적인, 수요에 따른 사회급여 체계로 발전하였다. 사회정책은 경제정책에 대한 수정으로 이해되었다. 경제정책은 경제적 목적에 이바지하는 대신 – 즉, 자원의 합리적 사용과 경제적 성장의 발전에 기여하는 목적– 시장경제과정에서 그들의 수요를 적절하게 충족시킬 수 없는그런 사람들의 생존기반의 보장이라는 사회정책은 경제정책에는 생소한 목표가 되었다.

52 두 독일 국가의 통일은 두 단계로 완성되었다.[54] 먼저, 1990년 7월 1일에 독일연방공화국과 독일민주공화국 사이에 "화폐, 경제 및 사회연합"이 수립되었다. 동독지역에 법적 지불수단으로 독일마르크가 도입되었다. 이와 함께 영업의 자유(경제연합)가 서독의 노동 및 사회법(사회연합)이 도입되면서 실현되었다. 두 번째 단계는 두 개의 독일 정부 사이에 합의된 통일조약이다. 이것은 1990년 10월 3일까지 완성된 통일의 방식, 이른바 동독과 서독의 법적 조정을 확정하였다. 거기에서 서독의 사회법이 "편입 지역"에 어떻게 이전되어야 할지 규정되었다. 동독의 법에 따라 획득된 권리에 대해서는

---

54 *리터*, 통일의 위기? 사회사를 위한 기록 2007, 163쪽 이하; 동 저자, 독일연금보험 2007, 696.

연금전환법(RÜG)이 적용된다. 부가부양 및 특별부양은 정지되었고, 그에 근거한 권리는 연금보험에 이양되었다. 그 다음 수십 년 간 – 일자리 상실과 경제의 포괄적인 새로운 방향전환에 의해 – 사회법적 지원의 필요가 증가하였다. 그로 인해 공공부채, 조세 그리고 기여금이 증가하였다. '그 십 년대 말' 통일된 독일은 경제위기에 빠졌고, 노후보장(방주 296)과 고용촉진(방주 478)의 개혁으로 이어졌다.[55]

참고문헌

Becker/Hockerts/Tenfelde(편), Sozialstaat Deutschland, Geschichte und Gegenwart, 2010; *Benöhr*(편), Arbeitsvermittlung und Arbeitslosenversorgung in der neueren deutschen Rechtsgeschichte, 1991; *Beveridge*, Social Insurance and Allied Services, 1942(reprinted 1974); *Bogs*, Die Sozialversicherung in der Weimarer Demokratie, 1981; *Bundesministerium für Arbeit und Sozialordnung und Bundesarchiv*(편), Geschichte der Sozialpolitik in Deutschland seit 1945, ab 2001, 11권.; *Carius*, Projekt: Einheitssozialversicherung. Entstehung der einheitlichen Sozialversicherung in der SBZ/DDR von 1945 bis 1952 am Beispiel Thüringens, 2008; *Eichenhofer*, Recht der sozialen Sicherheit in den USA, 1990; *동 저자*, Geschichte des Sozialstaats in Europa – Von der „sozialen Frage" bis zur Globalisierung, 2007; *Fischer*, Armut in der Geschichte, 1982; *Geremek*, Geschichte der Armut, 1988; *Hänlein* SRH(사회법 핸드북) § 2; *Hentschel*, Geschichte der deutschen Sozialpolitik 1880–1980, 1983; *Hockerts*, Sozialpolitische Entscheidungen im Nachkriegsdeutschland, 1980; *Hoffmann*, Sozialpolitische Neuordnung in der SBZ/DDR. Der Umbau der Sozialversicherung 1945–1956, 1996; *Köhler/Zacher*(편), Ein Jahrhundert Sozialversicherung in der Bundesrepublik Deutschland, Frankreich, Großbritannien, Österreich und

---

55 *호이저만*, 대륙유럽에서의 복지개혁의 정치. 어려운 시기의 현대화, 케임브리지대학출판부 2010, 47쪽 이하 계속; *실러*, 독일에서의 복지국가 체제전환의 정치 – 아직까지 반 주권 국가? ; *아이헨호퍼*, 활성화 복지국가의 법, 바덴-바덴, 2013.

der Schweiz, 1981; *동 저자*, Beiträge zu Geschichte und aktueller Situation der Sozialversicherung, 1983; *Mikesic*, Sozialrecht als wissenschaftliche Disziplin, 2002; *Reidegeld*, Staatliche Sozialpolitik in Deutschland, 2006(2판); *von Miquel*(편), Sozialversicherung in Diktatur und Demokratie, 2007; *Ritter*, Der Sozialstaat, Entstehung und Entwicklung im internationalen Vergleich, 2010(3판); *Sachße/Tennstedt*, Geschichte der Armenfürsorge in Deutschland, 1980–1998, 3 ; *Schewe, Dieter*, Geschichte der sozialen und privaten Versicherung im Mittelalter in den Gilden Europas, 2000; *Schmidt*, Sozialpolitik der DDR, 2004; *동 저자*, Der deutsche Sozialstaat: Geschichte und Gegenwart, 2012; *Stolleis*, Geschichte des Sozialrechts in Deutschland, 2003; *Tennstedt*, Sozialgeschichte der Sozialpolitik in Deutschland, 1981; *Schmähl*, Alterssicherungspolitik in Deutschland, 2018; *Zacher*(편), Bedingungen für die Entstehung und Entwicklung von Sozialversicherung, 1979.

제3장 사회법의 경제적 의미와 미래

사회법은 사회급여를 규율하고 현금의 이전과 서비스 및 현물의 제공을 가능하게 한다. 이것이 사회적 사전대비에 기초하여 제공된다면 사회법은 주는 것과 받는 것을 규율한다. 사회적 보상, 촉진 또는 부조 목적의 사회급여가 보장되는 한 사회법은 주는 것을, 그리고 세법은 받는 것을 지정한다. 사회법은 소득의 이전 및 서비스와 현물의 제공을 규정한다. 이에 기본적인 사회법의 경제적 의미가 있다. 이것이 어떠한 전체 경제적 영향력이 있는지(a), 그 분야가 어떤 경제적 의미를 갖는 지(b), 그리고 그것이 어떻게 그 경제적인 미래에 관련되는지(c) 를 묻는다. 53

a) 총 경제적 효과

사회법은 주민 내 연대단체 간의 재분배를 조성한다. 주민 내에서 재분배는 조세부담과 사회법적 보장에 근거한다. 조세에서 세법은 누가, 어떻게, 언제 그리고 얼마나 많이 세금을 내며, 사회지출의 재정지원에 기여하는지를 규정한다. 간접과세에서 거래 과정이 재정지원에 관련되고, 직접과세에서는 그 부담은 개개인의 경제적 부담능력에 따른다. 이에 대해서 누진세가 전형적 54

인데 소득이 상승하면 세율이 상승하고, 그와 함께 납부의무자의 소득에 대한 세금의 몫이 상승한다.

연대단체 간 재분배는 기여의무자에게 부담은 그 지불능력에 따라서 이뤄지고, 급여는 수급권자의 필요에 따라 인정된다. 그 필요는 개별적 – 구체적이거나 또는 일반적 – 추상적으로 규정될 수 있는데 전자는 서비스 및 현물급여를 특징짓고, 후자는 현금급여를 나타낸다. 누진적인 부담이 되는 직접과세와 비교하여 연대단체 간의 부담은 직선적으로 이뤄진다. 왜냐하면 기여률이 고정적이며, 그에 반해 세율은 소득에 따라 변동되도록 맞춰진다 – 사회보험에서 지출비중은 **고정적**인 반면, **누진적** 과세에서는 이와 달리 상승한다.

55 독일의 사회예산은 2016년도에 9,538억 유로로 국민총생산의 29%에 달하였다. 독일의 사회급여율은 시장에서 얻어진 모든 경제적 성과로서의 전체 국민 총생산액에 대한 사회지출의 몫을 뜻한다.[1] 독일은 이 점에 있어 여러 국가들 중 선두 자리를 차지하고 있다. 이른바 중요한 **무역파트너**(미국, 일본, 영국, 캐나다, 스위스)들의 사회급여 비율은 부분적으로 독일보다 현저히 낮다.[2] 유사하거나 또는 보다 높은 사회급여 비중은 독일의 인접국가들이자 중요한 무역 파트너들인 덴마크, 프랑스, 이탈리아, 네덜란드, 오스트리아 또는 스웨덴 등이 보이고 있다.

56 사회급여는 모든 선진 경제에서 하나의 기초적인 입지 요인이 되었다. 주어진 어떤 시점에 국민경제의 모든 **사회적 비용**은, 직전 시점의 경제적 수입으

1 *독일 통계연보 2018*, 2018, 8.1, 236쪽.

2 *OECD*, 사회, 고용 및 이주 워킹페이퍼 124호(2011), p. 17.

로부터 징수되는 – 그것이 기여금, 조세 또는 자본소득에 의해 재정지원 되든 모두 같은 – 것이기 때문이다.[3] 그 때문에 사회급여로는 직접 그 직전에 생성된 것만이 분배될 수 있다. 사회정책은 그래서 전체 공동체의 경제적 능력에 의존하는 것이다. 이것은 새로운 것이 아니라 늘 그래왔다!
사회정책을 위해서나 그 반대 경우에도 타당한 것이, 한 국민경제의 경제적 57
인 능력은 사회정책에 의해서 촉진된다 – 이것은 부담일 뿐만 아니라 동시에 수요를 촉진하고, 그와 함께 경제활동을 촉진하는 것이다. 사회정책은 자극을 주며 투자를 의미하는 것이다.[4] 현금급여는 수급자에게 상품과 서비스의 수요를 할 수 있도록 한다. 사회정책은 그와 함께 생산과 노동을 촉진하고 소득의 획득에 기여한다. 서비스와 현물급여가 주어지는 한, 사회서비스 제공자는 지불을 보장한다. 사회법은 인프라를 창출하고 "사회적 자본"을 만들어내고 역시 경제적 활동을 촉진하며,[5] 사회정책은 노동력의 건강유지와 숙련에 기여한다. 그래서 사회정책과 사회법은 모든 시장경제질서의 통합적인 요소이다.[6]

효과적이고 자유로우며 능률적이고 수요지향적인 경제질서로서의 시

---

3 *마켄로드*, 하나의 독일 사회계획을 통한 사회정책개혁, in: *알브레히트*(편), 동서간의 베를린 경제, 1952, 41: "이제 모든 사회지출은, 언제나 현재 기간의 국민소득에서 충족되어야 한다는 단순하면서도 명확한 문장이 유효하다".

4 *아칭어*, 사회의 정책으로서 사회정책, 1979, 3판, 53쪽 이하.

5 *슈멜*, in: 사회법 핸드북, § 4 방주, 148쪽 이하.

6 *오이켄*, 경쟁질서의 정치: 사회정책, in: 퀼프/슈라이버(편), 사회보장 1971, 35쪽 이하; *리프만-카일*, 사회정책의 경제이론, 1961; *티트마이어*, 시장경제와 사회적 이념, in: 폰 마이델/칸넨기써(편), 핸드북 사회정책, 1988, 104; *차허*, 사회법과 사회적 시장경제, in: *동 저자*, 사회법에 대한 논문, 1993, 166쪽 이하.

장경제는 사회법을 위한 전제를 창출하는 것이며, 이것은 사회법적인 재분배를 가능하게 하는 것이다. 경쟁을 통해 자유로운 가격의 형성을 가능하게 하고 소비자에게 귀속이 되는 경제성 보너스혜택을 준다. 시장경제는 그렇게 교환의 정의(iustitia commutativa)를 촉진한다. 교환의 정의 아래 깔린 자유를 통해 그것은 경제발전의 투명성, 새로운 생산과 생산자를 허용하고 그리고 시장의 경쟁력이 없는 공급자의 배제를 강제한다.

58 시장경제는 이와 함께 가능한 최상의 공급을 보장하며, 이는 높은 가치이다. 그러나 이것이 경제활동을 통해 이루어진 것에 대한 최상의 분배를 보장하는 것은 아닌데 즉, 분배의 정의(iustitia distributiva)를 보장하는 것은 아니다.[7] 특히 시장경제는 사회국가의 모든 중심적인 문제를 보장하지는 않는다. 모두에게 인간다운 생존, 평등과 사회보장 등이 이것이다.[8] 많은 사람들은 시장에서 일어나는 일에 참여할 수 없기 때문에 그들은 욕구충족의 시장경제 과정으로부터 보호받지 못한 채 배제되는데, 왜냐하면 그들은 재산이 없거나 또는 그들의 노동력을 가치창출에 투입할 수 없기 때문이다. 그 때문에 노동법, 조세법, 소비자 보호법 그리고 경쟁법[9]외에 이른바 사회법이 시장경제를 "사회적으로"[10] 만드는 것이다.

---

7 *크리스텐슨*, 사회법에서 규범적 기본모형, in: 토만들(편), 사회보장은 얼마나 훌쭉해질 수 있는가? 1998, 35쪽 이하.

8 *브라이어/부흐홀쯔*, 사회국가로서 경제, 2009(2판), 11쪽, 13쪽, 91쪽 이하: 시장의 실패; *차허*, 사회법과 사회적 시장경제, in: 동 저자, 사회법에 대한 논문, 1993, 166, 178.

9 *크라머*, 사회적 정의 – 내용과 경계, 1992, 104쪽 이하.

10 그 밖에 *티트마이어*, 시장경제와 사회적 이념, in: 폰 마이델/칸넨기써(편), 핸드북

시장경제와 사회법사이에는 목표의 충돌이 존재한다.[11] 시장경제는 생산을 촉진하며, 사회법은 반대로 분배를 촉진한다. 시장경제는 성과가 강한 사람들을 요구하고 촉진하며 – 사회법은 약자를 보호하며(위 방주 4 참조) 균등화의 경향이 있어서 시장경제와 충돌하게 된다. 즉 이것은 "불평등의 기회가 가장 중요한 에너지원"이기 때문이다.[12] 필수적으로 시장경제의 성과를 수정하려는 사회법은 경제의 효율성에 부담을 줄 위험이 있다. 따라서 시장경제 옹호론자들은 사회법이 갖고 있는 충족과 성과를 촉진하는 기능을 과소평가한다. 확장된 사회보장은 많은 수요를 충족하지만 민간의 도움활동을 저해할 위험에 빠진다. 가진 것이 없는 사람은 익명의 사회기금[13]에 내맡겨진다. 국가만이 사회적 요구를 충족하게 된다면, 동료애 – 인간대 인간의 직접적인 도움은 멈춰진다. 그러나 사회국가란 일차적으로 숭배되는 신(Moloch)이 아니고, 익명의 관료주의이기에 이것은 오히려 인간 행동을 효과적으로 만들 수 있고 인간을 동일하게 대할 수 있는 틀을 만드는 것이다. 59

aa) 재정의 선택: 적립방식 또는 부과방식?

사회급여는 적립방식 또는 부과방식에 의해서 재정지원 될 수 있다.[14] 적립방 60

사회정책, 1988, 104, 106쪽 이하; 이와 함께 시장경제 정의의 척도는 부인되지 않는다, 그것은 사회적 정의의 하나의 필수적이나, 그러나, 어떤 충분조건도 아니다.

11 *길버트*, 복지 정의, 1995; *구딘*, 복지를 위한 이유, 1988; *센*, 불평등 재검토, 1992.

12 *차허*, 사회법과 사회적 시장경제, in: 동 저자, 사회법에 대한 논문, 1993, 166, 186.

13 *하버카테*, 헌법학, 1992, 295쪽 이하.

14 *슈멜*, in: 사회법 핸드북, § 4 방주 58쪽 이하; *동 저자*, 보험적 사고와 사회보험, in: 동 저자(편), 보험원리와 사회보장, 1985, 1쪽 이하; *마인골드*, 독일 사회정책에서 보

식에서는 자산과 그 수입으로부터 재정이 지원되는데, 자산은 급여수급자에 의한 그 이전의 보험료 납부를 통해서 형성된다. 부과방식에서의 급여는 보험의무가 있는 사람들의 기여금이나 조세로 만들어진다. **적립방식**을 통해 민간보험이 재정지원되고, **부과방식**을 통해 **사회보험**이 재정지원된다.

61 부과방식은 "**마켄로트(Mackenroth) 법칙**"에 근거한다. 한 시기의 사회적 비용은 오로지 같은 시기의 지출에 의해서 재정지원 될 수 있다.[15] 오늘의 사회급여는 오로지 오늘의 이전을 통해서만, 내일의 사회급여는 내일의 이전을 통해서만 획득될 수 있다. 즉 어떤 집단적인 저축은 없다. 사회급여는 그래서 국민소득의 상당한 부분을 차지한다. 이것이 적립방식으로 재정지원되려면 엄청난 자산가치가 형성되어야 할 것이다.[16] 국민경제의 전 자산도 충분치 못하게 되었다. 이와 같은 저축이 이루어질 수 있다 할지라도 국가는 해야 할 것이다! 이런 고정자산은 그럼에도 시장경제의 질서정책적인 모델과 상충되는 것이다. 적립방식을 위하여 전제된 자산은 그 규모 때문에 시장경제조건 하에서 충분히 이용될 수 없다. 공급이 많은데 직면하면 가격이 폭락할 것이다.

62 부과방식은 "근근히 살아가는" 불확실한 경제를 의미한다. 사회급여는 경제발전에 의존하는데 경제발전이 위축되면 사회급여를 위한 재정수요가

험원리의 질서정책적인 의미, 같은 곳. 13쪽 이하; *글리스만/혼*, 국가 노후보장 독일체제의 위기, Ordo(경제와 사회의 질서를 위한 연보 참조.) 1995, 46권, 309쪽 이하.

15 *마켄로트*, in: 알브레히트(편), 동과 서 사이에서 베를린 경제, 1952; *슈라이버*, 산업사회에서의 생존보장, in: 퀼프/슈라이버(편), 사회보장 1971, 276쪽 이하.

16 *호이베크*, 전체 보험학 잡지 1995, 575, 583쪽 이하; *슈멜*, 경제서비스 1996, 409, 413쪽 이하.

발생하고, 경제력이 증가하면 사회급여의 확장이 고려된다. 부과방식에 근거한 사회급여제도는 안정성이 없다. 그것의 존속은 미래세대의 급여 지급의사와 급여능력에 달려있기 때문이다(세대간 계약).[17] 부과방식은 분명히 한다. 사회급여는 본질적으로 경제활동을 통해 얻어진 이득에 대한 참여를 보장한다. 어떤 적립금도 형성되지 않으며, 그래서 역시 정치적인 탐욕과 자산을 목적에 맞지 않게 감소시키거나 또는 새로운 사회급여를 창출하려는 경향이 제어된다. 이 때문에 부과방식에서 사회급여 제공자들은 그들의 유동성을 보장하는 책임준비금을 유지하는 것으로 제한된다.

bb) 소비, 저축형성 그리고 투자, 생산과 경기에 미치는 사회법의 영향

사회법은 수급자격이 있는 사람의 소비기회를 근거로 하기 때문에 소비수 63
요를 확장하고,[18] 수요감소로 인한 생산의 감소를 막는 작용을 하고, 그렇게 경제성장을 촉진한다. 이러한 장점은 경제활동 이익의 침해로 얻어진다. 기업가와 노동자들은 기여금 또는 세금의 납부자로서 국가 또는 연대단체에 그들의 소득에서 부과금을 납부해야만 한다. 생산 및 임금부대비용이 함께 상승하면, 동시에 임금소득은 하락한다. 이것은 기업의 경쟁력을 침해하고 그리고 노동자들의 수요와 저축능력을 감소시킨다.

그러나 투자율이 저축률에 의존하기 때문에, 사회법적 이전은 자본형성

---

17 *브라이어*, 연금보험에서 시스템 교정을 위한 기본 노선, in: 지버르트(편), 시험대에선 사회정책, 1996, 59쪽 이하; *그라이너/그라프 폰 데어 슐렌부르그*, 장기요양보험에서 시스템 교정을 위한 기본노선, 같은 곳, 111쪽 이하; *미드글라이*, 글로벌 맥락에서 사회복지, 1997, 122쪽 이하.

18 이에 대하여 다음에 포괄적으로 *슈멜*, in: 사회법 핸드북, § 4 방주 52쪽 이하. 참조.

과 경제의 투자력을 약화시킬 수 있다. 이는 사회급여 수급자들이 저축하는 것을 저해하는 경향에 의해 억지된다. 더 나아가 사회법은 사회급여 수급자들의 욕구를 해소하고, 이 때문에 현재 취업자들이 그들 궁핍한 가족 구성원에 어떤 급여도 제공하지 않도록 한다. 이러한 사회법을 통해 도출된 부담의 경감은 취업자의 저축을 용이하게 하는 것이다.

64 사회법적 급여는 경제활동의 이익에 대한 납부를 통해서 재정지원이 되기 때문에, 사회법은 노동가격을 상승시키고, 기업활동에 부담을 준다. 이는 "불법노동"의 성립과 확산의 경향으로 이어진다. 사회급여는 노동없이 소득을 제공하는 것이기 때문에 사회법은 일을 하지 않는 것을 선호하게 하는 위험을 안고 있다. 따라서 사회급여제도는 노동활동을 자극할 수 있어야 한다.

이러한 일은 여러 가지 형태로 보장되는데, 하나는 욕구에 의존하는 사회급여는 최저 근로소득수준 이하에 있어야 한다는 원칙("임금격차원칙", 아래 방주 556 참조)과, 더 나아가 급여 지급기간의 제한 – 실업보험과 그리고 연금보험에 있어 장애연금에서 그렇듯 – 에 의해서 그리고 사회급여 구성요건의 지속에 대한 수급권의 통제(질병, 장애, 실업), 마지막으로 협력의무의 미충족시에 청구권의 상실을 통해서 제한되고 있다. 활성화사회국가(Im aktivierenden Sozialstaat)에서는 국가의 지원은 동시에 자활을 촉진하여야 한다. 사회법은 기업의 국제경쟁력을 약화시킬 수 있다. 높은 사회급여의 비중은 높은 임금의 간접비용에 영향을 미치기 때문이다. 사회급여의 비중은 차이는 있으나 모든 나라에서 상승하고 있다. 이것은 항상 경쟁력의 단점이 되는 것은 아니다. 즉, 기업의 생산성의 증가를 통해서 – 또 효율적인 사회법적인 질서를 통해서 높아지고 – 보다 나은 생산물의 품질을 통해, 세계시장에서 보다 높은 가격을 받을 수 있고 경쟁력 있게 되는 한 그러하다.

65 경제는 계획한대로 그리고 항상적으로 되는 것이 아니라 경기와 국면에 따

라 움직이기에 성장에 이어 손실이 따르는 법이다. 이것을 '경기'라 한다. 주기적으로 변동되는 경제에서[19] 사회법은 경제발전에 욕구충족을 부분적으로 분리시키는데, 이것은 경제발전과는 독립적으로 사회급여 이전에 대한 청구권의 근거가 되기 때문이다. 높은 실업은 사회급여량을 높인다. 인플레이션은 사회급여 청구권 실질가치를 하락시킨다. 경기상황이 나쁜 경우에는 사회급여 지출이 증가하고, 경기가 좋을 때에는 그것은 하락한다. 이와 같은 효과는 그럼에도 경기정책적으로 바람직하다. 왜냐하면 경기순환의 지체시에 이것을 통해 수요가 촉진되고, 반대로 경기가 좋을 때는 소비를 억제하기 때문이다.

b) 개별적인 사회급여 분야의 경제적 의미

독일의 사회예산은 2016년에 9,538억 유로에 달했다.[20] "사회예산"의 개념은 66
사회보장제도의 범위, 구조, 추가 발전에 대해 진술하기 위한 것이다.[21] 그럼에도 사회법적 급여의 총괄개념과 동일한 것은 아니며 오히려 사회법적 급여를 넘어서는 것인데, 사회법적 기능을 수행하는 다른 급여 – 이른바 공무원에 대한 부양, 사용자급여 및 질병시 임금계속지급 또는 사회법 급여의 보완으로 – 기업의 노후보장 – 에 의하여 보완되어야 하기 때문이다. 더 나아가 사회정책적 동기를 갖는 조세감면(예를 들어, 소득세에서 자녀공제), 또는 보

---

19 *슈멜*, 같은 곳, § 4 방주 106쪽 이하 참조.

20 독일 통계연보 2018. 2018. 8. 1. 236쪽. 현재, 6.

21 *베커*, 독일 사회정책 및 사회적 상황, 1권(2010, 5판), 2권(2010, 5판); 사회예산에 대하여 좀 더 자세히: *몰리토*, 사회보장, 1987, 178쪽 이하.

조(즉 사회주택 건설시 저축촉진 또는 재산증진) – 도 비록 이것들이 사회법적 급여로서 사회예산에 귀속되지는 않는다 할지라도 포함된다. 그럼에도, 이들은 사회예산에서 사회법적인 급여의 의미와 범위에 대한 중요한 의의를 가질 수 있는데, 여기에 사회예산의 절대적인 부분이 해당되기 때문이다.

67 사회예산은 기능 및 제도에 따라 분류된다. 사회예산에 받아들여지는 급여는 – 기능에 따라 분류되어 – 다음 과제 영역들에서 절대적인 숫자가 해당된다.[22]

〈그림 4: 기능에 따른 사회예산 규모, 2016년〉

과제 영역	단위 : 10억 유로
노령, 폐질, 유족	293.8
질병과 장기요양	252.0
실업	70.8
가족급여	89.4

〈그림 5: 제도에 따른 사회예산 규모, 2016년〉

제도	단위 : 10억 유로
사회급여 전체	953.8
연금보험	293.9
건강보험	222.3
장기요양보험	29.7
재해보험	13.3
고용촉진	27.4
공공서비스 급여제도	74.1
사용자 급여제도	83.5
보상제도	2.6
사회부조	39.5

22 *독일 통계연보 2018*, 2018, 8.1, 236쪽.

제도에 따라 분류되는 사회예산은 왼쪽의 2016년 〈그림5〉와 같이 파악된 다. 68

c) 사회법의 미래

사회법은 중요한 경제적, 인구통계학적 그리고 기술적인 도전에 직면해 있다.[23] 독일 국민경제의 경제적 성장은 한계에 처했다. 독일의 복지는 지금까지 다른 나라들보다도 장비, 생산물 그리고 공정과정에 대한 외국에서 쇄도하는 수요를 보다 더 잘, 더 빨리 그리고 더 경제적으로 충족시킬 수 있 69

---

23 *베르너*, 이질적인 사회국가, 2009; *브라이어*, in: 연방사회법원 60년 비망록, 711; *뵈르쉬-슈판*, in: 연방사회법원 60년 비망록, 729; *부흐홀쯔/비간트*, in: 연방사회법원 60년 비망록, 751; *연방 건강과 사회보장부*(편), 사회보장제도의 재정을 위한 지속가능성, 2003; *부터베게*, 사회국가의 위기와 미래, 2014(5판); *카스텔*, 노동의 위기, 2011; *독일사회법연맹*(편), 시대에서 사회법효력, 2007; *독일추기경*(편), 사회적인 및 사회문제를 위한 위원회, 사회적인 것을 새롭게 생각하며, 2003; *되링*(편), 지구화 속에서의 사회국가, 1999; *에버르트*, 위기 속의 사회정의, 2012; *아이헨호퍼*, 신 사회법잡지 2007, 57; *동 저자*, 지구화 조건 속에 사회적 보호, 2009; *기든스*, 사회적 불평등의 문제, 2001; *하우저*, in: 사회법 핸드북, § 5 방주 21쪽 이하; *크라이케봄/콜라코프스키/코다트/로데발트*(편), 연금정치 어젠다 2030. 사회변동의 배경 아래 법정 노후보장의 미래적합성, 2016; *라이저링*(편), 세계의 노인, 2011; *레스니히*, 사회적인 것의 새로운 발견, 2009; *케어쉬바우머/슈뢰더*(편), 사회국가와 인구학적 변동, 2005; *마주흐*, 전 지구적 변동기의 사회개혁, in: 법조계 연보 브레멘, 2009, 45; *메플러*, 독일 사회국가, 2003; *미겔/발*, 연대적 기초보장, 민간의 예방, 1999; *OECD*, 사회정책의 새로운 지향, 1994; *피차스*, 독일 국가법학자학회 발간물 64 (2005), 109; *리터*, 사회국가. 국제비교 속의 성립과 발전, 2010(3판), 253; *루란트*, 아이헨호퍼 기념논문, 540; *사르파티/보놀리*(편), 국제적 전망 하의 노동시장과 사회적 보호개혁, 2002; *슈멜*, 경제서비스 1996, 409쪽 이하.; *스톨라이스*, 신 법률주보 1999, 699; *발러라드*, 법률신문 2004, 949; 세계은행, 노년의 위기 피하기, 1994.

는 능력에 기반하고 있었다. 이제 이런 능력이 사라지고 있다. 다른 국민 경제들이 따라잡았기 때문이다. 경제는 전 지구화된 시장에서 이루어지고 있다. 생산은 전 지구적으로 조직되고 있으며, 생산물 또는 서비스는 전 세계적으로 수요가 요청되고 있다. 이른바 미래 기술과 생산물에 대한 전 지구적 경쟁력은 심화되고 있다.[24]

70 독일사회 **주민의** 고령화는 심화되고 있다. 노령자의 비율은 늘어나는 기대여명과 감소하는 출산율로 인해 상승할 것이고, 아동과 청소년의 비중은 축소되고 있다. 따라서 **노후보장**과 **의료보장**을 위한 비용은 연금과 의료보험에서 증가할 것이며, 경제활동연령에 기반한 경제구조의 혁신을 기대할 수 있는 젊은 층의 수는 감소하고 있고, 그래서 그들은 지금처럼 더 이상 취업관계로 몰리지 않게 될 것이다. 정체된 생산과 혁신을 통해 야기된, 사회적 정체의 위험이 다가오고 있다.

기술은 인간의 노동력을 대체하고 있다. 사회적 가치체계의 가장 윗자리에 건강이 자리 잡고 있다. 기술은 인간의 생활조건 개선을 목표로 한다. 이것은 미래 질병 치료에 대한 가능성을 확대하며, 사람들의 기대여명을 연장시킬 것이다. 이는 **의료**와 **연금보험** 비용의 증대로 이어질 것이다. 산업사회를 대신하여 들어선 지식기반 서비스사회는 노동자들에게 높은 품질요구를 내세우며, 새로운 노동형태를 야기하고 있다. **교육**과 **노동**에 대한 요구는 그 때문에 증가할 것이다. 이 모든 것들이 이전급여의 증가로 이어지고 있어, 사회보장의 과제는 증가할 것이며, 동시에 이러한 부담으로 인하여 경

---

24 *아이헨호퍼*, 전 지구화 조건 속의 사회적 보호, 2009.

제적 능력은 감소될 것이다.[25]

이러한 변화는 문제를 제기하고 있다. 무엇을 해야 할 것인가? 보다 겸손히 말해서… 도대체 무엇을 할 수 있을까? 더 많은 스스로의 예방이 하나의 길로 강요되고 있는데 이 권고는 개연성있게 들리지만, 제한적 의미에서만 효용이 있다. 민간예방은 사회적 보장만큼이나 재정지원이 필요하기 때문이다. 노후보장이 사회보험에서 민간보험으로 전환되고, 모두에게 자신의 노후보장을 위해 민간 보험회사에 보험료를 지불하도록 된다면 미래를 위한 보장은 더 이상 담보되지 못할 것이다. 부과방식이 미래 개방적인 발전에 직면하여 나타내고 있는 불확실성은, 모든 민간 보험법적 대안의 특징이기도 하기 때문이다. 자본시장은 취약하다. 그것을 넘어서 장기적인 위험에 대한 기존의 보장(장애로 인한 취업불능, 노령, 질병 그리고 돌봄의 필요)들은 단기적으로 부과방식의 재정지원으로부터 적립방식으로 전환될 수는 없고, 그 동안의 급여에 대한 사회법적으로 보장된 기대를 충족하기 위해서는 수십 년간의 과도기가 필요하기 때문이다. 이에 직면하여 기여금과 보험료 납부자를 위한 부과방식의 재정지원에서 적립방식으로의 과도기 단계에서, 이중적인 부담이 나타날 것이다 – 다시 말해 사회권적 청구권을 보상하고, 동시에 스스로 예방을 위한 보험료 지급을 해야 하는 부담이 그것이다. 과부담이다! 따라서 각자의 예방은 단지 점진적이고 단계적인 확대를 추구해야 할 것이다. 71

다른 길은 급여를 축소하는 것이다. 그러나 이 방법도 법적, 사회적 그리고 72

---

25 *카스텔*, 노동의 위기, 2011; *아이히호르스트/카우프만/콘레-자이델*(편), 실업자를 일자리로 가져오게 한다? 2008; *스텐달/에어학/데베찌*, 유럽 일자리-우선 복지국가, 2008; *블랭펜/사도프스키*, 내일 내가 아직 일자리를 갖고 있을까? 1994.

경제적 한계에 직면하고 있다. 법적인 한계란 모든 예방을 특징짓고 있는 보험에 대한 생각에서 나오는 것이다. 수십 년간 연금, 의료, 돌봄 그리고 실업보험의 보험료를 납부했던 사람이, 보험사고 시 급여욕구를 갖는 수급자들의 권리가 제한된 경제적인 수단에 직면하여 보험의 급여능력이 고갈되었다는 식으로 거부될 수 있다. 지나친 급여의 제한은 사회보장시스템에 대한 신뢰를 상실시킨다. 국가가 이탈의 우려를 유발하게 되면 이것은 사람들을 국가로부터 멀어지게 하는 것이고, 그와 함께 스스로를 위험하게 하는 것이다.

73 암시된 도전들을 극복할 수 있는 하나의 담대하고 완벽한 해결은 없지만, 법은 사회보장의 전통적 유형의 공고화에 기여하는 것이며, 복지국가 발전의 경로의존성을 촉진하는 것이다.

정치는 작은 그리고 사안별 해결을 위하여 노력할 수 있고, 해야만 한다. 즉, 스스로 받아들여지고, 시사된 위험을 제한하고 그리고 그 대응을 통해서 사회보장을 지속 발전시킬 수 있어야 한다. 이미 수십 년 이래 그러한 시도가 취해져 왔다.[26] 사회보장의 모든 분야가 이미 많은 개혁을 완료하였고, 이것은 미래에도 계속될 것이기 때문이다. 이와 같은 길에서 가장 중요한 단계는 – 자연적인 삶의 기반 유지, 생태적인 도전의 극복, 일할 수 있는 모든 사람들이 충분한 일자리를 찾을 수 있는 그런 기본원칙(위 방주 9 참조)이 실현되는 노동사회의 보전과 지속발전이다.

거기에는 사회급여 체계에서 무노동에 대해서 어떤 잘못된 장려를 하지 않는다는 것이 포함된다. 이것은 임금부대비용의 제한을 통해서 사회급

---

26 *아이헨호퍼*, 신 사회법 잡지 2007, 57.

여 청구에 비해 취업노동을 경제적으로 보다 매력적으로 만들려는 유럽연합의 노력에 상응하는 것이다(make work pay).[27]

사회보장법에 대한 도전들은 분명하다. 사회국가는 미래가 열려있다. 한 과정의 결과와 그리고 지속발전을 향한다. 이것은 더 이상 – "외부로부터" – 경제적인 변동에서 뿐만 아니라, 역시 – "안으로부터" – 사회법 자체의 발전에 의해 촉진된다.[28] 지난 수십 년간 – 사회국가는 상당한 그리고 더 많은 사람이 그에게 의존한다면, 사회국가는 생존할 수 없다는 것을 보여주었다. 그래서 사회국가는 취업과정에 사회적 또는 건강상 배제되었던 사람들의 (재)편입에 대한 지원을 보장하는데 집중하여야만 한다(welfare to work). 이러한 과정은 새로운 노동과 노동시장 구조에 의해서 측면지원되어야 한다.

높은 고용상황에서만 사회보장은 높은 수준에서 지속적으로 제공되고, 재정지원이 될 수 있기 때문이다. 이는 환경친화적인 성장을 요구하며, 이것은 그 편에서 임금노동의 확산을 위한 전제이다. 인구학적 발전이 시사하는 도전들은 이러한 일을 촉진하고 있다. 전체 인구에서 젊은 층의 상대적 감소는 중장기적으로 실업을 완화하는 동시에 평생노동시간의 연장에 필요한 조건들을 창출하는 것을 돕게 될 것이다(아래 방주 321 참조).[29] 이를

---

27 KOM (2003) 842 최종

28 *차허*, 전체 국가학 잡지 134(1978), 15쪽 이하; *다비*, 사회보장에서의 경로의존성, in: 독일사회법연맹(편), 시대에 있어 사회법 유효성, 2007, 103쪽 이하; *스톨라이스*, 같은 곳, 153쪽 이하.

29 *보에켄*, 62차 독일 법률가대회 전문가의견; 이에 대해 *아이헨호퍼*, 법률신문 1998, 808.

통해 연금보험에 대한 재정부담이 감소될 수 있을 것이다.

연금보험은 또한 복지수준의 향상과 조화를 이루어야만 하는데, 이것은 과거보다 적은 공공 사전대비를 허용하고 있다. 동시에 민간 스스로의 예방을 강화하고, 개개인들에게 공적 사전대비를 넘어서는 노후보장의 범위와 형태의 규정을 부여한다.[30] 노후대비의 완전한 민영화의 급격한 제도변화나 또는 기여금으로 재정지원되는 소득비례 연금을 모든 주민에 동일한 기초연금으로 대체 – 또는 모든 사람에 대해 조건없는 기본소득 – 하는 급격한 제도변화는 현실적인 대안으로 고려되지 않고 있다. 제도변화는 과도기에 활동할 세대를 위한 부가비용과 연관되어 있기 때문이다. 이것은 지금까지의 제도에 근거하여 수급권을 재정지원할 것이지만, 그러나 그 시스템으로부터 비교할 만한 범위의 청구권을 기대할 수는 없기 때문이다. 그로 인해 불균형을 넘어, 세대 간 정의를 침해할 것이다.[31] 조건 없는 기본소득은 노동사회로부터의 탈출을 의미할 것이다 – 세계화의 조건 아래에서 가야 할 길은 아니다.

급격한 제도변화 대신에 결정적인 제도의 전환이 이미 입법을 통해서 도입되었다. 노후보장은 심원하게 변화하였다.[32] 그렇게 노후보장에서 생활수준보장의 목표를 포기하고, 그 사이에 40년 보험가입 후 개인 순임금의 50%미만 소득비례 노인 기본소득보장으로 만족하도록 하는 것이었다. 급

---

30 이에 대해 *보르헤르트*, 추락하기 전 연금, 1993 참조. ; *미겔/발*, 연대적 기초보장 – 민간예방, 1999.

31 *아이헨호퍼*, 노동법 2003, 264.

32 *슈멜*, in: 아이헨호퍼/리쉐/슈멜(편), 사회법전 6권 법정연금보험의 핸드북, 2012 (2판), 6장.

여수준의 규정에서 미래 인구통계학적인 변화 및 노동의 변화가 고려되었기 때문이다. 의료보험에 있어서는, 유럽 역내시장에서 역시 유리한 비용의 조건으로 더 많은 경쟁력을 쟁취하기 위해 모든 합리화의 여력이 소진되었다.[33] 그렇다 할지라도 의료보장제도에 대한 지출은 장기적으로 상승할 것이다. 의학의 발전, 노령인구 비율의 증가, 복지의 발전은 의료 지출의 추가 상승을 끌어당길 것이 틀림없기 때문이다.

참고 문헌

Achinger, Sozialpolitik als Gesellschaftspolitik, 1979(3판); *Bäcker u.a.*, Sozialpolitik und soziale Lage in Deutschland, 1권, 2010,(5판), 2권, 2010,(5판); *Breyer/Buchholz*, Ökonomie des Sozialstaats, 2001(2판); *Bundesministerium für Gesundheit und soziale Sicherung*(편), Nachhaltigkeit in der Finanzierung der sozialen Sicherungssysteme, 2003; *Eichenhofer*, Sozialer Schutz unter den Bedingungen der Globalisierung, 2009; *Hauser* SRH(사회법 핸드북) § 5 *International Labour Office(ILO)*(편), Social Security and the rule of Law, 2011; *Mackenroth*, Die Reform der Sozialpolitik durch einen deutschen Sozialplan, in Albrecht(편), Die Berliner Wirtschaft zwischen Ost und West, 1952, 39, 56; *Metzler*, Der deutsche Sozialstaat, 2003; *Reinhard*(편), Demographischer Wandel und Alterssicherung, 2001; *Schmähl* SRH(사회법 핸드북) § 4; *Schmidt*, Sozialpolitik in Deutschland, 2005(3판), 261쪽 이하; *World Bank*, Averting the Old Age Crisis, 1994.

33 *빌레/알프링*(편), 의료서비스에 있어서의 개혁안, 1998.

제4장 사회법의 국제적 차원

사회법은 세 개의 국제적인 차원을 갖고 있다. 국제기구는 – 이른바 국제노동 기구(ILO), 유엔, 유럽평의회 또는 유럽연합 – 회원국가들의 사회입법 형성에 영향을 미친다. 그러한 국제 또는 초국가적으로 창출된 사회법은 "국제적으로 표준화 된 사회법"[1]으로 일컬어진다(a). 그 외의 모든 국가의 사회법은 각각의 사회법에 대해서 수많은 사회법의 결과에 대처하는 국제사회법을 갖고 있다(b, c). 전 세계적으로 많은 사회법이 있기 때문에 사회법을 비교 평가할 수 있는 독자적인 학문분야가 존재한다.[2] 이것은 모든 비교 법학과 같이 법학의 지평을 확대하고, 법에 대한 개관을 주고 있다(d). **74**

a) 국제적으로 표준화 된 사회법

---

1 *차허*, 수평적 그리고 수직적 사회법 비교, in: 동 저자, 사회법에 대한 논문, 1993, 376쪽 이하.

2 *아이헨호퍼*, 신 사회법 잡지 1997, 97쪽 이하; *차허*(편), 사회법 비교의 방법론적 문제, 1977; *동 저자*(편), 국제적 및 초국가적 법 관련 범위에서의 사회법 비교, 1978.

75 이미 오늘날의 사회정책[3]이 처음 "세계화시대"에 성립되었을 때, 사회개혁가들은 한 국가에서의 사회정책 혁신의 성공은, 이것이 다른 나라에서 도입될 것인지에 달려 있다는 것을 알았다. 그렇지 않은 경우에는 사회정책적으로 적극적인 국가들은 행동하지 않는 국가들에 대하여 경제적으로 뒤처지게 되었다. 이러한 동기들이 국제적으로 표준화된 사회법의 기초를 이끌고 있다. 오늘날 1919년 국제연맹에서 창설된 국제노동기구에 의해서 이는 규율되고 있다.[4] 국제노동기구 외에 2차 세계대전 이후에 전 세계지역에 유사하게 사회법의 표준화를 목표로 하는 국제기구들이 성립되었다. 서유럽에서는 이것은 유럽평의회였고, 그리고 제한적으로 유럽경제공동체(EEC)였으며, 범세계적으로 이것은 1945년에 국제연맹을 대신하여 들어선 유엔[5]이었다. 국제적으로 표준화 된 사회법은 "원칙의 선언" 그리고 입법위임들을 포함한다. "원칙의 선언"은[6] 사회법 또는 사회적 인권으로서 그 분야의 각각을 선언하고, 기본명제를 형성하며, 각 국가들로 하여금 개별적인 사회법적 제도의 창출과 유지를 하도록 한다. 입법위임은 그에 반해서 그 형태를 규정한다.

---

3 *페린*, 사회보장의 국제법의 기원, 1983.

4 이에 대해 *외트커*, in: 리하르트/비쓰만/블로쯔케/외트커(편), 노동법에 대한 뮌헨 핸드북, 1권, 2009, § 10쪽 참조. ; *연방노동사회질서부외*(편), 사회정의를 통한 세계평화, 75주년 국제노동기구, 1994.

5 *누스베르그*, 국제법에서의 사회적 표준, 2005; *동 저자*, in: 사회법 핸드북, § 34 방주 23.

6 *페린*, 사회법 1974, 479쪽 이하.

aa) 사회법영역에서 국제적인 원칙선언

유엔의 원칙선언은 1948년 12월 10일 세계인권선언(MRK) 및 1966년 12월 16일[7] 경제·사회·문화적 권리에 대한 국제협약(협약)에 포함되어있다. 그에 따라 "모든 인간은 사회 구성원으로서 사회보장에 대한 권리"(인권선언 22조, 협약 9조) 및 "그와 그의 가족에, 영양, 의복, 주거, 의료적인 돌봄과 필요한 사회급여를 포함, 건강과 복지를 보장하는(인권선언 25조 1호, 협약 11조) 생활수준에 대한 권리"를 갖는다. 더 나아가 가족, 모성과 아동들에게는 특별한 사회적 보호에 대한 권리가 인정된다(인권선언 제25조 제2호, 협약 제10조). 76

국제노동기구의 원칙선언[8]은 실질적으로 국제노동기구 헌장의 전문 및 1944년 5월 10일[9] "국제노동기구의 목적과 과제에 대한 선언"(필라델피아 선언)이다. 국제노동기구는 그에 따라 노동조건의 범세계적인 개선을 목표로 한다. "일반적이고 지속적인 평화란 사회정의의 기반 위에서 비로소 세울수 있기 때문이다". 이것은 완전고용을 보장하고 생활수준을 제고하며, 사회보장을 확충하고, 모든 궁핍한 사람에게 최저소득을 보장하고 그리고 포괄적 의료적 조치를 보장하며, 모성과 아동을 보호해야만 할 것이다.[10] 77

---

7 1973년 11월 23일 독일 비준입법 연방법관보, II, 1569쪽; *베더*, 일반 유엔-인권협약과 그 절차, in: 머튼/파피어(편), 기본법 핸드북, VI권/2, 2009, § 174 방주 100쪽 이하.

8 *국제노동기구 사무국*(편), 국제노동기구 기본법과 국제노동회의의 운영규정, 1997.

9 *차허*, 국제 및 유럽 사회법, 1976, 6호.

10 국제노동기구에 대하여 포괄적으로: *누스베르그*, 국제법에서 사회적 표준, 2005; *누스베르그*, 사회법 핸드북, § 34 방주 8쪽 이하; *발티코스/포토프스키*, 국제노동법, 1995(2판).

78 유럽평의회에 참여하는 국가들에게는 1961년 10월 18일[11]의 유럽사회헌장은 회원국가의 사회법에 적용되는 수많은 원칙선언을 담고 있다. 이른바 사회보장에 대한 권리(제12조), 즉 국가는 사회보장제도를 도입하고, 준수하며, 만족스러운 수준에서 유지하고, 지속발전시킬 의무가 있다.[12] 원호에 대한 권리(제13조), 즉 모든 궁핍한 사람들을 지원하고, 질병 시 돌봄을 보장하도록 국가에 부과하는 의무, 사회서비스 청구에 대한 권리(제14조), 국가에게 사회적 일자리를 만들거나 또는 확대를 유지하도록 하는 의무, 직업훈련과 신체적 정신적 그리고 심적 장애인들의 직업적인 사회재편입에 대한 권리(제15조) 및 가족의 사회적 경제적 보호에 대한 권리(제16조).

전문가위원회가 이와 같은 의무의 준수를 정기적으로 검사한다. 어떤 조약국가가 이를 지키지 않으면, 유럽평의회 각료위원회는 시정조치를 결정할 수 있다. 이러한 규범들은 단지 입법자로서의 회원국에 직접 적용되나, 개인을 위한 어떤 법적 청구권을 갖도록 하는 것은 아니다.[13]

79 유럽연합조약의 부분으로서 기본권 헌장과 함께(유럽연합조약 제6조), 유럽연합은 최초로 사회법적인 원칙선언의 토대를 마련하였다.[14] 지금까지는 오로지 초기의 법적 구속력이 없는, 그러나 나중에 유럽연합의 기능방식에 대한 협약 제151조에서 인정을 받았던 "노동자들의 사회적 기본권의 공동체

---

11 1964년 9월 14일 독일 비준입법 연방법관보, II, 1261쪽; *미콜라*, 유럽의 사회적 인권, 2010.

12 이에 대하여 기본적으로: *판 랑엔동크*, 사회보장에 대한 권리, 2007; *리델*, 인권으로서 사회보장, 2007.

13 *벵글러*, 국가에서 유럽 사회헌장의 비유용성, 1969.

14 *일리오풀로스-스트랑가스*, 리스본이후 유럽에서 사회적 기본권, 2010.

헌장"만이[15] 존재하였다. 유럽연합의 기능방식에 대한 협약 제151조는 회원국들에게 생활 및 노동조건의 개선 및 법적 균형을 유지할 의무만을 부여하였었다. 더 나아가 1992년 당시 12개 회원국 중 11개국은, 유럽 기관들은 표준화 된 사회법을 창출할 수 있다는 합의를 이루었다.[16] 1995년에는 이러한 규정은 그들 국가의 가입과 함께 오스트리아, 스웨덴, 핀란드로 확대되었다. 암스테르담, 니스 그리고 리스본조약과 함께 유럽의 사회법적인 과제는 더욱 확대되었다.[17]

bb) 입법위임

국제노동기구는 협약 또는 권고를 통해서 입법위임을 부여한다.[18] 이것은 총 80
회에서 의결된다. 협약은 회원국의 비준을 필요로 하지만, 권고는 그에 반해 비준이 필요없다. 회원국가가 협약에 비준을 하면, 매년 국제노동기구 사무국에 그 이행을 보고해야만 한다. 협약의 위반 시에, 모든 회원국가 경영자단체 또는 노동조합은 국제노동기구 사무국에 항소를 제기할 수 있다. 국제노동기구 사무국은 이의내용을 조사하고, 위반 시에 위반사항 제거에 대한 제안을 한다. 국제노동기구는 무수히 많은 사회법적 내용의 협약을 채

---

15 EC-사회정책의 발전에 대하여 포괄적으로: *슐츠*, 유럽사회정책의 기초와 전망, 2003 참조.

16 *캄프마이어*, 유럽연합의 사회정책에 관한 의정서와 협정, 1998; 이에 대하여 역시 *아이헨호퍼*, 유럽연합에 관한 조약에 덧붙여진 "사회정책에 관한 의정서", in: *렝겔링*(편), 법의 유럽화, 1996, 151 참조.

17 *아이헨호퍼*, 유럽연합 사회법, 2010(4판), 방주 27.

18 *발티코스/포토프스키*, 국제노동법, 1995(2판).

택하였다.[19] 그 법령은 사회정책의 일반적 목표(협약 제117조), 사회보장의 최저기준(협약 제102조)[20] 및 개별적인 사회적 위험[21]에 대한 법적 보호의 기본원칙 또는 특별 직업군(특히, 선원, 농업노동자, 가사사용인) 에 적용된다.

81 마스트리히트조약 발효 이후 처음에는 대부분의 유럽공동체 국가들은 각료회의 결정을 통한 집행위원회의 권고로 그들의 사회법을 조율할 수 있었다.[22] 암스테르담조약 이래 유럽공동체는 회원국가 사회정책의 통일적 조율에 대한 독자적 권한을 갖게 되었다.[23]관할권은 사회보장, 노동자들의 사회적 보호 그리고 사회적 보호체계의 현대화 등에 해당되었다. 조정을 위한 전제는 각료이사회의 결정이다. 이것을 넘어 유럽연합에게는 이제 국민국가의 고용정책의 조정에 대한 독자적인 관할권이 부여되었다(EC조약 제125조 이하). 이런 기본 명제들은 역시 유럽연합조약 제3장의 제3조에 따라 적용된다(제145~150조, 제151조 이하 유럽연합의 기능방식에 대한 협약).[24]

---

19 *국제노동기구*, 국제노동협약 및 권고안, 1919-1991, 1992, 2권; *누스베르거*, in 사회법 핸드북, § 34 방주 8쪽 이하.

20 *국제노동기구*, 협약 102조.

21 *같은 곳*, 협약 117조

22 *클레크만*, 독일행정관보 1992, 335; *도이블러*, 신 노동사회법 잡지 1992, 577; *쥬레그*, 유럽기본법지 1992, 329.

23 *아이헨호퍼*, in: 스트라인쯔(편), 유럽연합에 관한 협약/유럽연합의 기능방식에 관한 협약, 2012(2판), 151조 이하에 관한 주해.

24 *아이헨호퍼*, 유럽에서 사회국가의 역사, 2007.

b) 국제사회법 (ISR)

aa) 국제사회법(ISR)이란 무엇인가?

"국제사회법"(ISR)은 국제관련성을 규율하는 사회법의 일부이다.[25] 국제 82
사회법은 달리 표현하여 – 사회법에 대한 것으로 국제사법(Internationales Privatrecht, IPR)이 사법에 대한 것이듯, 세계에 많은 실질적인 사회법 및 사법이 병존하기 때문에 필요한 법의 부분영역이다. 거기에서 모든 사회법에 대한 두 개의 기본적인 법적 문제가 제기되는데, 그 답이 국제사회법을 이루는 것이다. 첫째, 세계적으로 일어나는 어떤 상황에 대해 어느 것은 타당성을 갖고 그리고 어떤 것에 대해서는 그렇지 못한데, 이것이 다른 나라의 사회법을 규율하기 때문인가? 둘째, 사회법이 외국에서 적용되는가, 외국의 사회법은 영향을 받게되는가 – 그렇다면 어떤 영향을?

이러한 답들에 대해 모든 법은 기본적으로 스스로 답한다. 그렇기 때문에 국제사회법은 사회법의 일부이다. 따라서, 국제사회법의 규율대상은, 규범을 설정하는 국가의 사회법에 대한 국제성의 모든 결과에 대한 대처이다. 유럽연합 회원국가간에는 국제사회법은 그럼에도 불구하고 유럽법으로 대체된다(아래 방주 86쪽 이하 참조).

bb) 국제사회법의 법원

여전히 늘 세계적으로 그런 공언이 확산되어져 있다. 국제사회법은 "영토 83

---

25 개념형성에 대하여 *아이헨호퍼*, 국제사회법, 1994, 본문 1쪽 이하 참조. ; *폰 마이델*, 국제사회보장법에서 상황 규범 및 충돌규범, 1967, 15쪽 이하; *얀다*, 사회국가에서 이주민, 2012.

주의"에 기반한다라고.[26] 이것은 일컫기를 한 나라의 고권이 그의 국가영토에 제한되기 때문에, 그 법 역시 단지 그 영토에서 일어나는 문제에 대해서만 적용된다.[27] 국제사회법이 언급된 원칙에서부터 도출될 수 있다면, 그것은 확실히 단순한 것이다. 국제사회법은 하나의 사실이 여러 국가들의 연관성을 보인다면, 필요할 것이다. 그런데 거기에서 타당한 것은, 영토주의에 의해서 답이 주어질 수 없다. 사회법이 오로지 사실에만 적용된다는 주장은 틀린 것이다. 그것은 더 나아가 방법론적으로도, 사회법적인 당위의 한계를, 국가의 할 수 있음의 한계로부터 도출한다는 것은 정확치 않은 것이다.[28] 우선, 국제사회법은 어떤 일반적인 원칙에서부터가 아니고, 구체적인 법적규정을 따른다(아래 방주 98쪽 이하 참조). 사회법의 실정법상 그리고 구체적인 법적 규정에서 국제적인 차원의 규정에 즈음하여 "영토주의"에 대한 의존은 잘못된 것이고, 그릇되며 그리고 쓸모가 없으며 – 따라서, 전혀 빗나간 것이다.

cc) 국제사회법의 도구

84 국제사회법은 성문법에, 국가간 그리고 초국가적 규범에 규정되어 있다. 사

---

26 *라우셔*, 사회법 계간지 10 (1982), 319; *젤프*, 영토원칙의 문제, in: 토만들(편), 사회보험에서 외국인과의 접촉, 1980, 17쪽.

27 고전적으로: 연방사회법원판결 32, 174쪽; 33, 280, 285.

28 *국제노동기구*(편), 이주노동자를 위한 사회보장, 1977, 53쪽 이하; 근거 참조. : *아이헨호퍼*, 국제사회법, 방주 89, 독일 사회법은 외국사실관계에도 역시 적용된다, 예를 들어, 국내에 정주하고 있는 기업의 외국조립공이 외국에서 산재를 당하는 경우; 독일법에 따른 보상.

회법전 제1권 30조에 독일 사회법의 국제적인 적용영역이 일반적으로 개괄되어 있다. 그에 따라 독일 사회법은 – 국가 간 그리고 초국가석 법은 유보하고 – 독일에 통상적인 거주지를 갖고 있는 모든 사람에 적용된다. 그럼에도, 거기에 중요한 편차가 발견된다.

사회법전 제1권 제30조는 일반원칙도, 국제사회법의 기본적인 원칙을 규정한 것도 아니다. 사회법전 제4권 제3조 1, 4호 이하에 따라, 독일의 규정은, 그 활동이 통상적으로 국내에서 이루어지는 취업자 또는 자영업자를 위한 보험의무와 사회보험의 권리에 적용된다. 사회법전 제4권 제4조 이하는 더 나아가, 국내고용은 과도적인 외국에서의 활동 시 존속된다는 것(확대)과, 반대로 그런 고용이 국내에서 과도적으로 행해지는 경우에는 존재하지 않는다는(축소)라는 것을 명확히 하고 있다.

이러한 성문법에서 포함된 국제사회법은 협약법을 통해서 보완되거나 수정 85
된다(사회법 제4권 제6조 이하, 제1권 제2장 제30조). 독일은 양자 간 또는 다자간 관계에 맞추어 많은 나라와 사회법 관련 조약[29]을 체결하였다. 그것은 상호 사회보장에 대해(= 질병보험, 연금보험, 재해보험 그리고 실업보험 및 가족부조) 부양과 사회부조에 이를 수 있다. 독일에게 가장 중요한 국제사회법의 규정은 그럼에도 불구하고 오늘날 유럽의 조정된 사회법에 포함되어 있다. 이것은 양자 간의 협약을 배척하고 있기 때문이며, 유럽연합의 점차 증대하는 지정학적인 확대와 더불어 EU법이 오늘날 지배하고 있다. 국제적으로 "조율된" 사회법은 국가들의 사회법을 서로 균등하게 한다.

---

29 *푹스/프라이스*, 사회보험법, 2009(2판), § 63; *페터슨*, in 사회법 핸드북, § 35; 포괄적으로 *독일 연금보험 연맹*(편), SVA – 사회보험협정, 2012(15판).

c) 유럽차원에서 조정되는 사회법

aa) 개념

86 "유럽차원에서 조정되는 사회법"은 회원국가의 사회법을 서로서로 제한하거나 서로 연계시키게 하는, 유럽연합에서 창출된 규범을 뜻한다.[30] 유럽 사회법은 서로 "조화롭게 하고", "표준화 하며" 그리고 "조정을 하는" 사회법에 속한다. 이는 회원국가에 그들 사회법의 형성을 위한 통일적인 기본원칙을 제공한다(예를 들면, 모든 회원국가에서 동일한 연금연령, 동일한 연금형식, 질병시의 동일한 보장방법). 사회법적 질서의 상호 의존을 목적으로 하게 한다. "조화"란 통일적인 "실체법"(= 실질적인 법)의 창출을 의미한다. "조정"은 그에 반해 통일적인 국제사회법의 창출을 의미한다. 뒤에 언급된 해석은 "조정" 역시 궁극적으로는 조화를 목적으로 한다는 것을, 분명하게 한다. 그 차이는 대상에 존재하는데… "조화"는 실체법의 균등화를 목적으로 하고, "조정"은 그에 반해 국제사회법의 균등화를 의미한다.

2000년 이래 유럽연합의 기능방식에 대한 협약 제153조 k)에 근거한 절차에 의해 회원국 간 사회법 질서의 접근과정은 "개방적인 조정의 방법"

---

30 *바르비히/슐테*(편), 자유로운 이동과 사회보장, 1999; *데베찌*, 유럽사회법의 충돌규범, 2000; *연금보험데이터센터(DSRV)*, 이주와 사회법, 2018; *아이헨호퍼*, 유럽연합의 사회법, 2013(5판); *동 저자*(편), 그 시작이래 50년, 2009; *푹스*, 유럽사회법에 대한 노모스-주해, 2013(6판); *오팅*, 사회법핸드북, § 36; *페닝스*, 유럽사회보장법에 대한 입문, 2003(4판); *로디에르*, 유럽연합의 사회법, 2008; *하우크/노프츠/아이헨호퍼*, 유럽연합-사회법, 2010; *슈람멜/빙클러*, 유럽 노동법 및 사회법, 2010, 19쪽 이하, 285쪽 이하; *슐러*, 독일연방공화국의 국제사회법, 1988; *슐테*, 사회국가 유럽? in 하에렌델(편), 사회국가에서의 정의, 2012, 153.

을 통해서 촉진된다. 그 일은 실체법의 "조정"도 아니며, 수급권의 어떠한 "조화"도 아니라, 경제적 영향의 상호접근인 것이다(수렴). 이 방법의 적용을 통해서 유럽연합은 점차 고용정책, 노후보장, 건강서비스제도 그리고 빈곤퇴치 등의 정책에서 법적 통일을 기하고, 회원국 사회를 사회적으로 형성하며 서로서로 접근시키는 목표를 갖고 회원국가의 사회입법에 영향을 미친다.

bb) 법원

유럽 차원에서 조정되는 사회법은 일차 법 그리고 이차 법으로 거슬러 올라 87
간다. 이에 대해 유럽연합의 기능방식에 대한 협약 제45조, 제48조가 결정적이다. 유럽연합의 기능방식에 대한 협약 제45조는 모든 근로자들에게 네 가지 기본자유 중의 하나로서 자유로운 이동을 보장한다.[31] 이에 따르면 모든 유럽시민은 모든 회원국가에서 일자리를 찾을 수 있으며, 모든 회원국가로 입국할 수 있고, 거기서 거주할 수 있으며, 일의 종료 이후에 거기에 남아있을 수 있다(유럽연합의 기능방식에 대한 협약 제III장 제45조). 유럽연합의 기능방식에 대한 협약 제48조는 법 제정과제를 포함하고 있다.[32]

이에 따라 각료이사회는 유럽사회법에 의해 자유로운 이동의 사회법적인 결과에 대처하여야만 한다. 노동자가 이동의 자유를 필요로 하면 … 고용국가가 변경되고, 이와 함께 역시 노동 그리고 사회법적 지위가 바뀌게

---

31 이러한 맥락에 대하여, *코르넬리센*, in: 아이헨호퍼(편), 그 시작 이후 50년, 2009, 17쪽 이하.

32 *슐테*, 이동의 자유와 사회보장, in: 바르비히/슐테(편), 이동의 자유와 사회보장, 1999, 39쪽 이하.

된다.[33] 그와 같은 변경은 통상 사회법적으로 불리한 것이다. 사회보험법은 급여의무가 있는 국가 밖에서 수급권자의 체재 시에 연금지급의 정지를 결의하였거나, 피보험자의 급여청구권을 급여지급 발생이전에, 충분히 긴 기간에 걸쳐, 급여지급 의무가 있는 국가의 보험에 연계시키고 있다. 유럽연합의 기능방식에 대한 협약 제48조에 따라 창출되는 제도는 결과적으로 여러 회원국가 간의 보험기간의 합산과 사회급여의 외국으로의 지급을 마련해 두고 있다. 그 규정은 한 회원국가에서 얻어진 수급권을 역시 사회법적 지위의 변경 시에도 보장하고 있다.

88 조정하는 사회법의 창출에 대한 책무는 각료이사회가 유럽경제공동체의 성립 직후 명령(유럽경제공동체) 제3, 제4호/58에 의해 뒤따랐다. 이것은 명령(유럽경제공동체) 1408/71 및 명령(유럽경제공동체) 574/72에 의해 대체되었다. 회원국가 "사회보장" 제도의 조정을 규율하는 것이다. 명령(유럽경제공동체) 1408/71은 실체법을, 명령(유럽경제공동체) 574/72는 집행을 규율하고 있다. 명령(유럽경제공동체) 1408/72는 2010 이래 명령(유럽공동체) 883/2004, 987/2009로 대체되었다. 더 나아가 명령 제7조, II, 12(유럽연합) 492/2011은 노동자와 그들의 가족에 대해 "사회적 편의"를 보장하면서, 자유로운 이동에 대한 권리를 갖는 유럽연합 시민의 차별을 금지한다. 이러한 규정들은 회원국 간 관계에 있어서 이에 유효한 국제사회법을 정한다. 전에는 국민국가의 권한에 속하는 국가 간의 권리가 이로써 완전히 유럽화되었고, 유럽적으로 조정된 사회법이 국민국가의 국제사회법의 자리를 대신한다.[34]

---

33 로마조약 I장 규정 8조 참조. ; *아이헨호퍼*, 유럽노동법 잡지 2012, 140쪽 이하.

34 *아이헨호퍼*, 유럽연합의 사회법, 2018(7판), 방주 84쪽 이하; 역시 독일 사회법전 제

cc) 유럽공동체(EC) 883/2004 규정의 규율대상과 일반규정

유럽공동체(EC) 883/2004 규정은 회원국가를 위한 사회법의 국제적인 적용 89
범위를 확인하여 규정하고, 급여보조와 외국으로 지급을 통한 사회법의 국제적인 영향력, 보험기간의 합산 그리고 다른 수지균등 규칙을 보장한다. 모든 회원국가의 국제사회법은 통일되고, 규범의 흠결 및 규범의 중복적용이 회피된다.[35] 규범의 흠결은, 상이한 연계로 인해서 참여하고 있는 사회법에 따라 보호의 필요가 있는 사람이 보호되지 못하는 경우, 나타나게 되는 것이다 – 이른바 사회보장이 모든 주민을 포괄하는 국가에 취업한다면 그리고 사회보장이 그곳의 모든 취업자를 포함하는 나라에 산다면, 반대로 규범의 중복적용은, 어떤 사람이, 모든 취업자를 포함하는 나라에서 취업하고 모든 주민을 포함하는 한 나라에서 살 때 나타나게 될 것이다. 회원국가 간의 사회보험 분야의 국제적인 관할권에 대한 통일적인 규정이 존재하게 된다면, 두 가지 결과를 피할 수 있다.

사회법은 우선 이것을 정하는 나라를 위해서만 영향을 미친다. 의료보험은 90
그 나라에 각각 개업하고 있는 의사와 병원에 의한 치료에 대한 청구권을 기본으로 한다. 그러나 국제적인 이동성 요구에 직면한 한 국가 사회법의 국제적인 영향력은 보호되어야 한다. 사회적 위험이 나타날 때, 한 나라의 사회법에 근거한 보장의 기대권은 국제적인 이동성에 직면하여 국가의 영토에 국한되지 말아야 하며, 그 보호되는 위험이 외국에서 나타나는 경우 그 피보험자가 외국에서 거주하거나 또는 그가 보험을 든 삶이 여러나라에서 이

4권 제6조 참조.

35 *쇼우켄스/피에터스*, in: 아이헨호퍼(편), 그 시작 이래 50주년, 2009, 143쪽 이하.

루어지는 경우에도 역시 충족되어야 한다.

91 유럽공동체(EC) 883/2004 규정은 "일반규정"에 의해 도입되었다(제 1-10조 참조).[36] 이것은 개념(제1조) 그리고 인적(제2조) 그리고 물적 적용범위(제3조)를 규정하고, 유럽연합 국민간의 국적에 의한 차별을 금지하며 제(4조), 수지상등 규정의 형태로 일반적 법률요건의 동등대우를 규정하고 제(5조)[37], 기간의 합산을 제공하고(제6조), 원칙적으로 급여의 외국으로의 지급 (제7조), 그리고 상이한 개별국가의 법에 근거하여 급여청구권의 중복 시 법적 결과를 규율한다(제10조).

92 유럽공동체(EC) 883/2004 규정 제2조에 따라 회원국가 국민의 사회보장을 위한 법령이 적용된다. 더 나아가 명령(유럽공동체) 번호 1231/2010[38]은 제3국 국민을 조정에 포함한다. 유럽공동체(EC) 883/2004 규정은 "사회보장" 급여에 적용된다. 유럽공동체(EC) 883/2004 규정 제3조에 따라 여기에 질병, 모성, 장애, 노령, 유족, 산업재해 그리고 직업병, 실업급여 및 가족급여가 포함된다.[39] 그에 반해서 사회보장에는 사회부조의 급여, 사회적 보상 및 민간보험자의 급여(이른바 기업 사회급여)는 포함되지 않는다. 1998년 이래, 전에 배제되었던 공무원(공무원 부양)에 대한 특별제도 및 직능상의 부양 또

---

36 이에 대해 *슐테*, in: 사회법 핸드북, § 33 방주 142쪽 이하 참조. : *아이헨호퍼*, 유럽연합의 사회법, 2018(7판)방주 80쪽 이하; *요렌스/판 우버마이렌*, in: 아이헨호퍼(편), 그 시작 이래 50주년, 2008, 105쪽 이하.

37 이에 대해서는 기본적으로 *아이헨호퍼*, 국제 사회법과 국제 사법, 1987, 247쪽 이하.

38 관보. 유럽연합, 2010년 12월 29일, L 344/13.

39 유럽법원용어 1972, 457(프릴리) 참조. ; 1979, 2645(크랜/토이아); 1981, 229(비기어); 1984, 1389(엔. 브이. 티엘 – 유트레히트); 1985, 973(호에크흐); 1985, 1745.

한 포함되었다.[40]

93 위와 같은 개념들은 그들이 모든 유럽연합 국가들의 사회법적 형성에 적용되기 때문에 국제적인 것이다.[41] 국민국가 사회법의 이와 같은 형성은 자주 체계적으로 상이하게 분류된 요소들을 결합시킨다. 이것들은 서로 다른 요소들을 연계하고, 명확한 체계적인 분류를 피한다. 이러한 구분이 얼마나 어려운 것인지는, 예를 들어 그런 문제,[42] 즉 이탈리아 법[43]에 의한 기초연금(pensionale sociale)을 사회보장의 급여로서 또는 사회부조로서 보아야 하는 지와 같은 데에서, 나타난다. 사회보장의 급여로 이해하는 경우, 수급자격이 있는 사람의 해외체류시에도 지급되어야 할 것이고(유럽공동체 (EC) 883/2004 규정), 사회부조의 급여인 경우에는 해외체류 시에는 거부될 수 있다. 사회부조로서 수급자격에 유리하게, 기초연금은 단지 궁핍한 자에게만 지급되고, 그 수익은 공적재원에 의해 재정지원되는 것을 말한다. 사회보장급여로서 수급자격에 유리하다는 것은, 나이가 들면 제공되고, 사회보험법적인 보호의 결여로, 수급자가 노령에 사회부조에 대한 수급권을 갖지 못하는, 보장의 틈새를 메워주는 것이다. 따라서, 유럽법원은 기초연금을 사회보장 급여로 분류하였다. 그럼에도 불구하고 이것은 기여와는 독립적인

---

40 *푹스*, 동 저자(편), 노모스-주해 유럽사회법 판결집, 2013(6판), § 4 방주 6.

41 그것은 그와 함께 국제사법의 충돌규범에 있어 "연계대상"에 상응한다. 그것은 실체법적 시스템 개념의 언어로 표현된 충돌규범 구성요건 징표이다; 상세히: *데베찌*, 유럽사회법의 충돌규범, 2000.

42 유럽법원 용어 1983, 1427(피시텔로).

43 *산드리*, 사회입법의 제도, 1983, 방주 106.

특별현금급여로 규정되고, 이로 인해 외국으로 지급되지 못하는 것이다.[44]

94 노동자가 여러 법에 따라 급여수급권을 획득한 경우에, 유럽공동체 (EC) 883/2004 규정 제10조는 다른 회원국의 법에 따라 급여의 수급권이 존재하기 때문에 축소되어서는 안된다고 규정하고 있다. 이런 법리를 유럽법원은 Petroni[45] 사건에서, 전체 유럽의 조정법을 이끄는 기본원칙으로서 확립하였다. 이탈리아와 벨기에는 보험가입 기간을 적립하고 있고, 벨기에 가입기간이 최고 가능한 연금수급의 기간을 갖고 있는 노동자는 벨기에 연금에서 이탈리아 연금의 지불액이 차감되는 것을 감내해서는 안된다. 유럽법원은 거기에서 최혜대우의 원칙을 도출하였다. 유럽의 조정된 사회법은 결코 권리를 축소하는 것이 아니고, 항시 권리를 확장하는 데 영향을 미치고 있다.

95 유럽공동체(EC) 883/2004 규정 제11-16조에는 충돌규범이 있다.[46] 그에 따르면 취업자와 자영업자의 사회보험법령은 기본적으로 취업지 또는 기업의 소재지에 대한 연계에 의해서 규정되는 것이다. 특별규정이 유럽연합의 지원인력[47], 관료[48] 및 통상적으로 두 개 또는 그 이상의 나라에서 사회보장이 발생하는 취업 또는 자영업을 행하는 사람들에 적용된다(유럽공동체(EC) 883/2004 규정 제13조). 끝으로 사회보험관계의 참여자들(노동자, 사용자와 그리고 관련 사회행정)에게 법 규정의 예외를 합의하는 것이 인정된다(유럽공동체

---

44 유럽공동체(EC) 883/2004 규정 제70조.

45 유럽법원 용어 1975, 1149(페트로니).

46 *데베찌*, 유럽사회법의 충돌규범, 2000; *아이헨호퍼*, 유럽연합의 사회법, 2018(7판), 방주. 130쪽 이하.

47 유럽공동체(EC) 883/2004 규정 제15조.

48 유럽공동체(EC) 883/2004, 규정 제11조 III 참조. b)

(EC) 883/2004 규정 제16조).

사회법에 중요한 연결점은 "고용지"이다. 이것은 보험가입의무가 있는 사람이 그가 책임이 있는 활동을 정기적으로 행하는 장소이다. 고용지는 취업자가 한 국가에서 계속해서 활동하지 않고도 역시 존재할 수 있다. 외국에서 활동시에 국내고용이나, 마찬가지로 국내에서 활동 시 외국에서의 고용 시에도, 역시 파견에 근거한 외국에서의 고용 역시 존재할 수 있다.[49] 즉 활동지와 고용지의 분리는 사회법 명령을 위해 해외파견 – (사회법전 제4권 제4조) 또는 국내파견(사회법전 제4권 제5조)에서 해가 되지 아니한다. 양자는 취업자가 그의 활동을 과도적으로 관할 국가의 영역이 아닌 다른 나라의 영역에서 그의 활동을 행한다는 것이 정해진다. 외국활동이 과도적이라면 사회법령은 변화되지 않는다.[50] 외국활동이 그에 반해서 장기적으로 이루어지는 것이라면, 곧 사회법령의 변경이 이뤄진다. 96

국내법의 국제적인 영향력을 확보하기 위하여, 명령(유럽공동체) 883/2004에 상이한 사회적 위험인 질병(제17조 이하 참조), 산업재해 및 직업병(제36조 이하 참조), 장애, 노령 및 사망 (제44조 이하 참조), 실업(제61조 이하 참조) 및 가족급여(제67조 이하)에 대한 동등성규칙이 있다. 97

기본적으로 한 나라에서 질병 시에 피보험자는 해당 관할국가의 급여제공자에 대해서만 급여청구권을 갖는다. 한 회원국가의 사회법은 이런 조건 하에서는 영토적으로 제한되었고 – 국내법의 국제적 영향력은 미치지 아니하였다. 이런 규정들은 국제적으로 이동하는 사회 속에서는 실익이 없

49 역시 유럽공동체(EC) 883/2004 규정 제12조 참조.

50 *스타인마이어*, 국제 사회보험법에서의 국내파견, 1981.

을 것이다. 동등성규칙은 이런 실익이 없는 것을 극복한다.[51] 유럽연합 사회법은 이것을, 국경을 넘나드는 사람, 피보험자의 과도기적인 해외체류 또는 관할국가에서 치료가능성이 충분치 않을 때 인지한다. 이런 경우에는 그와 그의 가족구성원에게는 고용국가에서의 보험가입에 근거해서, 거주국가에서의 치료급여가 인정된다.[52] 마찬가지로 다른 회원국가에서 발병시 피보험자에게는 응급진료를 위한 모든 필요한 급여가 인정되는데, 피보험자가 과도적으로 – 예를 들면, 휴가, 외국에서의 활동 또는 경유지 여행으로 인하여 – 다른 회원국가에서 체재 중 질병이 발생한 경우(유럽공동체(EC) 883/2004 규정 제19조) 한 나라에서의 질병에 대해 피보험자는 다른 회원국가에서 제공되는 급여에 대한 청구권을 갖게된다. 즉 해당국가에서 적절한 치료가 적시에 또는 전혀 이루어질 수 없는 경우(유럽공동체(EC) 883/2004, 규정 제20조).[53] 이런 규정은 장기요양보험에도 상응하여 적용된다 (유럽공동체(EC) 883/2004, 규정 34조).[54]아직 충분히 명확하게 해결되지 아니한 문제는, 서비스와 상품거래의 자유(유럽연합의 기능방식에 관한 협약 제23, 제49조)로 인하여 다른 나라에서 질병치료 시에 일반적인 청구권이 존재하는지에 관한 문제이다. 유럽법원은 그간 통상적인 판례에서 사회보장의 급여청구권을 이

---

51 이에 대해서는 상세히: *아이헨호퍼*, 국제사회법과 국제사법, 1987, 247쪽 이하: *동저자*, 국제사회법, 방주 190쪽 이하.

52 *마홀트*, in: 아이헨호퍼(편), 그 시작 이래 50년, 2009, 193쪽 이하; *빈디쉬-그라에쯔*, 유럽의료보험법, 2003.

53 유럽법원 용어 1978, 825(피에리크 I).

54 유럽법원 용어 1978. I-843 (몰레나르); *아이헨호퍼*, in: 사회보험법 핸드북-장기요양보험, § 30; *지에베킹*(편), 유럽연합에서 장기요양 필요시의 사회보장, 1998.

런 기본적인 자유에 종속시키고 있는데,[55] 그럼에도 불구하고 다른 한편으로, 다른 회원국가에서의 고가의 병원진료 청구권은 보험자의 "승인"(= 전에는 동의)이 필요하다.[56] 이에 기초하여, 회원국이 이 원칙의 실현에 의무를 지는 환자지침[57]이 공포되었다.

산업재해 위험에 대한 수급권의 조정은 한편에서 질병 시 그리고 다른 한편 98
에서는 노령, 장애, 사망 시에서와 유사한 원칙을 따른다. 이것은 산업재해 시에도 급여지급의 의무가 있다는 것을 의미한다. 직업병 법의 노출시간도 함께 추가된다. 무엇보다 직업병 시 급여의 부담에 대한 분배는 연금보험에 있어서와는 다른 원칙들이 적용된다.[58] 전체 급여는 최종 고용국가가 지급하여야 한다(명령 제38조 (유럽공동체) 883/2004).

노령, 장애, 사망 보장 시에 조정법은 보험기간의 수급권에 근거한 합산을 규 99
정하고 있다.[59] 노령, 장애, 사망 시 연금수급권에 대한 보험법적인 조건의 검토 시, 다른 나라에서 행해진 보험기간, 고용이나 거주기간은 이 나라의 법에 따른 기간처럼 다룬다. 다른 회원국가에서 행해진 활동 또는 거주기간으로부터, 이와 동일한 사회보험법적 수급권이 관할국가에서 얻어진 것과 같이 발생한다. 급여수준은 회원국가에서 보낸 기간에 따라 산정된다. 무엇

---

55 기본적으로 유럽법원, 용어 1998, I-1831 (데커), I-1931(콜).

56 유럽법원, 용어 2001, I-5473(게라에츠-스미츠).

57 지침 2011/24/유럽연합, 관보 2011. 4. 4 L 88/45.

58 하나의 가능한 개혁에 대해서 *푹스*, in: 아이헨호퍼(편), 유럽적으로 조정된 사회법의 개혁, 1993, 93, 96쪽 참조.

59 아이헨호퍼, in: 사회보험법 핸드북-연금보험, § 76; *페어슈에렌*, in: 아이헨호퍼(편), 그 시작 이래 50년, 2009, 223.

보다 최적화의 계산이 취업자에게 가능한 최고의 급여를 보장하도록 이루어진다. 모든 보험자는 그 법 아래에서 보낸 기간에 기초하여 연금을 계산해야만 한다. 그는 피보험자에게 보다 유리한 계산방식을 통해 얻어진 금액을 지불할 의무가 있다.

100 실업보장 급여는 마지막 고용국가가 보장해야만 한다. 그럼에도 불구하고 노동자가 다른 회원국에서 보낸 보험가입기간과 고용기간은, 그것이 관할국가에서 적립되는 것처럼 수급권의 계산에서 고려되어야만 한다(유럽공동체(EC) 884/2004, 규정 제61조). 실업자는 실업기간 동안에 관할국가에서 조치가 가능해야 한다. 유럽공동체(EC) 883/2004, 규정 제64조는 실업자들에게 3개월 동안 다른 국가로 구직활동을 하는 것을 허용하는데,[60] 이 기간은 관할국가의 노동행정에서 6개월까지 연장될 수 있다. 마지막 고용국가가 관할하는 원칙에 관해, 유럽공동체(EC) 883/2004, 규정 제65조는 마지막 고용의 그것과는 다른 나라에 사는 노동자에 대한 예외를 규정하고 있다. 이에 대해서는 거주지국가가 관할하는데, 수급권자는 지금까지의 고용이나 취업한 회원국가 법의 수준으로 급여를 받고 역시 거기에서 그의 처분을 주장할 수 있다.[61]

101 가족급여보상의 국제법에서는 그 적용되는 법은 기본적으로 그 부모 쪽의 고용지에 연계되어 정해진다. 급여의 계산에서는 부모 쪽의 전체 자녀들, 또한 관할국가 밖에서 거주하는 사람들이 고려된다(유럽공동체(EC) 883/2004,

---

60 *페닝스*, in: 아이헨호퍼(편), 그 시작 이래 50년, 2009, 265; 유럽법원 판결(유럽법원 용어 1980, 1979(테스타, 마기오, 비탈레))은 이러한 원칙을 그럼에도 불구하고 항시 재확인하였다.

61 유럽법원 판결로부터 추론 용어 1986, 1837(미에테)

규정 제67조). 유럽법원의 판결은 이러한 원리를 다른 급여의 근거가 되는 요건의 징표로 확장하고 있는데, 특별히, 실업이 다른 회원국에 있는 아동, 이것에 아동수당 청구권이 의존하는 경우이다. 이 판결은 이제 유럽공동체(EC) 883/2004, 규정 제5조에 명문화 된 일반적인 동등성규칙을 통해서 정당화된다.[62]

여러 국가에서 두 부모가 고용이 되었다면, 이중 고용으로부터 이중의 수급권이 생긴다.[63] 그럼에도 불구하고 한 부모의 자녀에 대해 한번 가족급여가 주어지기 때문에(아래 방주 505 참조), 부담은 여러 고용국가 간에 배분된다. 이에 따라 주된 고용지 국가가 우선적으로 급여 지급의무가 있다(유럽공동체 (EC) 883/2004, 규정 제68조). 이 나라의 급여가 다른 나라의 급여를 초과하면, 다른 나라의 급여는 지급되지 않지만, 두 번째 고용국가의 가족급여가 첫 번째의 그것을 넘어서면, 두 번째 고용국가는 그 차액을 부담한다.[64] 우선권은 엄격하게 적용되며, 자녀의 수급권이 있는 부모가 가족급여 신청을 하지 않는다 할지라도 그러하다.[65]

유럽공동체(EC) 883/2004 규정 제76조 이하에 따라 회원국가의 사회행정 **102**
은 상호간 지원의무가 있다. 그들은 이른바 의사 소견서를 상호적으로 인

---

62 *데베찌*, in: 아이헨호퍼(편), 그 시작 이래 50년, 2009, 291쪽 이하; 유럽법원 용어 1990, I-531(브론찌노); *아이헨호퍼*, 전 가족법 잡지, 2019, 588.

63 유럽경제공동체(EC) 1408/71, 규정 제73조; 비교. 역시 유럽법원 용어 1984, 3741(살짜노).

64 유럽법원 용어 1980, 1915(라테르짜); 1986, 1401(페라이올리).

65 유럽경제공동체(EEC) 1408/71, 규정 제76조, 유럽경제공동체(EEC) 3427/89, 1989 규정 제10조. 제30조를 대신하여, 관보 번호 L 311/1.

정해야만 하며,[66] 모든 공용어가 허용되어야 하고[67] 상호간에 기여금의 납입 그리고 반환청구시 공무지원을 해야 한다.[68] 양도법(cessio legis) (아래 방주 249쪽 이하 참조)에 관해서는, 사회법적 그리고 사법상의 수급권의 경합 시에, 모든 회원국가는 다른 회원국가의 사회법에 포함되어 있는 양도채권을 그 사회급여 보험자에게 유리하게 인정한다.[69]

103 더 나아가 유럽연합 시민 간의 엄격한 **차별금지**가 적용된다(유럽연합 제2조, 유럽연합 기능방식에 관한 협약 제18조). 전체 "사회보장"에서 동등처우 요구가 적용된다(유럽공동체(EC) 883/2004, 규정 제3조). 개념적으로 훨씬 더 노동자의 "사회적 편의"를 포괄하는 범주에 대해, 이 원칙은 유럽공동체 1612/68, 규정 제7조 II에 따라 적용된다. 사회적 편의로서, 예를 들면, 사회부조의 급여[70], 공적장학금 – 연방직업교육촉진법 BAföG –,[71] 출산 시 대여금[72] 또는 공공철도에서 대가족을 위한 차표할인[73] 등이 적용된다.

d) 사회법의 국제비교

---

66 유럽법원 용어 1987, 1339 (린도네).

67 유럽공동체(EC) 883/2004, 규정 82조.

68 유럽공동체(EC) 883/2004, 규정 76조.

69 유럽공동체(EC) 883/2004, 규정 85조.

70 유럽법원 용어 1984, 3199(카스텔리); 1985, 973(호에크흐); 1985, 1873(데아크).

71 유럽법원 용어 1974, 773(카사그란데); 1990, I-4185(디 레오).

72 유럽법원 용어 1982, 33(라이나/바덴-뷔템베르그 주 신용은행).

73 유럽법원 용어 1975, 1085(크리스티니).

모든 국가는 사회법에서 각각 상이한 경제적 그리고 사회적 기능을 수행한 다. 개도국에서는 오직 산업노동자 그리고 무역과 공공서비스 종사자의 소수만이 사회적으로 보장된다. 사회법은 거기서 특권의 성격을 띠게 되고, 보다 여건이 좋은 사람들을 보장하고, 생산을 값비싸게 하며 모든 사람에게 보장을 위한 재정을 부담시킨다.[74] 그에 반해서 선진국가에서는 모든 주민이 사회보장에 포함된다. 그러나 사회보장의 형성에 구성적인 차이가 존재한다. 이것은 여러 법 계통, 즉, 대륙-유럽적,[75] 영미, 스칸디나비아 그리고 개도국으로 구분된다. 이것은 다음에 노령, 장애 그리고 사망 (aa) 과 질병(bb) 위험에 대해 보여져야만 한다. **104**

aa) 노령, 장애, 사망 시의 보장

사회법적인 노후보장의 세 가지 형태가 구분된다.[76] 강제저축, 사회보험 그리고 주민보장. 강제저축 시에는 임금의 일부분을 유보하여 기금으로 적립된다. 그 수익은 위험이 발생할 경우(노령, 장애 또는 수급권자의 사망) 그 수급 **105**

---

74 *후버/보글리아치니, 펭/윙, 쿡*, in: *카스텔스*(편), 옥스포드 복지국가 핸드북, 2012, 644, 656, 671.

75 *카우토, 팔리어, 페레라, 카스텔스*, in: 카스텔스(편), 옥스퍼드 복지국가 핸드북, 2012, 586, 601, 616, 630.

76 *베커*, 국가와 사회급여법에서의 자율적인 보험자, 1996; 기본적으로: *클라센*, 비교사회정책, 1999; 우선: *에스핑-엔더슨*, 복지자본주의의 세 가지 세계, 1990; *미레(MIRE)*(편), 사회복지 체제를 비교하며, 1997; 라인하르트(편), 인구학적 변동과 노후보장, 2001; *사르파티/보놀리*, 국제적인 전망 속에 노동시장과 사회적 보호 개혁, 2002; 독일 연금보험 이행자 연합(편), 국제비교 속의 연금보험, 2003; *차허*, 법적비교 속의 노후보장, 1991.

권자 또는 그 유족에게 지급된다. 여기서 완전히 비용과 수익이 충족된다.

사회보험에서는 가입자에게 기여금이 징수되지만, 급여는 엄격히 기여금에 상응하는 것은 아니며, 비례성은 사회적 조정에 의해서 완화된다. 주민보장으로서 노후보장 시에는 일반회계에서 수급자에 대한 노령, 폐질, 또는 사망 시 급여가 제공된다.[77] 급여는 수급권자의 소득과 독립적으로 기초보장으로서 형성된다.

유럽-대륙국가에서는 사회보험의 방법이 지배적이다. 연금은 적극적으로 활동하던 기간에 얻어진 소득에 연계된다. 보장은 취업에 의존하는데, 즉 피보험자간 취업동안의 소득의 차이가 급여에 나타난다. 사용자와 노동자는 행정에 참여한다(조합주의). 사회보험에 특징적인 사회적 조정은 마찬가지로 상이하게 인식될 수 있다. 전형적으로 기여금 납부가 없는 기간의 인정 – 비 고용기간이 보험기간으로 계산된다(임신 및 출산기간 그리고 아동양육, 실업, 군복무) – 또는 최저연금에 대한 저소득자에 유리한 목적의 재분배 등.

영미 및 스칸디나비아 법 영역에서는 노후보장은 주민보장으로 존재한다. 급여는 그 수급권자가 충분히 긴 시간동안 해당국가에서 체류했다는 것을 전제로 한다. 급여는 모든 사람이 동일한 수준이다. 영국과 스웨덴에서는 이외에 추가적인 국가 그리고/또는 민간연금제도가 존재한다. 이것은 주민보장을 소득에 의존하는 부가급여를 통해서 보완한다. 주민보장이 지배하는 곳에서는 기업의 노후보장연금이 보완으로서 큰 의미를 얻게 된다. 영미와 스칸디나비아 접근방식의 차이점은 그 구조에 있는 것이 아니고, 그 수준에 있다. 전자에서는 청구권은 빈곤보호에 국한되어있고, 후자에서는

77 *라이저링*, 사회적 현금급여의 글로벌한 상승, 2018.

복지의 참여에 맞춰져있다.

미국에서는 모든 취업자는 노령, 장애 그리고 유가족에 대해 사회보장이 시행되고, 이것은 강력한 평등주의적 요소를 담고 있다. 소득의 역진적인 평가를 통해서 미국의 노후보장은 저소득자에 유리하게 재분배에 맞춰있고, 전체 취업자들에게 기초보장이 제공된다. 노령과 폐질 시에 평균 이상의 소득을 갖고 있는 사람들의 생활수준의 보장을 확보하기 위하여, 많은 부가적인 보장이 기업의 사회보장을 통해 존재한다(그 모델은 스위스에서 받아들여졌다.)

개도국에서는 공적인 노후보장은 이제 시작이다. 강제저축은 영연방국가에서 지배적이다. 거기에서는 영국식민제국의 전통 하에 은혜기금(Provident Funds)의 설치가 의무가 되었다. 이에 따라 노동자들은 소득의 일부를 이 기금에 납부해야만 한다. 이들은 재정을 적립하고, 급여 시에 저축분을 수급자에게 지급한다. 사회보험은 특별히 라틴아메리카 국가에서 존재하는데, 여기에서는 확실히 상급 노동계층에 국한되어있다 – 산업노동자층 및 상업과 공공서비스 복무자들에게. 이는 1980년대 칠레의 선례를 따라서 민영화되었다.

bb) 질병 시의 보장

국제 비교에서 의료보장[78]의 세 가지 유형이 확산되어있다. 전국민의료서비스 및 현물급여 그리고 비용보상원칙에 따른 의료보험이다. 전국민 의료서비 106

78 *알버* 외, 서유럽 의료제도 비교, 1992; 쾨터, 법정 의료보험법상 외래 의료부양의 조정, 2000; *라이엔바흐*, in: 보에켄/루란드/스타인마이어(편), 독일과 유럽에서 사회법과 사회정책, 베른트 베론 폰 마이델 기념논문, 2002, 451.

스에서 모든 주민은 국가시설을 통해서 무상치료에 대한 권리를 갖는다. 현물급여원칙에 따른 의료보험에서는 피보험자는 의원 또는 병원급여의 무상이용에 대한 법적 청구권을 가지며, 그것은 전체적으로 의료보험을 통해 재정 지원된다. 비용보상원칙에 따른 의료보험에서는 피보험자는 사인으로 의료급여 수급권을 갖고, 보험은 그 비용의 전부 또는 일부를 보전한다.

중유럽 그리고 서유럽에서는 의료보험이 지배한다. 무엇보다 현물급여 또는 비용보상원칙에 의해서 보장되어야 할 지가 통일적으로 규정되어있지 않다. 독일과 오스트리아에서는 현물급여가 적용되며, 프랑스, 벨기에, 룩셈부르크 그리고 스위스에서는 비용보상원칙이 적용된다.

영미와 스칸디나비아 법 권역에서는 전국민의료서비스가 지배하고, 남유럽, 동유럽, 그리고 중유럽에서도 그러하다. 의사들은 국영병원에 고용되거나 또는 그들의 활동이 환자당 통일적인 요율로 정산된다. 자유로운 의사선택이 존재하지만, 의료활동에 대한 접근은 국가의 영향에 의해서 제한되고 그리고 규제된다. 부족함 – 정치적으로 의도된 – 이 그 제도의 특징이다.

미국에서는 공적의료보험은 단지 연금생활자들을 위해서만 존재한다. 그 외에 사회부조 수급자들은 국가의 비용으로 의원과 병원을 통한 무상치료에 대한 수급권을 갖는다. 취업자에게는 통상 사법적인 보장이 존재한다. 이것은 2010년 이래 의무화되었다. 그런 측면에서 현물급여원칙(건강유지기관) 또는 비용보상원칙(사적으로 고용관계에 기반한 집단보험)에 근거할 수 있다.

개도국에서는 사회적 의료보험의 수립이 이제 시작의 문턱에 있다. 서아프리카의 몇몇 국가들만이 프랑스전통에 따라 의료보험을 비용보상원칙에 따라 조직하고 있다. 나머지 개도국들은 전국민의료서비스를 1차적인 보장으로 조직하기 위해 노력하고 있다(Primary Health Care). 이러한 제도들은 단지 지역적 영향만을 갖고 있다.

참고문헌

Castles/Leibfried/Lewis/Obringer/Pierson(편), The Oxford Handbook of the welfare state, 2010; *Eichenhofer*, Sozialrecht der Europäischen Union, 2018(7판); *동 저자*, Geschichte des Sozialstaats in Europa, 2007; *동 저자*, Sozialer Schutz unter den Bedingungen der Globalisierung, 2009; *동 저자*, 50 Jahre nach ihrem Beginn – Neue Regeln für die Koordinierung sozialer Sicherheit, 2009; *동 저자*, in Denkschrift 60 Jahre BSG, 517; *Esping-Andersen*, The Three Worlds of Welfare Capitalism, 1990; *Fuchs*(편), Nomos-Kommentar zum Europäischen Sozialrecht, 2018(7판); *Gosepah/Schemmel*, in Denkschrift 60 Jahre BSG, 499; *Hanau/Steinmeyer/Wank*, Handbuch des europäischen Arbeits- und Sozialrechts, 2002; *Hauck/Noftz/Reinhard*, EU-Sozialrecht, 2019; *Iliopoulos-Strangas*, Soziale Grundrechte in Europa nach Lissabon, 2010; *Janda*, Migranten im Sozialstaat, 2012; *Kaltenborn* SRH(사회법 핸드북) § 37;*Mikkola*, Social Human Rights of Europe, 2010; *Nußberger*, Sozialstandards im Völkerrecht, 2005;; *Riedel*(편), Social Security as a Human Right, 2007; *Otting* SRH(사회법 핸드북) § 36; *Schuler*, Das internationale Sozialrecht der Bundesrepublik Deutschland, 1988; *Schulz*, Grundlagen und Perspektiven einer europäischen Sozialpolitik, 2003; *Steinmeyer*, SRH(사회법 핸드북) § 33 ; *van Langendonck*(편), The Right to Social Security, 2007; *Zacher*, Vorfragen zu den Methoden der Sozialrechtsvergleichung, in *동 저자*(편), Abhandlungen zum Sozialrecht, 1993, 329; ; 동 저자, Horizontaler und vertikaler Sozialrechtsvergleich(편), 376; *동 저자*, Grundfragen des internationalen Sozialrechts(편), 431.

제5장 헌법과 사회법

a) 사회법의 헌법으로의 수용 가능성

사회법은 인간에게 실존적인 중요성이 있고 그리고 선진국가에는 지대한 **107**
영향이 있다. 사회입법 및 사회행정은 그런 까닭에 국가행위의 상당한 부분을 차지한다. 따라서 문제가 제기되고, 발견되는지 – 그리고 있다면, 사회법은 헌법에 어떻게 표현되고 있는가? 이 문제에 대해 국가들은 상이한 대답을 주고 있다.

미국헌법(1787) 및 영국의 헌법[1]에는 사회법은 어떠한 표현도 없었다. 19세기 **108**
부터 전해진 헌법[2]에서 사회법은 단지, 거기에서 개별적인 사회법적인 요소에 대해 입법권한이 규정된 경우에 한하여 나타난다. 20세기에 기원을 둔 다수의 헌법은 그에 반해서 사회법적인 보장을 사회적 기본권(aa), 원칙의 선

---

1 그 어떤 성문의 그리고 법전화 된 헌법이 없고, 그 헌법은 전통과 기본적인 국법 순위를 따르는 개별법에 근거하고 있다, *뢰벤스타인*, 영국의 국법과 국가의 실제, 1967.

2 대략 스위스, 그러나 스위스 연방헌법 41조만(1999) – 사회적인 국가의 목표 참조. : 사회보장, 건강, 가족보호, 노동, 주거, 교육과 양육.

언(bb) 또는 국가의 목표규정(cc) 으로 담고 있다.

aa) 사회적 기본권

109 최초로 1793년 6월 24일 자코뱅의 헌법에서 사회적 기본권이 표현되었다. 21조에 따르면 "공적인 빈민구제는 성스러운 의무이다. 사회는 자신의 잘못 없이 궁핍에 처한 모든 시민들을 구원해야 할 의무가 있다. 일자리의 제공을 통해서건, 노동불능자에게는 생존의 보장을 통해서건".[3] 사회적 기본권은 개개인에게 국가급여에 대한 수급권을 보장하거나 또는 행동가능성에 참여할 수 있는 권리를 보장한다.[4]

사회적 기본권은 생존에 대한 권리를 강화하고, 평등을 촉진하며, 국가급여를 통해 모든 사람을 위한 인권의 실현을 위한 실질적인 전제를 보장해야만 한다. 사회적 기본권은 노동, 교육, 건강, 주거, 사회보장[5] 그리고 가족

3 Les secours publics sont une dette sacrée. La société doit la subsistance aux citoyens malheureux, soit en leur procurant du travail, soit en assurant les moyens d'exister à ceux qui sont hors d'état de travailler.

4 사회적 기본권에 대하여 일반적으로: *뵉켄푀르데*, 헌법구조 속에서 사회적 기본권, in: 뵉켄푀르데/예케비츠/람(편), 사회적 기본권, 사회민주당-법정책 회의, 1981, 7; 참조. *브룬너*, 사회적 기본권의 문제, 1971; *판 랑엔동크*, 자유와 사회보장, in: 리버 아미코룸 안드르제이 마리안 스비아트코프스키, 2009, 311; *뤽케*. 공법기록집 107(1982), 15; *미콜라*, 유럽의 사회적 인권, 2010; *뮐러*, 헌법에서 사회적 기본권? 1981(2판); *토만들*, 사회적 기본권의 실정법으로 구축, 1967; *판 더 벤*, 사회적 기본권, 1963; *랑포드*(편), 사회적 권리 법학, 2008; *일리오푸로스-스트랑가스*(편), 리스본 이후 유럽에서 사회적 기본권, 2010.

5 *판 랑엔동크*, 사회보장에 대한 권리, 2007; *리들*(편), 인권으로서 사회보장, 2007; *국제노동기구*, 세계헌법에서 사회보장에 대한 권리, 1권: 유럽, 2016; *뢰르셔*, 아이헨호퍼 기념논문, 411; *미콜라*, 같은 곳, 457.

의 촉진에 대한 권리로서 형성된다. 이와 같이 대략 덴마크[6], 프랑스[7] 그리고 이탈리아[8]의 헌법은 노동에 대한 권리를 천명한다. 아일랜드[9]그리고 포르투갈[10]의 헌법은 국가에 개별적인 사회정책적 목표의 실현을 부여하고 있다. 이탈리아 헌법[11]은 국가에 가족촉진에 대한 의무를 지우고 있다. 이것은 무엇보다 세계인권선언 22-27조 그리고 경제적·사회적·문화적 권리에 대한 1966년 협약에 기초하고 있다.[12] 독일헌법에도 사회적 기본권은 생소하지 않다. 이것은, 이를테면 기본법 이전[13] 또는 통일 이후[14]에 헌법이 있었던 많은

---

6 § 75 (1) 덴마크 헌법; *닐센*, in: 일리오푸로스-스트랑가스(편), 리스본이후 유럽에서 사회적 기본권, 2010, 89쪽 이하.

7 제4공화국 헌법전문(1946) 참조. ; *루소/파비아/뒤비트*, in: 일리오푸로스-스트랑가스(편), 리스본 이후 유럽에서 사회적 기본권, 2010, 201쪽 이하.

8 이탈리아 헌법 4조; *베르고티니*, in: 일리오푸로스-스트랑가스(편), 리스본 이후 유럽에서 사회적 기본권, 2010, 391쪽 이하.

9 아일랜드 공화국 헌법 45조 (2) a); *머레이/페란*, in: 일리오푸로스-스트랑가스(편), 리스본 이후 유럽에서 사회적 기본권, 2010, 325쪽 이하.

10 포르투갈 헌법 58조 이하; *비에이라 드 안드라데*, in: 일리오푸로스-스트랑가스(편), 리스본 이후 유럽에서 사회적 기본권, 2010, 541 참조.

11 이탈리아 헌법 31조 참조.

12 *크라벤*, 경제 사회적 그리고 문화적 권리에 관한 국제 규약, 그 발전에 관한 전망, 1995.

13 바이에른(노동에 대한 권리, 제166조, 사회보장에 대한 권리, 제171조), 베를린(노동에 대한 권리, 제18조, 사회보장, 제22조, 주거공간, 제28조), 헤센(노동에 관한 권리, 제28조), 라인란드-팔츠(노동에 대한 권리, 제53조) 그리고 자르란드(노동에 대한 권리, 제45조)

14 브란덴부르그(사회보장에 대한 권리, 제45조, 노동에 대한 권리, 제48조), 또는 국가목표로서 약화된 형태로: 멕클렌부르그-포어포머른(제17조: 일자리의 유지와 창

주에 나타난다. 이미 바이마르공화국 헌법 – 전세계적으로 최초의 헌법으로 국제적으로 간주되는 – 은 사회적 기본권 이른바 노동과 사회보장에 대한 권리를 인지하였다.[15] 유럽연합의 기본권 헌장은 27–36조까지, 유럽연합에서 구속력이 있는 그 자체의 사회적 기본권을 규정하고 있다.[16]

110 이와 같은 보장은 **고전적인 기본권**, 양심, 사상 그리고 결사의 자유와 내용과 구조에 있어서 구별된다. 그러한 고전적인 자유가 국가의 강제로부터의 개개인의 자유를 **소극적 지위**(status negativus)[17] 또는 소극적 자유[18]로 정당화하는 반면, 사회적 기본권은 국가의 행동할 의무를 창출한다.[19] 이것은 사회급여 수급권을 인정하고 개인에게 **적극적 지위**(status positivus) 또는 "적극적 자유"를 창출한다. 그것이 행동에 대한 권리를 창출하는 한, 그것은 참여권을 보장하는 것이고 그와 함께 **능동적 지위**(status activus)의 근거가 되는 것이다. 모든 기본권이 법적 규정을 기반으로 하며, 그들에게 참여를 보장

출에 관한 의무), 작센(제7조: 노동, 주거 그리고 사회보장을 포함하는 인간다운 삶), 작센-안할트(모두를 위한 노동, 제39조, 주거에 대한 권리, 제40조) 그리고 튀링엔(주거공간, 제15조 이하 그리고 노동 제36조); 그 지위에 의심스러운: *숄츠*, 노동법 1993, 249쪽 이하.

15 *아이헨호퍼*, 사회국가성 – 약속에서 상실로? in: 파울리(편), 전환점, 2009, 44쪽 이하.

16 부쉬만, 경제, 사회 그리고 문화적 권리에 관한 국제규약 제9조와 제11조로부터의 사회적 기초보장에 대한 인권, 2013; *골드블란트/라마르크*(편), 사회보장과 사회적 보호에 대한 여성의 권리, 2014; *힘페*, 사회적 기초보장의 예에서 사회적 인권의 보편화, 2017; *카날란*, 영양에 대한 법의 보편적 관철, 2015.

17 신분론에 대하여: 옐리네크, 일반 국가론, 1960(3판), 419쪽 이하 참조.

18 *베를린*, 자유: 네 가지 시도, 1995, 39쪽 이하.

19 *무르스비에크*, in: 이젠제/키르시호프(편), 국가법 핸드북, 9권(3판), § 192.

하지는 않는다.[20]

사회적 기본권이 사회법적인 문제를 헌법적으로 보장할 수 있는지, 독일에 111
서는 – 바이마르 공화국 당시의 부정적인 경험으로 인해서, 즉 판례가 이것을 구속력이 없는 선언적 명제로 하였기 때문에 – 전반적으로 부정되고 있다. 사회적 기본권은 입법자로 하여금 기본법적 지위로 끌어올려진 사회법적인 목적을 추구하도록 촉구하였다. 입법자의 사회정책적인 부작위는 위헌일 것이다.

사회적 기본권에 기초한 인간을 위한 일들은 통상 실존적인 의미가 있지만, 사회적 기본권의 구체적인 내용은 항시 입법적 또는 행정적인 결정에 달려있다. 기본권 보호는 이로써 입법적이고 행정적인 결정에 따라서 존재하게 되는 것이다. 기본권은 그렇게 단순한 법이나 또는 행정행위의 위에 있지 않고, 그 뒤에 배치되어 있고, 기본권의 과제, 입법과 행정의 목표와 경계로서 실패하였다.[21]

그 외에 사회적 기본권은 할당된 서비스와 급여에 대한 국가의 포괄적인 처분권을 전제로 한다.[22] 노동에 대한 권리란 국가가 전체적인 일자리를 제공한다는 것을 요구한다. 그렇게 조직된 공동체는 소유권에 대한 자유 또는 경제활동의 자유에 대한 기본권과 서로 모순될 것이다. 국가의 사회적 기본권을 통해 배분된 재화 또는 급여에 대한 처분권이 결여돼 있다면, 헌법제정자들의 눈에는 헌법적으로 보증된 권리가 이행되지 않을 것을 감내해야

---

20 *프레드만*, 인권 변용, 2008.

21 *포르스트호프*, 사회적 법치국가의 개념과 존재, in: 동 저자(편), 법치국가성 그리고 사회국가성, 1968, 165, 180: “헌법이 사회법일수는 없다!”.

22 이와 같이 역시 *브룬너*, 사회적 기본권의 문제, 1971.

만 할 것이다. 이와 함께 사회적인 기본권은 공전하게 될 뿐만아니라, 전체 헌법의 효력에 대한 요구는 가치가 떨어지게 될 것이다.

그러나 이러한 회의에 대하여는 반론을 제기할 수 있다. 사회적 기본권은 전 세계적으로, 그리고 유럽연합 범위에 걸쳐 인정된다.[23] 왜냐하면, 이것은 인간의 자유의 기본적인 조건을 보장하기 때문이다. 왜 독일이 특수한 길을 가야만 했는가, 한편에서 이것은 국제법 그리고 유럽법적으로 연계되어 있고 여기에 인권존중의 의무가 있는 것이다. 기본법 제II장 제1조는 이것을 명확히 표명하고 있다! 프리드리히 쉴러는 이에 대해 알았다. "[…] 그들이 벌거벗음을 덮으면, 스스로의 존엄이 주어진다!" 사회적 권리는 독일 사회법 사회법전 제1권 제1-10조에 형태를 갖추고 있고, 인정되고 있으며 이와 함께 존재하는 것으로 전제된다.[24]

모든 기본권은 – 사회적인 것만이 아닌 – 법적으로 형성되는 것이며 참여를 보장하는 것이다! 기본적인 사회적 참여권 역시 거기에서 미래 헌법적인 보장으로서 명확히 표현되어야만 한다. 헌법에의 수용에 반하여 역사적 그리고 기본법에 근거하고 있는 유보는 사회국가적인 발전의 수준, 국제적인 발전 그리고 통일을 통해서 낡은 것이 되었다. 기본법 역시 그 자체의 사회적 기본권이 필요하다. 사회국가를 제도적인 틀 속에 이와 함께 여기에 근거한 인권을 침해로부터 보호하고 입법, 행정 그리고 사법이 그것을 따르도

---

23 *프레드만*, 인권 변용, 2008; *클레*, 경제적, 사회적 그리고 문화적 인권의 진보적 실현, 2000; *로만*, 사회적 인권 그리고 사회국가의 한계, in: 케어스팅(편), 사회국가의 정치철학, 2000, 351쪽 이하.

24 *비박*, 아이헨 호퍼 기념논문, 69; 슈레겔, 사회재판(잡지) 2016, 605.

록 하여야 할 것이다.[25]

bb) 원칙선언으로서 사회법적 보장

사회법적인 보장은 역시 헌법이 개별적인 사회법적인 제도에 대해 구체적인 공언을 하는 방식으로 받아들여질 수 있다. 바이마르제국 헌법 제161조는 "건강과 노동력의 보존을 위해서, 모성보호를 위해서 그리고 노령, 신체적 허약함 그리고 생활의 변고의 경제적인 결과에 대한 예방을 위해, 제국은 피보험자의 상당한 협력 하에 포괄적인 보험제도를 창출한다."고 규정하였다. 112

이런 종류의 헌법적 규정은 개별적인 권리의 근거가 되는 것은 아니다. 그럼에도 불구하고 이것은 기존의 제도를 보장하고 또는 그 제도의 창설과 확대의 의무가 있다. 원칙선언이 기존의 제도를 보장하는 한, 이것은 헌법제정의 다른 소재로 알려져 있는 제도 보장과 유사하다. 사법상의 전통적인 제도(혼인, 소유 또는 상속)를 보장하는 것을 목적으로 한다. "제도 보장"으로 일컬어진다. 가능한 것은 더 나아가 공법적인 제도 보장이 가능하다. 원칙의 선언은 물론 제도형성에 대한 과제를 포함하는 한, 그것은 어떠한 사회법적인 특수성을 표현하는 것은 아니다. 입법자에게 입헌시점에, 아직 존재하지 않는 제도를 창출하고 유지하도록 부여하는 것이다. 이것 역시 사회적 기본권의 유의미성을 보여준다.

---

25 *아이헨호퍼*, 국제법, 유럽법 그리고 독일법에서의 사회적 인권, 유럽과 독일법, 2012; 역시 모리츠, 장기요양필요가 있는 사람들에 대한 국가의 보호의무, 2013, 사회정책적 폭 넓은 결과를 갖고 참조.

cc) 국가 목표규정의 일부로서 사회법의 중요문제

113 사회법적 사안에 대해, 헌법에 법적 근거를 두는 추가적인 방법은 기본법을 통해 이루어졌다. 그 예를 스페인[26]과 포르투갈[27]이 따랐다. – 헌법개정 자체에서 벗어난(기본법 제79조 제III항 참조) – "국가의 근본규범" (기본법 제20조 제I항, 제28조 제I항, 1)에서 공동체를 "사회적 법치국가" 또는 줄여서 "사회국가"로서 규정하고 있다. 그런 표현은 사회법적 사안을 전체적이며 추상으로 포괄하는 것이다. 그러나 이것은 모든 사회적 기본권 또는 모든 원칙선언을 하는 것보다도 더 일반적인 것으로 남아있다.

이러한 표현은 이념사적으로 불확실한 것이다. 그러나 목적과 수단에서 높은 유연성을 갖는 장점이 있다. 이것은 사회법을 방향, 목표 그리고 수단에 있어서의 경직성으로부터 보호하며, 헌법의 제정 시점에는 아직 예측되지 못했던, 사회정책적인 도전에 대해서는 개방적이다. 새로운 사회법적인 과제들을 새로운 수단을 통해서 성취하는 것을 가능하게 한다. 사회법적 사안을 국가의 목표규정에 근거를 두는 것은 사회법적인 사안들에 모든 사회적인 기본권과 모든 원칙의 선언보다 더 높은 헌법적인 지위를 부여하는 것이다. 국가의 목표규정으로서 그것은 헌법의 개정에서 벗어나 있기 때문이다.

사회국가의 원칙은 그럼에도 고도로 추상적이고 일반적이어서, 거기에 어떤 형성력은 없다. 사회국가의 요건은 국가에 의무로 다루어진다. 그러나

---

26 스페인 헌법 제39-41조; *로드리구에즈-피네로*, in: 일리오푸로스-스트랑가스(편), 리스본이후 유럽에서 사회적기본권, 2010, 597쪽 이하.

27 포르투갈 헌법 제1조 9 a), 63쪽.

주관적인 권리는 이에 해당하지 않는다.[28] 사회국가의 요건은 어떤 사회적 인권을 대신할 수는 없다. 그러나 사회적 법치국가가 사회적 법률을 포괄적으로 보장하는 국가라는 공언이 추론된다.[29]

b) 사회법의 중요문제의 기본법 내로의 근거마련

기본법은 사회법적 사안의 입법관할(기본법 제74조)(aa)에 관한 그 규정과 사회국가원칙 (기본법 제20조, 제28조)(bb)에 그 법적근거를 마련하였다. 반면에, 기본권은(기본법 제1-19조) 대체로 특별한 사회법적인 내용을 제시하지 않는다(cc). 역사적인 헌법제정자는 사회적 기본권을 기본법에 받아들이지 않았다. 전반적인 부재는 기본권이 사회법에 중요치 않다는 것을 의미하는 것이 아니다. 그 반대로 이것이 어떤 특별한 사회법적 규정내용을 제시하지는 않는다 할지라도 사회법적인 입법과 행정행위에 경계를 설정하고 있다. 사회급여청구권은 헌법의 보장에 참여하는 것으로, 귀결되고 있다(참조. c). **114**

aa) 입법관할

집행권력과 판결을 법과 법률에 기속시키고 있는(기본법 제20조 III) 사회적 법치국가에서, 공법적인 주고 받는 것으로서 사회법은 입법에 필수적으로 의존한다(아래 방주 162 참조). 독일은 연방국가이다. 연방과 주에 입법관할권 **115**

28 이제는 물론 연방헌법재판소결정 125, 175; 132, 134 기본법 제1조 제I항으로부터 사회국가 기본원칙과의 관련 속에 확보되었다.

29 *아이헨호퍼*, 사회적 법률의 국가로서 사회적 법치국가, 독일행정관보, 2016, 78.

이 귀속되며, 사회입법에서 그 배분은 상세한 헌법적 규정을 필요로 한다. 다른 연방으로 조직된 나라와 달리[30] 사회법적인 입법은 독일에서는 연방에 집중되어 있고, 주에는 단지 협소한 권한만이 남아있다. 이것은 역사적인 배경을 갖고 있다. 사회보험은 – 현대 사회적 입법의 핵심 – 산업노동자를 제국에 묶어두어야만 했고, 그래서 1871년에 창설된 **중앙국가**를 공고히 해야만 했다(위 방주 32, 36 참조). 이러한 관할권 배분은 그 외에 많은 사람의 삶의 형성에 중요한 사회급여가 통일적으로 계산되고 이로서 생활관계를 통일되도록 하였다(이른바 재통일시에 명백했었던 것). 연방주의의 개혁[31]을 통해서 지금까지 연방과 주의 관할권 배분이 변화되었지만 이러한 개혁은 사회법과 동떨어진 채 영향을 미치고 있다.

116 주의 입법관할권에 대한 일반적인 추정이 존재한다(기본법 제70조). 이는 그러나 기본법 제71-74조의 연방에 인정되는 독점적이고(기본법 제71조, 제73조) 경합적인(기본법 제72조, 제74조) 입법(기본법 제75조)에 의해 변화된다. 기본법 제73조, 제74조는 독점적이거나 경쟁적인 입법관할권이 존재하는 각각의 요소를 언급하고 있다. 이에 따라 비록 역사적으로 극복된 사회보장의 대상일지라도, 연방의 독점적인 입법권한에는 전쟁피해자와 유족의 부양 그리고 과거 전쟁포로들의 원호(기본법 제73조 제1항 13호)가 해당된다.

---

30 특히, 미국, 캐나다, 스위스 그리고 오스트리아; 판스텐키스테, 사회보장, 연방주의와 유럽공동체, 1995; *케슬러*, 56 (2006) 사회와 정치연합, 5 참조.

31 연방의회 회의록, 16/813, 814쪽; 이에 대해 *헤데*, 법률신문 2006, 930; *부르기*, 독일행정관보 2007, 70.

경합적인 입법의 대상들은[32] **공적원호**[33](기본법 제74조 제I항 7호), **전쟁피해의 보상과 복구**(기본법 제74조 제I항 9호), **직업알선, 실업보험을 포함한 사회보험**(기본법 제74조 제I항 12호), **직업훈련지원**(기본법 제74조 제I항 13호), **전염병예방, 치료사 직업, 약국, 약제, 의약품**[34] **그리고 병원의 경제적인 보장**(기본법 제74조 제I하 19호 a)들이다. "공적원호"에 대한 입법권한은 사회부조에 해당한다. 이것을 넘어서서 연방의 관할권이 요구된다. 즉 생활관계를 규율하는 것은 연방의 통일적인 규정을 필요로 하는데 – 그렇지 않으면 이것이 서로 엇갈려 발전할 위험이 있기 때문이다.[35] 사회보험에 대한 입법관할[36]과 병원에 대한 경제적 보장은 사회적 예방을 가능하게 한다. 실업보험과 직업훈련지원의 창출을 위한 관할은 궁극적으로 사회적 예방과 촉진을 위한 기초이다. 연방은 포괄적인 연방법률을 통해서 입법관할권을 거의 소진하였다. **117**

주 입법은 기본법에 따라 주 공무원이 관할한다(기본법 제70조 제I항) – 특히, **118**
그 보수와 부양. 기본법 제84조 제I항 7은 연방의 시·군에 대한 직접적인

---

32 경합적인 입법관할은 연방과 각 주가 입법에 대한 권한이 있음을 뜻한다. 연방이 그의 입법관할을 사용하면 각 주의 입법권한은 사용된 것이다. 연방은 연방법적 규정에 대한 필요가 있는 경우에만 입법관할을 행사한다. 이것은 그 사안이 주의 입법에 의해 효과적으로 규정될 수 없는 경우, 한 주의 규정이 다른 주의 이해에 반하거나 혹은 법적 그리고 경제적 통일의 유지에 반하는 경우, 또는 생활관계의 통일성의 유지에 한 주의 영토를 넘어서 적용되는 규정이 필요한 경우에 존재한다(기본법 § 72).

33 청소년 부조를 포함하여(연방헌법재판소결정 22, 180, 212이하).

34 *악서*, in: 기본법에 대한 본(Bonn) 주해, 기본법 제74조 1항 19호 방주 8쪽 이하.

35 연방헌법재판소판결 140, 65.

36 *악서*, in: 기본법에 대한 본(Bonn) 주해, 기본법, 제74조 1항, 12호, 비고. 2쪽 이하; 찜머만, 기본법의 권한 구조에서의 사회보험과 민간보험, 2009.

과제의 위임을 금지하며, 이는 주에 유보되어있다. 이것은 사회법 제2권 제44b조에 따른 통합사무소의 부적당함을 설명한다.[37] 그러나 기본법 91e조에 의해 이는 받아들여졌다. 주 입법의 관할[38]은 연방입법자가 이것을 그에게 고유한 것으로 허용하는 한, 존재하는 것이다. 즉 장기요양 인프라[39](사회법전 제11권 제9조), 사회부조(사회법전 제12권 제101조 참조) 그리고 청소년부조(사회법전 제8권 제15조) 및 사회행정행위(사회소송법 제7조, 제28조, 행정법원령 제2조 참조)에 대한 법적보호가 그 예이다. 주는 특별히 한 주 내의 사회부조 그리고 청소년부조의 여러 사회서비스 제공자 간 행정구조와 비용분담을 독립적으로 규율하여야만 한다. 청소년부조에 대한 연방법적인 규정은 그와 관련된 과제와 급여에 대한 지침만을 확정한다. 구체적인 청소년사업과 사회사업의 구체적인 구조는 그에 반해서 주법적으로 규정된다(사회법전 제8권 제15조). 사회부조에서 연방은 독립도시 또는 지역을 지역제공자로서 확정한다(사회법전 제12권 제97조, 제98조 제I항). 초지역 사회서비스 제공자의 규정 – 주 자체, "주의 복지단체" 또는 "지구" – 은 그에 반해 각 주에 남아있다(사회법전 제12권 제97조 제II항, 아래 방주 543이하 참조). 주들은 더 나아가, 사회부조의 지역 그리고 초지역 사회서비스 제공자들 간의 과제가 어떻게 분배되는지를 규정한다(사회법전 제12권 제99조). 마지막으로, 주의 입법은 자유직업 구성원들을 위한 연금제도, 학생들을 위한 직업훈련지원, 사회주택건설(아래 방주 512 참조) 그리고 맹인수당을 규정한다.

---

37 연방헌법재판소판결 119, 331.

38 *악서*, 사회법계간지 2010, 1쪽 이하.

39 *클리*, 사회법계간지 1999, 327.

bb) 사회국가 원칙의 내용

사회국가 원리(기본법 제20조, 제28조)는 학설[40]과 판례[41]를 통해 그 윤곽을 획득했다. 이것은 개념적으로 국가와 사회 사이의 개념적인 분리에 근거한다.[42] 국가에 모든 결정권이 있지(전체주의적) 않다는 가정, 오히려 기본법적으로 제한된 과제영역이 귀속된다는 것이다. 사회는 우선 스스로, 그리고 국가의 설정된 관할권 내에서 기본법적으로 보호된 자유와 법적 평등 속에서 발전하였다. 이 과정은 고도의 개인적이고 일반적인 복지를 보장한다. 물론 극도의 사회적 불평등에 의해서 위협받는다.[43] 이런 기초 하에 사회국가 원리는 사회적 조정 그리고 사회적 정의의 촉진은 외적 그리고 내적 보장의 창출에 대한 조치와 같은 근본적인 국가적 과제를 의미한다.[44] 사회국가 원 119

---

40 *포르스트호프*(편), 법치국가성과 사회국가성, 1968; 참조. *하르트비히*, 사회국가 원리와 사회적 현상유지, 1978(3판); *쾨터*, 50년대 이래 사회헌법적인 논쟁의 반영 속에 책임의 분배, in: 아놀드/무슬리(편), 사회헌법의 구조문제, 2009, 85쪽 이하; 의심스럽게: *슈납*, 법교육(잡지) 1998, 873쪽 이하; *발라벤스타인*, 사회국가에서 보험, 2009.

41 연방헌법재판소판결 1, 97 (105); 18, 257, 267; 44, 70, 89; 65, 182, 193; 70, 278, 288; 82, 60, 80; 상세하게 *입센*, 국가법 I, 2011(23판), 방주 989쪽 이하 참조.

42 *파피어*, 기본법하의 사회국가성, in: 호만-덴하르트/마주흐/빌리거(편), 기본권과 연대성, 레나테 예거 기념논문, 2011, 285; *동 저자*, in: 사회법 핸드북, § 3 방주 8쪽 이하; 스피커, 사회국가의 헌법이론, in: 데펜호이어/그라벤바르터(편), 헌법이론, 2010, § 23; *차허*, 사회적 국가목표, in: 이센제/키르시호프(편), 국가법의 핸드북, 2권, 2004(3판), § 28 방주 25쪽 이하.

43 *다비*, 사회적 평등, 독일헌법학자학회출판물 68(2009), 122쪽 이하; *악서*, 사회적 평등, 독일헌법학자학회출판물 68(2009), 177쪽 이하.

44 *헤어조그*, 민주주의와 사회국가, in: 칸넨기써/폰 마이델(편), 핸드북 사회정책, 1988, 79.

리는 입법자로 하여금 사회정책을 정당화하고 의무를 지우며, 사회의 포괄적인 법적형성 책임을 진다.[45]

120 사회정책은 그 자체가 목적이 아니고, 사회적 정의에 기여한다(사회법전 제1권 제1조).[46] 이것은 인간존엄의 최저생계[47]보장에 대한 기본권을 포괄하는 인간존중, 자유권 그리고 평등권에서부터 연원한다. 인간존엄은 한 국가의 법이 적용되는 사회에서 개인에게 최저생계를 보장하지 않는다면 침해될 것이다.[48] 자유권은 기본적인 빈곤에서는, 개인에게 자유로운 인격의 실현을 위해서 필요한 전제가 충족되지 않기때문에 공전하는 것이다. 이렇듯 일자리의 자유로운 선택에 대한 기본권은 취업능력을 전제로 하며, 노동능력이 없는 사람들은 이러한 자유를 행사할 수 없다. 따라서 법적 공동체가 취업활동을 할 수 없는 사람들에게 보상을 부여하는 것은 사회적 정의의 요구이다. 평등의 명제는 모든 인간의 신분에 근거한 특권을 금지하는 법적 평등을 의미한다. 이것은 사회적 인권으로서 기회균등을 요구한다. 법적 평

---

45 *박호프*, 사회적 법치국가의 개념과 실체, in: 포르스트호프(편), 법치국가성과 사회국가성, 1968, 201, 204; *슈렌커*, 사회적 후퇴금지와 기본법, 1986, 71쪽 이하.

46 *박호프*, 사회적 법치국가의 개념과 실체, in: 포르스트호프(편), 법치국가성과 사회국가성, 1968, 205; *헤어조그*, in: 칸넨기써/폰 마이델(편), 핸드북 사회정책, 1988, 80; *멩거*, 본(Bonn) 기본법속에 사회적 법치국가의 개념, in: 포르스트호프(편), 법치국가성과 사회국가성, 1968, 42, 70.

47 연방헌법재판소판결 125, 175; *자일러*, 법률신문 2010, 500; *슈나쓰*, 신사회법잡지 2010, 297.

48 연방헌법재판소판결 125, 175; *박호프*, in: 포르스트호프(편), 법치국가성과 사회국가성, 1968, 207; 역시 *아이헨호퍼*, 인간존엄의 사회법적 내용, in: 그뢰쉬너/림부스케(편), 침해불가의 도그마, 2009, 215쪽 이하 참조.

등은 사회적 불평등을 받아들일 뿐만아니라, 이것을 바로 야기한다(방주 위 9번 참조). 기회균등을 기꺼이 보장하는 것이기 때문이다. 사회 정의의 요구는 보완적으로, 기회균등을 효과적으로 하고, 제한하며 수정하기 위한 계획에 등장한다. 이에 사회부조는 가능한 한 자활에 대한 지원으로 형성되는 것이다. 법적 평등이란 역시, 사회적 불평등의 극단적인 영향을 감소할 것을 요구한다.

사회국가 원리의 중요한 목표는[49] 궁핍과 빈곤에 대한 구제, 인간의 존엄을 **121**
유지하는 최저생계의 보장,[50] 사회적 종속의 폐지를 통한 더 많은 평등, 삶의 변고[51]에 대한(=사회적 위험) 개인의 보장, 복지의 제고 및 확산이다. 사회적 법치국가는 사회적 법률의 포괄적인 보장을 통해 그 과제를 이행한다.

사회정책적인 조치들은 사회법에 국한되는 것이 아니고, 오히려 전체적으로 "사회적 법률"(위 방주 3 참조)로 분류된다. 그 안에서 사회법은 핵심적인 지위를 차지한다. 이는 경쟁하는 규칙의 사안에 대해서 약자의 보호를

---

49 *아이헨호퍼*, 사회적 법치국가 – 사회적 법률의 국가? in: 하에렌델(편), 사회국가 속의 정의, 2012, 139 참조. ; *입센*, 기본법에 대하여, in: 포르스트호프(편), 법치국가성과 사회국가성, 1968, 16쪽 이하; *그뢰슈너*, in: 드라이어(편), 기본법: 2006(2판), 제20조 (사회국가), 방주 15쪽 이하, 36쪽 이하; *차허*, 사회적 국가목표, in: 이젠제/키르시호프(편), 국가법의 핸드북, II권, 2004(3판), § 28; *파피어*, in: 사회법핸드북, § 3 방주 8쪽 이하; *라이터*, 사회보험법을 위한 독일연방공화국 헌법의 의미, in: 토만들(편), 사회보험법의 헌법적 문제, 1989, 34쪽 이하; *스피커*, 사회국가, 2012; 의심스럽게: *슈나프*, 신사회법잡지 1998, 873.

50 연방헌법재판소판결132, 134; 125, 175; 악서, 인간존엄의 최저생계의 보장에 대한 기본권과 사회적 기본권전제의 보장, in: 안더하이덴(편), 헌법의 전제: 빈프리드 브루거, 2013, 335.

51 *발라벤*, 사회국가에서 보험, 2009.

효과적으로 행사할 뿐만아니라, 이러한 보호를 중심 목표로 하기 때문이다 (방주 위 4 참조).

122 사회국가 원리는 다른 국가의 목표와 조화를 이루는 것은 아니다. 오히려 한편에서 사회국가, 다른 한편에서 연방국가, 민주주의 및 법치국가[52] 사이에 긴장이 존재한다. 사회국가 및 연방국가 사이에는 긴장이 존재하는데, 사회적 정의의 요구가 생활관계의 통일을 요구하는 것으로 – 즉 중앙주의적 경향을 촉진하기 때문이다. 민주주의와 사회국가사이에도 긴장관계가 존재하는데, 민주주의는 다수의 요구가 영향력을 갖도록 하는 것인데[53], 사회적 정의는 소수자의 보호를 요구하기 때문이다. 법치국가 그리고 사회국가사이에도 간과할 수 없는 긴장이 존재한다.[54] 후자가 구체적인 정의를 추구하는 반면에 전자는 일반화할 수 있는 것만을 정당한 것으로 인정할 수 있기 때문이다. 그러나 이와 같은 모순은 넘어 설 수 있는데, "사회적 법치국가는 즉 법치국가의 절차, 형태 그리고 범위에서 실현되는 사회국가이다. 그를 위하여 개방적이고, 사회적 목적이 충족되고, 서비스가 이루어지는 것 뿐만 아니라, 사회적 과제를 능동적으로 받아들이고 실행을 하는 법치국가이다."[55]

---

52 *하이니히*, 자유의 봉사 속의 사회국가, 2008, 277쪽 이하.

53 그처럼 *포르스트호프*, 사회국가의 헌법문제, in: 동 저자(편), 법치국가성과 사회국가성, 1968, 145, 154.

54 그에 대해 *포르스트호프*, 사회적 법치국가의 개념과 실체, in: 동 저자(편), 법치국가성과 사회국가성, 1968, 165쪽 이하 참조. ; *뮐러-폴베어*, 법률신문 1984, 6쪽 이하.

55 *차허*, 사회적 국가목표, in: 이젠제/키르시호프(편), 국가법의 핸드북, 2권, 2004(3

cc) 직접적으로 사회법적인 내용을 갖는 기본권

직접적으로 사회법적 내용을 갖고 있는 기본권을 기본법은 예외적으로 두 123
고있다. 가족에 대한 보호(기본법 제6조, 제II항, 제IV항, 제V항), 장애인에 대한 차별금지[56](기본권 제3조 제III항 2) 및 여성에 대한 지원[57](기본법 제3조 제II항 2) 은 사회법적 요구의 기본권적인 보장을 담고있다. 기본법 6조 II 2는 국가에 부모의 양육에 대한 감독업무를 지정하고, 청소년부조를 정당화한다.[58] 기본법 4권 6조에 따른 모든 모성이 공동체의 보호와 원호에 대한 수급권을 갖는다.[59] 는 것은 사회법적인 모성보호를 정당화한다. 기본법 5권 6조는 입법에 의해 혼인관계에 의한 자녀와 비혼관계에 의한 자녀의 발전을 위한 동일한 조건을 창출하도록 요구하고 있다.[60] 이와 같은 과제는 입법자에게 기본법의 창출시 지속되어 온 혼인관계에 의한 자녀와 비혼관계에 의한 자

판), § 28, 63쪽; 유사하게 *잎센*, 국가법 I, 2011(23판), 방주 987.

56 *프로바인*, 기본법 3조 3항의 국가과제로서 차별의 극복, in: 루란트/폰 마이델/파피어(편), 헌법, 사회국가의 이론과 실천, 한스 에프 차혀 기념논문, 1998, 157; *헤어데겐*, 사회법 계간지 1992, 245; *루퍼르트*, 헌법의 우위와 사법의 독자성, 2001, 256쪽 이하; *다비*, 독일 헌법과 유럽공동체법에서 장애로 인한 차별의 금지, in: 독일사회보험연합(편), 사회보장에 있어 장애인, 2002, 7쪽 이하.

57 *샥소프스키*, 균등대우에 대한 기본권, 1996(2판); *파르*, 할당과 기본법, 1988.

58 *회플링*, 친권, in: 이젠제/키르시호프(편), 국가법 핸드북, 7권, 2009(3판), § 155, 방주 75쪽 이하; *잎센*, 부부와 가족, in: 이젠제/키르시호프(편), 국가법 핸드북, 제7권, 2009(3판), § 154.

59 그에 대해 *코에스터-발티엔*, 유럽에서 모성보호, 1986.

60 이 과제의 내용에 대해 연방헌법재판소판결 25, 167, 190; 74, 33, 38; 84, 168, 184; 참조. 기본적으로 주제에 대해: *헤벌레*, 급여국가에서의 기본권, 독일 국가법학자학회 출판물 30(1972), 44 참조.

녀의 사법상의 법적 불이익을 극복하도록 의무화하였다. 이 규정은 이른바 기회균등의 창출이라는 사회법적인 촉진의 과제를 포함하고 있다.

c) 사회법을 위한 비사회법적인 내용을 갖는 기본권의 의미

124 사회적 기본권을 결여한 기본법이 단지 개별적으로 사회법적 내용이 든 규정들에 맞는다 할지라도, 이럴 때 기본권은 사회법적으로 엄청난 의미를 갖는 것이다. 이것은 입법자에게 사회법 형성의 방향과 한계를 보이는 것이며, 동시에 사회입법시에 비사회법적 사안을 보장하게 되는 것이다. 사회법적 문제는 빈번히 헌법재판 결정의 대상이었다.[61] 그 이외에 사회법을 관할하는 법원들(기본법 제1조 제III항, 제20조 제III항, 제100조)은 그들의 권한에 의해서 성문법의 합헌성을 심사하고, 사회법의 헌법적 기초에 중요한 기여를 하였다.[62]

125 기본권은 사회적 급여(aa) 및 급여제공법(bb)에 중요하다. 거기에서 공적인 급여제공자와 사적인 급여수급자 사이의 관계가 설정된다. 여기서 공적인 급여제공자와 사적인 급여제공자사이의 법적 관계에 관련된 것이다(예를 들

61 *캇젠스타인*, 사회재판(잡지) 1988, 177 참조. ; *동 저자*, 사회법계간지 1982, 167; *뤼프너*, 사회법계간지 1974, 68; *움바하/클레멘스*, 사회법계간지 1992, 265; *반트*, 사회법계간지 1974, 52; *부쩌*, 사회보험에서의 타자의 부담, 2001; *롬프스*, 사회보험법에서 보험원리, 2000; *발라벤스타인*, 사회국가에서 보험, 2009.

62 예를 들어 연방행정법원 판결 1, 159, 161 참조. : 사회부조에 대해, 그것이 인간의 존엄(기본법 제1조 제I항)에 위배되기 때문에, 개개인이 국가의 구제보장의 대상이 되며, 법적청구권이 성립한다; 연방사회법원판례 9, 127: 사회보험법적인 기대권은 소유권보장의 보호하에 있다(기본법 14조) 참조.

면, 의료보험조합과 의사, 연금보험 그리고 재활제공자 또는 노동행정 그리고 직업촉진 기관).[63]

aa) 사회급여법의 헌법 문제

급여법에는 세 가지 헌법적 기본문제가 제기된다. **126**

1. 사회법 제도의 도입 또는 확대(특별히 예방시설)가 헌법에 부합하는지?

2. 사회급여 체계를 설계하기 위한 요구사항은 무엇인가?

3. 기본법은 사회법적 권리의 제한에 어떤 한계를 설정하는가?

사회법 제도의 도입이나 확대를 위한 헌법적인 제한을 연방헌법재판소가 **127**
규정해야만 했다. 의사의 연금을 위해 자유직업 의사들의 가입의무의 도입 및 독립적인 예술가의 예술가사회보험에의 가입의무의 도입에 대해서 결정을 해야했다.[64] 연방헌법재판소는 여기에 직업행사의 자유에 대한 어떠한 침해도 없다고 보았다(기본법 제12조 제I항). 보험의무는 관계된 사람의 직업의 행사에 관련된 것이 아니기 때문이다. 보험가입의 의무와 기여금의 의무는 경제적 활동의 자유 그리고 일반적 행동의 자유와 저촉되었다(기본법 제2조 제I항). 그러한 개입은 비례적인 경우, 보험의무는 적절하고 필요한 것인 경우, 그리고 입법자가 결코 과도한 보장을 창출한 것이 아닌 한 적법하다. 적합성에 유리하게, 사회보험은 민간의 저축과 반대로 인플레이션, 자산의 폭락 또는 예방이행자의 경제적 지위에 무관하게 독립적으로 안전을 보

---

63 그에 대해 상세하게 *슈미트*, 사회법에서 제3자에 의한 급여제공, 1990 참조.

64 연방헌법재판소판결 10, 354; 12, 319; 75, 108; 더 나아가 연방행정법원판결 87, 324 참조. ; 역시 기본법 9조 I에 대한 침해는 고려되지 않는다, *칼텐보른*, 신사회법잡지 2001, 300.

장하여야 한다. 관련된 사람들이 사회보험을 통해서 보장되지 않는다면, 스스로가 예방하여야만 한다. 따라서, 보험의무는 보호되어야 할 사람 스스로의 이익에 있는 것이고, 자영업자를 직업적 삶에서 분리시키는 것이 가능해지고, 이와 함께 직업신분상의 요구들을 보장한다. 자영업자들을 위한 보험의무의 도입은, 모든 임의의 민간의료보험 피보험자가 민간 장기요양보험에 가입토록 한 것과 마찬가지로 불균형하지 않다.[65] 생명과 건강의 보호에 대한 의무(기본법 제2조 제II항)는 생명을 위협하는 질병 시에 의료보험의 급여목록상 지침에서 취해진 한계를 극복한다.[66] 더 나아가, 입법자는 민간의료보험에서의 기본보험료를 규정할 수 있다.[67] 이것을 넘어서, 인간존엄의 보장(기본법 제1조 제I항)은 인간의 물질적인 생존을 보장해야 한다.[68]

128 사회법의 형성에서 헌법적인 문제는 보호대상이 되는 사람과 개별적인 사회급여의 조건을 고려하여 제기된다. 앞의 것은 사회법의 전형적인 구조와 고도의 다양성에서 설명된다. 이 두 가지는, 같은 것을 다르게 그리고 다른 것을 같게 다루는 법적 위험을 담고있다. 이에 자주 개별적 사회급여와 일반적인 평등조항의 일치문제가 제기된다(기본법 제3조 제I항). 대개 고도로 기

---

65 연방헌법재판소판결 103, 197, 216쪽 이하; 역시 109, 96(부업농민의 농민사회보험에의 포함) 107, 205 (가족보험에 미포함) 참조.

66 연방헌법재판소판결 115, 25.

67 연방헌법재판소판결 123, 186쪽 이하.

68 연방헌법재판소판결 125, 175; 132, 134; *아이헨호퍼*, 인간존엄의 사회법적인 내용, in: 그뢰쉬너/렘프스케(편), 침해불가의 도그마, 2009, 215; *하이니히*, 자유의 봉사 속의 사회국가, 2008, 171쪽 이하; *라이스너*, 공법에서의 생존보장, 2007, 107쪽 이하; 국적에 따른 차별의 문제에 대하여 연방헌법재판소판결 130, 240; 삭스, 법교육(잡지) 2013, 89쪽 이하.

술적인 문제는 헌법심사에서 사회법적인 전문지식을 요구한다.

129 예: 양육수당 또는 자녀수당을 체류권한이 있는 부모에게만 지급하고, 체류 자격이 없는 부모에게는 지급을 유보하는 것이 기본법 제3조 제1항과 합치하는가?[69] 연금을 의무기여금 납부기간이 짧을 때보다 기여기간이 길지만 낮은 연금을 받게 되는 경우, 연금보험의 규범은 기본법에서 유지될 수 있는가?[70] 공무원과 연금생활자 노후소득 과세에 있어 차이가 평등의 원칙과 일치할 수 있는가?[71] 이혼부인이 피보험자의 사망 이후에 부양보상 수당도, 이혼 시 배우자연금도 받지못하게 되는 경우, – 연금생활자와의 혼인기간 중에 어떤 연금에 대한 기대권도 얻지 못하거나 혼인이 부양보상의 도입 이후에 성립되었다는 것 때문에 이혼 시 어떤 미망인연금도 얻지 못한다면 – 이것은 기본법 제3조 제1항과 일치하는가?[72] 의료보험에서 동일한 급여의 항목에서, 지역적으로 차등적인 보험요율은 헌법적으로 부합하는가?[73] 또 일회적으로 지급된 노동수당(크리스마스수당 또는 휴가수당)을 사회보험기여금에 포함하면서, 단기적인 임금보상급여(예를 들어 실업수당 또는 질병보상수당)를 고려하지 않는 것은 헌법적으로 타당한가?[74] 아동양육기간을 연금계산에서 전면 또는 부분적으로 규정하지 않는 규정은, 같은 기간에 의무납부

69 연방헌법재판소판결 111, 176, 160.

70 연방헌법재판소판결 59, 287; 66, 234.

71 연방헌법재판소판결 54, 11; 86, 369; 105, 73.

72 연방헌법재판소판결 72, 141.

73 연방헌법재판소판결 89, 365.

74 연방헌법재판소판결 92, 53; 102, 127.

기간이 존재하는 경우, 기본법 제3조 제I항의 규정과 일치할 수 있는가?[75] 1920년 출생까지의 모에게 아동양육수당 급여는 없고, 1921년 출생자부터 급여가 수입으로 간주된다면, 이것은 기본법 제3조 제I항과 일치하는가?[76] 제1차 직업훈련 시에 생계를 제공했던 부모가 생계의무를 이행할 수 없다면, 제2차 직업훈련을 위한 직업훈련촉진은 거부될 수 있는가?[77] 직업훈련촉진을 원하는 학생의 자산조사 시에 토지를 통일적 가치로(거래가격보다 현저하게 낮은) 하면서, 다른 자산은 거래가격으로 설정할 수 있는가?[78] 연금수급자의 의료보험에 대한 가입의 전제가 의무가입 피보험자와 임의가입 피보험자가 다르게 규정될 수 있는가?[79] 동독과 서독의 전쟁희생자 부양에 대한 기초연금에 있어서 차이가 통일이후에도 여전히 유지되어야 하는가?[80] 기본법 제3조 제I항, 제6조 제I항은, 장기요양보험에 있어서 자녀를 양육하는 피보험자가, 동일한 소득을 갖는 자녀가 없는 피보험자보다도 더 낮은 보험요율을 내도록 요구하는가?[81]

연방헌법재판소는 언급된 사례에 있어서 다음의 원칙과 개별적인 언급을 하였다. 규정이 유형화에 근거하는 한, 개별사례에서 어려움은 그것

75 연방헌법재판소 신 법률 주보 1996, 2293.

76 연방헌법재판소판결 97, 103.

77 연방헌법재판소판결 99, 165.

78 연방헌법재판소판결 100, 195쪽 이하.

79 연방헌법재판소판결 102, 68.

80 연방헌법재판소판결 102, 41.

81 연방헌법재판소판결 103, 242; 연방헌법재판소 사회법(결정집) 4-3300 § 55, 3호; 연방사회법원판결 120, 23.

이 통상의 경우에 합리적인 결과를 보인다면 감수해야만 한다.[82] 이로인해 부양보상이 개개인의 부인들을 전보다 더 나쁘게 만든다 할지라도 합헌이다.[83] 따라서 연금법상 평가규정은 이것이 대부분의 경우에 있어서는 연금의 소득비례 산정을 보장한다면, 기본법 제3조 제1항과 일치한다. 그 외에 연방헌법재판소는 명백한 사유에 근거한 모든 차이를 인정한다.[84] 여기에 입법자에게 추가적인 사회정책적 형성의 재량권이 덧붙여진다. 연방헌법재판소는 특히 심판대상 규정이 가장 합리적이거나 또는 가장 정당한지에 대한 심사를 거부한다.[85] 불평등이 나타난다면, 입법자는 조정의 재량권한을 갖는다는 것이다.[86]

경제적인 성과능력은 한편에서 기여금징수를 위한 기준이고, 다른 한편에서는 그 상실이 임금보상급여 수준에 대한 기준이기 때문에, 기본법 제3조 제1항은 일회적인 보수가 전에 기여금과 함께 입증되어도 급여의 산정에는 고려되지 않았다면, 침해된다는 것이다.[87] 아동양육에 대한 연금보험법적 보상은, 아동양육이 상이한 시간과 생활환경에서 이루어진다면 역시 사회보험법적으로 상이하게 다뤄질 수 있다.[88] 노령연금에서 보다 긴 기

82 연방헌법재판소판결 63, 119; 66, 66, 78; 67, 231.

83 연방헌법재판소판결 72, 141.

84 연방헌법재판소판결 66, 234, 242쪽 이하.

85 연방헌법재판소판결 3, 162, 182; 51, 295, 300이하; 59, 287, 300; 68, 193.

86 연방헌법재판소판결 89, 365, 380.

87 연방헌법재판소판결 92, 53; 102, 127.

88 연방헌법재판소판결 97, 103.

여금 납부기간 시 혜택과 조기노령연금 수급 시 감액은 적법한 것이다.[89] 그에 반해 부모의 생계지원 단절 시[90]에 제1차와 제2차 직업교육을 위한 연방직업교육촉진법 보장의 차이점은, 직업교육촉진에서 자산평가시 만큼이나 정당화되지 않는다.[91] 종전 의무가입이나 임의보험 연금생활자의 의료보험,[92] 주거지의 전쟁희생자에 대한 기초연금[93] 또는 양육과 아동수당이 부모의 체류신분에 의존하게 된다면[94], 이는 동등처우의 요구와 일치하지 않는 것이다. 동등규정 그리고 혼인과 가족에 대한 국가의 촉진의무는, 더 나아가 사회적인 장기요양보험 기여금 형성 시 차이점을 요구하는데, 왜냐하면 이것은 세대 간의 계약에 근거하는 것이고 아동양육의 형성에, 금전적인 것 이외에 피보험자의 생산적 기여에 의존하기 때문이다.[95]

130 추가적인 헌법적 복합적 주제는 개별적인 사회급여의 형성이다. 여성들이 60세, 남성들은 65세부터 노령연금의 수급권을 갖는다면, 이것은 기본법 3조 II와 합치할 수 있는가?[96] 양심의 자유(기본법 제4조 제I항)는, 실업상태의

89 연방헌법재판소판결 122, 151.

90 연방헌법재판소판결 99, 165.

91 연방헌법재판소판결 100, 195쪽 이하.

92 연방헌법재판소판결 102, 68.

93 연방헌법재판소판결 102, 41.

94 연방헌법재판소판결 111, 176, 184.

95 연방헌법재판소판결 103, 242.

96 연방헌법재판소판결 74, 163; 역시 연방사회법원판결 53, 107 참조. ; 그 밖에 이탈리아(유럽기본법지 1987, 289) 그리고 오스트리아 헌법재판소가 결정했다(판례모음 1991, 63이하.); 역시 *게퍼르트*, 사회법계간지 1993, 217 참조.

양심적 병역거부자가 군수산업의 활동에 배정되고 거부로 인해 실업급여가 일시적으로 중지된다면, 보장되는가?[97] 여호와의 증인은 미망인, 그의 고아들이 유족연금에 대한 청구권을 상실함이 없이, 그가 동의하면 살 수 있었을 수혈을 거절할 수 있는가?[98] 개별적인 피보험자는 동시에 연대공동체의 회원이고 그로부터 급여를 받기때문에, 그는 반대로 연대적 행동의 의무가 있다. 이와 같은 연대는 기본권을 침해해서는 안된다. 실용적인 정합성의 요구에 따라, 두 가지 요구가 서로 조화되어야만 한다.

만약에 적법하지 아니한 낙태의 비용이 법정 의료보험에 의해서 이루어진다면, 인간존엄(기본법 제1조 제I항) 그리고 생명의 보호(기본법 제2조 제II항)와 합치할 수 있는가?[99] 다자녀 모에 대한 연금의 보장에 관한 규정이, 가족의 보호에 대한 국가의 의무(기본법 제6조 제I항)와 합치되는가?[100] 가족과세, 가족급여의 조정 그리고 사회보험에 있어서 급여의 형성이라는 관점에서 무엇이 초래되는가?[101] 아동양육으로 소득이 없는 여변호사는 직업연금기여금으로 부담을 주게되는가?[102] 혼인관계가 아닌 생활파트너로, 파트너의 폭력에 의한 사망으로 인해 공동자녀의 돌봄을 떠맡게 된 파트너는, 법

---

97 연방사회법원판결 54, 7; 61, 158.

98 부정: 연방헌법재판소 사회법(판결집) 4-2200 § 589 2호; 이와 달리 헌법재판소(스페인), in: 피에터스/자글마이어(편), 유럽의 사회보장사례, 2006, p. 145.

99 연방헌법재판소판결 88, 203.

100 연방헌법재판소판결 87, 1.

101 연방헌법재판소판결 99, 216; 103, 242.

102 연방헌법재판소판결 113, 1.

죄피해자보상급여에서 배제되어야 하는가?[103]

131 이러한 문제의 범주는 많은 헌법적인 속성을 드러낸다. 많은 모습들은 한편에서, "기대가능한 일자리"를 받아들일 의무와, 다른 한편으로 양심의 자유의 인정이라는 근본적으로 풀 수 없는 갈등을 포함하고 있다. "기대가능성" 개념이란, 구체적 – 개인적, 다시 말해 개인적으로 기대할 만하다는 것과의 연계 하에 결정되어야 하고 이것은 개인적인 양심에 대한 고려없이는 판단될 수 없기 때문이다. 다른 문제에 있어서 헌법심사는 미래 법적상황 변경의 필요성을 드러낼 수 있다. 이것은 대략 남녀간의 연금수령 연령의 상이한 규정[104], 아동에 대한 표준급여[105], 소득활동을 하지 않는 모의 연금법적 지위[106] 또는 가족과세, 가족급여의 보상 그리고 부모의 기여금의 형성[107] 및 공동의 자녀를 양육하는 비혼의 파트너에 대한 범죄피해자보상[108] 보호 등에 해당된다. 거기에 연방헌법재판소[109]는 각각 입법자에게 법적상황을 변경시키도록 하였다. 때때로 직접적으로 자녀양육으로 인해 소득이 없

103 연방헌법재판소판결 112, 50.

104 연방헌법재판소판결 74, 163, 179이하, 그러나 단계적인 연령상한의 연장 참조.

105 연방헌법재판소판결 125, 175.

106 참조. 연방헌법재판소판결 87, 1.

107 연방헌법재판소판결 99, 216; 103, 242.

108 연방헌법재판소판결 112, 50.

109 마찬가지로 유족연금의 새로운 규정에 있어서와 같이(연방헌법재판소판결 39, 169), 연금의 과세(연방헌법재판소판결 54, 11) 그리고 최저생계의 과세 면제(연방헌법재판소판결 87, 153) – 전체적으로 충족되지 않았던 의무.

는 여변호사의 기여금 부담시처럼[110] 법률의 절차적 필요성이 주어졌다.

마지막으로 사회급여법의 법적 제한이 헌법적으로 유효한지, 어떻게 적법한 지가 문제된다. 심사의 대상은 대략 직업훈련기간의 연금법상 인정의 새로운 규정,[111] 연금조정,[112] 연금수급자의 의료보험[113] 또는 직업불능 또는 취업불능으로 인한 연금급여의 조건 등이다.[114] 어떠한 조건에서 입법자가 사회적 급여의 청구권 또는 기대권을 제한할 수 있는지 항상 의문시되었다. 132

이런 문제에 있어서 심사기준과 제한은 문제가 있다. 1980년까지, 기본법 제2조 제I항 또는 기본법 제14조가 심사의 기준인지가 논란이 되었다. 연방헌법재판소 종전 판례[115]는 이것을 기본법 제2조 제I항에서 본 반면에, 그 133

---

110 연방헌법재판소판결 113, 1.

111 연방헌법재판소판결 71, 1.

112 연방헌법재판소판결 64, 87.

113 연방헌법재판소판결 69, 272.

114 연방헌법재판소판결 75, 78.

115 연방헌법재판소판결 32, 111; 문제에 대하여: *아담*, 법정연금보험에서의 소유의 보호, 2009 참조. ; *악서*, in: 에핑/힐그루버(편), 기본법에 대한 벡 온라인 주해, 21판, 2014.6.1 현재, 14조 방주 56쪽 이하; *보에켄*, 이탈리아와 독일연방공화국에서의 노령연금 수급권과 기대권의 헌법적인 보호 및 유럽인권협약 범주 내에서의 그 보호, 1987; *아이헨호퍼*, 유럽연합의 사회법, 2018(7판), 방주 35; *에어링-라네펠트*, 기초연금의 합헌성, 2002; *크라우제*, 주관적 공법에 대한 소유, 1982; *렌쩨*, 국가시민보험과 헌법, 2005; *파피어*, in: 사회법핸드북, § 3 방주 41쪽 이하; *폴*, 법해석의 변경과 재 연결, 2005; *프라이스/켈러만*, 사회재판(잡지) 1999, 329; *라이터*, 사회재판(잡지) 1996, 246쪽 이하; 스토버(편), 사회법적 입장의 소유의 보호, 1986; 유럽인권법원은 사회급여청구권을 동일하게 그리고 기본법 14조 보다도 더 넓게 소유보호를 인정한다: *아이헨호퍼*, 유럽연합의 사회법, 2018(7판), 방주 35.

이후 판례는 그 법률을 기본법 제14조에 따라 측정한다. 이와같은 해석은 헌법재판소에 의해 처음으로 부양보상[116] 허용에 대한 결정에서 대변되었는데, 이것은 그 이전에 연방사회법원[117] 및 소수의견[118]으로 표현된 이후에서야 나타났다. 연방헌법재판소는 그에 따라 재산보장을 사회보험법적 기대권으로 확대하였는데, 이것이 고전적인 재산권과 같이 급여수급자들의 자유로운 생활을 보장했기 때문이다. 실업자에 대한 보험급여에도 역시 해당되었다.[119]

사회보험법적 기대권이라는 것은 재산가치가 있다는 것이고 재산권으로서 보호되어야 한다는 것이다. 재산권 보장에는 역시 동독에서 획득된 특별연금 또는 부가연금의 법정연금으로의 연계 역시 해당되었다,[120] 반면에, 기여와 급여청구권 사이에 개별적인 관계가 결여된 유족부양권은 해당되지 아니하였다.[121] 사회보험법적 기대권에 대한 모든 수정개입에 의해 신뢰가 실망스러웠을 테지만, 기본법 14조는 재산가치와 함께 제도의 지속에 대한 신뢰를 보호해야만 한다는 것이다.

법이 재산의 내용과 한계를 헌법에 부합하게 규정하고, 비례성의 원칙이 보장된다면, 제한은 허용된다. 사회보험의 기능을 위한 조치는 입법자

---

116 연방헌법재판소판결 53, 257.

117 연방사회법원판결 9, 127.

118 여판사 룹-본 브뤼네크, 연방헌법재판소판결 32, 111.

119 연방헌법재판소판결 72, 9; 87, 234; 연방사회법원 신 사회법 잡지 1996, 579, 581.

120 연방헌법재판소판결 101, 59, 104쪽 이하; 연방사회법원 판례 84, 156, 180쪽 이하.

121 연방헌법재판소판결 97, 271; *밀케, 엠*. 과부와 홀아비연금법의 헌법적 문제, 2011.

에 재산의 내용규정과 제한규정에 대하여 정당화하였다(기본법 제14조 제1항 2).[122] 이를 위해서 연방헌법재판소는 입법자에게 사회급여청구권 제한에 있어서 폭넓은 입법재량을 허용하고 있는데, 이른바 사회적 취약계층에 대한 급여의 집중을 허용하거나[123]또는 그 실제기능에로 축소될 수 있도록 하는 경우에 그러하다.[124] 따라서 입법자는 조기연금의 수급 시 감액을 할 수 있다는 것이다.[125] 사회보험의 존속보장은 기본법에 포함되지 않는다.[126] 그에 반해 입법자는 급여를 추상적인, 피보험자 개인과 독립적인 척도에 따라 총괄적으로 결정해서는 안된다.[127] 또한 사회보험이 이른바 보험의 원리에 근거하여, 연대적 보상이 그 안에서 적법한 것인지 그리고 제3자 부담의 전가는 허용되는지[128]와 같은 일반적인 과제를 어디까지 행해야 하는지는 헌법적인 문제가 되었다. 그에 따라 사회보험은 일차적인 보험이지만 거기에 연대보상이라는 것은 고유한 것이며, 바로 여기에서 헌법적으로 정당화되는 것이다. 제3자 부담은 사회보험에 원칙적으로 부과되어서는 안 되는 것이다. "연대의 보상과 제3자 부담 사이의 구분"은 피보험자와 일반 대중 사

---

122 연방헌법재판소판결 128, 138.

123 연방헌법재판소판결 97, 271; 사회법문제 최고법원 판결(오스트리아), in: 피에터스/자글마이어(편), 유럽에서 사회보장사례, 2006, 257쪽.

124 연방헌법재판소판결 97, 378.

125 연방헌법재판소판결 122, 151.

126 연방헌법재판소판결 39, 302, 314이하.

127 연방헌법재판소판결 100, 1, 59쪽 이하, 104쪽 이하, 138쪽 이하; 국가안전서비스 또는 동독의 국가기구소속과 같은.

128 *부처*, 사회보험에서의 타자부담, 2001; *롤프스*, 사회보험법에서 보험원리, 2000.

이의 먼 동질성으로 인해 개별적인 경우에 어려운 것으로 형성된다.[129]

bb) 급여제공법의 헌법적인 주요 문제 – 기본법 제12조

134 사회법의 기타 헌법적인 문제 중에, 법으로 개별적인 직업군의 어느 정도까지 사회급여제도에 접근이 개방될 수 있는지는 특별한 의미를 갖는다. 연방헌법재판소는 이런 문제에 더불어 반복적으로 직면하였는데, 계약의(보험의)에 대한 연령제한 관련하여 나타났다.[130]한편 연방헌법재판소는 계약의들의 부양에서 의사[131]와 치과의사[132]를 배제하는 것은, 기본법 제12조 제(1)항에 반하는 것으로 본 반면, 연방사회법원의 판례[133]는 민간요법전문가는 계약의들을 위한 연금에 가입 청구권을 갖지 못한다는 것을 확인하였다.[134] 이들의 계약의 부양에의 허용 – 이미 앞서 허가된 의사/치과의사와 달리 – 은 객관적인 직업에의 접근 규정이 아니고, 직업행사에 대한 규정이라는 것이다. 이에 대해 입법자는 비례성의 범위에서 자유롭게 정할 수 있다는 것이다.

129 *베커*, 이전의 정의와 헌법, 2001.

130 연방헌법재판소판결 103, 172.

131 *예거*, 사회재판(잡지) 2003, 311; 연방헌법재판소판결 11, 30 참고. ; 그에 반해, 보험의 부양에서 일정 연령이후 계약의 제외는 합헌적이다(연방사회법원판결 73, 233; 80, 4; 연방헌법재판소판결 신 법률주보 1998, 1776).

132 연방헌법재판소판결 25, 236.

133 연방사회법원판결 48, 47.

134 연방헌법재판소판결 78, 155.

참고문헌

von Arnauld/Musil, Strukturfragen des Sozialverfassungsrechts, 2009; Becker, Transfergerechtigkeit und Verfassung, 2001; *Brunner*, Die Problematik der sozialen Grundrechte, 1971; *Butzer*, Fremdlasten in der Sozialversicherung, 2001; *Eichenhofer*, Soziale Menschenrechte im Völker-, Europa- und deutschen Recht, 2012; *동 저자*, Der soziale Rechtsstaat ein Staat sozialer Rechte, DVBl(독일행정관보). 2016, 78; *Forsthoff*(편), Rechtsstaatlichkeit und Sozialstaatlichkeit, 1968; *Häberle*, Grundrechte im Leistungsstaat, VVDStRL(독일 국가법학자학회 출판물) 30(1972), 44 ff.; *Heinig*, Der Sozialstaat im Dienst der Freiheit, 2007; *동 저자*, in Denkschrift 60 Jahre BSG, 333; *F. Kirchhof*, Die Entwicklung des Sozialverfassungsrechts, NZS(신 사회법 잡지) 2015, 1; Papier/Shirvani SRH(사회법 핸드북) § 3; *Rolfs*, Das Versicherungsprinzip im Sozialversicherungsrecht, 2000; *Schlenker*, Soziales Rückschrittsverbot und Grundgesetz, 1986; *Spieker*, Der Sozialstaat, 2012; *Voßkuhle/Gerberding*, in Denkschrift 60 Jahre BSG, 283; *Wallrabenstein*, Versicherung im Sozialstaat, 2009; *Zacher*, Das soziale Staatsziel, in Isensee/Kirchhof(편), Handbuch des Staatsrechts, Bd. II, 2004(3판), § 28.

제6장 법체계 내 사회법의 지위

a) 사회법과 다른 법 영역 간의 가능한 상호관계

사회법은(위 방주 2 참조) 다른 영역에 대하여 상호관계에 있다.[1] 사회급여는 조세를 통해서 재정지원되며, 세법적으로 거두는 것은 사회법적으로 주는 것의 전제이다. 여기에서 두 영역 사이에는 밀접한 관계가 형성된다. 사회법의 집행은 **행정법**을 통해서 발생한다. **형법**은 사회보험법적 의무의 침해를 징벌하며(형법전 제266a조 참조), 사회급여의 불법적 청구는 사기(형법전 제263조)로 형벌에 처한다. 사회보험은 일종의 **보험**이다.[2] 사회법적 급여의 청구는 성립, 형성 그리고 구조에 있어서 **채권법**적 청구와 유사하다. 사회급여 제공 **135**

1 보다 근본적으로: *티트무스*, 사회정책, 1974, 15 "사회정책의 연구는 전체로서 그 사회적, 경제적 그리고 정치적 측면의 총체로서 사회의 연구로부터 고립될 수 없다는 것은 명백하다"; 다음에 대하여 역시: *기터/슈미트*, 사회법, 2001(5판), 방주 35쪽 이하 참조. ; *폰 마이델*, in: 사회법핸드북, § 1-39쪽 이하; *바나가트*, 사회보험법 교재, 1권, 1965, 193쪽 이하.

2 *발라벤스타인*, 사회국가에서 보험, 2009.

자는 조직법적 유사성이 그에 근거하고 있는 법인 또는 기관이다.

136 이러한 예들은 사회법과 다른 법 영역사이의 **도구적** 상관관계를 보여준다. 조세법, 행정법, 형사법, 보험법, 채권법 그리고 조직법상의 영향이나 형성형태는 사회법을 법 영역으로서 가능하게 하는 것이다. 사회법은 다른 법 영역과 **실질적** 상관관계에 있다. 이것은 사회법이 사법의 기능 결여에 대응하고 이를 통해 전체 법질서에 대한 기여를 하는 것이기 때문에 형성되는 것이다. 다음에서는 사회법과 다른 법 영역사이의 우선 도구적(b), 그리고 그 다음에 실질적 상관관계(c)가 기술되고 평가된다.

b) 사회법과 다른 법 영역 간 가능한 상호관계

137 **조세법**은 사회법을 위하여 그 형성의 형태만큼이나 그 영향으로 인하여 중요하다. 사회법은 조세법의 보완이자 하나의 필수적인 전제에 있다. 연방, 주 그리고 시·군의 예산에서 재정지원되는(위 방주53 참조) 사회급여는, 국가가 그 재원의 수요를 조세를 통해서 충족할 수 있을 때만이 얻어지는 것이다.

조세법 그리고 사회법적 규정사이의 조율은, 사회법에 있어서 최소요구가 조세법에 있어서보다 더 높게 규정되어있고,[3] 사회급여로부터 소득이 소득과세에서 면제되거나[4] 또는 – 가족급여보상에 있어서처럼 – 아동에 대

3 연방헌법재판소판결 87, 153.

4 연방헌법재판소판결 54, 11; 86, 369(연금과세에 상응한다 – 연금에 대한 보다 높은 과세에 대한 요구).

한 생계의무가 조세감면과 사회법적 혜택을 주는 법률요건으로서 인정되는 것과 같이[5](그에 대해서 아래 방주 501이하 참조), 그 평가의 모순을 해결해야만 한다. 연금의 과세 시에 연방헌법재판소[6]는 입법자에게 – 노령자 소득법[7]에서처럼 – 사전(과세가 기여금 납부를 포괄한다) 과세에서 사후과세(과세가 급여를 고려한다)로 이행하도록 권고하였다. 사회법이 연금보험, 의료보험, 실업보험, 장기요양보험 그리고 재해보험에서 기여금의 재정지원을 스스로 규율하기 때문에 이는 공적인 공과금법의 한 부분이 된다.[8] 그 원칙은 의미있으며, 역시 기여금법에도 적용된다.[9]

사회법은 국가적인 급여행정을 형성하고, 국가행정의 전체 형태를 대상으로 하고 있는 **행정법**의 한 분야를 이루고 있다.[10] 사회법전 제10권에 규정된 사회급여 제공자의 행정절차법은 행정소송법(VwVfG)과 유사하다. 행정행위와 공적계약은 사회법에서 지배적인 형성수단이다(아래 방주 203이하 참조). 행정행위의 발효 이전에 청문권(아래 방주 206 참조) 및 행정행위의 철회와 취소는 사회법에서 중요하다(아래 방주 215이하 참조). 국가적인 보상급여 **138**

---

5 연방헌법재판소판결 43, 108; 61, 319; 82, 198.

6 연방헌법재판소판결 54, 11; 105, 73.

7 연방법률공보 I 2004, 1427쪽; *룰란트/뤼럽*(편), 노후보장과 과세, 2008.

8 *쾨슬*, 사회보험의 재정체제, 1992.

9 아래 방주 284쪽 이하 참조.

10 *바두라*, 자유주의와 사회적 법치국가에서 행정법, 1966; *포르스트호프*, 급부행정의 법적 문제, 1959; *킨그린/릭센*, 사회법: 행정법적인 유토피아? 공공행정 2008, 741; *라이스너*, 공법에서 생존보장, 2007; 릭센, in: 연방사회법원 60년 비망록, 351쪽 이하.

법은 사회적 보상에 의해 보충된다(방주 416 참조). 사회법적인 회복청구권은 국가적인 보상보장의 고유한 형태이다(아래 방주 213 참조).

139 형법에서[11] 법적 보호대상 역시 사회급여 제공자들에게 적용된다. 특별히 사기의 죄(형법 제263조)는 사회급여에 대한 남용 – 어쨌든 이것이 부적절한 사실의 기만에 근거하는 한 – 역시 형법적으로 징벌된다는 것을 확실하게 하고 있다. 더 나아가 형법은 사회법적 사안의 관철을 보장하고, 무엇보다 사회보험료의 부담금과 기여금 납부의 의무가 있는 사업주와 노동자에 의한 사회보험료 납부 회피를 징벌하거나(형법 제226a조항) 또는 노동행정을 통해 필요한 승인을 받지 않은 외국노동자의 고용을 징벌한다(아래 방주461 참조).

140 사회보험법은 위험사회에서 생존을 보장하며(그에 대해 아래 방주 431쪽 이하 참조), 민간보험에 의해 보완된다. 이 둘은 보험의 보완적인 질서로 작용한다.[12] 목적과 수단에서 둘은 일치한다. 연대단체는 위험에 처한 개인들을 위험의 희생으로서 동일하게 보호한다. 이 둘은 보험관계의 성립에서 구분된다. 사회보험은 강제보험이며, 그래서 법적인 명령에 근거하고, 민간보험은 통상 피보험자의 임의의 결정에 근거한다. 이것은 더 나아가 재정지원 방식에서 구별되는데, 후자는 위험관련 보험료로, 전자는 소득에 관련된 기여금으로 이루어진다. 급여 역시 상이하게 규정된다. 민간보험에서는 보험료에 비례한 – 개별적인 수지상등의 원칙이고, 사회보험법적 급여는 그에 반해서 사회

---

11 *마르텐스/빌데*, 형법과 사회보험에서 질서법, 1987(4판); *벤테*, 기여금의 불법억류와 노동보수의 횡령으로 인한 사업주의 유죄(형법전 § 266a), 1992.

12 그에 대해 *푹스*, 민법과 사회법, 1992, 100쪽 이하 참조. ; *복스*, 현재의 국가에 있어 사회보험, 1973; *기터*, 전체 보험학을 위한 잡지 1996, 267; *발라벤스타인*, 사회국가에서 보험, 2009; *롤프스*, in: 연방사회법원 60년 비망록, 405쪽.

적 보상이 보증되고 기여금의 전체비용을 재정지원하는 총량수지상등의 원칙이다.

사회급여의 청구권은 사회급여 제공자의 법적 의무 그리고 수급권자의 채 141
권의 근거가 된다. 이에 사회법은 채무를(민법 제241조) 중심적인 대상으로 하는 채권법과 공통점을 보인다. 사회급여청구권은 법적인 조건의 개시와 함께 성립하기 때문에(사회법전 제1권 제40조), 법적인 채무관계에서 민법적인 청구권과 유사하다. 이것은 더 나아가 법률행위 거래의 대상으로, 처분할 수 있고(사회법전 제1권 제46조, 제51조), 압류할 수 있으며(사회법전 제1권 제54조), 담보(사회법전 제1권 제53조)로 할 수 있으며, 수급권자의 사망 시에 특별권한승계(사회법전 제1권 제56조)가 이루어진다.[13]

더 나아가 만기일(사회법전 제1권 제41조), 이자(사회법전 제1권 제44조) 그리고 소멸시효(사회법전 제1권 제45조)와 관련해서 채권법에서와 같이 유사한 규정이 적용된다.[14] 사회급여 제공자들은 채무자와 같이 채권자의 포괄적인 선언에 대해 부수적인 의무를 진다(사회법전 제1권 제13조 이하 참조). 사회법은 상담이 잘못되었거나 또 설명을 듣지 못한 채무자는, 그가 법에 합당한 이행을 했을 때와 같은 법적지위를 가지며(민법 제280조), 채무보상은 자연적인 원상회복에 맞춰져있다(민법 제249조). 고전적인 분배의 사회국가에

---

13 더 나아가, 사회법전 제1권 § 32조는 그로부터 사회급여 수급권자에 대한 불이익이 일어나는 한, 사적권리에 대한 처분권한을 제한한다; 이 규정이나 사회급여 수급권자의 여타의 처분권의 전체 문제에 대해서는: *아이헨호퍼*, 사회법 계간지, 1991, 185; 더 나아가 아래, 방주 191쪽 이하 참조.

14 *기터*, 사회법 계간지 1977, 323, 338쪽. 연방사회법원판결 123, 238. 위임이 없는 공법상의 법집행관리에서 규정의 결여로 민법 288조의 시효를 유추하여 맞추고 있다.

서 활성화 사회국가로의 재편과정에서 재산, 채무 그리고 계약과 같은 사법적 개념들이 사회법적 구성물이 되었다.[15]

142 사회급여 제공자는 법적 형태에서 자치운영을 하는 공법적인 법인으로서(사회법전 제4권 제29조) 또는 자치운영을 하는 연방의 "기관"[16]으로 연방노동청과 같이 조직될 수 있다. 거기에서 조직법에 적용되는 원칙 그리고 규칙이 역시 사회법에 적용된다. 대략 투표권, 기관의 구성, 예산권 또는 국가감독권의 문제 등이 제기되며, 그와 함께 지방자치법, 자본회사법, 교회법 또는 국가법에서 나타나는 문제들이 제기된다.[17]

c) 사회법과 사법 간 실체적 관계

143 사회법과 사법사이의 실질적인 상호작용은 세 가지 차원에서 나타난다. 두 영역은 공동의 과제를 관리한다(aa), 그들은 여러 가지 방식으로 상호작용을 하며(bb), 사회법은 사법이 창출하는 문제를 해결한다. 이와 함께 사회법은 사법에 반대로 영향을 미친다(cc).

aa) 공동과제의 극복

144 사회법과 사법은 공동의 과제를 이행한다. 그들은 두 개의 공동의 사회문제를 해결하기 때문이다. 하나의 예는, 노동성과를 제공하지 못하거나 또는

---

15 *아이헨호퍼*, 사회법 계간지 2004, 93; *동 저자*, 활성화 복지국가의 법, 2013; *바우어/크레취머*, in: 연방사회법원 60년 비망록, 369쪽 이하.

16 애매한: 사회법전 제3권 § 367 법인(역시 아래 방주 450 참조).

17 *복스*, 현대국가에서의 사회보험, 1973, 13; 아이헨호퍼, 바드 이부르거 대화, 2014.

더 이상 할 수 없는 상황에 있는 경우, 종속적인 고용의 소득보장이다.[18] 사법은 – 여기서 노동법은 질병상태의 노동자에게는 임금계속지불을, 해고된 노동자에게는 일자리 상실에 대한 보상을, 그리고 취업능력이 없거나 또는 연령으로 인하여 취업활동에서 벗어난 노동자들에게는 기업연금을 인정한다는 점에서 이러한 문제에 부응하고 있다. 사회법은 이와 같은 사안을 실현하고 있는데, 즉 질병상태에 있는 노동자에게 질병보상금을, 해고되어 실업자가 된 노동자에게는 실업급여를, 그리고 폐질 또는 노령으로 인하여 소득활동에서 벗어난 종전의 노동자에게는 연금을 규정하고 있기 때문이다. 노동법과 사회법은 조업단축에서도 협력하고 있다. 전자는 법률요건의 창출에 의해, 후자는 사용자에 약간의 면제와 노동자의 촉진을 통해서 협력하고 있다.

사회법과 가족법은 가족구성원의 생존보장에 공동으로 영향을 미친다.[19] 이 145
것은 가족구성원을 생계연합으로 결합시키고, 경제적으로 성취능력이 있는 가족구성원으로 하여금 궁핍한 가족구성원의 생계의무를 지도록 한다. 이런 의무는 이혼 이후 혼인의 해소 시에도, 궁핍한 배우자에게서 소득활동

---

18 *발터만, 페터스-랑에, 펠릭스* 그리고 *하인쩨*, in: 독일사회법연맹(편), 공법과 사법을 통한 사회보장, 2003, 55, 71, 91, 145; *아이헨호퍼*, 신 사회법 잡지 2004, 169쪽 이하; *노이너*, 사법과 사회국가, 1999, 248쪽 이하, 274쪽 이하.

19 *베커*, 법률신문 2004, 929; *아이헨호퍼*, in: 비츠레프/엘레그/만코프스키/메르크트/레미엔(편), 디터 마르티니 70주기 생일 기념논문, 2014, 867; 동 저자, 제64차 독일법률가대회 사회법 전문가의견 일부(2002); *푹스*, 법률신문 2002, 785; *킨그린*, 법률신문 2004, 938; *릭켄*, 사회법에서 가족공동체, in: 부처/칼텐보른/마이어(편), 사회적 법치국가에서 조직과 절차, 프리드리히 E. 슈납 기념수고, 2008, 509; *차허*, 사회법질서에서의 혼인과 가족, in: 동 저자(편), 사회법에 대한 논문, 1993, 555.

이 기대될 수 없는 경우에도 역시 유지된다. 생계의 의무는 통상 개인에 전속적이며, 따라서 생계의무가 있는 사람의 사망과 함께 종료된다. 사법적으로 만들어지고 형성된 생계연합인 가족은 사회법적인 아동수당과 양육수당 및 직업교육촉진에 대한 사회법적인 청구권을 통해서 그 능력이 강화된다. 더 나아가 사회법은 궁핍한 가족구성원의 생존을, 급여의 의무가 있는 가족구성원이 그의 의무를 이행하지 못하는 한, 생계보조, 기초보장, 청소년부조 또는 사회부조를 지급한다. 생계의무자의 사망시에는 사망에 따라 상실된 생계를, 연금보험과 재해보험 또는 사회보상으로부터 과부연금, 홀아비연금 또는 고아연금이 대신한다.

146 사회법과 사법은 마지막으로 불법행위로 인한 인적피해 시에 공동의 과제를 수행한다.[20] 공통점은 그 피해가 과실에 의한 피해 시에는 사회보험 피보험자와 같이 동시에 하나의 범죄라면 분명해진다. 두 경우에 가해자는 피해자에게 불법행위법에 따라 피해보상에 대한 의무를 진다.[21] 그 피해가 동시에 범죄이고 이로 인해 가해자가 자유형에 처해진다면, 즉 가해자가 자산이 있는 경우를 제외하고. 피해자에 귀속되는 사법적인 보상청구권은 충분하지 않다. 통상 사법상의 청구는 경제적으로 무가치한 것인데, 가해자가 징역형의 복역기간 동안에는 어떤 취업활동도 하지 못하고, 어떤 보상의무도 이행할 수 없기 때문이다. 이러한 흠결을 사회법적인 범죄피해자에 대한 보상이 메우며, 이것은 불법행위법을 대신하여 피해자의 보상을 보장한다

---

20 *도이취*, 사회보험법과 책임법에서의 귀책, in: 독일사회법연맹(편), 사회법판결, 2권, 1979, 497; *푹스*, 민법과 사회법, 1992, 157쪽 이하.

21 *푹스*, 연금보험과 민법, in: 아이헨호퍼/리쉐/슈멜(편), 법정연금보험의 핸드북, 2012(2판), 31장.

(이하 방주 423쪽 참조). 사회보험 가입자가 과실에 의해서 인적피해로 곤경에 처한다면, 이것은 통상 사회보험 제공자에 대한 청구권을 유발한다. 민법상의 인적피해는 사회법상의 구성 요건인 질병이나 취업능력불능에 상응한다. 그래서 불법행위책임과 함께 사회보험법적인 질병치료, 질병보상금 또는 소득의 감소로 인한 연금의 청구권이 성립된다.

bb) 여러 가지 상호협력 방식

위에 설명한 예들은 사회법과 사법 사이의 **상호 협력**[22] 방식과 같은 여러가지 과제를 보인다. 사회법상 "노동자"는 보험의무를 지고, 그것은 "노동소득"에 기여금을 부과하고 질병, 노동력감소, 노령 또는 실업과 같은 사회적 위험의 출현 시에 "노동소득"의 손실을 대체하는 것이며, 따라서 통상 노동법적인 개념을 나타낸다. 생계능력을 뒷받침하는 사회급여법에서 사회법은 "상속"의 사법상의 개념 그리고 "혼인"과 "상속"에 대한 유족보장을 가리킨다 – 항상 사법은 사회법적 형성에 선행적인 것이다. **147**

두 개의 법 영역이 서로 우선성을 두고 엮여 있다면 문제가 되는 것은 다음과 같다. – 제시된 법문에 사용된 개념이 본연의 것과 같은 의미를 갖는가? "노동자", "노동소득" 또는 "혼인"이라는 의미가 사법상의 제도와 일치하는 것인가? 금지 또는 관습의 위반으로 인해서 무효인 계약관계 속에서 종 **148**

---

22 그에 대해 상세히 *아이헨호퍼*, 국제사회법과 국제사법, 1987, 41쪽 이하 참조. ; 푹스, 민법과 사회법, 1992, 148쪽 이하; 네프, 스위스 법률신문 1981, 17; 발터만, 사회보장의 확보에 있어 사법의 현재 위치, in: 독일 사회법연맹(편), 공법과 사법을 통한 사회보장, 2003, 55; *차허*, in: 뤼케/레스/빌(편), 법률비교, 유럽법과 국가통합, 콘스탄티네스코를 위한 기념논문, 1983, 943, 956.

속노동을 제공하는 사람도 역시 보험의무를 지는가(아래 방주 277 참조.)? 과부연금은 피보험자가 독일에서 독일의 혼인법상 규정에서는 아니지만, 그러나 피보험자의 모국법상으로는 충족된 형태로 혼인관계에 있는 부인에게도 지불되는가?[23]

다른 법 영역에서 수정이 필요한 개념은, 지정된 법 영역에서 자유롭다.[24] 이처럼 사회보험은 노동소득의 단절을, 통상 전체가 아닌 부분적으로만 대체하는데, 개별적인 사회적 법들이 노동소득의 사법적인 개념을 단지 수정하여 가리키고 있기 때문이다.[25] 더 나아가 "아동"이라는 사회법적 개념은 넓게 이해된다.[26] 양자나 친자, 혼인이나 혼외, 입양이나 돌봄 그리고 의붓자식은 사회법에는 모두 아동으로 유효하다. 제기되는 문제는 단지 지정된 사회법문에 명시적인 수정이 결여되었을 때만 나타난다.

참조개념이 전래된 영역에서 벗어나서 규정된다면, 참조라는 것은 근거

---

23 연방헌법재판소판결 62, 323이하; 그에 대해 보다 상세히 바이츠케, 사회재판(잡지) 1983, 238이하; *뮐러-프라이엔펠스*, 사회보험법, 가족법 그리고 국제사법과 연방헌법재판소, 1984; 벤, 사회법계간지 1979, 315; *아이헨호퍼*, 국제사회법과 국제사법, 1987, 141쪽 이하; *동 저자*, in: 바르타(편), 노동법, 사회법과 민법에서의 분석과 지속발전, 빈더 기념논문, 2010, 55쪽 이하.

24 문제에 대해 상세히 *다이네르트*, 사회법을 통한 사법의 형성, 2007, 67쪽 이하. 참조.(수용의 원리). 연방사회법원판결 120, 51 사회의 법은 사회보험법에 대한 간접증거 영향을 갖고 있다.

25 수정은 심지어 일반적이다: 사회법전 제5권, §§ 47, 81쪽 이하. 사회법전 제7권 참조.

26 사회법전 제5권 §§ 10 (4), 연방부양법 제2장 제45조 참조 ; 소득세법 제63조 제I항, 32: 이것은 사회법적 수급자격이 가족법적인 신분을 대신하여 부모역할의 수용에 연결되어 있다는 점에서 설명된다.

가 없게 된다. 입법자는 그 지정과 함께 그 사이에 사법상의 관련자들을 보호하려고 하는 것이다. 거기에서 법적 판단의 일관성이 법 영역을 초월하여 보장된다. 사회보험법은 노동자에게 노동으로부터 취업소득 상실에 대한 예방을 하도록 보험의무를 지운다. 사회보험법과 노동법은 종속고용으로부터 취업소득을 보장하는 과제를 분담하고 있는 것이다. 과부가 된 배우자가 사회법적으로 생계가 보장된다면, 둘다 궁핍한 부부의 보장을 목적으로 하기 때문이다. 과제의 공통성은 이에 참조개념이 전래된 영역에서와 같이 이해된다는 것을 받아들일 것을 요구하고 있다.[27]

우선 결정 방식에 있어 사실관계 측면에서 사회법과 사법의 상호중첩이 존 149
재한다. 이것은 역시 법적 결과라는 측면에서도 보여질 수 있다. 사회급여 제공자가 의무를 망각한 생계 채무자를 대신하여 끼어든다면, 국가가 범죄 피해자에 보상을 하거나 사회보험 제공자가 인적인 피해를 입은 사람에게 급여를 보장한다면, 이와 같이 사법상의 채무자에게 관련되는 것은 아니다. 그 대신에 항상 수급권의 중복이 있게된다. 사회법적 그리고 사법적 청구권이 경합하게 되는 것이다. 그러한 경합상황은 부적절한 중복[28]의 회피를 위하여 해결되어야 한다.

한 사건에서 발생하는 청구권의 중복 시에 사회법 및 사법적인 청구권의 150
관계는 세 가지 방식으로 결정될 수 있다.[29] 두 개의 청구권은 유지되고, 그럼에도 불구하고 하나의 청구권의 소지자가 바뀌면, 한 영역의 청구권은

---

27 *다이네르트*, 사회법을 통한 사법형성, 2007, 67쪽 이하, 317쪽 이하.

28 기본적으로: *폰 코펜펠스-스피스*, 양도 입법, 2006.

29 다음에 대하여 *아이헨호퍼*, 국제사회법과 국제사법, 1987, 52쪽 이하 참조. ; *동 저자*. 사회법 계간지 1990, 161, 170쪽 이하.

다른 영역의 청구권에 비해서 후순위가 되거나 또는 두 개의 청구권이 조정되지 않은 채 병존하여 나타나게 되는데, 청구권의 누적이 비전형적으로 수급권자의 중복 충족으로 되지는 않기 때문이다. 경합상황의 첫 번째 대처는 "중첩"이고, 두 번째는 "배제" 그리고 세 번째는 "보완"이라 할 수 있다. 중첩이 일반적인 경합설에서는 어떠한 개념도 갖고 있지 않은 반면, 법적경합의 배제와 이념경합의 보완이 상응한다.

151 생계권자 및 범죄피해 또는 기타 인적피해에 대한 급여 시에 발생하는 경쟁상황은 중복으로 규정된다. 사회급여 제공자는 피해자의 서로 일치하고 동일한 이익을 충족하는 사회급여 청구권자의 사법상의 청구권을 획득한다. 채무자는 공공의 비용으로 사법상의 책임에서 면책되지 않으며, 사회급여 제공자는 그 사이에 채권자를 대신하여 채무회수의 위험을 떠맡는다. 사회법은 이와함께 사법상 채권의 채권자를 위한 담보에 유사한 보장을 창출한다.

152 사회법과 사법의 경합은 배제를 통해 해결될 수 있다. 여기에서는 중요한 법정 산재보험에서 사용자와 작업동료의 불법행위로 인한 책임의 "면책" = 배제[30]및 학생과 생명구조원의 사회적 보상에 있어서 드물지만 사례들이 있다.[31]사회법의 사법을 통한 배제의 가장 중요한 예는 노동자들의 질병 시에 사업주에게 부과되는 임금계속지급의 의무이다. 사회법과 사법 사이의 경합상황은 경합하는 규정의 목적이 서로 조화되지 않기때문에 대안으로 나타나는 경우, 배제에 의해 해결된다. 생명구조원 또는 학생 자신의 피해

---

30 사회법전 제7권 §§104 이하 참조. ; 그에 대해 아래 방주 412쪽 이하.

31 연방대법원민사판결 92, 70.

시에는 피해의 위험을 피구제자 또는 공공이 져야하는지 의심스럽다. 법공동체는 보상의 의무를 구조된 자 또는 일반 국민에게 부과할 건지와 그 보호를 역시 사법을 통해서 또는 사회법을 통해서 확보할 것인지가 자유롭다. 그러나 그 둘에게 그것을 부과할 수는 없는 것이다(이에 대해서는 아래 방주 440 참조).

사회법과 사법의 경합상황은 해결되지 않을 수가 있는데, 두 영역은 그렇게 서로 보완한다. 사회법적 그리고 사법적 권리의 누적은 동일한 이익의 중복적인 충족으로 되지 않기 때문이다. 그 대신 사회법이 그런 곤란한 상황을 단지 부분적으로만 보상하기 때문에, 사법상의 청구권은 사회법에 의해서 남겨진 틈을 메우기에 누적이 발생하게 된다. 이와 같은 경합상황에 대한 예로 기업연금을 통한 법정연금보험으로부터 연금의 보완이나 또는 고용관계 해고조치에 따른 일자리의 상실로 인한 보상금지급을 통한 실업급여의 보완이다(이것이 후자가 전자로 정산되지 않거나, 또는 않는 한). **153**

cc) 사회법은 사법이 만드는 문제를 해결한다

사회법과 사법은 결론적으로 상호 관련된다. 왜냐하면 사회법은 사법이 창출한 문제를 사법이 그 스스로 해결하려고도 또는 해결할 수도 없는 문제들을 해결한다. 그와 함께 사회법은 동시에 사법에 영향을 미친다. 사법적으로 조직된 수요의 충족은, 모든 사람들이 사법상의 경제거래에 참여할 수 있다는 전제에 근거한다. 사법은 로마법에서 그 성립이래 독자적인 경제주체들의 법이었다. 오늘날 사법은 여기서 종속적인 취업자들이 권리능력이 있고 독립적인 경제주체이기 때문에 로마법과는 근본적으로 구분된다. 경제적인 활동을 하지 않는 주체들은 경제주체들의 성과에 생계의 청구권을 통해 참여한다. 수요의 충족이 그렇게 조직된 체계에서는 경제주체도 아 **154**

니고 가족구성원도 아닌 자는 참여하지 못하는 것이다.

155 예로부터(위 방주 18 참조) 스스로의 힘으로 수요를 충족할 수 없는 사람들에게는 공공이 개입했다. 원래 빈민구제에 의해 구체적인 궁핍 시에만 보장되었던 것이 100년 넘게 사회적 위험의 실현과 같은 구체적인 궁핍 시 소득이나 생계를 유지할 수 없는 사람들의 수요의 충족을 위해서 국가기구를 통해서 보장이 되어왔다. 사회법은 사법이 창출하는, 스스로는 그럼에도 불구하고 대처할 수 없고, 그것을 목적으로 하지도 않는 문제를 해결한다. 사법은 경제활동을 하지 않는 개인의 수요충족은, 단지 그 사람과 지급능력이 있는 사람 사이에, 지급의무를 정당화하는, 특별한 관계가 존재하는 경우에만 보장을 할 수 있다. 그들은 혈연관계 – 또는 제한적으로 – 공동의 작업에 근거할 수 있다. 그럼에도 불구하고 수요가 있는 사람과 급여능력이 있는 사람 사이에 어떤 개인적인 관계가 존재하지 않는 한, 사법은 개개인의 궁핍한 자를 위한 지급의무를 있게 할 어떤 단초도 주지 않는다. 사법은 판매자와 구매자, 소유자와 점유자, 가해자와 피해자 사이의 "최소사회"를 규정하는 것이기 때문이다. 한쪽의 사법상의 지위를 강화시키고자 하는 사람은, 이것을 항시 다른 한쪽의 비용으로만 달성할 수 있는 것이다. 고전적인 사법에서 모든 정의의 요구는 양자 간의 부담의 분배에 관한 결정으로 이어진다.

156 사회법은 이런 구조 속에 덧붙여지는 것은 아니다. 그 해결은 "외부화"에 근거하고 있다.[32] 즉 "최소사회"의 질서로부터 문제해결을 국가적으로 조직된 재분배 공동체의 인위적 세계로의 전가에 근거하고 있는 것이다. 병든 자,

32 *차허*, 사회재판(잡지) 1982, 329쪽 이하.

불행을 당한 사람, 취업무능력자 또는 나이든 노동자를 위해 사업주에게 급여의무를 지게하는 대신에, 노동자에 대해 독자적으로 창출된 사회급여 제공자에 대한 급여청구권이 부여된다. 거기서 분배정의의 척도에 따라 누가 어느 범위로 부담에 기여하고, 이런 공동체에 청구권을 가질 수 있는지를 자율적으로 결정한다. 같은 정도로 다른 사람에게 고통이 주어지는 경우에만 한쪽이 구제될 수 있다는 고전적인 사법상의 분배의 문제는 사회법을 통해서 완화되었다. 사회적 분배공동체의 외부화된 인위적인 세계는 주는 것과 받는 것의 전제에 관해서 각각의 독자적인 정의의 척도에 따라 결정될 수 있도록 허용한다.

그러한 외부화에 바탕한 체계는 사법에 의해서는 동일하게 창출될 수 없 **157**
다.[33] 거기에서는 사법의 기본원칙은 극복 되어 질 것이기 때문이다. 사회적 위험에 대한 예방은, 구체적인 궁핍의 경우에 공공의 지원의무를 덜기 위한 것으로 그러한 예방은 공공의 이익에 있다. 따라서 모든 추상적인 궁핍의 위험에 놓인 사람들은 예방이 국가적으로 유지될 수 있어야만 한다. 이것은 사적자치에 반하는 것이다. 게다가, 궁핍한 상황이 나타날 때는 언제나 급여가 제공되어야 한다 – 예방제공자의 자산이 없는 사법상의 전형적인 위험 역시 배제되어야 할 것이다.

이 둘을 그럼에도 불구하고 사법은 보장할 수 없다. 채무자의 자산이 없게 되는 것은 사법과는 분리할 수 없이 연계되어 있기 때문이다. 끝으로 사법상의 분배공동체는 스스로 실질적인 분배정의의 기준을 발전시킬 수

---

33 *페터스-랑에*, 사회보장의 사법적 조직의 장점과 약점, in: 독일 사회법연맹(편), 공법과 사법을 통한 사회보장, 2003, 71.

없다. 회사법과 집단적 노동법에서는 선진산업사회는 민간협회의 이러한 능력에 기반하여 구축되지만, 이러한 단체들은 경제적 주체들을 위해서 반응한다. 이에 반하여 사회법의 재분배공동체는 경제주체로서 나설 수 없는 법적주체들에게 독립적인 수요충족을 할 수 있도록 하여야만 한다. 이러한 비경제적인 개인을 보호하는 것은, 그 보호가 순수하게 공적인 과제이기 때문에 공공의 이익에 있다. 그로 인하여 오늘날 산업화 된 세계의 모든 국가들은 사회적 예방과 구제의 확장된 국가 시스템을 운영한다.

158 사회법이 이를 위해서 추상적인 궁핍에 대한 보장을 창출한다면, 그것은 그 편에서 사법에 영향을 미치는 것이다.[34] 추상적인 궁핍에 대한 사회법적인 구성요건은 – 질병 그리고 장기요양필요, 장애로 인한 소득감소, 노령 또는 실업 – 통상적으로 궁핍의 생계권적인 구성요건에 상응한다. 사회급여가 없다면 사회법적 구성요소는 생계청구권을 근거로 한다. 사회법은 그로 인해 동시에 가족구성원들을 생계의무로부터 면제하고 있는데, 그것이 생계의 궁핍에 대응하여 영향을 미치기 때문이다.

각각의 사회법적인 형성에 유리하게 사법적인 적용의 배제를 통해서 해소되는데, 사회법과 사법의 경합상황에서도, 사회법적인 청구권은 사법적 청구권에 우선한다. 그 배제가 입법자를 통해서 명시적으로 또는 분배의 정의의 이유로 지정되었거나, 또는 사회급여가 사법적인 청구권이 성립하는 법률요건의 조건을 배제하기 때문이다. 사회법은 그 반대로 사법적인 복합규정의 특징을 촉진할 수 있다. 이것은 사회법과 사법이 항시 번갈아 보완

---

34 *아이헨호퍼*, 사회법적 관여 전문가의견, 64차 독일 법률가대회(2002); *푹스*, 민법과 사회법, 1992, 204쪽 이하.

하는 곳 - 연금보험 기업연금 또는 실업수당 그리고 화해보상금 - 에서 나타난다. 자기책임이 증가하는 것이 특징인 세계에서 이런 보완은 점차 중요하게 될 것이다.

참고 문헌

Deutscher Sozialrechtsverband, Soziale Sicherheit durch öffentliches und Privatrecht, 2004; *Dreher*, Sozialleistungen als Unterhaltsersatz, 1991; *Deinert*, Privatrechtsgestaltung durch Sozialrecht, 2007; *Eichenhofer*, Privatrechtsabhängiges Sozialrecht, in Barta/Radner/Rainer/Scharnreitner(편), Analyse und Fortentwicklung im Arbeits-, Sozial- und Zivilrecht, Festschrift für Martin Binder, Wien 2010, 551 ff.; *동 저자*, Eigentum – Verschulden – Vertrag. Privatrechtsbegriffe als Sozialrechtskonstrukte?, VSSR(사회법계간지) 2004, 93; *Felix*, Einheit der Rechtsordnung, 1998; *Fuchs*, Zivilrecht und Sozialrecht, 1992; *동 저자*, Rentenversicherung und Zivilrecht, in Eichenhofer/Rische/Schmähl(편), Handbuch der gesetzlichen Rentenversicherung, 2012(2판), Kapitel 31; *Hanau/Peters-Lange*, Schnittstellen von Arbeits- und Sozialrecht, NZA(신 노동사회법 잡지) 1998, 785; *Kingreen/Rixen*, Sozialrecht: Ein verwaltungsrechtliches Utopia?, DÖV(공공행정) 2008, 741; P. Kirchhof, Steuergerechtigkeit und sozialrechtliche Geldleistungen, JZ(법률신문) 1982, 305; *Leisner*, Existenzsicherung im Öffentlichen Recht, 2007; *von Koppenfels-Spies*, Die cessio legis, 2006; *Neuner*, Privatrecht und Sozialstaat, 1999; *Rixen*, in Denkschrift 60 Jahre BSG, 351 ff.; *Rolfs*, in Denkschrift 60 Jahre BSG, 405 ff.; *Ruland*, Familiärer Unterhalt und Leistungen der sozialen Sicherheit, 1973; *Rust*, Historische und gegenwärtige Bedeutung von Familienleistungen in der Sozialversicherung, VSSR(사회법계간지) 1996, 103; *Schmidt*, Arbeitsrecht und Sozialrecht, RdA(노동법) 1999, 124; *Zacher*, Die Anatomie des Sozialrechts, SGb(사회재판, 잡지) 1982, 329 ff.; *동 저자*, Ehe und Familie in der Sozialrechtsordnung, in(편), Abhandlungen zum Sozialrecht, 1993, 555.

제2부
사회법의 체계

Sozialrecht

EBERHARD EICHENHOFER

I. 일반 원칙

제7장 법원

a) 사회법 법원의 종류

사회법은 "인간과 함께"(괴테) 태어났다. 그래서 스스로 어떤 자연법적인 타당성을 그 자체로 요구할 수 없다. 사회법은 오히려 오로지 실정법에 기초한다. 즉 법의 실정성 – 의식적인 제정과 서면기록 – 을 전제로 한다. 실정법에 의하지 않고 제공된 공적 구제는 단순한 자선일 것이고, 법적으로 채무를 지는 대신 도덕적 동기에 의한 것이다. 그에 상응하여 사회법적 요구는 그것이 실정법의 토대를 갖는 경우에만 인정된다. 159

실정법은 여러 상이한 법원(Rechtsquellen, 法源)에 뿌리를 두고 있다. 국제적인 원칙의 선언, 국제기구의 입법위임, 헌법, 법률, 시행령, 표준계약, 자치정관 및 법관법. 국제적인 원칙의 선언(위 방주 75 참조)은 개개인에게는 단지 예외적으로만[1] 준거법을 창출한다. 즉 그것이 그 스스로 집행 규범(self 160

1 *폰 마이델*, 국제사회보험법, in: 독일 사회법원연맹(편), 사회법판결, 2권, 1979, 943, 963; 독일 사회법에 대한 국제법적 규범의 영향에 대한 법 판결의 사례: 연방사회법원 판결 13, 206, 211; 30, 226; 40, 190, 206; 50, 95; 연방행정법원, 공공행정 1985, 626

excuting)의 성격을 갖고 있는 경우에만 그러하다.[2] 왜냐하면 그것은 국가들에게 통상, 국가의 활동을 전제로 하는 사회법적 제도를 창출하고 유지하며 지속 발전시키도록 하는 것이기 때문이다. 원칙선언이 – 이른바 차별금지 – 예외적으로 대 사인에 대한 직접효(unmittelbarer Wirkung)를 갖더라도, 통상 사회급여 청구권을 독자적으로 정당화하는 것은 아니다. 왜냐하면, 그것은 추가적인 법원 (무엇보다 법률)과의 협력하에 성립하기 때문이다. 국제기구의 입법위임은 우선 개별국가 입법자에게 의무를 부과하고 그리고 아주 드물게 직접적으로 사인에게 권리를 부여한다.[3]

161 헌법은 국가의 최고 법이다. 그것은 입법자에게 과제를 부여하고, 행동의 행태를 규정한다. 기본법은 어떤 직접적인 사회법적 청구권을 창출하지는 않는다(위 방주 114이하 참조). 오히려 기본법은 사회국가원리에서(기본법 제1권 제20조, 제28조) 법률에 의해 사회급여에 대한 청구권을 보장하고 형성하도록 한다. 헌법은 사회법에 있어 법원으로서 단지 부차적인 의미만을 가지며, 그것은 법률과의 관련 즉 법률이 정하는 한에서 법원이 되는 것이다.

162 사회법에서 중심적인 법원은 법률이다. 그 때문에 사회법전 제1권 제31조

참조. ; 기타 *폰 마이델/누쓰버거*(편), 국제법에 의한 사회적 보호, 1996; *모르하르트*, 국제노동기구 협약의 법적 성격, 1988 참조.

2 *페어드로스/짐마*, 일반 국제법, 1984(3판), 40쪽 이하.

3 하나의 예외는 그럼에도 유럽연합의 지침에 해당되는데, 회원국의 입법자가 이것을 전환하는 것을 지연하는 경우에 적용된다; 이 경우에 지침은 그 내용이 직접적인 집행력이 있는 경우 직접 적용된다(*오퍼만/클라센/네테스하임*(편), 유럽법, 2011(5판), § 9 방주 100쪽 이하 참조).

는 독일 사회법에 "완전한" 법률유보를 명하고 있다.[4] 이것은 법치국가에 있어서 자유권에 대한 모든 침해는 법적인 정당성을 필요로 하며(기본법 제2조 제II항 2문) 급여청구권에 대한 논증 역시 통상 법적인 토대를 요구한다.[5] 법은 사회법적인 청구권을 보장하며, 행정에서 급여의 조건에 대한 일방적인 결정권을 배제하고, 사회급여 수급권자의 동등처우를 보장하고, 공적인 지출을 정당화한다. 그것은 사회법의 중심적인 법원이다. 사회입법은 경제적 그리고 사회적 변동에 영향을 받는다.[6] 그런 연유로 사회법적 법률은 변화에 개방적이고 변화하기 쉽다는 것이 입증된다. 입법자는 변화된 경제적, 사회적 상황에 적응하여야 한다(예를 들면, 피보험자의 소득에 있어서의 변화에 대한 연금의 적응, 아래 방주 322 참조).

더 나아가 사회법에 있어 하위 법령의 규범들은 법원으로 중요하다. 입법자 163
는 행정부에[7](연방정부 또는 장관) 시행령을 통해서 사회법적인 개별문제를 규정하도록 허용할 수 있다. 예를 들어, 표준급여령(사회법전 제12권 제40조), 노동허가령(사회법전 제3권 제47조, 아래 방주 462 참조), 직업병 시행령(사회법전 제7권 제100조, 아래 방주 405 참조) 또는 현물급여 시행령(사회법전 제4권 제17조 I)

---

4 연방사회법원판결 109, 147.

5 *발터만*, in: 사회법핸드북, § 7 방주 28쪽 이하 참조. ; *므로쩬스키*, 사회법전 1권, 2014(5판), § 31, 방주 1쪽 이하; *아이헨호퍼*, in: 아이헨호퍼/벤너(편), 바나가트 사회법전, 사회법전 1권에 대한 주해, 2017(1판); § 31 사회법전 1권, 방주 2쪽 이하.

6 *폰 마이델*, 사회정책적 입법의 형식에 대하여, in: 빌케(편), 베를린에서 법조계 125주년 존속 기념논문, 1984, 407; *차허*, 과정으로서 사회국가, in: 동 저자(편), 사회법에 대한 논문, 1993, 73; 국제법에 대한 기본 문제에 대해: *예거*, 사회재판(잡지) 1994, 111; *파피어*, 사회재판(잡지) 1994, 105.

7 *악서*, 사회보험에서 행정부의 규범설정, 2000.

이 있다.

의료보험 보험자와 급여제공 기관사이에 체결된 **표준계약**은 추가적인 사회법 법원을 형성한다. 그것은 급여제공 및 그 보상의 개별적 사항을 규정한다(사회법전 제5권 제82조, 제87조, 제92조). 공동의 자치행정기관(아래 방주 287 참조)이 제정한 지침(아래 방주 367 참조)은 특별한 어려움을 초래한다. 이것이 보험법상 청구권을 구체적으로 형성한다. 규범 위계상 체계적인 분류는 어려움을 야기하는데, 그것은 행정행위[8]로 적절한 것도 아니고, 단체협약법[9]에 유사한 자치적인 단체법으로서도 이해되지 않기 때문이다. 이러한 국가의 규범설정 행위로서 그 편입에 반하는, 합의의 – 필요성 그리고 합의의 결여 시 보조적으로 투입되는 강제중재가 있다.[10] 단체협상권에 대한 유사성에 반하여, 사회보험 그리고 그에 속하는 직업법상 구조에 규범설정의 포괄적인 편입이라 할 수 있다. 공동 자치행정기구의 법제정행위는 그와 함께 사회법적인 특성을 표현한다.

끝으로 사회법의 중요한 법원은 법인이나 기관으로 사회급여 제공자에 의해 제정된 **정관**이다. 급여제공자는 행정적이거나 기술적인 개별사안들을 규정할 수 있도록 법적 권한 위임을 필요로 한다. 예컨대, 재해방지규정(사회법전 제7권 제15조)이 있다. 중요한 것은 다른 취업의 합당함에 대한 연방노동청의 정관, 건설업에서의 고용의 연중촉진 및 계약의의 보충교육 및 의무 위반시 제재에 관한 의사협회의 정관(사회법전 제5권 제81조 IV, V) 등 이다.

---

8 같은 곳에.

9 *헨라인*, 사회보험법에서 법원, 2001.

10 *쥬센*, 제3자를 통한 급여의 규정과 계약의 형성으로서 중재, 2005.

추가적으로 법관법이 법원을 형성한다.[11] 법관법은 사회급여 청구권에 관한 164
독립적이며 사법형태로 구성된 재판부(Spruchkörper)가 법적 관점에 따라서 결정하는 것을 발전시켰다. 그것은[12] 독일 사회법의 특징적인 요소이다. 이미 재판(Spruchtätigkeit)의 개시 직후에 독일 연방사회법원[13]은 법률과 법에 대한 재판관의 의무(기본법 제20조 III) 원칙으로부터, 법률심화 훈련이 대심부(Groß er Senat), 모든 연방사회법원의 각 부(Senat) 그리고 사회법 관할 모든 판사의 과제라고 추론하였다. 거기서 법적 견해가 바뀌더라도, 법은 일반적인 구속력을 가지며, 법은 전체 법질서의 기본 가치에 대해 "명백한 하자"가 있는 경우에만 무시될 수 있다는 것이다.[14] 법에 대한 구속은 법의 의미와 목적에 대한 해석을 의미하는 것이고 그 전문이 아니다.[15] 법률심화 훈련 기능을 인지하면서, 사회관할권은 그 자신의 실천으로부터 얻어진 사회법적 회복청구권(방주 아래 213 참조)이나, 취업관계(아래 방주 277 참조) 또는

11 법관법이 법원인지 또는 아닌지는 하여간 이론의 여지가 있다: 그에 대해 *에써*, 법관법, 법원사용과 관습법, in: 동 저자.(편), 프릿츠 폰 히펠 기념논문, 1967, 95 참조. ; *헤르겐뢰더*, 법관의 법 심화훈련의 민사소송적 기초, 1995; 법관법의 헌법적인 문제에 대하여 상세히: *입센*, 법관법과 헌법, 1975 참조.

12 사회법 영역에서 법관의 법 심화훈련의 의미에 대하여: *바나가트*, 사회법원 판결을 통한 법 심화훈련, 독일 사회법원연맹의 출판시리즈, 10권, 1972, 17 참조. ; 역시 예시로서, 제국사회보험청 100주년 존속을 계기로 *독일사회법연맹*에서 출판 지칭된 제목의 기념논문: 사회법의 발전 – 판결의 과제, 1984 참조. ; *피차스*, 사회법계간지 1990, 241.

13 연방사회법원판결 2, 168.

14 연방사회법원판결 10, 67.

15 연방사회법원판결 25, 41, 43.

중요 조건 이론과 같은(아래 방주 396 참조) 법적 개념을 창출하였다.

b) 규범 위계

165 법원은 위계(도표 6 참조)를 필요로 한다.[16] 국제적 형성기반을 갖는 법원(원칙선언 또는 입법위임)은 개별국가에서 형성되는 법원에 우선한다. 왜냐하면 국제기구의 회원국들은 그 요구를 충족해야만 하기 때문이다. 국내법으로 형성되는 법원 중에는 헌법이 법률에 우선하는데, 법률은 헌법에 기반하여 공포되기 때문이다. 법률은 하위 법령인 규범에 우선한다. 이것은 법적 권한(기본법 제80조 법시행령 대해 참조)을 필요로 하기 때문이다. 법관법은 규범의 위계에 있어서 가장 아래에 위치한다. 그것은 명시적인, 추상적 – 일반적인 규범의 결여시에만 창출되고, 언제든 입법자에 의해서 폐지될 수 있기 때문이다.

〈그림 6: 규범의 위계〉

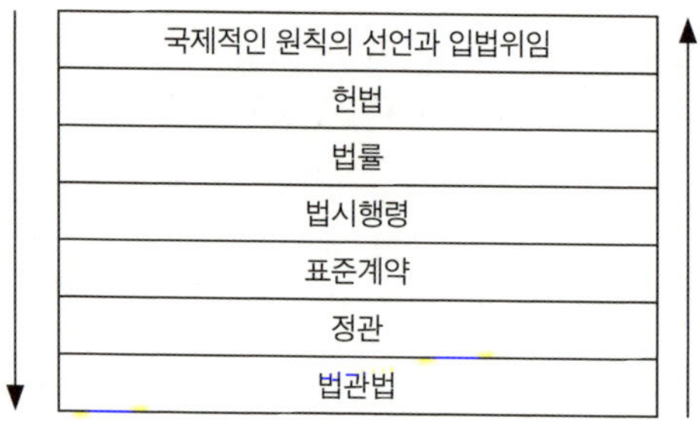

---

16 이에 대해 상세히: 클레멘스, in: 비씽/움바하(편), 40년 주 사회관할, 1994, 239 참조. ; *엡센*, in: 사회보험법의 핸드북-의료보험, § 7; *슐린/빙클러*, 사회개혁을 위한 잡지 1995, 516; *빔머*, 의료법 1996, 425.

사회법의 서열(= 위계) 에서, 낮은 서열의 법원의 규정은 높은 서열의 법원의 규정과 일치하는 한에서만 유효하다. 후자는 그와 함께 전자에 근거와 한계를 형성하며, 반대로 전자는 후자를 구체화하여야만 하는 것이다. 166

c) 독일 사회법 제정

1970년대 이래 독일 입법자는 사회법을 하나의 법전 – 사회법전(SGB) – 으로 편찬하였다. 사회법을 "보다 투명하고" 그리고 "보다 단순하게" 형성하고 그 부분을 "전체 체계"에 결합시키려 하였다.[17] 야심차며 어려운 과제였다! 비록 이미 전에 독일에서 사회법의 일부 – 이른바 제국보험령의 사회보험법[18](위 방주 44 참조) – 가 법전화되었고, 다른 나라들도 사회법의 일부 영역들을 하나의 법전에서 규율하고 있다 할지라도,[19] 독일의 계획은 전세계적으로 가장 포괄적인 것으로 사회법 전체 분야의 법전화를 목표로 하고 있다. 사회법전은 – 비록 여러권으로 나뉘어 있지만 통일적 단위를 형성한다. 그런 연유로 하나의 "사회법전"이며 여러 "사회법전"이 아닌 것이다. 167

---

17 연방의회 회의록 VI/3764.

18 그에 대해 *풍스*, in: 헬름홀쯔(편), 법의 기초, 란다우를 위한 기념논문집, 2000, 883.

19 즉 미국의 사회보장법전, 프랑스의 사회보장법전, 그에 대해 *아이헨호퍼*, 사회보장법전, in: 룰란트/폰 마이델/파피어(편), 헌법, 사회국가의 이론과 실천, 차허를 위한 기념논문집, 1998, 137 참조. ; 혹은 사회보험법 공통부분을 창출하려는 스위스의 시도(1990. 9. 27. 연방의 사회보험법 공통부분을 위한 의회이니시어티브 참조), *차허*, 역사적 그리고 비교법적 관점에서 독일 사회법전의 법전화, in: 가이스/로렌쯔(편), 국가, 교회, 행정, 마우러를 위한 기념논문집, 2001, 1229.

168 이것이 어떤 "완벽주의적인" 요구를 하는 것이 아니다. 왜냐하면 사람이 "사회법이라 일컬을 수 있는 그 모든 것을 남김없이 총괄"하려는 것도 아니기 때문이다.[20] 오히려 이것이 공법에 기초하는 한, 사회보장에 대한 법에 집중하는 것이며, 거기에는 기초보장, 사회부조 및 청소년부조가 속한다. 사회법전의 규정대상은 그와 함께 개별적 보장의 제도 그리고 재산권에 의한 예방, 자산형성, 사법적 또는 기업차원의 노후대비도 아니며, 사회적 보호조치 또는 사인 간 보상도 아니다. 예를 들어 채무자보호, 소비자보호, 임차인보호, 또는 노동자보호 – 따라서 "사회적 사법"상의 특징을 갖는 (위 방주 3 참조).[21] 법전화의 계획은 사회법의 기본적인 변경을 목표로 하는 것이 아니었으며, 오히려 개별적 규정은 법전화의 목적이 필요한 경우에 한하여 변경되어야 하는 것으로, 목표는 "제한된 실질적인 개혁에 의한 법전화"였다.[22]

169 "입법행위"를 통한 실현 대신에 입법자는 "단계적인 절차"가 적절한 것으로 간주하였다.[23] 그에 상응하여 입법자는 그 사이에 사회법전의 대부분을 완성하였다. 이것은 사회법전 제I권, 제IV권, 제VI권 또는 제X권식으로 로마자로 표시되어 있다. 사회법전 제I권(사회법 총칙), 사회법전 제II권(구직자 기초보장), 사회법전 제III권(고용촉진), 사회법전 제IV권(사회보험 총칙), 사회법전 제V권(의료보험), 사회법전 제VI권(연금보험), 사회법전 제VII권(재해보험), 사회법전 제VIII권(아동 및 청소년부조), 사회법전 제XI권(장애인법), 사회법전

20 *차허*, 사회법전의 계획, 1973, 14.

21 같은 곳, 23; *동 저자*, 사회서비스와 시설 법에 대한 기고문 47, 2001,1.

22 *차허*, 사회법전의 계획, 1973, 25.

23 연방의회회의록. VI/3764.

제X권(행정절차), 사회법전 제XI권(장기요양보험), 사회법전 제XII권(사회부조)이 발효중이다. 그 이외에 여전히 무수히 많은 사회법적인 개별법령들(예를 들면, 연방부양법, 피해자보상법, 감염병보호법 제60조, 연방자녀수당법, 연방직업교육촉진법, 주거수당법, 생계비보조법)은 "사회법의 특별한 부분"(사회법전 제1권 제68조)으로서 사회법전에 편입되기까지 계속 유효하다.

이런 법전들은 상이한 규율대상을 갖고 있다. 사회법전 제1권, 제9권 그리 170
고 제10권은 사회법 전반에 의미가 있다. 사회법전 제4권 그리고 제9권은 사회적 사전대비의 전체 사회법 – 사회보험에 적용된다. 사회법전 제3권(실업보험), 사회법전 제5권(의료보험), 사회전법 제6권 (연금보험), 사회법전 제7권(재해보험) 그리고 사회법전 제11권(장기요양보험) 등은 사회적 사전대비의 개별적 분야를 형성한다. 사회법전 제2권(구직자 기초보장)은 고용촉진에 속한다. 사회법전 제12권(사회부조)은 경제활동능력이 없는 사람들을 위한 사회

〈그림 7: 개별적인 사회법의 실질적인 적용범위〉

전체 사회법: 사회법전 1권, 사회법전 10권; 사회법전 9권			
사회적 사전대비: 사회법전 4권; 사회법전 9권	사회적 보상	사회적 촉진	사회 부조
의료보험: 사회법전 5권 연금보험: 사회법전 6권 장기요양보험: 사회법전 11권 재해보험: 사회법전 7권 실업보험: 사회법전 3권	비진정 재해보험외 = 사회법전 7권 전쟁희생자부양 (연방부양법), 범죄피해자보상법, 피해자보상법, 군인부양, 감염피해(감염병보호법 60조) = 미래 사회법전 14권	가족부담: 소득세법, 연방아동수당법 고용촉진: 사회법전 3권, 사회법전 2권 직업훈련촉진: 연방직업교육촉진법 주거: 주거수당법	사회부조: 사회법전 2권, 사회법전 12권 청소년부조: 사회법전 8권

부조를 규정하고, 사회법전 제8권(청소년부조)은 마지막으로 사회부조법의 추가적인 부분으로 아동 및 청소년부조를 지정한다. 사회법의 나머지 개별적인 요소들은 현재 여전히 개별법령에서 규율되고 있다(앞에 〈그림 7〉 참조). 그럼에도 불구하고 사회법전에 추가적인 법전으로 받아들여야만 한다.

참고문헌

Axer, Normsetzung der Exekutive in der Sozialversicherung, 2000; *Deutscher Sozialrechtsverband* (편), Entwicklung des Sozialrechts – Aufgabe der Rechtsprechung (Festgabe aus Anlaß des 100jährigen Bestehens der sozialgerichtlichen Rechtsprechung), 1984; *Ebsen*, Rechtsquellen, in Schulin (편), Handbuch des Sozialversicherungsrechts, Krankenversicherungsrecht, 1권, 1994, § 7; *Fuchs*, Die Reichsversicherungsordnung als erste sozialrechtliche Kodifikation, in Helmholz (편), Grundlagen des Rechts, Festschrift für Peter Landau, 2000, 883; *Hänlein*, Rechtsquellen im Sozialversicherungsrecht, 2001; *Zacher*, Das Vorhaben des Sozialgesetzbuches, 1973; *동 저자*, Der Sozialstaat als Prozeß, in *동 저자* (편), Abhandlungen zum Sozialrecht, 1993, 73; 동 저자, Die Kodifikation des deutschen Sozialrechts in historischer und rechtsvergleichender Sicht, in Geis/Lorenz (편), Staat, Kirche, Verwaltung, Festschrift für Hartmut Maurer, 2001, 1229.

I. 일반 원칙

제8장 사회급여청구권

a) 사회급여청구권과 사회법관계

사회급여청구권은 사회법관계에 기초한다. 이것은 사회급여 제공자와 수급 171
권자 사이의 법적인 채무관계이다. 그것은 법적 조건의 충족을 통해서 성립된다.[1] 사회법관계는 사회급여 수급권자에게 사회보험 제공자에 대한 기여금의 납부, 그리고 사회급여 제공자 – 사회적 사전대비법처럼 – 에게 급여청구에 대한 의무를 부여할 수 있다. 급여의 청구는 역시 – 사회적 보상, 사회적 촉진 그리고 사회부조법에서처럼 – 사회법적 법적요건의 실현을 통해 직접 정당화될 수 있다. 사회급여는 그 내용에 따라(aa), 연계성(bb) 또는 정당화에 따라(cc)로 분류될 수 있다.

---

1 기본적으로 *헤르트비히*, 법정 의료보험에서의 피보험자 가입자격의 행정법적 관계, 1989 참조. ; *크라우제*, in: 독일 사회법원연맹(편), 사회법관계, 1. 사회법교사대회, 1979, 12쪽 이하; *플라이너/외링어/크라우제*, 급여행정에서의 법률관계, 독일 국가법학자학회 출판물, 45권(1987), 152쪽 이하; *토만들*, in: 독일 사회법원연맹(편), 사회법관계, 1. 사회법교사대회, 1979, 50쪽 이하; *블라이/크라이케봄/마쉬너*, 사회법, 2007, 방주, 58쪽 이하; *므로진스키*, 사회재판(잡지), 2016, 1, 69.

aa) 서비스, 현물 그리고 현금급여

172 사회법전 제1권 제11조는 사회급여를 그 내용에 따라서 서비스, 현물 그리고 현금급여로 나눈다. 사회법전 제1권 제2장 제11조는 이를 명확히 하고있다. 개인적 그리고 교육적인 지원은 개인적인 상담 또는 활동지원(의료 또는 병원치료, 재교육, 사회적 노동자에 의한 돌봄, 재가돌봄, 가계 및 운영지원, 물리치료, 직업촉진)과 같은 서비스이다. 현물급여는 장기간 또는 일시적인 현물의 양도 또는 양여(약제 또는 붕대, 인공 보장구, 휠체어)에 맞춰져 있다. 현금급여는 지불청구권에 근거한다(연금, 질병수당, 휴업수당, 기초연금). 현금, 현물, 그리고 서비스급여 사이의 차이는 선불, 이자, 시효, 지불, 상계와 정산, 양도, 담보, 압류 그리고 상속(사회법전 1권 제42조, 제44조, 제47조 이하, 제51조, 제53조 이하, 제56조 이하)에 상응하는 규정에 의미를 두고 있다.

bb) 법정급여와 재량급여

173 사회법전 제1권 제38조는 사회급여를 법정급여(사회법전 제1권 제38조)와 재량급여(사회법전 제1권 제39조)로 그 구속력에 따라 구분한다. 전자는 법적청구권에 근거하고 후자는 제공자의 재량에 따른다. 사회법전 제1권 제38조에 따라 사회급여는 기본적으로 법정급여인데, 급여제공자는 “할 수 있다” 또는 “해야만 한다”는 표현을 통해서 명시적으로 재량에 대한 권한이 부여되는 것이기 때문이다. 전체 사회급여에는 법률유보가 적용된다(사회법전 제1권 제31조). 실상이 법적인 조건을 충족하면 급여에 대한 법적청구권이 성립한다. 법이 사회급여제공자에게 명시적으로 재량을 인정하면(재활 또는 직업촉진에 있어서 그렇듯이), 사회급여 제공자는 이것을 법률에 따라 행해야만 한다. 재량이 있다고 오인하여 자의적인(= 객관성이 없는) 결정을 하거나 또는

사용하지 않는 급여제공자는 위법하게 행동하는 것이다.[2]

cc) 인과성 급여와 합목적성 급여

사회급여는 급여가 지향하는 방향에 따라서 인과적인 것과 합목적적인 것으로 구별된다. 인과적인 사회급여는 과거에 형성된 원인(causa)으로 인한 것이고, 합목적적인 사회급여는 그에 반해서 미래에 실현되는 성과(finis)를 위해서 보장되는 것이다. 사회적 사전대비와 사회적 보상의 급여는 인과적인 것이다. 왜냐하면 그것은 그 이전의 사전대비에 근거하고 있거나 과거에 당한 불이익 때문에 보장되는 것이기 때문이다. 사회적 촉진의 급여(직업훈련촉진, 재활, 참여, 일자리알선) 등이 합목적적인 것은, 그것이 미래에 도달될 성공(직업훈련, 취업의 수용을 통한 직업활동으로 재편입)을 가능하게 하는 것이기 때문이다. 174

b) 사회급여청구권의 법적인 형성

aa) 청구권의 성립

사회급여청구권의 성립은 법정급여와 재량급여에 따라 상이하게 규정되어 있다. 법정급여는 법적인 조건의 충족과 함께 성립하며 (사회법전 제1권 제40조 (1항)), 재량급여는 제공자의 결정과 그 공지와 함께 (사회법전 제1권 제40조 (2항)) 성립한다. 청구권 성립 시점은 만기(사회법전 제1권 제41조), 선지급 청구 175

---

2 *크라머/트렌크-힌터베르거*, 사회법전 I, 2013, 사회법전 I권 § 39 방주 5쪽 이하; *다이너르트*, 사회법을 통한 사법의 형성, 2007, 326쪽 이하.

권(사회법전 제1권 제42조), 사전급여(사회법전 제1권 제43조), 이자와 시효(사회법전 제1권 제44조 이하)를 규정한다. 그것은 나아가 상계와 정산(사회법전 제1권 제51조이하) 및 상속(사회법전 제1권 제56조 이하 계속)에 중요하다.

176 사회법전 제1권 제40조는 "법률 또는 법에 규정된 조건에 기반하여"라는 것에 대해서는 그것이 단지 실질적인 조건인지 또는 신청서제출이 형식적인 조건인지는 정하고 있지 않다. 통설적 관점[3]에 따르면, 법정급여에 대한 청구권의 성립에 신청서제출 시점은 사소한 것이다. 반대로 사회법전 제1권 제2장 제40조에 의하면, 실질적인 조건이 충족되는 경우, 청구권이 성립된다고 추론된다. 그에 따라 청구권성립을 위한 형식적인 조건의 충족은 제공자가 청구권에 대한 결정을 할 권한이 있는 경우 – 재량에 따른 급여가 보장되는 경우에만 의미가 있다. 청구권이 그에 반해 법률에서 주어진다면, 그 성립에 대해 어떤 형식적인 요건이 결정할 수 없다. 사회급여법은 수급권자의 추상적인 궁핍 시에 청구권을 보장하여야만 하는 것이다. 신청요건은 수급권자에게 법적 혜택이 강제로 주어지는 것을 방지하기 위한 것이다. 수급권자가 그럼에도 불구하고 신청서제출을 통해서 사회급여를 받고자 한다면, 급여는 소급해서 실질적인 조건성립의 시점부터 보장된다.

예외적으로 법률은 사회급여의 소급보장을 배제하거나 또는 기한을 제한할 수 있다. 사회법전 제6권 제1장 제99조는 신청서 제출시점에 연금청구권을 연계시키고, 사회법전 제3권 제131조는 실업수당 I에 대한 청구권의 조건으로서 실업자등록을 요구하고 있다. 청구권의 성립은 역시 신청서의

---

3 *제발트*, in: 카스콤, 2010, 사회법전 1권 § 40, 방주 4쪽 이하; *크라머/트렌크-힌터베르거*, 사회법전 I권 § 40 방주 5쪽 이하; 역시 연방사회법원(GS): 연방사회법원판결 34, 1, 16쪽 이하 참조.

제출을 필요로 하지만, 그런 규정이 없는 한, 신청서 제출과 함께 청구권은 실질적인 조건이 충족된 시점부터 소급하여 성립한다.

신청요건은 예외적으로 절차법적으로 뿐만아니라 사회급여 청구를 위한 실체법적인 효력의 요건이다. 판례[4]는 이것을 이른바 보상법에서, 보상수급권자에게 역시 사회보험법적인 청구권이 귀속되는 경우에 받아들였다. 이중적인 청구권 시에는 보상권이 있는 개인을 존중하여, 수급권자에 의한 신청서제출에 의하여 청구권이 성립되도록 하였고, 그렇게 해서 다른 제공자 – 보조적인 지원의무가 있는 제공자와 대조적으로(사회법전 제12권 제106조, 연방부조법 제27i조) – 가 수급권자를 대신하여 경쟁적으로 보장된 급여를 후순위 채무로 할 수 없도록 하는 것이다.

bb) 만기와 이자

사회급여청구권(사회법전 제1권 제41조)은 성립과 동시에 청구할 수 있다. 수급 177
권자는 이미 청구권에 대한 최종적인 결정에 앞서 선지급(사회법전 제1권 제42조)과 임시급여 (사회법전 제1권 제43조)를 받을 수 있다. 선지급은 제공자의 재량하에 있으며, 급여수급권의 사유와 범위의 확인에 의사소견서를 받아야하기 때문에, 보다 오랜 시간이 걸릴 경우에 보장될 수 있다. 선지급은 수급권자가 그것을 신청하는 경우에 법적청구권이 성립된다. 똑같은 원칙에 따라, 관련 급여제공자간에 관할권이 논란이 있는 경우에 임시급여(사회법전 제1권 제43조)가 보장이 된다.

---

4 연방사회법원판결 60, 284; 61, 149, 180 참조. ; *므로찐스키*, 사회법전 제1권, 2014, § 40, 방주 10a.

178 사회법적 현금급여는 연 4%의 이자가 부과된다(사회법전 제1권 제44조). 이자지급 시점은 급여만기의 종료와 함께, 급여만기(= 급여청구권의 성립) 기간 종료월에 이은, 완전한 급여청구 제출 이후 늦어도 6개월 이내 시작한다. 이자지급에 대한 의무는 채무와 독립적으로 존재한다. 그것은 급여신청의 지연을 제재하고 지연에 의해 초래된 불이익을 보상하는 것이다.[5] 6개월 경과 후에 이자지급 의무가 발생하면, 첫 사회급여 이후 한 달이 지난 모든 사회급여는 이자가 징수된다.

cc) 급여청구권의 소멸

179 급여청구권은 **변제**(현금지급 시 "지급", 사회법전 제1권 제47조 이하), **상계 또는 정산**(사회법전 제1권 제51조), **포기**(사회법전 제1권 제46조), **상실**, **소멸시효**의 근거있는 **조사**(사회법전 제1권 제45조) 또는 **수급권자의 사망**에 의해 소멸된다. 채권법(민법 제362조)에서와 같이 사회법에 있어서 급여의 청구권은 수급권자에 채무적 급여의 발생과 함께 소멸된다. 법률은 사회법전 제1권 제47조 내지 제50조에서 현금급여 외에도 계좌이체(사회법전 제1권 제47조) 또는 수급권자 주거에 보조적인 현금지급 등과 같은 개별적인 변제 방식을 규정하고 있다. 이러한 규정은 민법 제270조처럼 현금채무 이행의 위험을 제공자에게 과다하게 지우는 것이다.

180 민법 제362조(2항)과 유사하게 사회법전 제1권 제48조 이하는, 제3자에 대한 급여의 발생에 의한 현금 급여 청구권의 실현을 규정한다. 사회법전 제1권 제48조 이하는 사회급여 수급권이 있는 채무자에 대하여 가족법적 생

---

5 *발터만*, in: 사회법핸드북, § 7 방주 54.

계청구권이 있는 채권자에게 지불청구권을 보장한다(민법 제1360조, 제1601조 이하). 그것은 급여수급권자가 생계의무를 지급하여야만 하지만 그가 이를 이행하지 못하거나 또는 법관의 명령에 근거하여(정신적 질병, 형벌 또는 미결 구류형으로 인하여) 감치된 수급권자에게 급여제공자로부터 귀속되는 금액한도 내이다.

이와 같은 권리는 "전환"이라 한다. 민법 제362조(2항), 제185조의 경우와 달리 사회법전에 따른 전환 시 이행의 효력은 채권자의 동의를 필요로 하지 않고, 채권자와 수급권자 사이의 가족법적인 급여의무의 존속에 달려 있다. 전환권리가 있는 것은, 제3자로서 수급권자를 대신하여 생계수급권자에게 생계를 보장하는 사람이다.[6] 현재의 현금급여를 제3자에게 전환시에는 통상 생계수급권자의 신청을 필요로 한다.[7] 전환의 범위는 사회급여제공자의 재량에 의해서 결정된다.[8] 전환은 생계수급권자의 사회급여에 대한 직접적인 접근을 허용한다. 그것은 비용이 드는 민사집행을 면제한다. 이와 같은 권리는 부족한 상황, 즉 수입이 전체 생계청구권의 충족에 충분치 않을 때 특별한 의미를 갖는다.[9]

민법과 마찬가지로 사회법에서도 급여의 청구는 소멸될 수 있다. 사회법적 181
"변제대체"는 상계(사회법전 제1권 제51조)와 청산(사회법전 제1권 제52조) 이라

---

6 연방사회법원판결 53, 218; 104, 65; 국제적인 전환에 대하여는 바덴-뷔템베르그 재정법원 판결 2008, 1467.

7 연방사회법원판결 53, 218.

8 연방사회법원판결 55, 245; 57, 59; 57, 127; 68, 107; *다이네르트*, 사회법을 통한 사법형성, 2007, 375쪽 이하.

9 연방사회법원판결 93, 203.

고 한다. 상계는 관련 당사자의 일방적인 선언에 근거해서, 두 사람의 동등한, 만기가 된 그리고 상호적인 권리의 교차적인 해소를 실현한다. 사회법전 제1권 제51조는 현금 청구권과 그 범위에 있어서 제한을 한다. 왜냐하면 사회법적인 급여청구는 수급권자의 생존의 기반을 보장하기 때문이다. 그래서 민법에서와는 달리(민법 제394조) 그것이 압류될 수 없는 한[10], 상계에 의해서 소멸될 수 없다. 상계는 압류할 수 있는 자산에 국한되어있는데, 그것이 변제대체 및 집행대체이기 때문이다. 따라서 사회법전 제1권 제51조 (1항)은 수급권의 압류할 수 있는 부분 (사회법전 제1권 제54조, (2항), (3항))에 대한 수급권자의 채권에 대해서 급여제공자 청구권의 상계가능성을 규정하고 있다. 더 나아가 급여제공자의 청구권의 상계는 채무액의 절반으로 반대청구가 제한된다. 어떤 경우에도 상계의 상대방이 상계를 통해서 사회부조의 필요가 있어서는 안된다.[11]

182 정산(사회법전 제1권 제52조)에 대해서는 상계와 달리 상호성이 없음에도 불구하고 두 개의 채권에 상호적인 변제가 이루어진다. 정산은 두 개의 사회급여제공자들간의 법적 지위를 다룬다. 그것은 제공자가 수급권자에 대하여 또는 수급권자가 다른 제공자에 대하여 현금지급 청구권을 갖고 있으면 가능하다. 그런데 수급권자에 대한 급여의무가 있는 제공자는 수급권자에 대

10 새로운 연방사회법원판결 121, 55는 30% 수준의 생계보장급여에 대한 상계는 민법 제394조의 최저생존권을 침해하지 않는다는 점을 언급하지 않는다.

11 연방사회법원판결 51, 98; 66, 63; 어떠한 상계도 역시 아동수당 청구와는 가능하지 않다, 왜냐하면 이 급여는 급여수급권이 있는 부모 쪽을 위한 것이 아니라, 급여청구권을 중재하는 아동을 위하여 정해지는 것이기 때문이다(이처럼 연방사회법원판결 53, 208).

한 채무가 있는 제공자의 청구권과 정산을 선언할 수 있는데,[12] 만약 채무가 있는 제공자가 정산하는 제공자에게 정산의 **권한을 부여**하는 **경우**에 그러하다. 채무가 있는 제공자는 민법 제185조에 따라 수급권자에 대해서 자신의 이름으로 다른 제공자의 권리를 주장할 수 있으며, 자신의 급여의무는 소멸된다. 정산결과 정산자에 귀속되는 자산의 이득(= 수급권자에 대한 자신의 채무로부터 벗어남)은 상환권 (사회법전 제10권 제103조 아래 방주 245조 참조)을 통해서 상쇄된다.[13]

183 민사법상 **면책**(민법 제397조)과 같이 **포기**(사회법전 제1권 제46조)는 변제대체이다. 면책이 계약인 반면에, 포기는 제공자에 대한 수급권자의 일방적인 승인으로 이루어진다. 사회급여청구권은 포기할 수 있는 것인데, 왜냐하면 급여의 보장이 일방적인 허가에 근거하고 있기 때문에, 그 반대행위 역시 일방적으로 가능해야만 한다는 것이다. 포기할 수 있다는 것은 단지 개별적인 급여에 대한 청구만이다. "계속되는" 급여에 있어서 포기는 정기적으로 반복되는 개별적인 청구에 국한된다. 본원적 권리 자체는 포기될 수 없다. 사회급여청구권은 사회법전 제1권 제46조 II에 따라, 민간 또는 다른 급여제공자가 그로 인하여 침해되는 한, 포기될 수 없다(예를 들면, 실업자는 노동행정에 대해 실업급여 I에 대한 청구권을 포기한다 – 그가 그로 인해 가족생계 수급권을 획득하거나 사회부조 수급이 되는 경우에는, 포기되는 것이 아니다).[14]

---

12 연방사회법원판결 109, 81, 84쪽.

13 행정행위로서 정산의 법적성격에 대하여: 연방사회법원판결 69, 238; 연방사회법원 산재보험-최신 법 2010, 1061; *다이네르트*, 사회법을 통한 사법형성, 2007, 372쪽 이하.

14 고려되지 않는 것은 그에 반해 사법적인 청구의 규정이다(그에 대해 연방사회법원

184 청구권은, 수급권자가 오랜기간 청구권을 주장하지 않고, 나아가 급여제공자에 자신의 청구권을 미래에도 역시 더 이상 주장하지 않으리라는 정당한 신뢰를 주는 경우에는 상실된다. 그럼에도 불구하고 그가 주장한다면, 그 청구는 배제된다.[15] 통상적인 경우에, 장기간에 걸친 급여의 미보장이 급여에 대한 상실로 되지는 않는다. 오히려 사회급여 청구권에는 소멸시효가 적용된다. 이때 민법이 적용된다. 소멸시효는 급여제공자에게 기존의[16] 급여청구에 대한 변제를 거부할 권한을 주고, 또한 시효가 지난 청구의 변제에 대해 시행된 급여를, 소멸시효를 근거로 반환을 요구할 수 없다(사회법전 제1권 제45조 II).

185 수급권자의 사망에 의해 서비스 및 현물급여에 대한 일신전속적 청구권은 소멸된다(사회법전 제1권 제59조 1문). 더 나아가 사망시점에 청구권이 확정되지 않았거나, 소송 계류 중이지 않은 경우에도 현금급여에 대한 청구권은 소멸된다. 현금급여에 대한 확정된 그리고 계류 중인 권리는 그의 사망 시에 특별권리의 승계를 따른다(아래 방주 190 참조).

c) 사회급여 청구권의 양도, 압류·상속

186 사회법전 제1권의 발효 이래 몇몇의 사회급여는 거래가 가능한 대상이다. 그것들은 민법의 대상이 되는 자산가치에 상응하며, 이들과 같이 역시 처분

판결 61, 54; 66, 238).

15 연방사회법원판결 80, 41.

16 연방사회법원 사회법(판결집) 4-2400 § 27 2호.

가능하다. 그것들은 법률행위에 의하여 양도(aa), 압류(bb) 그리고 상속(cc) 될 수 있다.

aa) 법률행위에 의한 양도

서비스와 현물급여에 대한 수급권은 통상 일신전속적인 것으로서 양도될 187
수 없으나(사회법전 제1권 제53조 (1)항), 그에 반해 "현금급여"에 대한 청구권은 기본적으로 양도될 수 있고 그리고 담보로 될 수 있다[17](사회법전 제1권 제54조, 민법 제1274조). 법은 "현금급여"와 생계의 보장을 위한 "정기적인 현금급여"의 양도가능성 차이를 구분한다(여기에는 사회법전 제1권 제48조 참조). "현금급여"는 수급권자의 생계보장을 위한 비용의 반대급부(사회법전 제1권 제53조 (2)항)로서만 제한된다. 정기적인 현금급여는 그에 반해 객관적으로 무제한으로 양도될 수 있다. 단, 양도의 범위 – 민법 제400조에 상응하여 – 는 급여청구권의 압류할 수 있는 부분에만 국한되어있다.[18] 압류가능성은 노동소득과 동일하게 정해진다(민사소송법 제850a 조 이하 참조).[19] 양도는 양도인과 양수인사이의 계약을 통한 이양처럼 이뤄진다(민법 제398조). 민법 제406조와는 달리, 사회급여 제공자들의 상계와 정산선언 요청에 관해서만은, 상계나 정산을 선언한 제공자가 청구권의 획득 시 양도사실을 알았다면(사회법전 제1권 제53조 (5)항), 채권은 역시 변제된 것이다. 청구권의 이양과 압류사이의 관계에 대해서는 기본적으로 우선원칙(Prioritätsprinzip)이 적

17 *다이너르트*, 사회법을 통한 사법형성, 2007, 335쪽 이하.

18 *제발트*, in: 사회보험법 카셀 주해, 2010, 사회법전 제1권, § 53 방주 26.

19 연방대법원민사판결 170, 236.

용된다.[20]

bb) 압류

188 양도될 수 있는 한, 사회급여 청구권도 압류의 대상이 된다.[21] 그 때문에 현금급여에 대한 청구권만이 압류될 수 있다. 일회적인 현금지급에 대한 청구권은 그것이 자본에 해당하는 한에서만 허용이 되며(사회법전 제1권 제54조 (2)항), 그에 반해서 정기적인 현금지급에 대한 청구권은 노동소득과 같이 압류가 가능하다. 장래의 사회급여에 대한 기대권 역시 압류의 대상이다.[22] 집행절차는 민사소송법 제829조 이하를 따른다.[23] 제3자 채무자(= 급여제공자)에게는, 채무자에게(= 수급권자) 지불하거나 또는 그에 대해서 달리 조치하는 것이 금지된다(민사소송법 제829조). 더 나아가 급여청구권은 채권자(예를 들면 생계수급권자)에게 대신 지급을 하거나 또는 압수되어 이체된다(민사소송법 제835조). 채권자는(생계수급권자) 그에 따라 제3자 채무자(급여제공자)에게 지불을 요구할 수 있다(민사소송법 제 836조). 사회급여 제공자에 의해 압류 이전에 발생했거나 또는 만기가 되었던, 채권의 상계 그리고 청산행위는 압류에 선행한다(민사소송법 제329조 유추).[24] 아동수당 청구권은 단지 아동의 생계에 대한 청구권을 시행하기 위해서만 압류될 수 있다(사회법전 제1

---

20 연방사회법원판결 60, 87, 90: 최초 수행된 양도행위가 우선권을 갖는다.

21 *하일만*, 사회법전 총칙 § 54에 따른 사회급여 청구권에 있어 강제집행, 1999.

22 연방대법원 WM 2003, 548; *얀다*, 사회법 필기시험 강좌, 2017(9판), 사례 10.

23 연방사회법원판결 60, 34.

24 연방사회법원판결 67, 143.

권 제54조 (4)항, 아래 방주 508 참조).

cc) 상속

사회법전 제1권 제56조 이하는 사회급여 청구권의 상속을 규정한다. 전제 는 그 청구권이 사망에 따라 소멸되지 않는다는 것이다(위 방주 185 참조). 서비스와 현물급여에 대한 청구권은 사망에 따라 소멸된다.[25] 그에 반해 승인되거나 또는 지속적인 현금급여에 대한 청구권은 그렇지 않다.[26] 현금급여 청구권의 청구서 제출은, 수급권자의 사망 직후에 접수가 이루어진다 할지라도, 사망 전에 신청서를 제출하면 충분하다(민법 제130조 2항). 통상 피보험자는 사망 월 마지막까지 사회급여 지급에 대한 청구권을 갖는다(사회법전 제6권 제102조 (5)항 참조). 사회급여 청구권의 상속과 유족의 부양은 구별된다. 본원적 청구권에 근거하여 사망한 자의 측근가족 (부부, 자녀 또는 부모)에게 파생된 청구권을 부여한다. 사회급여 청구권의 파생은 사망에 따른 권리의 상속과 같이 유사한 작동원리에 근거한다. 유족보장은 상속법과 관련이 있지만("사회적 상속" 을 의미한다 – héritage social)[27], 그럼에도 불구하고 비상속법 구조를 사용한다. 189

사망 시 피보험자의 급여청구권 관련, 사회법전 제1권 제56조 이하는 사망한 자가 사망 시점에 한 사람 또는 몇명의 사람과 공동가구를 유지하였던 190

---

25 연방사회법원판결 121, 32: 개인예산의 어떠한 법적승계는 없다(사회법전 제9권 제17조) = 일신 전속적 청구권.

26 연방사회법원 판결집 3 – 2500 § 57 6호; 다이너르트, 사회법을 통한 사법형성, 2007, 356쪽 이하 참조.

27 *알빈*, 보수와 사회보장, 1947, 12이하.

한, **특별권리의 상속**[28]을 지정한다. 그에 따라 청구권은 사회법전 제1권 제56조에 언급된 사람(통상 급여 수급권자의 가족), 1. 부부 또는 동반자, 2. 자녀. 3. 부모 그리고 4. 가사관리인(개별적인 개념에 대해서는 사회법전 제1권 제56조 (2)-(4)항 참조)의 순서대로 귀속된다. 그에 따라 선정된 특별권리 상속자는 서면으로, 유산상속거부(민법 제1944조)에 상응하는 것과 같은 청구권에 대한 "포기"를 할 수 있다. 특별권리의 상속자는 사회급여관계에서 급여제공자에 대하여 반대청구권에 대한 책임을 진다(민법 제1967조에 상응하여 사회법전 제1권 제57조 (2)항 참조). 책임의 실현에 대해서는 범위에 제한이 없이 상계와 정산이 허용된다. 수급권자가 사망 시점에 다른 사람과 같은 세대에 살지 않았다면, 또는 사회법전 제1권 제56조에 따라 적임의 특별권리 상속자가 포기를 선언하면, 그 청구권은 유산에 귀속되며 그리고 민법에 따라 상속된다(민법 제1922조 이하).

d) 사회급여 청구권의 전제로서 사법적 형성 처분권의 사회법적 한계

191 사회급여 사례는 – 사회급여 수급권자가 겪으며 그 영향에서 벗어나고자 하는 운명적 사건으로 나타난다. 그러나, 청구권의 성립 또는 사회권적인 보호의 조건은 개인에게 적잖은 영향을 미친다. 왜냐하면 질병, 폐질, 실업 그리고 산업재해는 자주 잘못된 삶의 방식, 불충분한 교육과 계속교육

---

28 연방사회법원판결 110, 93; 106, 264; 37, 199; 연방행정법원 96, 18; 연방사회법원 사회법(결정집) 4-150 § 75, 18호; *프로친스키*, 사회법전 1권, 2014(5판), § 56. 방주 2쪽 이하; *다이너르트*, 사회법에 의한 사법형성, 2007, 361쪽 이하.

을 받을 준비 또는 조심성 부족에 근거함 뿐만 아니기 때문이다.[29] 또한 흔히 법률행위적인 행동에 의해서 사회법적 보호의 조건이 창출된다. 즉 실업에는 통상 법률행위인 해고 또는 고용관계의 종료가 선행한다. 사회부조법의 궁핍은 소득 그리고 자산이 없음을 뜻하고, 법률행위에 의해서 – 생존 또는 사망으로 인한 청구 또는 처분의 면제가 – 의도적으로 야기될 수 있다. 사회법적 보호의 사유, 종류 그리고 범위는 노동자 또는 자영업자로서의 개인의 직업활동에 달려있다. 이러한 지위는 노동계약, 자유서비스계약 또는 도급계약에 의해 – 법률행위에 의해 함께 부여된다.

사회급여 청구권 또는 사회법적인 보호의 조건과 상황은 법률행위로 처분 192
될 수 있으며 그와 함께 조작될 수 있다. 그럼에도 불구하고 그것이 실질적으로는 동료간의 연대에 의해 보장되기 때문에, 개인이 사적자치 형태의 행위를 통해서 모두의 비용으로 사회법적인 이익을 받을 수 있다는 결론이 나온다. 이는 연대성의 사고와 충돌한다. 그 때문에 사적자치에 의해 사회급여의 구성요건 또는 사회법적 보호의 조건들이 창출될 수 있을 것인가 또는 그런 행위들은 사회법적인 한계에 지배되는가? 그렇다면 – 이러한 한계가 어떻게 설정되고 그리고 그것들이 어떤 범위로 개개인에게 자치의 형태를 허용할 것인가라는 문제가 제기된다.

aa) 사회급여 수급권자에 불리한 사법적 합의의 무효(사회법전 제1권 제32조)

사회법전 제1권 제32조에 따라 사법상의 합의는, 그것이 수급권자에 불리 193

29 *독일 사회법연맹*(편), 사회보험보호에서 개별책임, 독일 사회법연합 출판물시리즈 42권 (1997); *아이헨호퍼*, 사법에 종속적인 사회법, in: 바르타(편), 노동법, 사회법 그리고 민법에서의 분석과 지속발전, 빈더 기념논문집, 2010, 551쪽 이하.

하게, 강행적인 사회법적인 규정에서 일탈하는 경우에는 무효이다.[30] 그 규정은 사회법의 강행규정을 계약에 의한 처분 범위에서 제거하기 위한 것이다. 그처럼 사회법전 제1권 제32조에 따라 노사간의 계약, 사용자가 사회보험료를 공제하지 않은 노동보수, 즉 노동자에게 "순임금대신 총액" 지불을 약속하는 것은 무효인 것이다. 그와 같은 합의는, 사용자는 모든 보험의무가 있는 노동자들을 위해서 노동자와 사용자의 사회보험 기여금을 납부하여야 한다는 강행적인 사회보장법적 규정에 위반된다. 강행적인 사회법을 사법적으로 무효화하는 사법적인 합의는 사회법전 제1권 제32조를 침해하는 것이다. 사회법전 제1권 제32조는 사회법을 위해서, 민법 제134조가 사법을 위해서 일반적으로 규정하고 있는 것을 구체화하고 있다.[31] 법률행위는 그 내용이 법적금지에 위반되는 한 무효이다.

민법 제134조, 사회법전 제1권 제32조는 개개인에 대해서 금지법이 강행적으로 적용된다고 전제한다. 즉 법적결과가 기존의 사법적인 법적관계에 연계되는 한, 예를 들면, 사법상의 고용관계에 따른 기여의무는 사회적 법률에 적용된다. 사회법전 제1권 제32조는 그럼에도 불구하고 계약 당사자들이 노동자의 업무에서 기여금 의무를 벗어나기 위해, 서로 도급계약 또는 자유서비스 계약을 체결한 경우에는 적용되지 아니한다. 그런 계약이 – 합의된 것처럼 – 지시가 없고 그리고 성과에 따른 보수와 같이, 이루어지는

---

30 뷔르크, 사회법 계간지 1990, 287쪽 이하 참조. ; *제발트*, in: 사회보험법 카셀 주해(카스콤), 2010, 사회법전 1권 § 32 방주 2; *바이어*, in: 크라우스코프, 사회적 의료보험, 장기요양보험, 2011, 사회법전 1권, § 32 방주 2; *크뤼거*, 사회법에서의 법의 남용, 2018.

31 형법, 달리 *뷔르크*, 사회법 계간지 1990, 287, 307.

한 그것은 어떤 기여금의 의무를 발생시키지 아니하는데, 왜냐하면 한 사람이 다른 사람에게 종속적인 서비스대신에 독립적인 서비스를 제공하기 때문이다. 사회법전 제1권 제32조는 그러므로 사법적인 어떤 모습이 사회법에 확정된 요건을 충족되는 경우에만 적용되는 것이다. 사회법전 제1권 제32조는 그럼에도 불구하고 사회법의 전제가 되는 사법적 형태를 포기하고 그 대신에 사적자치가 다른 사법적 형태를 선택한다면, 적용되어서는 안 된다.

bb) 사회법적 형성을 위한 사법적 전제의 창설

사회법이 서로 다른 사법적 관계에 대해 상이한 법적 결과를 규정한다면 – **194** 노동자에게는 보험의 의무를 지우고 그 대신에 자영업자에게는 그렇지 않거나, 부부를 가족보험 그리고 유족부양에 포함시키면서 비혼인 생활공동체를 포함시키지 않는 것 – 그것은 문제가 된다. 사적자치는 그와 연계된 사회법적 결과라는 관점에서 볼 때, 특정한 사법상 지위를 정당화하거나 또는 포기하는 것을 포함하는가? 여기서 특정한 사회법적 결과를 갖게되는 사법적인 구조가 계약의 당사자들이 실제 하려고 하고, 실제 그렇게 살고 있는 것인가 또는 사회법적 장점이 있는 사법상의 구조가 존재하는 것처럼, 사회법적으로 보다 유리한 사법적인 지위로 유도하는 그런 명칭의 선택을 통해서 단지 그런 인상을 주는 것인가?

사회법은 상호 배타적이고 자율적으로 만들어진 역할의 다양성에 기초한다. 보험의무가 노동자에게만 있고 자영업자에게는 해당되지 않고, 가족보험과 유족보장은 오로지 부부에게만 할당되고, 비혼 생활공동체의 파트너에게 할당되지 않는다면, 그리고 사법상의 구조가 당사자의 결정에 의존한다면, 그때 사회법적 보호는 사법상의 신분에 의존하게 된다. 판례 역시 그 둘 사이의 관련성을 인정하고 있다. 연방사회법원은 "취업유형에 대한 활동 평가가 되는 분류에 중요한 것은 참여자들의 계약관계이다."[32]라고 판시한 바가 있다. 그에 따라 사회적 보호의 조건은 마지막으로 당사자의 처분에 따르게 된다. 그 때문에, 만약 국내에 정주하는 사용자가 다른 유럽연합국가에서 노동자를 고용하고 이 사람을 국내에 노동력을 행사하도록 파견한다면, 독일 사회급여 기여금이 제외되지 않는데, 사회급여 의무는 외국의 고용국가에서 정당화되기 때문이다.[33]

만일 자치적으로 만들어진 사법적인 지위가 의도한 것도 아니고 실제 그렇게 살고있는 것도 아니며 대신 그 모습에 단지 특정한 표지가 덧붙여진 것이라면, 어떠한 유효한 처분도 존재하지 않게된다. "위장자영업자"에 대한 입증규정은 이러한 결과를 차단하려고 하는 것이다(종속적인 취업자가 자영업자로서 불려지는 것). 그러나 이것은 현실에서 유지되지 못했는데,[34] 이것이 다시 폐지되었기 때문이다.[35]

cc) 사회법적 이익을 위한 사법적 청구권의 면제

195 고아가 그의 고용과 공무원 관계에서 소득의 한 부분을, 고아연금에 대한 권리를 얻기 위해서[36] 포기한다면, 문제가 된다. 그와 같은 포기가 허용되는

---

32 연방사회법원 – 2012.8.29 – B 12 KR 25/10 R = SozR 4-2400 7 17호

33 연방대법원 신법률 주보 2007, 233쪽 이하.

34 *비에바크*, 사회적 진보 1999, 166 참조.

35 사회법전 제4권 § 7 (4)항 구 해석 참조 ; 참조, 아래 방주 267 참조.

36 연방사회법원판결 66, 238; 61, 54.

가? 그에 반하여 제3자의 부담으로 되는 계약의 위법성이 문제가 될 수 있다.[37] 사용자와 노동자 간 또는 고용주와 공무원 간의 면제에 의해 "제3자 = 사회보험 제공자의 – 부담이 되는 무효인 계약이 가능한가? 그에 반해 제공자의 급여의무는 합의가 아닌, 법에 근거하는 것이다.

사회급여 제공자의 부담으로 되는 수급권자와 제3자 사이에 합의 면제는 청구권이 최고소득에 의존하며, 이것이 사법적 처분범위에 의해 낮아지게 되는 경우에만 효력을 갖는다. 사회급여 수급자 자신의 소득에 대한 처분은 어떤 계약이 아니며, 제3자 부담으로 된다. 처분하는 사람은 그에게 역시 사회법에서 허용된 자유, 일정한 수준의 소득을 획득할 것을 필요로 하는데, 사회법이 그에게 일정한 수준의 소득을 얻을 때까지 면제가 된다면, 기본적으로 허용된 소득의 최고액을 약간 밑도는 그러한 처분도 적법한 것이다.

최고액을 허용하는 소득이 직접적인 생존보장에 기여하고 따라서 그의 법률행위 처분에서 제외되는 한, 그 규정의 효력을 배제시킬 충분한 법적 가능성이 존재한다. 그와 같이 단체협약법 제4조 (4)항에 따라, 단체협약 당사자들이 이를 허용하는 한에서만 협약청구권은 처분될 수 있다. 연방부양법 제2조 (3)항은 공무원 급여의 처분을 전적으로 배제하고 있다. 그에 따라 노동법 또는 공무원법에 의거해서 계약 또는 법적청구권 규정이 배제된다면, 이들 요소 속에 사회법전 제1권 제46조 (2)항에 있어서와 같은 원칙이 실현되고, 생존보장에 대한 급여청구권을 획득한 사람은, 이것을 단

---

37 *쾨블*, 사회부조 및 사회법전을 위한 잡지 1990, 449쪽 이하; *동 저자*, 사회부조 및 사회법전을 위한 잡지 1996, 292, 301이하; *기테*, 독일공증인회보 1984, 595.

지 그가 스스로 또는 다른 사람을 침해하지 않는 한에서, 처분할 수 있어야만 한다는 것이다.

dd) 사법과 사회법의 경합관계 변경을 위한 사법적 형성

196 끝으로 사법과 사회법의 순위 관계를 사회법의 부담으로 변경하는 사법적 형성의 효과는 의문시된다. 즉 노동자가 노동행정에 대해서 가능한 한 포괄적인 청구권을 획득하는 그런 시점에 고용관계를 종료토록 사용자와 노동자가 합의하는 것이다. 이혼의 한 사유로, 그를 통해서 사회부조의 필요성이 있게 되거나 또는 부활한 과부연금에 대한 청구권을 획득할 수 있도록 하기위하여, 남녀가 그들이 자신의 법적인 생계청구권을 포기하는 것에 합의한다. 이러한 사례를 판례에서 반복적으로 다루었으며, 제기된 질문에 대해서는 통일적으로 답하지 않았다.

이는 한편으로 사적자치는 역시 사회급여 제공자들에 의해 보장되어야만 하기 때문이며, 다른 한편으로 사회급여 수급권의 조건들이 고의로 야기되어선 안되기 때문이다.

이런 사례들에 대한 최고법원 판결은 불안정성을 느끼게한다. 독일 연방노동법원[38]은 "법적상황의 해결"에 맞춘 노동법원의 화해(민법 제779조)는, 독일 연방고용청의 급여의무가 그로 의해 유발될 수 있다 할지라도, 효과가 있다고 간주하였다.

197 판례에서 이혼으로 인한 생계비 포기에 대한 법석 결과는, 그에 따라 생계포기 결과 사회부조의 필요성이 나타나는지 또는 유족연금이 부활되는지

38 기업(잡지) 1986, 2240.

에 따라 상이하게 판단된다. 첫 번째 경우에 법적상황은 생계의 포기에 대해서, 이혼법의 개혁 전과 후 시점에 상이하게 평가되었다. 이혼법의 개혁때까지는(1977), 생계의 포기는, 만약 그 결과 포기자가 사회부조의 필요성이 있고, 당사자들이 그런 포기를 사회부조 필요성을 야기할 목적으로만 합의하지 않은 한 적법하였다.[39] 그에 반하여, 그 후 생계포기는 항시 윤리에 위배되는 것으로(민법 제138조) 여겨졌고, 그 때문에 생계수급권이 있는 배우자의 사회부조 필요성을 객관적으로 초래하게 되었다면, 당사자들이 이것을 원했든 아니든 모두 위법하다.[40]

판결은 변했다. 책임주의 특징을 갖는 이혼법의 지배하에서, 통상 생계의 포기를 통해서 궁핍하게 된 배우자가 그의 이혼 시 채무의 재판상 해결에서 벗어날 수 있기 때문이었다. 생계포기에 대한 이러한 동기는 이혼법에 있어서 책임주의에서 파탄주의로 이행과 더불어 포기되었다. 결과적으로 부양의 포기는 전과 달리 더 이상 정당화 될 수 없게 되었다.[41]

오늘날 이혼법 하에서 생계수급권이 있는 배우자가 생계권을 포기하면, 그는 궁핍을 피할 청구를 포기하는 것이다. 그러므로 생계의 포기란 가족법과 사회부조법 사이의 부담 분배의 변화를 목적으로 하는데, 왜냐하면 법이 생계채무자에게 과부담을 지게하였던, 궁핍한 전 배우자의 생존을 사회부조 제공자에게 부과하는 것이기 때문이다.

---

39 연방대법원민사판결 86, 82, 84 이하 참조.

40 기본적으로 연방대법원민사판결 86, 82; 연방대법원 전체 가족법 잡지 1985, 788; *다이너르트*, 사회부조 및 사회법전을 위한 잡지 2008, 515.

41 기본적으로: 연방대법원민사판결 86, 82.

198 연방사회법원[42]과 연방행정법원[43]은 청구권이 있는 배우자에 의한 생계포기를 달리 판단한다. 그것을 통해 유족연금이 부활한다면. 그런 경우에 있어서 관할 법원은, 포기로 감소된 만큼 부활되는 유족연금의 지불액을 감소시키는 것을 거부하였다. 왜냐하면 부활되는 유족연금은 수급권자에게 두 번째 혼인의 종료직전에 갖게 되었던 연금법적 신분을 획득하게 하는 것이기 때문이다. 그 때문에 부활되는 유족연금이 두 번째 혼인의 이혼 이후에 얻어진 생계청구권을 계산하도록 하는 것이나, 생계의 포기는 가설적인 생계액의 계산을 그에 반해 정당화하지는 않는다는 것이다.

199 이와 같은 판결은 동의가 된다. 세 개의 사례는 세 개를 상이하게 평가하는 사회법상/사법상의 경합상황을 대변한다.[44] 첫 번째 형성에 있어서, 청구권은 계약에 근거하고, 두개의 다른 형성에 있어서는 그에 반해 법에 근거하고 있다. 첫 번째 및 세 번째 형성에 공통적인 것은, 사회법적 청구권이 궁핍에 의존하지 않는다는 것, 반면 두번째 형성에 있어서 사회법적 청구권은 처분자의 궁핍에 의존한다. 사법상의 그와 각각 경합하는 사회법적인 권리가 어떻게 규정되느냐에 따라서, 청구권에 대한 사법상의 처분행위의 효과가 판단된다.

청구권이 계약에 기초한다면, 사회법은 계약의 자유를 존중해야만 하고 그 처분을 받아들여만 한다. 청구권이 그에 반해 법에 근거한다면, 그것은 그 형성, 범위 그리고 정도에 있어서 사법적 처분에서 기본적으로 벗어

---

42 연방사회법원 사회법(판결집) 3-2200 § 1291 1호.

43 연방행정법원판결 31, 197.

44 좀 더 자세히 *아이헨호퍼*, 사회법 계간지 1991, 185, 199쪽 이하.

나 있다. 사법적 청구권이 존재하지 않는 경우에만, 사회법적 청구권이 성립된다면, 사법적 청구권 규정은 사회급여사례를 창출하는 것이다. 사회법과 사법사이의 법적인 부담의 분배는 사법상의 처분에 따르지 않는다. 그에 반해 이혼절차 과정에서, 그에게 이혼 이후에 부활하는 유족연금 청구권이 귀속되는 배우자가 생계권의 포기를 선언하면, 그렇지 않다면 그가 두 번째 혼인을 이행하지 말았었어야 했기때문에, 그는 그와 함께 주관적인 권리(생계에 관한)에 포함된 자유를 실현하는 것이다. 포기는 그 때문에 유족부양에 대한 법과 일치하는 것이다.

e) 협력의무(사회법전 제1권 제60조 이하)

사회급여 수급권자는 이익을 얻을 뿐만아니라, 사회급여 청구권의 확인 또 200
는 제한에 협력해야만 한다. 이와같은 기대는 사회법적 연대성의 원리에 기초하며 개인에게 이익을 보장할 뿐만아니라, 그에게 의무도 부과하는 것이다.[45] 그것은 협력행위에 의해 조건부의 사회급여 청구권에 나타난다(조건부 혜택).[46] 책임없이 어떠한 권리도 없다[47]는 슬로건을 따르는 활성화 사회국가의 이상 속에서는, 연대와 개인의 권리, 청구권과 책임, 권리와 의무, 이것은 어떤 상반된 것이 아니고, 사회법관계 속에서 동등하게 평가되고 동등한 정도로 주장된다. 연대급여가 크면 클수록, 수급권자의 협력은 더 집

---

45 *룰란트*, 독일연금보험 2000, 733.

46 *아이헨호퍼*, 사회법 계간지 2014, 195.

47 *기든스*, 제3의 길, 1998, 65.

중적으로 요구된다.[48] 수급권자가 협력을 하지 않으면, 급여제공자는 수급권자에게 이전에 협력을 게을리한 결과에 대해 명시적이고 서면으로 사전에 통보한 경우(사회법전 제1권 제66조), 그에게 청구권의 전부 또는 일부를 거부할 수 있다. 협력의 종류와 계기는 사회법전 제1권 제60-65조에 규정되어 있다.[49] 이것은 나아가 실업보험에서 큰 의미를 갖고 있다(사회법전 제3권 제2조 (4)항, 제140조, 제159조). 사회법전 제1권 제60-65조에 언급된 협력행위의 이행은, 물론 사회급여 제공자에게는 부과되지 않는다. 사회급여 제공자는 그것을 명령할 수도, 강제할 수도 없다. 협력행위란 손해를 제한하는 행위와 같은(민법 제254조) 의무의 성격을 갖고 있다.[50] 협력의 요구는 자기자신의 이익의 의무이다("기술적이지 않은 의미에서의 의무"). 그 불이행이 위법한 것은 아니지만, 청구권을 배제하는 효과를 갖는다.

201 협력의무는 사회급여 청구권의 성립과 제한에 해당되는 것이다. 그 성립과 관련하여 신청자는 청구권의 성립요건에 해당하는 주요 사실과 증거자료를 제출하여야 한다(사회법전 제1권 제60조). 신청자의 협력의무는 동시에 사

---

48 *룰란트*, 독일연금보험 2000, 733, 742.

49 *독일사회법연맹*(편), 사회보험보호에서 개별적 책임, 독일사회법학회 출판물시리즈 42권(1997); *아이헨호퍼*, 사회재판(잡지) 2003, 705; *파우데*, 사회법에서 자기책임과 연대책임, 1983, 93쪽 이하; *헨라인*, 전 보험학을 위한 잡지 2002, 579; *줌미*, 사회부조 및 사회법전을 위한 잡지 2010, 278; *하르느비히*, 보험법에서 자기책임, 1993.

50 그처럼 올바르게 역시 *기터*, 사회법에서의 급여수급권자의 협력, in: 퇴퍼(편), 그들은 어떻게 결정할 것인가? 게르트 야우흐를 위한 기념논문집, 1990, 79, 81; 바로 그 때문에 사회법전 1권 §§60쪽 이하는 민법 §823 (2)항의 의미에서 어떤 보호법이 아니다(연방사회법원판결 66, 176), 왜냐하면 그들은 손해배상의무를 설명하는 것이 아니라, 청구의 제한이나 중지만을 정당화하고 있기 때문이다.

회급여 제공자의 의무를 관청의 조사에 국한한다(사회법전 제10권 제20조).[51] 수급권자는 개인적인 관계의 변경사항 – 급여청구권에 중요한 경우에는 – 을 급여제공자에게 지체없이 통보하여야 한다.[52] 사회급여 수급자는 제공자의 지시를 받은 경우에 직접 출두하여야 하고 욕구의 구두 설명 또는 청구권에 근거한 조건들의 해명(예를 들면, 노동불능, 실업의 확인) 에 중요한 사실들을 제출해야 한다. 청구권의 성립에는 역시 급여제공자의 요구에 따라, 의료의 또는 심리검사를 받아야 할 책무가 따른다(사회법전 제1권 제62조).

수급권자는 급여제공자의 요구에 따라 치료[53] (취업불능 예방을 위한 수술) 또 **202**
는 직업교육에 대한 조치(재해이후에 직업의 교체)에 따라야만 한다(사회법전 제1권 제63조 이하 참조). 협력의 의무는, 연대성이 공동체가 개개인에 대해서, 반대로 개개인이 공동체에 대해서 의무를 지기때문에 존속하는 것이다.[54] 협력의 의무는 비례적이어야 한다(사회법전 제1권 제65조). 그를 위하여 사회법적 문제의 보호에 요구되는 급여는 필수적인 것이며[55] 적합하고, 협력행동

---

51 연방사회법원판결 65, 160; *하이데만*, 급부행정 법에서 행위의무의 강행성, 1995; *리게*, 사회재판(잡지) 1994, 464.

52 예를 들어. 실업보험에서 장소변경, 연방사회법원판결 66, 103; 노동불능시 치유(오스트리아 사회법문제 최고법원 판결, 신(판) 연속시리즈 7/78; 5/42; 4/23; 2/33); 고아연금이나 아동수당의 보장시 아동의 직업훈련의 종료.

53 연방사회법원판결 111, 18.

54 *아이헨호퍼*, 사회재판(잡지) 2003, 705; *묵켈/오고렉*, 사회법, 2011(4판), § 8 방주 69.

55 연방사회법원판결 72, 118; 오스트리아 최고법원 – 1990. 2. 27 – 10 Obs 40/90, in: 피에터스/자글마이어(편), 유럽에서 사회보장사례, 2006, 103쪽 (실행가능하나 위험한 수술로 인한 폐질연금거부).

에 놓인 자유의 침해와 그 발생하는 장점 사이의 적절한 관계가 존재해야만 한다. 여기에서 통상 가장 광범위한 협력에 대한 공공의 요구와 개개인의 기본권적인 보호 사이에 갈등이 초래되는 것이다. 이와 같은 갈등은, 한 아이의 어머니가 스스로 자신을 위해 그리고 그 아이가 사회부조를 원하고자 하는 경우에 그들의 내밀한 영역을 증거로 대면서 아버지의 이름을 밝히는 것을 거부하는 경우 그 예가 된다.[56] 사회법전 제1권에 규정된 협력의 의무는 사회법전 다른 장에 규정된 협력의 행위 외에 보완적으로 적용된다.[57]

참고문헌

Deinert, Privatrechtsgestaltung durch Sozialrecht, 2007; *Deutscher Sozialgerichtsverband* (편), Das Sozialrechtsverhältnis, 1. Sozialrechtslehrertagung, 1979; *Deutscher Sozialrechtsverband* (편), Leistungsrealisierung und Leistungsstörungen im Sozialrecht, 1996; *동 저자*, Individualverantwortung im Sozialversicherungsschutz, 1997; *Heilmann*, Die Zwangsvollstreckung in Sozialleistungsansprüche nach § 54 Sozialgesetzbuch Allgemeiner Teil, 1999; *Fleiner/Öhlinger/Krause*, Rechtsverhältnisse in der Leistungsverwaltung, VVDStRL (독일 국가법학자학회 출판물), 45권 (1987), 152 ff.; *Ruland*, Solidarität und Individualität, DRV (독일 연금보험) 2000, 733; *Eichenhofer/Wenner*, SGB I, 2017.

---

56 연방행정법원판결 67, 163; 그에 대해 *뤼프너*, 법교육(잡지) 1984, 684; 역시 연방헌법재판소결정 138, 377 아동의 모에 대한 생부 공개에 대한 의무의 청구의 관점에서 참조. : 법적근거없이 어떤 공언의무가 없음(이제 민법 제1607조 (4)항 참조.).

57 사회법전 제2권에 대해: 연방사회법원 사회부조 및 사회법전을 위한 잡지 2009, 282; 행정 및 사회법원의 후생법적 판결 61, 439.

제9장 사회법적 행정절차

사회급여의 보장은 침해행정 행위와 같이 일반행정법의 규칙을 따른다.[1] 여기저기 행정행위가 지배하고, 제공자는 개별적이고, 그의 행동을 정당화하는 법률에만 근거하여 – 법률우위 그리고 법률유보의 원칙 – 일방적으로 구속력있는 생활관계를 형성할 수 있다. 그러한 형성은, 수취인이 그것을 효과적이고 그리고 적기에 이의를 제기하지 않는 한, 법적 구속력이 있는(존속력이 있는) 것이다. 사회법적인 행정절차는 사회법전 제10권에 규정되어있다. 203

a) 사회법적 행정절차의 기본원칙

행정절차법에 상당 부분 의존하면서, 사회법전 제10권 제8-30조는 사회법적 행정절차의 기본원칙을 규정한다(aa). 사회법전 제10권 제31-43조는 사회법의 행위의 형태로서 행정행위를 형성한다(bb). 또한 사회법전 제10권 204

1 사회법전 제10권과 행정절차법의 공통점과 차이점에 대해 *빌레펠트*, 사회법전 제10권의 사회적 절차법, 1997 참조.

제67-85a조는 특별히 사회보장 관련 정보의 보호를 위하여 연방정보보호법에서 벗어나는 규정들을 포함하고 있다(cc).

aa) 사회법적 행정절차의 기본원리

205 사회법전 제10권 제8조는 행정절차를 "요건의 심사, 행정행위의 준비와 공포 또는 공법상 계약 체결을 목표로 하며 대외적 효력을 갖는 행정관청의 활동으로서 정의하고, 행정절차는 행정행위의 발령이나 공법상 계약의 체결을 아우른다." 즉 행정절차는 생활관계를 규율하는 행정관청의 모든 형성행위라고 할 수 있다.

206 행정절차에 대해서는 특히 비형식성, 간결성 그리고 합목적성의 원칙이 적용된다(사회법전 제10권 제9조). 더 나아가, 즉 "신청자"와 "신청대상자"가 절차에 참여하는 신청의 원칙(사회법전 제10권 제12조 (1항))이 적용된다. 사회급여의 보장에 적용되는 행정절차는 통상 신청을 통해서 개시되고, 신청이 결여되면 행정행위는 통상 무효가 되는 것이다(사회법전 제10권 제40조 (1항)).[2] 특별규칙은 당국의 행정절차에서 행동하고 결정하는 사람들의 불편부당성을 보장한다(사회법전 제10권 제16조 이하 참조). 공식 언어는 독일어지만[3](사회법전 제10권 제19조), EU법(유럽공동체(EC) 883호/2004, 제81조 규정 참조.) 및 사회보험협정[4]에 의해서, 다른 언어로 해설이 전달될 수 있다.

---

2 연방사회법원판결 52, 245, 246; 60, 11; 개별적인 사항: *블라이/크라이케봄/마르쉬너*, 사회법, 2007(9판), 방주 149쪽 이하; *발러라드*, in: 사회법핸드북, § 11 방주 56이하.

3 연방사회법원판결 76, 109; 연방사회법원판결 99, 111; 연방사회법원 사회재판(잡지) 2009, 비판적인 논평과 함께 292. *다비*.

4 *아이헨호퍼*, 국제사회법, 1994, 방주 623.

행정절차에는 직권조사의 원칙이 적용된다(사회법전 제10권 제20조). 당국은 직권으로 결정과 관련된 사안을 조사하여야만 하고,[5] 신청인은 이에 협력하여야 한다(사회법전 제1권 제60조 이하) (위 방주 200쪽 이하 참조). 사안의 규명 수단으로서 정보, 관계자, 증인과 전문가의 청문, 증서 및 검증이 허용된다(사회법전 제10권 제21조 참조). 행정행위가 참여자의 권리를 침해하게되는 경우, 행정은 법령의 공포 이전에 이에 대해 청문해야한다(사회법전 제10권 제24조). 이것을 통해 당사자들은 예상하지 못한 의외의 결정에서 보호되고, 관청에 대한 신뢰가 형성된다.[6] 청문권은 당사자에게 보장한다(기본법 제103조 (1)항). 사전청문이 없는 행정행위는 위법하고(사회법전 제10권 제42조 2문), 절차위반은 구제될 수 있다(사회법전 제10권 제41조 (2)항).[7]

신청자가 잘못 없이 실체법적인 제척기간을 놓치면, 신청에 의하여 그 직전 단계로 재설정이 보장된다(사회법전 제10권 제27조).[8] 재설정은 기한지연 관련 과실책임이 없을때 주장되고, 사회보험 제공자가 그 설명에 대한 의무(아래 방주 210 이하 참조)를 위반한 것이 아니라면, 법에 대한 무지는 기본적으로 용서되지 않는다.[9] 사회서비스법에 대해서 사회법전 1권 33조는 수급권자에 유리하게 급여의 개별화를 가능하게 하는, 소원과 투표권을 규정하

---

5 연방사회법원판결 81, 259 – 그렇지 않으면 절차적 오류가 존재한다.

6 연방사회법원판결 53, 167, 169; *발러라드*, in: 사회법 핸드북, § 11 방주 104 이하.

7 연방사회법원판결 55, 160; 68, 42; 70, 133 (GS); 71, 104; *블뤼겔*, 사회재판(잡지) 2001, 294.

8 연방사회법원판결 64, 153; 66, 111.

9 연방사회법원판결 67, 90; 72, 80.

고 있다.[10]

bb) 행정처분

207 행정절차법 제35조와 일치하여 사회법전 제10권 제31조는 **행정처분**을 "관청이 공법적인 영역에서 개별사건을 규율하기 위해서 행하고, 대외적으로 직접적인 법적 효력을 미치는 모든 처분, 결정 또는 다른 고권적 조치"로 정의한다. 가장 중요한 사회법적 행정처분은 **급여**, 기여(예를 들면, 피보험자의 상태 또는 중증장애를 나타내는 것), **확정** 또는 **환급결정** 등이다. 행정처분에서 취해진 규정은 처분원칙이라 한다.[11] 그것은 관청의 결정의 대상과 내용을 규정한다. 행정처분은 그것이 기한에 맞추어 효과적으로 반박되지 않는 한 존속력을 갖는다. 처분사항은 그 행정처분에 대해 이의제기 또는 항소가 제기되는 경우, 쟁송대상을 규정한다. 처분사항은 이중적인 영향을 갖는 행정행위일 수 있다.[12] 행정처분은 그 처분이 해당 수취인에 전달되고 발행된 경우 존재한다(사회법전 제10권 제37조).[13]

208 행정처분은 그 내용이 **명확한 경우**에 효과가 있다(사회법전 제10권 제33조 (1

---

10 *크라스니*, 사회법전 제1권 제33조 범위에서 개별화 원칙 – 사회법전 제9권 제9조에 의한 제한? in: 보에켄/룰란트/스타인마이어(편), 독일과 유럽에서 사회법과 사회정책, 폰 마이델을 위한 기념논문집, 2002, 365; 연방사회법원 사회법(판결집) 3-1200 § 33 1호.

11 연방사회법원판결 67, 104; *폰 불펜*, 사회법전 10권, 2014(8판), § 33, 방주 3.

12 연방사회법원판결 68, 171; 한 부모 편에서 아동양육기간의 인정은 다른 부모 편에 이 기간의 인정을 배제한다.

13 그래서 연금보험 제공자가 연방노동청에 대하여 실업자의 실업을 확인하면 실업자에 대한 어떠한 행정행위도 없다.

항)).[14] 서면의 행정처분은 그 근거와 법적수단의 안내를 필요로 한다(사회법전 제10권 제35조 이하). 행정처분은 **부칙규정**(- 조건 그리고 기한, 취소권의 유보, 부과금 또는 유보 -)과 함께 그것들은 관청의 의무에 합당한 재량에 따라 규정될 수 있다(사회법전 제10권 제32조). 부담금과 부담금에 대한 유보는 독자적이며, 조건, 기한 그리고 취소유보는 부수적 결정이다. 언제든지 교정할 수 있는 서면 그리고 계산의 오류와 같은 명백한 부정확성을 제외하고는(사회법전 제10권 제38조), 행정처분은 기본적으로 당사자에 대해 고지와 함께 효력을 갖게 되는데(사회법전 제10권 제39조), 그것이 무효로 귀결되는 중대한 오류로 인해, 분명히 고통받지 않는 한(개별적인 것은, 사회법전 제10권 제40조 이하 참조) 그러하다.[15]

cc) 사회적 정보의 보호

사회법전 제1권 제35조는 급여제공자에게 알리는 모든 개인관련 자료의 209
보호를 사회적 비밀로서 보호한다.[16] 이러한 자료의 명시적인 공개는 법률적인 권한위임을 필요로 한다(사회법전 제10권 제67조 이하 참조).[17] 사회적 정보의 공개는 관련 당사자가 그에 동의하거나 또는 그에 대한 특별한 사유와 법적 규정이 존재하는 한, 적법하다(사회법전 제10권 제67-75조까지 참조). 유럽

---

14 연방사회법원판결105, 94; 102, 201.

15 사망인에 대한 연금지불 = 공적인 오류, 연방사회법원판결 97, 94 참조.

16 *뮌더/스메사르트*, 조기지원과 정보보호, 2010.

17 연방행정법원판결 96, 147; 개별사항 *베크만*, 사회보장제도에서 개인 관련 정보의 보호, 2000; *빈네/릭센*, in: 사회법핸드북, § 10 방주 1쪽 이하; *헤버라인*, 사회재판(잡지) 2009, 68.

연합 – 정보보호 기본명령은[18] 정보의 보호 및 유럽연합범위의 정보의 확산에 관한 기본권을 정하고, 그것은 매체의 국제화와 관련되어 불가피한, 정보작업에 대한 요구를 표준화하고 있다. 사회급여 제공자가 전문적인 비밀엄수의 의무가 있는 대상자로부터 확보한 정보를(독일형법 제203조 참조), 사회급여 제공자는 그것이 공개의 자격이 있는 경우에 한해서만 공개할 수 있다.[19]

b) 사회급여 제공자의 정보의 의무

210 제공자는 그 법적인 전제가 충족되는 경우, 신청된 사회급여를 보장해야만 한다(사회법전 제1권 제38조 이하). 이를 위해 그는 사실을 분명히 해야만 한다(사회법전 제10권 제20조). 사회법이 복잡하고 관할과 내용이 고도로 분화되어 규정되어있기 때문에, 개개인은 그가 그런 가능성에 대해서 정보를 받기 전까지는 그의 권리를 자주 행사할 수 없다. Ius vigilantibus scriptum(법은 깨어있는 자를 위해 쓰여졌다.) 이 격언은 어쨌든 사회법에는 적용될 수 없다.

aa) 개관

211 사회법전 제1권 제13조-15조는 그 제공자들에게 정보제공의 의무를 부과한

---

18 *비어레스본* 신 사회법 잡지 2017, 887, 926; *로쓰나겔*, 유럽정보보호 – 기본시행령, 2017; *알브레히트/죠트죠*, 신 정보보호법, 2017; *슈나이더*, 유럽연합 – 정보보호 – 기본시행령에 따른 정보보호, 2017.

19 연방사회법원판결110, 75; 260; 94, 149; 101.

다.[20] 제공자는 "주민"에게 설명해야 하고(사회법전 제1권 제13조) 신청인에게 자문해야 한다(사회법전 제1권 제14조). 끝으로, 주법에 의해서 정하는 지방행정기관[21]과 의료보험의 제공자는 개개인의 정보를 알려주어야만 한다(사회법전 제1권 제15조). 그 청구권은 관련 급여제공자에 대한 법률관계에 국한된다. 그리고 오로지 행정행위에 적용된다.[22] 그 청구권의 중심적인 대상은 사회법 영역에서 청구권 수취인에 의한 법적 자문에 대한 것이다.[23]자문은 자신의 권리 인지를 위한[24] 정보중개에 맞춰지며, 이것은 분명히, 오해가 없도록 하고 포괄적이어야 한다.[25] 그것은 기대권의 보장을 위한 조치로 언급되며,[26] 명백한 장점을 나타내거나[27] 통원 또는 시설입소 치료에 따른 비용의 결과를 시사하는 것이다.[28]

---

20 *쉘호른*, in: 사회법전 제1권에 대한 공동체 주해, § 13 방주 51c 참조. ; *크네히트*, in: 하우크/노프츠(편), 사회법전 제1권, § 13조 앞 방주 4, § 13, 방주 5쪽 이하; *크라이케봄/폰 코흐*, in: 사회법핸드북, § 6 방주 21쪽 이하.

21 전형적으로 군이 없는 읍면과 군(바이에른, 니더작센, 라인란드-팔츠, 작센) 또는 중간크기의 읍면(자르란드, 슐레스-홀스타인) 또는 전체 읍면(바덴-뷔템베르그와 노르트라인-베스트팔렌). 도시국가에서는 그것은 구청이다(함부르그, 베를린)

22 하우크-크네히트, 사회법전 제1권; § § 13-15 앞 K 방주숫자 19.

23 연방대법원 보험법 잡지 2019, 28; 하우크=크네히트, 사회법전 제1권; § § 13-15 앞 K 방주숫자 22.

24 카셀주해-*제발트*, § 14 방주 2.

25 하우크-*크네히트*, 사회법전 제1권; § § 13-15 앞 K 방주숫자 24.

26 연방사회법원판결 73, 56; 연방사회법원 사회법(결정집) 3-4100 § 105a 2호.

27 연방사회법원 사회법(결정집) 3-1200 § 14 29호.

28 연방사회법원판결 96, 161.

bb) 미이행 또는 불충분한 정보의 법적 효과

212 급여제공자가 법적으로 정해진 설명, 상담 또는 정보제공을 이행하지 않거나, 주어진 정보가 그릇되었다면, 그와 같은 의무의 위반이 어떻게 영향을 미치는지는 문제가 된다. 사회법원 재판은 그에 대해서 사회법적 원상회복청구권을 발전시켰다. 그것은 수급권자에게 급여제공자에 의해 정보가 제공되지 않았거나 불충분하게 주어진 때, 그가 규정에 따른 상담에 응했을 때와 마찬가지로 성립된다.[29] 왜냐하면 수급권자는 제공자로부터 정보를 청구할 수 있고, 의무를 잊은 급여제공자는 수급권자에 대해 원상회복에 부합하는 피해보상의 의무가 있다. 만약에 수급권자가 상담을 하지 않아 사회급여청구권에 불리한 처분을 단념하게 된다면, 어떤 회복청구권도 생기지 않는다.[30] 그에 반해서 일반 법원의 판결은, 이른바 부정확한 연금정보에서 발생하는 소득상실에 대한 보상으로서, 당국의 책임 청구권에 대한 여지를 보고 있다.[31]

cc) 사회법적 회복청구권

29 연방사회법원판결 34, 124; 49, 76; 55, 261; 58, 283; 61, 175; 62, 96; 79, 168; 82, 93; 83, 30; 91, 1; 92, 267; 104, 245; 106, 296; 110, 8; 연방사회법원 사회법(판결집) 4-1200 § 14 13호; 연방사회법원 사회법(판결집) 4-4200 § 14 15호, § 22 49호; 비용보상청구(사회법전 제5권 § 13)와 회복청구권의 병행에 대해: 연방사회법원판결 79, 125; 행정재판의 판결에 맡겨져 있는 사회법적 대상에 있어 회복청구권에 대해: 연방행정법원 신 법률 주보 1997, 2966.

30 연방사회법원 사회법(판결집) 4-1200 § 14 10호; 사회법(판결집) 4-4200 § 23 4호

31 연방대법원 신 법률 주보 2003, 3050; 신 사회법 잡지 2013, 826: 회복청구권은 어떤 법적수단이 아니다(연방민법전 § 839 (3)항).

이 권리는 법률에 대신하여 **법관법**(Richterrecht)[32]에 근거하고 있다. 사회법적 213
회복청구권(Herstellungsanspruch)은 **직권의 책임**(민법 § 839, 기본법 34조)과 구분되는데, 그것이 이행자의 채무와 독립적이며, 현금보상 대신에 원상회복[33]을 위한 것이고, 일반법원 대신에 사회법원에서 소송이 된다는 점에서 그렇다. 회복청구권은 **결과의 제거청구권**(Folgenbeseitigungsanspruch)과도 구분되는데,[34] 왜냐하면 위법한 행위의 결과를 제거하는 대신에 적법한 상황의 회복 채무가 있기 때문이다.

회복청구권의 전제는 수급권자의 손해이고, 수급권자의 채무에 관한 것이 아니다.[35] 그것은 상담의 의무가 존재하는데[36], 급여를 계속 받으려면 신청서를 작성 제출해야만 한다고 조언할 의무가 있다.[37] 상담의 의무는 사회법전에 규정되어 있는 사회적 권리에 국한되며 그것을 넘어서는 것은 인

---

32 *아돌프*, 사회법적 회복청구권, 1991; *엘센*, 독일행정관보 1987, 389; *에렌켐퍼/피히테*, 사회법, 2008(6판), 119쪽 이하; *풍크*, 사무직노동자보험 1981, 26쪽 이하; *크레셀*, 공적 책임법과 사회법적 회복청구권, 1990; *라다게*, 사회법적인 회복청구권, 1990; *크라이케봄/폰 코흐*, in: 사회법 핸드북, § 6 방주 65쪽 이하; *슈미트-데 칼루베*, 사회법적 회복청구권, 1992; *독일사회법연맹*, 사회법적 회복청구권, 독일 사회법연합 출판물시리즈, 39권, (1994); *하제*, 사회재판(잡지) 2001, 593.

33 연방사회법원 사회법(판결집) 4-1500 § 193 6호.

34 *하우아이젠*, 독일행정관보. 1973, 739; 크레셀, 공적 책임법과 사회법적 회복청구권, 1990, 294쪽.

35 하우*크-크네히트*, 사회법전 제1권; § § 13-15 앞 K 방주숫자 21 이하.

36 연방사회법원 사회법(판결집) 4-1200 § 15호, 16호.

37 이런 의미에서 역시 *슈미트-데 칼루베*, 사회법적인 회복청구권, 528쪽 이하. 그는, 신뢰보호만으로 충분해서, 2차적인 청구권 그 자체는 쓸모없다고 말한다. 그런 한에서 달리 슐린 사회재판 1980, 562.

정하지 않는다.[38] 그 때문에 청소년청에는 시각장애인 청소년에게 주 시각장애인수당을 상담할 권리에 대한 어떤 의무가 존재하지 아니한다.[39] 상담의 의무는 고용촉진법의 가능한 한 최대한의 활용에 대한 정보를 포괄하지 않는다.[40] 재해보험 제공자에 의해 연금보험에서 유족의 권리에 대하여 상담을 하지 않은 것이, 만약 그것이 문의의 대상이 재해보험법상 유족의 권리였다면, 어떤 회복청구권의 근거가 되지는 않는다.[41] 사망 전 생명보험 사용의 배제에 관한 피보험자와 보험사 간의 계약합의가 회복청구권의 과정에서 보상될 수는 없는 것이다.[42]

이것은 신청자의 협력의 의무를 면제하지는 않는다. 언어능력의 부족은 어떤 회복청구권도 정당화할 수 없다.[43] 어떤 회복청구권도 신청자가 응답하지 않는 요청을 단호히 요청하지 않으면 성립되지 않는다.[44] 상담의 의무는 가능성의 표현에 국한된다. 그러나 상담을 받은 피보험자가 법적권리를 준수하지 않고 때를 지연시키면 어떤 회복청구권이 되지 못하며,[45] 노동청에 구직으로서 보고를 하지 않은 것이 사회법적 회복청구권의 과정에서

---

38 연방사회법원 사회법(판결집) 4-1200 § 1200 § 46 1호; 연방사회법원 사회법(판결집) 3-2600 § 58 2호.

39 연방사회법원 사회법(판결집) 4-1300 § 14 4호

40 연방사회법원판결 66, 258; 연방사회법원 사회법(판결집) 3-1200 § 14 19호

41 연방사회법원 사회법(판결집) 4-1200 § 14 13호

42 연방사회법원 사회법(판결집) 4-1200 § 14 10호.

43 연방사회법원 사회법(판결집) 4-3100 § 60 7호

44 연방사회법원 사회법(판결집) 4-2600 § 249 b 1호

45 연방사회법원 사회법(판결집) 4-1200 § 14 2호.

보상될 수는 없다.[46]

c) 사회법에서 존속력있는 행정처분의 폐지

사회법전 제10권 제10-66조는 사회법적 행정소송절차를 규정한다. 그것은 행정소송법을 따른다. 사회법전 제10권 제44-55조는 행정소송법에서 일탈한 존속력있는 행정처분의 **폐지**[47]를 규정한다. 그 때문에 사회법적 행정소송의 특징은 존속력있는 행정처분의 폐지 시 세 개의 질문항목으로 기술되고, 평가된다. 폐지의 구성요건은 무엇인가(aa)? 폐지의 요건이 존재한다면, 사회급여 제공자는 무엇을 하여야만 하는가(bb)? 사회급여 수급자에 대해서 사회급여 제공자는 존속력 있는 행정처분이 폐지되는 경우, 어떤 권리를 갖게 되는가(cc)? 214

aa) 폐지 요건

법률은 사회법전 제10권 제44-48조에 **다섯 가지** 폐지의 구성요건을 규정하고 있다(도표 8 참조). 그것은 세 가지 구분 – 위법한 것과 적법한 것 사이, 이익과 불이익 행정처분, 그리고 계속적인 행정처분과 일회적인 행정처분 – 에 기초하고 있다. 215

---

46 연방사회법원 사회법(판결집) 4-2600 § 58 3호; 연방사회법원판결 87, 269

47 이러한 개념은 다음과 같다 – 사회법전 제10권 § § 48이하에 있는 법적 용어사용과 달리 – 행정처분의 취소, 철회 그리고 "폐지"에 대한 상위개념으로 이해된다. 이 용어의 사용은 사회법전 제10권 § 50 (1)항과 일치한다. 역시 거기서 폐지는 취소, 철회 그리고 "폐지"의 상위개념으로 사용된다.

216 위법한 것과 적법한 행정처분의 차이에 대해서는, 한편으로는 사회법전 제10권 제44조 이하 그리고 다른 한편으로는 사회법전 제10권 제46조 이하에 의거한다. 위법한 행정처분의 시달 시에 폐지는 "취소"라 한다(사회법전 제10권 제44조 이하). 적법한 행정처분의 시달 시[48]에 폐지는 그에 반하여 "철회"라 한다(사회법전 제10권 제46조 이하). 사회법전 제10권 제48조는 공포시 적법했으나, 그 사이에 위법하게 된 행정처분이 장기적인 영향을 갖는 것에 적용된다. 사후적인 변경은 실질적인[49](취업능력의 회복, 재획득) 또는 법적인 근거(법률 또는 판결의 변경)에 기인할 수 있다. 적법성 결정을 위해 취소 시점에 권위있는 법적 지위가 적용된다.[50] 공포와 폐지 사이에 판결[51]이 변경되었거나 또는 그 결정이 근거로 하는 규범이 연방헌법재판소에 의해 무효로 선언되면,[52] 그것은 위법한 것이다. 왜냐하면 그것은 폐지 시점에 있어 더 이상 합법적이지 않을 뿐만 아니라 – 그처럼 스스로가 "올바르지 않은 것으로 입증되기" 때문이다(사회법전 제10권 제44조 (1)항).

---

48 연방사회법원 사회법(판결집) 4-1300 § 45 8호; 연방사회법원 사회법(판결집) 4-1300 § 45 7호.

49 연방사회법원판결 35, 277; 67, 204; 105, 194; 2010.7.19 – B 8 SO 22/10

50 *크레셀/볼렌슐레거*, 사회보험법입문, 1996(2판), 1부, § 3 방주 32; *바렌도르프*, 사회법전 제2권과 사회법전 제12권에 따른 급여의 폐지, 상환요구의 원리에 대하여, in: 부처/칼텐보른/마이어(편), 사회적 법치국가에서 조직과 절차, 슈납을 위한 기념논문, 2008, 577; 연방사회법원판결 55, 87; 57, 209; 58, 27; 64, 62; 연방행정법원판결 87, 103.

51 연방사회법원판결 51, 31; 55, 87; 57, 209; 58, 27; 그에 대해 역시 슈납, 사회재판(잡지) 1993, 1, 4 이하 참조.

52 연방사회법원판결 64, 62.

〈그림 8: 존속력 있는 행정처분의 폐지〉

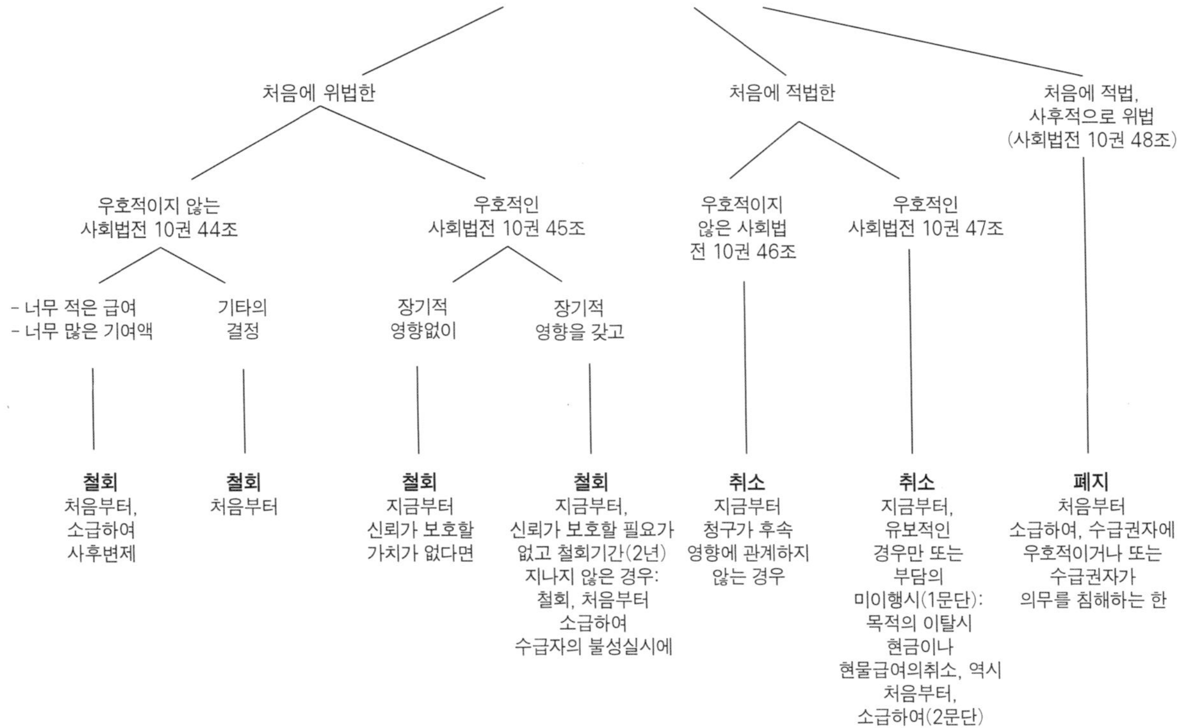

217 이익과 불이익 행정처분의 차이는 폐지에 해당되는 모든 규정에 적용된다. 사회법전 제10권 제44조, 제46조는 행정처분에 적용되고 그리고 사회법전 제10권 제45조, 제47조는 이익 행정처분에 적용된다. 행정처분은 수급자에게 보험료를 내는 급여보다도 더 많은 것을 인정하여, 그것이 제공되는 것보다 더 많은 것을 약속하거나, 법에서 규정된 것보다 더 적은 보험료가 확정되면 이익이다. 이익은 수취인에게 정당성이 없는 유리함에 있다. 확실한, 특히 신분에 근거한 행정처분은 마찬가지로 이익일 수 있는데, 만약 그 확인과 함께 법적 장점이 연계되는 경우에 그러하다.[53] 행정처분은 확정된 급여가 부채가 뒤에 남아있거나[54] 또는 완전히 거부된다면,[55] 또는 최저 또는 최고에 따라 채무가 아닌 기여금[56]이 징수되면 이익이 아니다. 더 나아가 이익 행정처분을 폐지하는 결정은 불이익 행정처분이다. 왜냐하면 그것이 초기 결정의 법적 효과를 제거하기 때문이다.[57]

특수한 기능이 장기적인 영향을 갖는 행정처분의 폐지에 적용된다(방주 218 참조). 이것은 원칙적으로 미래효(Wirkung für die Zukunft)(폐지 통지를 받은 후 시점부터) 즉 미래에 대한 영향력을 갖고 폐지되는 것이며, 그러나 예외적으로 소급적으로 폐지되는 것이 수급자에게 유리한 경우에는 변화의

---

53 연방사회법원판결 69, 14; 슈체, in: 불펜/슈체(편), 사회법전 제10권, 2014(8판), § 45 방주 22.

54 연방행정법원판결 71, 220.

55 연방사회법원판결 57, 209; 58, 27.

56 연방사회법원판결 63, 18; 68, 264; 되르, 사무직노동자보험(잡지) 1982, 332, 334 이하.

57 연방행정법원판결 87, 103.

도래시점에 소급하여 폐지될 수 있다(사회법전 제10권 제48조 (1)항 2호).[58] 단 이것은, 원래 부담이 되는 행정행위가 폐지되는 것이며, 또는 보다 적은 부담의 조처로 대체되는 경우인 것이다.

“장기적인 영향을 갖는 행정처분”이라는 개념은(사회법전 제10권 제48, 제45 (3)항) 법에는 정의되어 있지 않다. 입법자[59]는 이것에 대해서, 장기간에 걸쳐 종속적인 법률관계에 근거하거나 변화하는 행정처분으로 이해했다. 거기에는 특히 사회보험법적 본원적 권리의 기초와 범위에 관한 결정이 포함된다.[60] 연금공고, 장기요양급여의 인정[61], 실업수당 또는 재활급여나 참여수당의 수여. 사회적 촉진(– 연방직업교육촉진법, 주거급여[62] –)에 있어 행정처분은 통상적으로 장기적인 영향을 갖는데, 그들은 오랜기간 동안 정기적으로 반복되는 급여에 대한 권리를 주장하고 있기 때문이다. 사회부조 자체에 있어서도 그런 점들을 생각할 수는 있다. 즉 장기요양에 대한 보조에 있어서와 같이 장기적인 영향을 갖는 행정처분은 지불, 신분에 근거한 결정 또는 기여금이 없는 기간에 대한 인정의 기초가 된다.[63] 218

존속력 있는 행정처분의 폐지 시(사회법전 제10권 제44-48조)에, 초기에 위법 219

58 *피히테*, in: 크라이케봄/스펠브링크/발터만(편), 사회법에 대한 주석, 2013(3판), § 48 사회법전 제10권 방주 41쪽 이하.

59 연방의회회의록, 8/2034, 34쪽, § 43에 대한 주해.

60 *머튼*, in: 하우크/노프츠-머튼(편), 사회법전 제10권, § 48, Rz. 14쪽 이하; 피켈, 사회재판(잡지) 1992, 294.

61 연방사회법원판결 95, 66.

62 § 25 주거급여법: 승인기간 12개월 참조.

63 연방사회법원판결 56, 165; 58, 49: 대체기간의 인정.

한, 초기에 적법한 및 초기에 적법했으나 그 사이에 나중에 위법하게 된 행정처분을 구분한다. 행정처분이 처음에 위법한 것이라면, 그 취소가능성은 그것이 이익이 되는 것인지, 그렇지 않은지에 달려있다. 불이익한 것이라면 그것은 소급하여 취소된다. 사회법전 제10권 제44조는 새로운 결정을 허용하며, 여기에 따른 신청은 본래 취해진 결정의 재심사를 목표로 한다. 위법한 행정처분의 수정에 대한 공공의 이익과 적법한 침해를 받아들여야 하는 개개인의 이해는 일치하는데, 폐지는 여기서 공공에서와 같이 개개인의 공통의 이해에 있다.

220 그렇게 위법한 행정처분이 수신자를 유리하게 하는 것이라면, 사회법전 제10권 제45조 (1)항에 의한 취소가능성은 그에 반하여 제한된다. 공표되지 않았어야 할 행정처분의 폐지에 대한 공공의 이익과 행정처분의 적법성에 대한 신뢰 속에서 실망하지 말아야 할 수신자의 이해 사이에는 목표의 갈등이 존재한다. 이것은 상충하는 이익형량에 의해 해결되어야한다(여기에는 사회법전 제10권 제45조 그리고 아래 방주 255 참조). 정기적인 사회급여의 보장을 거절하는 존속력 있는 행정처분의 취소신청은 통상 급여에 대한 신청을 동시에 포함한다. 취소신청이 기각되면, 동시에 급여신청도 각하된다.[64]

221 행정처분이 초기에 적법하다면, 그것은 단지 제한적으로 철회될 수 있다. 왜냐하면, 수신자는 그것을 요구할 수 있고 행정은 그것을 면하게 해야만 한다. 사회법전 제10권 제46조 이하는 불이익 그리고 이익 행정처분 사이의 철회를 구별한다. 불이익 행정처분의 철회는 재량결정 시에만 가능하다.[65]

---

64 연방사회법원판결 81, 150.

65 *프라이슈미트*, in: *하우크/하이네스*(편), 사회법전 10권 1, 2 § 46, 방주 8; *슈체*, in: 불펜/슈체(편), 사회법전 제10권, § 46 방주 7.

왜냐하면 철회는 행정처분의 공포에 대한 법적 청구권이 존재하는 한 배제되기 때문이다(사회법전 제10권 제46조).[66] 이익 행정처분의 철회는 더 나아가 미래에만 가능하다. 그리고 철회가 법적으로 허가되거나, 최초결정이 유보되거나 행정처분이 그 수급자가 이행하지 못한 부담금과 연계된 경우 가능하다.

공포 시에는 적법했으나, 그 관계의 사후적인 변경의 결과 위법하게 된 장기 **222**
적인 영향을 갖는 행정처분은 사회법전 제10권 제48조에 따라, 마찬가지로 최초 결정의 공포 이후 그 관계의 중요한 변경 시에만 폐지될 수 있다.[67] 이 변경은 실질적으로[68] 또는 법 개정[69]에서 주장될 수 있다. 그러나 그것은 본질적으로 단지 청구권의 중지나 전환 시에만 그러하며, 내용의 변경이 없이 청구권 기초의 단순한 변경 시에는 그러하지 아니하다.[70] 법의 경정은 실체법적인 전환을 요구한다.[71] 사회법전 제10권 제48조는 행정으로 하여금, 지속적인 영향을 갖는 행정처분이 새로운 실체법에 적응하도록 하며, 스스

---

66 *피켈*, 사회법적인 행정소송 교재, 1985(2판).

67 연방사회법원판결 65, 221; 78, 109; *만셀*, 사회부조 및 사회법전을 위한 잡지 1991, 225 참조.

68 연방사회법원판결 40, 268; 47, 135; 57, 77: 부모연금에 대해 사망자 생계급여의 사후적인 삭감; 연방사회법원판결 62, 243: 생계능력감소 확정의 기초였던, 이 환자가 암을 앓는다는, 원래의 가정은 입증되지 않았다.

69 연방사회법원판결 60, 218; *머튼/담*, 아이헨호퍼/벤너. 사회법전 제1권, 2016(2판), § 39 방주 4쪽 이하.

70 연방사회법원판결 62, 103; 65, 301.

71 연방사회법원판결 57, 215; 108, 258.

로 그 사이에 새로운 법을 창출하지는 않는다.[72]

223 사회법전 제10권 제44-48조는 물론 급여제공자의 전체 행정처분에 적용되는 것은 아니다. 그것은 부분적으로 명문 규정에 의하여, 부분적으로는 의미의 내용과 목적의 설정으로 인해서 그 적용에서 제외된다. 명시적인 특별규정은 특히 고용촉진(사회법전 제3권 제330조) 그리고 재해보험법(사회법전 제7권 제160조, 제168조 (2)항)에 포함되어 있다.[73]

224 그 이외에 그 의미 그리고 기능의 내용으로 인하여 앞에 언급한 규정의 적용은 제외될 수 있다. 그처럼 언급된 규정은 보험계약의에 관한 법 – 즉, 의사의 계약의 연금부양에 대한 허용 또는 사례보수 고지의 취소와 같은 그런 행정처분 – 에는 적용되지 않는다.[74] 더 나아가 한 부문의 특징은 – 즉, 과거에 대한 지원보장의 사회부조법적 금지(사회법전 제12권 제18조) – 사회법전 제10권 제44-48조의 적용배제 사유의 근거가 된다.[75]

bb) 폐지 결정

225 사회법전 제10권 제44-48조에 포함된 예외적 구성요건이 존재하는 한, 법률은 사회급여제공자의 행동가능성을 상이하게 규정한다. 그처럼 사회법전

---

72 연방사회법원판결 65, 185; 70, 31.

73 연방사회법원판결 63, 18; 64, 62.

74 연방사회법원판결 68, 97; 82, 50.

75 연방행정법원판결 68, 285 – 어떠한 특별 규정도 그에 반하여 연방직업교육촉진법-급여에 관한 결정의 취소에 적용되지 않는다: 연방행정법원판결 행정 및 사회법원의 후생법적 판결 36, 225; *머튼*, in: 아이헨호퍼/벤너(편), 바나가트 사회보험법, 사회법전 제1권, 제4권, 제10권에 대한 주해, 2012, § 39 사회법전 제1권.

제10권 제44조 (1)항 1문은 처음에 위법한 이익 행정처분을 폐지하도록 한다(... 취소되어져야만 한다). 그에 반하여 사회법전 제10권 제45조 (1)항은 위법한 이익 행정처분을 폐지하도록 허용한다(... 취소될 수 있다). 사회법전 제10권 제46조 이하에 따라 행정처분은 취소"될 수 있거나" 또는 "된다". 사회법전 제10권 제48조 (1)항은 지속적인 영향을 갖는 행정처분이 언제 폐지 "되는 지"를 규정한다. 폐지는 의무적이거나 또는 재량 하에 있거나 이러한 규정들에 상이한 구속력이 있는 것으로서 지정되어있다.

사회법전 제1권 제39조에 따라 재량급여 권한이 있는 급여제공자는 그의 재량을 법의 목적에 상응하여 사용하여야 하며 그 한계를 넘어서는 안된다. 수신자는 하자 없는 재량행위 활동에 대한 청구권을 갖는다.[76] 행정처분의 폐지는 통상 재량의 결정을 나타내기 때문에, 폐지의 결정은 급여제공자가 그 재량을 사용하지 않거나 또는 충분히 사용하지 않았다면, 항시 위법한 것이다.[77] 재량의 축소는 단지 예외적 경우에만 나타난다.[78] 행하지 않은 재량은 법정소송에서 만회될 수 없다.[79] 226

재량은 구속력이 있다 – 재량활동의 전형적인 결과를 확정하거나 또는 구성요건적으로 구체화할 수 있다. 재량연계의 두 가지 형태의 조합이 가능하다. 재량이 법률요건상 구속력이 있으면, 그 사법적 심사에 있어서, 재량활동 227

---

76 연방사회법원판결 59, 157; 62, 143; 64, 24; 바이에른 주 행정법원 행정 및 사회법원의 후생법적 판결 39, 177; *발터만*, in: 사회법 핸드북, § 7, 방주 13 이하.

77 연방사회법원판결 59, 157; 62, 143; 64, 24; 바이에른 주 행정법원 행정 및 사회법원의 후생법적 판결 39, 177

78 연방사회법원판결 107, 165; 63, 37; 232.

79 연방사회법원판결 64, 36.

을 위한 조건이 존재하였는지, 문제가 된다. 이러한 재량의 연계는 사회법전 제10권 제45조 (2)항 2문에 대략 발견할 수 있다. 그에 따라 위법한 이익 행정처분 수신자의 신뢰는 통상, 만약 혜택을 보는 사람이 제공된 급여를 사용하거나 또는 그가 더 이상 불가하거나 또는 단지 받아들일 수 없는 불이익 하에서만 철회될 수 있는, 그런 자산처분을 한 경우에 보호할 가치가 있다.[80] 그에 반해 위법한 우호적인 행정처분 수취인의 신뢰는, 통상 행정처분이 고의 또는 중과실로 부정확하거나 또는 불완전한 정보에 근거한다면 보호할 가치가 없다. 급여수급자가 의무를 위반, 정보를 제공하지 않아 행정제공자의 잘못된 판단은 그에 반해 충분치 않다.[81] 과거의 하자 있는 법 적용은 그 지속에 있어서 어떤 신뢰도 주지못한다.[82] 위법한 이익 행정처분 취소에 대한 재량결정은 단지 그 때문에, 만약 혜택을 본 사람이 어떤 신뢰보호도 누리지 못하는 한, 고려된다.[83]

228 관할 관청의 변경에 의해 권리가 승계된 경우에, 폐지의 권한은 권리계승자에게 넘어가는데, 폐지의 권한이 행정처분의 공포에 대한 법을 따르기 때문이다.[84] 나아가 개별 급여분야의 법은 취소소송 형성에 대한 요구를 할 수 있고, 그래서 대략 사회적으로 경험있는 사람들이 취소시 참여한다.[85] 그처

---

80 연방사회법원판결 206: 행정처분의 공포이후에 취해졌을 처분에만 적용된다.

81 연방사회법원판결 63, 214; 연방행정법원판결 71, 220, 227.

82 연방사회법원판결 81, 156.

83 연방사회법원판결 81, 156; 112, 74.

84 연방사회법원판결 58, 63

85 연방행정법원판결 70, 196.

럼 급여는 미래효가 배제되면 결정의 효력[86]은 취소결정의 공포부터 개시된다.

행정처분의 폐지는 기한의 제한이 있다. 사회법전 제10권 제44조 (2)항 2문, 229
(4)항에 따라 과거의 위법한 불이익 행정처분은 기본적으로 4년 이내에 취소 전에 폐지되어야만 한다. 사회법전 제10권 제45조 (3)항에 따라 지속적인 영향을 갖는 위법한 이익 행정처분은 기본적으로 공포 이후 2년 이내에서만 취소될 수 있다. 왜냐하면 그 권한은 그 혜택을 본 사람이 그 공포를 부정하게 취했기 때문이다. 여기에 근본적이고 실질적인 문제가 발생한다.

즉 위법한 불이익 행정처분의 취소기한이 기본법 제14조와 합치하는지의 문제가 제기된다. 연방헌법재판소는 사회보험법적인, 기여금에 근거한 청구권은 재산권보장의 대상으로 보고 있다.[87] 그래서 4년의 취소가능기간의 한정은 문제가 되는데(사회법전 제10권 제44조 (4)항), 취소시점 이전에 존재했던 급여청구권이 충족되지 않고 남아있기 때문이다.[88]

불이익 행정처분의 기한을 정한 취소는 물론 소멸시효와 일치한다 (사회법전 제1권 제45조). 왜냐하면 사회급여에 대한 청구권은 4년 이후 시효가 종료되므로, 법적인 소멸시효 기간에 취소결정이 있어야만 할 것이다. 행정처분의 제한적인 철회가능성은 정당화된다. 사회급여는 현재와 미래의 생존보장에 기여하며, 자본형성에 기여하는 것은 아니다. 문제가 되는 것은 또한 이러한 기한규정의 적용이다. 판결에 따라 행정처분의 부당한 사취 시 –

---

86 연방사회법원판결 61, 189.

87 기본적으로 연방헌법재판소판결 53, 257과 그 이래 st. 판결. (위 방주 133 참고).

88 연방사회법원판결 38. 224; 60, 158, 245 참고.

그 전문에 반하여 – 사회법전 제10권 제45조 (2)항 3호 2, 3목에 규정된 전제들이 누적되어 나타나게 된다.

사회법전 제10권 제45조 (4)항에 따라, 1년의 취소기간은 취소사유의 인지와 함께 하는 폐지결정과 독립적으로 시작된다.[89] 발령 시에는 적법하였으나 사후적으로 위법한 행정처분의 폐지 시에, "중단"(사회법전 제10권 제48조 (3)항)이라 지칭되는 특별한 문제가 제기된다. 그것은 결정수신자에게 신뢰를 보장하며, 수급자가 사회법전 제10권 제45조 취소규정에 따라 보호를 받을 수 있다 할지라도, 이익 행정처분이 그 법 위반으로 인하여 폐지되는 것으로부터 그를 보호한다. 신뢰보호는 적법한 행정처분의 이익에 대해 우선한다.[90]

cc) 폐지 이후 사회급여 제공자의 권한

230 사회법전 제10권 제50조 (1)항은 위법한 급여보장의 결과를 제거할 보상청구권을 규정한다. 보상의무의 전제는 급여보장의 근거가 되는 행정처분의 폐지다. 사회법전 제10권 제50조 (1)항에 규정된 보상의 법률요건은, 또 잘못된 법적 토대 위에서 획득한 것의 반환보장을 지정하고 있는 급여반환청구에 상응하는 것이다(구 민법 제812조 (1)항 1호 1목). 사회적 급여관계에 있어서, 결정은 급여에 대한 법적 기초를 표현하는 것이기 때문에[91] 상환청구권은 결정의 폐지 이후에야 적용될 수 있다. 명백히 그릇된 행정처분에 기초

---

89 연방사회법원판결 63, 224; 65, 221; 66, 204.

90 연방사회법원판결 63, 259, 266; 69, 208.

91 *호페*, 사회재판(잡지) 1990, 527, 528; 연방사회법원판결 67, 70.

하여 급여가 인정되었다면, 그 전에 그 부정확성이 행정처분을 통해 제거되고 공포 이전에 폐지재량이 행해지지 않았던 한, 반환요구를 할 수 없다.[92] 그와 같은 것은 최초의 결정이 단지 지역의 관할에 대한 규정을 침해하는 경우, 그 사안에 있어 그 사이에 어떤 다른 결정이 취해지지 않았었을 경우, 상환청구권(사회법전 제10권 제50조 (1)항)에는 고려되지 않는다.

사회법전 제10권 제50조 (1)항에 따른 보상청구권은 사회급여 제공자와 수급권자 사이의 사회급여관계의 존속을 전제로 한다. 이것이 존재하지 않는다면, 사회급여 제공자는 – 특별법적 권한위임을 유보하여(예를 들면, 사회법전 제12권 제102조) – 어떠한 상환청구권도 갖지 못한다. 그처럼 사회급여 제공자는 연금수급권자의 유산으로부터 연금급여의 반환청구를 할 수 없는데, 그와 유산 사이에는 어떤 사회급여 관계가 존재하지 않기 때문이다.[93] 그로부터 사회법전 제10권 제50조 (2)항이 설명된다. 그 규정은 "행정처분 없이 부당하게" 제공된, 급여에 대한 상환청구권을 설명하고 있다. 또한 "45-48조에도 준용된다."고 하고 있다. 이 규정은, 사회법전 제10권 제45조, 제48조에 따라, "여부"에 대한 재량결정을 통해 상환청구를 주장하기 전에 사회법전 제10권 제50조 (3)항에 따라서 발행되는 상환 통지에 재량결정의 이유를 나열하는 방식으로 해석되어야 한다.[94] 231

사회법전 제10권 제50조 (2)항은 기존에 존재하는 사회급여관계 범위 내에서 급여제공자가, 수급권자에게 이전 급여통지에 의해 합법성 없이 제공하 232

92 연방사회법원판결 67, 70.

93 연방대법원민사판례 73, 202; 연방사회법원판결 61, 11.

94 연방사회법원판결 60, 239.

는 급여에 대해 맞춰져 있다. 예로써, 임시로 집행하는 판결[95]에 기초한 급여의 초과지급이나 보장 또는 사후적으로 폐지된 경우, 시행결정에 근거하여 인지된 것의 초과지급이나 보장 등이다.[96] 수급권자의 사망 이후 연금지불의 상환청구에 대한 특별한 상환청구권을 사회법전 제6권 제118조 (3)항에 담겨 있다. 이것은 수급권자의 은행에 대한 것이다. 보상채무자의 곤궁으로 인한 청구권의 박탈은 마찬가지로 독자적으로 규정된다.[97] 민법적인 부당이득청구권은 행정처분을 통해서 확정되는 것이 아니고, 소송절차를 통해 관철될 수 있다. 공법에는 일반적인 부당이득청구권이 없다. 그 때문에 사회법전 제10권 제50조 (2)항은 그 자체의 부당이득의 구성요건을 갖추고 있다. 즉 급여제공자가 연금을 지급한다면, 연금수급자가 이미 사망했다 할지라도, 상속인이 급여제공자에게 이를 통지하지 않았다 하더라도, 그 상속인은 일반 민법에 의거하여 연금지급의 반납 채무를 지는 것이다(구 민법 제812조 (1)항 1호2목, condictio indebiti).[98] 이는, 그럼에도 불구하고 급여결정으로 자신의 채권을 관철할 수 없다.[99]

233 상환청구권은 서면의 행정처분 (=상환청구결정)을 통해서 효력을 갖는다(사회법전 제10권 제50조 (3)항). 사회법전 제10권 제50조 (2)항의 경우 사회급여

---

95 연방사회법원판결 57, 138; 올바르게: *크라이케봄/폰 코흐*, in. 사회법 핸드북, § 6 방주 203.

96 연방사회법원판결 80, 283.

97 연방사회법원판결 82, 239.

98 연방사회법원판결 61, 11.

99 그처럼 아주 당연히 연방사회법원판결 25, 268; 다른 의견 연방사회법원판결 60, 209; 또한 후자에 대해 비판적으로 호페, 사회재판(잡지) 1990, 527, 532.

제공자는 재량결정에 대한 이유를 제시해야만 한다. 반환청구에 대한 즉시 집행가능성은 폐지결정에 대한 즉시 집행가능성을 전제로 한다.[100] 반환청구권이 상속인에 대한 것이라면, 상속인들은 궁핍의 항변을 제기할 수 있다[101] 왜냐하면, 상속인들은 , 궁핍의 항변에 의해 주장할 수 있는 재산에 대한 상속채무(민법 제1990조 이하)에 대해서만 책임이 있기 때문이다 .

참고문헌

Beckmann, Der Schutz personenbezogener Daten im sozialen Sicherungssystem, 2000; Binne/Kremer SRH(사회법 핸드북) § 10; *Diering/Timme*, SGB X, 2019(5판); *Dörr/Francke*, Sozialverwaltungsrecht, 2006(2판); *Eichenhofer/Wenner*, SGB X, 2016; *Kingreen/Rixen*, Sozialrecht: Ein verwaltungsrechtliches Utopia? DÖV(공공행정) 2008, 741; *Kreikebohm/von Koch*, SRH(사회법 핸드북) § 6; *Münder/Smessaert*, Frühe Hilfen und Datenschutz, 2010; *von Wulffen /Schütze(편)*, SGB X, 2014(8판); *Wallerath SRH*(사회법 핸드북) § 11.

100 바이에른 주 행정법원 행정 및 사회법원의 후생법적 판결 39, 177.

101 행정대법원 바덴-뷔템베르그 행정 및 사회법원의 후생법적 판결 35, 147.

I. 일반 원칙

제10장 사회급여 제공자의 조정청구권

a) 개관

조정청구권은 사회급여 제공자들에게 잘못 지급된 사회급여의 상호 조정 234
을 가능하게 하며, 그것은 법적 상황에 맞게 자산현황을 만든다. 조정청구권은 그처럼 행정행위의 적법성을 보장하며 그런 목적을 위한 수단이다. 조정청구권은 두 가지 유형으로 구별된다. 수급자에게 귀속되지 않는 급여의 반환청구와 급여가 수급자에게 인정이 되나, 급여를 주는 제공자 대신에 중간에 다른 – 사회급여 제공자 또는 사적주체가 – 급여의무가 있는 경우의 보상이다.

사회급여 제공자의 조정청구권은 조정관계법에 속한다. 그런 법은 민법에 235
잘 알려져 있다. 잘못 지급된 급여의 자산법적 결과를 수정하기 위해서 급여의 반환청구권이 존재한다. 그 밖에 법적으로 잘못된 자산이나 법적 상황을 조정하기 위해서, 비급여 부당이득 반환청구 그리고 다른 법적 채무관계, 특히 위임없는 사업운영, 소유자-점유자 관계 및 불법행위와 위험책임을 목적으로 한다. 사회법 역시 사회법전 제10권 제50조, 제102-119조에서 그

러한 조정의 과제를 받아들이고 있다.[1]

236 관계 당사자를 고려하며, 조정관계의 목적에 따라, 두 가지 양자 그리고 삼자 (또는 그 이상) 사이의 보상관계의 유형이 구분된다. 이러한 법률관계는, 거기에 하나의 사회급여 수급권자와 최소한 하나의 사회급여 제공자가 참여한다면, 사회법적 조정관계로 된다(그림 9 참조). 양자 사이의 조정관계는 하나의 급여 수급자와 하나의 제공자 사이에 존재한다. 그러한 관계가 법률에 의해 성립하는지는, 제공자와 수급자사이에 법적인 청구권이 존재하는지 여부에 달려있다.

〈그림 9: 사회법적 조정관계〉

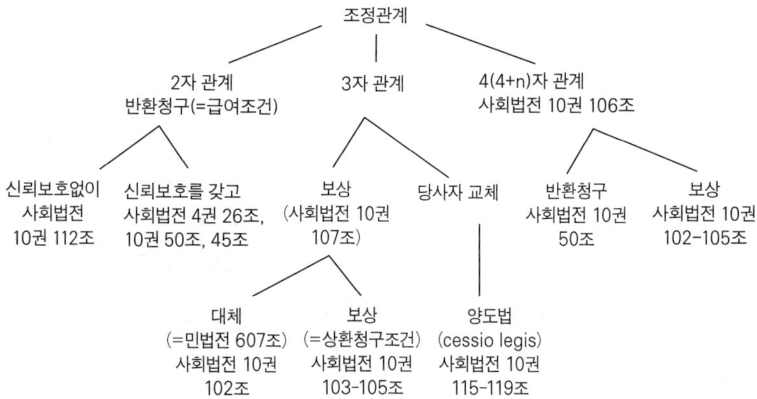

---

1 전반적으로 *블라이*, 독일지역의료보험조합 1981, 143쪽 이하 참조. ; *아이헨호퍼*, 사회재판(잡지), 1989, 177쪽 이하; *푹스/프라이스*, 사회보험법, 2009(2판), § 9; *다사*, 행정과 재성법에서의 보상청구, 1921; *마이어*, 독일 행정법, 제II권, 1924(3판), 380쪽 이하; *폰 마이델*, 사회보험, 사회부조 및 부양을 위한 중앙관보 1973, 265쪽 이하; *리쉐*, 사회급여이행자들간의 조정청구, 1978; *발러라드*, 공공행정 1972, 221쪽 이하; *아이헨호퍼*, in: 아이헨호퍼/벤너(편), 바나가트, 사회법전, 제1권, 제4권, 제10권, 2012, 사회법전 제10권 § § 102-114의 해석; *볼슐레거*, 공법에서 위임없는 사업운영과 보상청구, 1977.

수급자가 사회급여를 받게 되면, 제공자의 어떤 조정청구권도 존재하지 않는다. 그러나 수급자가 급여에 대한 어떤 청구권도 갖지 않고 신뢰보호에 근거할때 급여를 받을 자격이 없는 경우, 제공자에게 사회법전 제10권 제50조에 따라서 반환청구권이 귀속된다(위 방주 230 이하 참조). 이러한 청구권의 전제는 반환청구에 앞선 소송에서 심사된다. 행정결정의 대상은, 급여의 근거가 되는 행정처분이 소급하여 철회될 수 있는지 또는 미래효와 함께 취소될 수 있는지 여부다(사회법전 제10권 제45, 제47조 이하 참조). 반환청구권(사회법전 제10권 제50조)과 급여의 부당이득 반환청구(구 민법 제812조 (1)항 1목 1문)는 법적근거가 없는 급여의 지급 시 조정을 보장한다. 사회법전 제10권 제50조와 급여의 부당이득 반환청구는 그럼에도 불구하고 구별되는데, 사회법에서 부당이득의 금지는 그 결정의 취소 또는 철회를 배제하는 반면에, 민법에서는 획득자의 반환 의무는 수급자가 더 이상 이득을 보지 아니하는 한도에서 배제되기 때문이다(민법 제818조 (3)항). 급여의 부당이득 반환청구와 보상청구권은(사회법전 제10권 제50조), 채권자에게 청구권의 강제징수의 위험과 보상의무가 있는 채무자의 파산위험을 부과하는 한 일치한다. 237

3자의 관계 하에서 사회법적 조정관계는 결정하기 더 어렵다. 하나의 급여수급자와 둘의 급여제공자가 참여하는 조정관계와 그리고 하나의 급여 수급자와 하나의 급여제공자 및 수급자에게 급여의무가 있는 민간제공자가 참여하는 조정관계는 구분된다. 삼자 관계가 둘의 제공자와 하나의 수급자사이에 존재한다면, 조정청구권이 성립하게 되는데, 만약 수급자가 급여를 청구할 수 있거나 신뢰보호에 근거하여 급여청구권을 유지할 수 있고 이를 보장하는 제공자가 최종적으로 급여의 의무가 있는 것이 아니라, 그 대신 다른 제공자가 수급자에게 채무를 지고 있으면서 이를 제공하지 아니한 경우에 그러하다. 238

그 수급자는 "급여수급권자", 급여를 먼저 보장하는 제공자는 "선급여제공자" 그리고 급여 채무가 있는 그런 제공자는 "급여의무자"라 불린다. 이런 전제 하에 상호 배타적인 두 가지 방식으로, 급여수급권자가 그에게 주어지는 것을 획득하고, 급여의무자는 그가 채무가 있는 것을 사용하고, 그리고 선급여제공자는 자신의 선급여로 인해 어떤 불리함도 당하지 않도록 보장될 수 있다. 선급여제공자는 수급권자로부터 획득된 것을 되찾고 그리고 수급권자는 그 대신에 그것을 급여의무자로부터 얻으며, 또는 수급권자는 그가 갖고 있는 것을 유지하는 것이며, 선급여제공자는 그럼에도 불구하고 급여의무자에게 자산의 보상을 얻을 수 있다(참조. 그림 10).

〈그림 10: 3자 관계에서의 조정〉

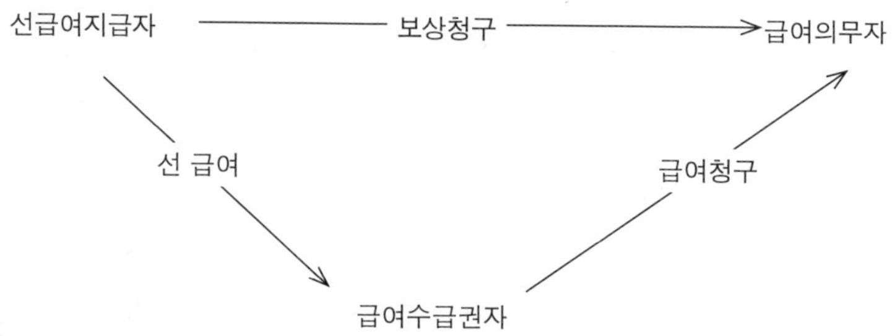

239 첫 번째 방식에 따른 적법한 상황의 창출에는 두 개의 거래가 필요할 것이다. 선급여제공자에 의해 획득된 것의 반환청구와 그리고 급여의무자에 의한 채무의 보장이다. 두 번째 방식에 따른 적법한 상황의 창출에는 단지 하나의 거래가 필요하다. 선급여제공자와 급여의무자 사이의 자산의 조정이다. 이미 "거래비용의 최소화"를 위해서, 첫 번째 방식 대신에 두 번째 방식이 합목적적이다. 게다가 거기서 사회급여 수급권자는 조정에 참여하지 않는데, 이것이 합당한 것이다. 왜냐하면 선급여제공자와는 다른 사람에게만

채무가 있는, 그에게 획득된 것이 귀속되며, 조정은 선급여제공자와 급여의무자에 국한될 수 있기 때문이다.

이러한 방식은 실질적으로 통용이 되는데, 사회급여 제공자들 간에 자산조정에 맞춰진 청구권은 문제가 없기 때문이다. 사회급여 제공자는 법과 법률에 구속이 되고 파산이 되지는 않는다. 선급여제공자는 그 때문에 어려움 없이 급여의무가 있는 제공자에게 가도록 조정청구권이 지정될 수 있다. 이러한 방식을 택하는 것을 사회법전 제10권 제102-114조가 규정하고 있다. 이러한 규정들은 삼자 사이의 조정관계의 유형을 규정한다.

3자 사이의 조정관계의 두 번째 유형은, 급여수급권자가 획득된 것을 유지하고자 하는 경우에 발생하는데, 그것은 사회급여 제공자에게 그리고 급여의무가 있는 사인에게 채무가 있으나, 급여제공자는 궁극적으로 급여의무가 있는 사인에 대한 관계에 있어서는 급여의 의무가 없기 때문이다. 그의 급여의무는 유일하게, 급여수급권자가 민간 급여의무자의 채무징수의 위험이나 파산을 떠맡도록 하는 것으로 설명된다. 그러나 그 때문에 급여의무가 있는 사인은 자기의 책임으로부터 면책되지 않는다. 240

그와 같은 조정관계는 널리 확산되었다. 그것은 대략 사회보험 제공자가 피보험자의 질병치료 또는 소득조정을 보장하고, 그에 대해 가해자가 그에게 불법행위법에 따라서 책임을 지는(민법 제823조, 제826조) 경우, 한 주에서 범죄피해자보상급여를 피해자에게 제공하거나, 동시에 가해자에 대하여 불법행위로 인한 민법상의 청구권이 그에게 귀속되는 경우(아래 방주 425 참조), 사용자는 노동자에게 임금채무가 있고 그로 인해 사용자를 대신하여 사회급여 제공자가 사회급여를 제공하는 경우(아래 방주 478 참조) 등이, 생계법과 사회법의 관계에 있어서처럼 나타나게 된다. 남편, 전 남편 또는 부모 한쪽이 부부생계, 이혼생계 또는 자녀생계의 채무가 있으나 이런 의무를 이행하지 못하는 경우에 사회부조 제공자, 직업훈련촉진청 또는 생계대부금고가 의무를 망각하거나 또는 급여에 대한 자산능력이 없는 생계의무자를 위하여 끼어들 수 있다. 즉 사회급여에 의해, 우선 가족생계를 통해 충족하려는 생계채무자의 수요를 충족할 수 있다.

241 이런 경우, 사회급여 제공자가 수급권자에게 급여를 지급한다면, 이것이 그 책임에서부터 급여의무가 있는 채무자의 부담을 덜기위한 것이 아니고, 수급권자의 수요충족이 채무자의 의무망각이나 또는 급여능력이 없음으로 인해 무산되지 않도록 하기 위한 것이다. 그와 함께 수급권자는 이중으로 중복하여 충족되지 않도록 그리고 마지막으로 급여의무가 있는 채무자가 선급여에 의해 그 책임에서 면책되지 않도록 하기위해서, 그 사례의 경우에, 사회급여 제공자가 급여를 지급했거나, 선지급의 의무가 있는 한, 사법적 청구권에 당사자의 교체가 일어나는 것이다. 이러한 조정은 사회법전 제10권 제115, 제116조, 연방부양법 제81a 조항을 대신하여 피해자보상법 제5조, 사회법전 제12권 제94조, 생계보조법 제7조, 연방직업교육촉진법 제37조에 규정되어 있다. 그 규정들은 대부분 사회급여 제공자에 의한 선급여의무 또는 그 이행 시에, 급여의무자에 대하여 경합하는 사법적 청구권이 그 사회급여 제공자에게로 이전됨을 예견하고 있다.

242 두 가지 방법으로 동일한 목적이 달성된다. 급여수급권자는 그에게 귀속되는 것을, 조정에 끌어들이지 않고, 유지할 수 있고, 더 나아가 선급여를 지급하는 사람에게는 급여의무자의 비용으로 직접적인 조정이 할당된다. 이러한 조정의 법적인 형성형태는 그럼에도 불구하고 다양하다. 사회법전 제10권 제102조 이하에 따른 두 사회급여 제공자 사이의 조정은 보상을 기반으로 한다. 급여의무자에 대한 급여수급권자의 청구권을 대신하여, 조정에 대한 새로운 청구권이 들어서게 된다(사회법전 제10권 제107조). 급여의무자에 대

한 급여수급권자의 청구권은 선급여지급자가 급여의무자에 대한 조정청구권을 갖고 있는 한, 충족된 것으로 여겨진다. 조정이 그에 반해서 당사자 교체형태로 이루어지면, 궁극적으로 급여의무가 있는 사법상 채무자에 대한 원래의 급여청구권은 유지된다. 그것은 단지 사법상 채권자의, 선급여를 한 사회급여 제공자에 채권이전 법에 의해서 이루어진다. 사회급여 제공자는 본래 채권자의 지위를 획득하고 – 지속적 징수와 파산위험의 감내 하에 – 청구권을 채무자에 있어서 관철시켜야만 하는 것이다. 당사자 교체를 통한 조정은 보상 자체의 청구권을 설정하는 대신에 이루어지는 것으로, 자기의 적법성을 변경하며 본래의 청구권 유지에 의해 본래의 청구권을 동시에 중지하며 발생하는 것이다.

b) 사회법전 제10권 제102조 이하에 따른 조정청구권

aa) 사회법전 제10권 제102조 이하의 요건 및 법적결과

모든 사회법전 제10권 제102조 이하에 지정된 조정청구권은 삼자관계에서 **243**
의 조정상황을 규정하는 것인데, 하나의 사회급여 수급자와 둘의 사회급여 제공자가 참여하고 보상을 통해 조정에 영향을 준다. 더 나아가 선급여 지급을 하는 외에 어떤 다른 급여 제공자도 급여의무가 없는 경우에, 사회법전 제10권 제102조에 따른 어떠한 청구권도 존재할 수 없다는 것이 이 두 가정에서 추론된다. 조정청구권은 사회급여 제공자 간 다수가 없으면 좌절된다. 보정의 조정방식으로부터 더 나아가 급여의 선지급이 급여의무자의 급여의무에 상응하는 한, 급여의무자에 대한 수급권자의 급여청구권은 그런 한에서 소실된다고 추론된다. 청구권간 "일치"가 성립한다.

사회법전 제10권 제102조 이하의 조정청구권은 통상 그 법적 성격에 있 **244**

어서, 상이하게 규정된다. 한편에서 사회법전 제10권 제102조의 청구권과 다른 한편에서 사회법전 제10권 제103-105조의 청구권이 구별된다.[2] 사회법전 제10권 제102조는 먼저 조정의 범위에 있어서 사회법전 제10권 제103-105조와 구별된다. 사회법전 제10권 제103-105조에 따라 조정의무자(=급여 의무자)는 조정수급권자(=선급여 지급자)에게, 그가 자기 자신의 급여에 대한 선지급을 통해서 아낀 채무를 지고있는 반면에, 조정의무자는 선급여 지급자가 사용한 사회법전 제10권 제102조에 따른 조정의 수급권자에 대한 채무가 있다. 그러므로 사회법전 제10권 제103-105에 따른 조정의 범위는, 조정의무자에게 선지급에 의해서 흘러들어간 이익으로부터 환산된다. 사회법전 제10권 제103-105에 예정된 청구권은 이것을 걷어내는 것을, 목적으로 하고 있다. 이에 반해서, 사회법전 제10권 제102조에 의한 조정의 범위는, 선급여 지급자가 행했던 비용의 범위 – 급여의무자가 선지급에 의해 아낀 것과 같은 것에 따라 결정된다.

245 이러한 차이점은 그 쪽에서 두 청구권의 기본적으로 상이한 법적성격의 표현이다. 사회법전 제10권 제102조에 따른 청구권은 비용배상에 맞춰있다(민법 제670조, 제683조와 유사하게 반환청구권의 합법적인 형태). 그에 반해 사회법전 제10권 제103조-105조는 급여의무자에 영향력이 있는 선급여를 통해서 나타나는 부당이득을 걷어내는 것을 목적으로 한다(유사하게 민법 제684조, 제812조 반환청구권의 합법적 형태). 이러한 차이점은 사회법전 제10권 제102조에서 선급여 지급자가 제3의 급여제공자에 대해 의식적으로 행동하

---

2 *아이헨호퍼*, 사회재판(잡지) 1989, 177 (180이하 참조); *쿰머*, 사무직노동자보험 1986, 397(398이하.); *쉘호른*, in: 사회법 핸드북, § 8 방주 75쪽 이하; *루스*, in: 폰 불펜/슈체(편), 사회법전 제10권, 2014 (8판), vor § 102, 방주 1쪽 이하.

고, 그에 반하여 사회법전 제10권 제103-105조에서는 선급여 지급자는 스스로 이행해야만 한다고 믿는다는 것에서 정당화된다. 사회법전 제10권 제102조에서, 선급여 지급자는 제3자의, 사회법전 제10권 제103-105조에서는 그에 반하여 스스로의 업무집행의지를 가지고 행한다. 이타적 동기로 인해 사회법전 제10권 제102조의 선급여 지급자는 조정의 범위와 법적 권리구제에 관하여, 사회법전 제10권 제103-105에 따른 조정의 수급권자보다도 더 나은 위치에 있다. 그들은 급여를 통해서, 자신의 의무를 완수했다는 생각을 가지고 있다. 청구권의 이러한 차이점을 어원론적으로 표현하기 위해서 사회법전 제10권 제102조에 따른 청구권은 "배상" 그리고 사회법전 제10권 제103-105조에 따른 권리는 "상환청구권"이라 부른다.

bb) 구제절차

양자관계에 있어서 반환청구소송 형태로 이루어지는 조정청구권(사회법전 제10권 제50조)은, 조정청구권에 의해 대체되는 급여청구권을 결정하여야 할 법원이 객관적으로 담당하게 된다(아래 방주 257 참조). 사회법전 제10권 제50조에 따라 보장된 직업훈련촉진 또는 청소년부조가 담당 제공자에 의해서 반환청구가 되면, 그 반환청구에 대해서는 일반행정법원이 그 청구권의 보장에 대해 결정할 동일 법원으로서 결정한다. 사회법전 제10권 제50조에 따라 사회보험급여 또는 고용촉진급여가 반환토록 보장된다면, 역시 급여청구권에 대해 담당하는 사회법원이 그 청구권에 대해 결정해야만 한다(아래 방주 257 참조). 사회법전 제10권 제50조에 따른 조정청구권에 대한 관할법원은 조정하는 급여청구권의 관할을 따른다. 246

3자관계에서 조정청구권에 대한 구제절차는 상이하게 규정된다. 조정이 당사자 교체의 형태로 이루어진다면, 이전된 권리로 인한 쟁송에 의존하게 된 247

그 법원이 조정에 대해 결정한다. 그러므로 불법행위로 인한 손해배상청구 이전의 한 조정이 보장되면, 일반 법원이 그에 관해 결정한다. 그러므로 노동보수에 대한 청구권 이전에 의한 조정은 노동법원이 그에 대해 결정하고, 가족의 생계청구권 이전에 의한 조정에 관해서는 가정법원이 결정한다.

248 보정에 근거한 조정관계 시의 구제절차는 사회법전 제10권 제114조에 규정되어있다. 이 규정은, 그럼에도 불구하고 불만족스럽게 규정되어있다. 사회법전 제10권 제114조 1문에 따라, 조정청구권에 대해 사회급여에 대한 청구권에서와 같은 권리구제가 주어진다. 사회법전 제10권 제114조 2문에 따라 사회법전 제10권 제102조의 경우에 선지급된 급여제공자에 대한 청구권이 그리고 사회법전 제10권 제103-105조의 경우에 있어서는 상환의무가 있는 급여제공자에 대한 청구권이 중요하다. 사회법전 제10권 제114조 1문에 제시된, 그에 따른 조정청구권에 대한 결정은, 보정되는 급여청구권과 같이 동일한 관할법원의 담당이 된다는 기본원칙은 구 사회법전 제10권 제114조 2, 1문에 의해 바로 실현되지 않는다. 사회법전 제1권 제43조에 따라 사회보험 제공자에 대해 선급여를 제공하라는 행정법원의 판결에 따르는 제공자는, 이른바 사회법전 제10권 제114조 1문의 원칙에 따라, 사회법원에서 사회법전 제10권 제102조에 따른 그의 비용배상청구를 주장할 수 있을 것이다. 하지만 구 사회법전 제10권 제114조 2, 1문은 제공자가 청구권을 행정법원에 제기하여야만 한다고 하고 있다.

c) 당사자교체에 의한 조정시 개별 문제와 문제의 형성

aa) 양도의 정황

249 보정을 통한 조정과 달리 당사자교체를 통한 조정은 조정관계에 하나의 사

회급여 제공자와 둘의 사인이 관계하면 발생하지 않고, 당사자교체에 의한 조정 시 단지 법이 당사자교체를 **명시적으로** 지정하는 경우에만 나타난다. 이것은 특히 **노동보수**(사회법전 제10권 제115조, 사회법전 제3권 제157조) **손해배상청구권**(사회법전 제10권 제116조, 연방부양법 제81조 a) 그리고 **생계청구권**(사회법전 제12권 제94조, 생계보조법 제7조, 연방직업교육촉진법 제37조)에 적용된다. 채권양도의 형태로 된 당사자교체가, 청구권 성립을 위한 전제가 충족되자마자, 법에 의해서 나타난다. 급여제공자는 결과적으로 그의 급여의무의 성립과 함께 경쟁하는 사법상 청구권을 갖게 될 것이다.

사회급여 제공자의 급여의무가 경합하는 사법상 채무자의 급여의무에 대 **250**
해서 후순위라면 청구권의 양도가 지정된다. 청구권의 양도는, 사법상 채무자의 급여의무가 일반적인 규정에 따라 압류할 수 없고, 그 때문에 양도할 수도 없는 한(민법 제400조) 나타나게 된다. 왜냐하면 사법상 채권자는 경합하는 사회급여 청구권에 의해, 압류불가의 규정과 같이 생존을 보장하는, 심지어 통상 압류할 수 없는 채권의 부분을 상회하는 증여를 받기때문이다. 양도된 채권에 대해서는 채무자 보호(민법 제404조 이하)에 관한 민법규정들이 상응하여 적용된다(민법 제412조 참조).

bb) 손해배상청구권 양도에 관한 특별규정

법적 채무관계[3]에서 손해배상청구권의 법정채권양도법에 몇 가지 특별규정 **251**

---

3 연방대법원 보험법(잡지) 2009, 995 참조. ; *브로이어*, 사회법전 제10권 §116에 따른 사회부조 이행자의 상환청구, 1986; *폰 코펜펠스-스피스*, 양도 입법, 2006, 230쪽 이하; *프라게만*, in: 사회법 핸드북, §9 방주 5쪽 이하; *동 저자*, 사회재판(잡지) 1993, 197; *아이헨호퍼*, in: 아이헨호퍼/벤너(편), 사회법전 제10권, 2016, 사회법전 제10권

이 있다(사회법전 제10권 제116조 (2)-(6)항 참조). 즉 나타난 손해가 가해자의 요구에 의해 완전히 충족될 수 없다면(미충족), – 그것이 실질적 이유이든(가해자가 충분한 자산의 결여로 피해자를 충족시키지 못하는 경우), 또는 법적 이유이든 이것이 어떻게 채권의 양도에 영향을 미치는지가 규정되어 있다(손해배상청구권이 피해자의 같은 영향을 갖는 채무로 인해서 감소되고, 민법 제254조, 또는 가해자의 지급보증 의무는 위험책임에 있어 그 수준에 따라 제한된다).

252 미충족이 실질적인 원인에 근거한다면, 사회법전 제10권 제116조(4항)에 따라서 경합하는 사회급여 제공자에 대해, 사법상의 배상요구 채권자에게 충족의 우선권이 부여된다. 이와 같은 우선권은 그 양도가 구 채권자에 불리하게 작용하지 않도록 한다는(nemo subrogat contra se) 양도법상 특징적인 원칙에서 주어진다. 미충족이 그에 반해서 법적인 이유에 근거한 것이라면 사회법전 제10권 제116조 (2항)과 (3항)은 구 채권자 또는 사회급여 제공자에게 공동의 채무비율로 경감된 배상청구권에 대한 우선권이 귀속되는지에 대한, 문제의 규정을 포함하고 있다. 이것은 "비율의 우선권" 문제이다. 그에 관해 예시된 법적 규정들은 차별화된다.

미충족이 책임의 최고액에 근거한 것이라면, 사회급여제공자에 대하여 사법상 채권의 채권자에게 절대적인 비율의 우선권이 귀속된다(사회법전 제10권 제116조 (2항)). 그에 반해 그것이 피해자의 공동채무에 기인하는 것이라면(민법 제254조), 피해자와 사회급여 제공자사이의 손해배상청구권은, 피해자의 기여액이 전체 채권에 대해서 어떻게 되는지 그 범위에 따라 분할된다

---

§ 116에 대한 주해 방주 2쪽 이하; *발터만* in: 크닐렘/크라이케봄/동 저자, 사회법에 대한 해설, 2017(5판), 사회법전 제10권 § 115에 대한 주해.

(사회법전 제10권 제116조 (3항)).

보험계약법 제86조 (3항)처럼, 사회법전 제10권 제116조 (4항)은, 가해자가 피해자의 가족구성원이고, 이 피해자와 같이 가족공동체에서 살고 있으며 피해를 고의로 유발한 것이 아닌 경우라면, 채권의 양도를 제외한다.[4] 이러한 "가족특권"은 가족의 평화의 이익 속에, 가족구성원 간 책임의무법적 책임에 관한 법적 다툼이 일어나는 것을 막으며, 다른 한편에서 피해자의 반환청구에 의해 간접적으로 침해되는 것을 피하고자 하는 것인데, 가해자가 사회급여 제공자에게 배상의 채무가 있는 한, 피해자 역시 살고있는 가계소득이 감소되는 것을 피하고자 하는 것이다. 253

cc) 사회법전 제10권 제116조 기본원칙 청구권이전의 다른 요건 적용가능성

이런 기본원칙들은, 사회급여 제공자에게 유리하게, 다른 성립근거가 있는 청구권 이양에 있어 역시 우선권 문제가 제기되는 한에서만, 청구권 이양의 다른 구성요건에 적용될 수 있다. 여기서 기본원칙에 따라(nemo subragat contra se) 사회급여 제공자에 대한 사법상의 채권자 충족의 우선권을 가정하고 있는 것이다. 반면에 다른 규정들은 양도법에 의해 발생하는 손해에 대한 책임의 결과이며, 따라서 사법에 따른 손해배상 청구의 양도로 제한된다.[5] 254

4 연방헌법재판소판결 127, 263.

5 문제에 대하여 상세히 *코펜펠스-스피스*의, 양도법, 2006, 190쪽 이하 참조.

참고문헌

Bley, Ausgleichsansprüche der Sozialleistungsträger nach dem Regierungsentwurf zum X. Buch 3. Kapitel des Sozialgesetzbuches, DOK(독일 지역의료보험조합) 1981, 143; *Breuer*, Der Regreß des Sozialhilfeträgers nach § 116 SGB X, 1986; *Eichenhofer*, Dogmatik und Systematik öffentlich-rechtlicher Erstattungsansprüche und privatrechtlicher Regreßansprüche der Sozialleistungsträger, SGb(사회재판(잡지)) 1989, 177; *Koppenfels-Spies*, Die cessio legis, 2006; *Plagemann*, Sozialrechtshandbuch(사회법 핸드북), § 9; *Rische*, Ausgleichsansprüche zwischen Sozialleistungsträgern, 1978; *von Wulffen/Schütze*, SGB X, 2014(8판); *Waltermann*, Forderungsübergang auf Sozialleistungsträger, NJW(신 법률 주보) 1996, 1644.

I. 일반 원칙

제11장 사회법에 있어 법적 보호

a) 개관

aa) 법적보호의 필요 (Erfordernis des Rechtsschutzes)

사회급여 제공자는 공권력을 행사하고 기본권 제19조 (4)항은 공권력행사로 255
인한 법의 권리침해가 발생한 경우 누구에게나 권리구제수단을 개방하고 있기 때문에, 사회법역시 확장된 법적보호를 필요로 한다. 이것은 독일에서 2차 대전이후에 포괄적으로 설치되었으며, 그 후 권리구제가 보장되고 있다. 그 전에는 중재재판, 감독관청, 상급보험관청 그리고 제국보험청 = 다른 행정기구 또는 이에 편재된 재판부가 사회법적 분쟁에 있어서 재판관할권을 행사하였다.[1]

---

1 뷔르크, 제국보험청, 고등보험청, 보험청, 원호법정과 중재재판소의 판정활동이 당시 그리고 오늘날의 법적 이해에 따른 판결였는가? in: 독일사회법연맹/바나가트(편), 사회법의 발전: 판결의 과제, 1984, 138쪽 이하; *아이헨호퍼*, 사회재판(잡지) 2004, 516; *코흐*, 사회법원의 법적보호의 발전, in: 비싱/움바하(편), 40년 주 사회재판, 1994, 39; *바나가트*, 사회재판(잡지) 1979, 177; *벤너/테르덴게/크라우쓰*, 사회재판의 특성, 2005(3판), 방주 25쪽 이하; *비싱*, 라인란드-팔쯔에서 사회재판 40년, in: 비싱/움바

256 국제비교에서도 사회급여 제공자의 결정에 대한 법적보호는 여러 가지 형태로 보장된다. 법적보호는 결정에 대한 행정적 검토로 제한되는 경우는 거의 없으며, 기본적인 법 기본원칙의 침해 시에만 독립적인 법원에 의해서 심사된다. 오히려 많은 나라들은 사회행정 처분이 독립적인 법원에 의해서 심사되도록 규정하고 있다. 여러 나라에서(예를 들어, 프랑스, 이탈리아 또는 네덜란드) 사회법적 쟁송을 관할하는 일반법원이 존재하며, 다른 나라에서는 일반 재판관할권의 종속적 부분으로서, 노동법적 쟁송에 대해서도 관할 전문법원이 있다(예를 들면, 벨기에, 오스트리아 또는 폴란드). 독립적인 사회재판은 독일의 특징이다. 공통적인 것은 사회법에 있어서 법적보호의 형성에 대한 상이한 개별 국가들의 접근방식에는 절차의 탈형식화, 법적보호 비용의 유리한 형성 그리고 판결에 사회적 파트너의 참여 등을 위한 노력이다.

bb) 통일적이지 않은 구제절차 (Kein einheitlicher Rechtsweg)

257 독일의 사회법상 법적보호에 대해서 상이한 구제절차가 존재한다. 법적보호가 법적으로 독립적인 사회급여 제공자 – 특히 사회보험 제공자 그리고 부양 제공자 (주) – 에 대하여 행해지는 한, 사회법원이 이를 담당한다 (사회법원법 제51조). 보험조합 간 또는 이들과 급여제공자 사이의 불공정행위에 대한 분쟁 역시 사회법원의 관할에 속한다(사회법전 제5권 제69조 (2항)). 사회법원은 또한 보험계약의법, 육아휴직수당법, 피해자보상법, 사회보상법, 구직자와 노령 및 소득활동불능 시의 기초보장 그리고 공공부조를 담당한다(사

하(편), 40년 주 사회재판, 1944, 1쪽 이하.

회법원법 제51조 (1항) 4호).[2] 민간 장기요양보험 분쟁에 관해서도 역시 장기요양보험에 관한 법 규정의 통일적인 해석을 위하여 사회법원이 결정한다.[3] 사회법적 관할권 말고도 비사회법적 관할권을 함께 가지고 있는 행정기관(특히 시·군 또는 대학)을 상대로 권리보호가 다투어질 경우에는(특히 시, 군 또는 대학), 행정법원이 관할한다(행정법원시행령 제40조 (1항)). 결과적으로, 특히 청소년부조, 전쟁희생자원호, 주거수당, 직업훈련촉진과 의료기관 그리고 장애인법상의 대상 등은 행정재판 관할이 된다. 아동수당(소득세법 제62조 이하)은 재정법원 관할에 속한다. 주는 사회법원과 행정법원을 통합할 수 있고(사회보험법 제1조), 현재 브레멘 주가 유일하게 사회법원과 행정법원을 통합하여 운영하고 있다.

cc) 법원의 구성과 재판절차 (Besetzung der Gerichte und Gerichtsverfahren)

행정법원은 세 명의 직업판사와 두 명의 명예판사(행정법원령 제5조 (3항))로 구성되며, 사회법원은 한 명의 직업판사와 두 명의 명예판사로 **구성된다**(사회법원법 제12조 (1항)). 행정재판 관할의 명예판사는 25세 이상인 모든 시민이 될 수 있다(행정법원령 제20조). 사회재판 관할의 명예판사는 단지 주요 신분그룹의 구성원만이(사용자, 노동자, 보험계약의) 또는 관련 당사자 (예를 들면, 전쟁희생자)가 될 수 있고(사회법원법 제13조 이하), 그들은 25세 이상이어야 한 258

---

2 *불트만*, in: 플라게만(편), 뮌헨 변호사핸드북 사회법, 2013(4판), § 3.

3 *볼렌슐레거*, 민간 장기요양보험의 분쟁에 있어서 법적수단, in: 기터/슐린/짜커(편), 오토 에른스트 크라스나이 기념논문집, 1997, 757쪽 이하.

다(사회법원법 제16조 1항). 사회재판에서처럼 행정재판에는 3심제가 존재한다(방주 266, 그림 11 참조). 행정재판에는 행정법원, 상급행정법원(고등행정법원) 그리고 연방행정법원(행정법원령 제2조), 사회재판에서는 사회법원, 주 사회법원 그리고 연방사회법원이 있다(사회법원법 제2조).

b) 법적보호 보장의 기본원칙 (Grundsätze der Rechtsschutzgewährung)

aa) 전심절차 (Vorverfahren)

259 행정처분에 반하거나 또는 그 지시를 목표로 하는, 모든 법정절차에 대해서 전심절차가 선행되어야만 한다(사회법원법 제78조, 행정법시행령 제68조). 이것은 불만이 있는 행정처분의 통지 이후 한 달 이내에 행정처분을 내린 관청에 이의제기를 통해 청구한다(사회법원법 제84조, 행정법원령 제70조). 이의제기를 받은 관청은 제기된 조처의 적법성 그리고 합목적성을 심사해야만 한다. 행정관청이 그 조처가 위법하거나 또는 목적에 위반된 것으로 간주한다면, 그 기관은 이를 폐지할 수 있고 그 요구에 부응하여 – 이의제기를 해소할 수 있다. 그가 시정하지 않으려면, 이의제기는 답변에 의해 기각되어야만 한다(사회법원법 제85조 (1항), 행정법원령 제72조).

bb) 소송절차 (Klageverfahren)

260 관련 당사자는 한 달 이내에 관할 법원에 처리된 또는 기각된 행정처분에 대해 소송을 제기할 수 있다(사회법원법 제87조, 행정법원령 제74조). 사회법원법과 행정법원령은 소송의 종류를 항고소송, 의무이행소송, 급부소송 그리

고 확인소송(사회법원법 §§ 54이하, 행정법원령 제42조이하)으로 나누고 있다.[4] 사회법에서 **취소소송**(Anfechtungsklage)은 침해행정에 있어서보다는 의미가 적다. 이러한 소송 종류로 사회법적인 중요한 적용사례들은 보험가입의무, 사회보험료의 징수, 협력이 결여된 사회급여의 반환청구나 거절에 대한 결정이다. **의무이행소송**(Verpflichtungsklage)은 사회법에서 재량급여에 있어 중요하다. 이것은 법원이 제공자에게 급여의무를 지우거나 또는 법원의 법적 견해의 존중 하에 급여제공자가 원고의 요구에 답하도록 하는 것이다.

급부소송(Leistungsklage)은 사회행정 처분에 대한 법적보호의 핵심이다. 그것은 의무급여에 대한 청구권의 사법적 관철에 기여하는 것이다. 통상 그것은 항고소송과 급부소송(사회법원법 제54조 (4항))이 결합되어 제기된다. 전자는 청구권이 있는 급여를 기각한 행정처분의 폐지를 목적으로 하고, 후자는 원고에게 확정된 급여보다도 더 높은 급여를 판정토록 함을 목적으로 한다. 사회급여 제공자간의 배상청구권만은 급여소송으로 관철된다. **확인소송**(Feststellungsklage)을 수단으로 해서는 법률관계의 존부 또는 행정처분의 무효가 확인되는데 예를 들어 피보험자의 배정에 관한 두 의료보험조합 사이의 분쟁이 해소된다.

cc) 절차의 기본원칙 (Verfahrensgrundsätze)

행정재판과 사회재판에 대해서는 일치된 절차의 기본원칙이 적용된다.[5] **261**

---

4 *크라스나이/우칭*. 사회법원 절차의 핸드북, 2011(6판), 131쪽 이하; *쿰머*, in: 사회법 핸드북, § 12 방주 43쪽 이하; *벤너/테르덴게/크라우쓰*, 사회재판의 특징, 2005(3판), 방주 200쪽 이하.

5 *크라스나이/우칭*, 사회법원 절차의 핸드북, 2011(6판), 73쪽 이하; *벤너/테르덴게/크*

1. 증거의 원칙 대신 조사의 원칙,

2. 형식적 진실 대신 실체적 진실의 원칙,

3. 또한 공적업무, 직접성(사회법원법 제177조, 행정법원령 제96조), 구두변론(사회법원법 제124조, 행정법원령 제101조)과 신속성

조사의 기본원칙에 따라(사회법원법 제103조, 제106조, 행정법원령 제86조) 사안의 규명은 법원이 맡고, 당사자에게는 책임을 지우지 않는다. 법원은 그런 이유로, 당사자 사이에 논란이 없다할지라도 사실관계를 조사해야만 한다. 왜냐하면 사회법에 있어서 법적보호는, 한쪽 당사자가 주장하고 다른 당사자가 부인하지 않는 것이 진실이라는, 민사소송법적인 형식적 진실의 원칙을 따르지 아니한다. 거기에는 실체적 진실의 원칙이 적용된다. 즉, 당사자가 진술 또는 제시하는 것과 관계없이 실제로 무엇이 진실인가 하는 것이다. 법원은 당사자의 발언에 구속되지 않고, 당사자들의 증거제시도 필요하지 않다. 법원은 역시 증거의 신청에도 구속되지 않는다. 증거제시원칙의 특징을 갖는 민사소송과정과 그의 전형적인 주장책임과 증명책임이 사회법에서는 생소하다. 물론 사회법적인 절차로 객관적인 증명책임이 있다. 한 규범의 실질적인 요건들이 해명될 수 없는 부담을 의미한다. 증명책임은 일반원칙에 따라, 주장하는 사실로 유리하게 되는 자가 진다. 두 개의 절차의 순서에 대해서는 법적청문의 기본원칙 (기본법 제103조)이 적용된다. 소송참여자들은 이에 따라 전 과정에서 그 절차에 관여하고, 그들의 법직판섭에서 청문되고 이것이 참여자들에게 설명된다.

라우쓰, 사회재판의 특징, 2005(3판), 방주 386쪽 이하.

나아가 사회법원 절차에 대해서만은 원고우호성[6]의 기본원칙이 적용된다. 262
그 특징은 특히 급여청구를 주장하는 원고, 기본적으로 피보험자, 급여수급자 그리고 장애인에 대해서는 비용이 없고 (사회법원법 제183조 이하),지역적 관할법원은 원고의 주거지에 따르며(사회법원법 제57조), 대리인 강제가 존재하지 않고(사회법원법 제73조), 단체(예를 들면 노조 또는 장애인단체) 에 의한 소송대리가 허용되며, 특정 신청서 제출의 의무가 없다(사회법원법 제92조).

dd) 절차의 경과 (Verfahrensablauf)

개개인은 그의 사회법적인 지위의 침해가 가능한 경우, – 특히 급여제공자 263
가 정당화되지 않는 기여금 또는 수령한 사회급여의 반환지불을 요구하거나 또는 법적 책임이 있는 급여지급을 거절하는 경우, 사회급여 제공자에게 소송을 제기할 수 있다. 소송은 관할법원에, 서면 또는 구두로 제기될 수 있다(사회법원법 제90조 이하, 행정법원령 제81조). 소송이 제기되면 법원은 먼저 사실관계 판단요건을 심사해야 한다. 법적 권리구제의 개시, 법원의 관할, 당사자성, 소송능력 = 행위능력(사회법전 제1권 제35조), 그 밖의 법적 계류중인 소송사건이 없어야 할 것 또는 기판력있는 결정 그리고 원고의 법적 보호의 필요성과 같은 사실관계 판단요건이 존재하면, 소송은 허용된다. 단, 그(사회법원) 또는 직업판사(행정법원)가 구두심리를 준비해야만 한다. 이를 위해서는 사실을 종합적으로 설명하고, 증인을 소환하여야 하며 사실을 명확히 하는데 필요한 기타 중요한 증거를 제시하여야 하는데, 특히 의학적 소견서를 받아야한다.

6 *항크스*, 신 사회법 잡지 2018, 49.

264 판결은 구두심리에 근거하여 내려진다. 이는 법원의 재판장에 의해서 행해진다. 사안의 호명으로 시작된다. 그리고나서 재판을 이끌거나 또는 준비절차를 맡은 직업재판관이 실상을 설명한다. 거기에 원고 그리고 피고 (통상 관청) 각각 자신의 변론이 이어진다. 실상이 규명될 필요가 있으면, 법정에서 증거가 수집된다. 법원은 서증조사를 하거나 또는 증인 또는 전문가[7]의 증언을 듣는다. 구두심리는 공개된다. 결정은 구두심리에 근거하여 내려지는데, 즉, 심리가 종결된 직후 선고된다.

c) 절차의 종결과 법률상의 수단 (Verfahrensbeendigung und Rechtsmittel)

265 법적절차는 **원고**(Klägers), **피고**(Beklagten) 또는 **법원**(Gerichts) 의 **결정**(Entscheidung)에 의해서 종료될 수 있다. 절차는, 원고가 **소송을 취하하고**(zurücknimmt), 피고가 주장된 청구권을 **인락하거나**(anerkennt) 원고와 피고가 계류 중인 요구에 대해서 **재판상의 화해**(Prozessvergleich) 를 체결한 때 종료된다. 당사자들이 스스로 절차를 종료하지 않으면, 그것은 1심재판에 대한 **종국판결**(Endurteil) 에 의해 종료된다. 이 판결은, 판결에 대한 항소가 가능하지 않거나 또는 어떤 당사자도 항소하지 않으면, 분쟁사례를 최종적으로 종결한다.

266 1심 법원의 결정에 대해서 – 사회- 또는 행정법원의 – **항소**(Berufung)와 **상고**(Revision)가 **법률상의 수단**(Rechtsmittel) 으로서 규정되어있다. 항소는 실질적 및 법률적인 관점에서 최초결정의 심사에 기여하는 것이고, 그리고 상고

---

7 그에 대해 *스타인베델*, 의료전문가 1991, 59. 참조.

는 오로지(절차적 그리고/또는 실질적인) 법률적 관점에서만 심사한다. 사회재판에서 항소법원은 주 사회법원이며 그리고 행정재판에 있어서는 상급행정법원이다(고등행정법원). 상고법원은 사회재판에서는 연방사회법원이며 행정재판에서는 연방행정법원이다.

〈그림 11: 사회법과 행정법의 권리구제 〉

사회법원		행정법원
연방사회법원		연방행정법원
↑	상고	↑
주 사회법원		고등행정법원/주 행정법원
↑	항소	↑
사회법원		행정법원

항소[8](Berufung)는 기본적으로 행정법원의 판결에 대해 허용되지만, 그 항소 267
법원에 의하여 승인된 이후에만 가능하다(사회법원법 제143조 이하, 행정법원령 제124조, 제131조). 그것은 법적 시한 내에(사회법원법 제151조, 행정법원령 제124조) 주 사회법원(사회법원법 제151조) 또는 상급행정법원/고등행정법원(행정법원령 제124조 (2항))에 제기해야만 한다. 항소법원은 그 분쟁을 새롭게 그리고 기초가 된 사실부터 검토하고, 특히 새로운 사실이 제시될 수 있다(사회법원법 제157조, 행정법원령 제128조). 그에 반해서, 상고[9](Revision) 는 주 법원에 의

8 *쿰머*, 사회법핸드북, § 12 방주 370쪽 이하.

9 같은 곳, in: 사회법핸드북, § 12 방주 385쪽 이하.

하거나 또는 기각판정에 대한 항고 시에만 상고법원에 의해서 허용된다(사회법원법 제160조 이하, 행정법원령 제132조 이하). 승인의 요건은 법률사안에 대한 법리적 원칙, 행정처분의 내용과 상고법원의 판결 사이의 불일치 또는 절차적 하자이다. 그밖에 비약상고(Sprungrevision) (사회법원법 제161조, 행정법원령 제134조)도 있는데, 항소 절차를 생략한 채 상고법원의 항소가 가능하다. 상고를 통해서 법적용의 통일성이 보장되어야한다.[10] 상고법원은 사실에 관해서 사실심 법원의 확인에 기속된다.

참고문헌

Lüdtke/ Berchthold(Hg.)(편), Sozialgerichtsgesetz, Handkommentar, 2017(5판); *Breitkreuz/Fichte*(편), SGG(사회법원법), 2014(2판); *Krasney/Udsching*, Handbuch des sozialgerichtlichen Verfahrens, 2011(6판); *Kummer* SRH(사회법 핸드북) § 12; *Meyer-Ladewig*, Sozialgerichtsgesetz, 2017(12판); *Niesel/Herold-Tews*, Der Sozialgerichtsprozess, 2009(5판); *Plagemann*(편), Münchener Anwaltsbuch Sozialrecht, 2014(4판); *Roos/Warendorf*(편), SGG(사회법원법), 2014(2판); *Wenner/ Terdenge/Krauß*, Grundzüge der Sozialgerichtsbarkeit, 2005(3판).

10 하급심을 통한 이러한 기능의 인지에 대하여 노프츠, 신 사회법 잡지 1999, 57.

II. 사회적 사전대비의 법

제12장 사전대비 관계

사전대비 관계는 회피(예방) 또는 사전대비 사례의 형성을 목표로 한다. 사회적 위험의 도래 시에 사회적 사전대비의 급여(노령, 취업불능, 사망, 질병, 장기요양필요, 재해 또는 실업)가 보장되는 법률관계를 성립시킨다. 사회적 위험은 취업능력이나 소득의 위험에서 생겨난다. 사전대비 관계는 우선적으로 급여청구권의 근거를 설정한다. 그것은 기여의 의무 및 하나의 사회적 사전대비 급여제공자에서의 가입자 권리에 묶여있다. 사회보험 여러 분야의 사전대비 관계는 자신 또는 타인의 위험예방을 목표로 한다.[1] 그것이 자기 자신의 사전대비에 대한 것인 경우에, 급여의 수급권자는 동시에 기여의 의무를 갖는다. 그것이 타인의 사전대비에 대한 것인 경우는, 급여의 수급권자와 기여의 의무자는 사람에 따라 다르다. 사전대비(특히 연금보험, 의료보험, 장기요양보험 및 실업보험)는 통상 자기 스스로의 사전대비를 목적으로 하는데, 산재보험만이 타자의 사전대비를 의미하는 것인데 급여수급권자는 노동자 **268**

---

1 유사하게 *블라이/크라이케봄/마쉬너*, 방주 94 이하, 내부 주체간의 – 시간간의 그리고 개인간의 보상상황을 구분한다.

이고, 급여의무자는 그에 반해 사용자이다.

a) 사전대비 관계의 성립

269 사전대비 관계는 법률, 정관(= 규범) 또는 가입(= 공법적인 형성권의 행사)에 의해서 성립될 수 있다. 그것은 통상 법에 의해서 그리고 예외적으로 정관 또는 가입에 의해 성립된다. 위험상황이 도래하면 시작되고, 그 사정이 소멸하거나 수급권자의 사망과 더불어 종료한다.

aa) 개념

270 사전대비 관계는 네 개의 보험관계로 구분된다. 보험의 의무, 보험의 권리, 보험 가입의무의 면제, 그리고 보험의 해소(그림 12 참조)이다.

1. 보험의 의무가 존재하면, 사전대비 관계가 개개인의 의사와는 독립적으로 법률상 요건의 충족에 따라 성립한다.
2. 보험의 권리가 존재하면, 개인의 결정에 따라 사전대비 관계가 성립한다.
3. 보험 가입의무의 면제가 존재하면, 개개인은 법률에 의해서 보험의 의무로부터 면제된다. 그리고 사전대비 관계는 성립하지 않는다.
4. 보험의 해소가 존재하면, 개인이 결정에 근거해서 사전대비 관계로부터 벗어날 수 있다. 그러면 사전대비 관계는더 이상 존재하지 않는다.

〈그림 12: 사전대비 관계의 성립〉

	사전대비 관계	
	성립한다	성립하지 않는다
규범 결정	의무 권리	자유 면제

bb) 보험의 의무, 보험의 권리, 보험 가입의무의 면제, 보험의 해소 지정 사유

보험의 의무는 다른 방법으로는 사전대비의 가능성을 확보하기 어려운 자, 271
특히 종속적 취업자에게 부여된다. 이들은 노령, 장애로 인한 소득의 감소, 질병, 장기요양의 필요, 산업재해 또는 실업 등의 도래 시에 어떤 소득도 획득하지 못하고, 그로 인해 소득의 보상이나 또는 서비스 및 현물의 급여가 필요한 자라고 할 수 있다. 보험의 의무는 전형적으로 사회적 위험에 처한 사람들에게 존재하며, 그것은 통상 법률[2]에 의해서 예외적으로 정관[3]에 의해서 지정된다. 이 규범은 사전대비 관계 근거의 법률요건을 일반적 – 추상적으로 포괄하고, 사회보험의무가 있는 것은 그에 따라, 그 범위에 상응하는 활동을 하는 모든 사람이다.

보험의 권리는 사전대비 관계의 성립에 국한되거나 또는 그 성립과 내용을 포 272
괄할 수 있다. 전자는 연금보험[4]신청에 의한 의무보험, 의료보험[5]의 임의추가보험 그리고 산재보험의 임의가입에 상응하며, 후자는 연금보험[6]의 임의보험에 상응한다. 보험의 권리는 수급권자에게 강요함이 없이 사전대비를 가능하게 하여야 한다.

보험 가입의무의 면제는 통상 그 밖에 보장된 사람에 대해 존재하는데, 즉, 273

---

2 사회법전 제5권 § § 5, 1쪽 이하. 사회법전 제6권, 20 이하. 사회법전 제11권, § 2 사회법전 제7권, § 25 사회법전 제3권; 이글/벨티, 사회법, 2007, 8판, § § 10, 13 참조.

3 사회법전 제7권 § 3 참조.

4 자영업자와 외국인 취업자에 대한 사회법전 제6권 § 4 참조.

5 사회법전 제5권 § 9.

6 사회법전 제6권 § 7.

활동범위가 적어 어떤 보험의 보호가 필요치 않은 사람(법적 의료보험에서 저임금 잔여적 고용, 사회법전 제5권 제7조, 사회법전 제4권[7] 제8조) 또는 자기 자신 스스로의 보장으로 인해서 사회적 보호의 필요가 존재하지 않는 직업군에 속하는 사람을 위해 존재한다. 보험 가입의무의 면제는 즉 – 요약하면 – 전형적으로 사회적 사전대비의 필요가 없는 사람들을 위한 것이다. 보험관계의 해소는 그 신분에 근거해 보험의 필요성은 존재하지만, 개별적으로 그 밖에, 같은 방식으로 보장이 되어있는 사람에 해당된다.

cc) 의무보험가입자

274 법정연금보험, 의료보험, 장기요양보험, 재해보험 그리고 실업보험의 의무보험자는 노동자, 사회적 보호의 필요가 있는 자영업자 및 의무복무자, 치료목적의 취업자, 학생, 그리고 실업자 등이다. 보험의무의 범위는 보험분야마다 독자적으로 규율하고 있다. 그러나 각 분야를 아우르는 공통점이 있다. 다른 사회법 교과서와는 다르게[8], 오스트리아 일반 사회보험법체계와 유사하게 이하에서는 각 보험분야를 포괄하여 보험가입자의 인적 범위를 설명

---

7 유럽공동체법과 종전의 포괄적인 보험 가입의무의 면제와의 정합성에 대하여(특히 유럽연합 기능방식에 대한 조약 제157조) 유럽법원 판결 Slg. 1995, I-4741(메그너와 쉐펠) 참조. : *비박*, 사회재판(잡지) 1996, 513; *쿌너릭*, 노동과 법(잡지) 1994, 393; *파우펠*, 사회보장(잡지) 1987, 35; *발고리오*, 신 노동사회법 잡지 1993, 447쪽 이하; 새로운 형성에 대해 – 이른바 저 임금 잔여고용자의 연금보험가입과 주된 취업에 대한 기여금 산정시 저 임금 잔여고용에서의 부수입의 고려 – *보에켄*, 신 노동사회법 잡지 1999, 393; *발터만*, 사회법, 2014(11판), 방주 135쪽 이하 참조.

8 예를 들어. *묵켈/오고렉*, 사회법, 2011(4판); *이글/벨티*, 사회법, 2007(8판) 참조. 그리고 여기와 같이 *발터만*, 사회법, 2018(13판): *블라이/크라이케봄/마쉬너*, 사회법, 2007(9판), 방주 333쪽 이하.

하고자 한다.

사회보험 모든 분야에 있어서 **노동자**는 보험 의무가 있다. 의료보험과 장기 요양보험에 있어서만, 그 소득이 법정의료보험의 보험의무 한도를 넘어서는, 노동자에 대해서 어떤 보험의무도 존재하지 않는다.[9] 보험의무의 한계는 모든 사회보험에 적용되는 기여금산정 한도와는 구별된다. 이것은 보험가입에 관계되는 것이 아니고, 기여금으로 소득입증의 상한선을 형성하는 것이며, 따라서 간접적으로 역시 현금급여의 수준에 대해 결정하는 것이다(아래 방주 284 참조). (생산직)노동자와 사무직 노동자의 종전의 보험의무의 차이는[10], 그 구분에 의해 피보험자의 관할 **보험자**에의 배정이 달려있었지만, 이는 2005년 연금보험조직 개혁에 의해 폐지되었다(그에 대해 방주 315 참조). 275

사회보험법상 노동자의 개념은 노동법과 세법상의 개념과 일치한다. 연방사회법원은 다음과 같이 설시(設施)하였다. "한 업무의 취업유형에 대한 의미있는 분류에 중요한 것은 참여자의 계약관계이다."[11] "취업이 존재하는지는, 참여자들의 계약관계로부터 주어지는 것이며, 그것이 법적으로 허용되는 범위에서 실제로 이루어지는지에서 나타난다."[12] 노동자는 그에 따라 다른 사람의 사업장에서 다른 사람을 위해서 보수를 받고(편입) 그의 지시에 따라 활동하는 사람이다. 노동자에는 직업훈련을 받는 사람도, 그가 무보수 276

9 사회법전 제5권 § 6 (1)항 1호; 사회법전 제11권 20조 (1)항 1호 참조.

10 그에 대해 기본적으로: *방크*, 노동자와 사무직노동자, 1992.

11 연방사회법원 사회법(결정집) 4-2400, § 7 17호.

12 연방사회법원판결 120, 99: 자영인/종속적 고용인의 구분, 계약당사자의 의지와 기업가적 위험: 그것은, 합의한 바가 실제로 이루어지지 않았거나, 그로 인해 실제로 행한 것과 공언된 계약관계가 일치하지 않는, 경우에만 일탈할 수 있다.

로 고용되어 있다 할지라도, 역시 해당된다(사회법전 제4권 제7조 참조). 지시권에의 종속은 일의 내용 또는 외적 환경에서 나오는 것이다. 그것은 타인에게 유용하고 그리고 타인이 결정하는 것인데, 사용자에게 노동의 결과물에 대한 사용권이 귀속되고 그리고 그가 기업가적인 위험을 지는 것이기 때문이다.

노동자는 자유의지로 일하는 사람이다(그러므로 죄수는, 출퇴근하는 반자유 죄수를 제외하고는 노동자가 아니다).[13] 재활자로서 사회치료적인 목적으로 활동하거나 또는 추가비용 보상[14]을 받는 구직자 (1-유로-직업) 로서 활동하는 사람은 노동자가 아니다. 특히 경제적인 종속관계에서 독립적인 활동을 행하는 사람들을 고려하면, 노동자와 노동자가 아닌 자 사이의 구분은 때때로 어렵다(예를 들면, 1인 회사대표, 내륙수운선장, 가내자영업자 또는 주유소 임차인). 합명회사나 합자회사의 공동출자자로서 또는 법인의 기관 – 특히 유한책임회사의 대표로서 – 구성원으로서 행하는 활동, 또한 가족법적 의무의 범위에서 제공하는 무급가족종사자(부부 또는 자녀로서) 또는 비전형적인 공공서비스 활동(예를들어, 군의 명예직[15] 또는 공법상 특별지위를 갖는 부수적 활동) 등이 그러하다.

---

13 (오스트리아)행정대법원, in: 피에터스/자그말리아(편), 유럽에서 사회보장사례, 2006, 108쪽.

14 연방노동법원 노동법적 실무 89호 노동법원법 § 2, 1979; 그와 같이 역시 사회법전 제2권 § 16d 조 (7)항 2문.

15 연방사회법원 사회재판(잡지) 2006, 535; *이글/야흐만/아이헨호프*, 시민참여의 법적인 틀적조건, 2002, 335쪽 이하; *독일사회법연맹*(편), 사회법에서 동료애적이며 그리고 시민적인 참여, 2003; *제발트*, 사회재판(잡지) 2001, 213, 286.

많은 판례[16] 사례에서, 계약서에서 형식적으로 약정하고 있는 지위대신에 실제로 발현되고 있는 지위에 따라 구분한다(위 방주 194 참조). 활동이 지시를 받는 것이라면, 그 취업자는 그의 활동이 계약서에 자영업이거나, 가족활동이고, 조직의 활동[17]이거나 또는 주주의 활동으로 천명되어있다 할지라도 노동자이다. 구 사회법 제4권 제7조 (4항)은 "위장자영업"에 대처하기 위해서, 추정규정에 의해서 어려운 경계설정을 완화시키고자 하였다. 그에 따라 노동자 지위에 대한 다섯 가지 법정요건 중 세 가지가 충족되면, 노동자활동으로 추정되었다. 그 스스로 어떤 독자적인 사용자적 지위를 갖지 않으며, 단지 하나의 업무위탁자를 위해 통상적 활동을 제공하고, 노동자로 특징되는 지시권에 종속되며, 지금까지 노동자에 의한 활동을 행사하고 그리고 스스로의 기업가적 위험에 의한 노동의 어떤 활용도 아닐[18] 것 등이

---

16 연방사회법원판결 87, 53; 연방사회법원 사회법(판결집) 4-2600 § 2 8호; 사회법(판결집) 3-4100 § 4 1호; 사회법(판결집) 4-2700 § 2 1호; 연방노동법원 판결집 115, 1; 연방노동법원 임금법을 위한 잡지 2007, 391; 신 노동사회법 잡지 2004, 39; 유사하게 오스트리아 사회법문제 최고법원 판결(오스트리아), 신(판) 연속시리즈 21/20.

17 연방사회법원판결 95, 275(유한회사-대표이사는, 유한회사가 어떤 보험의무가 있는 노동자를 고용하지 않는 한, 보험의무가 있다); 연방사회법원판결 119, 216(가족 유한회사의 대표)

18 *비박*, 사회적 진보(잡지) 1999, 166; *뷔커*, 코테 기념논문, 21; *도이블러/클레베*, 신 노동사회법 잡지 2015, 1032; *다이네르트*, 노동법 그리고 경제법사이의 1인 자영업자, 2014; *그라이너*, 사회재판 2016, 301; *호이슈미트/클레베*, 코테 기념논문, 73; *크라이케봄*, in: 보에켄/룰란트/스타인마이어(편), 독일과 유럽에서 사회법과 사회정책, 폰 마이델 기념논문집, 2002, 377; *메케*, 사회재판 2016, 481; *리쉐*, 같은 곳에, 561; *롤프스*, 신노동사회법 잡지 2000, 188; *슈미트*, 사무직노동자보험(잡지) 1999, 277; *방크*, 노동법 1999, 297; 지속발전에 대해 *디트리히*, 사회보장(잡지), 1999, 316과 프렌차이즈를 위한 대략의 전환: *비박*, 사회재판(잡지) 2000, 189; *헨라인*, 기업(잡지)

그것이다. 그럼에도 불구하고 이 규정은 유용하지 않은 것으로 다시 포기되었다. 그 밖에 법인의 기관구성원(이사)에 대하여 연금보험 의무가 있다.[19]

277 무효인 근로계약에 의해 활동하는 사람도 역시 노동자에[20] 해당되는데, 사회보험법에서 노동자는 역시 그런 사람들같이 사실상 활동하는 사람들이기 때문이다(사회보험법적인 취업관계설). 노동법에서도 하자있는 계약의 토대 위에 있는 종속적인 취업자는 역시 노동자같이 여겨진다. 왜냐하면 노무가 제공된다면, 사회적 보호는 부인될 수 없기 때문이다. 노동계약은 통상 노무의 정당화에 필요하지만, 효력있는 고용관계에 기초한 유효한 취업자에게 보장권을 유보하는 것은, 노동법 및 사회법의 공통적인 보호목적에 위배될 것이다. 때문에 노동법 및 사회법에서는 역시 하자 있는 계약의 토대 하에 있는 취업자도 노동자로 다뤄진다.

또한 어떤 범위까지의 자영업자가(예를 들면, 프랜차이즈업자, 광고선전업자, 택배기사) 노동자와 같이 사회보험에 편입되어야 하는가 하는 문제가 사회정책적으로 점점 더 중요한 이슈가 되고 있다.[20] 법정책적으로 이런 계약의 형성을 매개로 사회보험 의무로부터의 도피에 대한 반작용은 명백했다. 한가지 대답은 1999년 이래 존재하는 연금보험에서 "근로자와 유사한 자영인"

2000, 374 참조.

19 연방사회법원판결 97, 32.

20 문제에 대해: *리쉐*, 노동세계의 변화에 대한 노후보장의 대답, in: 베커/카우프만/폰 마이델/슈멜/짜커(편), 독일에서 노후보장, 프란쯔 룰란트 기념논문집, 2007, 221쪽 이하; *아이헨호퍼*, 독일연금보험 2009, 293; *비박*, 사회법원재판(잡지) 2009. 629; *티데*, 경제사회과학연구소-통지 2009, 355; *프라이스/테밍*, 사회법 계간지, 2017, 283; 슈미트, 사회재판 2018, 841 참조.

에 대한 보험의 의무이다(사회법전 제4권 제2조 제9호). 이러한 조건은, 주로 한 업무위탁자를 위해 활동하고 있고 저임금노동 또는 경미한 업무이상의 급여를 지급하는 노동자를 사용하지 아니할 것을 요건으로 한다. 그러나 이러한 규정에도 그러한 회피는 효과적으로 대체될 수 없었다. 어떤 사람이 다른 사람의 지시에 종속되거나 또는 종속되지 않고 자기자신의 기업가적인 위험을 갖고 업무를 한다면, 계약당사자들의 사적자치의 결정에 놓여있기 때문에, 사회법은 그것을 일반적으로 감내해야하기 때문이다.[21]

사회보험법은 그럼에도 불구하고 증가하는 고용의 다변화 그리고 바로 사회적 보호가 없는 자영업자를 야기하는, 새로운 불안정 고용 형태의 성립에 즈음하여, 사적자치에 의해 가능하게 된 사회보험 의무가 있는 고용으로부터의 회피에 어떤 특별혜택을 주어서는 안될 것이다. 취업노동의 디지털화는 사회적 보호를 어렵게 하는데, 그것은 노동과 그 결과물의 향유의 공간적 연계를 해체하고 그와 함께 노동의 특정 법질서의 분류를 어렵게 하기 때문이다. 국제 플랫폼은 클릭노동을 가능하게 한다. 노동력을 제공하는 자와 그 향유자는 법질서 내에서 어떤 공통의 자리를 갖고 있지 않으며, 그래서 이것은 노동자의 보호를 보장하지 못하고 있으며 향유하는 자의 지원을 보장할 수도 없다. 사회보험은 그 때문에 취업자보험으로 확대되어야만 한다.[22]

---

21 *아이헨호퍼*, 사법의존적인 사회법, in: 바르타(편), 노동, 사회 그리고 민법에서 분석과 지속발전, 빈더를 위한 기념논문집, 2010, 551.

22 *아이헨호퍼*, 독일연금보험 2009, 293; *리쉐*, 독일연금보험 2009, 285; *노이만*, 사회재판(잡지) 2010, 463; *발터만*, 통상적인 노동관계로부터의 작별? 제68차 독일법률가 대회 전문가 의견 B(2010).

278 그의 노동자에 비교되는 보호가치로 인해, 법은 사용자가 아닌 동시에, 개별적인 자영업자를 노동자와 같이 보험의 의무에 편입시키는 것이다. 이것은 재해보험과 연금보험에 있어서 대략 가내자영업자, 중급마이스터, 연근해어부, 해안운송선장 및 내륙해운선장에 적용된다. 대체로 연금보험에서는 개별적인 자영인그룹에 대한 특별제도가 존재하는데, 이는 부분적으로 연금보험에 의존하고 있거나 유기적인 연합으로 조직되어 있고, 부분적으로는 그 자신의 독자적인 사회보험분야로서, 또는 사회보험에서 아예 분리되어 독자적으로 조직되어있다(개별내역에 대해서는 아래 방주 302조 이하 참조). 자영업자는 보장되지 않으면, 사회보험의 의무적 가입이 요구되었다!

279 또한 연금보험에서 보험의무가 있는 연방자원봉사자, 참여수당을 받는 사람, 즉 청소년부조의 기관 및 장애인들을 위한 작업장에 고용된 자, 추가적으로 의료보험, 장기요양보험 그리고 재해보험에 있어서 대학생들은 보험의무가 있다. 죄수의 사회보장은 부적절하다.[23] 그것은 재해보험과 실업보험에는 존재하지만, 그러나 연금보험에는 존재하지 않는다. 끝으로, 실업수당 그리고 구직자 기초보장을 받는 자는 의료보험, 장기요양보험, 연금보험에 가입된다.

dd) 피보험자 결정에 의한 보험의 가입

280 사전대비 관계의 임의가입 권리는 연금보험, 의료보험, 장기요양보험 그리고 재해보험 및 고용촉진법에 존재한다.[24] 연금보험에서는 신청에 의한 보험의

---

23 *쉬르머*, 죄수의 사회보장, 2008.

24 사회법전 제3권 § 28 a.

의무(사회법전 제6권 제4조)와 임의보험(사회법전 제6권 제7조)이 구별된다.[25] 신청에 의한 보험의 의무는 보험이 면제된 자영업자 및 외국에서 고용된 독일인이 가입할 수 있다. 임의보험 권리는 보험가입이 없는 자영인 및 외국에 취업한 독일인을 배려할 수 있다. 임의보험에 대한 권리는 독일인 및 국내에 거주하는 보험의무가 없는 사람들에게 속한다. 의료보험[26]및 장기요양보험에서 전에 보험가입 의무자 및 보험의무한계를 초과한 보험면제자들은 "자유로이 보험에 가입"할 수 있다. 결정이 회원가입을 정당화하지만, 그에 반해 보험관계의 내용은 피보험자의 처분에 따르지 않는다. 산재보험에서 보험면제 사업주와 그 회사에서 함께 돕는 배우자는 임의로 보험에 가입할 수 있다(사회법전 제7권 제6조). 기본소득, 의료보험 및 장기요양보험의 형태로 된 "시민보험"[27]의 도입에 대한, 스위스[28]의 선례를 따른 제안(그 편에서 미국의 사회보장법 선례를 따라서 조직된 보장이다.)은 현행 법에 존재하는 원칙 – 궁핍한 자에게 국한되어 있는 – 에서 기초보장을 끄집어 내어, 모든 국민을 사회적 사전대비에 편입시키고자 시도하는 것이다. 그와 같은 "보험"은 지금까지 사회적으로 보장되지 않은 사람들을 포괄할 수는 있으나, 단지 기초보장의 효과만 갖게 되었다.[29]

---

25 *룰란트*, 전 보험학을 위한 잡지 1994, 1.

26 *슈린*, 전 보험학을 위한 잡지 1994, 29.

27 그 개념은 "국가시민"이 아니고 주민이 보장되어야 하는 것이기 때문에 어원론적으로 틀린 것이다.

28 *오펄카*, 사회적 진보 2004, 114쪽 이하.

29 헌법적인 문제에 대해: *키르시호프*, 신 노동사회법 잡지 2004, 1쪽 이하; *비박*, 시민보험의 사회적 그리고 헌법적 측면, 2005; *동 저자*, 사회법 계간시 2011, 93.

b) 기여금납부의무

281 사회적 사전대비의 여러 사회보험기관들에 대한 기여 의무[30]는 사회법전 4권 제20조 이하, 연금보험에 대해 사회법전 제6권 제173조 이하, 의료보험의 경우에 사회법전 제5권 제220조 이하, 장기요양보험에 대해 사회법전 제11권 제54조 이하, 고용촉진에 대해 사회법전 제3권 제25조 그리고 산재보험에 대해 사회법전 제7권 제150조 이하에 규정되어있다. 저소득층을 위한 임금부대비용을 낮추기 위하여 450유로에서 1,300유로의 취업소득에 대해서는 기여률이 인하되었다. 기여금 징수의 전제는 통지다. 보험의무가 있는 노동자에게 통지할 의무는 사용자에게 있다(사회법전 제4권 제28a조).[31] 하자있는 법 적용에 근거하여 기여의무가 받아들여지고 급여가 보장되면, 그것은 형식보험(Formalversicherung)이 된다.[32] 실체적으로 부당하게 보험에 가입한 자라도 자신이 포함된 것에 근거하여 보험가입이 된 것으로 간주한다.

aa) 총액수지상등의 기본원칙

282 사회보험 기여금은 사회적 사전대비 급여의 재정지원을 위한 토대이다. 사회법전 제4권 제20조에 따라 사회보험의 지출은 기여금[33], 국가 보조, 기타

---

30 *피슬*, 사회보험의 재정적 토대, 1992

31 *빙클러*, 사회법전 제4권 §§28 이하에 대한 사회법전 제4권 주해.

32 연방사회법원판결 83, 270.

33 그에 대해 포괄적으로, 무엇보다 비교법적으로는: *차허*, 사회보장에서 기여금의 역할, 1980; 기여금을 통해 "보험외적 급여"가 어느 정도 재정 지원되어야 하는가하는 문제에 대해서는: 연방사회법원판결 81, 276; 참조. 또한 *키르시호프*, 신 노동사

수입을 통해서 마련된다. 그럼에도 불구하고 국가보조금은 연금보험 제공자(사회법전 제4권 제213조)와 건강보험 제공자(사회법전 제5권 제221조, 아래 방주 358 참조)에게 지원된다. 그 사이 900억 유로 – 상한을 넘어서고 있는 연방보조금[34]은 연금이나 건강보험의 제3자 부담[35](예를 들면, 보상시간, 추방, 모성 또는 아동양육 시간들의 보장, 아래 방주 326 참조)을 보상하여야만 하는 것이다. "기타의 수입" 중에는(사회법전 제4권 제20조) 사전대비 제공자의 자산으로부터의 이익이 귀속된다. 하지만 이것은 적은 액수다. 그러므로 사회보험 제공자는 전반적으로 기여금에 의해 재정지원된다. 사회법전 제4권 제21조는 총액수지상등의 기본원칙을 규정하고 있다. 사회보험의 총지출은 수입에 의해서 메꿔지며, 그 제공자들은 그의 급여를 기본적으로 차입을 통해 재정지원해서는 안된다.

기여금 산정은, 자기자신 또는 제3자의 사전대비인지에 따라 상이하게 결정된다. 연금보험, 의료보험, 실업보험 그리고 장기요양보험은 자기 자신의 사전대비에 기여하는 것이고, 기여금 징수는 피보험자의 총소득에 맞춰진다. 재해보험은 제3자 사전대비에 기여하는데, 거기서 기여금의 산정은 개별기업의 보험위험에 맞춰진다. 임금총액이외에 – 사업장의 위험등급 구분을 통해 조사된 – 사업장의 위험성이 기여액을 결정한다(사회법전 제7권 제157조). 기여의무자와 사회급여 제공자 사이에는 법률에 의한 기여금 채무 283

회법 잡지 1999, 161 참조.

34 법정 연금보험에 대한 연방보조금 결정에 대해: *클레멘스*, in: 아이헨호퍼/리쉐/슈멜(편), 법정 연금보험의 핸드북 – 사회법전 제6권, 2012, 4-50.

35 *부처*, 사회보험에서 타자부담, 2001; *하제*, 보험원리와 사회적 조정, 2000; *롤프스*, 사회보험법에서 보험원리, 2000.

관계가 존재한다(사회법전 제4권 제22-26조). 기여금은 법적요건의 충족과 함께 성립하며, 급여연체시 지연가산금이 발생한다. 부적절한 기여금 징수 시 사회급여 제공자에 대해 이른바 채무자가 보상청구권을 갖게 된다. 부당하게 징수된 기여액에 대해서도 이자가 지불된다.

bb) 사회보험 기여총액

284 연금보험, 의료보험, 장기요양보험 그리고 실업보험의 기여금은 종속적 노동자에 있어서는 모든 사회급여 분야에 대해 통일적으로 사용자로부터 거두어 사회보험총액으로서 기여금 징수처에 납부된다. 기여금의무 대상은 피보험자의 총노동소득이다(사회법전 제4권 § § 28d-28n 그리고 § 28r). 유연한 노동시간에 대해서는 특별규정이 적용된다.[36] 총 노동소득의 기여금으로서 요구되는 비율을 기여율이라 한다. 이는 법률에 의해(실업보험, 의료보험 그리고 장기요양보험, 사회법전 제3권 제341조 (2항), 사회법전 제5권 제241조 이하, 사회법전 제11권 제55조 (1)항, 법시행령(연금보험, 사회법전 제6권 제160조) 또는 정관 (사회법전 제5권 § 194 (1)항 4호)에 의해서 결정된다.

총노동소득은 단지 기여금 산정한도까지만 기여금으로 납부된다. 이 한도는 의료보험과 장기요양보험을 한편으로, 그리고 연방고용청과 같은 연금보험을 다른 한편으로 각각 상이하게 규정된다. 전자는 후자에 맞춰진다. 이것은 법 시행령을 통해 해마다 결정되며, 그것은 모든 피보험자의 평균소득의 두배에 상응하는 것이다. 그에 반해 연금보험(사회법전 제6권 제

36 1998. 4. 6 유연노동시간 규정의 사회법적 보장에 대한 법률(유연한 노동시간의 사회적 보장법) (연방법률공보 I, 688쪽 참조); 그에 대해 *딜러*, 신 노동사회법 잡지 1998, 792.

159조)에 있어서의 기여금 산정한도(2019)는 6,700유로(구 서독지역) 그리고 6,150유로(구 동독지역)에 상당하며, 의료보험에 있어서는 4,375유로이다. 의료보험에서 보험의무 한도는 월 5062.50유로 = 연간 60,750유로이다. 기여금 산정한도는 사전대비의 생존보장에 필수적인 노동소득만을 규명하는 것이며, 반면 평균소득을 상당히 초과하는 소득요소를 규명하는 것이 아니다. 소득세와 달리 기여금은 이로써 점감하는 영향을 갖는다. 한 보험의무자의 소득이 기여금산정 한도를 넘어설수록, 소득 중 기여금 비중은 줄어든다.

자영업자, 연금생활자, 학생 그리고 임의의 피보험자는 그들의 기여금을 기여금권이 있는 제공자에게 납부하는 반면에, 보험가입의무가 있는 노동자의 기여금은 **임금공제절차**에 의해서 납부된다(사회법전 제4권 제28d조 이하 참조). 사용자는 그에 따라 노동소득에서 노동자의 기여액을 공제하고, 그리고 자신의 분담금과 함께 **기여금 징수처**(= 피보험자의 의료보험조합, 사회법전 제4권 제28i조)에 납부하여야만 한다. 사용자가 납부를 지연했으면 노동자 기여금의 공제는 다음 세 번의 지불기한 내에서만 허용되는데, 정시공제가 사용자의 채무없이 이루어지지 못했을 경우를 제외하고 그러하다. 기여금 의무는 채무가 있는 노동소득에 맡겨지는 것이지, 실제로 부여된 노동소득에 따르는 것이 아니다.[37] **285**

cc) 하자가 있거나 미납된 기여금 납부의 결과

사용자가 기여금을 납부하지 않거나, 정시에 또는 충분히 납부하지 않으면 그 **286**

37 연방사회법원판결 93, 109; 연방헌법재판소 신 사회법 잡지 2009. 209.

는 형사법 제266a조에 따라 처벌된다.[38] 기여금법에 의해서 사용자는 우선 노동자의 기여금을 납부하는 것이 방해되어서는 안된다.[39] 그러나 불충분한 기여금액수는 피보험자의 **급여청구권**에 영향을 미치지 않는다. 급여청구권은 기여금 납부를 대신하여, 보험의무가 있는 고용에 연동되어있다. 급여수준 역시 피보험자의 활동으로 얻어진 소득에 맞춘 것이고, 납부된 기여액에 맞춰진 것이 아니다. 의료보험법과 실업보험법에서 급여의 수준은 급여발생직전 시점 내의 소득(= 참조임금)에 따라 결정된다(사회법전 제5권 제47조, 사회법전 제3권 제150조). 노령연금의 계산에 있어 사회법전 제6권 제63조 이하에 따라, 어떤 기여금이 임금공제절차에서 공제되어졌는 지에 따라 좌우된다. 사회법전 제6권 제203조에 따라 노동소득이 피보험자의 기여액 부분이 임금에서 공제되는 것이라면, 기여금으로 유효하다. 왜냐하면 연금보험에 있어서 임금에서 노동자 몫의 공제가 기여금납부로서 여겨지기 때문이다.

c) 자치행정에 있어 법

287 대부분의 사회보험 제공자들은 기관이며, 단지 연방노동청만이 – 사회법전 제3권 제367조의 전문에 반하여 – 공법상의 청으로 조직된다.[40] 사회보험

---

38 *뷔히너*, 노동자 사회보험기여금의 유보, 2010; *아이헨호퍼/얀다*, 사회법에서 자격시험과정, 2014(8판), 사례 5; 상황에 대해 in: 오스트리아 *보니쉬*, 노동사회법 잡지 2008, 14.

39 연방사회법원판결 78, 20.

40 *릭센/베스코-데파*(편), 자치행정의 미래, 2015; 부르기, 유럽화와 경제화에 직면한

제공자에 대해 법률은, 재해보험은 사업주만을 가입자로서 하고 있으며 그리고 의료보험, 장기요양보험 및 연금보험이 노동자를 보호하고 있다는 것과 독립적으로 사용자와 노동자의 협력(자치행정)을 규정하고 있다. 사회보험의 모든 분야에서 사용자와 노동자는 비례적으로 동등하게 – 동등 공동결정사상! – 자치행정에서 협력한다(사회법전 제4권 제44조).

자치행정법은 본질적으로 이사회와 제공자 관리운영자의 임명(사회법전 제4권 제52조) 및 그 행위의 감독을 포괄한다. 또한 자치행정 기관은 정관에 의해 사업주의 재해보험에의 참여, 의료보험에서 초과급여 및 재활과 참여에 관해 결정한다. 노동행정 감독기관(사회법전 제3권 제374조, 제380조)에서는 삼분의 일 동수가 적용된다. 거기에서 노동자, 사용자 그리고 정부대표가 각각 동등한 비율로 대표된다. 자치행정은 **대표자 총회**(= 사용자와 노동자의 대표기관)를 통해 이루어진다. 사회급여 제공자는 이사회와 사무국장에 의해 운영된다. 대표자 총회는 그 외에 피보험자의 최연장자(사회법전 제4권 제39조)들을 제공자의 지역대표자로 뽑아야 한다. 총회는 제공자의 예산에 대해 결정하고 그 이외에 제공자에게 인정되는 관할의 범위 내에서 정관을 제정할 수 있다.

대표자 총회는 보통선거 – "사회보험선거"(사회법전 제4권 제45조, 제58조) – 로 이루어진다. 사용자와 피보험자는 비례선거원칙(그룹 선거)에 따라 각각 그들의 대표를 선출한다. 자치행정에서는 직업그룹들이 간접적으로 국가행정에 참여하며 그렇게 국가의 건설에 통합된다. 거기에 독일 복지국

자치행정, in: 헤르데겐/모르록크, 헌법의 급여한도, 독일헌법학자학회 출판물, 62권 (2003), 405

가론의 조합주의적 특성이 나타난다(방주 105). 기본법 제87조 (2)항은 기본적으로 사회적 자치행정을 정당화하고 있다.[41] 의료보험과 장기요양보험에 있어서, 자치행정 제공자와 마찬가지로 자치행정을 하는 급여제공자가 급여청구권에 대한 내용을 상당히 독자적으로 결정한다면, "공동의 자치행정"에 관해서 얘기하는 것이다.[42] 사회적 자치행정의 제공자는 국가의 감독을 받는다.[43] 연방정부는 연방차원에서 활동하는 사회급여 제공자에 대한 감독을 수행한다(기본법 제84조 (3)항).

참고문헌

Axer, Zur demokratischen Legitimation in der gemeinsamen Selbstverwaltung, in Friedrich E. Schnapp(편), Funktionale Selbstverwaltung und Demokratieprinzip – am Beispiel der Sozialversicherung, 2001, 105; *Bieback*, Begriff und verfassungsrechtliche Legitimation von „Sozialversicherung“, VSSR(사회법 계간지) 2003, 1; *Bogs*, Die Sozialversicherung im Staat der Gegenwart, 1973; *Burgi*, Selbstverwaltung angesichts von Europäisierung und Ökonomisierung, VVDStRL(독일국가법학자학회 출판물) 62(2003), 405; *Deutscher Sozialrechtsverband*, Selbstverwaltung in der Sozialversicherung, 1991; *Dünn* SRH(사회법핸드북) § 13; *Klenk/Nullmeier/Weyrauch/Haarmann*, SF(사회적 진보) 2009, 85; *Winkler*, SGB IV, 2016(2판).

41 연방헌법재판소결정 11, 310; *묵켈*, 신 노동사회법 잡지 2002, 118.

42 거기서 발생하는 정당성문제에 대해서는: *악서*, 행정 2002, 377; *동 저자*, 공동 자치행정에서의 민주적 정당성에 대하여 – 연방 의사 및 의료보험조합의 예에서 나타난, in: 슈납(편), 기능적인 자치행정과 민주주의 원칙 – 사회보험의 예에서, 2001, 115; *클렌크/눌마이어/바이라우흐/하르만*, 사회적 진보 2009, 85.

43 *빙클러*, 사회법전 제4권, § 87 이하에 대한 주석; 연방사회법원판결 94, 221; 89, 235; 71, 108; 67, 85.

Ⅱ. 사회적 사전대비의 법

제13장 노령, 장애 그리고 유족보장 형태의 개괄

a) 문제

사회법은 모든 노동능력이 있는 사람이, 그와 그 가족의 생계를 꾸리기 위해 취업활동에 의존한다는 전제에 기초하고 있다(위 방주 9 참조). 사회법은 그 자신의 생계를 독자적으로 꾸려나가는데 자신의 소득이나 재원에 의존할 수 없는 사람을 보호해야만 한다. 사회법은 그런 연유로 노동사회와 밀접하게 결합되어있고 이에 연계되어있다. 생활노령자란 – 노동시장에서 적용되는 기준에 따를 때 – 취업활동을 더 이상 하지 못하거나, 또는 할 수 없는, 즉 "늙거나" 또는 소득능력이 없는 것으로 간주되는 사람으로, 적절한 소득을 갖지 못하고, 자기 자신의 삶의 생계비를 마련할 수 없는 사람들이다. 취업활동을 하는 사람에 의해 부양되는 가족구성원은 그의 사망과 함께 그들의 생계를 상실한다. 노령, 취업불능 및 취업활동자와 가족생계 의무자의 죽음은 그러므로 사회적 사전대비를 통해 대처될 수 있는 예측가능한 사회적 위험들이다. 288

aa) 사전대비의 모델

289 사전대비는 특정한 것이든, 보편적인 것이든 가능하다. 그것이 위험 시에 하나만을 보장하는 것이면 특정한 것이며, 반면 개개인을 위험에 대해 보장을 하지만 그럼에도 불구하고 거기에 보장의 유일한 목적이 있지 않다면 보편적인 것이다. 사전대비는 사법 또는 공법적인 형태를 통해 조직될 수 있다. 사법적인 사전대비는 개개인에게 책임이 맡겨진다. 그러나 그것은 역시 사법에 의해서 채무를 질 수 있다. 사전대비는 공법상으로 조직되는데, 즉, 빈곤상태에 빠진 경우 공법상 규정에 따라 급여청구권을 보장하거나, 앞서 언급한 위험으로부터 보호필요성에 부합하고 구체적 궁핍상태와 관계없이 급여지급이 보장되는 고유한 사전대비(예방)관계가 성립된다(그림 13 참조).

〈그림 13: 사전대비 모델〉

	공법적		사법적	
형태	특수하지 않은	특수한	특수한	특수하지 않은
보장	사회부조	공적 사전대비	사적 사전대비	자산

290 보편적인 공법적인 보장은 **사회부조**이다(아래 방주 532 이하 참조). 공법적인 제공자에 의해 보장되는 것으로, 그것은 모든 궁핍한 사람들(즉 노령자, 장애로 인한 소득감소자, 과부, 홀아비 그리고 고아)의 수요충족에 기여한다. 특정한 공법적 보장이란 공적인 사전대비이다. 그것은 독자적인 제공자에 의해 보장될 수 있거나 또는 공법적인 서비스 관계 속에서 근거하고 있다. 첫 번째 경우, 사회적 위험의 도래 시 수급권자는 기여금에 의한 사전대비 기구의 재정부담의 이행에 동원된다. 두 번째 경우, 사전대비는 노무제공자가 받는 보수의 일부가 되며, 그 부분은 노무제공불능상태가 발생할 경우에도 계속 지급된다.

291 보편적인 사법상 보장은 **자산**이다. 그것은 생계비용을 낮출 수 있고 (예를 들

면, 토지와 주거자산이 주거임차비용을 절약할 수 있게 해준다) 또는 화폐, 토지 또는 지분투자 자본은 이자, 임대료 또는 배당금의 형태로 자산소득과 소득을 창출할 수 있다. 부양비를 줄이거나 또는 현금청구권을 보장하는 자산은 역시 노령, 장애로 인한 소득감소 시 또는 유족을 위한 생존을 보장할 수 있다.

끝으로 마지막으로 특정하게 사법적으로 생명보험 그리고 기업연금을 통해서 사전대비를 할 수 있다. 생명보험은 보험가입자와 보험자 사이의 보험계약에 근거한다. 기업연금은 기업의 근로자와 임원들에게 허용된다. 그것은 노령, 장애로 인한 소득감소, 유족에 대한 급여청구권을 중개한다. 이어지는 설명 대상은 노령, 장애 그리고 유족에 대한 사전대비의 특수한 공법 및 사법적인 제도들이다.

bb) 노령, 장애 그리고 유족보장의 국제적 비교

노령, 장애 그리고 유족보장은 거의 모든 나라[1]에 도입되어 있다. 물론 사안, 292
목표 및 구조에 있어서 다양하다. 개도국에서 단지 소수만이 보장되는 반면, 산업국가들은 전체 국민 또는 취업 중인 국민을 하나 또는 여러 개의 공적 그리고/또는 사법적인 사전대비 체계에 포함시키고 있다(위 방주 105 참조). 노령, 장애 그리고 유족보장은 거기서 하나의 복잡한 구조를 보이는

---

1 *베커*, 국제비교에서의 노후보장, in: 베커외(편), 독일에서의 노후보장, 룰란트 기념논문집, 2007, 575쪽 이하; *유럽집행위원회*, MISSOC, 유럽연합 회원국, 유럽 경제지역 그리고 스위스에 있어서 사회보장에 대한 상호 정보체계, 2010; *마거*, 국제비교 속의 노후보장의 기본유형과 기본요소, in: 차허(편), 법적 비교 속의 노후보장, 1991, 549; *독일연금보험연합*, 국제비교 속의 연금보험, 2003.

데, 왜냐하면 상이한 부분체계가 상이한 직업군에 대해서 다르게 함께 작용하기 때문이다. 또한 공법적 사전대비는 보장목적, 포괄하는 인적범위, 재정지원 그리고 급여내용에 있어서 상이하게 – 각각, 그것이 주민에게 하나의 기본소득 또는 생계소득에 상응하거나 혹은 취업소득에 맞춘 보장을 매개하는지 여부에 따라 달리 규정된다. 그에 상응하여 사회보장수요 또는 급여의 정의가 구별된다.[2]

293 포괄된 인적범위에는 보편적인, 다시말해, 전체 주민[3]이 포함되는 방식과 여러 직업군의 취업자에 대해 여러 사전대비 형태를 규정하고 있는, 선택적인 방식이 구별된다. 또한 조세에 의해 재정지원되는 시스템과 기여금에 의해 재정지원되는 시스템이 존재한다. 널리 확산되어있는 것은 두 유형의 혼합이다. 급여수준에 있어서 역시 보다 넓은 형성의 여지가 존재한다. 적극적인 취업활동기간 동안의 통합적인 그리고 개별적 소득에 종속적인 최소 또는 가족관련 부가급여가 규정될 수 있다.

294 그것을 넘어서 공적 그리고 사적인 사전대비 간의 국제비교는 무수히 많은 가능한 조합을 드러낸다. 공법적인 주민보장은 공법적인[4] 그러나 종속적 취업자에 대한 사법적인[5] 부가보장과 결합될 수 있다. 주민보장은 노인 또는

---

2 *차허*, 사회법과 정의, in: 동 저자(편), 사회법에 대한 논문, 1993, 308쪽 이하.

3 그리고 "국가시민"을 포괄할 뿐만 아니라; 거기서 "국가시민부양" 또는 "시민보험"으로서 이런 제도의 지칭은 그릇된 것이다!

4 그처럼, 예를 들어, 스웨덴(*쾰러*, 스웨덴, in: 짜커(편), 법적 비교에서 노후보장, 1991, 375 참조) 또는 영국(*슐테*, 대영제국, in: 짜커(편), 같은 곳, 497이하 참조); 참조. 포괄적으로: *차허/케슬러*, 외국 및 국제노동사회법을 위한 잡지 1990, 97.

5 그처럼 예를 들어, 스위스(*나에프*, 스위스, in: 차허(편), 법적 비교 속의 노후보장,

장애인[6]에 대한 욕구에 의존하는 급여, 개인소득의 발전에 맞춘 연금보험이 부가적인 사법적인 사전대비에 의해서 보완될 수 있다. 노령, 장애 그리고 유족에 대한 보장은 이처럼 상이한 법 영역과 형성원칙상 여러가지 조치의 조화로 제공된다. 그것은 연령차별(유럽연합의 기능방식에 대한 협약 19조)에 대해서도 이루어져야만 한다.[7]

b) 노령, 장애 그리고 유족보장

aa) 전체 개관

독일의 노령, 장애 그리고 유족보장은 복합적이다. 그것은 특정그룹과 관련된, 급여정의의 의무가 있는, 공법상의 사전대비에 대해 사적 사전대비가 아직 작은, 그러나 중요성이 점차 증가하는 그런 이행방향을 보이고 있다.[8] 어떤 사람이 어떤 그리고 얼마나 많은 사전대비 권리를 획득하는지는, 직업활동과 스스로의 사전대비에 달려있다. 가장 중요한 사전대비 제도는 **연금보험**(방주 315 참조), **공무원보장**(방주 297 참조), **기업연금**(방주 306 참조), **직업신분** **295**

1991, 407 참조) 또는 네덜란드(*아이헨호퍼*, 주 보험청 통지 북부 및 중부프랑켄, 1999, 200).

6 그처럼 예를 들어, 스위스(AHV/IV에 대한 보조급여; 그에 대해 *마우러/스카르타찌니/휘르첼러*, 연방사회보험법, 2009(3판), § 11 참조) 또는 미국(*아이헨호퍼*, 미국에서 사회보장법, 1991, 199쪽 이하).

7 유럽법원판결 2010, I-9391(로젠블라트); 판결 2010, I-11939(클라이스트).

8 *슈멜*, 전환 중의 노후보장정책, in: 베커외(편), 독일에서 노후보장, 룰란트 기념논문집, 2007, 291; *동 저자*, 변화된 노후보장정책의 과정에서 법정 연금보험, in: 아이헨호퍼/리쉐/슈멜(편), 법정 연금보험의 핸드북, 2012(2판), 6장.

에 따른 보장(아래 방주 303 참조) 및 사적 생명보험(방주 314 참조) 등이 있다. 적지않이 한 사람에 여러 개의 사전대비권이 동시에 보장된다. 또한 시간이 지남에 따라 여러 부양권이 보장될 수 있다(그림 14 참조).

〈그림 14: 공적·사적 사전대비〉

이행자	공적 사전대비		사적 사전대비	
인적범위	소득의 기초	상시적으로 신분에 종속적인	신분 종속적인	신분 독립적인
노동자	사적경제	연금보험	기업연금	생명보험
노동자	공적 서비스 (공적서비스)	연금보험	부가적 부양 (공적서비스)	
공무원	공적서비스	공무원부양		
자영인	생업경제	연금보험		
자영인	예술가 부문	예술가 사회보험		
자영인	농업	농업경영인을 위한 노령자 부조		
자영인	자유직업인	직업신분상 부양		
비취업자	특별수당			

각각의 분야는 제공주체, 보장의 목적과 형성에 있어서 구분된다 – 특히 구매력과 경제발전의 변화시 급여의 수준(도표 15 참조)을 고려하여. 공적인 제공자는 연금보험, 공무원보장 그리고 직업신분상의 보장을 위해, 사법상의 제공자는 기업연금과 생명보험을 위해 존재한다. 각각의 분야는 보장의 목적에 따라 구별된다. 연금보험, 공무원보장 그리고 직업신분상의 부양은 기본적 보장이 되며, 기업연금과 생명보험은 그것을 보완하는 하나의 부가적인 보장을 의미한다(도표 15 참조).

〈그림 15: 사전대비 보장의 목적〉

	통상적 보장	부가적 보장
소득 의존적인	- 연금보험 - 공무원 부양 - 특별제도 자영인 (농업경영인을 위한 노령자부조 제외)	- 기업연금 (전체부양) - 농업경영인을 위한 노령자 부조
보험료 의존적인	- 생명보험	- 기업연금 (비례 또는 확정액 보장) - 생명보험

2000/1[9]과 2004[10]년 연금개혁을 통해 입법자는 장기적인 안정성의 보 296
장으로 종래의 노후보장의 계속적 발전을 위해 노력하였다(지속가능성 = sustainability). 2000/1 연금개혁은 연금청구권의 가치를 낮추었고 초래된 손실을 조세 또는 보조금에 의해 지원되는 임의의 기업 또는 사적 부가보험을 통해서 보상하려 하였다. 2004년 연금개혁을 통해서 **지속가능성요인**을 연금적응공식에 도입하여, 법적연금보험의 수준이 장기적으로 취업자와 급여수급자의 관계가 변하는 정도에 따라 낮춰지게 되었다.[11]

보장은 여러 "축"위에 세워져야만 하지만, 이런 언어사용은 그릇된 고

---

9 그에 대해 연방의회 회의록, 14/5068; *아이헨호퍼*, 사회재판(잡지) 2003, 1쪽 이하; *피차스*, 사회법 계간지 2002, 187; 룰란트, 신 사회법 잡지 2001, 393; *헤세르트*, 사회법 계간지 2002, 129; *빈네*, 사회법 계간지 2002, 161 참조.

10 *룰란트*, 사회재판(잡지) 2004, 327쪽 이하; *베르너*, 혼합적인 사회국가, 2009, 149쪽 이하; *슈멜*, in: 아이헨 호퍼/리쉐/슈멜(편), 법정 연금보험의 핸드북, 2012(3판), 6장.

11 *아이헨호퍼*, 사회재판(잡지) 2003, 1쪽 이하; *룰란트*, 사회재판(잡지) 2004, 327쪽 이하; *슈멜*, 경제서비스 2012, 304.

전적인 대칭성에 대한 사고를 불러 일으킨다. 거기에서 그것은 오로지 노후보장은 여러 법적형태의 많은 법적관계 속에 관련되어야만 한다는 것을 분명하게 하여야만 하며,[12] 그에 따라 그것은 두 개의 축에 의거한다. 즉 하나는 공적인 부과방식에 의한 기여금에 의해 재정지원되는 연금보험 또는 공무원보장, 그리고 민간 적립방식에 의해 유지되는 기업 또는 민간 사전대비로, 국가는 그것의 설계를 규정하지는 않지만 세제혜택 또는 보조를 통해서 지원한다. 지원가능한 지출비용은 2009년 2/4분기까지 국민총생산의 4%까지 상승하였다. 개인연금제도(Riester연금)의 적립금 지원능력은 그 자격에 달려있다. 이것은 종신연금으로 보장되어야하고, 적립된 기여금 수준에서 최소보장을 확보하고, 그리고 고객의 정보, 투자자 보호, 계약의 변경과 취득의 비용 및 주거용 건축에 투자하기 위한 자산사용의 요건(주거-Riester연금)[13]과 관련 충분하여야만 한다.

노동자를 위해서 기업연금(방주 306 이하)이 추가적인 보장형태로 발전되어야만 한다. 그것은 지출지향에서 수익지향적인 노후보장의 전환이 이루어지는 것이다 – 확정급여방식으로부터 확정기여방식으로.[14] 사전대비에 대응하기 위해서 연금보험 제공자들은 피보험자에게 통상적으로 연금정보

---

12 *아이헨호퍼*, 사회적 진보 2018, 909.

13 2008. 7. 29 자가소유 주택연금법(연방법률공보 I, 33호, 1509쪽).

14 *회퍼*, 전 보험학을 위한 잡지 2002, 525; *미하헬리스*, 전 보험학을 위한 잡지 2002, 513; *왹스너*, 리스터-연금, 2003; *렌/쇼흐*, 기초보장법 – 교육과 실습 주석, 2003; *스타인마이어*, 노령자산법 – 공적 그리고 기업의 보장형태의 새로운 입지규정, in: 보에켄/룰란트/스타인마이어(편), 독일과 유럽에서 사회법과 사회정책, 폰 마이델 기념논문집, 2002, 683.

에 대한 빚을 지고 있다(사회법전 제1권 제15조 (4)항). 개혁은 2005년 노령자 소득법과 함께 시행된 연금에 대한 사전에서 사후과세로 변경과 함께 유지되고 측면지원이 되었다. 이와 함께 노령자 사전대비 비용은 면세가 되고, 반대로 연금은 과세가 된다.

2000/1 연금개혁은 "노령과 그리고 취업불능시에 수요지향적인 기초보장에 관한 법"[15](사회법전 제12권 제41-46조)에 의해 노인과 취업불능자에 대한 사회적 기초보장을 도입하였다. 이것은 사회부조를 지속발전시킨다. 왜냐하면 그것이 사회부조처럼 조세를 통해 재정지원되고 그리고 급여는 궁핍에 의존하기 때문이다(그에 대하여 아래 방주 533 참조). 기초보장의 수준은 노령과 취업불능자에 대한 추가수요 할증이외에 사회부조의 표준율에 맞춘다. 기초보장은 사회부조와는 구별되는데, 왜냐하면 급여는 기초보장청에 의해 – 하나의 독자적 관청 – 보장되고 그리고 생계부양의무가 있는 자녀와 부모에 대한 제공자의 상환청구가 연간 총소득 10만 유로 이상이 되어야 가능하기 때문이다(사회법전 제12권 제43조 (2)항).[16]

bb) 공무원보장

공무원보장은 연방과 주의 공무원보장법(BeamtVG)에 규정되어 있다.[17] 여기 **297**

---

15 연방법률공보. I 2001, 1310, 1335쪽.

16 *트렌크-힌터베르그*, 노령에서 사회부조를 통한 보장, in: 베커외(편), 독일에서의 노후보장, 룰란트 기념논문집, 2007, 539쪽 이하; *쉘호른*, 기초보장으로서 사회부조? in: 보에켄/룰란트/스타인마이어(편), 독일과 유럽에서 사회법과 사회정책, 폰 마이델 기념논문집, 2002, 595.

17 *베커*, 비교법에서 공무원의 노후보장과 그 개혁, 2010; *라이히*, 공무원부양법, 2013,

에는 연방·주·시·군 또는 시·군단체 및 독립적인 공법상 기관, 판사(공무원보장법 제1조 (2)항, 독일판사법 제71조) 및 직업군인(군인보장법 제14조 이하)의 공무원들이 속한다. 연방 또는 주정부 구성원의 부양(대략 연방장관법 제13조 이하 참조)[18]과 개신교 또는 가톨릭 교회의 성직자는 공무원보장법에 준용된다. 더 나아가 고용관계에 있어서 공무원법상 기본원칙에 따른 보장이 합의될 수 있다. 공무원들은 연금보험에서 보험의 면제를 누리게 된다(사회법전 제6권 제5조 (1)항).[19] 공무원보장은 공무원들에게 채무가 있는 보상의 한 부분으로서 공공기관의 장에 의해서 보장된다 – 연금보험의 급여와 달리, 취업자들의 기여금 납부가 없다.

공무원보장은 공무원관계를 특징짓는 생활보장의 기본원칙에서 나온다[20](기본법 제33조 (5)항). 국가와 지방정부 또는 지방자치단체의 장은 그에 따라 직책에 적합한 보장을 한다. 공무원의 직책과 생활상의 지위에 상응하는 보상을 그 공무기간 동안 및 종료 이후에도 보장할 의무가 있다. 공무원보장은[21] 공무관계에 "내재화"된 보장이며, 그것은 장애로 인한 소득의 불능과 노령 그리고 특히 공무로 인한 취업불능(특히, 재해원호, 공무원보장법 제36조 이하 참조)시 보장된다. 그것은 혼인 및 가족관련, 그 유족에 대한 보장이 설명되고, 또한 보장급여수준이 내재한 공무원법적인 지위를 따르기

1992(2판); *차허*, 공무원, 판사 그리고 군인의 부양, 1984.

18 *벨티*, 독일 연방의회, 주 의회 의원과 유럽의회 독일의원의 사회보장, 1998.

19 그에 대해 보다 자세히 *보에켄*, in: 사회법전 4권에 대한 공동체 주해, § 5 2호 쪽 이하 참조.

20 연방헌법재판소결정 8, 1, 14쪽 이하.

21 기본적으로 그에 대해 *차허*, 공무원, 판사와 군인의 부양, 1984, 21쪽 이하.

때문에 신분에 묶여있고 그리고 폐쇄적인데, 그 때문에 보장은 엄격하게 빚을 지고 있는 부채로, 그러므로 포기할 수도(연방공무원법 제3조 (3)항) 또는 계약상 변경할 수도 없는 것이다(공무원보장법 제3조 (2)항).

급여에 대한 권리는 신분관계 그리고 급여를 성립시키는 법률요건의 충족에 298
달려있다. 신분관계는 공무원관계이며, 이것과 동등하게 설정됐거나 또는 수직적인 공법적 복무관계 그리고 신의관계(성직자, 법관, 직업군인 또는 장관으로서) 또는 고용관계여야만 한다(후자는 공무원법적인 원칙에 따른 부양이 합의된 경우이다). 공무원보장법 제2조에 따라 수급권자는 공무의 불능시 또는 퇴직시, 은급에 대한 청구권을 갖는다. 공무원연금에 대한 전제는 연방의(연방공무원법 제35조 이하) 또는 주의 공무원법에 규정되어있다. 또한 공무원보장법 제16조, 제19조는 공무원의 사망시 부부와 공무원의 자녀를 위해 유족보장을 규정하고 있다. 급여에 대해서 법적청구권이 존재하며, 유족이 법적 전제를 충족하지 않으면, 그 공공기관의 장이 유족에게 보장액을 지급할 수 있다.

공무원연금에 대한 청구권은 원칙적으로 5년의 복무기간 이후에 성립한 299
다(공무원보장법 제4조 (1)항 1호). 은급의 수준은 보수요인 그리고 시간요인에 의해 결정된다. 보수요인은 공무원연금 계산에 적용되는 보수 그리고 시간요인은 공무원연금 계산에 적용되는 복무기한을 규정한다(공무원보장법 제4조 (3항)). 공무원연금은 최소한 이 액수의 100분의 35 또는 선택적으로 보수그룹 A 4(공무원보장법 제14조 (4)항)의 공무원연금 계산에 적용되는 보수의 100분의 65에 달한다. 유족연금은 급여청구권을 중개하는 수급권자의 공무원연금의 일부분이다(공무원보장법 제20조 (1)항, 제24조 (1)항).

공무원연금 계산에 적용되는 보수는 즉 연금 계산에 적용되는 것으로 지칭 300
되는 보수로 보수법상의 기본급, 지역할증수당 및 기타이다(공무원보장법 제5

조 (1)항). 척도는 복무수입, 급여지급 사례에 들어가기 직전 공무원이 마지막 2년 받은 복무수입이다(공무원보장법 제5조 (3)항). 공무원연금 계산에 적용되는 복무기한은, 공무원이 공무원관계의 임용 시부터 공법상의 사용자에 대한 복무 하에 활동한 기간이다. 거기에는 군복무기간이 그와 동일하게 귀속된다(공무원보장법 제6조, 제8조 이하). 공무원이 전에 공공부문의 노동자였던 기간(공무원보장법 제10조)과 사적인 고용관계에 있었던 기간 또는 일반적인 교육이나 직업전문교육 기간의 시간은 공무원연금 계산에 적용되는 복무기간으로 인정될 수 있다(공무원보장법 제11조 이하). 60세에 달하기 전에 공무불능으로 은퇴한 공무원은 60세에 달할 때까지 가산기간을 받는다(공무원보장법 제13조).

공무원연금 계산에 적용되는 보수율은 1992년 이래 일률적으로 형성이 됐고 복무연도당 1.875%의 요율로 공무원연금 계산에 적용되는 보수의 최대 75%까지에 달한다. 2003년에서 2010년까지 보장수준은 연간 0.54%가량 전체적으로 약 4.33% 하락 즉 71.75%까지 낮아졌다. 즉, 연간공무원연금 계산에 적용되는 보수율은 공무원연금 계산에 적용되는 보수액의 1.79375%이다.[22]

301 연금지급이 취업소득, 다른 보장액 또는 연금과 함께 제공되는 경우, 그러면 공무원보장법 제53-56조에 따라 이러한 경합관계는 해소된다. 공무원보장에 대한 청구권이 존재하지 않으면, 생계비가 보장될 수 있다. 이는 특히 5년간의 대기기간을 충족하지 못하는 또는 공무불능 또는 연령한도에 도달해 해지된, 그러한 시용(試用)상의 공무원들의 생활기간에 귀속된다. 그 보

22 2001. 12. 20 부양변경법 2001, 연방법률공보 I, 3926쪽.

장에 대한 전제는 수급자의 궁핍과 "존엄"이다.

cc) 자영인의 사회보장

"자영인"[23]이라는 어떤 일반적인 개념이 존재하지 않지만, 종속적인 취업 은 사회법전 제4권 제7조에 "특히 근로관계와 같은 종속적(비독립적) 노동" 으로 정의된다. 사업장 내 직업훈련의 일환으로 직업상 지식, 숙련, 기업의 직업훈련 범위 내의 경험을 획득하는 것도 취업으로 간주된다." 여기서 자 영업자라는 개념은 그 반대로 해석된다. 자영업자를 위한 여러 사회보장제 도가 있고, 특히 직업신분상의 보장, 농업경영인, 예술가 그리고 수공업자 를 위한 사회보장이 있다. 302

직업신분상의 보장[24]은 직종별 단체에 소속된 자유직업 구성원들을 위한 공 법상의 사전대비의 근거가 된다(의사, 치과의사, 수의사, 약사, 건축가, 변호사, 공 증인, 조세상담사, 수로안내인 또는 구역굴뚝청소부 = "직종별단체의" 직업). 보장기 구는 주법에 의해 설치되고, 사전대비의 내용은 회의소가 자치정관을 통해 확정한 회칙으로 정한다. 직업신분상의 보장기구는 자치행정을 하는 공법 상의 기관이다. 그것은 주 및 금융서비스 감독원의 법적 감독을 받는다. 직 업신분상의 부양기구는 자영인 또는 그 직업상 활동이 하나의 직업회의소 의 회원이 되는, 사무직에 대하여 노령, 직업불능, 사망 시에 급여에 대한 기 대권의 근거가 된다. 보장은 의무회원제에 기반하며, 임의 보험도 가능하다. 303

---

23 *슈켄스*, 유럽연합 회원국에서 자영인에 대한 사회보장법의 비교, in: 피에터스(편), 변화하는 근로형태와 사회보장, 2000, 63.

24 연방사회법원판결 112, 108;(법률고문 변호사); *케믈러* 사회법핸드북, § 22 방주 1쪽 이하 참조.

통상적인 급여는 노령연금과 직업불능연금 및 유족보장이다. 급여의 수준은 납입된 기여금과 보험료의 일부분일 수 있거나 보험연도, 모든 피보험자의 총노동소득 그리고 개인적인 기여액으로부터 연금보험에 따라서 계산될 수 있다. 급여는 전적으로 자영인의 기여를 통해 재정지원되며, 공적재원에서 오는 보조는 없다.

304 농업경영인에 대한 노령자부조[25]는 농업경영인의 노후보장에 관한 법(ALG)[26]에서 농업사회보장의 한 부분으로 규정되었고, "농업, 임업 그리고 원예업에 대한 사회보장에 의해 수행된다.[27] 보험의 의무는 농업, 임업(그가 소유주, 소작 또는 용익권자로서 농장을 경영하는지와 관계없이)의 모든 기업가 및 그 배우자 – 통상 농업경영인의 부인에게 있다. 부업 농업인은 보험신청에서 면제될 수 있다. 농업부문의 노후보장 급여는 다른 사전대비 급여 외에서 받을 수 있다. 그것은 노령, 장애로 인한 소득감소 그리고 사망 시 급여를 규정한다. 연금은 종전 농업경영인에게 그의 부가적인 현금수요를 충족하되, 완전한 소득대체를 충족하지는 않는다. 연금의 수준은 보험가입 연한에 따른다. 그 청구권은 농업경영인이 65세가 되고 180개월 동안 기여금을 납부하였거나 또는 취업불능이고 60개월 기여금을 납부했다면, 성립한다. 또한 농업경영인이 사법상의 합의에 근거해서, 농업기업의 자기후계자가 주

---

25 이에 대해 *제너르트*, 사회법 핸드북, § 19 방주 46.

26 농업사회 보장의 개혁에 대한 법률 1조(농업사회개혁법 1995 – ASRG 1995) 1994. 7. 29(연방법률공보 I, 1890쪽); *기터/슈미트*, 사회법, 2001(5판), § 27 방주 12쪽 이하 참조.

27 2012. 4. 12, 농업사회보장의 조직의 개편에 대한 법률(LSG-NOG), 연방법률공보 I, 2012.4.12, 16호, 579쪽.

거와 식품을 제공한다는 것이 전제된다. 급여는 농업의 실체가 후계자에게 이전된 경우에만 승인된다. 그 배우자에게는 독자적인 연금청구권이 귀속된다.

연금보험에서 노동자에 유사한 자영업자(방주 277), 독립적인 수공업자 및 **305**
예술가 그리고 출판업자(사회법전 제6권 제2조 9호, 8호, 10호)는 의무피보험자로서 가입된다. 수공업자에게는 특수성이 존재하는데, 그들은 보험가입 18년 이후 보험에서 면제될 수 있다(사회법전 제6권 제6조 (1)항 4호). 독립적인 예술가 (음악가, 화가, 조각가, 작가, 언론인, 출판인)는 독자적인 예술가복지기금이 존재한다.[28] 그것은 예술 그리고 출판물의 유통업자로부터 예술가복지기금 납부금을 징수한다. 그 수익이 연방보조금 이외에 예술가의 연금보험과 의료보험비용의 절반을 차지한다. 노동자와 유사한 자영업자와 수공업자는 그와 반대로 기여금을 혼자서 부담한다. 보장되지 않는 그룹까지 확대를 통한 보험보호의 증가하는 틈새는 사회보험을 취업자보험으로 확대함으로써 메꿔야만 할 것이다.[29]

---

28 그에 대해 예술가사회보험법 §§ 23-26; *핑케*, in: 사회법 핸드북, § 20 방주 1쪽 이하; *기터/슈미트*, 사회법, 2001(5판), § 27 방주 16쪽 이하; *베르니케*, 예술가 사회보험의 조직, 1995 참조.

29 *리쉐*, 독일연금보험 2009, 285; *동 저자*, 독일연금보험 2008, 270, 273; *라인하르트*, 독일연금보험 2009, 319; *비박*, 사회법 계간지 2011, 93 참조. ; 그에 대해 오스트리아의 법적상황: *레쉬*, 일반사회보험법(오스트리아)에 따른 서비스제공자 개념과 그 구분, in: 동 저자,(편), 종속적 고용계약 대 자영업자, 2006, 47쪽 이하; *크라이케봄*, 신 사회법 잡지 2010, 184; *비박*, 사회법 계간지 2011, 93; *슈미트*, 사회재판(잡지) 2018, 841.

dd) 기업의 노령연금

306 기업의 노령연금[30]은, 법인의 임원이 연금보험 의무가입자로 편입되지 않는 한, 법인의 임원(이사)에게만 통상적인 보장으로서 기여한다. 더 나아가 기업의 노령연금은 부가적인 보장을 제공하며 연금보험에 의한 통상적 보장을 보완한다. 기업 노후부양 자격의 근거에 대한 어떤 법적인 의무가 존재하지 않지만, 단체협약, 사업장내 노사합의 또는 기업의 관행이 기업연금 약속을 포함할 수 있다. 법적인 보험의무강제에 유리하게, 미래 노후 사전대비에 대한 기업차원의 노후부양의 의미가 증가하고 있다는 것을 의미하지만, 사법상 조직은 그와 연관된 법적 의무가 있는 책임의 위험 때문에, 특히 파산 시 국가의 채무불이행위험으로 인해 조화를 이루기가 어렵다고 한다.

노동자는 급여 전환 청구를 할 수 있다(기업의 노령연금법 제1a조)[31]. 이는 기업에 노동소득의 일부를 노후 사전대비에 대한 요구로 세금과 기여금 납부없이 전환시키는 권리를 준다. 또한 노동계약 체결 시 부양에 대한 약속이 승낙될 수 있다. 기업의 노령연금은 특히 대기업에 확산되어있다. 공공서비스에서 모든 노동자들은 공공서비스의 부가적 보장에 참여한다. 기업의

---

30 *아렌트/퇴르스터*, 기업연금법, 기업의 노후부양의 개선에 대한 법률, 2009, 12판; *안드레센/키쉬*, 기업의 노후부양법, in: 리하르트/비쓰만/블로츠케/외트커(편), 노동법에 대한 뮌헨 핸드북, 2009(3판), 제1권, §§140쪽 이하; *블로마이어/오도*, 기업연금법 – 기업의 노후부양의 개선에 관한 법률, 2010(5판); *호이베크*외, 기업연금법에 대한 주해, 1982(2판); *위벨하크*, 기업의 노후부양, 2011(2판).

31 2017.7.17의 기업연금강화법(연방법률공보 I, 2575) 은 단체협상 당사자들에 의한 기업연금 승인을 촉진할 것을 목적으로 하고 있다; 그를 위하여 기여금승인도 허용된다; 사용자는 그에게 보수전환을 통해 발생한 사회보험료부담 경감을 노동자들의 사전대비를 위한 조성금으로 사용하여야만 한다.

사전대비는 노후보장의 두 번째 축의 수립에 기여한다. 보수의 전환에 근거한 자격은 절대로 상실되지 않는다(아래 방주 310호 이하 참조).

"기업의 노령연금"은 노동자에게 보장된 "노령, 폐질 그리고 유족보장의 급 307
여"이다(기업의 노령연금법 제1조 (1)항). 이러한 급여의 약속(기업의 노령연금법 제17조 (1)항에 정의되어 있듯이)은 이것이 기업에 대한 활동의 계기로 승인되는 한, 노동자 아닌 사람에 대한 약속과 동등하다. 이런 개념 하에 법인의 기관회원이 속한다. 그 청구권은 서비스와 노동관계에서 노동에 대한 보수의 일부라는데 근거한다.[32] 기업연금 청구의 채권자는 노동자다. 그 약속은 사용자가 승인하지만, 그가 필연적으로 채무가 있는 것은 아니다. 그 대신에 기업연금 약속에 대해 제3자(보험, 은행)가 책임질 수 있다. 거기에는 여러 가지 기업 노후 사전대비의 실행방법이 있는데, 독립적 보험, 연금금고 또는 지원금고 및 연기금(기업의 노령연금법 제1조 (2)항) 등이다. 그 약속의 형성에는 기본적으로 계약의 자유가 존재한다. 물론 기업의 노령연금법은 "기득권상실"과 관련 그와 같은 형성에 한계를 설정한다. 즉, 25년 이후 그리고 최소한 5년간 기업에 소속된 이후 사용자의 교체결과 그 청구권의 상실(기업의 노령연금법 제1b조 (1)항 참조), 기업 노령연금급여의 다른 보장청구권으로의 계산(기업의 노령연금법 5조), 청구권의 파산보장(기업의 노령연금법 제7조 이하) 및 화폐가치 변동으로 인하여 지급되는 적응(기업의 노령연금법 제16조) 등이 그것이다.

그것은 또한 제공자 주체와 급여의 내용에 따라 구분된다. 제공자에 따라, 308
직접적인 승인(기업의 노령연금법 제1조 (1)항), **직접보험**(기업의 노령연금법 제1b조

---

32 *위벨하크*, 기업의 노령연금, 2011(2판), 방주 291쪽 이하.

(2)항) 및 **연금**(기업의 노령연금법 제1b조 (3)항)과 **지원금고**(기업의 노령연금법 제1b조 (4)항)의 급여 및 **연금펀드**(기업의 노령연금법 제1b조 (3)항) 등이 구분된다.[33] 직접적인 승인 시에 사용자는 노동자에게 직접적으로 급여의 의무가 있다. 직접보험시에는 사용자에 대해 법적으로 뿐만아니라 경제적으로도 독립적인, 보험 급여의 의무가 있다. 그에 반하여 연금 그리고 지원금고는 즉 하나의(또는 여럿의) 사용자에, 법적으로 독립적이나, 경제적으로는 종속적인 경우이다. 법은 연금금고와 지원금고를 구분한다. 연금금고에는 법적청구권이 존재하는 반면, 지원금고는 그렇지 아니하다. 물론 연방노동법원[34]의 판례에 따라 이러한 차이점은, 지원금고 역시 충분한 이유가 있을 경우에만 급여를 거부할 수 있다는 것을 통해서 완화되었다. 연금펀드는 그 구성에서 규제되는데, 펀드에 1/5까지 주식가치가 속할 수 있고, 그 유효한 적립금에서 비롯되는 자산소득에서 연금액이 지출될 수 있다.

309 급여청구권은 포착된 위험과 그 형성에 따라 구분될 수 있다.[35] 하나의 위험 – 노령, 장애 또는 사망에 대한 보호권이 가능하다. 그럼에도 불구하고 통상적으로 기업의 연금은 연금보험에 의해서 포착된 전체적인 위험에 대한 안전을 보장하려고 한다. 급여의 수준은 **부담금**, 평균적인 또는 보험사고의 발생이전 받은 노동소득 또는 전체 보장 수준의 **비율**에 의해서 결정될

---

33 상세히: *안드레센/키쉬*, 기업 노령연금법, in: 리하르디/비쓰만/블로츠케/뵈트커(편), 노동법에 대한 뮌헨 핸드북, 2009(3판), 1권, § 143 방주 61쪽 이하.

34 독일 민법 § 242 은급연금에 대한 노동법 실무 번호 127, 129; 독일 민법 § 242 은급연금 – 지원금고에 대한 노동법 실무 번호 1, 3, 6

35 *안드레센/키쉬*, 기업 노후부양의 법, in: 리하르디/비쓰만/블로츠케/외트커(편), 노동법에 대한 뮌헨 핸드북, 2009(3판), 제1권, § 140 방주 59쪽 이하.

수 있다. 이것은 보험사고 발생 이전에 받은 노동소득에 비례하여 확정된다(예를 들면, 보험사고 이전 관련된 노동소득의 75%). 기업연금은 법정 연금보험의 연금과 약속된 전체부양수준의 차이를 메꿔야 한다. 2000/2001년 연금개혁 이후에는 납입 자본에 의해 정의된 기업연금 약속만이 지원가능하다. 지금까지의 지출지향을 수입지향이 대신하게 되었다. 확정급여방식의 확정기여방식으로 대체될 수 있다.

기업의 노령연금에 있어서 급여의 청구권은 기득권 상실의 위험이 있다. 모 310
든 보장권과 마찬가지로 기업의 노령연금에는 대기기간이 있다. 급여에 대한 청구권은 수급권자가 오랜기간 고용이 된 경우에만 성립한다. 대기기간은 보장권 신분에 달려있다. 5년 간의 보장승낙 기간이 경과하면 25년에 달한 권리는 기득권이 인정되고(기업의 노령연금법 제1b조 (1)항), 노동자는 사용자 교체 시 그 급여에 대한 청구권을 상실하지 아니하며, 이것은 새로운 사용자의 사전대비 계획으로 이관을 보장하기 위한 것이다. 그에 따라 "근본적인 기득권 인정"이 이루어진다. 이것은 기업의 보장급여에 대한 기대권을 화해를 통해 조정하려는 것을 금지(기업 노령연금법 제3조)함으로써 보장한다.

끝으로 기업의 노령연금은 "수준에 대한 기득권이 인정"된다. 근본적으로 311
인정되는 보장권은 활동하는 취업자 평균소득의 역동성에 기업연금이 적응토록 하는 것이다. 왜냐하면 많은 기업연금제도에서, 근본적으로 인정되는 기득권에도 불구하고 수급권자의 급여청구권은 상이하게 평가되었고, 그에 따라 보험사고가 개시될 때, 완전한 역동적 급여는 수급권자가 사용자에 고용되어 있었는지 아닌지 여부에 따라. 통상 보험사고가 발발당시 여전히 기업에 속하는 노동자에게만 보장되는 것이다. 이것 역시 오로지 그 수준에 따라 기득권이 인정된다. 다른 권리는 "정적인" 급여로서, 적응의 역동성이 적용되지 아니한다. 이러한 권리는, 오늘날 특히 공적서비스에서 부가적인 부양에 확산되어있다. 노동자가 기업에서 퇴직하면, 그 기대권은 그 자본가치의 수준과 일치하는 새로운 제도로 이양될 수 있다(기업의 노령연금법 제4조에 있는 이식성).

312 기업연금에 대한 기대권은 지속가능한 보호를 누리나, 경정계약이나 해지에 의한 변경, 사업장 노사합의의 해소 또는 노동자의 성실의무 위반 때문에 사용자의 보장약속이 일방적 철회에 의해 변경[36]에 처하게 된다. 기업연금 제공자의 파산 시에는 부양청구권에 대해서 연금보장협회(PSV) = VVaG가 맡고 있는 파산보호[37]가 존재한다. 이것은 채무자의 파산 위험에 대하여 승인된 약속을 보장한다. 이는 국내 기업활동의 종료 및 급여사례로서의 사용자의 경제적인 곤궁에 대해서도 동등하게 대한다. 그 비용은 기업연금 제공자의 공적 부과금(부담금)[38]에 의해 재정지원 된다. 연금보장협회에 대한 청구권은 보장청구권에 대해서 부차적인 것이다. 그것은 그가 수급권자에게 급여를 지급하면, 기업연금을 약속 채무자에 대한 청구권이 법률에 의해 그 기관에 이관된다(기업의 노령연금법 제9조 (1항), (3)항).

313 기업의 노령연금 급여는 구매력이나 소득의 변화에 적응 조정되지 않는다(이것은 통화정책적으로 문제가 있는 지표일 것이다 = scala mobile). 하지만 적응의

---

36 같은 곳, § 151 방주 55쪽 이하.

37 § § 7쪽 이하. 기업 노후부양의 법; 그에 대해 같은 곳, § 150 참조.

38 기업 노령연금법 § 10: 어원론적으로 그럼에도 불구하고 걱정스럽다, 왜냐하면, 연금보험연맹으로부터 "부담"의무가 있는 자가 어떠한 반대급부도 얻지 못하기 때문이다; 청구권이 있는 것은 오히려 제3자이다; 각출금이 "기여금"의 개념적 요건을 충족하지 못하는 한 – 타자부양을 위한 또 다른 예(위 방주 268 참조).

무는 개별적 보장규정에서 정당화 될 수 있다. 전체적인 보장약속은 통상 그러한 약속을 포함하고 있다. 그 의무는 관련된 합의에서 오며, 법률에 의해서가 아니다. 1973년[39]연방노동법원이, 40% 이상의 구매력 상실은 사용자에게 기업연금약속 적응의 의무가 있다고 한 이래, 기업 노령연금법 16조는 기업연금의 채권자에게, 매 3년 마다 계속되는 급여의 적응을 심사하고 그에 대해서는 임의의 재량행위로 결정하도록 하였다. 그에 따라 보장수급자의 요구는 사용자의 경제적 상황에 대해 신중히 고려하고 있다. 제공자가 연간 1%의 적응 조정을 한다면, 그런 적응 의무에서 벗어날 수 있다.[40]

ee) 생명보험

생명보험은 사적 보험계약에 기초한다. 보험사고는 직업의 불능, 노령 그리고 사망이며, 채무는 연금지불이다. 그것은 생존 및 사망 시(= 혼합보장)에 대한 개인보험[41]으로서 직업불능보험 또는 위험보험과 결합되거나 또는 자본 생명보험으로서 존재한다. 전자는 사망 시를 보장하며, 조기 사망 시 만기가 되며, 후자는 생존 시와 사망 시에 지급되는데, 연금 대신에 일시불로 지급된다. 보험관계는 사적자치로 형성된다. 314

보험수령자와 보험자 사이의 보험관계는 사적자치의 형성에 있다(보험계약법 제 150조 이하). 보험급여는 보상자본에서 나온다. 이것은 보험수령자

---

39 노동법 실무 번호 4, 5 민법 § 242 연금 – 화폐가치의 하락에 대해 참조.

40 *안드레센/키쉬*, 기업 노령연금법, in: 리하르디/비쓰만/블로츠케/외트커(편), 노동법에 대한 뮌헨 핸드북, 2009(3판), 1권, § 149.

41 *암브뤼스터*, 민간보험법, 2019(2판); 호프만, 민간보험법, 1998(4판), § 20; *라이저링*, FNA. 다층모델에서의 노후보장, 2008; *블롬케*, 비 국가노후보장의 조절, 2007.

에 의해 지불된 보험금으로 계산되고, 거기에 붙은 이자 및 출자 초과이익에서 산출된다. 기금에 묶인 연금보험은 기금에 기여된 자산의 가치에서 산출된다. 출자 초과이익은 보험회사가 원래, 점차 의심스럽게 설정한 가정보다 우호적인 결과를 달성했을 때 발생하는 이득이다.

이러한 출자는 보험수령자에게 상이한 형태로 배당될 수 있으며, 연금보험에서 이것은 보상자본에 대한 초과이익의 배정을 통해 발생한다. 민간 노후 사전대비는 공적으로 지원되는데, 그것이 법정요구(Riester Rente)를 충족하면 그러하다(위 방주 296 참조). 노후자산을 위한 중앙보조금지급처 – 독일연금보험연맹에 입주한 – 가 보조금을 관리한다. 민간보험은 국가의 감독을 받는다.[42]

참고 문헌

Berner, Der hybride Sozialstaat, 2009; *Becker* u.a.(편), Alterssicherung in Deutschland, Festschrift für Franz Ruland zum 65. Geburtstag, 2007; *Eichenhofer/Rische/Schmähl*(편), Handbuch der gesetzlichen Rentenversicherung SGB VI, 2012(2판); *Igl/Klie*, Das Recht der älteren Menschen, 2007; *Europäische Kommission*, MISSOC, das gegenseitige Informationssystem zur sozialen Sicherheit in den EU Mitgliedstaaten, dem Europäischen Wirtschaftsraum und der Schweiz, 2010; *VDR*(독일연금보험연합)(편), Rentenversicherung im internationalen Vergleich, 2003; *World Bank*(편), Averting the Old Age Crisis, 1994.

42 *빈터*, 전 보험학을 위한 잡지 2005, 105.

제14장 연금보험

a) 제공자와 보장의 목표

연금보험은 노동자와 자영업자의 노령, 장애, 유족보장을 포괄한다. 2005년 까지 지배적인 구분 즉 (생산직)노동자, 사무직 노동자, 광부(광부보험), 선원 그리고 독일철도주식회사의 노동자들이 당시의 연금보험의 다섯 부분의 세부 분류에 해당했다. 2005년에 효율성을 높히기 위한 조직개혁을 통해서 여러 제공자들을 독일연금보험으로 통합했다.[1] 독일연금보험은 독일연금보험연맹, 개별적인 지역국의 독일연금보험 그리고 독일연금보험 광산 – 철도 – 해상으로 세분화된다. 피보험자는 연방과 주의 직접 제공자 간 45 : 55 관계로 분할되었다. **315**

---

1 *악서*, 연금보험 조직개혁의 헌법적 문제, 독일연금보험-간행물 24권, 2000; *보에켄*, 법정연금보험의 조직개혁의 헌법적 문제, 2000; 2004.12.9. 제국보험규정연금법, (연방법률공보, I, 3242쪽); 연방의회 회의록, 15/3654; *룰란트*, 독일연금보험 2005, 2; *동저자/된*, 신 사회법 잡지 2005, 113; *켁*, in: 아이헨호퍼/리쉐/슈멜(편), 법정연금보험의 핸드북, 2012(2판), 24장 참조.

연금보험은 사회법전 제6권(SGB VI)에서 그 법적 근거를 찾을 수 있다.[2] 거기에는 노동자 외에도 독립적인 수공업자(사회법전 6권 2조 8호), 노동자에 유사한 자영업자[3](사회법전 제6권 제2조 9호) 그리고 독립적인 예술가(사회법전 제6권 제2조 5호)가 있다. 독일연금보험의 급여는 의무피보험자, 임의피보험자, 추가피보험자 및 그들의 유족에게 보장된다. 보험의무는 사회법전 제6권 제1조 이하에, *추가보험*(연계연금)은 사회법전 제6권 제8조에 규정되어있다. 기여금율은 2015년 이래 18.6%에 달한다. 추가보험은 종전 기관에서의 공무원관계가 종료된 후 사후적인 보험의무의 성립을 의미한다. 보장의 조정에 기초하여 연금의 기대권이 이양된 사람들은 사회법전 제6권 제8조 (1)항 2호에 따라 피보험자의 지위를(아래 방주 352 참조) 그리고 추가피보험자와 동등한 지위를 갖는다.[4]

316 연금보험은 참여(재활 및 사회적, 직업적 통합), 급여(사회법전 제6권 제15조 이하), 노령으로 인한 연금(사회법전 제6권 제35-42조), 장애로 인한 소득감소 (사회법전 제6권 제43-45조) 및 사망(사회법전 제6권 제46-49조)으로 인한 급여를 보장한다. 따라서 보험사고는 노령, 장애로 인한 소득의 감소 그리고 부양의무자의 사망이다. 이는 상이한 보장목적을 추구한다. 재활과 참여에 대한 급여를 규정하고 있는 한, 그것은 피보험자의 취업능력을 보장하는 것이다. 장애로 인한 소득감소 시 현금급여를 보장하는 한, 그것은 통상적인 연령의 한계 도

---

2 *아이헨호퍼/리쉐/슈멜*(편), 법정연금보험의 핸드북, 2012(2판).

3 연방사회법원판결 105, 46.

4 피보험자 인적범위에 대하여 포괄적으로: *크라이케봄/쿠스찐스키*, in: *아이헨호퍼/리쉐/슈멜*(편), 법정연금보험의 핸드북, 2012(2판), 제10장; *보엘츠케*, in: 사회보험-연금보험 핸드북 1999, §§15쪽 이하 참조.

달 전에 장애로 소득능력이 감소된 피보험자를 보호하는 것이다. 노령에서의 급여를 보장하는 한, 그것은 연금연령 도달 이후의 사람들에게 독립적인 소득을 보장한다. 끝으로 유족부양을 규정하는 한, 그것은 종전의 부부(과부부양 또는 홀아비부양) 또는 생계권이 있는 자녀(고아 부양)에게 사망으로 인하여 귀속된 생계에 대한 보상을 한다.

317
연금보험은 1990년대까지는 피보험자가 45년간 보험가입을 한 경우, 취업생활기간에 얻었던 "생활수준의 보장"을 목표로 하였다.[5] 소득대체율, 즉 보험사고 도래 전 받은 순소득에 대한 연금급여의 몫은 대략 68%에 달하였다. 2000/2001 연금개혁으로 소득대체율은 2009년까지 64%로 축소되었고, 연금보험 지속가능성법[6]과 함께 지속가능요소의 도입을 통해서 미래 연금의 적응 조정은 취업자와 급여수급자의 변동율을 고려해서 이루어지도록 하였다. 다만, 이 요소를 통해서 장기적인 보장수준이 2030년까지 어떤 경우에도 43% 이하로, 아마도 46% 이하로 축소되어서는 아니된다. 개편된 연금은 피보험자에게 그 때문에 더 이상 연금제도 개편의 개시 전에 갖고 있었던 생활수준의 유지를 가능하지 않게 한다. 이로 인하여 생겨나는 보장의 틈은 종속적인 취업자의 경우에 기업의 노후부양을 통해서(위 방주 306 참조), 그리고 전체 피보험자는 보완적으로 생명보험을 통해서(위 방주 314 참조) 감소되거나 메워질 수 있을 것이다. 그런 종류의 보장에 대해서 개편 이후의 피보험자에게는, 자기소득을 연금보험에서 기여금의 산정한도를

5 *룰란트*, in: 아이헨호퍼/리쉐/슈멜(편), 법정연금보험의 핸드북, 2012(2판), 제9장; *동저자*, 신 사회법 잡지 2010, 121.

6 연방법률공보 I 2004 1791쪽; 그에 대해 *룰란트*, 사회재판(잡지) 2004, 327쪽 이하.

초과하도록 하는 동기가 되었다(방주 284 참조). 왜냐하면 모든 피보험자가 보완적으로 충분히 기업이나 또는 사적 사전대비를 할 수 없거나 하려하지 않기 때문에, 연금보험이 중간 시점에서 충분한지 여부가 쟁점으로 대두되고 있다.[7]

318 연금보험의 기본원칙[8]은 보험, 사회적 조정, 부과방식 그리고 세대 간 계약이다. 연금보험은 집단의 형성을 통해서 위험으로부터 보호를 보장하는 것이고 수급권자의 수요와 독립적으로 급여가 결정되기 때문에 보험인 것이다. 그것은 사적보험과 구분되는데, 사회적 조정[9]의 의무가 있고 공법적으로 조직되기 때문이다.[10] 연금보험의 추가적인 보험성격으로는 기여금과 급여의 "수지상등"원칙이 주장된다. 이 공언은 그럼에도 불구하고 빗나갔다. 급여의 수준은 납부된 기여금의 수준을 따르지 않고, 피보험자의 소득의 수준[11]을 따르기 때문이다(사회법전 제6권 제63조 (1)항, 참조. 아래 방주 330 참조). 수

---

7 *루제/티데*, 연금보험현황 2006, 479; *슈멜*, 사회보장(잡지) 2006, 397; *동 저자*, 독일연금보험 2006, 676쪽 이하; *아이헨호퍼*, 독일연금보험 2008, 368; *벤너*, 연금수준과 기초법, 폰 불펜/크라스니(편), 연방사회법원 50주년 기념논문집, 2004, 625.

8 *룰란트*, in: 아이헨호퍼/리쉐/슈멜(편), 법정연금보험의 핸드북, 2012(2판), 제9장 방주 5쪽 이하; *킨그린*, 연방헌법재판소 그리고 세대계약, in: 만세/야흐만/그뢰플(편), 현행 헌법에 따라, 스타이너 기념논문, 2009, 392.

9 *라이만*, 법정연금보험에서의 정의의 개념과 보험구조, 2010, 163; *동 저자*, 노후보장에서의 사회적인 것, 2010; *하이데/루즈*, 사무직노동자보험법, 2004, 221; *룰란트*, 독일연금보험 2013, 101; *동 저자*, 신 사회법 잡지, 2018, 793.

10 룰란트, in: 아이헨호퍼/리쉐/슈멜(편), 법정연금보험의 핸드북, 2012(2판), 제9장 방주 4쪽 이하; *롤프스*, 사회보험법에서 보험원리, 2000.

11 연방사회법원판결 86, 262, 267쪽 이하.

지상등은 세대 간 계약에 따르는 것이고, 피보험자 자신의 납부액에 관련되는 것이 아니다. 기여금은 소득에 달려있다. 그럼에도 불구하고 기여금과 급여사이의 수지상등과 관련 기여율이 피보험자 개개인의 연금보험 이력에서 일관되게 유지되는 경우에는 그것이 인정될 수 있을 것이다. 보험료율은 그럼에도 불구하고 시간이 경과함에 따라 상당히 변화되었다.[12]기여금과 급여의 수지상등의 명제는, 기여금이 피보험자의 기여금 납부시점에 존재하는 기여금 청구권의 충족에 대한 기대가 연금보험의 실질적인 재정수요보다 피보험자 미래의 사전대비욕구에 맞춰져 있다는 오해에 기반하고 있다.

이는 연금재정지원의 기초가 되는 부과방식에서 비롯되는 것인데, 그것은 그 쪽에서 볼 때 일종의 세대계약의 표현인 것이다. 이에 따라 현재 활동하는 세대가 종전 활동했던 세대를 보장해야만 하는 것이다.[13] 이것은 오늘날 활동하는 세대의 후세대가 그 편에서 오늘날 활동하는 세대의 노후보장에 대한 의무를 떠맡을 것이라는 기대 속에 발생하는 것이다. 이러한 가정은 세대의 연속이 즉 급여권리자에 대하여 현재 활동하는 사람들의 관계가 변하지 않는다면 받아들일만한 것이다. 그럼에도 불구하고 이것은 불안정하며, 세대간 정의[14]라는 어렵고도 해결되지 않은 문제를 던지는데, – 예

---

12 1965 연금보험의 기여금요율은 14%에 달했다; *바나가트*, 사회보험법의 교재, 1권, 1965, 151 참조. ; 1998 기여금요율은 그에 반해 20.3%, 2012 19.6%에 이르렀다.

13 *넬-보로이닝*, 연대 속의 3세대, in: 동 저자/페치(편), 연대 속의 3세대, 1981, 27; *라이스너*, 헌법원리로서 계속성, 2002, 298쪽 이하; *부처*, 세대간 협약, in: 부처/칼텐보른/마이어(편), 사회적 법치국가에서 조직과 절차, 슈납 기념논문집, 2008, 367쪽 이하.

14 *연구네트워크 노후보장*, 세대간 정의 – 노후보장을 위한 내용, 의미 그리고 결과, 독일연금보험-간행물 51, 2004; 소득보장의 결과: *아담*, 법정연금보험에서의 소유의 보

측되는 바와 같이 – 출산율의 후퇴로 인하여 경제적으로 활동하는 사람의 숫자가 하락하는 반면, 기대여명의 상승으로 인하여 급여수급권자의 숫자가 상승하기 때문이다. 이런 맥락에서, 역시 가족양육이 노후보장의 틀에서 급여 및 보험료에 관한 법적 관점에서 보상되어야 할지의 문제가 제기된다.[15]

연금보험에서 사회적 조정[16]의 특징은 특별히 기여금 납부가 없는 기간을 산입하는데 있다. 그러한 기간의 인정을 통해, 피보험자는 그가 보험의무를 갖고 고용되었던 것처럼 대우된다. 기여금 납부가 없는 기간에 대한 법률요건은, 수급권자가 인정될 만한 가치가 있는 사유로 보험의무가 있고 고용이 방해가 된 희생상황이다. 보험 및 사회적 조정의 원리에 근거한 급여권은 기여금과 연금보험에 부과된 보험외적 급여의 보상(예를 들면, 보호아동 또는 아동양육을 위한 지원)에 대한 연방보조금 등 연금보험의 혼합적 재정에 나타난다. 2000/1년 그리고 2004년 연금개혁과 함께 처음으로 제시된 세대 간 정의의 문제는, 노후보장의 지속가능성은 – 회원국가의 노후보장정

장, 2010; *아이헨호퍼*, 사회적 진보 2018, 909.

15 연방헌법재판소결정 103, 242; 룰란트, 신 법률 주보 2001, 1673, 1677이하; 연방사회법원판결 120, 23; 그에 대해 연방사회법원 – 2006.7.5. – B 12 KR 20/04 R = 신 사회법 잡지 2007, 311 참조. : 그에 따라 교육비용은 부모에게서 법정연금보험에 대한 기여금납부를 경감하도록 하는 어떠한 정당화가 되지 못한다. 연방헌법재판소 결정 103, 242으로 장기요양보험을 위하여 나타나는 과제는 하여간 연금보험에는 확장되지 아니한다. (연방헌법재판소 사회법 판례집 4-3300 § 55. 3호; 연방사회법원판결 120, 23; 연방사회법원 사회재판 2018, 357)

16 *독일연금보험연합*(편), 사회적 조정과 국가의 책임 간에 사회보험과 가족, 독일연금보험-간행물 46권, 2003.

책의 균형을 위하여, 개방적 조정방식 틀의 유럽연합의 권고에 부응하여[17] – 상승하는 연금수급자 수에 대한 연금수준의 적응 조정을 요구하고 있다. 이것은 중기적으로 연금수준의 하락, 연금개시연도의 점진적 상향조정으로 이어지는 것이며, 이에 해당되는 사람들에 대한 제2, 제3의 안정망의 동시구축으로 취업활동의 확대를 요구하고 있다.[18]

b) 위험

aa) 취업능력의 감소

연금보험은 여전히 **취업능력 감소**를 유일한 그리고 통일적인 **보험사고**로 규 **319**
정하고 있다(사회법전 제6권 제43조). 취업능력 감소란 질병 또는 부분적인 장애로 인하여 하루 3시간 이상 노동시장의 조건에 부합하는 취업활동을 할 수 없는 경우를 말한다. 부분적인 장애로 인한 소득감소란 취업활동이 일일 6시간 미만에 달하는 경우를 의미한다. 이러한 규정에 대해서 오로지 의학적인 척도 및 노동시장에서 통상적인 조건만이 적합하다.[19] 따라서 모든 피보험자는 모든 허용된 활동을 수행할 것으로 기대된다. 완전 취업활동 시

17 *독일연금보험연합*(편), 노후보장영역에서 공개적인 조정방법 – 어디로? 독일연금보험-간행물 47권, 2003.

18 집행위원회 보고서, 사회보장제도의 재정에서의 지속가능성, 2003, 45쪽 이하; *리쉐*, 레브셔 기념논문 2014, 411; *쉐퍼*, 독일경제연구소 2/2014, 21; *쾨스터*(편), 미래의 축제 연금, 2017.

19 *토만들*(편), 사회법에서 지시, 2002; *로이트베드*, 신 사회법 잡지 1999, 276; 프로운동선수들의 장애로 인한 소득감소에 대하여: 연방사회법원 신 사회법 잡지 2001, 325; 사회법문제 최고법원 – 2006.1.24. – 10 ObS 62/05 Y.

에 온전히 그리고 가산기간에 의해(사회법전 제6권 제59조) 60세에 달한 경우, 완전한 장애로 인한 취업감소시 높게 계산된 연금이 지급된다. 피보험자가 부분적으로 취업능력이 감소되면, 종전 마지막 5년 내에는 개시 전 3년간의 의무기여금이 납부되어야만 하고 일반적인 대기기간이 충족되어야 한다. 65세까지 가산기간을 연장하기 위해서는 의료적인 여건과 노동시장 조건들이 중요하다.

그러나 새로운 연금생활자에 대해 기존연금생활자에 적용되는 취업능력 개선법[20]에 대해, 가산기간은 추가로 단계적으로 법적 연금연령이 67세까지 상향되어야만 한다. 조기연금의 경우 개시요인에 근거하여 만기의 연금할인만큼 감액되며 이것은 헌법에 부합한다.[21]

320 사회법전 제6권 제240조에 따라서 이전에 존재하던 직업능력이 더 이상 없는 자에 대한 연금은 그와 함께 정당화되는데, 이는 직업적으로 숙련자격이 있는 사람들이 만약 지금까지의 직업을 건강상 이유로 더 이상 행할 수 없는 경우에, 그들을 사회적 나락으로부터 보전하는 것이다.[22] 그러나 이것은 분배정책적으로 보아서는 우려스러운 것인데, 왜냐하면 이것이 숙련자에 대

---

20 2017.7.17.(연방법률관보 1쪽. 2509); *슐러-하름스*, 현행 사회법, 특별호. 2018, 1쪽 이하.

21 연방헌법재판소결정 128, 138.

22 *퀸글러*, 보상된 위험, in: 아이헨호퍼/리쉐/슈멜(편), 법정연금보험의 핸드북, 2012(2판), 12장; *룰란트*, in: 사회법 핸드북, § 17 방주 50쪽 이하; 문제에 대하여 포괄적으로 역시 비교법적으로: *엘슨*(편), 폐질과 노동시장, 1992 참조. ; *독일연금보험연합*(편), 노동시장과 연금, 독일연금보험-간행물 43권, 2003; 데베찌/스텐달(편), 너무 아파서 일을 할 수 없다? 2011; *북허*, 장애보험 편입법, 2011: *플뤼거-데만*, 법적 그리고 유럽법적 관점에서 장애시 사회보장, 1991 참조.

해서만 고려하기 때문이다. 이는 또한 일관성이 없는 것이며, 그것이 생계를 위해서 충분하지 않고, 피보험자 역시 자신의 생계를 유지하기 위해서, 직업 보호 때문에 자기에게 합당하지 않을 수 있는 그런 일을 해야만 하는 것이다.

bb) 노령

노령의 보험사고는(사회법전 제6권 제35조 이하) 피보험자가 최소한 60개월의 가입기간을 충족할 경우 65세에 도달하면 발생한다(사회법전 제6권 제50조 (1)항). 장기간 피보험자로서 최소한 35년의 가입기간을 채웠을 경우에는 62세에 신청하여 노령연금 수급자가 될 수 있다(사회법전 제6권 제36조, 236조). 또한 중증장애인으로서 35년간의 가입기간을 채웠을 경우는 63세에 신청할 수 있다(사회법전 제6권 제37조). **321**

2029년까지 법적 연금연령은 67세로 상향되고, 그 상향은 2012년부터 시작되었다. 그리고 이때부터 매 출생연도(1947~1958)에 대해서는 연금연령이 한 달씩, 2024년부터는 두 달 (1959~1964년)씩 상향되었다.[23] 기대여명의 상승 및 출산율의 저하로 촉발된 경제활동인구의 평균연령 상승에 따

23 연방의회 회의록. 16/3794; 입법자는 그와 함께 학계의 권고를 따랐다: 집행위원회의 보고서, 사회보장제도 재정의 지속가능성, 2003, 82쪽 이하; *독일복음교회*(편), 노년에 새롭게 될 수 있다. 개인, 사회 그리고 교회에 대한 복음교회의 전망, 2009, 54쪽 이하; *슈멜*, 사회보장제도와 인구학적 도전, 2001; *보에켄,* 전문가 의견 B 제62차 독일법률가대회(1998); *케르쉬바우머*, 사회국가와 인구학적 전환, 2005; *히르테*, 노령사회를 위한 연금정책, 2001, 252쪽 이하; *베커*, 법률신문 2004, 929; 헌법적 판단에 대하여 *룰란트*, 연금보험과 공무원부양법에서 연령제한의 상향에 대한 합헌성에 대하여, in: 만센/야흐만/그뢰플(편), 현행 헌법에 따라, 우도 슈타이너 기념논문집, 2009, 662 참조.

른 것이다. 취업기간의 연장을 통해 경제, 연금조합은 기여액 증가 및 급여 감소라는 이익을 얻고, 피보험자는 더 많은 연금을 지급받을 것이라는 기대를 하게 된다. 계속해서 65세부터의 노령연금은 "특별히 장기간의" 피보험자[24]가 받게되는데 노동, 장기요양, 자녀양육으로 45년간 보험가입을 한 사람들이 이에 속한다. 연금법의 실현은 노령자, 급여가 감소된 취업자에 대한 노동시장의 수용능력에 달려있다.

322 그 다음으로 연금보험에는 부분연금(사회법전 제6권 제42조)이 있었다. 그것은 취업노동으로부터 연금으로 연착륙할 수 있도록 한 것이다. 그것은 피보험자의 선택에 따라 완전연금의 1/3, 1/2 또는 2/3에 해당하는 것이며, 그 외에 여러 가지 범위에서 노동이 가능하여야만 한다. 이러한 선택가능성을 측면 지원하기 위해서 입법자는 연금에 근접한 출생연도 노동자들의 노동관계를 위한 노동법적 기득권을 인정하는 보호제도를 만들었다(사회법전 제6권 제41조 참조). 거의 20년간 존재하는 이 수단은 그럼에도 불구하고 거의 받아들여지지 않았다. 그런 여유로 이것은 "유연-연금"(사회법전 제6권 제34조 (2)항, (3)항)에 의해 대체되었다. 2017년부터 피보험자가 법정 연금연령에 도달하기 이전이라도 감액을 조건으로 연금의 조기수령이 가능해지게 되었고, 피보험자는 연간 6,300유로까지 추가로 소득을 벌 수 있고, 수입이 이 한도를 넘어서면, 연금은 40%까지 감액지급된다. 그 급여는 높은 설명비용과 조사비용과 연계되어 있다.

---

24 언어적으로 불행한 것은, 왜냐하면 "오랜 기간"이란 것이 상향능력이 있다는 것은 아니기 때문이다, 65세에서 63세로 하향조정은 법정 연금보험의 급여개선에 관한 법에 의해 이루어졌다. 2014.7.1.(연방관보 I 787쪽).

cc) 유족보장

그밖의 보험사고로, 부부의 유족 또는 18세 미만 또는 18세 이상 27세 미만의 직업훈련 중인 자녀 또는 장애로 인하여 취업불능인 자녀[25]를 둔 피보험자의 사망이 있다(사회법전 제6권 제46조 이하). 유족연금은 혼인부양이 종료된 경우 인정되지 아니한다(사회법전 제6권 제46조 (2a항)).[26] **323**

c) 급여

연금보험의 급여수준은 – 특히 노령, 취업능력 감소 또는 유족연금 – 기간요인(aa), 현금요인(bb) 그리고 신분요인(cc)에 의해 결정된다. 연금급여는 시간요인에 의존하는데, 피보험자에게 생존 시에 행한 활동에 대한 연금법적 기간이 계산되기 때문이다. 피보험자의 연금법상 기간이 길수록, 그의 연금청구권은 더 높아진다. 연금급여는 또한 연금의 현금요인에 의존하는데, 피보험자가 연금권의 가입기간 동안 받은 소득(납부된 보험료의 수준이 아니라. 위 방주 318 참조)이 연금계산의 기초이기 때문이다. 보험연도 동안에 피보험자의 소득이 모든 가입자의 소득에 비교하여 높으면 높을수록, 화폐요인은 더 높아진다. 마지막으로 연금계산은 연금수급권자의 신분에 의해 결정되고, **324**

---

25 형성에 대해 비판적으로 *쾨블*, 법정연금보험의 고아연금의 생계보상기능에 대하여, in: 보에켄/룰란트/슈타인마이어(편), 독일과 유럽에서 사회법과 사회정책, 폰 마이델 기념논문집, 2002, 321쪽 이하; *이 저자*, 독일연금보험 2002, 686쪽 이하; 폰 마이델, 독일연금보험 2002, 708쪽 이하; *브로지우스-게르스도르프*, 사회재판(잡지) 2016, 241, 321.

26 연방사회법원판결 103, 99.

이것은 연금의 종류에 의존하고, 연금수급권자가 피보험자라면, 자기 자신의 연금청구권이 존재하고, 그가 반면에 유족이라면 "파생된" 연금청구권이 존재한다. 전자의 경우는 후자의 경우보다 더 높이 평가된다.

aa) 연금법상 상당기간

325 연금법상 상당기간[27] 중 기여기간, 기여면제기간, 참작기간 그리고 대기기간이 구분된다. 기여기간은, 피보험자가 의무(사회법전 제6권 제168조) 또는 임의의 기여금(사회법전 제6권 제171조)을 납부했거나 또는 사후납부(사회법전 제6권 제185조)를 한 기간이다. 기여기간은 또한 기여금납부가 결여되어 있음에도 법적으로 지정된 기간에 해당한다(사회법전 제6권 제55조). 의무납부기간에는 보험의무가 있는 고용관계 속에서 피보험자가 종전의 독일연금보험법에서 분리된 독자적인 연금보험 즉 베를린, 자르란드, 구 동독 또는 구 독일제국(사회법전 제6권 제247조, 제248조)에서 적립한 기간이 해당된다. 의무기여기간에는 또한 자녀양육기간(사회법전 제6권 제56조, 제249조)이 해당되는데, 1992년 이후 출생한 모든 자녀에 대해서는 3년 그리고 그 이전에 출생한 자녀에 대해서는 2.5년의 기간이 자녀를 양육하는 부모편에 가산되고, 마찬가지로 국내에서 추방자로 인정된 사람들로서 "축출국가" (예를 들면, 폴란드, 소련연방, 체코슬로바키아)에서 적립된 보험기간 또는 고용기간 즉 국내에서 축출된 사람으로 인정된 사람의 보험과 고용기간도 해당된다(제3자 연금법 제15조 이하, 추방자 및 난민관련법 1).

---

27 *라이셔르트*, 연금법적인 시간과 대기기간, in: 아이헨호퍼/리쉐/슈멜(편), 법정연금보험의 핸드북, 2012(2판), 제14장.

기여면제기간이란 사회적 가치가 인정되는 사유로 피보험자의 고용·행사가 방해를 받은 개별적인 피보험자의 생애이력기간이다. 기여면제기간의 인정은 사회적 보상의 특성을 갖는다. 기여면제기간은 구체적으로 보상기간(사회법전 제6권 제250조), 산입기간(사회법전 제6권 제58조, 제252조 이하) 및 가산기간(사회법전 제6권 제59조)으로 구분된다. 보상기간이란 피보험자가 정치적인 큰 사건의 결과, 그 결과에 대하여 독일 연대공동체가 동의하는 기간(전쟁복무, 전쟁포로, 정치적인 이유로 인한 체포나 구금, 게토연금[28])으로 어떤 기여의무가 있는 고용도 행사할 수 없었던 기간이다. 보상기간이란 사회적인 보상인데, 공동체가 고용에 대한 포기로 그에게 발생한 희생을 연금보험법적으로 변제하는 것이기 때문이다. 산입기간이란 피보험자가 개인적으로 책임질 수 없는 이유, 즉 임신과 모성으로 고용되지 못한 기간이다. 가산기간은 피보험자 또는 그 유족이 조기에 노동불능이 되거나 사망(사회법전 제6권 제59조)하였기 때문에 어떤 충분한 연금을 받지 못하는 것을 억지하는 것이다. 가산기간에 보험사고 개시연도와 피보험자의 62세 연령사이의 기간이 계산되는데, 신규연금생활자에 대해 2019년부터 2031년까지 단계적으로 관련기간이 67세로 상향된다. 326

고려기간(사회법전 제6권 제57조)은 피보험자가 공적이해가 있는 10세 미만 아동의 양육을 위해 적립해 둔 기간이다. 기여기간과 기여금면제기간과 달리 고려기간은 연금에 근거하지도 않고 – 연금액의 인상으로도 되지않으나, 현금요인 산정에 계산된다 – 기여밀도-모델(Beitragsdichte-Modell)에 따른 기여금 무기여기간의 평가(아래 방주 330 참조.)에 연금법상의 기간으로 계산된다. 327

28 연방사회법원판결 103, 220; 로이터, 게토연금, 2019.

328 대기기간이라는 것은 피보험자가 보험사고의 발생 전에 적립해 둔, 급여청구권이 성립하는 시간이다(사회법전 제6권 제50조). 통상 노령연금의 수급권, 장애로 인한 소득감소로 인한 연금, 유족연금 등에 대한 청구권은 최소 5년이다. 대기기간의 조사에서는 기여기간과 보상기간만이 계산된다. 대기기간의 충족은 피보험자가 최소한 기여금을 납부하고, 산업재해 또는 군복무로 인한 피해를 입은 경우에 가정된다(사회법전 제6권 제53조).

bb) 현금요인

329 연금계산은 기본공식[29]에 근거한다(사회법전 제6권 제64조 참조). 연금월액(MR) = 개인소득점수(EP) × 연금진입지수 × 연금종별지수(RF) × 실질연금가치(AR)이다. 연금월액은 세 가지 요소로 조사된다. **개인소득점수**, **실질연금가치**, **연금종별** – (사회법전 제6권 제64조) 및 **연금진입지수**(사회법전 제6권 제77조)이다.

330 개인소득점수(EP)는 피보험자에게 매 보험연도에 모든 피보험자의 소득에 대한 피보험자의 소득 간에 연간 조사되는 비례 수의 합으로 산출된다. 이것이 모든 피보험자의 평균소득에 상응한다면, 그 피보험자에게는 그 해 개인 소득점수 1이 할당된다. 이것이 만일 120%에 달하면 개인 소득점수는 1.2이고, 반면에 80%에 해당한다면 0.8 소득점수가 대변에 기입된다. 모든 피보험자의 연간 평균소득은 연방정부의 법시행령에 의해 규정된다 (사회법전 제6권 제69조 (2항)). 연금신청 시에 매년 피보험자의 조사된 소득점수가

---

29 *자이터*, 연금계산, 연금지불, 연금적응, in: 아이헨호퍼/리쉐/슈멜(편), 법정연금보험의 핸드북, 2012(2판), 제15장; *슈린*, 사회보험법 – 연금보험 핸드북, § 38 방주 16쪽 이하.

더해진다.

개인소득 점수의 조사가 의무가입기간에 국한되면, 연금의 계산은 단순히 계산의 문제가 될 것이다. 소득점수는 피보험자가 아무런 소득이 없는 기간에 대해서도 확정된다. 여기에서 법적 그리고 규정의 문제가 생겨난다. 그렇게 입법자에 의해서 아동양육기간(사회법전 제6권 제56조, 제249조 이하)에 대해 최소한 1.0 EP가 확정되었다. 그것은 연방에 의해서 재정지원되고 있다(사회법전 제6권 제177조). 산입기간으로서 그 이외에 실업, 질병, 임신 그리고 모성기간 등이, 그로 의해 보험의무가 있는 고용이 중단되는 한 산입기간으로 인정된다(사회법전 제6권 제58조 (1)항, (3)항). 이 기간은 그에 따라 매 역월 동시에 기여금으로 입증되건 안 되건, 기여금 면제기간 또는 기여금 경감기간으로서 고려된다(사회법전 제6권 제54조 참조). 기여금 면제 그리고 기여금 경감기간에 대한 개인소득 점수의 수준은 전체 급여평가의 범위에서 계산된다. 이는 전체 보험생활기간동안 피보험자의 개인적인 기여금납부에 달려있다. 기여금의 수준 외에 기여금의 밀도 – 가능한 기여횟수에 대한 비례적인 실질적 기여횟수 – 가 중요하다. 기여금 면제 또는 경감기간의 산입에 의한 연금의 상승은, 피보험자의 기여금이 많을수록 그리고 더 높을수록 더 높이 책정된다(개별적인 것은 사회법전 제6권 제71조 이하 참조).[30] 10세까지 아동의 고려기간 가산에 의해서(사회법전 제6권 제57조) 보험급여는 연금법적으로 평가절상된다.[31]개인소득지수 총합은 피보험자의 연금보험법

---

30 전체급여평가에 대하여 *슈린*, in: 사회보험 연금보험 핸드북, 1999, § 38 방주 85쪽 이하.

31 *루스트*(편), 여성의 독자적인 노후보장, 2000 참조.

적에 상당하는 평생소득을 반영한다.

331 개인적인 연금기대권의 가치를 확정하기 위해서, 소득점수의 총합과 실질적 연금의 가치와 연금지수를 곱한다. 실질연금가치는, 매 역월 모든 피보험자의 평균소득에 기초한 기여금이 납부되었다면, 전년도 12월 달에 노령으로 인한 연금에 상응하는 액수이다(사회법전 제6권 제68조 (1)항). 이 가치는 해마다 피보험자의 평균소득의 변화에 맞춘다. 2019년 7월부터 그것은 33.05유로(서)이고 31.86유로(동)에 상응한다.[32] 연금월액은 실질연금의 가치에 의존하기 때문에, 그리고 보험사고의 발생 이후 가장 중요한 연금종별에서 다른 계산지수들이 더 이상 변화되지 않기 때문에 실질적인 연금가치가 변화되는 정도에 따라 연금월액이 변한다.

이것은 당초 총소득에 따라 정해졌다. 1992년 이후는 순소득에 따라 그리고 2000/2001년 이래 다시 피보험자의 총소득에 따라 정해졌다. 이는 특히 이런 새로운 규정에 의해 결정된다. 그것은 연금보험료액 및 촉진되는 기업 또는 개인의 노후보장(위 방주 296 참조)의 가능한 비용에 대한 피보험자의 부담의 변화를 고려하여 확정된다(사회법전 제6권 제63조 (7)항, 제65조, 제68조). 실질연금가치의 보험의무자의 평균소득에 대한 연계에 의해 역동적인 연금의 효과가 발생된다. 연금생활자 세대는 취업자 세대의 소득증가에 비례적으로 참여하게 된다. 실질적인 연금가치는 연방정부의 법시행령을 통해 매년 7월 1일자로 확정된다(사회법전 제6권 제69조 (1)항).[33] 연금의 지속

32 2017.7.17. 연금연계종결법(연방법률관보 I, 2575쪽) 은 2024.7.1. 동쪽의 연금가치와 서쪽의 연금가치가 동일하게 된다; 2025년부터는 그러면 통일적인 최근 연금가치가 성립된다.

33 연방사회법원판결 90, 11 연금적응의 배제와 적응원칙의 전환이 합헌적인가의 문

가능성의 보장을 위해 미래 연금의 적응 시에 역시 연금급여 수급자에 대한 급여납부자 관계의 발전이 고려된다.[34]

cc) 신분요인

연금종별 지수(RF)는(사회법전 제6권 제63조 (4)항, 제67조 참조) 상이한 보험사 **332**
고에 예정된 연금 종류에 대해서 상이한 지수를 부여한다. 그것은 노령연금과 소득감소연금에 대해서 1.0, 그리고 직업불능연금은 0.6667이다. 왜냐하면 이것은 취업소득을 단지 보완하는 것이어야만 하는데, 피보험자가 보다 적은 가치가 있는 것으로 평가된 활동을 행하기 때문이다. 피보험자가 자신의 보험생활기간 동안에 40 EP의 연금기대권을 얻었다면, 그는 30유로의 실질연금가치시 월 1,200유로(40×30 유로×1.0)의 보험금을 받게 되는 반면, 직업불능으로 인한 월 연금액수는 800유로(40×30 유로×0.6667)에 달하게 될 것이다.

연금은 보험급여로서 수급자의 필요와는 별개로 보장된다. 따라서 통상노령연금의 수급자는 노령연금 수급개시부터, 이 취업소득이 연금에 산입되지 않는다면, 기본적으로 취업소득을 받을 수 있다. 반면에 부분 연금 수급자는(사회법전 제6권 제42조) 확정된 범위내에서만 취업소득을 벌어들일 수 있다(사회법전 제6권 제34조 (2)항, (3)항 참조). 연금이 재해연금과 중복되면 연금은 정지된다[35](사회법전 제6권 제93조). 공무원 부양급여와 중복되면, 그

제에 대하여.

34 *독일연금보험연맹*(편), 다주체제에서의 노령소득의 활성화, 독일연금보험-간행물 2011, 94권; *룰란트*, 사회재판(잡지) 2004, 327.

35 연방사회법원판결 95, 159.

것은 감액되지않고 공무원 부양이 비례적으로 삭감된다(연방공무원보장법 제55조).

333 끝으로 노령연금의 수준은 역시 연금신청 시점에 의해 영향을 받는다. 연금수급권자는 이미 연금연령 개시 전에 연금을 신청할 수 있다(사회법전 제6권 제77조 참조). 연금지급액은 그럼에도 불구하고 보험수리학적 감액에 의해 할인된다. 왜냐하면 조기수령에 의해서, 연금경과 기간이 연장되기 때문이다. 반대로 피보험자는 역시 법적인 연금연령에 도달한 이후에도 연금을 신청할 수 있다. 연금경과 기간의 단축으로 인해 보험수리학적 할증이 보장된다. 이러한 할인 및 할증은 상이하게 정해진 **진입개시지수**(사회법전 제6권 제77조)에 의해서 표현된다. 연금지급액에서 법정의료보험 납부액(사회법전 제5권 제255조) 및 장기요양보험 전액(사회법전 제11권 제60조 (4)항)이 갹출된다.

334 연금은 피보험자의 사망 시에 파생연금[36]으로 지급된다. 가족촉진급여(부부 그리고 자녀추가수당)는 오늘날 연금보험에 더 이상 존재하지 않는다. 피보험 부부사망 이후에 유족인 배우자는 동일한 전제 하에 유족연금에 대한 청구권을 부여받는다(사회법전 제6권 제46조 이하 참조). 또한 유족연금은 종전 배우자가 결혼하지 않았거나, 최소한 60개월 스스로의 보험기대권을 제시하거나 그리고 최소한 피보험자와의 혼인에서 하나의 미성년자를 돌본다면, 종전 피보험자의 이혼배우자에 유리하게 유족연금이 보장된다(사회법전 제6권 제47조 양육연금).

335 친자 이외에 역시 입양자녀, 후견자녀 및 의붓자녀가 포함되는 피보험자의

---

36 *퀸플러*, 보장된 위험, in: 아이헨호퍼/리쉐/슈멜(편), 법정 연금보험의 핸드북, 2012(2판), 제12장.

자녀들에게는 그의 사망 시에 고아연금(유족자녀연금)이 인정된다. 그것은 고아가 18세가 될 때까지 지급되고, 만약에 고아가 직업훈련을 받고 있거나 또는 자원복무[37] 중이라면, 고아연금(유족자녀연금)은 27세 완료 시까지 지급될 수 있다(사회법전 제6권 제48조). 고아가 취업능력이 없으면 고아연금(유족자녀연금)은 나이 제한없이 지급된다.

미망인 그리고 홀아비연금(유족배우자연금)은 피보험자보험의 60%에 달한 336
다(사회법전 제6권 제67조). 물론 연금종별지수 그리고 그로 인한 연금수준은 유족연금수급권 개인의 상황에 따라 달려있다. 수급권자가 47세에 달하고(사회법전 제6권 제46조 (2)항), 그가 취업불능이거나 또는 피보험자와의 혼인관계에서 태어난 한 명의 미성년 아동을 양육하거나 돌본다면, 미망인/홀아비연금(유족배우자연금)은 취업불능 또는 노령으로 인한 연금과 같이 0.6의 연금종별 지수에 따라 계산된다. 이것을 "큰" 미망인/홀아비연금(유족배우자연금)이라고 한다. 이러한 전제가 충족되지 않으면, 연금종별 지수는 단지 0.25의 연금별지수가 기본이 된다. 이 경우에 역시 "작은" 미망인/홀아비연금(유족배우자연금)이 인정된다(사회법전 제6권 제46조).

2000/2001 연금개혁은 1962년생 이후 부부에 대해 그리고 보다 최근에는 2002년부터 보험사고가 되는 부부유족연금을 55%로 인하하였다. 물론 유족배우자에 의해 양육되는 자녀에 대해서 2 EP, 매 추가자녀당 각각 1 EP가 산입된다(사회법전 제6권 제78a조). 또한 부부에게는 유족연금 대신 법정연금보험 기대권으로 제한되는 부양조정권(연금분할, 사회법전 제6권 제46조

---

37 연방사회법원 사회법(결정집) 4-2000 § 48 5호.

(2b)항, 제120a조)을 신청할 권리가 있다.[38] 이를 통하여 혼인기간에 부부에 의해 획득된 기대권은 추가되고, 분할되며 그리고 각 배우자에게 동일한 수준으로 적립된다.

337 유족연금 이외에 자신의 소득 또는 소득보상급여 – 특히 자신의 피보험자 연금,[39] 재해연금 또는 부양연금 – 를 받는 유족은, 연금에 다른 소득의 부분산입을 감내해야만 한다(사회법전 제6권 제97조). 산입은 물론, 최소액을 초과하는 소득 대신에만 발생하고, 이런 한계가치를 초과하는 최소소득은 역시 40% 수준에서만 산입된다(사회법전 제6권 제97조 (2)항, 사회법전 제4권 제18a-18e조).[40] 산입은 또한 사적인 자산투자, 임대차 소득에도 적용되고(사회법전 제4권 제18a조), 지원되는 제2의 축인 사적 그리고 기업의 노후 사전대비에서 소득은 그에 반해 고려되지 않는다. 가족구성원이 피보험자의 사망을 위법하게 초래하는 경우, 유족연금은 법에 의해 배제된다(사회법전 제6권 제105조). 이 규정은 일반적인 보험법적 원칙을 표현한 것으로, 이에 따라 보험사고자체를 목적의식적으로 초래한 사람은 급여를 청구할 수 없다. 유족연금은 유족부부의 재혼 시에 중지된다. 그 대신에 수급권자는 유족배우자연금 화해에 대한 청구권을 행사할 수 있다(사회법전 제6권 제107조). 재혼이 이혼이나 또는 재혼배우자의 사망으로 끝날 경우, 미망인/홀아비연금(유족배우자연금)은 되살아난다. 물론 제2의 혼인, 생계, 부양 또는 보험청구권으

---

38 *크라이케봄/호이어/메테*, 연금-조언자, 2002(3판), § 144 쪽 이하에 대해; *룰란트*, 부부의 연금분할, in: 보에켄/룰란트/슈타인마이어(편), 폰 마이델 기념논문집, 2002, 575.

39 연방사회법원판결 104, 108.

40 연방헌법재판소결정 97, 271은 이 규정의 합헌성을 입증한다.

로부터의 청구권은 유족연금에 산입된다(사회법전 제6권 제90조).

참고문헌

Eichenhofer/Rische/Schmähl(편), Handbuch der gesetzlichen Rentenversicherung, 2012(2판); *Grüner/Dalichau,* Gesetzliche Rentenversicherung, Sozialgesetzbuch VI, Loseblattwerk(가제본); *Hauck/Noftz,* Sozialgesetzbuch – SGB VI, Gesetzliche Rentenversicherung, Loseblattwerk(가제본); *Kreikebohm/Hoyer/Mette*, Renten-Ratgeber, 2002(3판); Leitherer(편), Kasseler Kommentar zum Sozialversicherungsrecht, Loseblattwerk(가제본); Lueg/Ruland(편), Gemeinschaftskommentar zum Sozialgesetzbuch – Gesetzliche Rentenversicherung(GK-SGB VI), Loseblattwerk(가제본); *Ruland*, Gerechtigkeit in der Rentenversicherung, in Haerendel(편), Gerechtigkeit im Sozialstaat, 2012, 107; *동 저자*, Das Grundgesetz und die Entwicklung des Rentenversicherungsrechts, NZS(신 사회법 잡지) 2010, 121; *동 저자*, Die Rentenpolitik vor schwierigen Entscheidungen , DRV(독일연금보험) 2018, 1.

제15장 부양보상

1977년부터 존재하는 부양보상(분할연금)은, 이혼 시 부부에게 혼인기간 동안 상대 배우자에 의해 획득된 권리를 동일한 부분으로 참여 분할한다. 부양보상은 먼저 혼인법(민법 제1587조 이하)에 규정되어 있고 이혼의 결과로 형성된다. 2009년 이래 민법 제1587조에는 부양보상의 기본원칙만이 천명되었고, 개별적인 내용들은 부양보상법(VersAusglG)에 규정되어 있다. 부양보상은 노령, 장애 그리고 유족보장을 변화시키고, 그런 이유로 사회법에 속한다. 그것은 먼저 지속적이며 포괄적으로 취업능력이 없는 부인의 폐질과 노후보장을 개선한다. 이 문제는 특히 이혼 시에 드러나게 되는데, 노후보장에 있어서 혼인에 기인한 소득의 차이가 결과에 영향을 미치기 때문이다. 부양보상의 근거가 되는 연금분할은 유족보장에 대한 대안 중 하나이기도 하다 (위 방주 336 참조). **338**

무수한 법령은 혼인 시 획득된 권리에 대한 두 부부의 노령, 장애 그리고 유 **339**

족보장에 대한 참여와 분할을 이혼시 보상의무[1], 재이혼[2] 또는 재이혼미망인연금[3]에 의한 연금보상의무를 통해 해결하는데, 모든 이러한 해법은 우려할 만한 것이다. 보상지급액은 적절한 노후보장에 거의 충분치 않으며, 그리고 이혼을 원인으로 얻게 되는 사회보험법적 청구권은 피보험자가 재혼으로 인해 발생하는 청구권과 자주 경합을 한다. 이 두 가지 단점은, 독일외의 캐나다[4], 네덜란드[5], 스웨덴[6]에만 존재하는 부양의 보상을 통해 회피될 수 있다.

---

1 그와 같이 미국에서(브라운의 재 결혼, 544 P. 2 d, 561 [1976]), 네덜란드(네덜란드 법학 1982, 503)와 프랑스(민법 제272조); 참조. 또한 *자이메*, in: 차허(편), 국제비교와 국가간 실제에서의 부양보상, 1985, 289쪽 이하.

2 그와 같이 벨기에에서, *핀텐스*, 벨기에와 네덜란드에서 가족법, 사회법 그리고 충돌법에서의 부양보상의 문제, in: 차허(편), 국제비교와 국가간 실제에서의 부양보상, 1985, 587쪽 이하 참조.

3 그와 같이 오스트리아에서(*마홀드*, 오스트리아 가족법, 사회법 그리고 충돌법에서의 부양보상의 문제 in: 차허(편), 국제비교와 국가간 실제에서의 부양보상, 1985, 459쪽 이하 참조) 및 이탈리아와 스페인에서(그와같이 *자이메*, 국제비교에서의 해결방안 in: 차허(편), 국제비교와 국가간 실제에서의 부양보상, 1985, 289쪽 이하.)

4 포괄적으로 *라인하르트*, 민법전 17조 3항의 의미에서 부양보상을 갖고 있는 법질서, 1995; *아이헨호퍼*, 캐나다의 사회법, 1984, 110쪽 이하; *헤링*, 캐나다의 가족법 그리고 충돌법에서의 부양보상의 문제, in: 차허(편), 국제비교와 국가간 실제에서의 부양보상, 1985, 519쪽 이하; *슈타인마이어*, 가족법전체 잡지 1982, 335; *동 저자*, 캐나다의 사회법 그리고 사회-충돌법에서의 부양보상법의 문제, in: 차허(편), 국제비교와 국가간 실제에서의 부양보상, 1985, 557쪽 이하 참조.

5 *아이헨호퍼*, 주 보험청 통지 북 프랑켄과 중부 프랑켄 1999, 200, 204.

6 *크리스텐슨*, 독일연금보험 1999, 659, 667 이하.

a) 부양보상의 도입과 계속발전

1942년 이래 이혼 부인들에게 전 피보험자 남편의 사망 시 연금보험에서 이혼미망인 연금이 지급되었다. 1957년 이래 피보험자가 이혼배우자에게 그의 사망 시까지 생계를 책임지고 부담하는 것이라면, 법적 청구권이 성립되었다.[7] 당시에 생계청구권은 궁핍과 이혼배우자의 부족한 이혼채무를 전제로 하였다. 수급권자의 대략 4%만이 이혼미망인 연금을 청구하였다.[8] 그 자리에 양육연금(사회법전 제6권 제47조)이 대신 들어섰다. 그것은 이혼한 부부의 사망 이후 남아있는 유족에게, 사망자의 어린 자녀나 또는 자신의 자녀 양육자에게 지불하는 것이다.[9] **340**

혼인법개혁(1976년)은 이혼법을 유책주의(Verschuldensprinzip)에서 파탄주의(Zerrüttungsprinzip)로 변화시켰다. 노령과 폐질에 대해 사전적으로 대비하기 위한 권리는 상당한 범위의 사람들에게 그들이 소유한 자산의 실질적인 부분을 나타낸다는 점에서, 이것은 이혼 시 기타의 자산과 마찬가지로 부부 사이에 분할의 대상이 되어야 하는데,[10] 부양보상은 1976년 제정된 혼

---

7 §§1265 제국보험규정, 42 사무직노동자보험법 참조.

8 *룰란트*, 신 법률 주보 1976, 1713.

9 그에 대해 *샤이베/슐러-하름스/발라벤스타인*, 신 사회법잡지 2012, 601 참조.

10 그 이념은 *플랑켄*으로 거슬러 올라간다, 취업활동을 하지 않는 부인의 사회보장, 1961; 또한 연방헌법재판소 결정 17, 1, 13; 47차 독일 법률가대회 토의, 1권 F장, 47쪽 이하. (전문가 의견 *랑카이트*), 제2권 제O장 (강연 *차허*) 참조. ; 또한 연방의회 회의록. 7/5866, 15쪽 이하 참조.

인법과 이혼법 개혁을 통해 실현되었다.[11] 그 때문에 이것은 포괄적으로 민법에 규정되었다. 그것은 역시 연방헌법재판소[12]에 의해 확인되었으나, 개별적 형성의 결함이 지적되었다.

341 2009년 부양보상은 개혁되었고 연방대법원[13]이 혼인 간에 획득된 모든 부양권의 연금보험법상 환산에 의한 전체적인 보상은 위헌이라고 판결한 이후에, 새로운 토대 위에[14] 놓이게 되었다. 왜냐하면 연금보험, 기업의 노후보장 그리고 사적 보험법들은 동일한 의미에서 발전되지 않았기 때문이다. 입법자는 그 때문에 일회적 보상에서 출발하여, 새로운 부양보상법적으로 규정된 법을 만들었다. 이것은 모든 연금법의 내적 또는 긴급한 경우에 외적분할에 기초하고 있다. 그에 따라 부부에 의해 혼인기간 동안 획득된 모든 권리는 분할된다.

342 모든 권리의 분할은 내적분할을 원칙으로 하고,[15] 그것은 보상수급권자나 또는 급여제공자에 의하여 외적분할의 방식으로 전환될 수 있다. 내적분할에서는 하나의 권리가 수급권자간에 나뉘어진다. 외적분할에서 보상의무가 있는 자의 보상권리는 감소되고 반대로 보상권리가 있는 자에 대해 다른

---

11 1. 1976.6.14. 혼인법개혁법률(연방법률공보 I, 1421쪽).

12 연방헌법재판소결정 53, 257; 이러한 불이익에 대해 입법자는 그 때문에 "부양보상에서 불이익 규정에 대한 법률"(VAHRG)에서 특별규정을 채택하였다. 연방헌법재판소결정 63, 88, 108쪽 이하, 115쪽 이하.

13 연방대법원민사판결 148, 351.

14 연방의회 회의록. 16/10144; *보르쓰*, 가족법전체 잡지 2009, 562; *룰란트*, 부양보상, 2011(3판), 방주 24쪽 이하; *슈미트*, 가족, 파트너, 그리고 법(잡지) 2009, 196.

15 연방의회 회의록. 16/10144, 29쪽 이하; *슈미트*, 가족, 파트너 그리고 법(잡지) 2009, 196쪽 이하; *룰란트*, 부양보상, 2011(3판), 방주 32쪽 이하.

사전대비 기관의 권리가 설정된다. 보상은 그때 보상수급권자와 보상의무자의 사전대비 제공자 간에 이루어진다. 내적 그리고 외적 분할은 서로 다른 정의의 관념에 기초한다. 내적분할은 급여의 수령단계에 있어서 보상수급권자의 동등한 참여를 보장하고, 외적분할은 분할시점에 동일한 분할을 실현한다.[16]

부양보상은 중요한 보상사고에 집중된다. 따라서 짧은 혼인기간 또는 보상 343
차이가 적은 사소한 경우[17]는 제외된다. 그와 같이 3년 미만의 혼인기간시 보상은 신청에 의해서만 발생하고(부양보상법 제3조 (3항)), 사전대비법 하에서의 약간의 차이에 있어서도 그 "보상"은 억지되어야한다(부양보상법 제18조). 기타의 경우, 당사자들에게 더많은 자율성이 인정된다. 그럼에도 불구하고 이것은 포괄적인 내용의 통제(부양보상법 제8조)에 따르고, 보상을 결정하는 형성권력은 일차적으로 보상의 "방법"에 관여하고 그리고 그 "조건"에는 관여하지 않는다.

b) 실질적 형성

aa) 분할의 대상, 사유 및 범위

부양보상은 부부이혼, 비혼과 혼인의 중지 시 관청에 의해 이루어진다. 그리 344
고 역시 평생파트너관계에도 확대된다(생활동반자법 제20조). 혼인이 "모두"로 확산(민법 제1353조)되면서, 수급권자의 범위가 확대되었다. 거기에는 모

---

16 *아이헨호퍼*, 가족법전체 잡지 2011, 1630.

17 *하우쓰*, 가족, 파트너 그리고 법(잡지) 2009, 214.

든 혼인기간 동안 노동에 의해 또는 자산처분을 통해 획득된 권리를 노령과 폐질로 인한 연금에 연계시킨다. 혼인기간은 결혼과 함께 시작하고 혼인의 해소신청이 법적으로 제기되면 종료된다. 별거기간도 역시 혼인기간이다. 보상하는 것은 공법적 또는 사법적 연금급여에 관한 모든 권리이며, 그것이 의무보험 또는 임의보험에 근거하는지는 묻지 않는다. 부양보상은 혼인 시 또는 혼인과정에서 혼인계약에 의해 배제될 수 있다. 그것은 또한 실제로 더 자세히 설명되는 어려움이 있는 경우에는 제외된다. 부양보상은 계약에 의해서 형성될 수 있고(부양보상법 제7조 이하), 그것은 가정법원에 의해서 심사되고 승인된다.[18]

bb) 수급권의 평가

345 부양보상의 이행에 가정법원은 이혼 시에 모든 개별적인 부양수급권의 가치를 조사해야한다. 거기에 급여청구권의 모든 가족관련 요소(부부수당 또는 자녀할증수당), 시간 요건(보험가입이전 시기, 복무연한)은 고려되지 않는다. 수급권을 결산하는 가치는, 수급권자가 연금으로서 혼인의 가상적 종료 시까지 획득하고 있었던 혼인시 급여 몫에서 산출된다. 그 평가는 부양보상에 있어서 여러 가지 수급권의 유형들이 고려되어야하고, 특히 연금보험, 공무원부양, 직업신분상 부양 그리고 기업 노후부양 및 사적인 생명보험 등이 관련이 되기 때문에 어렵다. 모든 이런 보장은 그 자체의 역동성을 보인다.

346 기한이 경과되지 않은 수급권만이 분할의 고려가 된다. 내적 또는 외적 분

18 연방의회 회의록. 16/1044, 52이하; *룰란트*, 부양보상, 2011(3판), 방주 86쪽 이하, 890쪽 이하.

할은 모든 사전대비 제공자들이 그와 관련있는 자본가치를 계산할 의무(부양보상법 제47조)가 있기 때문에 가능하다. 이런 방식으로 모든 당사자들에게 부양보상을 다른 이혼의 결과 – 특히 획득한 보상 그리고 혼인관계 이후의 생계 – 들과 연계하여 법적으로 기록된 계약을 통해 규정하는 것이 가능해진다(부양보상법 제6조 이하). 법적인 합의를 인정해야 할 필요성은 두 부부의 수급권을 보존하고,[19] 특히, 균형이 파괴된 경우에, 보다 약자의 보호를 보장해야한다는 점에서 찾을 수 있다.[20]

cc) 부양보상의 실행

부양보상은 부부에 의해서 혼인기간 동안 획득된 사전대비 권리 그 가치차이의 절반에 달하는 것이다. 이 보상은 우선 합의에 의해서 그리고 합의가 체결되지 않을 시 내적·외적 분할을 통해 이루어져야 한다(부양보상법 제10조 이하, 제14조 이하). 내적분할은 보상의무가 있는 배우자의 사전대비권에 대한 보상수급권자의 참여 분할권을 제공한다. 외적분할이란 보상의무가 있는 배우자의 연금권을 보상수급권자가 결정하여야만 하는 것으로, 정당한 또는 기존의 사전대비 권리로 이양하는 것이다(목적부양). 내적분할은 부양권을 배가하는 결과를 낳는다. 이 결과는 외적분할에 의해서는 감소된다. 왜냐하면 그 분할에 의해서 보상수급권이 있는 배우자에게 기존 권리가 확대되기 때문이다. 통상적으로 같은 종류의 권리에 대한 내적보상은 동일한 부양 제공자(연금보험, 공무원부양, 기업의 노후부양)의 가치차이의 상쇄를 통해 347

19 연방헌법재판소결정 60, 329.

20 *비크*, 가족, 파트너 그리고 법(잡지) 2009, 219.

이루어진다(부양보상법 제10조 (2)항). 여기에 수급권의 배가는 나타나지 않는다.

348 내적분할[21]은 보상수급권이 있는 일방 배우자에게 독자적이면서도, 보상의무자의 권리에 동일한 가치의 참여권을 제공한다. 그것은 기본적으로 위험의 보호를 같은 범위와 정도로, 즉 보상의무자와 동등하게 보장하여야만 한다. 그 제공자가 이것을 보장하지 않는다면, 자산보상이 제공된다(부양보상법 제11조). 부양제공자에 발생하는 분할의 비용은 참여자 간에 균등하게 나눈다(부양보상법 제13조).

349 외적분할[22]에서 보상의무자의 제공자는 목적부양의 제공자에 대해 조기에 지불의무를 지고, 그러고 나서 이는 급여사고 시 보상의무자에게 이것을 제공한다. 외적분할은 그래서 보상의무자의 제공자에게 강요되는게 아니고, 그의 동의에 구속되는 것이다(부양보상법 제14조 (2)항 1호). 보다 작은 부양권(부양보상법 제14조 (2)항 2호)은, 긴급한 경우에 보상수급권자의 의지없이 보상될 수 있는데, 기업연금의 외적분할 시에 법보다 훨씬 더 전향적으로(부양보상법 제17조) 외적분할을 통해 기타의 사전대비 부양권보다 더 쉽고 그리고 더 포괄적으로 해소될 수 있다.

350 채권법적 보상청구권은 사전대비권의 획득에 대한 부양법상의 분할 참여권을 보장한다. 그것은 특히 기간미달로 아직 보상에 성숙치 않은 청구권이나 외국, 유럽 그리고 국제법에 의해서 획득된 사전대비 권리를 위해 고안되었다(부양보상법 제19조 이하). 그것들은 국내의 법적 개입에서 벗어나 있어서,

---

21 *트립스*, 가족, 파트너 그리고 법(잡지) 2009, 202.

22 *엘덴*, 가족, 파트너 그리고 법(잡지) 2009, 206.

그들에게 역시 외적 또는 내적 분할이 이루어질 수 없다.

채권법적 보상지불액은 – 부양보상의 목표에 맞춘 – 최후의 수단이다.[23] 그것 351
은 이혼 시점 대신에 급여 시점에 성립하고 수급권자에게 보상의무자의 연금청구권에 대한 분할 참여권을 보장하는 것이기 때문이다. 보상수급권자는 보상의무자에게, 사전대비 제공자에 대한 그의 청구권 부분을 자신에게 이양하도록 청구할 수 있다(부양보상법 제21조). 연금의 기본권리에서 수급권자의 사망 이후에 생존해있는 배우자에게 연금지급이 이루어진다면, 부양보상법 제25조는 보상의무가 있는 자의 사망을 넘어 보상수급권자의 사망시까지 보상의무의 연장을 가능하게 한다. 그러나 부부가 그들의 내적 또는 외적 분할을 포기하고, 채권법적 보상에 합의하였다면, 보상의무자의 사망 이후에는 보상의 부가적인 침해를 피할수 있도록 채권법적 보상은 배제된다(부양보상법 제25조 (2)항).

dd) 부양보상의 결과

부양보상이 완성되면 이를 통해 보상수급권자의 청구권 수준이 높아지므 352
로 보상의무자의 연금에 대한 기대권 또는 청구권은 그만큼 감소된다(사회법전 제6권 제76조). 보상의무자는 부양제공자에 대한 기여금지급을 통해 부양보상의 연금을 감소시키는 결과를 완화하거나 또는 회피할 수 있다(사회법전 제6권 제187조). 반대로 보상의무자가 부양보상의 판결에 의해 어쨌든 이미 연금을 지급받고 있다면, 부양보상에 근거 보상수급권자에게 급여가 지급될 때에야 비로소 그만큼 할인지급을 받게 된다.

---

23 *아이헨호퍼*, 가족, 파트너 그리고 법(잡지) 2009, 211 참조.

c) 절차

353 가정법원은 부양보상에 관해서 결정하며, 동시에 이혼사유 및 결과 (자산보상, 가재도구분배, 생계, 자녀양육권)에 대해서도 판단한다(가족사안과 임의의 법정사안의 절차에 관한 법 제111조, 제121조). 이 모든 문제는 – 의사결정원칙에 따라 – 하나의 통일된 결정이 이루어진다. 그러나 사전대비 권리의 개별적인 요소에 대하여 분쟁이 발생하면, 판사는 부양보상에 관한 절차를 여타의 이혼소송 절차에서 분리시켜야 한다. 그 절차에는 직권조사와 실체적인 진실의 기본원칙이 적용된다(가족사안과 임의의 법정사안의 절차에 관한 법 제127조 참조). 판사는 부양보상에 중요한 자료를 부양제공자에게 요구하여야 한다. 그는 정보제공의 의무가 있다(부양보상법 제4조, 가족사안과 임의의 법정사안의 절차에 관한 법 220조).

참고문헌

Bergner, Der reformierte Versorgungsausgleich, NJW(신 법률 주보) 2009, 1169 und 1233; *Borth*, Das Gesetz zur Strukturreform des Versorgungsausgleichs, FamRZ(가족법전체 잡지) 2009, 562; *Eichenhofer*, Prinzipien des Versorgungsausgleichs, FamRZ(가족법전체 잡지) 2011, 1630; *Reimann/Wiechmann*, Die Strukturreform des Versorgungsausgleichs, DRV(독일연금보험) 2009, 77; *Ruland*, Versorgungsausgleich, 2015, 4판; *Schmid*, Die Strukturreform des Versorgungsausgleichs, FPR(가족, 파트너 그리고 법(잡지)) 2009, 196.

제16장 의료보험

a) 의료보험의 가능성

독일에는(국제비교에 관해서는 위 방주 106 참조) 세 가지 질병보장제도가 존재 354
한다. 그것은 민간의료보험, 부조(보조금) 및 사회보장으로서의 의료보험이다. 이러한 다양성의 극복을 위하여 이 세 가지 형태를 하나로 통일할 목적으로 "시민보험" – '주민보장' 표현이 더 적절한 것 같다 – 이 제안되고 있다.[1]

aa) 민간 의료보험

민간 의료보험[2]은 특히 자영업자, 법인의 임원(이사) 및 그의 소득이 사회보 355

---

1 *연방 건강과 사회보장을 위한 부*(편) 집행위원회 보고서, 사회보장제도의 재정에서 지속가능성, 2003, 149쪽 이하; 여기에서 역시 반대모델은 "건강할증" – 두 모델은 그 시기 여전히 분리되었던 보장형태의 상호접근에로 이끌었다; *악서*, 보건제도, in: 이젠제/키르시호프(편), 국가법의 핸드북, 제4권, 2006(3판), § 95; *비박*, 시민보험의 사회법 및 헌법적 측면, 2014(2판) 참조.

2 *쉐퍼*, in: 이글/벨티(*편*), 건강권, 2018(3판), § § 29-33.

장 의료보험에서 보험의무의 한도(방주 275, 284, 359 참조)를 초과하는 노동자들에게 확산되어 있다. 그들은 민간 보험계약을 체결하고, 치료를 보상받으며 질병으로 인한 소득상실을 보상받는다. 피보험자에 대해 전체 보험분야에 대한 규정범위에서, 계약의 체결과 계약내용 형성의 자유가 존재한다(보험계약법 제1~48조, 보험계약법 제192~208조). 계약내용은 질병비용과 일일 입원비 등 보험에 대한 일반적인 보험조건으로 표준화되어 있다. 물론 계약을 통해 그와 달리 정할 수 있고, 이는 피보험자에게 큰 형성의 여지를 준다. 민간보험은 할증, 급여의 범위, 치료의 형태(예를 들면, 의사, 병원, 치과의사)와 발생한 비용에 대해 피보험자의 자기부담에 대해 합의하는 것을 가능하게 한다. 자기부담이 클수록, 할증은 더 작아진다.

356 사회보장으로서의 의료보험과의 차이점은 공법상의 제도인가 아니면 계약법적인 제도인가 뿐만 아니라, 그 외에 민간의료보험은 **비용보상원칙**을 사회적 의료보험은 **현물급여원칙**[3]을 따른다는 점이다. 끝으로 사회보장으로서의 의료보험은 민간의료보험과 재정의 측면에서 구분된다. 왜냐하면 전자는 기여금이 **경제적인** 급여능력에 따라 = 피보험자의 소득에 따라 계산되는데 반해, 후자의 경우 보험료는 **개인적인 질병의 위험**[4]에 따라 정해진다. 또한 민간의료보험 보험료의 수준은 보험에 결합된 위험공동체의 구성에 따라 달라진다. 질병의 위험이 적을수록, 피보험자의 보험료가 낮아진다.

bb) 부조 (보조금)

---

3 *얀디*, 의료법, 2012,(2판), 78쪽 이하.

4 *쉐퍼*, in: 이글/벨티(편), 건강법, 2018(3판), § 31.

공무원들은 질병시 부조(보조금)[5]에 의한 급여를 받는다. 이것은 사회보장으로서의 의료보험과 구별되는데, 이는 공무원관계에 근거하고 비용보상의 원칙에 따라 보장된다. 그 때문에 부조(보조금)수급권자는 질병치료에 대해서 민간 피보험자와 같이 의료시장의 원칙이 적용된다. 거기서 발생하는 비용을 그는 자신의 복무기관장으로부터 비례적으로 보상을 받는다. 보상분은 50%에서 80%사이이고 신분(연령), 가족상황 그리고 수급권자의 생계의무에 따라 다르다. 부조(보조금)에 의해서 충족되지 않은 비용은 민간의료보험이 부담하도록 한다. 357

b) 사회적 의료보험: 전제

사회법전 제5권에 규정되어 있는 의료보험은 피보험자와 그의 가족에게 그에 필요한 일반진료, 치과진료 및 병원진료 등의 급여의 제공을 통해 충분한 의료서비스를 보장하고, 또한 약제, 붕대, 치료 및 보조장구 제공 등(사회법전 제5권 제31조 이하) 경제적[6] 현물급여를 보장한다. 그와 같은 청구권은 질병과 임신, 피임 또는 소아질병의 조기인지, 암예방 또는 치과예방에 대해서도 효력이 미친다. 종전에 인정되었던 불법적이 아닌 임신중절에 대한 청구권은 연방헌법재판소[7]에 의해서 폐지되었다. 수급권자는 의료보험이 358

5 그에 대해 *기터*, 부조(보조금)청구권의 상속, in: 회쉬(편), 법에서 시간과 불확정성, 빌프레드 베르그의 70주년 생신에 대한 친우들의 책, 2011, 44 참조.

6 그에 대해 *레게*, 독일 국가법학자학회 출판물 70(2011), 112쪽 이하; 킨그린(편), 152쪽이하.

7 연방헌법재판소결정 88, 203, 315쪽 이하; 그 대신에 임산부는 필요 시, 1995. 8. 21

적용되는 의사, 병원 및 현물공급자(약국, 허가받은 병리사들이 운영하는 치료시설)를 자유롭게 선택할 수 있다(사회법전 제1권 제33조, 사회법전 제5권 제76조 (1)항).

의료보험은 무수히 개혁의 대상이 되었다. 건강현대화법(GMG)[8]에 의해서 본인부담금이 도입되었다가 2013년 다시 폐지되었고, 약제를 동반한 요양급여 시 추가비용(사회법전 제5권 제31조 (3)항, (4)항)과 새로운 협력의 형태(MVZ: 통합부양 – 증거에 기반한 의료의 범위에서 관리된 치료) 및 약제급여의 조정에 대한 목표합의제가 도입되었다.

건강보험기금(사회법전 제5권 제271조)이 설치되었다.[9] 이 기금은 소득비례로 산정되는데, 법정으로 확정된 노동소득의 15.5%, 그 중 사용자가 7.3%를[10] 부담하는 기여금과 연방예산 지원금으로 구성된다. 이것은 아동을 위한 가족보험의 비용을 포함한다. 의료보험조합은 피보험자당 총액을 받는데, 이환율에 의존하는 위험구조보상이 도입되었다(사회법전 제5권 제266조, 제270조). 자신의 지출비용을 충족하지 못하는 의료보험조합은 피보험자로부터 보충적으로 총액 추가기여금을 징수할 수 있다. 민간보험에서는 계약의 강제 및 법정의료보험에서는 급여의 유형과 그 최고 기여금에 맞추어진

특별한 경우 임신중절 시 부인의 지원에 대한 법률에 따라 임신중절 시 급여에 대한 청구권을 갖는다(연방법률공보 I, 1050쪽, 1054).

8 2003.11.14, 법정 의료보험의 현대화에 대한 법률(의료보험법-현대화법), 연방법률공보 I, 2190쪽.

9 2007.3.26. 의료보험법에서 경쟁력 강화에 관한 법률(연방법률공보 I, 378쪽); 그에 대해 *피차스*(편), 법정 재해보험의 재정개혁과 위험-구조보상의 미래, 2007.

10 2010, 12. 22, 의료보험법-FinG 연방법률공보 I, 2309.

위험에 따른 기본요율[11]이 도입되었다. 또한 법정의료보험에서는 선택적 요율이 가능하다. 2015년 의료보험의 노사간 동등 재정지원이 부활되었다. 기여률은 14.6%, 사용자 부담은 7.3%이다. 의료보험조합은 피보험자에게 필요시 추가보험료를 징수할 수 있으며, 그 수준은 소득비례로 정해지고 그리고 노동자와 사용자가 동등비율로 부담한다.

aa) 가입자

노동자, 실업수당수급자, 농민, 예술가, 재활자, 특별시설 장애인, 학생과 실 359
습생 및 연금수급자는 의무가입자이며, 후자(연금수급자)는 대해서는 보험의무의 전제는 취업 하반기에 최소 9/10 보험가입이 되어야 하는 의무를 전제로 한다(사회법전 제5권 제5조 (1항) 11호, (2항) 3문). 그 이외에 보험의무가 있는 사람은 종전에 법정 또는 민간 의료보험에 가입되어 있었으나 그 효력이 상실된 사람이다. 또한 전 주민에 대한 의무보험이 설정되었다. 기여의무에는 취업소득과 연금이 기초가 되며, 후자에 대해서는 법정 그리고 동일가치의 기업연금,[12] 직역단위의 의료보험제도 그리고 민간생명보험 지불액에서 기여금이 산출되고(사회법전 제5권 제228조 이하), 연금보험은 법정연금에 귀속되는 기여금의 절반을 떠맡고[13], 다른 부양에 대해 연금생활자는 전체 기여금을 부담한다.

---

11 확인: 연방헌법재판소결정 123, 186.

12 역시 외국의 연방사회법원, 신사회법잡지 2017, 513; 연방사회법원판결 63, 231.

13 *룰란트*, 사회법 핸드북 § 17 방주 150쪽 이하.

보험가입면제는(사회법전 제5권 제6조), 통상 연노동소득이 의료보험[14]에서의 보험의무 한도를 초과하는 노동자, 또한 부조에 의한 공무원 및 공무원부양급여 수급자, 판사, 군인 그리고 종교인 및 공무원부양급여 수급자이다. 보험면제는 보험가입이 면제되는 사람들 중, 사회법전 제5권 제8조에 개괄된 구성요건 하에서 보험의무가 있는 사람들에게 존재한다. 반대로 임의보험의 권리가 있는 사람들은, 보험의무가 있었던, 종전에 가입자였거나 또는 사회법전 제5권 제9조에 따라 사후적인 종료로 인해 보험가입이 면제된 사람들이다. 의무보험가입자 그리고 임의가입자 외에 가족구성원 – 특히 배우자와 생계를 의존하는 자녀 – 은 가족보험으로 포함되는데, 자기자신의 취업활동 또는 자신의 취업보상소득으로 스스로의 보험이 성립되지 않는 한 그러하다(사회법전 제5권 제10조). 의무보험은 가족보험에 앞서 우선순위를 갖는다(사회법전 제5권 제10조 (1)항 1문 2호).

단기간에 걸쳐서만 일을 했고 그리고 질병에 걸렸던 사람은, 구직실패[15]에 관한 기본원칙에 따라 보험이 가입되지 않은 것으로 간주되었다. 이 판례는 그러나 포기되었다. 왜냐하면 단기간 고용관계에서 활동한 노동불능자를 보험보호에서 배제하는 것은 연대의 원칙에 위배되고, 입법자가 천명

---

14 §§6 (1항) 1호, 223 (3항) 1, 309 (1항) 사회법전 5권, 159쪽 이하 참조. ; 사회법전 6권; 상한: 2019: 월 4,537,50 유로, 연간 54,450유로; 보험의무 상한의 인상이 합헌인지, *슈납/칼텐보른*이 설명한다, 민간과 법정의료보험간 “평화의 경계선”의 헌법적 문제, 2001; *울레어*, 민간의료보험과 법정의료보험사이의 “올바른” 구분, in: 보에켄/룰란트/슈타인마이어(편), 독일과 유럽에서의 사회법과 사회정책, 폰 마이델 기념논문집, 2002, 767.

15 연방사회법원판결 10, 156; 15, 89; 36, 161; 48, 62; 54, 257; 72, 221; 81, 231; *볼렌슐레거/뢰헤어*, 사회재판(잡지) 1997, 137.

된 의지와 동등처우원칙에도 위배되는 것이기 때문이다.

bb) 조직

의료보험은 지역, 사업장, 동업자 의료보험조합 및 공제조합 단위의 의료보험조합에 의해 수행된다(사회법전 제5권 제143조 이하). 360

보험의무가 있는 사람과 임의의 피보험자는 의료보험조합중에서 선택권[16]을 가지고 있다(사회법전 제5권 제173조). 의료보험조합 간 경쟁은 그 자체 법적으로 규정되어있지 않다. 물론 사회법전 제5권 제4조 (3항)은 부당경쟁방지법 제12조에 상응한다.

시장에서의 경쟁을 규정하는 부당경쟁방지법이 직접적으로 적용되는지[17] 또는 그에 대한 공법상의 규범이 적용되는지는[18] 논란이 있다. 하여간 그 자체의 공법적 규정이 결여된 경쟁은 실질적으로 부당경쟁방지법에 맞춰져야 하며, 유럽연합의 공정거래법은 조합간 경쟁에도 적용된다.[19] 모든

---

16 *라이테에러*, in: 사회보험법 – 건강보험법 핸드북, § 19 방주 101쪽 이하; *묵켈/오고렉*, 사회법, 2011(4판), § 8 방주 10이하.

17 그처럼 *쾰러*, 신 사회법 잡지 1998, 153; OLG 뒤셀도르프 사회재판(잡지) 2000, 266; 연방사회법원 사회재판(잡지) 2001, 90.

18 그처럼 연방사회법원판결 82, 78; 연방최고법원 합의심 연방대법원민사판결 108, 284; *엥겔만*, 사회법 계간지 1999, 167; *동 저자*, 신 사회법 잡지 2000, 213; 역시 *베커*, 법률신문 1997, 534 참조. ; *동 저자*, 의료와 장기요양금고 하에서의 경쟁을 위한 척도, in: 독일 사회법연맹(편), 사회보장과 경쟁, 2001, 7; *헤스*, 사회법 계간지 2001, 267; *파케트*, 사회법 계간지 2001, 235; *레브셔*, 사회법계간지 2001, 245; *소단/가스트*, 사회법 계간지 2001, 311; *발라벤스타인*, 사회법 계간지 2015, 48..

19 유럽연합법원 신 법률 주보2014, 288.

경쟁사를 오도하거나 비하하는 행위는 금지되나, 그에 반해 객관성이 유지되는 한 비교광고는 허용된다. 조합에 대해서는 회원유치 목적의 정보제공은 금지된다.[20]

위험구조보상(사회법전 제5권 제265조 이하)[21]은 조합 간의 경쟁의 균형을 보장한다. 이를 통해서 그 위험구조(피보험자의 높은 질병의 위험과 적은 소득)로부터 개별적인 조합의 불이익은 다른 의료보험조합에 대해 보상되어야 한다. 그것은 특히 지역의료보험조합에 도움이 되는데, 왜냐하면 그 피보험자는 사업장 그리고 동업의료보험조합 및 공제조합보다도 통상 연령이 높고 그리고 평균소득이 적기 때문이다. 의료보험조합은 최고 조직인 의료보험조합 연합을 구성한다(아래 방주 370 참조). 이 연합이 특히 급여제공자에 대한 관계 규정에 관한 계약을 체결한다(이하 아래 방주 368 이하 참조).

cc) 질병의 보험사례

361 의료보험이 의사의 진료비용을 부담해야 하는지의 문제는, 의사와 환자들에게 매우 중요하다. 요양급여를 사회보험법이 규정한다. 이에 반해 질병과 치료의 필요성을 밝혀내는 것은 의료적인 문제이다 – 그 개념이 법적 개념이라 할지라도. 빌헬름 폰 훔볼트는 이미 200년 전에 정확히 다음과 같이 썼

---

20 연방사회법원판결 90, 162.

21 연방사회법원판결 120, 289; 악서, 사회재판(잡지) 2003, 485; *베커/킨그린*, 신 사회법 잡지 2010, 417; *엥겔하르트*, in: 사회보험법 – 건강보험법 핸드북, § 56, 방주 14쪽 이하; *레버*, 법정 의료보험에서 위험구조조정, 1991, 133쪽 이하; *마쉬너*, 사회보험(잡지) 1994, 116; *가스너/에거르트*, 신 사회법 잡지 2011, 249.

다. "의사가 있기 전에는, 오로지 건강 또는 죽음만을 알았었다."[22] 건강과 죽음의 저편 상태로서의 질병은, 단지 의사가 있기 때문에 생각할 수 있는데, 왜냐하면 의사가 질병을 인지하고 그리고 완화와 건강회복의 길을 제시해 주기 때문이다. 의료보험은 피보험자에게 이러한 서비스에 대한 접근을 허용해야만 하는 것이다.

비록 사회법전 제5권이 의료보험을 형성한다 할지라도, 보험사고는 법에 정의되어있지 않다. 사회법전 제5권 제1조에 따라 의료보험은 "피보험자의 건강을 유지하며, 회복시키거나 또는 ... 증진시키는 것이다." 그리고 사회법전 제5권 제27조에 따라 "피보험자는 ... 질병의 치료, 그것이 필요하다면 병을 인지하고, 치료하고, 악화를 방지하거나 질병의 고통을 감소시키기 위해서, 질병의 치료에 대한 청구권"을 가진다. 그러나 무엇이 건강과 질병을 밝혀내고 그 둘을 구분하는지에 대해, 법은 별도로 규정하고 있지 않다. 이 문제는 자주 의심스럽다. 니코틴 의존 또는 알코올 의존이 질병인지, 나이가 들어 허약하거나 또는 일의 능률이 떨어지는 것이, 아픈 것인가? 스포츠, 의미 있는 일, 건강한 영향, 심리치료 그리고 집단치료 이런 것들도 건강에 기여한다면, 그것들은 역시 "치료"인가? 법은 이러한 구체적인 문제에 대해서 아무런 답을 주지않고 있다. 그러나 의료보험법 집행에 있어 이러한 문제들이 통상 제기된다. 362

행정과 판례는 그 때문에 질병의 보험사고를 "의료적인 처치가 필요하거나 또는 – 동시에 또는 배타적으로 – 노동불능을 초래하는, 비정상적인 신체 363

22 *폰 훔볼트*, 국가의 영향력 한계를 정하려는 시도에 대한 생각, (1792), 재인쇄 1995, 35.

또는 정신의 상태"로 정의한다.[23] 이러한 정의는 오랜 전통이 있는데, 1900년 이전 이미 프로이센의 고등행정법원은 질병을 다음과 같이 지칭하였다. "건강상황의 모든 비정상" 또는 – 동시대적인 정의에 근접하게 – 모든 "의료적 치료, 약제 또는 보조장구를 필요로 하는 건강상황의 비정상적인 장애".[24] 제국보험청과 연방사회법원도 질병에 대한 해석을 같이 하였다.

이미 1892년 제국의회에서 의료보험법 개정에 관한 협의에서 의료보험의 주창자 중 한 사람 – 각료협의회 테오도로 로만 – 은 부속 의정서에, "법적인 의미에서 의사의 지원을 필요로 하는, 모든 것을 질병으로 간주한다"[25]고 하였다. 질병의 개념은 그래서 그 이래로 의료적인 급여에 대한 청구권으로서 이해된다.

364 질병에 대한 그러한 기능적 이해는 역시 사회법전 제5권 제27조를 특징짓는다. "질병"이란 질병의 제거에 필요한 진료의 급여로서 개괄되어 있다. 순환논리로 보여질지 모른다. 질병치료는 그에 따라 사회법전 제5권 제27조 (1)항 2목에 열거된 급여종류에 상응하는 것이며 그에 대해 치료의 가능성이 존재하는 것이다. 그럼에도 불구하고 그러한 정의는 법에서 드문 것은 아

---

23 연방사회법원판결 26, 288; *스필마이어*, 독일지역의료보험조합 1971, 836 참조. ; 역시 *아이셔*, 의료보험(잡지) 1987, 153; *크라스나이*, 사회개혁을 위한 잡지 1976, 411 참조. ; *엘센*, in: 사회법 핸드북, § 15 방주 81이하; 크라우스코프, in: *크라우스코프*, 사회의료보험, 사회법전 5권 § 1 방주 6; *쿰머*, in: 사회보험법-의료보험법 핸드북, § 20 방주 26 쪽 이하; 그처럼 역시 오스트리아 사회법문제 최고법원 판결(오스트리아) 신(판) 연속시리즈 22/16; 21/12; 17/35; *마잘*, 질병의 개념과 위험의 경계 설정, 1992; 또한 *슈람멜*, 노동사회법 잡지 1986, 145, 146쪽 이하 참조.

24 *스필마이어*, 독일지역의료보험조합 1971, 836.

25 1892.3.16. 독일제국의회 195차 회의 토론, 4765 C쪽.

니다.[26] 입법자는 질병치료에 대한 청구권을, 질병의 발생에 의존하는 것 뿐만아니라, 사회법전 제5권 제27조 (1)항 2목에 있는 급여의 종류에 상응하게 "질병에 대한 치료"로서 간주한다. 무엇이 질병인가 하는 것은 의료적인 치료의 가능성에 맞춰져있다. 사회법전 제5권 제27조에 따라 질병의 보험사고는 두 가지 요소 즉, 질병 – 비정상적인 신체적 그리고 정신적 상황으로서(사회법전 제5권 제27조 (1)항 1목) – 과 사회법전 제5권 제27조 (1)항 2목에서 설명되고 기술된 것처럼 치료의 필요성을 포괄한다.

정상적인가 또는 비정상적인가에 상당하는 신체적 및 정신적인 상황은 건 365
강한 사람[27]으로 – 확실하게 이상적인 상은 아니지만 – 통상적인 인간의 상이다. 그 때문에 미학적인 이상으로부터 각각의 일탈 – 납작 코, 당나귀 귀, 가벼운 사시, 비정상적으로 크거나 작은 키,[28] 저체중 그리고 과체중 – 은 어떤 비정상적인 것이 아니다. 외적 현상 형태에 대한 의료적인 개입은 – "미용"수술[29] – 사회적 의료보험이 제공되지 않는다. 그에 반해서, 통상적인 심리신체적인 기능을 저해하는 것이라면 비정상적인 것이며, 대략 턱 또는 치

---

26 가장 중요한 예는 독일 민법 § 823 (1항)에 있는 "기타의 법"의 정의이다. 역시 여기 "기타의 법"의 내용은 실질적으로 채무책임이 있는 위법한 행위 시 손해배상의무의 명령을 통해 정의되고 있다. 이런 방식으로 단지 "절대적인 법"(= 법, 다른 사람에 대해서 뿐만아니라, 무수히 많은 수의 사람에게 영향을 미치는)만이 민법 § 823 (1항) "기타의 법"을 의미하는 것일 수 있다는 것이 명확해진다.

27 연방사회법원판결 26, 240, 242; 또한 *파우데*, 사회재판(잡지) 1978, 374; *기터*, 의료보험(잡지) 1986, 191 참조.

28 연방사회법원판결 72, 96.

29 연방사회법원판결 93, 252.

열[30]로 인해, 씹고, 뜯고, 말하는 기능이 저해 된다면 이상이 있는 것이다.

실명은 눈의 결함 또는 뇌의 장애에 의해 유발된 것과 같은 것이라면 질병이다.[31] 얼굴의 현저히 얽은 자국은 신체적인 기능을 침해하지는 않으나, 중대한 심리적인 장애를 초래한 경우, 비정상적인 신체상황으로 간주되며,[32] 그에 유사한 것으로 후속 질병을 가져오는 위 밴드삽입(위 밴드삽입술)에 의해 치료되는 과체중이 있다.[33] 이러한 상태의 교정은 불충분한 치료가능 시에 제시된다.[34] 모든 적합한 치료법이 제공된다. 보험급여가 질병제거의 채무가 있기때문에, 모든 적절한 치료가 제공된다. 이러한 방향성은 기본급여 그리고 선택급여의 차이에 대해서 원칙적으로 어떤 여지도 주지 않고[35] 우선적인 것에 대처하는 것이다.

몸과 마음이 불규칙적인 것은 자연스런 것이 아니다. 임신은 성과능력을 감소시킨다. 그럼에도 이러한 상실은 비정상적인 것이 아니고, 통상적인 것인데, 임신자체가 통상적인 신체상태이기 때문이다. 그 때문에 불임은 비

---

30 연방사회법원판결 35, 10, 105.

31 연방사회법원판결 119, 224.

32 연방사회법원판결 94, 161; 92, 300.

33 연방사회법원판결 85, 36; 90, 289.

34 *스필마이어*, 독일지역의료보험조합 1971, 836, 838; 달리, 신체적인 상해가 확인되지 않는 한: 통상적인 신체크기는 심리적인 침해를 유발한다; 발 늘리기에 대한 어떤 청구권도 없다, 연방사회법원판결 72, 96.

35 *아이헨호퍼*, 사회재판(잡지) 2001, 600; *브라이어/클림트/틸레*(편), 약에서 배급, 2002.

정상적인 신체상태로 간주된다.[36] 그러나 피임의 조처는 질병치료가 아니다.[37] 임신은 그럼에도, – 비정상적으로! – 엄마의 건강을 손상하거나 또는 생명을 위협하거나, 그리고 그로 인해 동반하는 질병치료를 필요로 하면 질병이 될 수 있다.[38] 역시 성전환증은, 결과적으로 성전환 채무가 발생하는 질병이다.[39] 그에 반해, 혼혈에 대해서는 수술 성형에 대한 어떤 청구권도 존재하지 않는다 – "자연스럽지 않기" 때문이다.[40]

신체적이고 정신적인 능력의 나이에 따른 **감퇴** 역시 인간 삶의 자연적인 과정에 상응하는 것이다. 그 때문에 나이에 따른 운동성이나 또는 인지능력의 감퇴, 청력 그리고 시력의 감퇴는 비정상적인 상태로 간주되지 않을 것이다. 어쨌든 의학은 나이에 따른 침해의 극복 – 즉, 보청기를 통해 청력을 보정 등 – 에 상당히 많은 것을 야기했다. 따라서, 노인에게 나타나는 통상적인 침해는 오늘날 질병으로 간주되는데,[41] 그것들은 치료수단과 보조수

---

36 사회법전 제5권 § § 27 (1항) 4, 27 a; 연방사회법원판결 26, 240; 재생의약품의 새로운 절차(ICSI)는 피보험자가 접근할 수 있어야만 한다; 연방사회법원판결 88, 51, 62쪽 이하. (자신의 보험사고 – 질병이 아닌); 연방헌법재판소결정 117, 316; 연방사회법원 사회법 판결집 4-2500 § 27 a 8호, 11; 사회법 문제 최고법원, in: 피에터스/자글마이어, 188쪽; (사회법전 제5권 § 27 a); in: 민간보험: OLG 뒤셀도르프 신 법률주보-RR 2004, 1616 포괄적인 동의의무가 존재한다; 그에 반하여, 전립선 제거의 결과 성불능시에는 해당되지 않는다: 연방사회법원 – 2010.7.20. – B 1 KR 10/10 B.

37 연방사회법원판결 39, 167; 하여튼 그러나 사회법전 제5권 § § 24a, 24b로부터 자신의 예방조처로서 파악된다.

38 연방사회법원판결, 39, 167, 170; 연방사회법원판결 26, 240, 242.

39 연방사회법원판결 62, 83; 111, 289.

40 연방사회법원 사회법 판결집 4-2500 § 27 20호.

41 *놀테*, in *카스콤*, 사회법전 제5권 § 27, 방주 14a.

단의 투입을 통해서 보상될 수 있기 때문이다. 비정상적이라는 것의 상당한 본보기는 오늘날 젊고 건강한 사람이다. 이런 원리는 의학적인 필연성을 따르는 것이 아니고, 사회적인 가치의 결정을 따르는 것이다.

하여간 피보험자는 진료사고 주장에 대해서 입증책임의 부담을 진다. 왜냐하면 의료보험 조합이, 아말감 충전이 건강에 나쁘다는 것이 입증되지 않는 한, 아말감 충전을 제거하고 프라스틱제로의 대체를 하게 할 필요는 없기 때문이다.[42]

366 신체와 정신상태가 정상적인지 어떤지는, 그 성립의 원인과 독립적으로 판단된다.[43] 내적 또는 외적 요인에 의한 것이든, 제3자 또는 환자에 의해 영향이 초래된 것과 같은 것으로, 그것이 치료가 가능하는 한, 항시 비정상적인 것은 질병으로 간주된다. 질병은, 그러므로 제3자에 의해 초래된 심장의 상처와 같이 선천성의 심장결함도 질병이다. 혈액순환장애는 비정상적인 신체상태를 근거로 하는데, 그것이 기질 또는 건강을 해치는 생활방식 (운동부족, 흡연, 건강치 못한 영양)에 근거한 것이든 어떻든 마찬가지이다. 질병에 해당하는지 여부는 의료적인 조치와 그리고 가능성에 따라 결정된다.[44] 의료보험은 그 상황이 재해의 결과이거나 직업병의 결과이면, 급여가 발생하지 않는다(사회법전 제5권 제11조 (4)항).

상해를 입은 사람이 상해를 스스로 위법하게 초래하거나 또는 그 스스

---

42 연방사회법원판결 85, 56

43 연방사회법원판결 59, 11, 121; *슐테-밈베르그*, in: 사회보험법 – 건강보험법 핸드북 § 13 방주 32.

44 상세히 그리고 적절하게: *마잘*, 질병의 개념과 위험의 경계설정, 1992, 214쪽 이하 참조.

로가 행한 위법한 범죄 또는 범행(사회법전 제5권 제52조)의 결과라면, 피보험자는 비용부담에 참여한다. 보험보호는, 의학적으로 공지되지 않은 건강상 침해의 결과에 대한 치료에서 역시 배제된다(피어싱, 문신 그리고 "미용"성형의 결과 등). 또한 질병의 치료와 기초적인 개호 사이의 구분이 – 후자는 개호보험에 할당됨 – 어려움을 야기하고 있다.[45] 자해는 사회보험에 의한 보호에서 배제되고, 사회부조에 의한 보호역시 제외된다(사회법전 제12권 제103조). 왜냐하면 의료보험은 "질병"에 대해서만 – 건강에 대한 유책성이 인정되지 않는 상해 – 발생하는 것이기 때문이다. 그에 반해서 본인에게 책임있는, 즉 스스로 초래한 피해에 대해서까지 보장하는 것은 아니다. 여기에서 보험법상의 일반원칙을 확인 할 수 있다(보험계약법 제28조 참조).

c) 사회적 의료보험 급여

aa) 종류

사회적 의료보험은 질병에 따른 치료의 필요성이 있고 노동불능으로 인한 367
소득 상실의 경우에 대한 급여를 규정한다. 그 두 가지는 동일한 것도 아니며, 반드시 동시에 존재하는 것도 아니다. 충치를 갖고 있는 사람은 치료의 필요성은 있지만 노동이 불가능하지는 않고, 감기가 든 사람은 노동이 불가능하지만, 치료가 필요한 것은 아니다. 질병의 보험사고는[46], 질병이 어떠한 영향을 초래하는 지에 따라서, 상이한 급여청구권을 야기한다. 법은 질병에

45 연방사회법원판결 94, 192.

46 *쿰머*, 사회보험법-건강보험법 핸드북 § 20 방주 18쪽 이하.

방 (건강교육, 질병방지, 사전대비, 요양과 검진, 사회법전 제5권 제20~26조). **질병치료** (의사와 치과의사적 치료, 약제,[47] 붕대, 치료 및 보조제 공급, 시설의 환자개호[48] 및 시설의 지원, 병원치료 및 재활에 대한 의료적 그리고 보완적 급여, 사회법전 제5권 제27~43조) 및 질병에 의한 노동불능 시 채무가 있는 **질병수당**(사회법전 제5권 제44조 이하)을 인정한다. 판례[49]는 개별적인 치료수단 공급자[50]와 보조수단 공급자들에게 직업의 자유의 지침으로 치료급여를 긍정하고 있으며 이를 원칙적인 권리로서 인정한다. 약제에 있어서 사용평가가 (사회법전 제5권 제35조 a) 규정되어 있고,[51] 다른 치료의 가능성이 존재하지 않는다면, 허용영역 밖에서 (Off-Label-Use, 표지외 사용) 조제할 수 있다.[52]

bb) 급여 제공법

368 치료필요시에 질병치료에 관한 청구권은 그 제공자로서 의료보험 조합에 한다. 신청은 신속히, 즉, 3주, 진단서에 의해 5주 이내에 결정된다. 결정되지

---

47 연방헌법재판소 신사회법 잡지 2013, 297; 연방사회법원판결 110, 183.

48 연방사회법원판결 106, 173- 장기요양보험에 대한 구분; 연방사회법원 사회법 결정집 4-2500 § 37 3, 4, 10, 12, 13, 14호.

49 연방사회법원판결 86, 223; 88, 215; 참조. 그에 대해 *아이헨호퍼/안다*, 사회법에서 법률가시험과정, 2017(9판), 사례12.

50 심리치료 연방사회법원판결 99, 205; 연방사회법원 사회법(결정집) 4-2500 § 37 9호.

51 *악서*, 사회재판(잡지) 2011, 246.

52 연방사회법원판결 72, 252; 82, 233; 89, 184; 93, 1; 95, 132; 94, 213; 96, 170; 97, 112; 109, 211(표지외 사용)

않는다면, 신청은 승인된 것으로 간주된다 (사회법전 제5권 제13조 (3a)항),[53] 의료보험조합은 피보험자에게 질병치료의 채무자이다. 또한 조합은 치료에 대한 현금보상이상 채무를 지고 있다. 그것은 **현물급여** (사회법전 제5권 제2조 (2)항)에 적용되고 **비용보상원칙**은 적용되지 않는다. 물론 비용보상[54]은 기본적으로 가능하고(사회법전 제5권 제13조), 현물급여비용의 보상에 국한된다.[55] 장기이식을 위한 비용은 보상되지 않는다.[56] 의료보험 조합은 피보험자에게 급여에 대한 청구를 가능토록 해야 한다. 추가지불 (비용의 10% - 최소 5유로, 최대 10유로)을 제외하고 이 비용은 무료이다. 피보험자는 환자의 권리를 기반으로 하는, 자신의 법적지위를 갖는다.[57] 그것은 민법 제630a조 이하에 상세히 설명되어 있다.

자기부담이 운영수단이 된다. 그것은 모두에게 해당되며, 사회부조 수급자에게도 해당된다.[58] 추가 부담은 2%, 만성질병인 경우 총소득의 1%로 제한되어 있다(사회법전 제5권 제61조). 개별적인 급여에 대해서(보철, 인공수정) 높은 추가비용이 규정되어있다. 의료보험 조합은 그에 반해 급여를 자

---

53 *한*, 사회재판(잡지) 2015, 745; *코펜펠스-스피스*, 신 사회법 잡지 2016, 601.

54 *폰 불펜*, 법정 의료보험에서 보상청구권, 1997.

55 연방사회법원판결 79, 125; 사회보험 피보험자의, 의료보험조합에서 지급할 수 없는, 피해 시, 가해자를 통한 민간의료 급여의 보상청구권에 대하여: 연방대법원 신 법률 주보 2004, 3324쪽 이하.

56 연방사회법원판결 79, 53.

57 *벨티*, 사회법에서 이용자 지위의 법적 차원, in: 이글(편), 사회법에서 소비자 보호, 2011, 23.

58 연방사회법원판결 107, 169.

신의 인력을 통해서 제공하지 않으며, 의료보험 조합에 급여의 자진납부는 심지어 금지된다.[59] 왜냐하면, 그렇지 않은 경우에 그것은 하나의 – 다른 나라에서(위 방주106 참조) 확산되어있는 것처럼 – 전국민건강서비스의 제공자 그리고 의료보험조합이 아니기 때문이다. 의료보험조합이란 피보험자에게 즉 의료적인 치료를 약속하고 있으나, 그럼에도 불구하고 이들은, 그 스스로가 제공하지는 않는다. 오히려, 그들은 개업한 의사와 치과의사, 병원, 약국 등 의료기관과 치료와 보조재 공급자에 의해서 제공되는 것이다. 그 때문에 급여의 제공은 규율되고 그리고 법체계적으로 분류되는 것이다.

369 의료보험조합에 대한, 치료가 필요한 시기에 피보험자의 의료적 **치료**에 대한 청구권은 의사가 해야 한다. 이들은 – 전에는 "조합의사", 오늘날에는 "계약의사"라 일컬어지는 – 의료보험조합에 대해, 피보험자를 치료할 의무가 있다. 심리치료사 역시 계약의사의 치료에 참여한다.[60] 비의료적 치유사는 피보험자의 치료로 허가되지 않는다.[61] "계약의사"라는 표현에는, 조합

---

59 연방사회법원판결 90, 84.

60 §§27 (1항) 2 1호, 28 (3항), 95쪽 이하. 사회법전 5권; 심리치료자법; 연방의회 회의록 13/733; 13/1206; 13/8035; 13/8087; 연방사회법원판결 83, 135(계약의사신분); 79, 152; 81, 143; 94, 181 (인가); 81, 189; 82, 41 (수요의 계획); *엘러스*(편), 징계법과 인가철회, 2001; *플라게만/니게호프*, 계약의사법, 2000,(2판); *샬렌*, 계약의사, 계약치과의사, 의약제 공급센터, 심리치료사를 위한 인가령, 2012(8판); *융에*, 계약의 부양에의 참여법, 2007; *빌레*, 사회보험으로의 길 2009, 200; *리델*, 신 사회법 잡지 2009, 260; *캄프스*, 사회법 계간지 2002, 341; *소단/샥스*, 사회법 계간지 2014, 89.

61 연방사회법원판결 38, 73; 48, 258; 53, 144; 연방사회법원 사회법(판결집) 2200 § 182 48호; 민간요법 전문가에 대한 헌법문제에 대하여: 연방헌법재판소결정 78, 155; 방주 134 참조.

이 피보험자를 치료하도록, 이들 의사를 “계약 하”에 두고 있다는 표현이다. 그러나 이런 언어사용은 그러나 여하한 경우에도 은유적으로 받아들일만 하다. 왜냐하면, 이런 “계약의사”는 병원[62]과는 달리, 의료보험조합과 직접적인 계약관계에 있지 않기 때문이다.[63] 그들은 오히려 의료보험조합의사협회에 속해있고 (사회법전 제5권 제77조 이하 참조), 그러한 측면에서 의료보험조합과 계약관계에 있다.[64] 이 협회는, 의료보험 조합에 대해서 피보험자의 질병치료를 “확보하여야”(사회법전 제5권 제72조) 하는 공법적 기관이다.[65] 질병치료를 위해 의사협회는 의료보험조합으로부터 전체 보상을 받는다. 보상은 제공된 통일평가척도(EBM)를 통해 평가된 급여에 기초하여, 정해진다.

이러한 확보된 과업[66]의 이행을 위하여 의료의 질, 인류애, 경제성(사회법전 370
제5권 제70조) 그리고 기여금 요율의 안정성(사회법전 제5권 제71조)의 요구 등이 적용된다. 이러한 요구는 계약의사에 의해 실현되고 표준계약에 의해서 구체화되는데, 의료보험조합연맹은 연방과 주 차원에서 조합의 협회와 공동의 자치행정 범위에서 교섭한다(사회법전 제5권 제82조 이하). 법정의료보험

---

62 연방사회법원판결 87, 25.

63 사회법전 제5권 §§ 73 c (3항), 140 a, b, 통합적 부양형태로 계약.

64 그에 대해 포괄적으로 *보에르너*, 보건제도에서 표준협약, 2003; *릭센*, 법정 의료보험의 급여제공권의 예에서 공적인 경제법으로서 사회법, 2005; *슈납/비게*(편), 계약의사법, 2006(2판); *얀다*, 의료법, 2012(2판), 151쪽 이하; *이글*, in: *이글/벨티*(편), 건강법, 2014,(2판), §§ 12-18.

65 *보간*, 보험의 협회의 보장위임, 2012.

66 기본적으로: *슈미트*, in: 사회보험법 – 건강보험법 핸드북, §§ 28쪽 이하; *묵켈*, 법교육(잡지) 1999, 946; 연방사회법원 사회재판(잡지) 2009, 292 m. 주석. *다비* 참조.

– 자치강화법[67]은 감독권한을 확대한다. 그리고 공동자치행정 이행자의 예산집행에 대한 과제를 정확하게 한다. 규범설정은 특히 연방공동위원회에 의해 이루어진다. 여기서 의료보험법적 치료청구권이 구체화되며, 규범설정 시에 환자대표 역시 협력한다.[68] 생명을 위협하는 질병의 경우 이러한 확정을 통해 시작될 수 있다.[69] 이러한 지침의 법적 성격은 논란이 있다.[70] 그들은 무수히 많은 법적인 문제를 제기한다.[71] 그 가운데 그 규범의 성격에 대

---

67 2017.2.21의(연방법률관보 I, 265쪽)

68 *벤너*, 코테기념논문, 659.

69 연방헌법재판소판결 115, 25; *악서*, 소위 니콜라우스결정이후 급여청구권의 범위와 내용, in: 베커(편), 의료에서의 "새로운" 길, 2010, 321쪽 이하; *후스터*, 법률신문 2006, 466; *헨라인*, 사회재판(잡지) 2007, 169; *보마이어/펜너*, 사회보험으로의 길(잡지), 2009, 65; 비판적으로: *하이니히*, 신행정법 잡지 2006, 771.

70 연방헌법재판소판결 140, 229; 연방사회법원판결 103, 106; 78, 70; 81, 54; *클루트*, 헌법전망으로부터 공동연방위원회, 2015; *훌쯔너*, 사회재판 2015, 247; *마주흐/비간트*, 코테 기념논문, 595; 연방사회법원판결 120, 170; 연방공동위원회에 대하여; *릭센*, 사회재판(잡지), 2018, 253; *킨그린*, 법정의료보험에서의 공동연방위원회의 민주적 정통성강화의 방안, 2017; 포괄적으로 *악서*, 사회보험에서 집행부의 규범설정, 2000.

71 반혼수상태에 있는 환자를 위한 자동의자(연방사회법원판결 93, 176), 가발(연방사회법원 신 사회법 잡지 2015, 662), 아동을 위한 제2의 치료의자(연방사회법원판결 109, 199), 세포주입-요법(연방사회법원판결 34, 172), 당뇨병환자에 발치료(연방사회법원판결 85, 132), 재활승마치료법(연방사회법원 사회법(판결집) 3-2500 § 138 2호) 또는 욕추보조대(연방사회법원판결 103, 66), 맹인안내견이 보조수단인가(연방사회법원판결 51, 206; 45, 133), 청각이 없는 사람을 위한 빛 신호-화재경보기(연방사회법원판결 116, 120), 환자승강기(연방사회법원판결 51, 268); 휠체어(연방사회법원판결 108, 206; 연방사회법원 사회법(판결집) 4-2500 § 33 35호), 계단이동보조(연방사회법원판결 107, 44; 연방사회법원 사회재판 2014, 499), 판독기(연방사회법원판결 50, 77) 청각손상자에 대한 빛신호계기(연방사회법원 사회법(판결집)

한 기본원칙의 문제 그리고 규범설정에 대한 공동 자치행정기구의 정통성 문제가 있다.

연방차원에서 최고연맹인 의료보험조합연합과 조합의 연방협회 사이에 의사/치과의사 연방 총괄보수협약이 체결된다. 협약은 피보험자의 의료적인 진료의 기본원칙을 담고있다. 의사는 그에 따라 질병치료를 직접 수행해야하며, 면담시간을 유지해야하고 그리고 치료를 경제적으로 제공해야만 한다. 더 나아가 연방 총괄보수협약은 보수의 형태를 규정한다.

그에 반해, 의료보험조합과 의료보험조합의사협회 주 차원에서(사회법전 제5권 제83조, 제85조) 개별 의료급여에 대한 보상의 수준을 교섭해야한다. 계약의 당사자들은 기여금요율의 안정성이 침해되지 않도록, 보상을 결정해야한다. 이런 기초 위에 해당조합의 피보험자에 대한 계약의사 급여에 대한 채무액은 해당조합에 의해서 보험의사협회에 총괄 이체된다. 급여 양의 섬세한 조정은 지역 협약에 관해서 이루어지며, 그 범위에서 개별적인 의료

4-2500 § 33 30호) 다이어트용 영양재(연방사회법원판결 81, 240), 제세동기용 변압기(연방사회법원판결 사회법(판결집) 3-2500 § 33 23호) 또는 치료보행기(연방사회법원 – 2010.10.7. – B 3 KR 5/10 R); 사용대상 또는 치료제(연방사회법원판결 28, 158; 46, 179; 81, 240)? 보청기(연방사회법원판결 105, 170) 18세 이상 보청기 착용자를 위한 보청기 밧데리는 보상의무에서 제외될 수 있는가? (연방사회법원판결 74, 232 참조) 수술 전 자신의 혈액채취는 병원진료의 한 부분인가 또는 (통원) 병원진료의 독립적인 활동인가?(연방사회법원 판결 74, 263 참조) 보조기구 정비와 설치비용 역시 지게되는가?(예: 연방사회법원 – 2010.3.20. – B 3 KR 1/09 R) 매우 논란이 있는 것은, 또한, 대체 또는 새로운(다시 말해. 정통의학에서는 인정되지 않는) 치료방법에 의한 진료청구권은 어느 정도까지 존재하는가의 문제이다(그에 대해: 연방사회법원판결 81, 54; 85, 56; 86, 54; 93, 236 참조. ; 연방헌법재판소결정 115, 25, 주석과 함께. *슈미트-드 칼루베*, 사회재판(잡지) 2006, 619; 연방사회법원 신 사회법잡지 2009, 154, 210, 사회재판(잡지) 2009, 405.

급여가 정해져 있는 유로화액으로 확정되고, 개별적인 EBM(통일평가척도)-번호로 분류된다(사회법전 제5권 제87a조 이하). 이런 맥락에서 의사와 진료관련 표준급여양이 확정된다.[72]

371 개연성은 있으나 일반적이지는 않는 것은, 개업의가 계약의로 허용되지 않는 것이다. 왜냐하면, 절대 다수 주민이 사회적 의료보험에 속해있기 때문이다.[73] 따라서 의사들은 모든 피보험자를 치료하려고 노력한다.

원래 예정된[74] 허가제한은 연방헌법재판소[75]의 결정으로 직업선택의 자유(기본법 제12조 (1)항)와 조화를 이룰 수 없는 객관적인 진입의 장벽으로 간주되었는데, 그것이 절대로 중요한 공동체 자산으로 정당화되지 않았기 때문이다(역시 위 방주 134 참조). 그것과 무관하게 입법자는 의료보험의 상당한 비용상승을 고려하고, 의료보험조합의의 진료접근성과 그 지역의 초과공급을 억지하기 위해서, 과거에 전문의로 제한하였다. 그런 상황이 존재하면(사회법전 제5권 제101조) 허가는 허용되지 않는다. 이러한 제한을 연방사회법원은 합헌으로 간주하고 있는데, 계약의의 활동의 접근이 배제된 것이 아니고, 지역적으로 제한되기 때문이다.[76] 추가적인 제한이 계약의의 연령에

---

72 *놀팅/슈빙어*, 건강과 사회정책 2009, 12; *벤너*, 아이헨호퍼 기념논문, 697; *빌레*, 사회보험으로의 길 2009, 200.

73 *보건제도에 있어 협주행동을 위한 전문가위원회*(편), 통일 독일에서 보건세도, 전문가의견연보 1991, 256 참조.

74 *욉센/발라벤스다인*, in: 사회법 핸드북, § 15 방주 49; *소단*, 법정 의료보험법에서 급여제공자로서 자유직업, 1997, 221쪽 이하.

75 연방헌법재판소판결 11, 30; 연방헌법재판소 신 법률 주보 1998, 1776; 연방사회법원판결 73, 223 (연령제한)

76 연방사회법원판결 79, 152; 82, 41; 83, 135.

있었다. 연령을 이유로 한 제한은 극복되었다(사회법전 제5권 제95조 7항). 허가는 계약의 활동의 의무위반이나 미 수행시 허가는 취소되었다.[77]
불분명한 것은 급여의 제공이 어떻게 법체계적으로 분류될 수 있는가 하 372
는 것이다.[78] "사각관계"에서 네 개의 점에 피보험자, 의료보험조합, 의료보험조합의사협회 그리고 계약의 사이에 존재하는 관계가 명백히 언급된다 (그림 16 참조).

〈그림 16: 의료급여〉

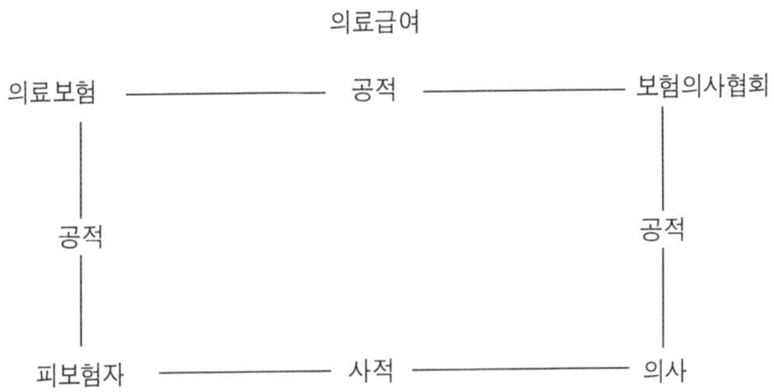

피보험자와 의료보험조합 사이의 관계 및 의료보험조합의사협회와 의

77 연방사회법원판결 119, 79.

78 그에 대해 비박, 신 법률 주보 1997, 393, 450; *아이헨호퍼*, 사회재판(잡지) 2003, 365 참조. ; *하인쩨*, 사회재판(잡지) 1990, 173; *야보르네그*(편), 보건정책적 조정과 직업행사의 자유사이 긴장관계 속에서의 계약의, 1999; *엘센/발라벤스타인*, in: 사회법핸드북, § 15 방주 128쪽 이하; *노프츠*, 사회법 계간지 1997, 393; *슈미트*, 사회법에서 제3자를 통한 급여제공, 1990, 117쪽 이하; *소단*, 법정 의료보험법에서 급여제공자로서 자유직업, 1997; *슈납*, 신 사회법 잡지, 2001, 337, 340 이하; 그는 각각 공법상 보험, 진료 그리고 결산관계를 구분한다.

사 사이의 관계는 공법에 종속된다. 피보험자의 급여청구는 사회보험법에 근거하고 의사와 의료보험조합의사협회 사이의 법적인 관계는 공법적인 계약의사법에 근거한다. 의료보험조합과 의료보험조합의사협회 사이의 관계는 계약을 통해서 규정된다. 이것은 의료보험조합의사협회에 속하는 의사들 및 의료보험조합에 속하는 피보험자를 위한 규범을 포함한다. 두 기관에 의해 체결된 계약은 두 연맹의 회원들에게 의무를 부과한다. 그것은 즉 – 노동법[79]상 단체협약과 같이 – 표준계약, 물론 공법상의(사회법전 제10권 제53조 이하) 의무이다.[80] 왜냐하면 그들은 공법적인 기관들 사이에 체결되고 확보된 위임계약을 구체화하는 것이기 때문이다.

373 논란이 되는 것은 피보험자와 계약의 사이의 관계다. 공법적인 분류에 유리하게, 치료청구는 마지막으로 사회법에 근거하고 급여제공은 이들 피보험자와 마찬가지로 공법적인 청구를 집행하는 것으로 표현된다.[81] 그 이외에 사회법전 제5권 제76조 (4)항은 피보험자에 대해서 계약의사들은 "민법 계약법상의 규정에 따른 배려"의 의무가 있는데, 왜냐하면 민법 계약법에서 책임조처를 떼어내면, 그 법률관계는 그에 반해 전체적으로 공법적이기 때문이라는 것이다.

법률관계의 사법적인 해석에 유리하게 계약의에 대해서는 민법 제630a조 이하에서 규정되어 있으며, 입법자의 의지에 따라 환자에 대한 이

79 두 계약의 병렬적인 것 *헨라인*, 사회보험법상 법원, 2001.

80 *보에르너*, 보건제도에서 표준계약, 2003, 63쪽 이하; *이글*, in: 이글/벨티(편), 건강법, 2018(3판), §§ 34-37; *얀다*, 의료법, 2012(2판), 156쪽 이하.

81 *스프롤*, in: 크라우스코프-사회의료보험, 사회법전 제5권 § 76 방주 24.

규정은 모든 신분에 적용되어야만 한다.[82] 또한 그를 위하여 계약의사중 피보험자의 선택권을 얘기하고 있다(사회법전 제5권 제76조 (1)항). 피보험자는 한 의사에게만 의존하지 않고, 오히려 전체 계약의 가운데 자유롭게 선택할 수 있다(사회법전 제1권 제33조). 이런 선택은 의사와 환자의 협력을 전제로 한다. 특히 자신의 신체와 건강에 대한 의사의 개입은 법률행위를 통해서 허용된다. 즉 치료는 사실행위로 끝나는 게 아니라, 의사에게 최초 환자의 생명재(신체)에 대한 개입을 허용하는 법률행위를 전제로 한다.[83] 이것은 사법을 따른다. 또한 피보험자와 의사는 또한 사인으로서 마주하게 되는데, 특히 의사는 자유직업에 종사하는 자영업자이며 의료보험조합의 한 기능수행자가 아니고 대표자인 것이다.[84]또한 의료보험조합의 의무는 사법상의 청구권의 추구에서 피보험자를 지원하고(사회법전 제5권 제66조), 사법적인 청구권을 전제로 하는 것이다. 사회법전 제5권 제69조가 의료보험과 급여제공자 사이 관계를 공법적으로 규율한다고는 하나, 피보험자와 의사 관계 역시 공법적으로 규율되는 것은 아니다. 사회법전 제5권 제76조 (4)항은 의사 – 피보험자 관계의 사법적 해석을 입증한다. "민법 계약법"상 배려조처를 떼어내면, 그처럼 치료 전체가 당연히 민법에 놓이기 때문이다.

급여제공 과정의 공법적인 해석은 사회법전 제5권 제1조에서 도출할

---

82 연방의회 회의록 17-10488, 19쪽

83 *캇젠마이어*, 의사의 책임, 2002, 94이하; *네벤달*, in: 이글/벨티(편), 건강법, 2018(3판), §§ 40-44.

84 에이치. 엠, *에버하르트*, 민사실무기록 171(1971), 289; *슈미트*, in: 사회보험법 – 건강보험법, § 29, 방주 13쪽 이하; 연방대법원민사판결 76, 259; *슈미트-데 칼루*베, 사회법계간지, 1998, 207.

수 있다. 이에 따라 의료보험은 피보험자를 건강하게 유지하여야 하고 피보험자는 그에 협력해야한다. 그러나 의사 – 환자 – 관계에 대한 이런 관점은 그러나 왜곡된 것으로, 그것이 목적과 수단을 바꾸기 때문에 오만에 이르게 된다. 그렇지 않으면 약제, 치료 또는 보조장구에 대한 공급행위는 피보험자의 사법적인 구매계약으로서가 아니라, 피보험자가 의료보험조합의 대리자로서 나타나게 되는, 공급자와 의료보험조합사이에 존재하는 공법적인 과정이 될지도 모른다.[85]

374 환자와 의사 사이의 법적 관계에 대한 사법상의 분류는 역시 그 때문에 우선권을 갖는 것이다. 왜냐하면 공법이 피보험자에게 의료급여의 지급에 대한 의무의 면제 하에 의사의 치료에 대한 접근만을 보장하고 그 대신에 의료보험조합에 짐을 지우기 때문이다. 사회법적 급여조달은 그에 따라 신용카드를 이용한 급여조달과 동일하다. 급여의 보장은 채권법에 종속되고, 단지 반대 급부만이 급여수급자를 대신하여 제3자로서 의료보험 제공자에 의하여 제공된다. 공법에 근거하여 의료보험법적인 급여 시에 보상을 하는 것이다. 공법적으로 조직되는 것은 그런 까닭에 오로지 반대급부이며,[86] 사법적인 것은 그에 반해서 치료이다. 환자에 대한 의사의 치료는 사법적인 것이다. 따라서 환자에 대한 설명의무의 위반 또는 환자에 대한 실수에 대한 의사의 책임에 대해서는 사회법원을 대신하여 일반법원이 결정하고 있는데, 치료가 사회법에 근거해서 제공되었더라도, 그러하다.[87]

---

85 그처럼, 하여간 실제로는 연방사회법원판결 77, 194, 200.

86 *라우프스/캇젠마미어/릴*, 의사법, 2009(6판), 82쪽 이하.

87 *야보르네그*(편), 의료보험법의 급여제공 체계에서 책임의 문제, 2006.

기본적으로 동일한 구조가 병원의 치료에 대한 피보험자의 청구권에도 존재한다(사회법전 제5권 제39조).[88] 청구권은 개괄계약 또는 직접계약에 기초하여 발생하고, 의료보험조합연합과 병원제공자연합 사이에 체결된다(사회법전 제5권 제112조). 진료에는 진료계약에 기초하여 허가된 병원들이 참여한다(사회법전 제5권 제108조 이하). 공법적으로 법률관계는 피보험자와 의료보험조합 사이 및 의료보험조합과 병원제공자 사이를, 그에 반하여 사법적으로 피보험자와 병원제공자 사이의 관계를 규정하는 것이다.[89]여기에서도 진료관계는 사법적으로, 그에 반해서 정산의 관계는 사회법적으로 규정 375

〈그림 17: 병원 그리고 약제 / 보조기구공급〉

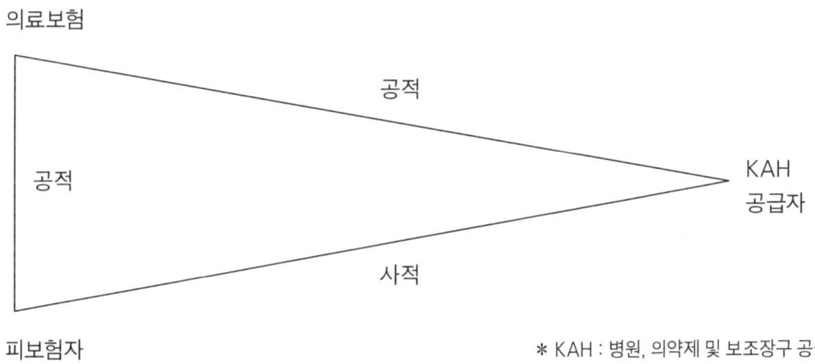

* KAH : 병원, 의약제 및 보조장구 공급자

된다. 보상은 개별적인 병원진료에 대한 표준화 된 가격에 따라 맞춰진다(포괄수가제, 사고전반의 처방관련 그룹별 수가 – DRG).[90]

---

88 *옐센*, in: 사회법핸드북 § 15 방주 146쪽 이하; *슈미트*, 사회법에서 제3자를 통한 급여제공, 1990, 174쪽 이하.

89 그처럼 역시 연방사회법원판결 51, 108, 53, 62이하; 연방대법원민사판결 89, 250.

90 판단하기 어려운 것은 역시 비의료적 급여제공자의 법이다: 구제서비스(연방사회법

cc) 질병시 소득보장

376 모든 노동능력을 손상시키는 질병은, 만약 그 소득이 노동력의 현금화에 근거하고 있다면, 소득상실이 된다. 소득보장은 그런 까닭에 소득보장은 소득이 취업활동에서 얻어지는 사람에게만 필요하며, 자산에서 얻어지는 사람에게는 필요치 않다. 즉 자산소득은 소득획득자의 신체적 체질에 달려있지 않다. 또한 소득보장은 또한 공무원법상으로도 필수적인 것은 아니다. 왜냐하면 공무원들은 소득을 반대급부와 독립적으로 규정하고 있는, 특별한 복무관계에 있기 때문이다. 질병 중 소득보장에 대한 필요는 취업노동이 상당한 소득원천인 경우에만 존재하는데, 그 경우에 질병이 소득의 단절로 귀결되기 때문이다. 이러한 전제는 자영업자 및 종속적 취업자에 해당되는데,[91] 후자의 경우 민법 326조에서 노동을 당사자의 과책이 없이 제공하지 못하는 경우, 노동소득에 대한 청구권이 없어지기 때문이다. 비록 그에 따라 종속적 노동자와 같이 자영업자는 질병 시 소득보장이 필요할지라도, 이것이 양자에게 동등하게 조직될 수는 없다. 왜냐하면, 자영업자의 소득은 성취에 달려있기 때문이지만(민법 제631조 참조), 그에 반해 취업자의 소득은 통상 일정하고, 취업소득은 노동할 준비에서 그 근거를 찾을 수 있기 때문이다. 따라서 질병에 따른 소득상실의 위험은 단지 종속적 취업자에게만 별다른 문제없이 사회법적 소득보상급여에 의해서 보장될 수 있다. 그에

원판결 85, 110), 그에 대해: *아비히*, 법정 의료보험에서 비의료적 급여제공자의 법적지위, 2003; 보조기구공급자(연방사회법원판결 87, 105); 운송로에서 보조기구조달에 대하여 연방사회법원판결 90, 220.

91 *큠머*, in: 사회보험법 – 건강보험법 핸드북, § 23; *마쉬너*, 노동불능과 건강개혁 시 질병보상금청구권, 1994 참조.

반하여 자영업자의 경우, 기껏해야 최소소득의 보장이 사회법으로 가능하다면, 확실히 이 또한 공정할 것이다.

독일 노동법상 노동자는 질병 시에 소득상실 위험에 대하여 – 민법 제326조에 규정되어 있는 것과 달리 – 6주 동안 소득보장을 받는다. 왜냐하면 사업주는 노동임금의 계속지불에 대해 법적으로 또는 단체협약에 의하여 의무가 있기 때문이다. 전자는 임금계속지급법 제3조에 연원하는 것으로, 사업주에게 노동자의 질병 시에 6주동안 임금계속지급의 의무가 부여된다. 이 기간은 단협을 통해 연장될 수 있다. 그럼에도 불구하고 이 청구권은, 만일 질병동안에 – 무급휴가, 파업 또는 직장폐쇄 등으로 인해서 – 어떤 임금청구권이 존재하지 않거나(임금배제원칙) 또는 노동자가 자신의 부주의로 인하여 질병을 – 의무위반으로 – 유발했을 경우, 그 청구권은 인정되지 않는다. 임금계속지불에 대한 청구권은 또 만일 노동불능이 동일한 질병에 근거한 것이라면(임금계속지급법 제 3조 (1항) 2목 2호) 연중 예정된 시점에 단 한 번만 가능하다. 377

노동법적인 소득보장은 의료보험법에 의해서(사회법전 제5권 제44조) 보완된다. 보험의무가 있는 노동자는 피보험자의 평균소득 70%의 질병수당 청구권을 갖는다(사회법전 제5권 제47조 (1)항). 이 청구권은 질병을 위법하게 초래하거나 또는 고의적인 신체 상해 시(사회법전 제5권 제52조 (2)항)에 한하여 적용이 배제된다. 적용경과 기간은 3년에 78주까지 해당된다(사회법전 제5권 제48조). 이 기간을 넘어서 질병이 계속된다면, 피보험자는 만성적으로 아프며 예측할 수 없는 기간동안 노동불능이라고 추정이 된다. 지속적인 취업불능의 위험은 의료보험, 연금보험(장애로 인한 소득감소) 또는 재해보험(직업병)이 대신 보장한다. 질병보상금은 임금계속지불에 대한 노동법적 청구권에 보조적인 것이다(사회법전 제5권 제49조). 이러한 후 순위를 보장하기 위해서 378

일종의 채권양도 또는 구상권이 인정된다. 질병보상금에 대한 청구권은 단지 노동보상이 지급되지 않을 경우에만 인정되기에, 질병보상금의 지급과 함께, 피보험자의 노동보수 청구권과 경합하는 청구권은 질병보상금의 수준으로 선지급된 의료보험조합에 이전된다(사회법전 제10권 제115조).

참고문헌

Axer, Gesundheitswesen, in Isensee/Kirchhof(편), Handbuch des Staatsrechts, IV권, 2006(3판), § 95; *Becker/Kingreen*, SGB V, 2018(6판); *Boerner*, Normenverträge im Gesundheitswesen, 2003; DSRV, Gesundheit als Aufgabe des Sozialrechts, 2017; *Eichenhofer/Wenner*, SGB V, 2016(2판); *Ebsen/Wallrabenstein* SRH(사회법핸드북) § 15; *Ehlers*(편), Disziplinarrecht und Zulassungsentziehung, 2001; *Hauck/Haines/Noftz*, SGB V, Kommentar, Loseblattwerk(가제본) ; *Igl/Welti*, Gesundheitsrecht, 2018(3판); *Jabornegg(편)*, Haftungsfragen im System der Leistungserbringung des Krankenversicherungsrechts, 2006;; *Janda*, Medizinrecht, 2012(2판); *Krauskopf*, Soziale Krankenversicherung, Pflegeversicherung, Loseblattwerk(가제본); *Kruse/Hänlein*(편), Lehr- und Praxiskommentar, LPK SGB V, 2012(4판); *Rixen*, Sozialrecht als öffentliches Wirtschaftsrecht, 2005; *Schnapp/Wigge*(편), Handbuch des Vertragsarztrechts, 2014(3판); *Schulin*, Handbuch des Sozialversicherungsrechts, 1권 Krankenversicherung, 1994; *Sodan*, Freie Berufe als Leistungserbringer im Recht der gesetzlichen Krankenversicherung, 1997; *Welti*, Die gesetzliche Krankenversicherung im Kräftefeld der Gesundheitspolitik, SR(사회법(잡지)) 2012, 124.

Ⅱ. 사회적 사전대비의 법

제17장 장기요양보험

a) 기본원칙

aa) 장기요양수요의 위험

1995년 이래 장기요양수요는 독자적인 사회적 위험으로 인정되었다. "고전적" 위험 – 노령, 장애, 사망, 질병, 재해 및 실업 – 과 같이 장기요양보험 역시 사전대비가 필요한 사회적 위험으로 분류되었다. 장기요양 수요는 "자기 자신에 대한 돌봄능력의 감소"[1], "무기력, 비독립성 그리고 자율상실의 상황"[2], 을 의미한다. 보다 구체적으로 얘기해서, 장기요양의 수요가 있다는 것은 일상적인 신체적 돌봄(씻고, 샤워하고, 이를 닦고, 면도하고, 빗질하고, 대변을 처리)에 대해서, 영양의 준비와 섭취, 이동성(일어나 앉고, 자러가고, 옷을 입고 그리고 벗기, 계단을 오르고)과 가사(식기세척, 방 청소, 장보기, 세탁)를 스스로 할 수 없고, 개별적으로는 그것을 위해 타인의 도움을 필요로 하는 사람이다. 379

1 *간너*, 노령에서 자기결정, 2005, 297쪽 이하.

2 *이글*, 사회보장법에서 장기요양 필요성과 장애, 1987, 251쪽 이하.

380 그와 같은 침해는 장애를 갖고 태어난 어린아이에게서 나타날 수 있고, 중년의 노인에게 하반신 불구나 암이나 에이즈 질병의 마지막 단계에 있거나 더 나이가 많은 노인에게(예를 들어, 중풍이후) 나타날 수 있다. 장기요양은 통상적으로 가족구성원에 의해 이루어 졌다.[3] 가족구성원도 없거나 장기요양을 감당할 수 없는, 그런 사람은 요양시설에 입소하였다. 그러나 시설입소비용이 급격히 치솟았기 때문에, 대부분의 장기요양수요자들은 시설의 비용을 더 이상 마련할 수 없었다. 그 때문에 사회부조 제공자들이 등장하였다.[4] 게다가 가족구성원의 장기요양급여를 보완하거나 또는 시설에서의 장기요양을 가능한 한 줄일 수 있는 재가 장기요양을 위한 사회서비스가 충분하게 존재하지 않았다. 입법자는 사회적 장기요양과 함께 통원 장기요양서비스를 확장하고 "장기요양과 부조의 새로운 문화"[5]를 촉진하고자 하였다. 국제적으로도 장기요양수요자들의 내용과 범위에 관한 기본적인 합의를 마련하려는 시도가 이뤄지고 있다.[6]

bb) 가능한 보장의 형태

381 사회보험의 다섯 번째 축으로서 장기요양보험이 도입되기 전에, 장기요양수요는 재해보험과 사회보상에만 인정되었다.[7] 보호는 피해 또는 희생자의 보

---

3 연방의회 회의록. 12/5262, 64 이하.

4 같은 곳, 61, 66, 73.

5 같은 곳, 67.

6 그에 대해 상세히: *란돌트*, 장기요양법, 2001; *간너*, 노령에서의 자기결정, 2005, 297쪽 이하 참조.

7 *이글*, 장기요양필요시 급여, 1992, 89쪽 이하, 129쪽 이하; 연방의회 회의록.

상을 목표로 하는 인과적인 사회급여에만 존재하였다. 또 1989년 이래 의료보험에 통원 장기요양에 대한 청구권이 존재하였다(구 사회법전 제5권 제53조 이하). 이것이 이제는 장기요양보험에 의해서 충족되고 있다. 반면 의료보험과 연금보험에서는 시설 장기요양에 대한 청구권이 존재하지 않았다. 왜냐하면 의료보험에서는 보험사고로 인한 질병은 장기요양급여를 포함하지 않았고,[8] 그리고 연금보험에서는 참여의 권리를 제외하고 어떤 서비스도 제공되지 않았기 때문이다. 그 때문에 시설 장기요양에 대해서는 실질적으로 사회부조 제공자들이 훨씬 압도적으로[9] 부담을 떠맡게 되었다.

그 급여는 보조적인 것이기 때문에, 도움이 필요한 사람들은 사회부조 제공자에 대한 청구에 앞서, 자기 자신의 소득이나 자산을 생존보장을 위해서 사용하고 친척에게 생계청구권을 주장하여야만 한다(아래 방주 539 참조). 장기요양수요자들은 노령에 흔히 소득이나 전체 저축을 소진하였거나 또는 장기요양수요자의 자녀들이 장기요양에 대한 재정지원에 끌어들여지게 되었다. 결과적으로 사회부조가 새로운 사회적 위험에 의해 부담을 안게 되었으며, 입법자는 장기요양수요자에 대한 독자적인 사전대비 제도를 창출하게 되었다.[10]

12/5262, 68쪽 이하; *보험학 및 형성학회*, 장기요양필요 위험의 보장, 1991; 성립사에 대해: *슈린*, in: 사회보험법 – 장기요양보험법 핸드북 § 1 방주 19쪽 이하; *바젤*, in: 사회보험법 – 장기요양법 핸드북, § 2 방주 5쪽 이하 참조.

8 연방사회법원판결 49, 216; 47, 83.

9 연방의회 회의록. 12/5262, 61: 사례의 80% 이상에서 시설 장기요양을 위한 비용이 사회부조로 수행되었다; *프랑크*, 독일 공사 후생연맹 정보서비스 1994, 366쪽 이하.

10 연방의회 회의록. 12/5262, 61쪽.

382 비교법적 연구[11]에 따르면, 독자적인 장기요양보험은 네덜란드[12]와 오스트리아[13]에만 존재하는 것을 알 수 있다. 다른 나라에서는 장기요양보험 급여는 다른 사회급여의 일부로 보장된다. 덴마크, 스웨덴, 노르웨이, 이탈리아 그리고 영국 등은 지자체 또는 전국적 의료서비스 범위에서 질병치료 및 통원 또는 시설 장기요양서비스를 제공하고 있다. 프랑스, 벨기에는 장기요양수요가 있는 피보험자에 대해, 의료보험이 장기요양수요의 정도에 따라 등급화된 총액을 지불한다. 이를 통해 이 국가들은 피보험자에게 장기요양서비스를 제공한다. 많은 나라에서 장기요양수요는 장애연금 또는 노령연금 급여의 인상으로 보장되었고, 그 범위는 장기요양수요자의 등급에 의존한다. 장기요양급여는 모든 사회급여분야에 포함될 수 있고, 모두가 그것을 예견할 수 있으므로 국제적으로 통일적인 보호는 존재하지 않는다.[14]

cc) 포기한 대안

383 사회적 장기요양보험에 대해 두 가지 대안이 언급되었다. 모든 사람들을 위한 일반적 조세재원으로 재정지원되는 공적인 장기요양[15]과, 의무적인 즉

---

11 비교법적인 장기요양보험에 대하여: *란돌트*, 장기요양법, 2001, 467쪽 이하; in: 프랑스와 독일에서: *이글*, 사회보장법에서 장기요양필요와 장애, 1987 참조.

12 *포스케*, 비교되는 네덜란드 해법, in: 독일 사회법연맹 출판시리즈, 29권(1987), 204쪽 이하; *지베킹*(편), 유럽연합에서 장기요양시 사회보장, 1998.

13 *파일*, 사회법 계간지 1994, 185.

14 *이글*, in: 장기요양수요시 사회보장: 법적관점에서 전반적인 분석발표, in: 독일 사회법연맹, 29권(1987), 231.

15 *블로흐*, 사무직노동자보험 1994, 237, 238; *보험학 및 형성학회*, 장기요양수요 위험의 보장, 1991; *이글*, 독일연금보험 1986, 40; *슈린*, 장기요양수요시 사회보장, 독일연

장기요양수요에 대한 사보험법적인 사전대비 강제에 기초한 의무가 그것이다(자동차-책임의무보험처럼 장기요양보험법에 따라).[16] 기여금에 의해 재정지원되는 사회보험법적인 장기요양보험이 위의 두 가지 포기한 대안보다 우수하다. 공법적 서비스급여로서 장기요양을 형성한다는 것은 질병, 장애로 인한 소득감소, 재해 시의 사회보험법적 보호와 조화를 이루지 못하였다. 다른 경우에는 의심스러운 상황에 보험제공자들은 자기책임이 있는 치료사고의 경우에 자신의 비용을 경감시키기 위해, 조세로 재정지원되는 장기요양보험으로 피보험자를 밀쳐내려고 할 것이다. 이러한 해법은 또한 장기요양서비스의 국가화와 전국 건강서비스로의 편입을 의미했을 것이다.

장기요양수요가 있는 보호를 사보험법적으로 조직하는 것은, 사보험의 사전대비를 위해 필요한 자본충족으로 인해(위 방주 60 참조), 도입 10년 이후에야 충분히 생산적인 수준의 보험급여를 얻게된다는 것을 의미하는 것이었다. 피보험자는 장기간에 걸쳐 먼 미래의 전망 하에 보험료를 지불해야만 할 것이고, 적절한 급여를 10년이 지난 다음에야 처음으로 얻게 될 것이다. 또한 장기요양위험이 높은 사람들은 – 만성적인 환자 또는 장애인 – 건강한 사람들보다도 높은 보험료를 지불해야 할 것이다. 현재의 장기요양수요가 있는 사람들의 궁핍한 상황은 사보험법적인 해법을 통해서는 개선되지 않을 것이다. 정치는 이러한 현실적인 과제 앞에서 실패했을 것이다. 그와 대조적으로 사회적 장기요양보험은 성공하였고, 그래서 이 사회적 장기

방공화국 주 발표 in: 독일 사회법연맹의 출판물 시리즈, 29권(1987), 24쪽 이하.

16 *블로흐*, 사무직노동자보험 1994, 237, 238; *이글*, 독일연금보험 1986, 40; *가쓰만*, 장기요양보험의 도입에 대하여, in: 비씽/움바흐(편), 40년 주 사회재판, 1994, 195.

요양보험이 독일 사회보장의 전통적인 구조에 더해지게 되었다.

b) 장기요양보험의 형성

384 사회적인 장기요양보험은 사회법전 제11권에 규정되어 있다. 장기요양보험은 장기요양보험조합에 의해서 수행되고 피보험자와 사용자의 기여금에 의해서 재정지원 된다(사회법전 제11권 제1조). 피보험자는 장기요양수요 시 통원 그리고 시설장기요양에 대한 청구권을 갖는다. 그들에게는 서비스와 시설에 대한 선택권이 있다(사회법전 제11권 제2조). 재가는 시설장기요양에 우선한다(사회법전 제11권 제3조). 장기요양보험조합은 예방과 재활을 통해서 지속적인 장기요양수요가 나타나는 것에 대비해야만 한다(사회법전 제11권 제5조). 주 정부는 급여지급 능력을 갖추고, 질적으로 높은 수준의 풍부하고 경제적인 장기요양 서비스를 창출해야 한다(사회법전 제11권 제9조). 장기요양급여의 제공은 장기요양보험조합에 의해서 담보되어야 한다(사회법전 제11권 제12조)[17]. 장기요양보험은 2017년 제2차 장기요양강화법[18]에 의해 그 개념과 장기요양수요 분류에 변화가 있었다. 간병개념이 인지 및 심리적 요소로 확대되었고, 장기요양수요는 (지금까지와 달리) 3 "단계"에서 5 "등급"으로 규정되었다. 이는 급여범위의 확대가 그와 연관되어 있다. 간병비 그리고 현물급여의 범위는 장기요양수요의 등급과 함께 상승하기 때문이다.

---

17 이 과제 이행의 관점에서 비판적으로: *모리츠*, 장기요양 수요가 있는 사람에 대한 국가의 보호의무, 2013.

18 2015.12.21, 연방법률공보 I 2424쪽; 연방의회 회의록 18/5926; 18/6668.

aa) 보험가입 의무와 강제

다른 사회보험과 비교하여 사회법전 제11권은 보험의 의무와 보험 가입의무의 면제를 규정할 뿐만 아니라, 사회적 장기요양보험에서 보험의무로부터 면제된 사람에 대해, 장기요양수요에 대해 사적으로 보험을 들도록 하고 있다(사회법전 제11권 제1조 (1)항, 제23조).[19] 이런 의무는 – 일관된 용어사용의 이해 속에서 – 그리고 사회법전 제1권 제23조와는 달리 "보험의 의무"가 아니고 "보험의 책무"로 언급된다. 왜냐하면 여기에서 보험이 – 보험의 의무와는 달리 – 법을 통해 직접적으로 성립되지는 않으며, 오히려 수취인은 사법적 보험계약을 체결하고, 보호를 그렇게 스스로 해야만 하는 것이다. 이러한 책무는 공법에 기초하고 있으며, 그 때문에 장기요양보험조합에 의해 행정처분에 따라 관철될 수 있다. 책무의 성립과 충족에 대해서는 사회법원이 결정한다.[20] 385

사회적 장기요양보험에서 보험의 의무는 의료보험을 따른다(사회법전 제11권 386
제1조 (2)항, 제20조, 제48조)[21]. 의무가입자 또는 임의가입자 역시 사회적 장기요양보험에 속하는 것이다(사회법전 제11권 제20조). 임의의 피보험자는 사회

---

19 그 문제에 대하여 *기터*, 전체 보험학을 위한 잡지 1996, 267쪽 이하; *이젠제*, 민간보험자에 대한 사회보험 – 민간 장기요양보험의 법적 문제, in: 하인쩨/슈미트(편), 볼프강 기터 기념논문집, 1995, 401쪽 이하 참조.

20 *우칭*, in: 동 저자/쉬체(편), 사회법전 제11권, 2018(5판), § 23 방주 22쪽 이하.

21 *블로흐*, 사무직노동자보험 1994, 237, 240; *기엘러/비스만*, 기업의료보험조합 1994, 469; *크라스나이*, 사회법계간지 1994, 265; *레오폴드*, 사회보험(잡지) 1994, 115; *마쉬만*, 사회재판(잡지) 1993, 453, 454; *샤아프*, 사회재판(잡지) 1994, 414; *슈린*, 신사회법 잡지 1994, 433, 437; *스트라우프*, 사회부조 및 사회법전을 위한 잡지 1994, 462; *비난트*, 독일 공사 후생연맹 정보서비스 1994, 361.

적 장기요양보험에서, 그가 장기요양보험 필요 시 위험에 대해서 사보험에 의해 동일하게 보장받고 있다면 보험의 의무로부터 면제될 수 있다(사회법전 제11권 제22조). 가입자의 가족은 사회적 장기요양보험에 같이 보험가입이 된다(사회법전 제11권 제25조, 이렇다 할 스스로의 소득활동이 없는 부부 그리고 미성년 또는 직업훈련 중이거나 또는 장애인 자녀). 보험이 면제되는 사람은, 자기소득이 의료보험의 의무보험 한도(방주 284 참조)를 넘는 임의 가입자가 아닌 노동자들이며, 보조금수급권이 있는 공무원 그리고 자영업자들은 보험의 책무에 예속된다. 그들은 민간 의료보험 또는 다른 보험에서, 장기요양보험을 가입해야만 한다(사회법전 제11권 제23조). 그것이 사회적 장기요양보험의 전제와 내용에 상응하는 것이다(사회법전 제11권 제110조). 장기요양보험의 비용은 연금생활자가 절반을 부담한다(사회법전 제11권 제20조 (1)항 11호).

bb) 보험사고와 보험급여

387 보험사고는 장기요양수요이다(사회법전 제11권 제14조 이하).[22] 이것은 일상적인 생활과정에서, 통상적 또는 정기적으로 반복되는 업무에 대한 질병 또는 장애로 인해 촉발된 지속적인 침해를 의미한다. 장기요양수요 결정의 사유는 장기요양 비용의 증가가 아니라, 자기자신에 대한 돌봄능력의 침해이다. 이동성, 인지와 소통능력, 스스로의 부양, 행동양식과 심리적인 문제상황, 질병 그리고 치료조건의 요구와 요청과의 독립적인 응대, 일상생활의 형성 그리고 사회적 접촉에서의 제한 등이 그것이다(사회법전 제11권 제14조). 급여

22 연방사회법원판결 82, 27, 276; 85, 278; 연방사회법원 사회법(판결집) 3-3300 § 14 9호; 연방사회법원 사회법(판결집) 4-3300 § 43 1호.

범위에 대해서는 장기요양수요에 따라서, 경증(장기요양등급 1), 중증(장기요양등급 2와 3), 그리고 최고 중증(장기요양등급 4와 5)의 장기요양수요 다섯 등급으로 구분된다(사회법전 제11권 제15조). 장기요양수요에 대한 보다 자세한 정의와 등급은 장기요양보험조합 상급연맹의 지침(사회법전 제11권 제17조)을 통해서 이루어진다.

사회법전 제11권은 영업상의 장기요양인력과 간병인을 구분한다. 장기요양보험은 현물급여와 현금급여가 있다(사회법전 제11권 제28조).[23] 현물급여는 장기요양인력에 의해 제공되는데, 이것은 개별적으로 재가장기요양지원(사회법전 제11권 제36조), 장기요양지원 및 기술적 수단[24] (예를 들면, 감염방지수단, 보행보조기, 목욕설비, 사회법전 제11권 제40조), 부분 시설설비에서의 주간 또는 야간간병(사회법전 제11권 제41조), 단시간 간병(= 과도적으로 재가 장기요양을 제공하지 않을 때 일시적으로 전일 시설장기요양, 사회법전 제11권 제42조) 및 완전한 시설장기요양[25](사회법전 제11권 제43조)이 있다. 현금급여는 간병수당으로(사회법전 제11권 제37조), 장기요양이 간병인에 의해서 행해질 때 보장되는 것이다. 그 수준은 장기요양등급에 달려있다. 그것은 장기요양이 필요한 사람에게 "스스로가 구한" 간병에 대해서 그리고, 이를 통해 가족구성원 또는 가까이 있는 사람에 의한 간병에 자극을 준다는 기대감에 지불되는 것이다.

---

23 *기엘러/비스만*, 기업의료보험조합 1994, 469, 474쪽 이하; *이글*, 사회법계간지 1999, 305; *코흐*, 사회법계간지 2000, 57; *크라스나이*, 사회법계간지 1994, 265, 271이하; *마쉬만*, 사회재판(잡지) 1996, 49, 96.

24 연방사회법원판결 107, 44; 연방사회법원 사회법(판결집) 4-330= § 40, 11호; 의료보험 보조수단 지원과의 구분에 대하여.

25 *클리에*, in: 이글/클리에(편), 시험대에 선 장기요양보험, 2000, 67쪽 이하.

간병수당과 현물급여는 조합될 수 있다. 장기요양 현물급여가 소진되지 않는다면, 간병수당에 대한 청구권은 현물급여가 청구되는 것에 비례하여 감소한다. 스스로 구한 간병에 대해 간병인의 질병이나 휴가 시에 장기요양보험조합의 비용으로 대체인력이 제공될 수 있다(사회법전 제11권 제39조).[26] 장기요양 조합은 급부공급 계약을 통해서 재가간병서비스 및 시설간병설비와의 장기요양에 대한 급부공급을 확보한다(사회법전 제11권 제69조, 제71조 이하).[27] 장기요양보험조합은 이 계약을 통해서 경제적이고 질적으로 높은 수준의 급여제공에 영향을 미칠 수 있다.[28] 서비스와 시설은 충분한 질과 경제성에서 허가 청구권을 갖고 있다(사회법전 제11권 제72조 (3)항). 급여제공 계약은 공법에 의해 간병급여의 내용과 그에 따른 보상이 규율된다. 그에 반해서 간병자체는 사법에 의해서 – 시설의 간병에는 재택계약 또는 통원 시의 간병에는 서비스의 계약을 통해서 – 제공된다.[29]

cc) 장기요양보험의 조직과 재정 지원 그리고 간병인의 사회보장

388 장기요양보험조합은 자치운영(사회법전 제11권 제46조 (2)항)을 하며, 그럼에도 사회적 의료보험 제공자에 설치되는 공법적인 기관이다. 장기요양보험조합의 기관은(이사회와 연맹총회) 사회적 의료보험에 속한 제공자에 상응하는 기관과 인적으로 동일하다. 그 행정 역시 장기요양보험조합을 관할한다. 이때

26 연방사회법원판결 121, 108.

27 연방사회법원 사회법(판결집) 4-3300 § 85 1, 2, 3호.

28 연방사회법원 사회법(판결집) 4-3300 § 85 1, 2, 3호; *쉬체*, in 우칭, 사회법전 제11권, 2018(5판), § 72 방주 2쪽 이하, § 113 방주 2쪽 이하.

29 *우칭*, 신 사회법 잡지 1999, 473.

장기요양보험조합은 의료보험조합에 그의 행정비용을 보상한다(사회법전 제11권 제46조).

장기요양보험은 기여금에 의해 재정지원 된다(사회법전 제11권 제54조 (1)항). 그 요율은 법적으로 정해진다(사회법전 제11권 제55조). 그것은 2019년부터 3.05%(자녀가 없을시 3.30%)였다. 가족 피보험자와 유족연금 수급권자는 기여금 납부의무로부터 면제된다. 보험의무가 있는 노동자의 기여금은 사업주의 분담금과 동일한 비중으로 납부된다.[30] 임의로 보험에 가입한 노동자와 보험책무가 있는 노동자들은 사업주에 대해서 기여금 또는 보험료에 대한 보조금 청구권을 갖고 있다. 이는 사업주가 보험의무 시에 사회적 장기요양보험에서 지급해야 할 최대 액수에 국한된다(사회법전 제11권 제61조 (2)항). 연금생활자는 장기요양보험 기여금을 혼자 부담한다. 연방헌법재판소[31]는 입법자로 하여금, 자녀양육자[32]에게 생산적인 기여라는 이유로 장기요양보험료를 경감시키도록 하였다. 입법자는 자녀가 없는 23세 이후 사람들의 기여금을 0.25%가량 인상하여 그에 부응하였다.[33]

간병인은 연금보험에 가입된다. 그들의 기여금은 장기요양보험조합에서 부담한다. 장기요양수요가 책임의무가 있는 제3자에 의한 피해에 근거한다

---

30 *이글/벨티*, 사회법, 2007(8판), § 27 방주 1 이하; 헌법적인 우려를 *프리아우프*가 표현한다, 기업(잡지) 1991, 1773; 그에 반하여 *푹스*, in: 사회보험법 – 연금보험법 핸드북, § 4 방주 23쪽 이하.

31 연방헌법재판소판결 103, 242; 연방사회법원 사회법(판결집) 4-3300 § 55 2호; 연방헌법재판소 연방사회법원 사회법(판결집) 4-3300 § 55 3호.

32 그에 대해 연방사회법원판결 99, 15(양부모) 참조.

33 아동고려법(연방법률공보 I 2004, 3448쪽).

면, 보상의무는 간병인의 노후보장에 대한 보상을 포함한다. 장기요양보험 조합은 장기요양수요자의 간병인력에 대한 기여금 비용을 가해자로부터 사회법전 제10권 제116조 (1)항에 따라 징수한다.[34] 간병인력은 간병업무에 있어 또한 재해보험[35]의 보호를 받는다. 마지막으로, 간병시간은 기여금의 의무가 있는 고용과 같이 고용촉진에 직업촉진으로 계산된다(사회법전 제11권 제44조 참조).

참고문헌

Dalichau, SGB XI, 2014; *Ganner*, Selbstbestimmung im Alter, 2005; *Igl* SRH(사회법 핸드북) § 18; 동 *저자*/Klie(편), Pflegeversicherung auf dem Prüfstand, 2000; *Landolt*, Pflegerecht, 2001; *Janda*, Pflegerecht , 2019; Marschner, Kommentar zum Pflege-Versicherungsgesetz, SGB XI, Loseblattwerk(가제본); *Moritz*, Staatliche Schutzpflichten gegenüber pflegebedürftigen Menschen, 2013; *Roller*, Pflegebedürftigkeit – eine Analyse der §§ 14, 15 SGB XI mit ihren rechtlich-systematischen und pflegewissenschaftlichen Bezügen, 2007; *Schulin*, Handbuch des Sozialversicherungsrechts, 4권: Pflegeversicherung, 1997; *Sieveking*(편), Soziale Sicherung bei Pflegebedürftigkeit in der Europäischen Union, 1998; *Udsching/Schütze* , SGB XI, 2018(5판).

34 연방대법원민사판결 140, 39; *아이헨호퍼*, 보험법(잡지) 1998, 393; *방크*, 사회재판(잡지) 1999, 485.

35 연방사회법원 신 사회법 잡지 2011, 710; *슈라거*, 사회재판 2016, 684.

II. 사회적 사전대비의 법

제18장 법정 재해보험

a) 기본원칙

사회법전 제7권에 규정된 재해보험은, 공법인으로서 산재보험조합 (BG)에 의해 수행된다. 그것은 업무상 사고재해와 직업병이 발생하였을 때 지급되는 급여에 대해 규정하고 있다.[1] 재해보험은 근로자 또는 이와 유사한 취업자에게 적용이 되고(사회법전 제7권 제2조 (1)항 1호, (2)항 1호), 생명구조활동 시의 재해(사회법전 제7권 제2조 (1)항, 13a), 유치원, 학교 또는 대학교(사회법전 제7권 제2조 (1)항 8호)를 다니다 입은 재해 또는 공적으로 지원되는 주거공간의 건설 시 재해를 당한 사람(사회법전 제7권 제2조 (1항) 16호)에게 적용된다. 재해보험법의 법령은 결과적으로 근로 중 재해를 입게 된 노동자에게 적용될 389

1 종전에 in: §§537쪽 이하. 제국보험규정; *복스*, 사회법전 7권에서 업무상 사고의 보상, in: 하인쩨/슈미트(편), 볼프강 기터 기념논문, 1995, 123; *크라스나이*, 사회법계간지 1993, 81; *파파이*, 사회재판(잡지) 1993, 303; 법적 비교에 대하여 포괄적으로: *페어린*, 국제 비교법 백과사전, 15권, 1994, 제8장; *칼손*, 노동재해, 스톡홀름 2008 참조.

뿐만 아니라, 종속적인 고용관계에 있지 않은 사람과 재해에도 적용된다.

따라서 재해보험은 **진정** 재해보험과 **부진정** 재해보험으로 구분된다. 진정 재해보험은 근로의 제공에 연계되어 발생한 재해와 질병에 대해, 노동자 및 그와 같은 위치에 있는 사람들에게 재해보험보호를 보장한다(사회법전 제7권 제2조 (1)항 1호, (2)항 1호). 그 급여는 **사용자**의 **부담금**으로 재정지원 된다. 이것은 사회법전 제7권 제2조 (1)항 8-16호에서 명시적으로 언급된, 공익활동을 하는 중에 당한 재해로 인한 사람들도 보호한다. 급여는 두 가지 경우에 있어 재해보험법상의 기본원칙에 맞춘다. **부진정 재해보험**은 사회적 보상법의 고유한 영역에 속하기 때문에, **국가**가 그 재정을 부담하게 된다(아래 방주 431이하 참조).

390 진정 재해보험은 산업화와 노동과정의 기계화와 함께 나타난 변화에 대한 법의 대답이다. 그것들은 노동자들의 건강의 위험을 높였다. 종전의 민법상의 책임법은 어떤 충분한 해결책을 담지 못했는데, 그것은 과실책임원칙에 근거했기 때문이다. "어떤 피해도 보상의 의무가 있는 것이 아니라, 채무이다"(루돌프 폰 예링).[2] 그 때문에 업무수행 중에 신체 또는 건강의 상해를 입은 노동자는, 그에 대해 사용자가 책임이 있는 경우에만 손해배상을 받을 수 있었다. 또한 배상청구권의 수준은, 그 피해자에게도 공동의 책임이 있는지 없는지에 달려있었다. 재해가 그에 반해 노동장비가 가지는 고유한 위험이나 사업장 고유의 위험 탓이거나 또는 노동자의 우연 또는 자기책임으로 인한 경우, 민법은 책임을 규정하고 있지 않았다 – 설령, 노동자가 사용자

---

2 *예링*, 로마 사법에서 채무기간, 1867, 40; 거기서 유래하는 보장의 틈새에 대해 *기터*, 노동재해법에서 손해보상, 1969; *기터/누니우스*, in: 사회보험법 – 재해보험법 핸드북, § 5 방주 29쪽 이하 참조.

의 이익을 위한 행위를 하다가 불행을 당한 것이었다 할지라도 그러했다.
그런 연유로 먼저 1871년 제국책임보험법에 의해 철도에 의해 상해를 입은 사람이나 물건에 대한 **위험책임**이 도입되었고, 광산과 공장재해 시 사용자의 보호의무가 확대되었으며, 이것이 감독자의 소홀과 마찬가지로 사용자 역시 자신의 잘못에 근거하여 책임이 있는 것으로 확대되었다.[3] 그럼에도 불구하고 이런 규정의 창출 직후, 산업재해 희생자의 보호가 개선되지 않았다는 것이 명백해졌다. 1870년대 말, 책임의무보험 책무와 관련 모든 사업장재해에 대한 일반 위험책임을 도입하는 것이 고려되었다.[4] 하지만 입법자는 **사법적인** 해법을 대신하여 **사회법적인** 해법을 설정하도록 결정하였다. **391**
이것이 1884년 법이 되었고 다음과 같은 기본원칙에 근거하였다. 개별 기업의 사업장은 산업재해에 대해 법에 의해서 보험에 가입해야 하며, 산업재해에 대한 사용자의 사법적인 책임은 면제되고, 그 대신에 산재보험조합이 재해를 입은 노동자들에게 급여를 보장하고, 전체비용은 한 산업분야의 전체 사용자가 부담한다. **392**

사법적인 해법에서는 기업이 그 기업에서 발생한 산업재해에 대해 개별적으로 책임을 지는 반면에, 사회법적인 해법에서는 한 경제 분야의 모든 기업가가 연대적으로 – "동업조합적" – 고용된 노동자에게 발생한 재해의 결과에 대해서 책임을 진다. 재해보험은 **보험보호**를 통한 **책임보상**의 원칙을

---

3 §2 제국책임의무법 구 해석; *브로이어*, in: 사회보험법 – 재해보험법 핸드북, §1 방주 31쪽 이하; 기터, 사회재판(잡지) 1993, 297; *동 저자*, 노동재해법에서 손해보상, 1969, 14쪽 이하.

4 *기터*, 노동재해법에서 손해보상, 1969, 14쪽 이하.

실현한다.[5]

그것은 재해피해의 보상을 담당할 뿐만 아니라, "모든 법적 수단을 갖고" 산재와 직업병 발생을 예방하여야만 한다(사회법전 제7권 제14조). 이 규범의 수규자로서 사업주는 자치 정관으로서 재해예방규정을 제정하고(사회법전 제7권 제15조), 그 준수여부를 감독한다. 재해예방에 있어서 국가기관인 산업안전보건청과는 별개로 산재보험조합이 설치된 것이다. 새로운 위험물질 및 새로운 기술의 도입에 의한 건강상의 위험에 즈음하여 사회법전 제7권은 재해의 예방에 탁월한 의미를 부여하고 있다(사회법전 제7권 제14조).

393 재해보험은 **보험**[6]이다. 왜냐하면 노동 또는 통근상의 재해 또는 직업병의 위험에 대해 사전대비를 하는 것이기 때문이다. 그것은 **제3자의 사전대비** 원칙에 근거하고 있는데(방주 위 268 참조), 기여금 의무자와 급여의 수급권자가 사람에서 다르기 때문이다. 재해보험은 일차적으로, 자신의 노무제공의 결과 산재를 입게 된 노동자를 보호하는 것이며, 그외에도 사용자의 민사상의 책임을 면책시키는, 책임의무보험과 같은 것으로 사용자를 보호한다. 책임의무법적인 기능은, 사용자의 기여금이 사업장의 재해위험 정도에 따라 결정되는데 기여한다(사회법전 제7권 제157조). 기여금 확정은 기업의 위험등급에 따른 분류를 통해 이루어진다.[7]

---

5 *푹스*, 사회재판(잡지) 1995, 421; *플리개만*, 사회재판(잡지) 2016, 245; *발터만*, 산재보험조합 1997, 310쪽 이하.

6 *기터*, 노동재해법에서 손해보상, 1969, 76쪽 이하; *발터만*, 산재보험조합 1997, 310, 311 이하; UVMG를 통한 새로운 규정: *코렐라/크라니히*, 산재보험조합 2008, 388.

7 *기터*, 신 사회법 잡지 1996, 247; *동 저자*, 작업장 자문관 – 부록 1998, 6호 1, 14 이하.

b) 보장사고

aa) 인적 전제요건

법은 두 가지의 보험사고를 구분한다. 업무상 사고와 직업병(사회법전 제7권 제7조)이다. 보호의 전제는 **보험의무가 있는 취업활동**이어야 한다. 재해보험에서는 모든 노동, 서비스 그리고 교육관계(사회법전 제7권 제2조 (1)항 1호) 에서 행해진 활동이 보험보호 하에 있게 된다 – 이는 취업에 기초한 계약관계[8]의 영향과 독립적인 것이다. 역시 보험보호 하에는 피보험자와 함께 활동하는 사람들도 있다(사회법전 제7권 제2조 (2)항). 친척, 친구 그리고 지인들에 의해서 행해지는 무보수의 호의[9]와 부가가치적 보상을 전제로 하지 아니하는 그런 고용관계에 기초한 사람들이다(1 – 유로 – 직업). 사업주를 위한 활동이 중요하며, 사용자의 의지에 상응하여, 노동시장에서 제공되고, 노동자에 의해서 제공될 수 있어야만 한다. 더 나아가, 법률(즉, 농민, 가내공업종사자, 연안운반선의 선주, 연안어부, 사회법전 제7권 제2조 (1)항 5, 6, 7호) 또는 산재보험조합의 정관이 규정하거나(사회법전 제7권 제3조) 또는 재해보험에 임의로 가입하는 경우 **자영업자**는 진정 재해보험에 의한 보호를 받을 수 있다(사회법전 제7권 394

---

8 *슈미트*, in: 사회법 핸드북, § 16 방주 8 이하; 역시, 사회법전 제4권 § 7; 보험보호 하에, 역시 장애인 작업장, 또 장애인 치료장에서 일하는 장애인들이 있다, (사회법전 제7권 § 2 (1)항 4호, 연방사회법원판결 65, 138)과 죄수(사회법전 제7권 § 2 (2)항 2문) 참조.

9 *호른*, 재해보험, 2012, 24 이하; 연방사회법원판결 57, 262 이하; *기터*에 있어 우려, 작업장 자문관 – 부록 1998, 6, 1, 4호; *카터/로이베*, 사회법전 7권, 1997, § 2, 방주 417쪽 이하, 425쪽 이하; *크라스나이*, 신 사회법 잡지 1999, 577; *니더마이어*, 신 사회법 잡지 2010, 312.

제6조).

bb) 재해의 귀책

395 업무상 사고 시 재해보험의 보호는, 보호의 대상이되는 행위와 신체 그리고 건강의 상해와 피해 사이에 각각 인과관계가 존재해야 한다 – 보다 정확히 얘기해서 행위와 상해사이에 책임귀속적 그리고 상해와 피해 사이에 책임충족적 인과성이 있어야만 한다.[10] 피보험자의 금지위반 행위가 보험사고의 속성을 배제하지는 않는다(사회법전 제7권 제7조 (2)항). 그 반면에 급여는, 재해가 피보험자의 행위가 판결에 의해 범죄로 입증되는 경우, 재해에 대한 급여는 전부 또는 부분적으로 거부될 수 있다(사회법전 제7권 제101조 (2)항).

396 재해보험법에서(사회법의 다른 분야에 있어서와 같이, 아래 방주 422 참조) 인과관계가 있다는 것은, 결과를 초래하는 중요한 조건이 되는 상황에 대해서만 인정된다.[11] 형법(등가이론) 그리고 민법(상당성이론)과 달리, 사건이 결과에 대해

---

10 *베커*, 사회재판(잡지), 2012, 691.

11 그에 대해 *바르타*, 사회법에서 인과성, 1983; *벤쯔*, 사회재판(잡지) 2000, 346; *동 저자*, 사회재판(잡지) 2003, 12; *푹스*, 민법과 사회법, 1992, 137쪽 이하; *기터*, 노동재해법에서 손해보상, 100쪽 이하; *동 저자*, 산재보험조합 1996, 95쪽 이하; *크라스나이*, 사회법 계간지 1993, 95쪽 이하; *동 저자*, 신 사회법 잡지 2000, 373; *호른*, 재해보험, 2012, 32쪽 이하; *슈린*, in: 사회보험법 – 재해보험법 핸드북, § 30; *발터만*, 법에서 인과성과 합목적성의 질서기능, 1968; 그에 대해 비판적으로: *슈린*, 산재보험에서 책임귀속적 그리고 책임충족적 인과성 – 잘못된 구분, in: 하인쩨/슈미트(편), 볼프강 기터를 위한 기념논문집, 1995, 911. 물론, 슈린은 그리고 – 놀랍게도 – 여전히 두 개의 개념을 형성한다: "재해인과성"과 "손해인과성" – 그 차이는 즉 쓸모가 전혀 없지는 않은 것 같아 보인다; *브로제*, in: 아이헨호퍼/폰 코펜펠스-스피스/벤너(편), 바나가트, 사회법전 제7권, 2019, § 8 방주 26쪽 이하; *발터만*, 방주 316쪽 이하; *이글/벨티*, 사회법, 2007(8판), § 40 참조.

서, 전자가 후자를 "중요하게 조건화하면", 인과적인 것이다.

이러한 인과성의 이론과 함께, 한편에서는, 보험사고는 오로지 피보험자의 행위를 통해서만 초래되는 것은 아니라는 것이다. 보호를 위해서는, 행위가 그 재해를 같이 조건화하는 것으로 충분하다. 노동자가 자신의 취업활동을 하다가 입게 되는 신체 그리고 건강상의 상해는, 부분적으로 노동자에게 공동책임이 있더라도, 역시 보험으로 보장된다. 다른 한편, 재해보험급여의무로부터 재해는, 피보험자의 행위의 행사가 재해발생에 "우연적인 원인"으로서(다시 말해, 그 재해가 노동의 기회 속에서 발생하였다) 재해발생 성립에 중요치 않으면 배제되는 것이다.

이 이론에 주된 적용사례들은 음주, 자살과 자해, 사고로 인한 상해의 악화 시에 손해의 귀속 그리고 재해로 인한 사망사고, 그 사망이 중요치 않게 뒤에 나타났을 경우의 사고이다. 다른 경우에 있어서는, 그 행위가 그 상해를 또는 그 상해가 그 피해를 중요하게 조건화했는가의 문제이다.

업무상 사고가 상해를 입은 자의 음주에 근거한 것이라면, 그 음주가 상해 397
를 입은 자의 행위능력을 배제하는 한, 어떠한 보험에 든 행위는 존재하지 않는다.[12] 그럼에도 불구하고 행위불능이란, 피보험자가 음주의 결과, 형사법 제323a조의 한도와 일치하는, 혈중 알코올 농도가 대략 0.03%를 보이는 경우에만 해당된다. 음주가 그 이하이고, 사고가 도로교통 중 발생했고 그

---

12 연방사회법원판결 42, 129; 38, 127; 12, 242; 의약품 오남용에 대해서는 연방사회법원판결 59, 193; *리케*, 카스콤(카셀 주해) 사회법전 제7권 § 8, 방주 108, 108a; *슈린*, in: 사회보험법 – 재해보험, § 30 방주 108쪽 이하; *묵켈/오고렉*, 사회법, 2011(4판), § 10, 방주 42.

리고 운전이 바람직하지 않은 상태(혈중 알코올농도 0.005%)[13] 이면, 판례에 따라 음주가 중요하게 사고의 원인이 되었다는 것을 반박할 수 있는 추정이 성립한다.[14] 재해가 행위능력을 침해함이 없이, 도로교통 밖에서 발생했다면, 여러 요인의 누적에 의한 것으로 재해보험보호가 성립한다.

자살 시에 자유로운 의사결정이 배제되는 상황, 그런 조건하 행위가 이루어진 경우[15] 또는 자살에 이르는 결정이 실제로 중요하게 작업조건에 따른 경우에는 재해보험보호의 대상이 된다.[16] 그에 반해, 자유로운 여건에서 스스로 위험을 초래한 경우, 그에 대해서는 재해보험이 적용되지 않는다 – 가령 화물운송차의 조수가 화물차 간이침대에서 볕을 쬐다 달리는 화물차에서 추락하여 사망한 경우에 그러하다.[17]

재해사고로 기왕증이 악화된 경우, 재해가 그러한 악화를 실질적으로 가속화시킨 경우와 같이, 중요한 악화의 경우에만 보상책임이 있다.[18]

사고로 인한 사망의 경우에, 보상의 의무는, 재해가 단순한 계기 – 우연

---

13 연방대법원형사판결 37, 89; 19, 243; *슈린*, in: 사회보험법 – 재해보험법 핸드북 § 32 방주 36.

14 연방사회법원판결 112, 177; 53, 215; 34, 261; *쾰러*, 사회법계간지 2011, 63; *융*, in: 아이헨호퍼/폰 코펜펠스-스피스/벤너(편), 사회법전 제7권, 2019, § 8 방주 35쪽 이하.

15 바이에른 주 사회법원 신 사회법 잡지 2009, 232; 연방사회법원판결 61, 113, 115 이하; *쾰러*, 사회개편(잡지) 2001, 481.

16 연방사회법원판결 54, 184; 역시 그와 같은 오스트리아 판례: 사회법문제 최고법원판결 (오스트리아), 신(판) 연속시리즈 5/6

17 연방사회법원판결 64, 159.

18 개별사항 연방사회법원판결 70, 177.

적 원인 – 였을 경우에는 보상의무가 면제된다. 그 대신에 그것이 중요한 원인이었다면 그 보상의 의무는 완전한 범위에서 존재한다.[19] 이런 의미에서 중요한 것은, 재해가 아직 일년 또는 그 이상 생존할 것이 기대되는 사람에게 발생한 경우여야 한다.[20]

재해보험법은 형법과 민법에서 지배적인 이론과는 필수적으로 구분되는 그 자체의 인과이론을 필요로 한다. 산재법상 인과란 구성요건의 적합성, 위법성 그리고 과실 외에, 여러 요소 가운데 하나의 귀속척도가 되는 반면에, 인과는 거기에서 유일한 귀속기준이 되는 것이다.[21] 왜냐하면 인과관계만이 업무상 재해에 대한 재해보험 제공자의 지급보증 의무에 궁극적인 결정을 하기 때문이다. **398**

중요조건 이론이라는 것은 공격받을 만하다.[22] 이는 일반적이며 진술력이 약하다는 이의가 제기된다. 왜냐하면 그것은 오로지 중요조건만이 귀속될 수 있다는 것을 얘기하기 때문이며, 그 대신 어떤 조건이 중요한 것인지는 얘기하지 않기 때문이다. 그것을 해결하기보다는, 즉 귀속을 극복하는 문제를 기술하고 있는 것이다. **399**

그럼에도 불구하고 그 이론은 아직까지 더 나은 대안이 발견되지 않고 있다. 때때로 가정된 민법상의 위법성맥락 이론 또는 규범의 보호목적 등은

---

19 주 사회법원 작센-안할트 신 사회법 잡지 2012, 72; 연방사회법원 사회법 판결집 4-2700 § 8, 17호.

20 연방사회법원판결 62, 220.

21 *도이취*, in: 독일사회법원연맹(편), 사회법판례, 1979, 제2권, 497.

22 전체에 대하여 상세히: *바르타*, 인과성과 사회법, 1983; *푹스*, 민법과 사회법, 1992, 137쪽 이하; *슈린*, in: 동 저자, 사회보험법핸드북 – 재해보험법, § 29 방주 12쪽 이하.

중요조건 이론의 핵심적인 명언만을 부연하는 것이다. 단지 이와 같은 상황만이 책임귀속적 또는 책임충족적인 것으로 간주되는 것이다. 그래서 재해보험법의 규범목적에 따라 재해보험법적인 급여의 인정을 정당화하는 것이다. 그러나 어떤 상황이 구체적인가 하는 것에 대해서는 이 이론은 아무런 설명을 하지 않는다. 다만, 그것은 중요성의 척도로서 그리고 귀속의 척도로서 궁극적으로 재해보험보호의 규범목적을 통찰하게 한다. 하나의 행위는 그에 따라, 그 보상이 재해보험법의 규범목적에 따라 주어진 것이라면, 중요한 것이다. 이것은 항상 구체적이며, 그에 반해 추상적으로 규정될 수 없는 것이다.

cc) 업무상 사고의 개념

400 법은 업무상 사고시 급여지급을 예정해 두고 있다. "사고"는 외부에서 신체에 가해지는,[23] 손상사건으로 이해되며,[24] 현물손상은 재해보험에 의해서 기본적으로 보상되지 않는다. 비진정 재해보험은 예외이다(아래 방주 444 참조). 사고에 대해서도 단시간의 범위안에 국한된 손해만이 포함된다. 그것은 작업일의 경과 중에 법적효력이 생기는 것이다.[25] 그에 따라 사고가 발생하면, 재해보험 제공자의 급여의무는, 사고가 지급보증의무를 갖게되는 일로서

---

23 연방사회법원 사회법(결정집) 4-2700, § 8 42호; 연방사회법원 신 사회법잡지 2012, 390

24 *크라스나이*, 사회법계간지 1993, 81, 92쪽 이하; *슈린*, in: 사회보험법핸드북 – 재해보험법, § 28.

25 *리케*, 카스콤(카셀 주해), 사회법전 제7권 § 9 방주 23; *슈린*, in: 사회보험법 – 재해보험법, § 28 방주 11.

그와 함께, 업무상 사고, 작업도구에 의한 사고 또는 통근재해로 분류되는지에 달려있다.

업무상 사고는 피보험자가 보험에 가입된 행위를 하던 중에(사회법전 제7권 제2조, 제3조 또는 제6조) 사고를 당한 경우 인정된다(사회법전 제7권 제8조 (1)항).[26] 자동차운전이 업무에 속한다면, 그 운전업무에 수반된 행위와 관련된 사고는 업무상 사고이며, 또한 차량수리 시에 발생하는 사고도 역시 업무상 사고이다.[27] 재해보험보호는 사업주의 지시에 따라서 행해질 뿐만아니라, 노동자에 의해서 사업주를 위해서 스스로의 주도로 행해진 행위도 포함한다.[28] 노동계약 의무의 이행에서(폭탄이 숨겨진 포장의 개방) 위법한 (폭탄) 공격의 희생자가 되는 자 역시, 업무상 사고를 당하는 것인데, 그 상해는 노동자의 개념에 따르면 계약이행시 작업장에서 발생했기 때문이다.[29] 노동계약에 의해 일정한 경로 또는 업무상 출장을 해야하는 경우라면, 이러한 맥락 속에서의 사고는 업무상 사고를 의미하고 어떤 통근재해를 의미하는 것은 아니다.[30] 401

"스스로가 초래한 위험"은 재해보험법상 책임배제의 사유로 작용하는 것이 아니며, 이는 오히려 손대지 않고 그대로 남아있다.[31] 그에 반해서 재해

26 *벤쯔*, 사회재판(잡지) 2001, 220.

27 연방사회법원 사회법 판결집 4-2700 § 8 24호.

28 *슈린*, in: 사회보험법핸드북 – 재해보험법, § 30 방주 12.

29 연방사회법원판결 78, 65.

30 *브로제*, in: 아이헨호퍼/폰 코펜펠스-스피스/벤너, 사회법전 제7권, 2019(2판), § 8 방주 43.

31 연방사회법원판결 94, 262; *찌글러*, in: 베커/프랑케/몰켄틴(편), 사회법전 제7권, 2014(4판), § 8 방주 261 이하.

보험보호에는 자기 자신을 위한 경제적 행위는 해당되지 않는다. 이런 분류가 모호한 경우로 혼합적 행위가 존재한다. 그럼에도 불구하고 모든 활동이 명확하게 분류되는 것은 아니다. 이러한 분류가 성공하지 못하는 경우, 혼합된 행위가 존재한다. 사업장의 목적이 자신의 경제적 목적을 넘어서는 한,[32] 그것은 재해보험보호에 해당되는데, 재해로 되는 행위가 즉 일과 내적, 시간적, 장소적인 맥락에서, 그의 객관적인 행동의 경향에 따른 관련성이 있는 경우에 그러하다.[33]

402 혼합된 행위의 전형적 예가 음식섭취이다. 그것은 생활상의 필요를 충족시키면서, 자기경제영역으로 분류될 수도 있을 것이다. 다른 편에서는 그것은 동시에 사업장의 이해에 놓여있다("작업을 위한 취식"[34]에서 뿐만 아니라). 갈증과 허기를 달래는 것은 노동성과에 필요한 전제다. 노동자는 그렇다면 이러한 영양섭취 시에 재해보호가 되는가? 이 질문에 대해서는, 피해가 사업장의 영향하에 공동으로 책임이 있는 경우로서 다음과 같은 경우에 긍정된

---

32 연방사회법원판결 20, 215; 17, 11; 11, 154; 7, 255; 연방사회법원, 노동법 판례집 § 548 제국보험규정 1호; *브로제*, in: 아이헨호퍼/폰 코펜펠스-스피스/벤너, 사회법전 제7권, 2019(2판), § 8 방주 40.

33 연방사회법원판결 3, 240; 사회법 판결집 3-2200 § 548, 29호; 연방사회법원 사회재판(잡지) 2007, 742; 연방사회법원판결 96, 196; 연방사회법원 사회법(판결집) 4-2700 § 8 39호; *슈린*, in: 사회보험법 – 재해보험법 핸드북, § 30 방주 28쪽 이하; *브로제*, in: 아이헨호퍼/폰 코펜펠스-스피스/벤너, 사회법전 제7권, 2019(2판), § 8 방주 34; *푹스/프라이스*, 사회보험법, 2009, 2판, § 36; 역시 그와 같이 오스트리아: 사회법문제 최고법원 판결(오스트리아) 신(판) 연속시리즈 23/19; 22/22; 21/39; 18/49; 17/69.

34 주 사회법원 바덴-뷔템베르그, 사회재판(잡지) 1998, 412.

다.[35] 대략 노동자가 작업장 식당 또는 "작업을 위한" – 취식 시 배탈이 나거나, 미끄러운 식당바닥에서 넘어진 경우, 사업장 안에 레몬병을 두었는데, 그 병안에 레몬이 아닌 기름이 들어 있었던 상황에서 기름을 마셨을 때,[36] 또는 작업장의 더위로 인해 노동자가 마실 것이 필요해서 음료수를 사러가는 길에 재해가 발생한 경우 등이다.[37] 그럼에도 불구하고 재해가 사업장의 영향 탓으로 돌릴 수 없다면(노동자가 가져온 음식에 의해서 위가 손상되거나 또는 그가 점심시간에 작업장 밖 식당에서 넘어져 다치거나 하여),[38] 재해보험의 보호를 받지 못한다. 역시 작업장의 낯선 공간에서 음식물을 섭취하거나 또는 작업장 공간 안팎에서 휴식시간에 소화를 위한 산보를 하는 중에 발생한 재해에 대해서도 어떠한 보호가 되지 않는다.[39]

재해보험의 보호는 노동계약 이행 행위에 국한되지는 않는다. 사업장에서 403
의 교유(사업장 휴업 또는 야유회) 또는 기분전환을 위한 임의의 사업장 행사(사업장 스포츠) 들은 재해보험 상 보호의 대상범위에 포함될 수 있다. 만약

---

35 연방사회법원 재해보험법 현황 2010, 897.

36 그와 같은 사례 사회법문제 최고법원 판결 (오스트리아)신(판) 연속시리즈 2/76; 유사하게; 연방사회법원 사회법(판결집) 2200 § 548 20호.

37 연방사회법원, 사회법(판결집) 2200 § 550 24호, 73; 그에 대해: *슈린*, 사회법에 대한 사례, 1987, 사례 14 참조.

38 연방사회법원 신 사회법 잡지 1997, 85; 달리: 연방사회법원, 신 법률주보 1995, 2942; 연방사회법원, 신 사회법 잡지 2003, 268쪽 이하; 역시 연방사회법원, BuW 2003, 698(작업장측면 샤워중 재해) 참조.

39 연방사회법원 사회법(판결집) 3-2200 § 548 43호; 연방사회법원, HVBG-정보 2001, 1111쪽 이하; 아마 그러나, 그 경로는 거기서도 파악되었다: 연방사회법원 사회법(판결집) 2200 § 550 28호; 연방사회법원 재해보험법 현황 2010, 114.

그것이 노동의 급부와 객관적이고 유기적인 맥락에 있다면 해당된다. 그런 행사는 사업장동료들의 사회적인 귀속감을 강화시키고 그와 함께 기업의 성과 능력을 상승시키기 때문이다(회사의 동질감 형성).

사용자, 종업원 평의회 또는 개별적인 사업장 구성원이 행사를 조직하고,[40] 충분한 숫자의 사업장 구성원이 참여하는 행사의 경우에 보호가 된다.[41] 노동자는 종업원 평의회 사무국의 인지 하에 재해보험 보호가 되며, 그러나 이것은 휴업 시[42]에는 해당되지 않는다. 사업장 경기 중 사고 등으로 인한 재해 역시, 위험한 스포츠종류[43]대신, 균형있는 스포츠가 행해지고[44]

---

40 연방사회법원판결 121, 297 – 연방사회법원판결 1, 179의 과제; 연방사회법원 재해보험법 현황 2009, 1411; 역시 그와 같이 오스트리아에서: 오스트리아 사회법문제 최고법원 판결 – 1995.11.14 – 10 ObS 114/95; 2007.11.27 – 10 ObS 113/07 a; – 2005.12.22 – 10 ObS 121/05 z; 역시 *얀다*, 법률가시험과정 사회법, 2017(9판), 사례 15; *브로제*, in: 아이헨호퍼/폰 코펜펠스-스피스/벤너, 사회법전 제7권, 2019(2판), § 8 방주 41쪽 이하 참조. ; 그에 반하여 작업동료들간 크리스마스 개인 휴가동안의 재해는 해당되지 않는다(연방사회법원 사회법(결정집) 4-2700 § 8, 53호.

41 연방사회법원판결 56, 283; 역시 그와같은 오스트리아 판례 사회법문제 최고법원 판결(오스트리아) 신(판) 연속시리즈 5/8, 6/79; 인센티브-여행시 사고위험에 대한 취업자의 보호에 대해: 연방사회법원 사회법(판결집) 3-2200 § 548 21호; 연방사회법원 신 법률 주보 1995, 3340; 사회법문제 최고법원 – 2007.11.27- 10 Obs 113/07 a; – 1992.10.13 – 10 Obs 234/92: 높은 위험시의 책임 배제.

42 연방사회법원판결 87, 294; 의심스럽게: *아이헨호퍼/얀다*, 법률가시험과목, 사회법, 2012(8판), 사례 15.

43 *롤프스*, 스포츠와 사회보험, 2014, 63, 69쪽 이하; 사회법문제 최고법원 판결(오스트리아) 신(판) 연속시리즈 6/115 참조. : 회사의 야유회동안(거친 파도타기) 강 래프팅시 사고에 대해 어떤 재해보험보호도 안됨!

44 연방사회법원판결 16, 1; 41, 145; 연방사회법원, 사회재판(잡지) 1992, 주석과 함께 25 *기타*; 연방사회법원 사회재판(잡지) 2007, 주석과 함께 44. *슈미트; 그라이너*, 사

그것이 사업장 구성원에 국한되는 한,[45] 이는 업무상 사고에 해당된다. 또한 **업무상 사고**(사회법전 제7권 제8조 (2항) 5호)는 노동자가 작업도구를 다루거나,[46] 획득[47] 시 불의의 사고가 발생한 경우에도 인정된다. 업무상 사고 또는 자기가 입은 피해가 있는지 검사 시, 그 행위가 사업장의 목적인지 자기 자신의 경제적 목적인지 여부가 우선적 검토대상이 된다.[48]

업무상 사고(사회법전 제7권 제8조 (2항) 1호)는, 피보험자가 자기 주거지와 작 404
업장 사이의 직접적인 **경로**에서 사고를 당한다면 해당된다. 통근의 경로가 사용자에 의한 영향에서 벗어나 있는 동안에는, 통근재해에 있어서 보험보호는 책임보상의 원리가 정당화되지 않는다.[49] 그 지급보증의 의무는 피보험자의 통근경로가 근로제공을 위한 전제를 뜻하고 이것과 관련이 있는 것

회재판(잡지) 2009, 581.

45 연방사회법원 재해보험법 현황 2010, 279.

46 예: 작업바지의 세탁(연방사회법원판결 65, 210); 노동자에 의해 작업도구로서 투입되어져야만 했던 승용차로 인한 교통사고(연방사회법원판결 24, 243)

47 *크라스나이*, 사회법 계간지 1993, 81, 97 여기서 올바르게 지금까지의 보험보호의 틈새를 보았다; 이것은 재해보험법 개혁에 의해 제거되었다(사회법전 제7권 § 8 (2)항 5호)참조.

48 *크레셀/볼렌슐레거*, 사회보험법에 대한 입문, 1996(2판), § 8 방주 195; 연방사회법원판결 62, 113; 56, 244, 246이하; 통근재해는 역시 작업종료 후 피보험자의 국외의 가족주택으로 퇴근하는 중에 발생할 수 있다; 역시 오스트리아 판례 사회법문제 최고법원 판결 (오스트리아) 신(판) 연속시리즈 7/36, 6/144 참조. ; 여타의 경우 브란덴부르그, 법조-실제 주석 사회법전 제7권, 2009, § 8 방주 188쪽 이하 참조.

49 *기터*, 작업장 자문관 – 부록 1998, 6호, 1, 6; 브란덴부르그, 법조-실제 주석 사회법전 제7권 2009, § 8 방주 172.

이라는 데서 정당화되는 것이다.[50]

사고를 당한 사람은 경로의 선택과 통근수단 선택에 있어 자유롭다.[51] 이것은 우려가 없지 않으나, 그렇다 할지라도 다양한 경로 및 수단에 대한 재해위험은 상이하게 높은 것이다. 업무상 재해의 인정은, 작업경로의 자유로운 선택에 대한 권리와 유보된 경로의 종류를 포괄하는, 노동자들의 일반 행동의 자유에 근거하는 것이다. 통근재해 보호는 사고를 당한 사람의 교통위반 여부를 판단함에 있어 교통규칙 위반 여부는 상관없이 제도가 그대로 적용된다.[52]

재해보험보호는, 작업장에서 오는 그리고 작업장으로의 가는 한에서 존재한다. 이것은 주거지 출발을 전제로 한다.[53] 출근시 자기차량에 주유를 하고 거기서 피해를 당한 사람은, 재해보험에 의해 보상되지 않으며,[54] 그 경로가 다른 개인적 목적에 있는다면 마찬가지다(예를 들면, 점심식사 장보기[55]).

예외는 사회법전 제7권 제8조 (2)항 2호에 규정되어 있는데, 피보험자가 자신의 자녀를 다른 사람의 보호에 맡기기 위해 또는 카풀을 하는 다

---

50 *융*, in: 아이헨호퍼/벤너(편), 바나가트 사회보험법, 사회법전 제7권에 대한 주해, 2010, § 8 방주 82.

51 연방사회법원판결 57, 222.

52 연방사회법원 사회법(판결집) 3-2700 § 8 10호.

53 연방사회법원판결 22, 10; 63, 212; 주 사회법원 슐레스비히-홀스타인, 신 사회법잡지 1999, 511: 재해보호는 거주하는 집의 바깥문에서부터야 시작된다; 연방사회법원 사회법(판결집) 3-2700 § 8 3호.

54 연방사회법원, 신 법률 주보 1999, 84.

55 연방사회법원판결 91, 293; 연방사회법원 재해보험법 현황 2009, 200; 연방사회법원 사회법(판결집) 4-2700 § 8 46, 50호

른 사람을 픽업하거나 집으로 데려가는 경우에, 직접적인 경로에서 벗어난다면 이것은 인정된다.[56] 피보험자가 작업장 출퇴근시 사적인 용무를 본다면(식당방문, 개인적인 물품구입), 사적인 일에서는 재해보험 대상이 되지 않는다.[57] 그러나, 퇴근후 두 시간을 경과하지 않는다면, 그 길을 오가는 것은 재해보험에 해당한다.[58] 마찬가지로 작업장과 "제3의 장소" (=주거지가 아닌 장소[59]) 사이의 길에서 보험보호는, 최대 두 시간 이내 경과했을 경우에는 보험보호가 될 수 있다.[60]

dd) 직업병

직업병은 재해보험보호가 된다. 질병이 노동에 근거하고 있기 때문이다. 그 405
러나 보상은 그것이 직업병으로서 형식상 인정("명부원칙")된 경우에, 고려된다.[61] 이것은 연방정부 법시행령을 통해 제정된 직업병시행령에 포함되어 있다. 그럼에도 불구하고 어느 질병이 이 리스트에 열거되지 않더라도, 직업병으로서 평가될 수 있다면(사회법전 제7권 제9조 (2)항) 이는 직업병으로 인

---

56 연방사회법원판결 54, 46, 48쪽 이하; 연방사회법원 신 사회법 잡지 2010, 569.

57 연방사회법원판결 102, 111쪽 이하; 연방사회법원 재해보험법 현황 2009, 200.

58 연방사회법원판결 20, 219, 221; 63, 26(기본원칙은 역시 차량공동운행체에도 적용된다)

59 예를 들면, 주말농지: 연방사회법원 판례 32, 38; 대피소 주거지: *찌글러*, in: 베커/프랑케/몰켄틴, 사회법전 7권, 2011(3판), § 8 방주 164.

60 연방사회법원판결 82, 138; 연방사회법원 사회법(판결집) 4-2700 § 8 34호.

61 *악서*, 사회재판(잡지) 2016, 177; *베커*, 사회재판(잡지) 2010, 131; *비어레스본*, 사회재판(잡지) 2016, 310, 379.

정된다.[62]

406 직업병은 피보험자가 보험보호가 되는 작업의 수행결과 위법한 신체상의 고통을 당하면 그에 따라 성립한다.[63] 직업병시행령은 영향의 종류(화학, 물리, 공학 그리고 생물학적) 및 해당 기관(기도, 폐, 늑막 그리고 복막, 피부, 눈) 에 따라 인정된 직업병의 종류를 세분하고 있다.

피보험자가 자기직업의 영향이 없이 얻게 되는 병은 직업병이 아니다.[64] 피보험자는 또한 질병이 작업의 제공 과정에서 나타났음을 입증해야 한다. 이러한 입증을 할 수 없다면, 그런 질병에 걸린 사람과 비교할만한 건강손상이 되는 활동을 행하는 그런 피보험자에게 직업병이 빈번히 나타난다면, 그와 같은 질병에 대한 활동의 원인성이 추정되며[65](사회법전 제7권 제9조 (3)항), 원인해당여부에 대한 입증책임은 피보험자에서 보험자로 이전된다.

c) 급여

---

62 연방사회법원판결 44, 90; 59, 295; 연방사회법원 사회법(판결집) 4-2700 § 9 18호; *코흐*, in: 사회보험법 – 재해보험법 핸드북, § 37; *켈러*, 사회재판(잡지) 2001, 226; 예를 들어. 직업병으로서 간접흡연 문제에 대하여, *비숍/크라스나이*, 간접흡연을 통한 건강피해, 2009, 산업의학, 사회의학, 환경의학(잡지)과 의료전문가의 특별출판물, 3쪽 이하 참조.

63 연방사회법원판결 51, 251; 연방사회법원 사회법(판결집) 2200 § 551 20호; *코흐*, in: 사회보험법 – 재해보험법 핸드북, § 35 방주 19쪽 이하.

64 *슈미트*, 재해보험, in: 사회법핸드북, § 16 방주 108; *플라게만/라트케-슈벤쩌*, 법정재해보험, 2007(2판), 13쪽 이하.

65 *쾰러*, 사회법계간지 2002, 1.

재해보험에는 세 가지 급여유형이 있다.[66] 즉 건강회복 및 남은 피해에 대한 보상과 사망으로 인한 생계손실 보상에 기여하는 급여이다. 건강회복을 위한 급여가 피해보상에 우선한다는것이 기본원칙이다. 재활과 사회참여는 연금에 우선한다(사회법전 제7권 제26조). 이런 기본원칙은 역시 손해배상법의 일반원칙에 상응하는 것으로, 원상회복은 피해보상에 우선한다(민법 제249조, 제251조 참조). 407

aa) 건강의 회복

재해희생자는 치료에 대한 청구권을 갖는다. 의료보험의 청구권에 앞서 재해보험 청구권이 우선한다(사회법전 제5권 제11조 (4)항). 재해보험 제공자는 치료비용을 떠맡는다. 의료보험조합이 치료비를 떠맡게 되면, 그는 재해보험 제공자에 대해 사회법전 제10권 제105조에 따라서 상환청구를 한다.[67] 그 외에 참여즉 이전 직업으로의 재편입 또는 재교육 조처(사회법전 제7권 26조이하)와 같은 재활(취업치료, 치료체조)에 대한 청구권이 존재한다. 치료가 임금계속지불 기간을 넘어 계속된다면(위 방주 377 참조), 상해를 입은 사람은 휴업급여를 받는다. 그가 재활에 참여한다면, 그에게는 일시보조금이 지급된다. 휴업급여는 피보험자의 평균소득의 80%에 해당하고(사회법전 제7권 제47조), 일시보조금은(사회법전 제7권 제49조) 휴업급여에 상응한다(사회법전 제9권 제66-71조). 휴업급여는 피해를 입은 자가 재해로 인하여 어떤 추가적 408

---

66 *기터*, 작업장 자문관 – 부록 2998, 6호, 1, 10쪽 이하.

67 연방사회법원 신 사회법 잡지 1998, 184, 186이하; *리케*, in: *카스콤(카셀 주해)*, 사회법전 제7권 § 26 방주 10a.

인 취업을 할 수 없다면, 질병보상금과 함께 수반될 수 있다.[68]

bb) 잔여 손해의 보상

409 남아있는 피해에 대한 보상으로 상병보상연금이 지급된다. 이것은 추상적인 손해계산의 규정에 따라 산정되는데, 상병보상연금을 통해 재해로 인한 소득의 감소는 해소되고 = 재해로 인한 소득 상실에 의해 추상적으로 결정된다. 취업능력의 감소는 소득의 감소정도에 표현되어있다. 이 규정은, 재해의 결과 노동자의 개별적인 숙련이 침해되는 경우에 문제가 있다. 단, 예외적으로 추상적인 계산 이외에 개인의 개별적 상실에 맞춘 구체적인 계산이 가능하다(사회법전 제7권 제56조 (2)항, (3)항, 제81조 참조).

화폐로 된 보상의 기초는 업무상 사고 발생 시점 이전의 연간노동소득이다. 연금은 소득이 완전히 소멸하는 경우 연간노동소득의 2/3에 해당되며, 정도가 작은 경우 그에 상응하는 보다 적은 부분연금이 지급된다. 연금은 시간이나 기간에 따라 보장될 수 있다. 손해의 발전이 예측되지 못하게 되면, 일시적 연금(=시간에 따른 연금)이 보장되며, 손해가 확정되면, 장기연금이 지급된다(사회법전 제7권 제62조 참조). 일시 그리고 장기연금은 피보험자의 신청에 의해서, 연금의 자본가치에 상응하는 40%의 소득감소분까지 보전될 수 있다. 보다 높은 소득상실 정도로 인한 장기연금 시에, 마찬가지로, 그 보상기간 내에 취업능력의 감소가 중요하게 하락될 것으로 예상되지 않는다면 보상이 가능하다(사회법전 제7권 제76조, 제78조 참조).

---

68 연방사회법원 – 2015.2.25 – B 3 KR 3/15 R, 사회재판 2016, 88.

cc) 재해사망 시의 급여

재해가 사망으로 이어지면, 이로 인해 발생된 비용은(운구와 장례) 재해보험 제공자에 의해 보상된다. 더 나아가 유족(배우자, 미성년 자녀 및 직업교육 중인 성인자녀, 부모 그리고 이혼배우자/평생파트너)이 유족부양청구권을 갖는다. 배우자는 사망시에 미망인/홀아비 연금권을 획득하며, 그 수준은 배우자에게 합당한 취업활동이 안내되는지, 적정연령을 넘었는지에 달려있다 (사회법전 제7권 제65조). 그 배우자가 아직 45세가 아니고, 소득이 감소되지 않았으며 양육할 자녀도 없다면 연금은 30%에 달하고, 그렇지 않은 경우는 피보험자 연소득의 40%를 받는다. 한부모 아동인 경우에, 고아연금은 피보험자 연소득의 20%, 완전고아 시에는 30%(사회법전 제7권 제68조)에 해당한다. 이 연금은 18세까지, 직업교육 중인 자녀는 그 교육을 종료할 때까지 지급되나, 그럼에도 불구하고 자녀가 장애가 있지 않는 한27세가 넘어서는 지급하지 않는다. 배우자와 자녀의 재해연금은 피보험자 연노동소득의 최고 80%를 넘을 수 없다. 그렇지 않은 경우 모든 청구권이 있는 유족에게 보험총액은 안분하여 귀속된다(사회법전 제7권 제70조). 410

d) 사용자와 사업장 동료의 사적 책임의무에 대한 재해보험의 관계 및 산재보험조합의 손해배상청구

업무상 사고는 노동계약, 불법행위 그리고 위험책임에 따른 민사상의 책임부담을 동시에 야기할 수 있다. 그러면 재해보험과 책임의무법의 관계가 정해 411

진다.[69] 두 청구권이 누적되면, 피해를 입은 사람들은 이중으로 보상되고 그리고 사업주는 이중부담이 될 것이다. 이러한 중복을 피하기 위해 사회법전 제7권 제104조 이하는, 사용자 또는 사업장 동료가 재해를 고의로 초래하지 않았다면, 재해보험의 급여가 민사책임을 배제하도록 하고 있다.[70] 재해가 제공자에 의해 업무상 사고로 존속력이 인정된다면, 이것은 역시 민사법적으로 구속력이 있다(사회법전 7권 제108조).[71] 사회법전 제7권 135조에 따라, 보험사고는 항시 하나의 기업에만 귀속될 수 있다고 귀결된다.

aa) 사업주의 면책

412 고의가 아니게 초래된 업무상 사고인 경우 노동자에 대한 사업주의 면책은 정당화되는데, 사업주가 보험료 기여액을 통해 재해보험 급여의 재정 지원을 하기 때문이다. 또한 보험의 보호를 통해 책임상각의 원리를 따르기 때문에, 피해를 입은 노동자는 사업주에 대해 민사소송을 제기할 부담이 면해진다. 이와함께 노동관계는 업무상 사고의 원인을 둘러싼 다툼에 관한 부담을 덜게 되며, 재해보험은 그와 같이 사업장의 평화를 보장한다. 사업주에 대한 책임의무법적 청구권이 재해보험법적 청구권과 함께 누적되면, 이러한 목적의 달성은 실패하게 될 것이다. 사업주가 그에 반해 재해를 고의

---

69 이에 대해 비교법적으로 기본적으로: *마그누스*(편), 불법행위법에 대한 사회보장법의 영향, 2003.

70 *콘라디*, 법정재해보험의 상환가능성 체계에 대하여 2014; *롤프스*, 신 법률 주보 1996, 3177; *발터만*, 산재보험조합 1997, 310, 314 이하.

71 연방대법원민사판결 181, 160; 166, 42; *릭케*, 신 사회법 잡지 2011, 454; *브란덴부르그-엘센*, in: 법조실제주해, 2009, § 108 방주 7쪽 이하.

로 초래했다면, 노동자와 사용자간의 신뢰관계는 근본적으로 파괴된다. 그러면 불법행위 소송이 가능해야 한다.

413
재해보험법을 통한 민법적인 책임의무법의 배제는 걱정스러운 점이 있는데, 재해보험법은 개인의 상해 시에 어떤 위자료 청구권(민법 제253조)도 규정하지 않고 있기 때문이다. 그것은 논란이 있었고, 사회법전 제7권 제104조 이하가 합헌인지 논쟁이 되고 있다. 연방헌법재판소[72]는 이를 자의금지에 대한 위반으로 보지 않아, 합헌으로 판단하였다(기본법 제3조 (1)항). 그것은 비록 피해를 입은 사람이 사업주의 부주의로 재해가 초래된 경우에 어떤 위자료가 귀속되지 않는다 할지라도, 민법상 책임보호법에 의해 보장되는 보호에 대해서, 재해보험에 의한 보호가 몇 배 더 우월하기 때문이라는 것이다.

왜냐하면 공동책임이 감안되지 않고, 재해보험은 우연에 근거한 손해에도 역시 급여를 주며 결과적으로 "불법" 뿐만아니라 "불운한 피해"의 경우에도 적용되기 때문이다. 또한 사용자에 대해서 노동자가 소송을 하는 것을 생략하게 하여, 노동자에게 비용이 들고 많은 입증의 위험이 있는 소송절차를 경감하고 그 외에도 노동자가 가해자가 자산이 없을 때 갖게되는 위험도 지지 않기 때문이다. 왜냐하면 급여는 파산위험이 없이 공법적인 기관에 의해 제공되기 때문이다. 끝으로 추상적 피해의 산정에서도, 재해보험 급여를 통해 비물질적 피해가 보상되도록 보장한다는 것이다.[73]

---

72 연방헌법재판소결정 34, 118; 비판적으로: *퓰로트*. 피해를 입은 근로자, 2006; *쾰러*, 사회법 계간지 2018, 109.

73 그에 대해 자세히 *기터*, 작업장 자문관 – 부록 1998, 6호, 1, 11 이하; *발터만*, 방주 347쪽 이하 참조.

이러한 배제가 2002년 이후에 분명히 확대된 위자료권리에도 유지될 수 있을지는, 그간의 법정책적 관점으로 보아 의심스러워 보인다.[74] 계약위반 위자료의 확대와 위험책임 구성요건의 확대에 즈음하여, 업무상 사고 희생자의 배제는 모든 비물질적 손해에 대한 보상으로 인해 더 이상 정당화되지 않고 있다.

bb) 사업장 동료의 면책

414 사회법전 제7권 제105조는 재해를 당한 노동자의 사업장 동료를 사법적인 책임에서 마찬가지로 면제하고 있다. 이것은 역시 책임의무법에서 정당화된다. 연방노동법원[75] 재판부는, 노동자가 작업 시에 행해진 피해에 대해 일반 민법이 아니라, 제한적으로만 책임을 진다는 원칙이 적용된다고 선언하였다. 최근 판례에 따르면 노동자의 완전한 책임은 고의와 중대한 과실에 국한되며,[76] 후자의 경우에 역시 다시 경감이 고려된다.[77] 노동자의 사법상 책임의 면책에 대한 전반적인 경향과 함께 사업장에서 노동자에 의해 사업장 동료에게 행해지는 인적피해에 대하여 제한적인 지급보증의무가 수반된다. 사업장 동료의 민사법적 책임의 면책에서 보험보호를 통한 책임상각의

---

74 연방대법원 신 법률 주보 2009, 2956은 그러나 이러한 의심을 인정하지 않는다, 역시 연방헌법재판소 신 노동사회법 잡지 2009, 509 참조. ; 달리 프랑스의 헌법평의회 Cons. Cons. 2010.6.18. – 번호 2010. 8. QPC: 경합하지 않는 어떤 사법상 청구권도 배제하지 않는다.

75 연방노동법원 판결집 5, 1.

76 연방노동법원 노동법 실무 § 611 민법, 노동자의 책임 86, 93호

77 연방노동법원 신노동사회법 잡지 2011, 345.

원리가 가장 분명하게 드러난다.[78] 더 나아가 다른 기업의 노동자들에 대한 면책이 존재하는데, 이 노동자가 같은 사업장에서 피해를 입은 사람과 작업하는 경우에 그러하다.[79]

cc) 사회법전 제7권 제110조에 따른 상환청구

피해를 당한 사람에 대한 사업주와 사업장 동료의 민법상의 책임의 면제에 415
도 불구하고, 면책자는 그들이 고의나 중대한 과실로 재해를 초래한 경우라면, 재해보험 제공자에 대해 그들의 태만에 대해 채무를 대신하여야 한다(사회법전 제7권 제110조). 이에 따라 재해보험조합 법에 의해서 민법적 책임에서 면책된 사업주와 사업장 동료에 대한 독자적인 손해배상청구권이 귀속된다. 그럼에도 불구하고 상환청구는 민법적 손해보상청구권 수준에 의해 제한된다. 이에 따라, 사회법전 제7권 제104조 이하를 통해서 배제된 청구권의 범위가 산출된다. 그 규정은 특히 사용자 또는 사업장 동료의 민법적 책임의 고려 시 공동책임이 있는 노동자의 채무(민법 제254조)가 역시 상환청구권의 범위에서 고려되는 것을 보장해야만 한다.[80]

사회법전 제7권 제110조 1항 (3)항은 채무는 보험사고를 촉발하는 행위에 적용되며, 피해의 결과는 행위에 의해 예측되지 말아야 한다는 것을 규정하고 있다.[81] 산재보험조합에 대한 지불의무는, 사업주와 사업장동료가

---

78 *발터만*, 산재보험조합 1997, 310, 315이하; *크라스나이*, 신 사회법 잡지 2004, 7, 68; *플라게만/라트케-슈벤쩌*, 법정 의료보험, 2007(2판), 221 이하.

79 연방대법원민사판결 145, 331.

80 자료(연방의회 회의록. 13/2204, 101쪽) 이 점에서 그 간에 잘 언급되지 않았다.

81 그런 한에 있어 입법자에 의해 연방대법원의 지금까지의 판례는 수정되었다(연방대

업무상 사고의 회피의무를 위반하여 그 때문에 재해보험 제공자에게 피해를 주었기 때문이다.

그럼에도 불구하고, 산재보험조합은 특별히 가해자의 경제적인 관계가 이것을 금하는 경우에(사회법전 제110조 (2)항), 손해배상요구를 간단한 계산에 따라 전면 또는 부분적으로 할 수 있다. 이런 정당화는, 면책된 사람들에 대한 산재보험조합의 손해배상청구권을 사회보험법적 의무위반에 대한 제재로서 그리고 사회법적 손해배상청구권으로서 규정하는 것으로, 산재보험조합의 존재를 결정하고, 사회법원을 통한 청구에 대한 법적관할권을 긍정하는 것으로 여겨진다.[82] 연방대법원[83]은 그에 반하여 – 설득력이 약한 – 일반 법원에서의 민사 손해배상청구를 사회법전 제7권 제110조에서 보고 있다.

참고문헌

Becker/Franke/Molkentin, SGB VII, 2018(5판); *Brandenburg*, SGB VII - Gesetzliche Unfallversicherung, juris-Praxis Kommentar, 2009; *Bereiter-Hahn/Schieke/Mehrtens*, Die gesetzliche Unfallversicherung, Kommentar, Loseblattwerk(가제본); *Eichenhofer/von Koppenfels-Spies/Wenner*, SGB VII, 2019; *Gitter*, Schadensausgleich im Arbeitsunfallrecht, 1969; *Horn*, Unfallversicherung(SGB VII), 2012; *Kater/Leube*, Gesetzliche Unfallversicherung, 1997; *Konradi*, Zur Systematik der Regressmöglichkeiten der Gesetzlichen Unfallversicherer, 2014; *Perrin*, Occupational Risks and Social Security, Encyclopedia of Comparative Law, Vol XV, 1994, Chap.

법원민사판결 75, 328)

82 *기터*, 노동재해법에서 손해보상, 1969, 252쪽 이하.

83 연방대법원민사판결 131, 274; 132, 39; 133, 129; 140, 39; 177, 237; 185, 274; 197, 316.

8; *Plagemann/Radtke-Schwenzer*, Gesetzliche Unfallversicherung, 2007(2판); *Schmitt*, SGB VII, 2014(5판); *Schulin*(편), Handbuch des Sozialversicherungsrechts, 2권: Unfallversicherungsrecht, 1996; *Wickenhagen*, Geschichte der gewerblichen Unfallversicherung, 1980, 2권.

III. 사회적 보상법

제19장 연방부양법 기본원칙에 따른 사회적 보상

a) 사회적 보상법의 개념과 과제

사회법전 제1권 제5조는 사회적 보상의 법률요건을 기술하고 있다. "국가 공동체가 특별한 희생에 대한 보상 또는 부양법상의 기본원칙에 따르거나, 또는 다른 이유로 그 결과에 대하여 국가공동체가 보상의 책임을 지는 사람이 건강의 손상을 입은 경우", 필요한 질병치료의 조처 및 적정한 경제적 부양에 대한 청구권을 갖는다. 사회적 보상[1]은 인적피해의 보상을 목적으로 한다. 나치체제에서 박해를 받은 자에 대한 연방보상법(BEG)과 추방당한 사람들에 대한 부담보상법(LAG)이 규정하는 바와 같은 재산상의 피해에 대한 보상은 그에 해당되지 않는다. 급여의 법적 요건은 입은 피해에 대한 국가의 지급보증 의무이다 – 한편에서, 상해를 입은 사람이 국가공동체를 위한 특별한 희생을 하였거나, 다른 이유로 그 지급보증의 의무가 따르는 416

1 개념형성에 대해서는 기본적으로 *슈린*, 집단적 손해보상의 부분적 체제로서 사회보상법, 1981; *차허*, 사회적 보상법의 발전에 대한 질문, in: 동 저자(편), 사회법에 대한 논문, 1993, 473쪽 이하.

지의 여부다. 급여의 내용은 "부양법상의 기본원칙"에 따라 측정된다. 이와 함께, 법은 역사적으로 최초로, "부양"으로 지칭되는, 전쟁희생자를 위해 만들어진 국가적 보상을 참조하고 있다. 2022년에 발효되는 사회법전 제14권[2] 초안은 사회적 보상법의 통일을 목표로 하고 있다 – 무엇보다 지금껏 분리되어 규정된 전쟁 그리고 폭력피해자부양, 예방접종피해부양 그리고 군인부양의 경우에 분리되었던 각각의 구성요건을 통합하는 것이 그것이다. 급여는 확대되고, 긴급부조가 도입되며, 가정 내 폭력에 대한 보호가 확대되고, 심리적 침해 시 지원과 장기요양 필요성이 확대되며 그리고 역시 외국에서의 피해에 대한 보상률도 상향 될 예정이다.

417 전쟁 상이용사와 유족에 대한 국가적인 부양은 17세기까지 거슬러 올라간다.[3] 군주들은 전쟁으로 인한 질병과 부상당한 군인들에 대해서 자신의 병원(Hôtel des Invalides)과 연금으로 보살폈다. "공공의 이익을 위해서 자신의 육체와, 자신의 건강, 자신의 힘과 그리고 자신의 생명을 희생하는 군인" – 1768년 프로이센 프리드리히 2세는 공포하였다 – "그가 늙고 병약해지고 그리고 자신의 사지가 불구라면, 모든 위험을 불사한 그의 공헌에 대한 청구권을 갖는다"고 선언했다.[4] 일반적인 병역의무의 도입이래(1814년 프로이센에서), 국가는 군복무 수행 중 중대한 인적 손상을 입은 사람들에 대해 급여를 제공한다.

보상급여의 법적 요건은, 국민을 위해 개별적으로 부가된 특별한 희

---

2 2018.11.20자; 연방의회 회의록 19/234; *크라니히*, 사회재판 2019, 65.

3 *슈린*, 집단적 손해보상의 부분적 체제로서 사회보상법. 1981, 64쪽 이하; *벨티*, 사회적 법치국가에서 장애와 재활, 2005, 181쪽 이하.

4 *클라크*, 프로이센, 2008, 255.

생에 대한 보상이 아니다 – (1794년 프로이센 국가에 대한) 일반국가법 서문 (EinlALR, Einleitung Allgemeines Landrecht für die Preußischen Staaten) 제75조에 따라 – "국가는, 그의 특별한 권리와 편의를 공동체의 복리를 위해 희생을 했던 사람들에게, 보상을 해야만 한다"는 것이다. 왜냐하면 급여를 보장하는 국가가 그 희생자에게 어떤 피해를 끼치지는 않았기 때문이며(그런 피해는 통상 적에 의해서 발생한다!), 그의 급여의무는 오히려 국가가 발생한 피해를 유발했다는 것에 근거한다.[5] 사회적 보상법은 이 때문에 – 국가적인 배상급여법에 반하여 – 개인에게 국가적으로 부가된 특별한 희생에 대한 보상을 보장하지는 않는데, 왜냐하면 이것은 국가의 위법한 행동을 전제로 하는 것이기 때문이다. 보상에 대한 청구권은 헌신의 청구에 대한 어떤 변형이 아니기 때문에 사회적 보상법은 국가적 배상급여법 = 국가책임의 어떤 부분영역이 또한 아닌 것이다.[6] 전쟁희생자의 사회적 보상은 희생상황의 토대 위에서 그것을 초래한 국가행동이 옳은 것인가 또는 그렇지 않은가 여부에 상관없이 발생하며, 보상의무는 보상의 가치가 있는 것으로 간주되는 희생상황만을 환기시킨다.

418 사회적 보상이란 사회법의 일반적 원칙이 아니다. 단지 법상 개별적 권한에 근거하여 제공된다. 개별법적 보상의 구성요건은, 국가가 특별한 지원책임 의무를 분명히 떠맡는 큰 사건(2차 세계대전 참여 시 중대하게 입은 인적피해, 전쟁포

---

5 연방대법원 신 법률 주보 1955, 1876; 1956, 629; 그에 반해 전쟁의 투입 시 희생자에 대한 국가의 어떤 책임의무도 성립하지 않는다(연방대법원 RIW 2007, 137).

6 *차허*, 사회적 보상법의 발전에 대한 질문, in: 동 저자(편), 사회법에 대한 논문, 1993, 473, 478.

로, 구금, 나치[7]와 동독의 독재[8]에 의한 정치적 박해) 또는 특별한 일상적 사건의 결과를 처리하기 위하여 존재한다.

이것은 국가적인 작위나, 국가적인 부작위 또는 공공의 이익이 되는 행동의 촉진 노력으로부터만 설명될 수 있다. 국가의 작위로 인한 지급보증의 의무는 전쟁희생자부양, 군인부양, 그리고 공익서비스제공자부양의 급여를 정당화한다. 공익을 위한 복무의무의 행사가 인적피해의 중요 조건이므로 국가는 그에 대한 책임을 지는 것이다. 마찬가지로, 법적으로 정해져 있거나 또는 행정적으로 권고된 예방접종으로 인한 통상적인 접종반응을 넘어서는 피해로 고통을 당하는 사람들에 대한 보상은 국가적인 작위의 책임에서 정당화 된다. 끝으로 나치와 동독 독재 희생자에 대한 보상은 인권에 위배되는 국가체제의 작위로 인하여 발생한 피해에 대한 통일독일의 지급보증 의무에서 주어진다

국가적인 부작위로 인한 지급보증의 의무는 폭력희생자에 대한 보상을 정당화한다. 국가가 강제력독점에 근거해서, 생명에 대한 위법한 침해들로 생명, 신체적 습격, 건강 훼손 등을 차단해야만 하기 때문에 국가는 책임을 지는 것이다. 이로부터 국가의 폭력독점이 정당화되는 것이다. 그럼에도 불구하고 침해가 발생할 경우, 국가는 거기서 발생하는 피해에 대하여 범죄희생자들을 책임진다.

419 끝으로 국가는 개인적인 피해에 대해, 공적 이익을 위한 행위를 촉진하기 위

7 *파일*, 오스트리아 사회법에서 국가사회주의 희생자의 보상, 2004.

8 *튀링엔 사회, 가족 그리고 건강 부*(편), 튀링엔에서 사회주의 통일당 희생자의 사회적 상황에 대하여, 2008.

한 인적 피해에 책임을 진다. 이는 주로 **부진정 재해보험**의 기본원칙에 따른 책임의무로 설명된다 – 가령, 복지서비스에서 명예직으로 활동중인 자의 재해피해, 구호자, 혈액 그리고 장기기증자, 공적 명예직 소유자, 증인 그리고 감정인, 아동, 학생 그리고 대학생 및 공적으로 지원된 자가주택건축 시 자조 또는 이웃의 지원 중에 인적피해를 당한 그러한 사람들에 대한 재해피해가 그것이다(사회법전 제7권 제2조 (1)항 8, 9, 10, 13, 16호 참조).

부진정 재해보험은 그 때문에 사회법전 제7권에 규정되어 있고 재해보험 급여법을 따른다 할지라도 – 체계적으로 보아 – **사회적 보상**의 한 부분이다.[9] 왜냐하면 그것은 국가에 의한 인적피해에 대한 보상을 규정하고 그 급여는 공공의 이익이 되는 행위의 행사 시 발생한 손해에 대해 제공되기 때문이다. 전쟁희생자, 군복무자, 공익복무자, 그리고 범죄피해자 및 예방접종피해자의 사회적 보상은 부진정 재해보험의 급여를 주는 입법적인 동기와 넓은 의미에서 일치한다. 그래서 비록 행정과 급여범위의 규정상 사소한 차이가 있지만 두 급여를 서로 상이한 체계로 파악하는 것은 타당하지 않다. 두 영역에서 국가의 지급보증의 의무는, 피해를 입은 자가 공적 또는 공공의 이해가 있는 요구를 인지했다는 것으로부터 나온다.

사회적 보상의 **법적기초는 투명하지 않다**. 전쟁희생자 부양만이 구성요건 420
과 법적결과에서 통합적이고, 연관성을 갖는 하나의 법 속에 – 연방부양법 (BVG) – 개괄되어 있다. 그에 반해서 군인부양, 군복무자부양, 범죄피해자 부양 그리고 예방접종피해자에 대한 부양은 그 구성요건의 전제 속에만 법

---

9 역시 그와 같이 *뤼프너*, 49차 독일법률가대회 전문가 검토의견 E, 1972, 9쪽 이하; *차허*, 사회적 보상법 발전의 문제, in: 동 저자(편), 사회법에 대한 논문, 1993, 473, 479쪽 이하.

정으로 규정되어있어(군인부양법 제81조, 공익법 제47조, 피해자보상법 제1조 이하, 감염보호법 제60조 참조), 그들의 법적인 결과는 연방부조법에 따라 맞춰져있다. 정치적 확신에 의해 동독에서 박해를 받은 사람들에 대한 사회법적 급여 역시 정치범지원법 및 형사법적 복권법 제16조 이하, 직업재활법 8조 이하 등에 규정되어 있다. 마지막으로 부진정 재해보험은 **진정 재해보험**과의 관련 속에 재해보험법 제2조, 제125조, 제128조, 제129조에 업무상 재해 사고보험을 목적으로 하는 사회보험에 규정되어있다. 이 역시 그 규정을 불투명하게 하는 것인데, 왜냐하면 부진정 재해보험의 많은 구성요소들이 진정 재해보험 요소들의 **참조**를 통해서 규정되기 때문이다. 사회적 보상의 전체적 맥락은 그런 까닭에 – 사회법전 제1권의 부칙에 상응하여 – 독자적인 하나의 권(책)으로 통합적으로 해석되어 규정되어야만 했다.

b) 개별적인 보상의 요건

aa) 전쟁희생자부양

421 전쟁희생자부양 급여는 **군복무**로 인한 인적 피해를 당한 자에 대한 국가의 부양의무에 대해 담고있다.[10] 여기에는 군복무 특유의 관계에 의한 피해와 동일하다(연방부양법 제1조). "군복무 특유의 관계"란 판례에 의해 군대의 전형적인 피해로 이해되는데, 민간생활에서는 그에 상응하는 것이 존재하지 않는다. 여기에는 대략 군복무징집이 있는데, 이 결과 제2차 세계대전에

---

10 그에 대해 상세히 *하제*, in: 사회법 핸드북, § 26 방주 46쪽 이하 참조.

서 평화주의자가 목숨을 잃었다면, 그로부터 부양보호가 존재한다.[11] 마찬가지로 동일하게, 2차 세계대전 말기에 나치군대의 명령에 불복한 구성원들에 대한, 독일군사"법정"의 사형선고가 부당한 판결로 간주된다. 그러한 "판결"에 의해 생명을 잃었던 사람의 경우 그 유족에게 보상 급여를 지급한다.[12]

보상의무는 제2차 세계대전 동안의 피해자에 국한된다(연방부양법 제2조 이하 참조). 보상의무는 역시 **전쟁포로** 또는 **구금**(연방부양법 제1조 (2)항 문자 b, (4)항) 및 직접적인 **전쟁의 영향**에 의한 인적피해(연방부양법 제1조 (2)항, (5)항)에 존재한다. 마지막 언급된 규정에 의해, 2차 세계대전 동안에 전투의 희생자가 된 민간인 역시 포함된다. 기본적으로 직접적인 피해를 입은 사람만이 청구권이 있다. 직접적인 피해란 군복무, 전쟁포로, 구금 영향의 결과 충격적인 피해를 당한 사람이다.[13] 직접적인 피해를 입은 사람이 사망했다면, 그의 유족에게 연금급여가 귀속되며(연방부양법 제1조 (5)항), 간접적인 피해자 역시 전쟁피해자부양에 포함된다. 보상에 대한 청구는, 인간의 존엄성을 침해하거나 법치국가성의 기본원칙을 위반한 사람들은 제외된다(연방부양법 제1조 a).[14]

보상의무는 부양법의 보호 하에 있는 활동들로 군복무, 군복무의 고유한 **422**
위험상황, 전쟁포로, 구금과 피해사이에 원인관계가 존재하는 경우에 성립

---

11 연방사회법원판결 70, 164.

12 기본적으로 연방사회법원판결 69, 211; 76, 130; 그에 대해 *뤼핑*, 사회재판(잡지) 1992, 429; 연방사회법원판결로부터 전향 57, 266.

13 연방사회법원 사회법(판결집) 3100 § 5 6호.

14 연방사회법원판결 95, 244.

된다. 사회적 보상법에서는 그 원인이 – 진정 재해보험에 있어서와 같이(위 방주 396 참조) – 중요조건설에 맞춰진다.[15] 그 때문에 인과관계가 결여되어, 그 피해자 자신의 잘못된 행동에 근거하거나 – 스스로가 초래한 위험[16] – 또는 사회법적 보호가 되는 행위와 관련이 없는 경우, 인적피해의 보상은 보장이 되지않는다. 급여의 청구권은 피해를 입은 사람이 그 피해를 의도적으로 초래한 모든 경우에도 배제된다(연방부양법 제1조 (4)항).

원인관계의 입증에 대해서 그 개연성이 존재하는 정도면 충분하다. 질병에 대한 의료적 경과에 대해 불확실성이 존재하여, 충분한 의학적 지식이 결여된 채 명확한 입증이 제시될 수 없는 경우, 담당 연방부서 장관의 동의와 함께, 보상이 보장될 수 있다(연방부양법 1조 (3)항 참조). 이 규정은 의학적인 이유에서 인과관계가 불확실한 경우 외견상 입증의 기본원칙에 따라 입증책임 전환을 규정하고 이와 함께 입증절차를 완화한다(연방부양법 제1조 (3)항 1호).

bb) 폭력피해자 보상

423 폭력피해자 보상은, 누군가가 직접적인 폭력 그리고 적대적 의사를 갖고, 개인에 대한 직접적인 신체를 목표로 하고, 그로부터 향해진 공격의 희생자가 된 경우에 보장된다(피해자보상법 제1조).[17] 지급보증 의무는 토마스 홉스

---

15 *겔하우젠*, 사회적 보상법, 1998(2판), 방주 38 이하

16 연방사회법원판결 1, 150, 155.

17 연방사회법원판결 90, 6; 그에 대해 *쾨르텍*, 외국 및 국제 노동사회법을 위한 잡지 2010/2011, 2쪽 이하; *디네비어*, 사회급여 구성요건으로서 피해자보상, 2013, 33쪽 이하 참조.

의 "리바이던"이래 국가의 강제력 독점이 그로부터 도출되기 때문에 설정되는 것이다. 그렇지 않다면 만인에 의한 만인의 투쟁(만인에 의한 만인의 전쟁)이 위협되기 때문이다. 국가가 합법적인 강제력의 유일한 독점자로서, 다른 사람의 법적 재화에 대한 개개인의 공격을 제한하지 못한다면, 국가는 최소한 이로인한 피해의 희생에 대해서 손해를 배상해야만 하는 것이다. 보호되는 것은 전체적으로 국내에 거주하는 모든 희생자이다.[18]피해자보상법 제3a조는 국내주민을 외국에서의 행위 시에도 역시 보호한다.[19] 이것은 국내적인 국가의 실패를 설명하는 것이 아니라, 해당국에 대해 그 주민에 상응하는 보호의무로 설명될 수 있다. "폭행"의 개념은 형사법 제113조, 제121조에서 피해자보상법으로 이어진 것이다.[20] 그럼에도 불구하고 그 엄밀함은 개별적인 경우에 적용이 어렵다.

폭력행위는 행위자의 인지를 전제하지도, 그리고 폭력이 특정인을 겨냥했다는 것을 전제하지도 않는다. 공격이 빗나간 경우에도(aberratio ictus) 보상이 되는데, 행위자가 조건부로 위법하게 행동한 경우라면, 이는 행위의 외적인 정황에서부터 이루어질 수 있으며,[21] 물리적인 피해로 인한 심리적

---

18 연방사회법원판결 78, 51; 88, 103.

19 연방의회 회의록, 16/12273, 5 이하; *로이베*, 사회부조 및 사회법전을 위한 잡지 2010, 333; *디네비어*, 사회급여 구성요건으로서 피해자보상, 2013, 47쪽 이하.

20 형법에 대한 관계에 대하여: 연방사회법원판결 83, 62; 106, 91; *단네커/비어만*, 사회재판(잡지) 2000, 101; *디네비어*, 사회급여 구성요건으로서 피해자보상, 2013, 69쪽 이하

21 연방사회법원판결 89, 288.

인 침해 역시 보상이 된다.[22]또한 공격에 의한 직접적인 희생자에는 위법한 고의에 인한 본인 자녀 사망소식의 충격으로 지속적인 건강 손상의 고통을 당한 사람도 역시 해당된다.[23] 단, "물리적인 공격"은 "위법한 공격"이 생명 대신, 공격당한 사람의 재산에 적용이 되는 경우에는, 없다. 즉 집의 소유주가 침입에 대한 두려움 때문에 위험한 경로로 집을 떠나는 상황에서 피해가 났을 때, 이는 "폭행"이 아닌 것이다.[24] 범죄가 되는 공격이란 주로 아동에 대한 성범죄 시, 물리적인 폭력의 행사를 전제로 하지 않으며 그리고 희생자가 의식이 없거나 동의가 없는 경우에 발생한다.[25] 폭력에 대한 희생자는 역시 근친상간에 의한 중증장애인[26]이 있는데, 왜냐하면 역시 그런 공격이 피해 – 희생자의 신체적 또는 정신적 질병 – 가 되었기 때문이다. 대량의 신체적 공격에 대한 믿을만한 위협도 역시 충분하다.[27] "폭행"은 그러나 행위자의 적의가 없으면 부정된다. 즉, 주민축제하는 중에 어떤 남자가 한 소녀를 높이 들어 올려서 균형을 잃는 바람에 상해를 입힌 경우에 폭력행위

---

22 연방사회법원판결 88, 242.

23 연방사회법원판결 49, 98; 연방사회법원 사회법 판결집 4-3800 § 1 6호; 그러나 외국에서의 행동에 대한 충격으로 거슬러 올라가는 한 해당되지 않는다: 연방사회법원판결 90, 190(논거: 영토원칙 – 의심스럽게: 가장 순수한 개념법학과 피해자보상법 § 3a를 통해서 극복된 것).

24 연방사회법원판결 56, 234.

25 연방사회법원판결 77, 7, 11; 94, 282.

26 연방사회법원판결 89, 199.

27 연방사회법원판결 81, 42.

로 볼 수 없다.[28] 마찬가지로 치료시술[29] 또는 수술[30]은 고려되지 않는다. 그 자체의 행위가 처벌할 수 없는 경우(스토킹 - 범죄가 발생하기 전에 행위, (형법 제238조)), 그것은 폭행으로 간주될 수 없다.[31] 아동을 소홀히 한 경우에 폭력적인 공격의 가정 역시 어려움을 야기한다.[32]

"폭행"은 희생자의 신체에 대해서 직접적으로 행해진, 그 피해를 목적으로 하는 고의의 위법한 행위인 것에 반하여 가해행위의 위법성은 중요치 않다.

보상에 대한 청구권은 피해자보상법 2조에 따라서, 피해를 입은 자가 피해 **424**
를 초래했거나, 기타, 특별히 피해자 스스로의 행동으로 인하여 초래된 것으로 보상을 인정하는 것이 부당한 경우라면 배제된다.[33] 희생의 측면에서 자신의 책임이 존재하느냐의 여부 역시, 중요조건설 이론에 의해 판단된다. 판례는 한 여자가 자신에게 충실하지 않았던 그의 남자친구를 총으로 쏘았을 때, 희생자가 그 희생의 원인을 제공한 것으로 보지 않는다. 결혼하지 않은 사람에게는 어떤 성실의 의무가 존재하지 않기때문에, 희생은 중요조건

---

28 연방사회법원판결 59, 46(의심스러운).

29 연방사회법원판결 106, 91.

30 연방사회법원판결 106, 91.

31 연방사회법원판결 108, 97; 역시 괴롭힘에 대하여 연방사회법원판결 87, 276 참조.

32 사회법원 울름 사회보험, 사회부조 및 부양을 위한 중앙관보 2000, 357; 바이에른주 사회법원 2007.4.26 – L 15 VG 15/06.

33 연방사회법원판결 83, 62: "희생자의 법적대적인 활동, 반사회적 행위, 범행자의 비호"; 연방사회법원판결 88, 103; 98, 178; *디네비어*, 사회급여 구성요건으로서 피해자보상, 2013, 121쪽 이하.

설에 따라서, 자신의 사망에 이른 어떤 공동원인의 제공에도 해당하지 않는 것이다. 보상을 보장하는 것 역시 무리가 없는데 이는 희생자의 생활의 변화가 일반적인 도덕적 사고와 일치하는지 중요치 않기 때문이다.[34] 마찬가지로 희생이 위험한 방식으로, 그러나 허용된 수단을 통해 공격한 사람에 대해 발생하였고 그리고 거기서 스스로 상해를 당했을 때, 보상은 배제되지 않는다.[35] 급여는 역시 자신의 직업의 수행 중에 강도에게 총격을 당한 경비원에게도 지급되어야 한다. 경비원은 높은 수준의 직업상의 위험을 진다는 것이, 폭력희생자 보상의 기본원칙에 따른 보상에 대립하는 것이 아니다. 그 자체의 위험은 통상적으로 공동원인이긴 하나,[36] 그러나 이것이 다른 사람의 구조를 감수하고 받아들인 것이라면, 그것은 공동원인으로 충분한 것이 아니다.[37] 또한 희생자의 그릇된 협력 행위 시에는 협력행위의 부당한 내용이 분명하게 행위의 부당함에 미치지 못하는 경우, 행위자의 공동책임으로 되지 않는다.[38] "가정폭력 가해자"에 대한 범행이 이에 해당하는 것이다.[39] 그에 반해서, 피해자보상법 제2조에 따라 공동원인으로 인한

---

34 연방사회법원판결 49, 104; 역시 그와 같은 연방사회법원판결 79, 87; 84, 54, 60; 88, 96, 99; 연방대법원 신 법률주보 1997, 965..

35 연방사회법원판결 66, 115.

36 연방사회법원판결 83, 62.

37 연방사회법원판결 52, 281; 물론 이런 경우에 재해보험의 지급보증 의무가 선행한다: *얀다*, 사회법에서 법률가시험과정, 2017(9판), 사례 20 참조.

38 연방사회법원판결 78, 270; 79, 87.

39 연방사회법원판결83, 62, 67.

경우 급여에 대한 제외로, 희생자가 가해자를 자극하였거나,[40] 희생자에 의해 가볍게(고의는 아니더라도) 초래된 치고받음(몸싸움)에 의해 희생자 자신이 다쳤거나[41]또는 그 피해가 희생자가 우연히 알게 된 사람과의 성관계를 통한 AIDS에 감염된 경우[42]에는 제외된다. 기타 부당한 것(구 피해자보상법 제2조 (1)항 1호 2목)으로 인한 피해보상이 거절되는 것으로 연방사회법원은 4개의 사례를 들고 있는데, 자신의 행동으로 법질서를 벗어나는 경우,[43] 알코올 중독이나 약물중독의 경우,[44] 스스로 경박하게 자해를 하고 그에 의해 위험에 처하는 경우[45] 또는 보상이 가해자에게 이롭게 되는 경우 등을 들고 있다.[46]

청구권의 전제에 대한 입증책임은 피해자가 부담한다.[47] 물론 일반적인 전 425
쟁희생자 부양법상 입증의 경감 역시 범죄피해자보상에서 인정된다.[48] 범죄피해자보상의 전형적인 경우에 있어서 그 희생은 통상 행위자에 대해서 불법행위와 경합하는 청구권을 갖게 되므로, 범죄피해자보상법 제5조는, 피

---

40 연방사회법원판결 83, 62.

41 연방사회법원판결 50, 95; 72, 136.

42 연방사회법원판결 77, 18.

43 연방사회법원판결 72, 136.

44 연방사회법원판결 49, 104, 110; 72, 136.

45 연방사회법원판결 52, 281, 288; 66, 115, 118; 77, 18, 20; 79, 87, 89.

46 연방사회법원판결 51, 40, 44.

47 연방사회법원판결 63, 270; 77, 1(심리적인 질병시 경감된다).

48 연방사회법원판결 65, 123; 74, 51: 심리적인 손상시 원인관계의 개연성은 의학부문에서 지배적인 의견에 상응하여야만 한다; 연방대법원 보험법(잡지) 2008, 275.

해자보상에 대한 비용의 제공자 – 그 피해가 발생한 연방 주(피해자보상법 제4조) – 에게 가해자에 대한 손해배상청구는 연방부양법 제81a조에 따른 합당한 급여의 수준으로 넘어간다.[49]외국에 체재하는 외국인에 대해서는 연금은 일시화해금지급으로 보상될 수 있다.[50]

cc) 예방접종피해

426 예방접종피해 보상은, 예방접종이 법적으로 규정되어있고, 법에 의해 지정되고, 담당관청에 의해 권유되고 또는 국제적인 건강규정에 따라 시행되며, 여기서 통상적인 예방접종의 반응을 넘어서는 인적피해가 발생하는 경우에 지급된다(감염보호법 제60조). 1983년 이래 천연두예방접종 의무가 폐지된 이래, 어떤 법적 예방접종 의무도 더 이상 존재하지 아니한다. 관청의 권유에 의한 예방접종 시에는, 관청이 그 개인에게 예방접종을 시사했는지에 따지는데, 예방약의 단순 배분은 어떤 권고에 속하지 않는다.[51] 국제적인 건강규정에서 천연두접종만 규정되어있다. 보호는 예방을 위해 허용된 예방약을 갖고 하는 예방접종에만 성립한다.[52] 예방접종과 그 피해 사이의 원인에 대한 입증은 개연성이 있다는 것만으로도 충분하다. 일반 사회급여법에 따라 2년 경과 이후 위법한 행정처분의 철회가 어렵다는 것(사회법전 제10권 제45조, 그에 대해 위 방주 225쪽 이하)과는 별개로, 예방접종피해법에서는 시간적

---

49 사회보험에서 피해의 영향 하에 연방대법원민사판결 87, 181; 89, 14; 116, 260.

50 연방사회법원판결 109, 147.

51 *하제*, in: 사회법 핸드북, § 26 방주 58.

52 연방사회법원판결 95, 66.

으로 무제한적인 철회가능성이 존재한다(감염보호법 제61조, 4). 그것은 사후적으로, 건강의 피해가 예방접종에 의해 비롯된 것이 아니라는 것이, "의심할 것 없이" 나타나는 경우에 그러하다.[53]

dd) 군복무시와 공익근무시 피해

군복무(군인부양법 제81조) 또는 공익근무중 피해(공익근무법 제47조)의 보상은 부양법의 기본원칙에 따라, 인적 손상이라는 결과가 공적 복무수행이 주된 또는 공동의 원인이 되어 초래된 경우라면 보장된다. 군 복무중 피해로 인정되는 것은 다음과 같다. 즉 연방군대 소속원에 대한보습교육과정[54]과 같은 공식행사를 오가는 운전시 부상, 임의적인 군의료 치료[55] 또는 군인이 복무 중에 더러워져, 세탁장의 부속샤워실에서 입게 된 재해.[56] 반면, 스스로가 범행 시 입은 상처에 대해서는 보호가 되지 않는다[57] 또는 야간훈련 이후에 – 명령받은 대로 – 침실에 있지 않고, 그 대신에 집으로 가거나 또는 도로교통법을[58] 중대하게 무시하다 피해를 당한 경우에도 보호되지 않는다.[59] 427

53 연방사회법원판결 61, 295.

54 연방사회법원판결 71, 60.

55 연방사회법원판결 57, 171.

56 연방사회법원판결 33, 141.

57 연방사회법원판결 94, 133, 135.

58 연방사회법원판결 94, 133.

59 연방사회법원판결 54, 76.

c) 급여

428 보상의무가 존재하면, 피해자는 두 종류의 청구권을 갖는데, 하나는 재활 외의 건강상의 치료(연방부양법 제10조 이하)이고, 다른 것은 피해를 입은 경제적 손실에 대한 보상이다(연방부양법 제25조 이하 계속).

aa) 치료

429 치료에 대한 청구권은 손해에 의한 피해를 가능한 한 포괄적으로 제거하고, 부상당한 사람의 건강을 회복시킬 수 있는 것이어야 한다. 채무가 있는 급여는 통상 의료보험에서 제공된다. 부양행정기관이 제공자에게 그 비용을 지급한다(연방부양법 제19조 이하 계속). 피해를 입은 사람은 질병에 의해서 더 이상 일을 할 수 없고 이 때문에 소득이 상실된다면, 그가 피해로 입게 된 통상임금의 80%까지의 부양질병보상금이 지급된다(연방부양법 제16조 이하). 그 밖에 피해자에게 재활급여가 지급될 수 있다 (연방부양법 제26조).

bb) 경제적 손실의 보상

430 경제적 손실의 보상은 세 가지로 **기초연금**, **직업손해보상** 및 **보상연금**이 있다. 기초연금은 피해에 의한 부가적인 필요를 일괄 보상하고, 물질적인 피해의 보상과 비물질적 피해를 보상하며, 그 수준은 소득상실정도에 따르고 소득감소가 상승함에 따라 증가한다.[60] 소득상실정도의 확정에는 추상적인 피해의 산정이 적용되는데, 즉 구체적으로 소득상실을 입었는지 여부와는 별

---

60 *숄러/푹스*, 시민법적인 생계청구권 범위에서 복수의 수요지향의 사회급여, 1985.

개로, 피해에 기초하여(연방부양법 제30조) – 추상적인! – 취업소득의 가설적 침해를 규정한다. 직업손해보상이란 직업이 상실됨에 따른 피해의 보상에 기여하는 것이다. 그것은 피해자가 피해가 없었다면, 예상컨대 더 높은 보수 또는 등급의 직업을 영위했을 것이라고 예상되면 보장되는 것이다.[61] 보상연금이란 피해로 인해 입증가능한 소득상실에 지불된다. 소득감소에 기초한 소득상실에서, 독립적인 기초연금과 달리, 보상연금은 구체적인 소득상실을 보상한다. 그러나 그것은 필요에 의존하는 것은 아니다. 특히 가족상황은 그 수준에 어떠한 영향을 미치지 않는다.[62] 이들 급여 이외에, 급여수급권자의 편에서, 연방부양법에 따른 전쟁희생자원호에 관한 청구권이 존재한다. 그럼에도 불구하고 이것들은 필요 시에만 제공된다.

참고문헌

Becker, Sozilaes Entschädigung, 2018; *Dinnebier*, Opferentschädigung als Sozialleistungstatbestand, 2013; *Gelhausen/Weiner*(편), OEG(피해자보상법), 2015(6판); *Knickrehm*, Soziales Entschädigungsrecht, 2012; *Rüfner*, Empfiehlt es sich, die soziale Sicherung für den Fall von Personenschäden, für welche die Allgemeinheit eine gesteigerte Verantwortung trägt, neu zu regeln? , Gutachten E zum 49. DJT(독일법률가대회(잡지)), 1972; *Schulin*, Soziale Entschädigung als Teilsystem kollektiven Schadensausgleichs, 1981; *Wulfhorst*, Soziale Entschädigung – Politik und Gesellschaft, 1994; *Zacher*, Die Frage nach der Entwicklung eines sozialen Entschädigungsrechts, in: 동 저자(편), Abhandlungen zum Sozialrecht, 1993, 473.

---

61 *엘렌켐퍼/피히테*, 사회법, 2008(6판), 721이하; 개별적인 것에 대해 연방사회법원판결 41, 70; 62, 1; 64, 283; 68, 64 참조. ; *겔하우젠*, 사회적 보상권, 1998(2판), 방주 386쪽 이하.

62 연방사회법원판결 68, 244.

III. 사회적 보상법

제20장 부진정 재해보험

a) 기본원칙

스스로의 힘으로 생계를 꾸릴 수 없는 모든 사람들에 대해서, 신체적 그리고 정신적인 온전함은 자신의 취업활동의 전제이고, 동시에 생존보장의 기초이다. 기술의 시대에 신체적 그리고 정신적인 온전함은 무수한 위험에 의해 위협받는다[1]. 위험이 나타나고 그리고 개개인이 그로 인해 자신의 업무능력을 상당히 그리고 지속적으로 침해받은 경우에, 법에는 적정한 대응에 대한 문제가 제기된다. **431**

여러 분야의 법들이 이에 대한 대응을 규정하고 있다. 형법은 피해를 주거나 위험한 행동은 형벌로 벌하며, 위험방지법은 치안관리자에게 생명의 재화에 대한 위험 시에 개입의 권한을 준다. 사법은 불법행위와 위험책임을 통해 불법적인 가해자 또는 위험원천의 관리자에게, 인적피해가 불법행위의 **432**

---

1 *벡*, 위험사회, 1986 참조. ; 기본이념: 사회적 복지는 위험의 상승을 통해 구매된다 – 특히 생태적인 존재 기반의 위험: 보존할 가치가 있는 창조물!

결과이거나 또는 그 사업장 특유의 위험이 현실화되는 경우, 손해배상의무를 부과한다. 끝으로 공무원법, 노동법, 사회법은 공무상 재해나 업무상 사고에 의해 입은 피해의 보상과 예방을 목적으로 한다. 그 외에 의료보험은 피보험자가 재해보험 보호 아래에 없는 피해의 발생 시에 피보험자의 치료를 보장한다. 마지막으로 연금보험은 업무상재해로 보상할 수 없는 소득의 감소 시 소득의 대체를 보장한다.

433 법이 재해에 대처하고 피해자를 구조하기 위해, 무수히 많은 예방조처를 한다 할지라도 안전의 사각지대는 존재한다. 특히 예방에 대한 모든 노력에도 불구하고 어떤 제3자도 사법상 완전히 책임을 지지 않는 산재가 발생한다. 그것은 우연이거나 또는 희생자가 자기 자신의 상당한 공동책임이 있는 재해인 것이다. 치료가 의료보험에 의해 보장되기는 한다. 산재가 그 사이에 취업능력의 상당한 그리고 지속적인 상실로 이어지더라도, 연금보험 역시 통상 충분한 보장을 제공하지 못한다. 소득감소로 인한 연금은 5년이 지난 다음에야 지급된다. 그 이후조차 흔히 생계의 보장이 충분치 않은데, 왜냐하면 소득의 수준 그리고 소득기간 및 취업기간에 달려있는데, 재해를 당한 사람이 취업생활 초기에 있다면 그것은 매우 낮기 때문이다.

434 이러한 – 전체적은 아니라 할지라도 – 보장 틈새의 한 부분은 부진정 재해보험에 의해 메워진다. 그것은 공공의 이익이 되는 행위 시에 인적피해를 당한 사람에 대한, 국가의 지급보증 의무의 근거가 된다. 사회보상의 일반원칙은 확실히 너무 적고, 부진정 재해보험의 일반원칙도 너무 적다. 오히려 급여는 법적 개별적인 인증에 근거해서만 지급된다. 이것은 사회법전 제7권 제2조의 구성요건에 포함되어 있다.

435 급여는 보조적인 것이 아니고, 오히려 피해를 입은 사람이 불법행위 또는 위험책임에서 손해배상청구권을 갖고 있는 경우에도 그 채무는 존재하게 된

다. 통상 부진정 재해보험의 제공자에 대하여 그리고 다른 한편으로, 가해자에 대한 피해자의 청구권이 병행하여 존재하는 경우에는, 법에 의해 부진정 재해보험의 제공자에게 사법상의 청구권이 이전된다(사회법전 제10권 제116조, 위 방주 249 쪽 이하 참조).

부진정 재해보험의 구성요건은 단지 보장틈새의 한 부분만을 메우기 때문 436
에, 개개인은 사회법적 보호에 대한 보완으로, 민간보험을 통한 추가적인 사전대비조처를 하게 되는 경우에만, 산업재해 위험에 대해 포괄적인 보호를 얻을 수 있다(보험계약법 제179조~제185조 참조).

b) 부진정 재해보험의 여러 요건

aa) 진정 – 부진정 재해보험의 구분

진정 그리고 부진정 재해보험의 경계는 불명확하다. 개별적인 구성요건의 분 437
류에 대한 결정적인 구분의 척도는 제공자이다. 사회보상법으로의 부진정 재해보험의 분류 그리고 지급보증 의무는 공익적 활동 중 나타나는 개개인의 피해에 대한 공법적인 제공자로부터 정당화된다. 이런 기본적인 사고 속에 부진정 재해보험급여는 전통적인 사회적 보상의 급여와 동일한 것이다 – 즉, 전쟁희생자 그리고 예방접종피해자에 대한 보상.

진정 재해보험은 사용자의 타인에 대한 사전대비(사회법전 제7권 제2조 (1)항 438
4호) 또는 스스로의 사전대비(사회법전 제7권 제2조 (1)항 2, 3, 5, 6호) 형태로, 그에 반해 부진정 재해보험은 공법상의 기관 – "국가가 제공자"로서 연방, 주 그리고 군 등 지자체(협회) – 에 의해 수행된다. 어떤 제공자가 법정 재해보험을 담당하는지는 사회법전 제7권 제125조가 결정한다. 그에 따라 산재보험조합이 진정 재해보험의 제공자들이다(사회법전 제7권 제121조). 그 대신에

"국가에 준하는 제공자" – 특히 연방(사회법전 제7권 제125조), 주("재해보험조합" 사회법전 제7권 제128조), 군 또는 지자체협회(사회법전 제7권 제129조) – 가 재해보험에 의한 보호를 보장하고 그리고 기업의 의무를 대신하여 공법적인 기여금 의무와 / 또는 급여의 의무가 존재하는 한, 부진정 재해보험 그리고 사회보상이 성립한다.

bb) 사회법적인 신고의무 이행에 따른 재해보험보호(사회법전 제7권 제2조 (1)항 14호)

439 실업자(아래 방주 473, 479조 참조) 또는 사회부조 수급자(아래 방주 553 참조)로서 사회법적 의무(사회법전 제1권 제60조 이하)를 인지하고 고용공단 또는 제3자(예를 들면 공직의 소유자)에게 신고해야만 하는 사람은 재해보험 보호를 받는다.[2] 급여의무는 제공자가 지며, 그에 대한 협력의 의무는 즉 연방고용공단(사회법전 제7권 제125조 (1)항 2호) 또는 산재보험조합 (사회법전 제7권 제129조)이 진다.[3]

cc) 이타적 동기에 의해 행한 행위의 재해(사회법전 제7권 제2조 (1)항 9, 13호)

440 부진정 재해보험보호 아래 또 공익적인 기업 – 전형적으로 복지협회, 예

---

2 연방사회법원판결 25, 214; 36, 39; 50, 177; 51, 213; 56, 244; 연방사회법원 사회재판 2018, 557 "이차적인 위험" 보호의 표현; *룰란트*, 사회개혁을 위한 잡지 1980, 463, 473이하; 그에 대해 *차허*, 사회법, in: 베버-파스, 법학, 1978, 407, 412: 보호를 중재하는 노동관계 상실의 결과 사회보장권의 상실.

3 이것이 명시적으로 규정에서 나오지 않는 곳에서는, 그 사이에 의미에 맞는 관할권의 배분에 따른다.

를 들면, 독일생명구조협회(DLRG), 하천감시 그리고 산림감시, 독일적십자(DRK) – 으로 활동하거나(사회법전 제7권 제2조 (1)항 9호)[4] 재해위험, 재난 그리고 공공 위험의 구조 시, 긴급구조를 행하는 사람[5](사회법전 제7권 제2조 (1)항 13호 문자 a)), 행정보조자 또는 범죄용의자의 체포 시 활동을 하거나(형사소송법 제127조) 또는 혈액 또는 장기기증자[6]로서 재해를 입은 사람(사회법전 제7권 제2조 (1)항 13호 문자 b), 문자 c)이 있다. 이 보호는 국내 기증규정을 회피한 혈액 또는 장기이식에는 적용되지 않는다.[7] 부진정 재해보험 보호에는 사망사고를 피하기 위해서 발생한 자동차 운전수 자신의 상해도 해당된다.[8] 공법적인 책임은 위임받지 않은 업무수행 구조행위로 득을 본 사람의 기존 사법상의 지급보증 의무를 배제한다.[9] 사회법전 제7권 제2조 (1)항 13호 문자 a)는 긴급구호원의 보호뿐만 아니라 긴급구호 대상자의 부담경감을 목표로 하고, 긴급구호자의 책임위험은 긴급구호자가 짊어지지 않는 것이어야만 한다. 사회법전 제7권 제2조 (1)항 13호 문자 a)에 따른 책임은, 그 대신에 지원급여가 사법적 계약에 의한 부수적 의무로서 채무가 되는 경우에는

---

4 *이글, in: 이글/야흐만/아이헨호퍼*, 시민참여의 법적인 범주 조건, 2002, 365쪽 이하; 연방사회법원 HVBG-정보 2002, 365쪽 이하; 연방사회법원 HVBG – 정보 2002, 2623쪽 이하; 연방사회법원 HVBG-정보 2002, 3468 쪽 이하; 연방사회법원, HVBG-정보 2002, 2511쪽 이하.

5 연방사회법원 사회법(판결집) 4-2700 § 2 14호; 사회법(판결집) 4-2700 § 8 30호.

6 연방사회법원판결 111, 52.

7 연방사회법원판결 92, 164.

8 연방사회법원판결 54, 190; 추가 사례: 연방사회법원판결 44, 22 참조.

9 연방대법원민사판결 92, 270 주석과 함께 *기터*, 법률신문 1985, 392 이하

성립하지 않는다.[10]

dd) 명예직, 자원에 의해 또는 공공목적 활동의 보호(사회법전 제7권 제2조 (1)항 10, 11호)

441 사회법전 제7권 제2조 (1)항 10호에 따라, 공법상 법인을 위해서, 명예직으로 활동하는 사람도 부진정 재해보험 보호의 대상이 되는데,[11] 예를 들면, 군협의회, 학생의회, 사회보험 제공자 대표자모임의 회원을 들 수 있다. 그에 반해, 독일연방 의회의 국회의원들은 부진정 재해보험의 대상이 되지 않는데 왜냐하면 그들은 공공금고에서 그들 생계보장을 위한 보상을 받으며 재해보호를 포괄하고 있기 때문이다.[12] 더 나아가 검찰 또는 법원에 의해서 증거제시를 위한 증인들(사회법전 제7권 제2조 (1)항 11호 문자 b), 개발도상국의 자원봉사자(사회법전 제7권 제2조 (1)항 1호, (3)항 2호) 그리고 자원봉사 참여자(사회법전 제7권 제2조 (1)항 1호, (3)항)는 부진정 재해보험보호의 대상이다.

ee) 유치원 아동, 학생 및 대학생에 대한 보호(사회법전 제7권 제2조 (1)항 8호)

442 보육시설의 아동, 학생 그리고 대학생[13]은 재해가 취학 이전, 취학 중 또는 고

---

10 연방사회법원판결 68, 119.

11 연방사회법원 사회법(판결집) 4-2700 § 6 1호, 상세히 *노탁커*, 재해보험과 명예직 그리고 시민의 사회적 참가에서의 책임, 2013. 18쪽 이하, 47쪽 이하.

12 *벨티*, 독일 연방의회, 주 의회의 의원과 유럽의회 독일 의원의 사회보장, 1998, 342쪽 이하.

13 *슈납*, in: 아흐터베르그/퓨터/붸텐베르거(편), 특별행정법, 제2권, 2000(2판), § 26 방주 79; *릭케*. 사회재판(잡지) 2006, 460.

등교육의 조직적 맥락에서 발생한 것이라면 재해보험 보호의 대상이 된다. 이 언급된 교육기관의 조직적 맥락에 속하는 것으로 사회법전 제7권 제2조 (1)항 8호는 언급된 시설에의 수용 역시 포괄하고, 대학생에게는 대학스포츠에의 참여[14]가 이에 속한다. 사적 공간에서의 재해는 아무런 보호가 되지 않는다. 즉 조부모에 의한 아동양육[15]이나 학생이나 대학생이 자신의 집에서 과제를 하는 중에는 어떤 보호를 받지 못한다. 하지만 학교 공간에서 학교의 숙제를 해결할 수 있도록 규정한 경우 재해보험보호는 가능하다.[16]

조직적인 맥락은 역시 집단활동[17]의 경우를 말한다. 단순히 학교의 공간적인 맥락에 국한되는 것은 아니다. 교사가 학생들에게 생물수업을 위해서 자연으로부터의 관찰물질을 준비해오도록 요구한다면(웅덩이 물 또는 건초), 그 과제를 수행한 경로는 보호의 대상이 된다.[18] 마찬가지로 방과 후의 경로도 그러한데, 만약 그것이 학교 일인 경우에는 보호가 된다. 즉, 선생의 지시에 따른 학교교재의 교환,[19] 학생이 교장의 분명한 지시에 의해 교내를 벗어나 인근 가게에서 생필품을 구입하거나,[20] 시골학교 기숙사 체류 중에 침실

---

14 연방사회법원 사회재판 2019, 99.

15 연방사회법원 사회법(판결집) 3-2200 § 539 50호; 그에 대해 *푹스/횔러*, 사회재판(잡지) 2001, 563.

16 연방사회법원판결 56, 129; 역시 그와 같이 사회법문제 최고법원 판결(오스트리아), 신(판) 연속시리즈 7/118.

17 연방사회법원판결 사회재판 2018, 102.

18 연방사회법원판결 51, 257; 연방사회법원 신 사회법 잡지 2018, 734.

19 연방사회법원판결 57, 260.

20 연방사회법원판결 55, 139 주장: 사회법전 제7권 § 7 (2)항에 따른 기본 원칙(참조.

에서 베개 싸움을 하는 과정에서 침대에서 떨어진 경우 보호가 된다.[21] 이는 역시 다친 학생이 점심 때 친구 집에서 점심을 먹고 숙제를 하다가 다친 경우에 학교와 친구의 집 사이의 경로에도 해당된다.[22] 일반학교 성격의 사립학교 학생들 역시, 만약 그들의 교육이 일반학교와 동일하다면 보호가 된다.[23]

ff) 주택건축, 재활 및 돌봄 시의 보호

443 부진정 재해보험의 보호에는, 마지막으로 공적으로 지원되는 주택의 건축 시에 재해를 입은 사람에게도 역시 해당되며, 이 건축이 자가 또는 이웃의 지원 속에서 시행되는 것이라면 그러하다. 그럼에도 불구하고 재해의 시점에 이미 가족주택으로 그 건물을 사용할 의도(사회법전 제7권 제2조 (1)항 16호)[24]가 있었다는 점이 전제되어야 한다. 재활조치의 참여자 역시 보호된다(사회법전 제7권 제2조 (1)항 15호).[25] 사회적 장기요양법 도입과 함께 간병인(사회법전 제11권 제14조의 의미에서) 역시 재해보험 보호에 편입되었다(사회법전

위 방주 395): 금지위반 행위는 보험사고를 배제하지 않는다는 것이, 준용된다.

21 연방사회법원 신 사회법 잡지 1996, 181쪽 이하; 사회법문제 최고법원 판결(오스트리아) 신(판) 연속시리즈 5/13.

22 연방사회법원판결; 유사하게 사회법문제 최고법원 판결(오스트리아) 신(판) 연속시리즈 6/129..

23 연방사회법원판결 63, 14.

24 연방사회법원판결 56, 16; 45, 258; 28, 122; *슈납*, in 아흐터베르그/퓨트너/뷔텐베르거(편), 특별행정법, 제2권, 2000(2판), § 26 방주 85.

25 연방사회법원 사회법(판결집) 4-2700 § 2 14호

제7권 제2조 (1)항 17호).[26]

c) 급여

부진정 재해보험의 급여는 진정 재해보험의 급여에 상응한다(위 방주 407 이하 계속 참조). 이타적인 동기로 하는 행위(사회법전 제7권 제2조 (1)항 11호, 13호 문자 a), 13호 문자 c))에서 기물에 대한 피해 역시 보상된다.[27] 재해가 된 활동이 긴급구호 같은 취업이라면, 진정 및 부진정 재해보험은 급여의무가 있을 수 있으며, 이중보상을 피하기 위해서 진정 재해보험이 부진정 재해보험에 선행한다.[28] 부진정 재해보험은 진정 재해보험의 후순위이고, 직업상 위험에 대한 보호가 일반적인 생명위험 보호에 선행하기 때문이다. 이것에 부진정 재해보험이 기여하는 것이다. 444

참고문헌

Brandenburg, Gesetzliche Unfallversicherung, juris-Praxiskommentar, 2009; *Igl/Jachmann/Eichenhofer*, Rechtliche Rahmenbedingungen bürgerschaftlichen Engagements, 2002; *Knickrehm*, Soziales Entschädigungsrecht, 2012; *Nothacker*, Unfallversicherung und Haftung im Ehrenamt und im bürgerschaftlichen sozialen Engagement, 2013; *Schmitt*, SGB VII; 2014(5판).

---

26 연방사회법원 사회법(판결집) 4-2700 § 2 16호

27 *기터*, 법정 재해보험에서 현물피해 보상에서의 민사법적 측면, in: 보에켄/룰란트/슈타인마이어(편), 독일과 유럽에서의 사회법과 사회정책, 폰 마이델 기념논문집, 2002, 243, 246쪽 이하.

28 연방노동법원 신 사회법 잡지 2009, 227.

제21장 고용촉진

a) 기본원칙

aa) 노동시장과 노동이민

노동시장과 노동이민에 관한 규율은 사회정책의 핵심 과제이다. 이는 공법을 445
통해 노동시장제도를 창출하며, 그로써 독일 노동법의 특징을 이루며, 개별적 및 집단적 계약자유의 사법적인 전개의 틀을 설정한다. 노동이민은 노동시장규제의 한 부분이다. 노동시장에의 접근은 유럽연합의 공동시장 내 자유이동의 토대(유럽연합의 기능방식에 관한 협약 제45조) 위에서 모든 유럽연합 – 시민에게 허용된다. 더 나아가 유럽법을 통해 제3국의 노동이민이 대부분 규정되고 있다.

고용촉진은 사회급여 문제로서 사회법의 근본문제에 관련된다. 사회보장은 노동사회에 맞춰지고, 높은 수준의 고용에 의존하는데, 이는 독일 사회법에서 기본적인 중요성을 갖는다. 사회법은 노동능력이 있는 모든 사람은 자기 자신과 그리고 가족의 생계를 노동을 통해 벌어들여야만 한다는 가정에 기초하고, 그것을 할 수 없는 사람만이 사회급여를 청구할 수 있다. 그 때문에 실업이 사회급여의 구성요건이 될 수 있는지는 의심스럽다.

446 중세 말기에서 산업사회 말까지 노동능력이 있는 사람의 실업은 품성의 부족(노동의 회피, 게으름, 방랑벽)으로 이해되었다. 유랑자, 걸인 그리고 매춘은 "반사회적"이고 그와 함께 처벌할 만한 것으로 여겨졌다. 17세기 이래로 그 때문에 도시에 강제노동소가 설치되었고, 노동능력이 있는 빈자는 그에 의해 공적지원을 청구하는데 겁을 먹도록, 거친 노동조건 하에 노동이 강제되었다.[1] 20세기 초 – 영국에서 시작된(1911년)[2] – 실업은 전과 달리 노동불능[3]과 동일한 선상에 있는 사회적 위험으로 인정되었다. 실업보험은 전 세계적으로 국제노동기구 – 협약 제168호(1988년)에 근거를 두고 있다.

bb) 경기주기와 구조적 실업

447 실업보험은 우선 경기적인 변동의 경험에서 발생하였다. 시장경제는 계획적이며 지속적이 아닌, 서로 상이한 생산설비 과부하의 순환에서 발전하였다. 그 때문에 노동자는 일시적으로 실업이 되거나 또는 충분히 고용되지 않는다. 고용촉진 – 본래 직업소개와 비취업자 원호에 집중하였던[4] – 은 사람들이 그 스스로가 책임질 수 없는 이유로 실업이 될 수 있기 때문에 창출된

---

1 *게레멕*, 빈곤의 역사, 1988, 268쪽 이하.

2 *헬코*, 영국과 스웨덴에서 현대 사회정책, 1974, 78쪽 이하; *오구스*, 대영제국 국가보고서, in: 쾰러/차허(편), 독일 연방공화국에서 100년의 사회보장, 1981, 269, 327쪽 이하, 339쪽 이하.

3 즉, 노령, 취업불능, 직업불능, 사고와 질병.

4 *슈뢰더*의 기고문, 계몽시대에 있어 실업자 원호와 직업소개, in: 베너어(편), 현대 독일 법 역사에서 직업소개와 실업자 부양, 1991, 7쪽 이하; *베너어* 1848년의 혁명에서의 실업과 일자리 창출, 편, 77쪽 이하; *파우스트*, 19세기 중반부터 제국의 말기까지 독일의 직업소개와 실업자 부양, 같은 곳, 105쪽 이하 참조.

것이다. 노동시장은 또한 구조적 실업에 의해 도전을 받는다. 그것은 구조적으로 조건화되는데,[5] 왜냐하면 생산양식은 구조적 차원에서 눈에 띌 만큼은 아니더라도 지속적으로 변하기 때문이다. 경제주기란 서로서로 대체되는 선도적인 기술(증기기관, 전기, 화학, 전자, 생명공학, 디지털화)에 의해 결정된다. 한 시기에서 다른 시기로의 모든 전환은 새로운 노동력의 형성, 지금까지의 일자리의 동시적인 소멸과 연계되어 있다. 이런 구조적으로 조건화 된 실업을 극복하는 것은, 떨어져나간 일자리를 노동시장에서 지속적으로 수요가 있는 새로운 활동에 의해 대체하고 그리고 실업자를 그 일을 할 자격이 있도록 하는 것을 의미한다.

cc) 노동시장정책의 표상

고용촉진법에는, 실업은 공적인 조치를 통해 극복될 수 있고 "높은 고용수 **448**
준"(고용촉진법 제1조)이 정치적으로 보장될 수 있다는 가정이 놓여있다.[6] 이에 관해 우선 1969년 고용촉진법률(AFG)이 제정되었고, 1998년 이후 사회법전 제3권에 규정되었다. 고용촉진법 목표의 생각은 예나 지금이나 유효하지만, 그 성취는 이 행정조치에 의해서만 달성될 수는 없다. "높은 고용수준"은 예나 지금이나 노동시장정책의 목표가 되는 것이다. 그러나 국가가 이것을 먼저 나서 보장할 것은 아니고 가능한한 고용을 촉진하는 노동시장이 보장해야 한다. 고용촉진은 "노동시장에서의 보상을 지원하는 것이어야

---

5 *엥겔렌-케퍼*, 고용정책, 1995(3판).

6 연방의회 회의록. 5/2291, 53쪽; *크니게*, 고용촉진법(AFG)에 대한 주해, 1988(2판), § 1 방주 3; 그에 대해 그러나 역시 *야고다*, 사회부조 및 사회법전을 위한 잡지 1994, 281쪽 이하 참조.

만 한다"(사회법전 제3권 제1조).

그를 위해 법은 많은 – 다음에 기술하는 – 수단들을 창출한다. 노동시장행정, 직업소개, 취업상담, 노동자파견, 접근권한이 없는 외국인에 대한 노동시장접근 규정 및 과학적인 노동시장 관찰, 적극적인 노동시장정책과 노동시장 형성 등. 이것들은 일차교육 또는 재교육, 노동시장에서 노동자들의 통합과 일자리의 창출 및 노동이민의 형성을 가능하게 한다. 또 부분 또는 완전실업 시에 현금급여가 존재한다. 그것은 실업이 과도적 현상이라는 가정 하에 보장되는 것이므로, 완전실업자는 현금급여를 받는 동안 계속 직업소개에 응해야 한다. 끝으로, 실업자의 사회보장이 기술되고 그리고 파산 시 임금채권 보장의 주체로서의 노동행정의 역할이 규정된다.

b) 노동시장 형성

aa) 완전고용 이상

449 고용촉진은 노동시장과 국민경제, 노동자층의 태도가 허락하지 않는 한, 높은 고용수준을 달성 할 수 없다. 높은 고용수준은 노동시장의 고용친화적 조건들을 필요로 한다. 이것은 지식기반 서비스사회에서 노동의 지식화, 기계화와 전문화를 수반한다. 그 때문에 일자리는 고비용구조가 되고 취업자에 대한 교육비용도 높다. 이와 같은 기대를 모든 구직자가 충족시킬 수 없다. 실업이 구조적, 경기적인 이유로 장기적, 지속적인 현상으로 남지는 않겠지만, 오로시 열성적인 노력에 의해서만 감소될 수 있다. 완전고용은 유럽연합-정치의 목표로서 유럽연합협약 제3조 (3)항(역시 유럽연합 조약 제145-150조 참조)에 받아들여졌고, 그로 인해 노동시장정책은 모든 회원국가에 필수적이라는 결론이 나온다. 사회법전 제3권에 기록된 고용촉진법은 노동시장

에서 투명성을 제고하고 그리고 실업자와 사용자의 자기책임을 촉진한다.[7] 뉘른베르그에 있는 연방고용공단(BA)은 고용촉진을 위한 일자리 소개기관 450
– 지역(지역국) 그리고 지방(고용공단)으로 세분화되어 있다. 그것은 노동자와 사용자가 동일한 비율로 참여하는 기여금으로 재정지원되는데(사회법전 제3권 제346조 (1)항), 이것은 사용자에게서 전체 사회보험기금의 한 부분으로서 임금공제절차에 의해 공제되고 징수된다. 2019년부터 기여율은 2.5%이다. 노동자와 사용자가 동일한 비율로 부담한다. 연방은 개별적인 과제에 대해서는 고용촉진 비용을 떠맡는다.[8] 사회법전 제3권 제367조에 반하여 연방고용공단은 법인이 아니라, 하나의 청이다.[9] 민간은 직업소개자로서 영리적인 노동자파견자 및 직업교육, 재교육, 고용창출조처 그리고 통합조처에서 고용촉진을 보완한다. 2003/2004 노동시장개혁[10]은 사례관리를[11] 통해서

---

7 1997.3.24. 고용촉진 개혁에 대한 법(고용촉진-개혁법-고용촉진개혁법) 연방법률공보 I 1997, 594쪽) 참조. ; 그에 대해 연방의회 회의록. 13/4941, 140쪽 이하; *암머뮐러*, 연방관보 7/8호, 1997, 7; *비박*, KJ 1997, 15; *클레버*, 사회부조 및 사회법전을 위한 잡지 1998, 3; *엥갤렌 케퍼*(편), 고용촉진개혁, 1997; *폰 마이델*, 실업 – 노동법 및 사회법에 대한 도전, in: 기터/슈린/차허(편), 오토 에른스트 크라스나이 65세 생일 기념논문, 1997, 301쪽 이하.

8 노동자지원, 구직자 기초보장, 더 나아가 연방고용공단에 사회법전 제3권 § 363에 따라 위임된 과제.

9 *베커*, in: 사회법 핸드북, § 13 방주 32쪽 이하; *엘센*, 연방고용공단의 자치행정과 자치, in: 레쓰만(편), 루돌프 루케스 65세 생일 기념논문집, 1989, 321쪽 이하.

10 *연방노동사회질서부*(편), 노동시장에서 현대적 서비스, 2002; *게스터*, 일자리는 모두를 위하여 거기에 있다, 2003; *헬러/스토스베르그*, 사무직노동자보험(잡지) 2004, 100; *스핀들러*, 사회보장(잡지) 2003, 338쪽 이하.

11 독일 공·사적 복지협회 정보서비스 2018, 49.

직업소개를 개선했고 영리적인 노동자파견을 강화하였으며, 실업자의 숙련 및 실업부조와 노동능력이 있는 자에 대한 사회부조를 구직자에 대한 통일적인 기초보장으로 하고자 하였다. 연방고용공단은 직업소개, 영리적인 노동자파견, 접근권이 없는 외국인에 대한 국내노동시장에 대한 접근의 규율, 직업상담과 노동상담 및 노동시장전망 등 포괄적인 담당권한을 갖고 있다.

bb) 직업소개

451 직업소개는 " … 구직자를 고용관계에 기초한 사용자와 연계시키는 것을 … 목적으로 하는 모든 활동을 포함한다"(사회법전 제3권 제35조 (1)항). 그것은 구직자에 대해서는 공개적인 일자리를 그리고 사용자에 대해서는 구직자를 제공하며, 노동시장에서 투명성을 창출한다. 또 노동자에게 자영업 중개를 허용하는 반면, 자영업자를 노동자활동으로 알선하지는 않는다.[12] 알선과제는 직업교육자리를 포함한다.

452 직업소개는 고용계약이 생겨나면서부터 존재해 왔다.[13] 이미 중세시대 동업조합이 운영하였고, 농업인력은 농노거래상들에 의해 충원되었다. 산업화 이후로는 일자리 소개인이 전문화되어 나타났다. 1889년 이래로 일자리의 소개는 허가를 받아야 할 의무가 있는 영리업이었다. 그럼에도 불구하고 문제는 야기되었다. 구직자들은 높은 수수료로 고통을 받았고, 노동자들은 기존 노동관계에서 빼내져 왔다. 지속가능한 직업소개를 통해 빠르게 성공

---

12 연방사회법원판결 84, 67.

13 *베녀어*, 1848년의 혁명에서 실업과 노동공급, in: 동 저자(편), 현대 독일 법 역사에서 직업소개와 실업자 부양, 1991, 77쪽 이하; *마이어*, 일과 직업, 1993, 2쪽 이하, 40쪽 이하.

하였다는 것이 반박되었다.

균형추로서 지역의 직업안내가 발전하였다. 일자리 소개법[14]은 1910년 민간 일자리 소개를 공적감독 하에 두게되었다. 1922년에 지방의 직업소개가 전면적으로 도입되었으나, 1931년 이래 민간 일자리 소개는 중지되었다. 실업보험(1927)은 지역의 직업소개를 노동관서로 통합하였다. 나치 치하에서는 국가의 노동투입 기구로 전환되었다.[15] 민간 직업소개의 금지는 제2차 세계대전 이후 수십 년을 넘게 유지되었다. 국제노동기구는 창립 이후로 국가에게 직업소개 과제업무를 부여하였다.[16] 협약 제2호(1919)는 수수료를 징수하는 직업소개 기관을 규제하거나 폐지할 것을 명하였다. 협약 제96호(1949)는 국가들에게 공적 직업소개업의 동시적 구축 하에 민간 직업소개의 폐지나 또는 민간 직업소개서비스의 공적규제를 선택하도록 하였다.
유럽연합법에서는 직업소개는 기본적으로 경쟁법을 따르는 독점기업으로 453
서 간주된다.[17] 직업소개는 노동력의 수요를 충족시키지 못하면서, 동시에 민간에게 직업소개에 대한 접근을 부정하는 경우, 그의 경제적인 지위를 남용하는 것이다. 소개의 독점은 역시 독일 헌법에서 문제가 있는 것으로 간주되었는데,[18] 왜냐하면, 직업활동으로서 민간의 직업소개를 막아버리면서도, 그 외 사용자에게나 구직 노동자들에게 그들의 어려운 상황의 극복에

---

14 1910.6.2. 일자리 소개법, 제국법관보. I, 860쪽.

15 *크라니히*, 국가사회주의의 노동시장 및 노동투입정책, in: 베뇌어(편), 현대 독일 법역사에서 직업소개와 실업자 부양, 1991, 171쪽 이하.

16 *발티코스/포토프스키*, 국제노동법, 1995(2판).

17 유럽법원 판결. 1991, I-1979(회프너, 엘저)

18 연방대법원 신노동사회법 잡지 1992, 45.

도움이 될 수 없었기 때문이다.[19] 그럼에도 불구하고 연방헌법재판소[20]와 연방사회법원[21]은 소개독점을 헌법적으로 우려가 없는 것으로 간주하였다. 직업소개업을 제한하나, 이러한 직업선택의 자유(헌법 제12조 (1)항)의 제한은 그럼에도 불구하고 정당화된다는 것이다. 왜냐하면, 공적인 직업소개는 상당히 중요한 공동체적 재화이기 때문이라는 것이다.[22]

454 공적인 직업소개독점은 1994년까지 지속되었다. 오로지 연방고용청만이 기본적으로 직업소개를 할 권한이 있었다(고용촉진법 제4조). 그에 대한 위반행위는 처벌대상이었거나 위법한 것이었고, 민간 직업소개업자의 보수를 받고 하는 서비스에 대한 합의는 효력이 없었다(민법 제134조, 고용촉진법 제4조). 규제완화위원회[23]는 그럼에도 불구하고 소개독점 폐지를 공언하였다.[24] 노동시장은 그에 의해 충분히 예측될 수 없기 때문에, 노동계약의 성립에 대한 공공 직업소개의 비중은 적다. 민간과 공공 직업소개 간의 경쟁은 역시 공공 직업소개에 도움이 되었다. 민간 직업소개업자의 남용은 공적 통제를 통해 대처할 수 있다는 것이다. 그런 연유로 공적 직업소개는 민간 직업소개업이 보완되어야만 한다는 것이다.

---

19 그처럼 *탈규제위원회*(편), 시장개방과 경쟁, 1991, 142.

20 연방헌법재판소판결 21, 245.

21 연방사회법원판결 70, 206; 그에 대해 *비박*, 사회재판(잡지) 1993, 499.

22 연방헌법재판소판결 21, 245, 251쪽 이하; 연방사회법원판결 70, 206, 211쪽 참조.

23 *탈규제위원회*(편), 시장개방과 경쟁, 1991, 141쪽 이하, 155쪽

24 그에 반해 *프랑케*, 발화점 노동시장, 1992(2판), 317쪽 이하 참조.

그 때문에 그 이후로 민간 직업소개업이 허용되었다.[25] 민간 직업소개업자는 사용자와 노동자에게 소개수수료를 요구할 수 있다(사회법전 제3권 제296조). 직업소개는 실업의 경감에 대한 열쇠로서 인식되었다.[26] 노동행정과 실업자 간의 통합합의는 사례관리를 가능하게 하여야 하고, 구직자에게 부과된 조기신고 의무(사회법전 제3권 제38조 (1)항 1호)는 소개의 성공을 제고하여야만 한다. 455

cc) 영리적 노동자파견

영리적 노동자파견이 역시 민간에게도 허용이 되었다. 사용사업주에게는 노동력에 대한 단기간의 고용은 경제적으로 매력이 있으면서도, 정규직원을 확충하지 않고 비정상적으로 높은 가동력을 관리하는 것을 돕는다. 그와 같은 것은 노동법상 결과가 없지 않았다. 왜냐하면, 고용계약관계로 기간제 고용계약 외에는,[27] 무기고용관계가 지배하고 있었기 때문이다. 6개월을 넘어 지속되는 고용관계는 취업자에게 해고와 고용관계 존속의 보호(해고보호법)가 적용된다. 한편, 영리적인 노동자 파견은 보다 유연한 인력투입을 가능하게 하는 것이다. 456

초기의 금지 이후에 1967년 연방헌법재판소[28]는 그럼에도 불구하고 노동자파견을 금지하는 것은 직업의 자유(기본법 제12조 (1)항)의 침해로 보았

---

25 그에 대해 1993.12.21. 저축, 공고화 그리고 성장프로그램의 적용에 관한 제1법(1. SKWPG) 연방법률공보 I 1993, 2353쪽 이하; *암머뮐러*, 연방노동관보, 2호 1994. 5.

26 *연방노동사회질서부*(편), 노동시장에서 현대적 서비스, 2002.

27 기간제 및 단시간 노동 계약에 관한 법 § 14, 이미 종전의 고용촉진법 § 1 참조.

28 연방헌법재판소판결 21, 261.

다. 그로 인해 1972년 이래 노동자파견법이 성립되었다(노동자파견법).[29] 그것은 영리적인 노동자파견을 가능하게 하였다. 그럼에도 파견노동자는 무기계약관계에 있는 노동자와 가능한한 법적으로 동동하여야만 한다. 노동자파견법은 그 때문에 노동계약 당사자들에게 필수적인 규정을 담고 있다. 이를 지키지 않으면 형법상 제재를 받는다.

457 연방고용공단은 민간 노동자파견업자에게 허가를 발급한다(노동자파견법 제17조). 허가가 유보되는 금지에 "진정한 파견노동자"는 해당되지 않으며, 비영리적인 노동자파견은 제한되지 않는다. 허가는 기본적으로 기간을 정해서만 허용되나, 또한 무기한으로 허가될 수도 있다(노동자 파견법 제2조). 노동자 파견법 제3조에 따라 허가발급에 대한 법적청구권이 존재한다. 이는 파견사업자가 신뢰할 수 없거나 노동자에 대해 사용자지위를 받아들이지 않는 경우에만 거절될 수 있다.

c)적극적 노동시장정책

aa) 기본원칙

458 또한 연방고용공단은 또한 노동시장상담 및 직업상담의 의무가 있다 (사회법전 제3권 제29조). 직업상담은 직업활동의 개시를 지원하고, 그와 함께 직업교육대상 사업장의 자유로운 선택(사회법전 제3권 제30조)에 대한 기본권(기본법 제121조) 행사를 보장한다. 노동시장상담은 구직자에게 그가 찾은 직업에

---

29 *슈렌*(편), 노동자파견법, 2010(4판); *케머러/퇴징*, 파견노동과 헌법, 2005; 포르, 독일-영국 비교법 및 경계를 넘어서는 시간노동, 1992.

서의 발전가능성에 대하여 설명해준다(사회법전 제3권 제34조). 이러한 과제를 수행토록 하기 위하여, 법은 또한 그들에게 노동시장 및 직업세계 탐구의 의무를 할당하고 있다(사회법전 제3권 제280조 이하).

그것을 넘어서 **"적극적 고용촉진"**(사회법전 제3권 제5조)을 통해 실업에 대응하도록 하고, 장기실업자 발생을 예방하도록 하고 있다. 이 목적은 고용촉진조처(사회법전 제3권 제3조)에 의해 실현된다. 아울러 추가교육 청구권이 존재한다(숙련기회법). 그것은 전체적으로 적극적 고용촉진을 형성한다(사회법전 제3권 제7조). 그를 위해 근거리 고용우선의 원칙이 적용된다 (사회법전 제3권 제9조). 그렇게 적극적 노동시장정책의 지역화가 이루어진다. 특히 노동행정과 지역노동시장의 추가참여자의 협력이 개선되어야만 한다.[30]

bb) 교육

직업교육은 개인적(사회법전 제3권 제56조 이하, 제81조 이하, 제117조 이하) 또는 **459**
제도적(사회법전 제3권 제74조 이하)으로 촉진되어야만 한다. 개인적 촉진은 개별적이고, 제도적 촉진은 교육시설이 받는다(예를 들면, 초기업적 교육작업장). 1차 교육(사회법전 제3권 제74조)과 재교육 및 전환교육(새로운 직업교육을 위한 공정과 지식의 알선)이 촉진된다.[31]

교육서비스는 노동행정 판단에 따라 승인될 수 있다. 교육서비스는 기존의 또는 직접적으로 위협이 되는 실업[32]을 예방하고(사회법전 제3권 제81

---

30 *아이헨호퍼*, 니더작센 행정관보 1999, 253쪽 이하.

31 연방사회법원판결 38, 174; 40, 234.

32 연방사회법원판결 48, 176; 62, 236.

조 (1)항), 노동시장에서 충분히 수요가 있는 능력을 숙련시켜야만 한다.[33] 그것은 교육 교환권을 통해서 수급자가 서비스 제공자 중에서 선택을 가능하게 함으로써 이루어지게 할 수 있다(사회법전 제3권 제81조 (4)항). 개인적 급여 수준에서는 참여자의 수요 및 교육서비스에 대한 참여와 연계된 비용을 충족한다(사회법전 제3권 제75조). 그것을 넘어 직업교육보조수당은 직업 준비 또는 1차 교육(사회법전 제3권 제56조)을 보장한다.[34] 연장교육서비스에서는 실업급여수당(사회법전 제3권 제144조)이 지급된다. 급여는 직업교육을 받지 않은 청년, 장애인 또는 더 이상 수요가 없는 숙련을 가진 사람들의 직업적 배치를 가능하게 하여야만 한다. 서비스를 제공받은 사람들은 연방고용공단에 재원의 목적에 맡는 투입에 대한 보고의 책임이 있다.

cc) 통합과 고용창출서비스

460 고용창출서비스 역시 과거에는 – 무엇보다 독일 분단의 종결 이후 – 촉진할 만 했는데, 이는 노동시장정책적으로 문제지역의 일자리가 공적이익이 있고, 촉진이 없거나 또는 뒤늦게야 이루어지는 경우에 그리고 그것이 노동시장 정책적으로 합목적적인 경우에는 그러했다.[35] 일은 그것이 조세법상 공동체에 유용한 것으로 인정된 목적을 추구하고 그리고 경제를 침해하지 않는다면 공적인 이익이 있는 것이다.[36] 촉진의 승인은 의무에 맞는 노동행정

33 연방사회법원판결 67, 228.

34 연방사회법원판결 93, 42(부모와 동거의 부당함 때문에).

35 연방사회법원판결 69, 274.

36 연방사회법원판결 59, 219.

의 재량에 있었다.[37] 그럼에도 불구하고, 촉진수단으로서 이것은 그 사이에 폐지되었다.

그 대신에 연방고용공단은 실업자에서부터 전형적으로 노동시장 통합에 어려움을 갖고 있는 독일 노동시장에서 무제한의 접근권한을 갖는 노동자까지를 **통합서비스**(사회법전 제2권 제14조 이하, 사회법전 제3권 제44조 이하) 를 통해 촉진할 수 있고,[38] 임금보조(사회법전 제3권 제217조 이하)를 보장할 수 있으며, 이주민들에 대한 통합보조를 하고, 또 독일 노동시장에 대한 접근권한이 있는 자[39]들 – 이주민 (독일인 특히 기본법 제116조, 연방부양촉진법 제9조), 망명신청자와 유럽 각국에 할당된 난민 – 에게 중요한 독일어 지식을 알선하는 것을 도울 수 있다. 끝으로 연방고용공단은 창업지원보조금(사회법전 제3권 제93조) 지급에 의해 실업자를 전환지원금 – 즉, 자본화 된 실업급여 – 으로 자영적 취업활동을 받아들이도록 촉진할 수 있다.

d) 외국인 노동자의 국내노동시장 접근 규정

aa) 독일 노동허가법

---

37 연방사회법원판결 65, 189.

38 그에 대해 *베플러*, 노동과 법1999, 219; *비박*, 노동과 법1999, 209; *아일러르트*, 사회정책적으로 촉진된 고용관계와 노동법, in: 보에켄/룰란트/스타인마이어(편), 독일과 유럽에서의 사회법과 사회정책, 베른트 폰 마이델 기념논문, 2002, 219; *뤼테*, 사회재판 2001, 345 참조.

39 그 사이 전체적으로 무제한적인 접근권자에 대해서는 안된다, 이것이 문제이다: 참조. *아이헨호퍼*, 국제사회법, 1994, 방주 530; 이민법은 통합급여를 확장하였다.

461 노동시장행정은 또한 노동허가를 발급한다. 유럽경제공간의 주민[40]도 아니고, 무기한 체류허가나 영주권을 갖고 있는 외국인이 아닌 외국인은 그 허가를 필요로 한다(사회법전 제3권 제284조, 연방지역내 외국인 체류, 취업 그리고 통합에 관한 법 제39조 (2항)). 이는 노동허가와 노동권으로 구분된다. 전문인력에 대한 독일 노동시장의 개방은 현재 협의 중인 숙련인력 이주법과 함께 모색되고 있다. 국내 요건을 충족하는 직업적 숙련을 갖고 있는 외국 취업자는 그에 따라 국내에서 취업활동이 가능하다. 허가를 유보해 온 지금까지의 취업금지는 금지를 유보하고 취업허가로 전환되었다. 그 절차는 모든 주의 중앙 외국인청에 집중된다. 지금까지의 내국인 및 그와 동등한 사람들에 대한 취업우선제도는 폐지되었고, 그 외에 직업교육과 구직을 위한 체류허가권이 만들어졌다.

462 노동허가권은 필요하다. 왜냐하면 독일 노동시장에 대한 접근은 독일인(기본법 제12조 (1)항) 그리고 유럽연합 및 유럽경제공간 - 주민(유럽연합의 운영방식에 관한 협약 45조)들에게 우선 유보되고, 그에 반해 제3국의 국민들에게는 기본적으로 차단이 되어있기 때문이다. 노동허가권은 여러 사회국가들의 병존에서 설명된다. 그런 이유에서 한 나라에서는 기본적으로 그들 국민에게만 취업활동을 통해 그의 생계를 유지해 나갈 수 있도록 한다. 그에 반해, 다른 나라의 국민들은 기본적으로 그들의 모국에서 취업하도록 지시된다. 그 때문에 노동시장에 대한 접근권리는 구직자의 국적에 달려있다. 그럼에도 불구하고 이런 제한에도 유럽연합 및 유럽경제공간 주민들 간에는 자유

---

40 = 유럽연합-시민 또는 아이슬란드, 리히텐슈타인 또는 노르웨이의 국적자.

이동이 보장되고 있다.[41] 추가적인 돌파구는 정주 협약[42], 노동력 모집에 대한 합의[43] 및 국내에 받아들인 정치적 박해자에 대한 통합규정 등에서 찾을 수 있다.[44] 전체적으로 쟁점이 되고 있는 것은 이주민에 관한 정치적으로 폭발적인 논쟁이다. 이는 수십 년간 국내정치의 중심적인 문제이고, 점차 유럽연합법을 통해 각인되고 있는 문제이다.[45]

사회법전 3권 제288조에 따라서 연방노동사회부장관은 법령에 의한 노동허가의 교부를 규정할 수 있다. 이러한 권한을 장관은 **노동허가법령** (ArGV)[46]에서 활용하였다. 이것은 노동허가가 가능한 내용, 특권이 있는 교부요건과 그 시·공간적 타당성, 노동허가와 체류허가의 관계, 그 거부사유, 취소 또는 말소 및 허가가 필요없는 고용(노동허가법령 제9조) 등을 규정한다. 예를 들면 관리적 직원, 국제교역에 종사하는 운전원, 외국조립공, 강연여행자, 연구기관의 직원, 외국에서 상주하고 있는 매체를 위한 언론인 등 취업 463

41 그에 대해 포괄적으로 *하일브론너*, 자유로운 이동, in: 다우제스(편), 유럽연합-경제법의 핸드북, 가제본, 2014(35. EL)

42 *하일브론너*, 망명법 그리고 외국인법, 2014(3판), 방주 165.

43 *비박*, in: 가겔(편), 사회법전 제2권/사회법전 제3권, 가제본(현재: 53. EL 2014), § 284 사회법전 제3권 방주 29.

44 *하일브론너*, 망명법 그리고 외국인법, 2014(3판), 방주 958: 특히, 실향 외국인, 망명권자 그리고 할당된 피난민.

45 *연방내무부*(편), 이주민을 형성하고, 통합을 촉진하기: 독립위원회 보고서 "이주민", 2001; 그에 대해 *아이헨호퍼*, 외국인 법을 위한 잡지 2008, 81 참조.

46 비 독일노동자에 대한 노동허가에 관한 시행령의 개정공고, 1980.9.12. 연방법률공보 I, 1754쪽; 그에 대해: *비박*, 외국인 법을 위한 잡지 1995, 99 참조.

노동에 따른 거주이유에 대한 질문은 체류법 제39조[47]에 규정되어있다.

bb) 유럽연합(EU)-법

464 1987년 유럽법원은[48] 공동체의 권한은 유럽공동체 - 시민의 개인적 자유에 존재하지만 그럼에도 불구하고 그 관할권은 제3국인에 확대될 수 없다고 하였다. 그러나 그 이후 많은 일이 발생하였다. 난민의 입국과 출국에 대한 유럽연합 고유의 관할권에 근거하여 지난 년도에 이민법[49]의 많은 내용들 즉 입국조건을 규율하는 비자발급에서, 다른 회원국에서의 망명결정의 인정, 한 회원국가에 장기간에 걸쳐 머물고 있는 제3국인에 대한 장기체류, 가족결합, 통합 및 반차별입법, 재송환, 망명권자 그리고 난민의 신분 등 - 그 모든 전통적으로 국내정치적인 요소들이 - 그 이후 일반인이 대부분 인식하지 못한 채 완전히 그리고 전체적으로 유럽화되었다.[50] 포괄적인 유럽연

---

47 이주민의 조정과 제한에 관한 법 그리고 연합시민과 외국인의 체류허가 그리고 통합의 규율에 대한 법, 연방법률공보 I 2004, 1950쪽.

48 유럽법원, 판결. 1987, 3205(독일/위원회); *콜러릭*, 외국인의 지위에 대한 유럽공동체 법원의 판결에서의 발전, in: 바르비히/바이헬-베네대티/브링크만(편), 외국인법에서의 전망의 전환? 2007, 49 참조.

49 *바스트*, 체류권과 이민의 조절, 2011; *팀*, 이민행정법, 2010; *요하네스 아이헨호퍼*, 체류법에서의 통합의 개념과 구상, 2013; *클루트*, 이민법의 기초와 구조, 독일행정관보. 2016, 1081

50 *그로에넨디직*, ZAR(외국인 법(잡지)) 2004, 123; *동 저자*, 이민자 법을 위한잡지 2006, 191; 역시 *렌너*에서의 총괄, ZAR 2004, 117-119; *하일브론너*, 가족법전체 잡지 2005, 1; *누쉘러*, 국제이민: 피난과 망명, 2004(2판), 176쪽 이하; *소프*, 제3국 국적자와 사회법, 2007; 오스트리아에 대해: *비칠/크르스티안/찌만스키*, 노동이민의 새로운 법, 2011(2판).

합-(법)적 규율을 통해서만 할 수 있는 이러한 자유, 안전과 법의 공간은 이제 명백히 하나의 법적으로 통일된 틀을 요구하고 있다.

cc) 노동이민 지침

노동이민[51]의 지침은 오늘날 이민법의 국제법적 혼란이 있는 상태에서 대표적이며 본보기가 되는 것이다. 이것은 유럽연합뿐만 아니라 국제법에 의해, 즉 – 제네바 난민협약 또는 뉴욕 무국적자협약 – 그리고 점차 역시 유럽 인권협약[52]에 의한 다수의 이민입법의 차원에서 확대되고 있다. 465

그 조처는 – 유럽경제공간/유럽연합의 시민 및 장기체류가 보장된 제3국인의 우선적 고용을 유지하는 가운데 – 회원국들을 이들에게 자치적으로 확정된 할당의 범위 안에서 이주의사가 있는, 숙련된 노동의사가 있는 사람들을 제3국에서 모집토록 유지하며 격려하는 것을 목표로 하고 있다.

목표로 하는 노동이민은 역내공동시장의 전문인력 부족의 극복을 약속하며, 노령화되는 가운데 노동력이 있는 주민의 보완에 기여하기 때문에 필요하다는 것이다.[53] 취업인구의 노령화 결과, 이미 오늘날 노령화에 의한

51 체류법 제19a조; 2009. 5.25. 고숙련 취업의 행사에 대한 제3국인의 입국과 체류 조건에 대한 평의회의 지침 2009/50/유럽공동체, 2009.6.18관보 L 155/12.

52 *에커르츠-회퍼*, 추방법에서의 발전, in: 바르비히/바이헬-베네데티/브링크만(편), 외국인법에서의 전망의 전환? 2007, 105; 유럽인권협약 제8조는 추방국가에 가족구성원이 있는 범죄자의 추방에 있어 큰 의미를 갖고 있다. 그 조처는 유럽인권협약 제8조(2항)에서 심사되어야만 한다 – 추방은 즉 불가피한 사회적 필요에 상응하여야만 한다.

53 *프라티니*, 고숙련 이주자에게 유럽을 더욱 매력적으로 만들고, 합법적으로 머물며 일하고 있는 이주민들의 보호를 제고하기, 언론보도자료 브뤼셀, 2007.10.23; Pire

취업인구의 감소가 나타나고 있다. 단지 대상이 되는 이민을 통해서 만이 중기적으로 위협받고 있는 취업자 수의 감소에 대응할 수 있다.[54] 제3국인에 대한 노동시장의 개방과 동시에 그 외에 많은 곳에서 강하게 증가한 불법취업의 비중을 억제하며 역내공동시장 국민경제의 경쟁력 강화에 기여하여야만 한다. 블루카드의 교부를 통해서 2년 기한동안 한 회원국 노동시장 접근이 개방된다. 그 이후에는 추가적으로 2년에서 3년까지 허가가 연장될 수 있다. 첫 번째 노동허가기간의 완료 이후, 후속 허가는 다른 회원국가에서의 노동행사 권리를 포괄할 수 있어야만 한다. 이런 목적으로 회원국들은 "고숙련 취업"의 행사를 목적으로 하는 제3국민과 그 가족구성원의 회원국 영토에의 입국과 체류 조건을 확정하여야만 한다.[55] 지침은 국제법적으로나 또는 회원국 법을 넘어설 수 있는 최저기준을 설정한다. 입국은 본인과 가족에 대해 유효한 노동계약과 충분한 의료보험에 기반하여 받아들여져야 한다. 실업에 의한 추방은 기본적으로 허용되지 않으며, 실업이 3개월 이상 지속된다면 고려 할 수 있다.

합법적으로 이주한 노동자의 노동법 그리고 사회법적 지위와 관련 유럽연합/유럽경제공간 – 수급권자[56]의 노동조건과 사회보장조건의 가능한 한

---

immigrante di qualità, Il sole 24ore, 23 ottobre 2007, p. 2쪽 이하.

54 같은 곳 2쪽.

55 이민자 법을 위한 잡지 2007, 425쪽 이하 참조.

56 2011.12.13. 제3국인의 복합허가 신청에 대한 통일적 절차 및 통상 한 회원국에 거주하는 제3국 노동자 법의 공동연계에 관한 유럽의회와 유럽평의회의 지침 2011/98/유럽연합 2011년의 관보 L 343/303 참조. ; 그에 대해 *아이헨호퍼*, 사회재판 2013, 613 참조.

동등한 권리가 추구된다. 사회적 시민권 개념의 기반 위에서 그리고 그에 상응하는 국제노동기구의 노력에 부합하여, 국적에 기반한 노동법 그리고 사회법적 지위상의 차이는 원칙적으로 금지되며,[57] 제3국인의 노동법 그리고 사회법적 지위의 근사치가 계획되었다. 이것은 목표 그룹에서, 우려되는 노동력 부족을 동등하게 보완하며, 숙련노동력을 확보하고자 하는 것으로 설명된다. 2000년도 이래 인종적 특성을 띠는 차별에 대한 투쟁과 그간 이루어진 제3국인의 유럽적으로 조정된 사회법[58]에의 연계 맥락에서 취해진 조처 등, 이런 목표설정은 이미 오늘날 책임있는 정치의 분명한 신호라 할 수 있다. 유럽연합 및 유럽경제공간 국민과 제3국인은 그에 따라 노동법 그리고 사회법적으로 점진적으로 동등하게 된다. 이것이 유럽연합 – 시민지위의 평가절하로 잘못 인식되지 말아야만 하며, 그것은 인권에 대한 유럽연합시민의 지위가 모두에게 확대되는 것으로 이해되어야만 한다.

e) 부분실업 시 현금급여

노동시장형성이 우선적으로 서비스를 통해서 일어나는 반면, 노동행정은 466
부분실업과 완전실업[59]시에 우선적으로 소득보상으로 현금급여를 제공한

---

57 국제노동기구-협약 제118호 참조.

58 법령(유럽공동체) 883호/2004의 확대에 대한 2010년 11월 24일 유럽의회와 유럽평의회의 법령(유럽공동체) 1231호/2010 및 오로지 그 국적에 근거하여서 이미 이 법령에 해당하지 아니하는 제3국인에 대한 법령(유럽공동체) 987호/2009, 관보 번호 L 344 1쪽.

59 이러한 독일법에 통상적이지 아니한 구분이 명령 제64조(유럽공동체) 883/2004

다. 부분실업은 임시적인 것으로 제한적인 취업활동 시에 존재하는데, 취업자는 임금의 일부를 상실하고, 노동관계는 그 사이에 지속된다. 주된 적용 사례는 조업단축이다. 이는 통상적인 주 노동시간의 일시적인 축소와 그에 상당하는 임금삭감을 의미한다.

부분 실업급여는 실업자의 필요와 별도로 보장된다. 일반적으로 필요에 독립적인 급여와 필요에 의존하는 급여가 구분되는데, 전자는 실업급여 I, 후자는 실업급여 II이다.

조업단축지원금은 한시적으로 통상 노동시간보다 적게 일하고 그 때문에 통상적인 노동보수의 일부만을 받게 되는 노동자들에게 귀속되며, 임금상실은 조업단축지원금(사회법전 제3권 제95조 이하)을 통해 보상된다. 그것은 한시적인 소득상실에 대한 부분보상을 통해 과도적인 경기의 악화 국면에서 일자리의 장기적 유지에 기여한다. 그것은 2008년에 발생한 금융위기의 극복에 결정적인 역할을 하였다.[60] 조업단축지원금과 사용자 사회보험료 – 그리고 숙련제공 시 역시 노동자 몫의 – 를 연방고용공단이 떠맡아, 위기의 종료 이후에는 고용을 확대하도록, 한시적인 고용의 어려움과 상실을 극복하도록 도왔다. 노동력 상실은 경제적인 것이거나 또는 불가피한 사건에 근거하여야 하며, 전 종업원이 그에 중대하게 영향을 받는 것이어야 한다(사회법전 제3권 제96조).

조업단축지원금은 노동관계에서 경제적 위험의 부담에 관한 노동법적

의 기초가 된다.

60 독일에서 취업과 안전성의 보장에 대한 법안 초안, 연방의회 회의록. 16/11740. 19쪽.

인 규정을 보완하고 변경하는 것이다.[61] 그에 따라 사용자는 기본적으로 노동력의 경제적 이용의 위험을 진다.[62] 사용자가 노동자를 고용하지 않을 수 있지만, 그래도 이것이 노동보수의 청구권에 영향을 주지는 않는다. 사용자는 물론 고용관계를 경영상의 이유로 해지할 수 있다(해고보호법 제1조 참조).[63] 이런 노동법적 배경하에 조업단축지원금은 사용자의 부담을 경감하며, 동시에 일자리보존을 가능하게 하는 것이다. 즉 이것은 그 둘을 돕는 것인데 – 노동자는 그 사유가 경영상의 해고에서 벗어나기 때문이며, 사용자에게는 그가 좋지않을 때(판매위기!) 임금계속지불의 부담을 지지않아도 되기 때문이다.

f) 사회법전 제3권에 따른 완전실업 시 급여

완전실업 시에는 실업급여 I이 지급된다. 완전실업[64]은 고용관계의 종료결과 467
로 완전한 취업상실의 상황을 의미한다. 그것이 발생하면 실업급여(사회법전 제3권 제136조 이하)나 또는 구직자 기초보장(사회법전 제2권 제1조 이하) 이 보

61 이런맥락에 대하여 상세히: *아이헨호퍼*, 노동법 1981, 208쪽 이하 참조. ; 또한: *라이콜트*, in: 리하르디/블로츠케/비쓰만/외트커(편), 뮌헨노동법 핸드북, 제1권, 2009(3판), § 36 방주 70쪽.

62 기본적으로: 민사부문 제국법원 결정 106, 272; 계속발전에 대하여: *보에버*, in: 리하르디/블로츠케/비쓰만/외트커(편), 뮌헨노동법 핸드북, 제1권 2009(3판), § 69, 방주 58.

63 연방사회법원판결 104, 83. 그럼에도 불구하고 이것은 영리적인 노동자파견에는 해당되지 않는다.

64 스위스에서는 "완전실업자".

장될 수 있다. 부분취업자의 완전실업은 부분실업급여에 대한 청구권의 근거가 된다(사회법전 제3권 제162조). 완전실업 시 급여에 대한 청구권은, 실업자가 된 자가 노동청에 실업자로 등록을 하고 그리고 대기기간을 충족하면 주어진다(사회법전 제3권 제137조). 수급기간 중 보고는 사실에 대한 설명이다.[65] 노동자이거나 65세 이상인 자는 실업자가 아니다.

aa) 전제

468 노동자가 일시적으로 고용관계에 있지 아니하거나(취업상실) 또는 저임금 최소고용(사회법전 제4권 제8조)에만 종사하고(사회법전 제3권 제138조) 그리고 사회보험가입의무를 지는 일자리를 구한다면(구직), 그는 실업상태이다. 후자는 "근로가능성"(사회법전 제3권 제138조 (1)항 3호 참조)의 그 근거가 된다. "노동자"는 역시 종전에 공무원 또는 자영업자로, 장래 종속적 취업을 행하고자 하는 사람도 해당된다.

469 실업은 적극적인 구직노력을 전제로 한다(사회법전 제3권 제138조). 실업수당은 이미 발생한 실업이라는 사실 때문이 아니라, 구직자가 다른 종속적 고용을 받아들여 자신의 실업을 극복하고자 하는 계속된 노동의 준비의사에 근거하여 지급하는 것이기 때문이다. 실업수당은 그런 연유에서 합목적적인 것이며, 어떤 인과적인 급여가 아니다. 구직은 계약으로 체결된 통합합의에 의해 조정되며(사회법전 제3권 제37조), 그것은 종전에 시작된 고용잠재력의 기반 위에서 체결된다. 여기에서부터 협력의 의무가 생겨난다.

"근로가능성"(사회법전 제3권 제138조 (1)항 3호)은 객관적이며 수관적인

---

65 연방사회법원판결 95, 1: 93, 209.

측면을 보이는데, 왜냐하면 "객관적이고" 그리고 "주관적인" 근로가능성은 구분되기 때문이다.[66] 그가 하고자 할지라도 할 수 없는 사람은 객관적인 것이고, 그가 할 수 있다 할지라도 일하려 하지않는 사람은 그에 반하여 주관적으로 근로가능성이 없는 것이다. 그 때문에 건강상태[67] 또는 학업[68], 자녀양육, 가족의 돌봄 또는 자유작업·외출이 허용된 반자유형죄수[69]로 금고형으로 인하여 일할 수 없는 사람은 객관적으로 근로가능성이 없는 것이다. 그러나 무리가 없는 일을 하려고 하지 않는 사람은 주관적으로 근로가능성이 없는 것이다.

일할 준비가 되어 있는 실업자는 취업알선시 통상 연락할 수 있어야만 하고, 그를 위하여 실업자는 노동청에 그의 주소를 통지하여야만 한다.[70] 휴가로 인한 연간 최대 3주간의 주소지 부재는 근로가능성을 배제하지 않는다.[71] 마찬가지로 국내거주의 포기와 국경 인근 외국으로의 이주로 실업급

---

66 *다이너르트*, 코테 기념논문 259; *뮝크스*, 실업의 보험사고, 1991; *발터만*, 사회법, 2014(11판). 방주 470; *비박*, in: 사회법핸드북, § 21방주 68쪽 이하; 연방사회법원판결 58, 104, 106; 62, 166.

67 연방사회법원판결 94, 19; 94, 247; 모성에 대하여: 연방사회법원판결109, 300.

68 사회법전 제3권 § 138; 연방사회법원판결 62, 166 참조.

69 연방사회법원판결 67, 269; 82, 118.

70 연방사회법원판결 58, 104; *비셍*, 사회재판(잡지) 1999, 10

71 연방사회법원판결 44, 188: 물론 노동청은 휴가개시 전에 통보받아야 하고 주소지 부재를 승인하여야만 한다, 왜냐하면, 휴가기간동안 어떤 새로운 일자리도 차지할 수 없기 때문이다; 받아들이지 못한 "휴가"의 다음 해로의 이양은 실업자에게는 고려되지 않는다, 사회법원 코블렌쯔 – 2001.3.6 – 1쪽 AL 189/00를 보시오.

여 I의 청구권이 상실되지는 않는다.[72]

470 일자리가 무리가 없는 정도에 대한 규정은 충돌하는 요구 사이의 이익형량을 필요로 한다. 실업자는 자신의 이전교육에 상응하는 보수가 좋고 접근성이 좋은 일자리에 관심이 있고, 연대공동체는 그에 반하여 모든 할만한 일자리는 그렇게 차지해서 급여의무 부담을 경감시키기자 한다. 합리적인 일에 대해 사회법전 제3권은 엄격한 기준을 정하고 있다.[73] 기본적으로 실업자들에게는 전체적으로 허용되고, 임금률에 따라 지불되는 일자리는 합리적인 일이다. 직업의 보호는 인정되지 않는데, 무리가 있다고 보아야 하는 경우는 습득된 직업활동이 이미 쇠락하게 된 직무에 해당하거나[74](사회법전 제3권 제140조 (1)항) 또는 구직자들을 양심의 갈등에 처하게 하는 일(연방민법전 제275조 (3)항)인 경우만이다. 매일 3시간씩 걸리는 출퇴근길에 대한 요구는, 실업자가 그들 실업의 극복에 있어 자기책임에로 독려되고 있다는 것을 보인다(사회법전 제3권 제140조 (4)항 참조).

471 대기기간은 실업에 들어서기 전 2년 범위의 기준기간(사회법전 제3권 제143조) 내에 최소 12개월간 사회보험의무(사회법전 제3권 제25조)가 있는 일자리에 취업한 사람(사회법전 제3권 제142조)의 경우 충족된다.[75] 보험급여로서 실업급여 I은 충분히 그리고 최근 실업 전에 재정지원에 참여한 사람에게만 인정된다. 기준기간은 직업촉진서비스 또는 재활서비스에 대한 참여 시 최대

---

72 연방사회법원판결 104, 280; 119, 125.

73 연방의회 회의록. 13/4941, 176, 238쪽; 또한: *블륌*, 연방노동관보 7/8호 1996, 5쪽 이하 참조.

74 *펠트호프*, 사회재판(잡지) 2006, 701.

75 연방사회법원판결 63, 153 참조. : 실습은 고용시간으로 간주된다.

5년까지 연장된다(사회법전 제3권 제143조 (3)항). 실업급여 I은 제한된 기간 동안만 지급되는데 – 최소 6개월에서 최대 12개월까지이고, 중고령취업자에 대해서는 24개월까지 연장될 수 있다.[76] 이 규정은 조기에 일을 그만두는 경우 보험료를 사실상 면제받는 결과가 되기 때문에 우려스럽다.

실업수당의 수준은 실업자의 자녀에 대한 부양의무에 달려있다. 부양의무가 있는 경우, 실업수당은 산정보수의 67%, 그렇지 않은 경우에는 산정보수의 60%에 해당한다. 이것은 실업 개시이전 1년 동안 받은 보수의 평균적인 통상의 주당 노동보수에 해당한다[77](사회법전 제3권 제152조). 보수에는 고용종료의 계기로 지불된 액수는 계산되지 않는데(사회법전 제3권 제151조 (2)항 1호), 그것은 고용관계가 해고예고기간을 지키지 않고 종료된다면 실업수당에 대한 청구권을 배제한다(사회법전 제3권 제158조).[78] 실업자가 실업수당의 수급기간에 약간만 고용된 경우 실업수당은 거기서 받은 보수에서 월 165유로를 공제하고 계산된다(사회법전 제3권 제155조). 실업수당 수급자가 질병이 들면 최대 6주간 계속 지급된다.[79] 472

bb) 실업과 노동투쟁

실업급여 청구권은, 연방고용공단이 실업급여 지급을 통해 노동투쟁에 개입하려고 하거나(사회법전 제3권 제160조) 또는 노동보수, 노동법적 합의금 그 473

---

76 50세 이상 실업자이며 30개월 취업 시 15개월, 55세이상 36개월 취업 시 18개월, 58세이상 48개월 취업 시 24개월, 사회법전 제3권 § 147.

77 연방사회법원판결 78, 109: 119, 119.

78 연방사회법원판결 115, 106.

79 연방사회법원판결 93, 59.

리고 그 밖의 사회급여와 경합하는 한, 법에 의해 중지된다. 노동행정이 노동투쟁[80]에 있어 중립적이지 않으면, 파업참여자나 직장이 폐쇄된 자에게 실업수당을 지불하게 될 것이다. 그러면 노동투쟁의 당사자로서 단체협상의 당사자에 의해서 초래된 경제적인 결과를 연대공동체가 책임지게 될 것이다. 그래서 실업수당 청구권은 국내노동투쟁의 결과 실업이 된 노동자에 대해서는 노동투쟁의 종료 시까지 중지된다(사회법전 제3권 제160조 (2)항).

직접적으로 노동투쟁에 참여하는 노동자에 대해서는 청구권이 중지된다. 왜냐하면 파업을 통해 촉발된 실업은 파업에 참여한 자가 이를 의도한 것이었기 때문이다. 그에 반해 불확실하고 고도로 논란이 되는 것은[81], 어떤 조건하에서 노동자들이 간접적인 투쟁의 당사자로 실업급여의 청구권이 중지되는 경우이다. 그것은 파업에 참가하지 않은 노동자가 이로 한해 그들의 고용을 잃어버리는 경우에 발생한다. 그에 대해 사회법전 제3권 제160조 (3)항에서 취해진 결정은 노동투쟁위험의 수행에 대한 연방노동법원의 판례에서 그 결과를 도출하고 있다.[82] 그에 따르면 간접적으로 노동투쟁의 결과 (통상적인 집중파업)로 실업자가 된 노동투쟁에 관련된 노동자들은), 만약 그들이 노동투쟁의 결과로 직접적인 이득을 보는 경우 – 즉 노동투쟁에 의

80 연방사회법원판결 40, 190쪽 이하.

81 *다이너르트*, 노동과 법(잡지) 2010, 290; *벤다*, 노동투쟁에서 사회법적 소유권 지위, 1986; *슈베르트페거*, 1990 신판 노동촉진법 § 116에 대한 법적 문제, 1990; *자이터*, 노동투쟁에서 국가의 중립성, 1985; 연방헌법재판소결정 92, 365는 법적 해법을 확인하였다; 참조, 이 결정에 대하여: *하일만/멘케*, 노동과 법(잡지) 1996, 11, 16; *크레쎌*, 신 노동사회법 잡지 1995, 1121; *리에프*, 법률신문 1995, 1174; *짜커르트*, 법정치학 잡지 1995, 445.

82 연방노동법원판결 34, 331.

해 쟁취된 단체협약 임금인상을 받는 경우, 실업수당을 받지 못한다. 이와 같은 구성요건에 대해서 연방고용공단에 설치된 중립위원회가 결정한다 (사회법전 제3권 제380조).

실업수당은 또한 실업자가 실업기간동안 노동보수를 청구할 수 있는 한 중 474
지된다(사회법전 제3권 제155조, 제157조). 노동관계의 종료 시 사용자로부터 노동자에게 합의금이 지급되면 실업수당은 중지된다(사회법전 제3권 제158조). 실업자에게 노동보수 청구권이나 화해금이 인정되는 경우라도 사용자가 그 노동보수에 대한 청구권을 이행하지 못하는 때에는 그럼에도 불구하고 실업수당이 인정된다(사회법전 제3권 제157조 (3)항, 제158조 (4)항 참조). 노동행정은 법에 의해 고용촉진법 급여수준에서 노동보수의 청구권 부분을 습득한다(사회법전 제10권 제115조). 끝으로 실업수당 청구권은 법에 의해, 실업자에게 그 밖의 소득대체를 목적으로 하는 사회급여가 귀속되는 한 중지된다 (질병보상금, 취업능력감소 또는 노령연금, 사회법전 제3권 제156조).

cc) 정지기간

실업급여 청구권은, 노동행정이 급여의 일시적인 중지(= 정지기간)를 명하면 475
소멸하는데[83](사회법전 제3권 제159조), 왜냐하면 실업자는 그의 실업의 개시 또는 지속에 대해서 스스로 책임을 지기 때문이다. 정지기간은 고의 또는 중과실로 인한 고용관계의 해소로 스스로가 실업을 초래한 경우나 또는 실업자가 고용공단에 의해서 지정된 무리가 없는 일을 받아들이지 않거나, 고용공단에서 권고된 직업훈련서비스의 중단과 같이 자신의 미진한 노력으

83 *레그데*, 사회재판(잡지) 2003, 617.

로 인해 사용자에 의해 해지계기 근거가 되는 경우에 적용 개시된다. 정지기간은 또한 실업자가 자신의 보고의무를 이행하지 않으면 내려진다(보고의 지연84, 사회법전 제3권 제309조 또는 지연된 구직 보고 사회법전 제3권 제38조 (1)항 1호).[85]

정지기간은 연대공동체에 존재하는 협력의무 위반에 대해 실업자를 적절히 제재한다. 사회법전 제3권 제159조는 포괄적으로 보장되는 위험과 단지 제한적으로 보장되는 위험으로서의 실업을 명확히 구분한다. 실업보험 대상이란 우선적으로 실업자에 의한, 동일한 방식으로 그에 의해 임의로 초래된 실업이 아닌 것이다.[86] 다른 한편, 법은 직업교육기관과 일자리의 자유로운 선택에 대한 권리(기본법 제12조)로 자발적 실업이나 제공된 일자리를 받아들이지 않거나 또는 계획된 직업교육 관련 서비스에 응하지 않는 것을 허용한다.[87] 정지기간이 개시되면, 구직자 기초보장급여(사회법전 제2권 제31조)와 사회부조[88]의 보장 역시 고려되지 않는다.

476 판례는 정지기간을 부과하는 전제에 대해 많은 사례별 접근방법(Kasuistik)을 발전시켰다. 정지기간은 단지 비난할만한 행위에 대해서만 개시되는 것

---

84 연방사회법원 신 노동사회법잡지-보고서2012, 216.

85 2005. 12. 31까지 사회법 제3권 § 140은 실업급여청구의 감소를 규정하였다. 2005.12.22. 법률에 의해(연방법률공보 I, 3676쪽) 감액은 취소되었고 법적결과로서 통일적으로 봉쇄기간 공고가 도입되었다.

86 그에 대해 역시 스위스에서 법적 상황 연방법원 판례(스위스) 109 V 277, 120 V 251, 122 V 267 참조.

87 연방헌법재판소판결 85, 360; 97, 169; 108, 150.

88 주 사회법원 노르트라인-베스트팔렌 – 2009.5.4. – L 20 SO 33/08.

이며, 그에 대해서는 책임에 대한 인식이 필요하다.[89] 그에 따르면 보다 고령 노동자의 일자리 포기는 정지기간을 정당화하며, 일자리가 급박한 경영상의 감원 – 또 부분노령시간[90] – 의 상황에서 포기된 것이거나[91] 또는 구직신청이나 구직을 신청하지 않은 것이 같은 것일 때에도 그러하다.[92] 정지기간은 또 일자리가 그간의 관습에 위배되지 않을 정도의 낮은 임금때문에 거부된다면 시작되는데,[93] 그에 반해 일자리의 포기가 작업장의 어쩔 수 없는 상황에 기초한 것이라면 개시되지 않는다.[94] 혼인을 하기 위해서 고용관계를 포기하는 사람은 정지기간으로 인정되지 않는다.[95] 혼인관계에 있지 않은 생활공동체의 파트너를 위한 일자리의 포기도 역시 마찬가지이다.[96]

노동관서에서 자신에게 부여 된 일을 행하는데 양심의 갈등에 처한 사람 477
은 어떤 정지기간도 감내할 필요는 없다.[97] 노동자는 양심의 갈등을 겪어야

89 연방사회법원판결 95, 8; 93, 105; 76, 12; 연방사회법원 사회재판(잡지) 2000, 327; 사회재판(잡지) 2006, 541.

90 연방사회법원판결 104, 90.

91 연방사회법원판결 104, 57; 97, 1; 95, 232; 93, 159; 92, 74; 89, 243; 66, 94.

92 연방사회법원판결 97, 1; 연방사회법원 사회법(결정집) 4-4300 § 144 23, 73호.

93 연방사회법원 사회법(결정집) 4-4300 § 144 24호.

94 그와 같이 연방사회법원판결 21, 98; 96, 22; 111, 1, 대략 고용관계가 무기한이라면, 그 기간동안 계약위반이 있는 태도가 나타났다 할지라도.

95 연방사회법원판결 43, 269: 기본법 제6조(1항)이 대립하게 된다.

96 달리 여전히 연방사회법원판결 64, 202; (결정의) 완화를 판결에서 인식할 수 있었다, *아이헨호퍼*, 사회재판 1999, 167; 선도적 결정 연방사회법원판결 90, 90. 참조.

97 연방사회법원판결 51, 70; 54, 7; 61, 158 – 판례는 통일적이지 아니하다.

하는 경우 일자리의 의무가 면제되기 때문이다(민법 제275조 (3)항).[98] 하지만 모든 개별적인 실업자는 연대공동체의 부담을 덜어야만 한다. 모든 양심상의 갈등이 인정이 된다면, 직업소개는 불가능할 것이다. 그리고 모든 양심의 결정은 희생을 통해 존엄을 얻는 것이다. 양심의 갈등 시 정지기간에 반대하는 입장은 다음과 같은 것이다. 연대란 공동체가 개개인의 인격과 그의 결정에 대해 존중의 의무가 있다는 것이다. 기본법 제4조 (1)항은 양심에 따라서 살 권리를 보장하고 있다. 정지기간은 의무위반을 제재하는 것이지만, 양심을 이유로 일자리를 거부하는 사람은, 의무를 손상하는 것이 아니고 권리를 인식하는 것이다. 그 때문에 어떠한 손해가 발생해서는 안될 것이다.

g) 구직자를 위한 기초보장 급여(사회법전 제2권)

aa) 출발점

478 사회법전 제2권은 구직자 기초보장[99]을 규정한다. 그것은 노동능력이 부족하거나[100] 대기기간을 채우지 못하거나 또는 실업수당에 대한 급여청구권이 소진된 구직자에게 귀속된다. 구직자 기초보장은 합헌이다.[101] 급여의 전

98 여기에 대해 *피차스*, 사회재판(잡지) 1984, 34, 37; *뤼프너*, 노동법 1992,1. 참조.

99 *베어리트/콘란디스/사르토리우스*(편), 생존보장법, 2012(2판); *바우어*, 공공행정 2004, 1017; *크닉그렘/그라우쓰*, 사회법핸드북 § 24, 방주 479; *보엘츠케*, 촉진과 요구, in: 호만-덴하르트/마주흐/빌리거(편), 기본권과 연대, 레나테 예거 기념논문집, 2010, 347.

100 연방사회법원판결 97, 231.

101 연방사회법원판결 97, 265; 연방헌법재판소결정 128, 90.

제는 충분한 소득이 부족하거나 자산의 부족이다(사회법전 제2권 제9조, 제11조 이하). 이는 **사회부조법 원칙**[102]을 따르고, 구직자 또는 그와 생계를 같이 하는 사람의 궁핍 시 소득을 보장한다.[103]

수급자는 궁핍을 극복하기 위해 취업생활에 통합되도록 하는 조처에 적극 479
협력하여야만 한다[104](사회법전 제2권 제2조). 급여는 그에 따라 자활에 대한 지원이다.[105] 행정은 이를 위해 사례관리 범위에서 수급자와 그런 통합의 합의(공법적인 계약)를 체결하는 것이다.[106] 그 대상은 구직자의 통합에 맞춰진 행위이지 이들에게 보장하는 급여가 아니다.[107] 행정은 재량을 가지며,[108] 관

---

102 새 규정에 대하여: *보에켄*, 사회부조에서의 자기책임의 촉진과 사회부조와 실업부조의 연계(수렴), 2003; *쾨블*, 노동의사가 없는 노동능력이 있는 자에 대한 사회적 소득? in: 크라우제(편), 유럽에서 경제와 노동의 법, 볼프강 블로마이어 회고논문집. 2004, 119쪽 이하; *스펠브링크*, 법률신문 2004, 538.

103 연방사회법원판결 97, 265; 이에 대해 연방행정법원판결 87, 212; 연방행정법원 1993.11.25 – 5 C 8/90, 연방행정법원 94, 326; 그에 대해 *폰 아놀드*, 최저생계, in: 폰 아놀드/무질(편), 사회헌법의 구조문제, 2009, 251쪽 이하; *발러라드*, 법률신문 2008, 157; *마르티네즈*, 법률신문 2005, 644. 참조.

104 내밀한 영역과 성적인 자기결정권의 관점에서 기본법 제1조 (1)항, 제2조 (1)항 경계: 연방사회법원판결 103, 134.

105 연방사회법원판결 97, 231; 연방행정법판결 23, 149, 156; 27, 58, 63; 29, 99.

106 연방사회법원판결 96, 40; 통합합의는 공법적인 계약이고 급부와 반대급부를 형량하여 규정하여야만 하고, 그밖에 어떤 정지기간이 아니다; *아이헨호퍼*, 활성화 복지국가의 법, 2013, 119쪽 이하.

107 연방사회법원 2014.4.2 – B 4 AS 26/13 R.

108 연방사회법원판결 108, 80.

습에 위배되는 행위는 비용보상청구권을 상실한다.[109] 구직자 기초보장은 활성화 사회국가의 표현으로서 촉진하고 요구하는 사회정책을 의미한다.[110] 구직자가 통합에 대한 합의체결을 거부한다면, 그 내용은 행정처분에 의해 대체된다[111](사회법전 제2권 제15조 (1)항 6호). 이것이 노동당국이 이를 발부한 경우에는 사전지시에도 불구하고, 제재[112]는 허용되지 않는다.[113] 제재는 자기책임을 요구하고 그리고 행동을 통제하는 역할을 한다. 그것은 통합합의 의무의 침해나 노동시장통합에 대한 협력행동을 전제로 한다. 제재는 비례적이어야만 하면서, 동시에 문제는 생존보장권의 제한에 있다.[114] "촉진과 요구"의 원칙 속에서 적용되는 법은, 자신의 생존보장을 위해 원칙적으로 모든 개개인의 우선적인 자기 책임을 지원하는 사회부조로부터 정당화된다.[115]

---

109 연방사회법원판결 112, 135.

110 *아이헨호퍼*, 활성화 복지국가, 2013; *발러라드*, 사회보장에서의 패러다임 전환? in: 동 저자(편), 정의여신의 순간, 페터 크라우제 기념논문집, 2006, 187; *뮌더*, 사회재판(잡지) 2006, 186.

111 연방사회법원판결 104, 185; 112, 135.

112 연방사회법원판결 112, 135; 그에 대해 일반적으로 *베어리트*, 사회부조 및 사회법전을 위한 잡지 2008, 3.

113 주 사회법원 함부르그 신 사회법 잡지 2009, 583; 주 사회법원 니더작센-브레멘 행정 및 사회법원의 후생법적 판결 59, 34; 고등행정법원 브레멘 행정 및 사회법원의 후생법적 판결 59, 60; 그 영향에 대하여 *베어리트*, in: 뮌더(편), 사회법전 제2권, 2013 (5판), § 15 방주 7쪽 이하.

114 *호너*, 사회법전 제2권에서의 제재, 2017; *아이헨호퍼*, 활성화 복지국가의 법, 2013, 101쪽 이하.

115 연방의회 회의록. 15/1516; 역시 이미 *헤겔*, § 240 법철학: "시민사회가 개인을 부양

bb) 필요

필요는 실업자가 다른 사회급여,[116] 노동법적 배상[117]과 합의금[118] 및 야간수당, 주말수당, 휴일수당[119] 또는 사법적인 부양청구권[120]을 갖고 있는 한 존재하지 않는다. 사행심에 근거한 이익도 소득이다.[121] 부양청구권은 가족법에 의해서 부양의 의무가 있는 배우자의 관계 속에서만 받아들여질 뿐만아니라, 상호적인 생계보장으로부터 생활동반자 간 그리고 비혼 생활동반자 간에서도 유사하게 사회부조와 주거급여법에 있어서와 마찬가지로 (방주 547, 516 참조) 발생하는데, 왜냐하면 이것이 결국 경제공동체이기 때문이다.[122]자 480

할 책임이 있기 때문에, 그것은 역시 이와 같은 것을 유지하고, 그들의 생존을 살펴야 할 권리를 갖고 있다" 참조.

116 그에 대해 상세히 *베어리트*, 신 사회법 잡지 2009, 537; 연방사회법원판결 87, 5; 예를 들어, 역시 재해보험의 상병보상연금(연방사회법원판결 97, 47 참조. ; 역시 연방사회법원판결 90, 172, 176; 연방대법원민사판결 153, 113) 참조. ; 창업자생계보조(연방사회법원판결 99, 240)와 아동수당(연방헌법재판소판결 전 가족법 잡지 2010, 800); 2017부터 불승인 규정의 변경에 대한 시행령 1에 따라 구직자는 그러나 노령연금의 조기수령을 참조하도록 지시되지 못한다.

117 연방사회법원판결 116, 194.

118 연방사회법원판결 102, 295.

119 연방사회법원 사회법(결정집) 4-4200 § 11 29호.

120 연방사회법원판결 102, 76; 102, 258.

121 연방사회법원 사회재판(잡지) 2016, 457; 여러 개의 자영업활동시 소득조사에 대하여 연방사회법원 사회재판(잡지) 2016, 206 이하.

122 튀링엔 주 사회법원 신 사회법 잡지 2005, 662; *크링크함머*, 전 가족법 잡지 2004, 1909; *슈미트*, FuR 2005, 290, 295; *숄츠*, 전 가족법 잡지 2004, 751; *뮌더/가이거*, 신 사회법 잡지 2009, 593 참조.

산에는 상속[123], 생명보험[124] 또는 석방 이후의 지원수당[125]역시 계산된다. 주택과 주택소유수당[126] 그리고 채무이자[127], 아파트, 7500유로 이하의 자동차[128], 사적 지원연금인 리스터 - 연금 그리고 연령 단위별 750유로까지의 저축액[129]은 안전한 자산으로서 평가되지 않는다. 소득에서[130] 제외되는 것은 훈련비,[131] 기업노후연금[132]과 생계수당 등[133]이다. 그 이외에 저임금 또는 소액의 자영업소득으로 인해서 독일에서 사회부조수준 미만의 소득을 벌어들이는 취업자의 숫자가 증가하고 있다(working poor). 특히 다자녀를 갖고 있는 부조 수급자의 경우 생계비 부조가 취업소득을 넘어설 수 있는데, 이는 가족급여의 보상이 - 무엇보다 소액소득자를 위한 - 과거에는 충분치 않았기 때문이다. 아동수당이 인상된 이래, 취업소득과 사회부조 사이에 격

---

123 연방사회법원 사회법(결정집) 4-4200 § 12, 12, 15호; 연방사회법원 판례 112, 61..

124 연방사회법원 사회재판(잡지) 2016, 575.

125 연방사회법원 사회재판(잡지) 2012, 621; 연방사회법원판결 117, 179.

126 연방사회법원판결 97, 203.

127 연방사회법원 사회법(판결집) 4-4200 § 22 31호.

128 연방사회법원판결 99, 77.

129 산입문제에 대해 연방사회법원판결 103, 146; 100, 131; 100, 196.

130 연방사회법원 사회법(결정집) 4—4200 § 11 42호; 연방사회법원 2011.8.23- B 14 AS 186/10 R.

131 연방사회법원 사회법(결정집) 4-4200 § 11 21호.

132 연방사회법원판결 107, 97.

133 연방사회법원판결 107, 106.

차는 더 커졌다.[134] 아동수당이 포괄적으로 수요를 충족하는 것이라면(방주 508 참조), 이러한 효과는 나타나지 않았어야 했을 것이다.

cc) 국내거주지와 급여의 내용

청구권이 있는 사람은, 통상 국내에서 적법한 체류와 노동시장 접근권[135]을 **481**
갖고 있는 모든 취업가능한 궁핍한 자들이다(사회법전 제2권 제7조 이하). 모든 노동은 무리없는 일이다[136](사회법전 제2권 제10조). 고용공단은 제공자이며, 궁핍한 자와 통합계약을 체결한다.[137] 고용공단은 지역복지돌봄기관, 사용자 그리고 노조, 시·군과 함께 활동한다.[138] 수급권자는 소득비례로 측정된 것이 아닌 "실업수당 II"를 받는다. 그것은 생계보장에 기여하는데 2019년 월 424유로에 달하고, 덧붙여 적정[139] 주택[140]을 위한 추가적인 보조가 있다(관리비[141] 외에) (사회법전 제2권 제19조 이하 계속). 이에 구체적 –개인적 서

134 *엥겔스*, 사회적 진보(잡지) 2001, 56.

135 연방사회법원판결 102, 60, 망명자급여법-수급자는 9개월 이후에 취업이 허가된다; 연방사회법원판결 107, 66; *얀다*, 입법 및 법학을 위한 비판적 계간지 2011, 275.

136 *펠트호프*, 사회재판(잡지) 2006, 701.

137 연방사회법원판결 105, 297; *아이헨호퍼*, 사회재판(잡지) 2004, 203; *쉰*, 사회재판(잡지) 2006, 290.

138 *파이스트*, 사회부조대신에 노동, 2000: 근로연계복지; *보에켄*, 사회법 계간지 2003, 45.

139 연방사회법원판결 104, 192.

140 연방사회법원판결 119, 1; 110, 52, 288, 294; 106, 147; 105, 283.

141 난방비 연방사회법원판결 104, 41, 온수사용비 연방사회법원판결 104, 179.

비스가 덧붙여지는데, 부조는 역시 스스로 사용하는 주거공간에도 이자 부담수준에서(이자변제는 아닌) 지원되며,[142] 일회적인 급여는 단지 법적으로 확정된 예외적인 경우에만 제공된다.[143] 취학연도에 취학아동에게 150유로 지급. 출산준비물, 수학여행비 보조 그리고 이사비용(사회법전 제2권 제23조, 제24조) 등이 있다.

여러 사람이 한 가구에 함께 살면 필요공동체가 성립한다(사회법전 제2권 제9조 (2)항)[144]. 이러한 형태인 경우에 필요공동체의 구성원들을 위한 표준률이 확정된다. 필요공동체의 취업하지 못한 구성원들은 사회수당을 받게 된다.[145] 그것은 가족구성원의 지위, 연령에 따라 등급이 매겨지는데, 이는 2019년 독신자에 424유로, 그리고 부부에 764유로, 6세 미만 아동에 대해 245유로, 14세까지 302유로, 그리고 18세까지는 322유로(2015년 표준적인 수요의 고지146와 연계하여 사회법전 제2권 제20조 (2)항, 제23조 1호 각각, 사회법전 제2권 제20조 (5)항과 연계 참조). 임신, 미혼모와 장애 시에는 추가적인 보상이 된다(사회법전 제2권 제21조). 보충적으로 – 헌법재판소 결정의 부과에 따라 – 자녀의 방과후 돌봄서비스, 단체회원권, 교육과 참여의 필요 충족을 위한

---

142 연방사회법원판결 97, 203.

143 연방사회법원판결 105, 279.

144 연방사회법원판결 112, 61; 111, 250; 110, 204; 105, 291; 97, 217; 연방사회법원판결 117, 186: 그것은 역시, 아동이 국내에 주거지를 갖고 있지 않거나 혹은 3세대를 포괄하는 경우에도 역시 성립할 수 있다.(연방사회법원판결 116, 200).

145 연방사회법원판결 108, 289; 111, 204; 111, 253; *므로찐스키*, 사회부조 및 사회법전을 위한 잡지 2004, 198; *베커/코흐*, 사회보장(잡지) 2004, 88.

146 2015년 1월 1일부터 사회법전 2권 § 20 5항에 따른 표준률 수준에 관한 공지, 2014.10.15. 연방법률공보 I 1620쪽.

문화적인 교육에 청구권이 추가된다(사회법전 제2권 제28조 이하).

연방헌법재판소[147]는 인간존엄에 대한 보장(기본법 제1조 (1)항)에서부터 "인간존중의 최저생계 보장에 대한 기본권"이 나온다고 보았다. 이러한 기본권은 처분할 수 있는 것이 아니고, 입법자에 의해 확정되고 구체화된다는 것이다. 기본법은 청구권의 구체적인 수준을 확정하는 것이 아니지만 입법자는 그러나 그에 대해 경험적으로 내용이 풍부하고, 투명하며, 이해할만한 절차를 찾아야만 하는 것이다. 그에 맞추어 계산된 법적 표준율은 명백하게 위헌적인 것은 아니지만 성인의 필요에서 도출된 아동에 대한 표준율과 한번에 급여를 일괄적으로 계산하는 것은 폐기되어야만 하는 것이다. 그 외에 드물게 나타나는 것으로, 경제적으로 중요하고 그리고 생존적으로 중요한 특수수요가 인정되며[148], 구매력의 발전과 일치하는 필요정도의 조정이 되도록 하나, 실질 연금가치의 발전에 대한 조정은 이루어지지 않는다. 여기서 또한 활동수행을 위한 비용(교통비)이 지급되어야 한다.[149] 이와 같은 의무를 입법자는 통상수요조사법(RBEG)에 따라 이행하였다. 이 법은 소득과 소비의 무작위추출에 기초한 표준율 조사를 규정하고, 참조가계와 표준율 관련 지출을 정한다.[150] 482

---

147 연방헌법재판소결정 125, 175; 그에 대해 *킨그린*, 신행정법잡지 2010, 558; *로쓰케겔*; 사회부조 및 사회법전을 위한 잡지 2010, 135; *슈나쓰*, 신 사회법 잡지 2010, 297 참조.

148 연방사회법원판결 119, 7: 높은 자기부담에 의한 민간의료보험자의 질병진료.

149 연방사회법원판결 102, 73.

150 연방사회법원판결 111, 211; *베커*, 사회보장(잡지) 2011, 특별호, 7쪽 이하; *크니커렘*. 코테 기념논문 721; *뮌더*, 사회보장(잡지) 2011, 특별호, 63쪽 이하; *슈미트-데*

노동행정은 추가 비용보상이 되는 공법적인 고용을 규정할 수 있으며("1-유로-직업", 사회법전 제2권 제16d조),[151] 그것은 이 일이 공공의 이익에 있으며 그리고 제1차 노동시장에 어떠한 구축경쟁을 유발하지 않으면 고려된다. 취업소득[152]은 기초공제 및 취업활동 공제의 저편에서 계산된다(사회법전 제2권 제11b조, (2)항 1호, (3)항).

노동행정과 사회부조 제공자 간의 협력은 독자적인 틀을 필요로 한다.[153] 주 또는 시·군은 노동행정을 통한 이행 대신에 자신의 행정을 통한 처리를 선호할 수 있다(사회법전 제2권 제6a조). 연방헌법재판소[154]는 고용공단 = 연방노동청과 자치단체 공동의 기구를 자기책임에 따른 과제의 수행이라는 헌법의 기본원칙에 대한 위반으로서 부인하였고,[155] 기본법 91e조는 이러한 법의 형태를 이제는 분명하게 허용한다. 사회법전 제2권은 급여의 청구권을 확정적으로 규율하고 있다. 그러나 접근권의 행사에는 예외가 적

칼루베, 홀란드 기념논문, 223.

151 연방노동법원판결 120, 92; 그에 대해 *예나크*, 추가 비용보상에 대한 노동, 2009; 위법한 고용의 결과에 대하여 *동 저자*, 사회재판(잡지) 2010, 8; *아이헨호퍼*, 사회재판(잡지) 2012, 66 참조.

152 연방사회법원판결 107, 97, 106; 112, 229; 112, 229; 111, 89; 106, 185.

153 *헤네케*, 입법을 위한 잡지 2003, 137; *동 저자*, 공공행정 2005, 177; *루게/포어홀츠*, 독일행정관보 2005, 403.

154 연방헌법재판소결정 119, 331.

155 *부르기*, 연방국가에서 "혼합행정의 금지"로부터 수직적 협력의 도그마에 대하여, in: 부처/칼텐보른/마이어(편), 사회적 법치국가에서 조직과 절차, 프리드리히 E. 슈납 70세 생일 기념논문집, 2008, 15.

용되어야만 한다(사회법전 제12권 제73조).[156] 장기실업자 참여의 개선을 위하여 2019년부터 요율에 따른 임금지불이 되는 사회적 노동시장이 창출되었다(사회법전 제2권 제16조의 i).

h) 실업자의 사회보장과 도산보장

aa) 실업자의 사회보장

사회보장이 취업활동에 의존하기 때문에, 실업은 소득의 상실뿐만 아니라 사회보장의 상실을 동반한다. 실업자인 사람은 더 이상 보험가입의 의무가 없고 그리고 취업노동에 기반한 의료보험과 연금보험에 대한 기대권도 그와 함께 상실된다. 일자리 상실로 소득상실의 1차적 위험이 나타날 뿐만아니라, 자신과 자기 가족구성원을 위한 사회적 부양을 할 수 있는 취업이 결여된 결과 "이차적인 위험"으로서 사회보장에 대한 상실 역시 연계되어 나타난다.[157] 483

법은 실업자들에게도 이와 같은 이차적 위험과 관련, 실업수당, 구직자 기초보장 그리고 생계비 수급자들이 의료보험에 가입하도록 보장하고 있다.[158] 그 기여금은 노동행정 또는 연방이 부담한다(사회법전 제5권 제251조 (4)항, (4a)항). 그에 반해 연방고용공단은 이런 인적 범위의 사람들에게 2011

---

156 연방사회법원판결 97, 242; 아동이 인도네시아에 산다 할지라도; 3주 여행은 호텔 숙박비를 포함하여 지불되어야 한다(주 사회법원 노르트라인-베스트팔렌, 신 사회법 잡지 2013, 833); *뮌더*, 신 사회법 잡지 2008, 169.

157 이에 대해 *룰란트*, 사회개혁을 위한 잡지 1980, 463 참조.

158 민간 의료보험에서 역시: 연방사회법원판결 108, 235; 107, 217, 실업수당 II-관련.

년 이후 노후보장비용에 대한 보조금은 더 이상 지급하지 않고 있다.[159] 이로 인해 노령자에 대한 충분한 보장이 되지 않고 있다. 따라서 이 규정은 미래에 증가하는 노인 빈곤의 위험을 숨기고 있는 것이다. 나아가 실업자는 재해보험의 보호하에 노동행정기관에 실업자 신고, 고용공단이 지정하는 사용자의 탐색과 같은 협력의 의무를 진다.[160] 끝으로 완전실업급여 수급자는(사회법전 제6권 제58조 (1)항 3호) 급여수급기간 동안 – 정지기간에는 아님! – 연금보험에 편입되며, 완전실업은 산입기간으로 인정된다. 노동행정기관이 그 기간 동안의 연금보험료를 지급한다(사회법전 제6권 제166조 2호). 그간에는 기여금 지불이 규정되지는 않았었다. 왜냐하면 실업은 기여금을 내는 기간이 아니고, 기여금이 없는 기간을 기반으로 하기 때문이다. 지급의무는 우선적으로, 연금의 수입을 안정화시키기 위해서 – 연금재정이 보다 큰 실업에 의해서 위협받는 것을 막는 데 기초하고 있다.

bb) 도산보장

484 연방고용공단은 실업보험과 관련이 있기 때문에, 노동보수청구권에 대한 도산보험의 제공자이다. 이는 도산으로 인하여 노동보수청구의 이행이 어려워진 것을 보장한다(그에 반해 원칙적으로 기업의 노후보장 청구에 대해서는 그렇지 않다).[161] 도산보험은 도산위험에 대한 노동보수청구권을 위한 독자적인

---

159 보조금은 이미 지금까지 거의 별 내용이 없었다. 그것은 그럼에도 4유로 이상을 넘지 않는/연간 2유로 연금기대권의 결과를 낳았다.

160 사회법전 제7권 § 2 (1)항 14호; 연방사회법원판결 51, 213..

161 기업 연금보험법 § 1 (2)항 3호를 대신하여 사회법전 제3권 § 165 (2항) 3쪽 참조. : 급여의 전환은, 부양제공자에 대해 사업주의 미지불 사전대비 비용이 합의되지 않

사회보험이다.[162]

EU-법[163]에 기초하는 **도산지원금**(사회법전 제3권 제165조)은 노동자들에게 노동보수의 청구권을 특권화하는 대신에, 도산법에 의해 노동자들을 도산절차에 대한 참여로부터 면제하고, 독자적인 보장을 창출한다. 도산보장은 사용자로부터 징수하고, 산재보험조합에 의해서 거두어들이는 납부액 – 임금총액의 0.15% (사회법전 제3권 제360조) – 에 의해서 재정지원 된다(사회법전 제3권 제359조 이하 계속). 전체 사용자는 이로써 도산으로 인하여 충족되지 못하는 노동자의 노동보수청구권에 대한 개별사용자의 도산의 위험을 진다.

노동보수청구를 위한 도산지원금 청구는, 도산사건발생 직전 3개월 전 이행 485
되지 않은 노동보수청구에 대해 성립한다.[164] 도산절차의 개시는 도산절차에 대한 신청이 이루어지지 않았거나(자산 부족으로 인하여 명백히 고려될 수 없는 경우) (자산부족) 또는 법 적용범위에서 기업활동의 완전한 종료로 인해 이 신청을 거부하는 것과 같다. 도산지원금은 순노동보수 수준에서 이루어지며(사회법전 제3권 제167조), 반복되는 특별급여(휴가 또는 크리스마스 수당) 는

은 경우에 적용되고, 도산비용 계산시에는 고려되지 아니한다.

162 연방노동법원판결 136, 263.

163 사용자의 지불불능시 노동자 보호에 대한 1980.10.20 평의회의 지침(80/987/유럽경제공동체), 관보 1980.10.28. L 283/23 참조. ; 그에 대해 *카스텐*, 독일 도산금보험과 유럽공동체법, 2003 참조.

164 빈번히 도산지원금은 은행에 의해 선 재정지원 된다 : 여기에서 나타나는 법적 문제에 대해서는 연방사회법원 사회재판(잡지) 1992, 622; *슈타인베델*, 기업(잡지) 1998, 822 참조.

고려되지 않는다.[165] 노동행정기관은 도산지원금 지급으로 충족된 노동자의 다른 경합하는 노동보수청구권을 획득한다(사회법전 제3권 제169조). 즉 노동행정기관이 노동자를 대신하여 사용자의 도산절차에 채권자로 참여하는 것이다.

참고문헌

Axer, Arbeitsförderung, Grundsicherung für Arbeitssuchende und Sozialhilfe, in Ehlers/Fehling/Pünder(편), Besonderes Verwaltungsrecht, 2013(3판), § 81; *Bieback*, SRH(사회법 핸드북) § 21; *Böttiger/Körtek/Schauberg*, SGB III; 2019(3판); *Eichenhofer*, Recht des aktivierenden Wohlfahrtsstaates, 2013; *Gagel/Knickrehm/Deinert*(편), SGB II / SGB III, Kommentar, 2014, Loseblattsammlung(가제본); *Hauck/Noftz*(편), Sozialgesetzbuch II, Kommentar 2014, Loseblattsammlung(가제본); *동 저자*(편), Sozialgesetzbuch III, Kommentar, 2014, Loseblattsammlung(가제본); *Münder*(편), Sozialgesetzbuch II, Lehr- und Praxiskommentar, 2017; *Knickrehm /Krauß*, SRH(사회법 핸드북) § 24.

165 연방사회법원 사회법계간지 3-4100 § 141 b 21호.

IV. 사회적 촉진

제22장 직업교육촉진

a) 목적과 기본원칙

사회법전 제1권 3조에서 추가적으로 언급된 사회적 촉진 분야는 직업교육 486
촉진이다. 그것은 교육에 대한 권리[1]와 관련된 직업교육 장소의 자유로운 선택(기본법 제12조 (1)항)을 사회법적으로 보장하고, 그와 함께 가족의 생계의 권리를 보완하는 것이다. 자녀는 부모에 의한 부양청구권을 갖는다(민법 제1601조). 생계는 급여능력이 있는 사람이 수요가 있는 친족에게 보장하여야만 하는 것이다. 부모와 자녀의 관계에서 통상 부모가 급여능력이 있고 자녀는 도움을 필요로 하는 것이다. 부양청구권은 역시 직업교육 부양을 포함한다 (민법 제1610조 (2)항=자녀의 직업에로의 적절한 사전교육의 비용).[2]

자녀의 부양은 그 필요와 부모의 급여능력에 따라 계산되기 때문에 민법적 487

1 그에 대해 역시 연방행정법원판결 134, 1 참조.

2 *람자우어/스탈바움*, 직업교육촉진법에 대한 나의 권리, 2003(4판); *헤벌러*, in: 사회법 핸드북, § 31.

부양청구권은 직업교육이 얼마나 드는 지 그리고 부모가 얼마나 버는 지에 따라 상이하다. 소득이 높다면 부모는 자녀에게 또한 비용이 많이 드는 직업교육을 할 의무가 있고, 그에 반해 소득이 낮다면 자녀 역시 단지 적은 비용이 드는 직업교육만을 요구할 수 있게 될 것이다. 직업교육은 적절한 보상에 대한 청구권을 기초로 하고 있기 때문에(직업교육법 제10조) 그로써 자녀 부양의 필요성은 줄어들거나 없어지고, 그러나 학업이 높은 비용을 초래하기 때문에, 부양권은 오로지 평균이상의 소득을 가진 부모들만이 그들 자녀들에게 학업을 가능하게 할 수 있고, 그에 반해 소득이 적은 부모의 자녀들은 비용이 적게 드는 직업교육을 받아야만 하는 그런 결과를 갖게 될 것이다.

488 여기에 바로 기회균등의 문제가 생겨난다. 그 때문에 이미 바이마르공화국 헌법 제146조 (3)항은, 국가가 소득이 적은 가족의 자녀들에 대한 학교와 대학교 취학을 촉진해야만 한다는 것을 규정하였다. 이런 방식으로 부모의 소득에 의존하는 교육에 대한 장벽은 극복되어야 하고, 그렇게 기회균등이 보장되어야만 한다. 직업교육 촉진은 학문적인 교육의 촉진에 국한되는 것이 아니며, 역시 비학문적인 일차 직업교육(필요한 경우에 고용촉진 서비스를 통해서. 사회법전 제3권 제56조 이하 계속 참조) 및 독립적인 수공업자[3]에 대한 직업교육(마이스터-직업교육촉진법) 등이 촉진되고, 여기에는 전문성 향상을 위한 직업교육이 포함된다. 직업교육촉진의 핵심적인 점은 그럼에도 불구하고 학문적인 직업교육의 촉진에 있다. 이것은 독일의 대학교육을 받은 자의

---

3 직업전문성 향상 계속교육촉진법에 대하여 – *헤벨러*, in: 사회법 핸드북 § 31 방주 95쪽 이하.

비중이 극도로 낮았던(당해 출생연도의 5%) 1960년대 중반, 한때 "교육의 파국"(게오르그 피히트)에 대한 투쟁 속에서 필요한 것으로 간주되었다.

연방직업교육촉진법(BAfoG)에 따른 직업교육촉진은, 민법상 부양권에 의해서는 부모의 충분한 급여능력의 결여로 비싼 대학교육이나 전문대학 교육을 받을 수 없는, 소득이 적은 부모의 자녀들이 이를 할 수 있도록 하는 것을 목적으로 하고 있다. 직업교육촉진법은 소득이 적은 한 부모 자녀들에 대해 이들이 사회적 장벽을 극복토록 하는 것이고, 이에 반해 민간재단(독일국민 장학재단, 독일장학금)과 달리, 공적촉진을 통해 상당히 재능있는 학생들을 지원하고자 하는 것이다. 그 때문에 민간 재단은 지원하려는 사람의 선택에 있어서 자유롭다. 489

소득이 적은 부모가구의 학생 촉진을 위해 처음 모색된 것이 호네퍼 모델에 의한 1957년도 학업촉진이었다. 그것은 사법적으로 조직되고, 연방에 의해 보조되는 것이었다. 급여는 학생과 그 부모의 궁핍정도 및 학업성취에 달려 있었다. 이에따라 1971년 연방직업교육촉진법이 태어나게 되었다. 연방이 직업교육촉진을 위한 입법관할권을 갖게 된 이후(기본법 제74조 (1)항 13호), 직업교육촉진에 관한 법적청구권이 성립되었다. 급여는 필요 시에만, 최저수준에서 보장된다. 급여는 보조금과 상환해야 할 "대출"의 조합으로 구성된다. 수급자는 직업교육에 적합한 수료 이상의 학업성취를 할 필요는 없다. 490

b) 직업교육촉진의 형성

연방직업교육촉진법 1조에 따라 생계의 유지 그리고 직업교육을 위해 필요한 수단이 별달리 가용치 않은 경우에, 직업교육촉진 청구권이 있다. 직업교육촉진은 그에 따라 직업교육부양에 대한 가족법적 청구권에 대해 기본적 491

으로 보조적인 것으로 – 이것은 부모의 급여능력이 충분한 경우 스스로 필요를 충족토록 하고, 부모가 그들의 부양의무를 먼저 이행한다는 것이 전제되어있다.[4] 직업교육촉진은 또한 고용촉진법상의 직업촉진, 인재육성 또는 공공부문 종사자가 받는 임용후보자 급여(연방직업교육촉진법 제2조 (6)항)보다는 후순위다.

492 직업교육촉진은 기본적으로 전체참여기간 동안에 계속 지원되는 것으로, 학교 의무교육기간을 넘어서는 지속적으로 행해지는 일반 직업교육과정이 보장된다(연방직업교육촉진법 제2조 이하 참조). 촉진은 주로 국내 직업교육에 맞춰져 있으나(연방직업교육촉진법 제4조), 예외로 국경 주변의 통학자(연방직업교육촉진법 제5조 (1)항) 및 국내학업의 일부로서 수행되는 외국학업에 대해서 적용된다(연방직업교육촉진법 제5조 (2)항). 기본적으로는 심화과정을 포함한 최초 직업교육만이 촉진된다(연방직업교육촉진법 제7조). 직업 전문화과정의 수료와 함께 직업교육과정을 이수한 자는, 따라서 제2차 직업교육에 대해서는 어떤 촉진도 청구할 수 없다. 직업교육을 중단한 사람, 즉 직업 전문화과정을 이수하지 아니한 채 직업교육을 끝내고, 새로운 직업교육을 받고자 하는 사람은 중요이유[5]로 그 중단이 발생한 경우에 촉진에 대한 청구권을 갖는다.

493 촉진은 국내에 법적으로 보장된 체류권을 갖고 있는 사람들에게 보장되며, 또한 여기에는 국내 주거가 용인되는 4년차 이상의 외국인도 해당된다(연방

4 *헤벨러*, in: 사회법 핸드북, § 31 방주 51쪽 이하.

5 보다 상세히, 연방직업교육촉진법 § 7 (2항) 1호; 연방행정법원판결 50, 161; 67, 235; 82, 163 참조 .

직업교육촉진법 제8조 (2a)항 참조). 급여는 자격이 있는 경우에만 제공되고, 그 것은 학업성과의 요구로 입증된다(연방직업교육촉진법 제9조). 급여는 근본적으로 최고 연령까지만 제공된다(연방직업교육촉진법 제10조 참조).[6]

촉진은 생계유지와 직업교육을 위한 수단을 마련하는 것도 포함한다 (연방 직업교육촉진법 제11조). 수요조사에서 수급자 자신의 소득과 자산(연방직업교육촉진법 제21조 이하 계속, 제27조 이하 계속 참조) 및 부부 또는 그 부모의 소득(연방직업교육촉진법 제24조 이하 계속)이 산입된다. 수요는 직업교육분야와 그 삶의 단계별로 유형별로 확정된다(연방직업교육촉진법 제12조 이하 계속 참조). 촉진은 원칙적으로 직업교육에 유형별 전체 기간 동안(연방직업교육촉진법 제15조)에 대해 승인된다. 직업교육촉진은 대학생들에 대한 보조금과 대출의 합으로 보장된다. 대출에 대한 매우 유리한 상환조건(소득의존도, 시험성적 우수시 면제, 조기상환시 편의, 연방직업교육촉진법 제18조 a, b)으로 인해 보조금 점유율이 50%를 훨씬 상회하고 있다. 494

부모가 자신의 자녀들에게 어떤 직업교육 부양지원도 할 수 없고, 부모의 부양의무 우선순위에 직업교육촉진청구권이 귀속되지 않는다면, 부양권자는 직업교육촉진을 받을 수 있다(연방직업교육촉진법 제36조 참조). 부양청구권은 그럼에도 불구하고 이런 경우에 직업교육촉진법 지급에 영향을 받지 않으며,[7] 오히려 부양청구권은 법에 의해서(연방직업교육촉진법 제37조) 수급권자로부터 직업교육촉진 제공자에게로 이양된다. 495

---

6 연방헌법재판소 가족법전체 잡지 2000, 476은 아동 부모의 연령상한을 위헌으로 이의를 제기하였고 그로부터 연방직업교육촉진법 § 10 (3항) 2목 3호의 헌법에 부합하는 해석을 요구하였다.

7 연방대법원 신 법률 주보 1985, 2331.

496 직업교육촉진은 연방의 위임에 의해서 각 주에서 시행된다. 대출액의 상환은 연방의 일이며, 그것은 연방행정청에 의해 수행된다(연방직업교육촉진법 제39조 참조). 대학생들을 위해서 대학교는 직업교육촉진청을 설치해야만 한다. 2015년 이후 직업교육촉진 현금급여의 완전한 재정관할권은 연방에 있다. 직업교육촉진 보장으로 인한 분쟁은 행정법원의 관할에 속한다(연방직업교육촉진법 제54조)

참고 문헌

Blanke/Rothe, Ausbildungsförderungsrecht, 2014(38판); *Ramsauer/Stallbaum*, BAföG(연방직업교육촉진법), 2016(6판); *Hebeler*, SRH(사회법 핸드북) § 31, 2018(5판).

Ⅳ. 사회적 촉진

제23장 가족급여

a) 기초

아동수당과 육아휴직수당은 오늘날 가족정책의 중요한 수단이다. 아동수당 497
은 공공재원으로 부모에게 지급된다. 그 수준은 아동의 숫자에 달려있다. 아동수당과 육아휴직수당은 사회법적 이전급여로서 자녀부양 부담을 완화한다. 그것은 그런 까닭에 사회적 촉진의 추가적인 부분영역으로서 가족급여보상의 중요한 부분이다(사회법전 제1권 제6조).

가족급여보상은 사회보장 다른 분야의 부담을 완화한다 – 즉 사회적 사전대비에 있어서 그러하듯 – 요구사항에서 가족친화적인 혜택의 필요성에 이르기까지.[1] 그런 까닭에 아동수당 관련하여 보면, 연금보험과 재해보험에서 지급되던 아동보조(사회법전 제6권 제270조)와 아동보너스(사회법전 제7권 제217조 (3)항)는 폐지되었다. 아동수당은 여하튼 사회급여의 가족친화적

1 그에 대해 상세히 *루스트*, 법정 의료, 재해, 그리고 연금보험에서 가족부담보상, 1990 참조.

혜택을 완전히 불필요하게 만드는 것은 아니다. 의료보험과 장기요양보험에서 가족부조(위 방주 359, 386 참조), 가족의 부양의무에 의존하는 실업수당의 계산 그리고 무엇보다 아동의 기본수요를 독자적으로 보장하는[2] 구직자 기초보장(위 방주 476, 482 참조)은 전과 같이 존재한다. 그것들은 사회급여 수급자들의 부양의무가 늘어난 결과 그 수요를 충족하기 위해 필요한 것이다. 아동수당은 여러 번에 걸쳐 반복적으로 그 방향성을 전환하였다(aa), 특히 소득세법에 대한 관계가 문제가 되었다(bb). 현행 아동수당법은 새로운 기본원칙에 근거하고 있는데, 이것은 현재의 개별적인 모습(b)을 설명하고 있다. 구조적으로 보다 단순하게 육아휴직수당법(c)이 마련되었다.

aa) 아동수당법의 성립과 전개

498 아동수당은 1920년대 말에 벨기에와 프랑스에서 가족과 사회적 그리고 인구정책적 이유에서 처음 모색되어 태동하였다(위 방주 37 참조). 그것은 초기에 우선 다자녀 가족의 상황을 개선하고 그리고 무엇보다 가족친화적 보상이라는 가톨릭 사회교리의 요구를 실현하는 것이었다.[3] 그 급여지급은 1차 세계대전을 통해서 젊은 성인남자 세대가 극적으로 감소한 시기에, 출생률 증가에 대한 경제적 자극으로 고려되었다. 즉 그러한 상실을 이른바 다자녀 가족에 대한 경제적인 자극의 보장을 통해 보상하고자 하는 것이었다.

499 아동수당은 사회적 형성의 외부화(이에 대해서는 일반적으로 위 방주 156) 사례이다. 가족친화적인 보상에 대한 요구 그리고 이와 관련된 가족과 인구정책

---

2 연방헌법재판소판결 125, 175.

3 교황의 교서 1931 사순절, Tz. 63쪽 이하 참조.

적인 목적이 사회적 사법을 통해서 실현되어 질수는 없다. 가족친화적인 보상의 요구가 직접적으로 사용자의 책무라면, 부양의무가 없는 노동자들은 노동시장에서 부양의무를 갖는 노동자에 대해 경쟁력 이점을 갖게되고, 마찬가지로 사용자들은 부양의무가 없는 노동자의 고용으로 경제적인 이점을 얻게 될 것이다. 그에 반하여 가족부양에 대한 의무가 자체 공적기금을 통해 지원된다면, 이것을 통해 노동시장에서 배척되지 않고 가족촉진에 성공할 수 있을 것이다.

독일에서 아동수당[4]은 1950년대 중반에 도입되었다. 급여는 우선 사용자 **500**
의 부담을 통해서, 그 후에는 조세에 의해서 재정지원 된다. 처음에 다자녀 노동자들만이 아동수당을 받았고, 뒤에는 모든 양육자들이 모든 아동에 대해 수당을 받았다. 처음 아동수당의 제공자들은 산재보험조합이었고, 뒤에는 노동행정기관에 의해 설치된 아동수당기금이었다. 오늘날 아동수당은 전반적으로 세무서에 의해 통합급여로 승인되고, 사용자에 의해 종속적 취업자로서 고용된 부모에 대해 지급된다(아래 방주 508 참조).

아동수당과 소득세법에서 아동부양을 고려한 관계 역시 몇 차례 변화를 겪었다. 1974년까지 가족부양은 공제액을 정당화하였는데, 이는 1975년 폐지되었다가 1983년에 다시 도입되었다. 1996년 이후 그것은 배제되었는데, 부모들에게는 전자든 후자든 이점이 각기 존재한다.

bb) 아동수당과 아동공제액

---

4 *펠릭스*, in: 사회법 핸드북, § 30 방주 9; *룰란트*, 아동수당법, in: 독일 사회법원연맹(편), 사회법판례, 1979, 제1권 473쪽 이하 참조.

501 가족의 부양은 아동공제액을 통해 조세감면이 되고, 아동수당은 가족의 지출비용을 줄이는 것으로 지급되기 때문에, 1996년 이전[5]까지, 아동수당과 아동공제액은 조세법과 사회법의 "이중적" 제도 속에서, 가족부담 보상을 서로 보완하는 것이라는 생각이 지배하였다.

이런 전제하에 아동공제액에 근거한 제도는, 이것이 조세면제이기 때문에 불균등 분배라는 비판에 처해졌다. 즉 감면효과는 소득이 높을수록 효과가 증가하기 때문이다. 조세율이 소득의 증가와 함께 증가하기 때문에, 아동공제액에 의해서 유발된 조세경감 역시 증가하는 것이다(예, 아동공제대상액이 8000유로이고 조세의무가 있는 사람의 조세율이 20%라면, 감면액은 1600유로일 것이다. 이것은조세율이 40%이면 그에 반해 3200유로가 된다). 이로 인하여 국가에게는 부유한 사람들의 자녀가 빈곤한 사람들의 자녀보다도 더 값어치가 있다는 결론이 되었던 것이다! 대안으로서 아동공제액의 폐지와 모든 자녀에게 단일한 수준의 아동수당도입이 제안되었던 것이다.[6]

502 조세법 그리고 사회법에 있어서 자녀부양에 대한 고려는 무자녀자에 비교하여 결과적으로 자산에 대한 혜택 – 조세법상으로 조세경감을 통해 그리고 사회법상으로는 직접 이전을 통해 – 이 되는 것이다. 두 수당은 가족급여 보상으로 지칭되는데, 촉진의 불평등에 대한 비판 – 바로 형편이 나은 사람에 대한 우대 – 이 곧바로 제기되었다. 연방헌법재판소[7]는, 그럼에도 불구

---

5 *레너*, 소득세법과 사회부조법, 1993, 239쪽 이하; 최근의 접근에 대하여 *빌*, 사회법에서 가족촉진, 2009, 96쪽 이하 참조.

6 그처럼 *마테우스-마이어*, 법정치학 잡지 1988, 252; 역시 *오버하우저*, 사회적 진보(잡지) 1985, 14; *쉐르프*, 사회적 진보(잡지) 1994, 259 참조.

7 연방헌법재판소판결 43, 108.

하고 자녀부양이 조세경감으로 고려되어야 할지 또는 사회법적 급여의 인정으로 고려되어야 할지는 먼저 입법자의 사회정책적 재량의 문제로 결정을 하였다. 연방헌법재판소는 이러한 판결을 후에 계속 발전시켰고[8] 가족과세 시에 가족의 최저생계 기준액을 비과세로 하여야 하고 이 최저기준액을 초과하는 소득에 대해서만 과세가 되어야한다고 판단하였으며,[9] 이 최저생계에는 돌봄비용 역시 포함된다.[10]

이런 최근의 연방헌법재판소 결정에 따르면 아동공제액은 가족급여 보상으 503
로서가 아니라, 과세의 기초로서 적정 소득을 규정하는 수단이라고 파악된다.[11] 아동공제액은 수평적인 조세정의를 실현한다. 이는 자녀를 갖고 있든 없든, 동일한 소득의 납세의무자로부터 정당한 과세이다. 과세의 기초는 처분가능한 소득에 따라 측정되는 급여능력이다. 그럼에도 불구하고 이는 동일한 소득자에게, 상이하게 결정되는데, 그들이 부담하는 아동부양 의무의 유무에 따라(예, 두 사람의 납세의무자가 각각 연간소득 십만 유로에 대한 세금을 납

---

8 연방헌법재판소판결 82, 60; 61, 319.

9 연방헌법재판소판결 82, 60은 분명히 상반된 연방헌법재판소결정 43, 108과는 벗어난 것이다; 그에 대해 *알타머*, 수평적 그리고 수직적 분배정의 사이 긴장영역에서의 가족과세, in: 베른하르트(편), 가족학적 그리고 가족정치적인 신호, 막스 빙엔 70세 생신 기념논문집 2000, 215, 216쪽 이하; *뵈켄푀르데*, 조세 및 경제(잡지) 1986, 335쪽 이하; *레너*, 연간조세법에 따른 가족급여보상 1996, in: 룰란트/파피어/폰 마이델(편), 헌법, 사회국가의 이론과 실제, 차허 기념논문집, 1998, 511, 519; *짜이들러*, 조세 및 경제(잡지) 1985,1.

10 연방헌법재판소판결 99, 216.

11 마찬가지로 또한, *아이헨호퍼*, 64차 독일법률가대회 전문가 검토의견(2002), B 24쪽 이하; *랑*, 조세와 경제(잡지) 1983, 103; *모데레거*, 헌법적인 가족보호와 소득세법의 체계, 1991, 147쪽 이하.

부하여야 하는데, 한쪽이 자녀가 없고, 다른 한쪽은 열 명의 자녀부양을 책임지고 있다면, 이들은 상이하게 부담을 지는 것이다) 부양부담이 – 부양의무자의 수급권자에 대한 법적의무에 근거하여, 조세법적으로 자녀에 대한 비용보조로서 사적 생활상의 약간의 비용을 대신하는 것에서, 이것이 소득을 경감하는 것으로 인정이 되면 이는 다음과 같이 추론될 것이다. 즉 아동공제액은 조세혜택도 아니고, 가족급여 보상의 요소도 아니며, 급여능력에 따른 소득세 과세에 필요한 요소이다.

이것이 누진적인 조세율에 근거한 것이라면, 즉 조세경감이 조세율과 납세자의 소득에 의존하는 것이라면 그것은 단지 이면일 뿐이다.[12] 수직적인 조세정의로부터 – 고소득의 납세의무자는 절대적으로나 상대적으로 더 많이 과세되므로 – 누진적인 과세가 정당화되는 것이라면, 조세경감의 누진효과는 근본적으로 문제될 것은 없다. 전자를 하고자하는 사람은, 후자를 필수적으로 감내해야만 한다! 그러나 가족부담의 보상이 조세법적 및 사회법적 요소에 근거하고 있어, 그 둘의 "이중적" 요소에 근거하고 있다는 널리 유포되어 있는 시각은 잘못되었다는 결론에 이른다. 가족급여보상이란 오로지 사회법에 의해서만 실현되는 것이다.

cc) 가족급여의 기본원칙

504 아동수당은 부양의 채무자로서 부모의 부담능력을 강화시켜야만 한다. 그

---

12 역시 *할러*, 가족소득의 과세와 가족부담보상, 1981, 32이하; 연방의회 회의록. 13/11368, 88쪽; *야흐만*, in: 키르쉬호프/죈, 소득세법, 2004, § 31방주 146쪽 이하; *가족문제에 대한 학계 자문위*(편), 가족을 위한 정의, 2001, 80쪽 이하, 226쪽 이하; 5차 가족보고, 연방의회 회의록. 12/7560, 289쪽 이하 참조.

것은 소득을 증가시키고, 그와 함께 부양권의 급여능력을 상승시키는 것이다(민법 제1603조).[13] 아동수당은 다른 목적을 추구하지 않는다 – 이른바 양육이라는 과제를 떠맡은 것에 대하여 비물질적인 보상을 보장하는 것도 아니고,[14] 조세법상 부담의 상이한 영향을 보상하는 것도 아니다.[15]

아동수당은 어떠한 보상기능을 갖고 있지 않다. 양육은 국가의 책무가 아니라 부모의 책무이기 때문이다(기본법 제6조 제2항). 그 때문에 부모는 국가로부터 그들의 양육급여를 위해서 어떤 비물질적인 보상을 요구할 수 없다.[16] 또한 아동수당은 부모의 조세부담과 독립적으로 존재한다. 결과적으로 그것은 부모의 조세부담을 위한 어떠한 보상기능도 충족시킬 수 없다. 물론, 한편에서 아동수당지급에 대한 법적요건과 부양의무가 있는 부모의 과세범위 내에서 부양에 의존하는 자녀의 최저생계의 공제[17]사이에는 관련이 있으며, 현행 규정이 적절히[18] 답하고 있다. 아동수당도 아동공제에 의해

13 연방헌법재판소판결 43, 108, 121; 75, 348, 360; 82, 60, 82; § 1612 b 연방대법원은 그런 까닭에 아동수당을 시종일관 가족-부모-부양에 부속시키고 있다: *마르티니*, 부양순위와 상환청구, 2000, 제2권, 1034쪽 이하.

14 그러나 그와 같이 *레너*, 연간조세법에 따른 가족급여보상 1996, in: *룰란트/파피어/폰 마이델*(편), 헌법, 사회국가의 이론과 실제, 차허 기념논문집, 1998, 511, 520; *렌너*, 가족부담 또는 가족급여보상? 2000, 84.

15 그처럼 올바르게 *제발트/펠릭스*, 사회법 계간지 1991, 158 반대: 연방헌법재판소판결 43, 108.

16 공격할 수 있다 할지라도, 기본적으로 가족촉진에 대하여: *브로지우스-게스도르프*, 인구통계학적 변동과 가족촉진, 2011 참조.

17 이러한 요구에 대하여: 연방헌법재판소판결 91, 93.

18 의구심: *파이퍼*, 사회재판(잡지) 1997, 14쪽 이하.

효과가 있는 조세감면도 가족법적 근거에 따른 부모의 자녀부양의무로부터 정당화되는 것이다. 그것이 – 기회균등의 이익하에서 – 부양을 위한 의무가 있는 사람의 사회법적 촉진 또는 그들의 조세경감을 설명하고 있다. 그에 따라 역시 아동수당과 아동공제사이에 대체성이 존재하는 것이다. 이는 통계적으로 통상사례에서 아동수당이 아동공제를 통해 촉발된 경감의 수준을 초과하기 때문에 유지되는 것이다.

b) 아동수당의 형성

505 아동수당은 1996년 이래 소득세법 제31조 이하, 제62~78조와 역시 연방아동수당법에서 규정되어 있다. 연방아동수당법은 독일에 제한적으로 납세의무가 있는 국경지대의 통근자 및 완전고아에 대해서는 실질적인 의미가 있다. 그에 반해 독일에서 무제한적 납세의무가 있는 부모에 대한 아동수당 보장은 소득세법에 따라서 맞춰져 있다. 가족급여 개혁과정에서 아동수당과 아동공제에 대한 전제가 서로 크게 조정되었다.

아동수당법은 보편성, 주거지, 부양, 가족 그리고 일회성의 원칙에 따른다.[19] 보편성의 원칙은 개인적인 권리에 적용되고, 거주지 원칙은 국제적인 법적용 영역의 규정에 적용되며, 부양의 원칙은 급여의 기초에, 가족의 원칙은 계산에 그리고 일회성의 원칙은 청구권 경합의 해소에 적용되는 것이다.

보편성 원칙에 따라 그의 직업적 그리고 사회적 지위와 독립적으로, 또한 그 어떤 취업활동을 하지 않는 자, 고소득자 또는 큰 재산의 소유자인 것

---

19 *펠릭스*, in: 사회법 핸드북, § 30, 방주 21쪽 이하.

에 관계없이 모든 부모는 아동수당 수급의 권리가 있다. 국제적인 법적용 영역이란 자치적인 독일의 국제사회법에 따른 주거지 원칙에 따라 정해진다(사회법전 제1권 제30조). 부양을 하는 사람과 부양을 받는 사람이 독일에 통상적인 체류를 하고 있고, 독일에서 무제한적 납세의무가 있는 경우에 아동수당이 보장된다.[20] 이런 기본원칙은 유럽연합법을 통해 확장된다. 청구권은 부모의 한편이 다른 회원국가에서[21] 국내고용 및 거주시에 성립된다(EC 명령 제67조이하 883호/2004, 위 방주 101 참조). 또한 유럽연합-법[22]은 그들이 국내에 거주하는 것과 같이 다른 회원국에 거주하는 아동도 고려되어야 한다고 규정하고 있다.

부양의 원칙은 아동수당 인정을 위한 급여의 요건이 부모에 의한 부양보장이라는 것을 말한다. 급여수급권자는 실질적으로 아동에게 부양을 보장하는 – 즉, 그와 같이 그들이 실질적으로 아동에게 부양을 보장하는 것이고 – 또 계부모, 조부모, 또는 양육기관도 아동수당을 받을 수 있다. 가족원칙이란 다자녀 아동수당의 계산을 규정하고 있는 것이다. 왜냐하면 아동수당의 수준은 한 가족에 할당된 자녀 수에 의존하여(아래 방주 508 참조) – 즉 자녀수가 많을수록 절대적 및 상대적으로 증가하기 때문이다. 아동수당은 가족 내에서 아동의 순위에 상응하여 가족의 개별적인 아동에게 귀속되는 게 아니고, 한 가족 내에 사는 아동의 부양을 위해서 전체적으로 정해진다.

일회성의 원칙이란, 한 아동을 위해서 단 한번의 아동수당이 지급된다

---

20 연방사회법원판결 107, 239; 119, 33.

21 연방재정법원판결 233, 38; 234, 324; 연방헌법재판소판결 119, 160.

22 *아이헨호퍼*, 가족법전체 잡지, 2019, 588.

는 것을 말한다. 아동이 양쪽 부모로부터 현금에 대한 부양이나 자연적인 부양을 받고 있다면, 경합이 발생하는 바 이러한 경우에 양측은 구체적인 수급권자를 정해야만 한다.

506 부양의 원칙에 따라 수급권에 대해서는 부양보장이 결정한다. 그 때문에 부모의 지위를 갖는 모든 사람들은 급여 수급권한이 있다. 그에 상응하여 법은 부모의 지위에 의한 청구권을 규정하고 있으며 – 특히 계부모, 수양부모, 양부모 그리고 조부모는, 이들이 자녀를 실질적으로 부양하는 경우에 포함한다(소득세법 제32조 (1)항, 제63조 (1)항). 그 때문에 아동은, 부양의무가 있는 청구권을 중개하는 것이다. 그런 연유로 부양수급권자의 범위는 연령, 직업교육, 취업불능 또는 부양에 필요한 것보다 소득이 적은 것으로 간주되는 모든 사람들에게 미친다.

507 아동이 18세가 될 때까지 부모의 지위에 있는 자는 아동수당 청구권을 갖게 되는데, 그들이 계속 학업 또는 직업교육 상태에 있고, 장애인으로서 취업불능으로 자발적으로 사회적 또는 생태년을 보내고 있는경우에는[23], 25세에 달할 때까지 더 청구권을 갖게된다. 아동수당권은 아동이 결혼을 하면 상실되는데, 단 부모지위를 갖고 있는 자가 결혼한 이후 아동의 절대적인 부양을 보장한다면 그러하지 않다. 이와 같은 전제는 부모 중 한쪽이 자녀의 부양에 그의 배우자보다 더 많이 기여를 하면 충족이 된다.[24] 나아가 아동이 실업자이거나[25] 또는 직업교육 일자리가 없고, 충분히 그 스스로의 소득

23 장애로 인한 취업불능상태가 25세 이상 계속되면, 부모는 계속해서 수당의 수급권이 있다(연방재정법원판결 234, 14)

24 연방사회법원판결 74, 131.

25 연방재정법원판결 233, 114; 실업에 대하여(사회법전 제3권 §§15, 2): 연방재정법

을 벌어들이지 않는 경우라면[26], 21세까지 아동은 자기부모에게 아동수당 청구권을 갖게 한다(소득세법 제32조 (4)항 3호). 아동수당은 부양을 보장하는 사람에게 그 기능이 유사한 급여가 제공되는 경우, 지급되지 않는다(소득세법 제65조 (1)항 1).

아동수당의 수준은 월 지급액으로 법적으로 확정되어 있다. 그것은 수급 **508**
권자에 의해 부양되는 자녀의 수에 달려있다. 지급액은 대상 자녀의 수와 함께 증가한다. 수급권자의 소득은 그에 반해 아동수당의 수준을 위하여 중요치 않은 문제이다. 입법자는 모든 부모를 동일하게 지원한다. 아동수당 금액은 또한 부양의무가 있는 부모들에 대한 조세감면을 목적으로 하기 때문에, 아동수당은 각각 부모의 소득에 의존하는, 고도로 분화된 촉진수단이다.[27] 아동부양으로 궁핍하게 되지 않도록 저소득 부모들은 월 185유로까지의 아동부가수당을 받는다. 그 때문에, 소득세법의 범위 내에서 아동부양을 위해서 전혀 조세경감을 받지 못하거나 충분치 못한 감면을 받는, 소득이 적은 사람은, 아동의 욕구에 근접하는 수준에서 아동부양수당을 받는다.

아동수당의 계산은, 부모의 어느 한편에 아동이 속해야 한다는 것을 요구한다. 첫째, 둘째 아동에 대해서 그에 따라 2019년 7월부터 각각 월 204유로, 셋째 아동에 대해서는 월 209유로 그리고 넷째 그리고 모든 그 이상의 자녀에 대해서는 월 235유로를 지급한다(소득세법 제66조 (1)항). 이러한 아동

원판결 235, 327.

26 그에 대해 연방재정법원결정 234, 149; 235, 331; 235, 342.

27 같은 곳; 유사하게 *그뢰플*, 조세와 경제(잡지) 2001, 150, 165쪽.

의 숫자에 따른 아동수당 수준의 증가는 부모에 대한 사회의 책임이 증가함을 나타낸다. 식구가 많으면 많을수록, 국가는 더 높은 범위에서 아동양육에 대한 급여를 지급한다. 아동수당은 부양권자의 권리이기는 하지만 그럼에도 불구하고 그것은 아동의 부양에 사용되어야 한다. 그 때문에 부모가 부양의무를 침해하는 아동들은, 아동수당의 지급을 자신에게 분할하여 줄 것을 요구할 수 있다(사회법전 제1권 제48조 (2)항 2호, 위 방주 180 참조). 나아가 아동수당 청구권은, 아동의 부모쪽 아동의 민법상 부양청구권의 관철을 위해서만 압류가능하다(사회법전 제1권 제54조 (5)항, 위 방주 188 참조). 아동수당은 노동행정의 틀에서 설치된 가족기금에 의해 운영되며, 이것은 연방국세청의 법적 그리고 전문적 감독 하에 놓여있다(소득세법 제70조). 노동자와 공무원을 위한 아동수당은 노동보수 지급액의 범위에서 사용자 또는 복무기관장에 의해 지급되며(소득세법 제72조 이하), 아동수당은 연방이 책임진다.

c) 육아휴직수당

509 육아휴직수당은 자녀의 초기 삶의 단계에서 노동자의 육아부담을 임금보상 보장을 통해 재정적으로 경감시키는 것이다. 연방 육아휴직수당 및 육아휴직시간법(BEEG)[28]에 규정되어있고, 그리고 육아휴직에 관한 노동법적인 규정과 관련이 있다(출생 후 초기에 어린 자녀양육 목적의 고용관계의 중지). 아이슬란드와 스웨덴 사례에서 자극을 받아 2007년부터 지급된 육아휴직수당은

---

28 2006. 12. 5, 연방법률공보 I 2748쪽.

(동독에도 역시 유사한 것이 있었다) 육아휴직의 사용으로 노동자에게 발생하는 소득상실을 보상하는 것이다. 급여는 실업급여 수준에 상응한다. 최저지급액은 300유로이며, 최고액은 월 1800유로에 달한다. 그것은 자녀의 출산으로 인한 소득상실을 보전하며, 부모의 첫 단계에서 소득의 항상성을 배려한다. 이는 출생 전의 순노동소득[29]을 기준으로 하고 있다.[30] 다생아 출산 시 육아휴직수당은 추가 자녀당 300유로가 추가 가산된다. 수급기간은 출산 이후 12개월을 보장하며(한부모인 경우는, 14개월), 이는 2개월 급여를 다른 부모 한편에서 청구하는 경우, 최대 14개월까지 연장될 수 있다.[31] 수급액을 반으로 할 경우 수급기간은 두 배로 늘어 날 수 있다. 육아휴직수당 수급자가 수급기간 동안에 추가적으로 벌어들인 소득은, 모성보호수당 또는 비교할만한 사용자의 급여에 상응하는 월 300유로까지 참작된다. "육아휴직수당 플러스"는[32], 만약 그들이 공통으로 자녀의 4개월 기간까지 관련 단시간노동에 고용된 경우 육아휴직수당 수급을 4개월까지 지급가능하게 한다. 육아휴직수당은 자녀가 3세에서 8세까지 최대 24개월까지 청구권을 가질 수 있다.

---

29 소득세 등급변경의 영향에 대하여: 연방사회법원판결 103, 284; 또한 연방사회법원 사회법(결정집) 4-7837 § 2, 7, 8호 참조.

30 그 규정에 대해: 연방사회법원판결 107, 108.

31 비판적으로: *자일러*, 신행정법잡지 2007, 129, 133; *바일러르트*, 독일행정관보 2010, 164; 달리, *비르크*, 사회부조 및 사회법전을 위한 잡지 2007, 3, 8.

32 2014.12.18법안(연방법률관보 I 2325쪽); 연방의회 회의록 18/2535; *그라우에*, 사회재판(잡지) 2016, 421.

참고문헌

Birk, Das neue Elterngeld nach dem Bundeselterngeld- und Elternzeitgesetz(BEEG), ZfSH/SGB(사회부조 및 사회법전(잡지)) 2007, 3 ff.; *Eichenhofer*, Empfiehlt es sich, die rechtliche Ordnung finanzieller Solidarität zwischen Verwandten in den Bereichen des Unterhaltrechts, des Pflichtteilsrecht, des Sozialhilferechts und des Sozialversicherungsrechts neu zu gestalten?, Gutachten B für den 64. DJT(독일법률가대회(잡지)), 2002; *Felix* SRH(사회법 핸드북) § 30; *Rancke*(편), Mutterschutz, Elterngeld, Elternzeit, 2014(3판); *Will*, Familienförderung im Sozialrecht, 2009.

Ⅳ. 사회적 촉진

제24장 주거급여법

a) 개요

사회법전 제1권 제7조는 규정하고 있다. "적절한 주택을 위해, 자신에게 기대할 수 없는, 비용을 마련해야 하는 사람은, 임대료 또는 비교할만한 비용에 대한 보조금권리를 갖는다". 주거급여는 임대료에 대한 보조로서 또는 자기가 필요한 주거공간에 대한 보조로서 요구할 수 있다"(사회법전 제1권 제26조). 이와 함께 사회법전은 국가 주택정책의 일부 항목만을 규정한다. 그 목표는 주민에게 주택공간을 적절히 부양하는 것이다. 그것은 임대차법 및 주거법 형성에 의한 주거공간 공급에 대한 국가의 규정(aa), 사회주택 건설을 통한 대상의 촉진(bb) 그리고 끝으로 주거급여를 통한 주체의 촉진(cc) 을 포괄한다. **510**

aa) 임대차 법을 통한 주거공간 공급에 대한 국가의 영향

임대차법을 통한 주거공간 공급 관련 국가적으로 영향력 있는 요소들은 – 사회적 사법의 대표적 사례 – 임대계약 내용에 대한 강행규정(민법 제536조 (4)항, 제556조 (4)항, 제557조 (4)항)과 임차인의 계약해지 보호 등이 있다(민법 **511**

제569조 (5)항, 제574조 (4)항). 그에 따르면 임대인은 임대계약의 해지를 그 해지에 대한 정당한 이익을 입증하는 경우에만 할 수 있으며, 임차인은 부당한 계약해지 시 이의제기권을 갖는다. 기타 임대인은 특정한 계약해지 기간에 구속된다(민법 573c조). 주거계약의 해지 시 임차인에게는 퇴거(민사소송법령 제721조) 및 강제집행이 가혹할(민사소송법 제765a조) 때에 보호가 된다. 그 이외에 입법자는 임대료에 영향을 미친다(민법 제557조 이하 계속).

bb) 대상의 촉진 (= 사회주택건축)

512 대상의 촉진은 주거공간의 공적 창출과 분양 및 보조금이나 또는 공적수단에 의한 이용자 규정의 법과 연관된 저금리의 대출에 의한 분양을 통해 민간주택 건축 촉진을 의미한다. 그 사이에 2006년 연방주의에 대한 개혁과정에서 사회적 주택건설에 관한 규정권한은 주에게 할당되었다.[1]

cc) 주체의 촉진 (= 주거급여)

513 대상의 촉진이 주택의 공급을 확장하고 주택공급에 기여하는 반면, 주체의 촉진은 저소득자를 위한 주거공간의 확보를 용이하게 한다. 주거급여는 자력으로 주택을 취득할 수 없을 만큼 소득이 적은 사람에게 시장조건으로 주택의 취득을 가능하게 하기 위한 것이다. 주거급여는 주거공간의 임차인 및 소유자에게 보장된다. 주거급여는 주거비에 대한 보조금의 형태를 띤다. 실업수당 II의 수급자는 그에 반해 주택 전체의 비용을 보상받는다(사회법전 제2권 제19조 이하 계속, 방주 480).

---

1 주거공간촉진연계법, 연방법률공보 I 2098쪽, 2100; 연방의회 회의록. 16/814, 15쪽 이중 재정의 새로운 구조에 대하여 참조.

b) 주거급여

aa) 청구권자

자신의 주택을 이용하는 모든 사람은 청구자격[2]이 있다. 임차인에 대해서는 임차보조비로서 주거급여가, 자가주택을 가진 사람은 부담에 대한 보조로서 보장된다(소유자산 획득에 드는 비용보조 = 자본서비스). 신청권자는 이용자인데, 주택을 여러사람이 이용하면 가구주가 이용자로서 해당된다(주거급여법 제3조 (3)항). 다른 공적 보조금 규정에 의해서 특별 임차비 또는 임차보조를 받는 사람은 주거급여에 대한 어떤 청구권을 갖지 못하는데, 예를 들면 외부숙소 사례로 직업교육법에 의해 촉진되는 학생(연방직업교육촉진법 제13조 (2)항), 임차비보조가 보장되는 군복무/공익복무 의무자의 가족(소집된 군복무의무자와 그 가족의 부양보장에 관한 법 제7a조) 그리고 장애로 인한 소득감소, 노령 및 구직 시 기초보장수급자(사회법전 제2권 제22조). 514

bb) 급여의 수준

주거급여의 수준은 가족의 수, 임차비와 전체소득에 따라 결정된다 (주거급여법 제4조). 가족구성원은 배우자, 자녀, 부모, 형제자매 그리고 인척 및 생활동거인(주거급여법 제4조) 등이다. 가족이 많을수록 주택은 더 새롭고 더 크게, 그리고 주거공동체가 더 클수록 지급되는 주거급여는 더 많다. 주거급여는 최고액까지만 지급된다. 이는 주거급여가 단지 "적절한 주거공간"의 515

---

2 *베커*, in: 사회법 핸드북, 29 방주 7쪽 이하; *기터/슈미트*, 사회법, 2001(5판), §§ 42쪽 이하; *이글/벨티*, 사회법, 2007(8판), § 65 참조.

창출을 가능하게 하는 것인 반면, 어떤 시장의 통상적인 임차비를 넘어서는 보조금을 나타내는 것은 아니라는 것을 뜻한다.

cc) 급여의 소득의존도

516 끝으로 급여의 수준은 수급자의 소득에 달려있다(소득조사에 대해서는 주거급여법 제13조 이하 계속 참조). 개별 가족을 위한 주거급여의 수준은 주택과 공동체를 위해 규정된 주거급여법 부칙에 분류되어 있다. 소득조사에 대해서 비혼의 생활공동체는 혼인 생활공동체보다 더 배려되지 않는데, 왜냐하면 양자가 동등하기 때문이다. 하나의 주거와 경제공동체가 존재하면, 두 파트너의 소득은 그것이 공동의 소득으로 보고 합산된다[3](주거급여법 제6조 (1)항, 제13조 (1)항).

dd) 관할, 절차 그리고 법적 보호

517 주거급여법 제24조 (1)항에 따라 주 법이, 주거급여를 승인하는 관할기관을 규정한다. 통상 해당 구가 없는 시 또는 군·구 등. 급여는 원래 연방과 주가 반분하여 재정지원 되었었다. 사회부조 수급자에 대한 생계부조의 초과지출을 보상하기 위해서, 연방의 비중이 더 높아졌다[4](주거급여법 제32조). 기각 결정에 대해서는, 이의제기 이후 행정법원에서 소송이 허용된다.

---

3 *베커*, in: 사회법 핸드북, § 29 방주 28쪽 이하; 주거공동체와 경제공동체의 개념에 대하여: 연방행정법원판결 85, 314 참조.

4 2001.6.26. AVmG, 연방법률공보 I, 1310쪽; 연방의회 회의록 764/00, 173쪽 참조.

참고문헌

Buchsbaum/Großmann/Hartmann, WoGG(주거급여법), Loseblatt(가제본); *Becker* SRH(사회법 핸드북) § 29; *Püttner*, Wohnungsrecht, in Achterberg/Püttner/Würtenberger(편), Besonderes Verwaltungsrecht, 2권, 2000(2판), § 30; *Stadtler/Gutekunst*, Wohngeldgesetz, Kommentar, Loseblatt(가제본).

제25장 장애인법

"신체적, 정신적 또는 심리적으로 장애가 있는 사람 또는 그런 장애의 위협 518
을 받고 있는 사람은, 장애의 원인과 독립적으로 필요한 구제에 대한 권리를 갖는다. 1. 장애를 억지하고, 제거하고, 개선하고, 그 악화를 막기 위해서 또는 증상을 완화하기 위해서, 2. 그의 취향과 능력에 상응하는 사회 속의 자리, 특히 노동을 하는 삶 속에서의 자리를 확보하기 위해서" – 이 말과 함께 사회법전 제1권 제10조는 장애인법[1]의 참여권을 정하고 있다.[2] 오늘날 그것은 장애인의 권리에 대한 유엔협약에서 그 근거를 찾을 수 있다. 유엔 장애인권리협약[3]은 인권협약과 두 개의 협약(방주 76 참조)에서 찾을 수 있는 장애인을 위한 보편적인 인권을 구체화하고 이를 함께 보장하여야만 한다.

---

1 연방법률공보 II 2008, 1419쪽.

2 *마주흐*, 유엔-장애인권리협약을 적용하라! in: 호만-덴하르트/마주흐/빌리거(편), 기본권과 연대, 예거 기념논문, 2011, 245; *슐테*, 사회부조 및 사회법전울 위한 잡지 2010, 657쪽 이하; *벨티*, 코테 기념논문, 635.

3 2006.12.13, 독일에서는 2009.3.26이래 발효(연방법률관보. II 2008, 1419쪽).

협약은, 포용이 실패한[4] 결과로서 나타나고 그에 대한 예방적 조처가[5] 필요한, 차별에 대해 장애인을 보호한다.

장애인법은 개개인에게 어떤 법적인 청구권을 일깨우는 것은 아니다. 다른 측면에서 기본적인 사회적 권리에 해당하는 것이고 – 사회보험, 사회보상 그리고 가족급여보상과 함께 같은 선상의 단계에 있을 뿐만아니라, 역시 그 틀 내에서 실현되는 것이다. 그에 상응하여 사회보험 제공자는 그것이 성립된 이래 장기적인 장애로 위협받는 피보험자를 "재활"하기 위해서 병원, 요양원 그리고 휴양소를 지원한다(a). 1960년대 중반 이후에야 "재활"이란 단어가 법적인 개념으로 그리고 2001년도에 발효된 사회법전 제9권에 "참여"라는 단어로 보완되었다 할지라도, 재활은 이미 100년 이상 행하여져왔다. 사회법전 제9권은 장애인의 노동과 사회에의 통합에 대한 규정을 담고 있다(b).

a) 재활과 참여

aa) 법원

519 재활과 참여권은 사회법전 9권에 관련 내용이 규정되어 있다.[6] 그것은 사회

---

4 *빌레펠트*, 유엔-장애인권리협약의 혁신잠재력에 대하여, 2009; *그라우만*, 지원된 자유, 2011; *미주흐*, 레나네 에서 기념논문, 2010, 245쪽 이하; *벨티*, 코테 기념논문 2016, 635.

5 *아이헨호퍼*, 법에서 차별의 차원으로서 적절한 예방책, 2018.

6 *라흐비츠/쉘호른/벨티*, 개념설명주해-사회법전 제9권, 2010,(3판); *다이너르트/노이만*(편), 장애인의 재활과 참여, 2009(2판); *피차스*, 사회재판(잡지) 2003, 65; *마쉬너*,

급여로서의 재활과 참여에 대한 기본원칙을 담고 있지만, – 사회법전 제1권 제10조 보다는 적게 – 재활급여에 대한 법적 청구권을 근거로 삼고 있다. 이것은 오히려 사회보험, 사회보상 또는 사회부조에 관한 개별적인 법에 포함되어있다. 사회법전 제9권은 재활과 참여 급여의 통일성을 모색하고 있다. 재활은 건강의 회복을 의미하고 그리고 참여는 장애인의 사회적 특히 노동하는 삶으로의 통합을 의미한다.

사회법전 제9권은 전체가 아니고, 가장 중요한 재활 제공자에 적용된다. 특히 520
사회보험(실업보험, 연금보험, 재해보험 그리고 건강보험). 부양행정(군인 그리고 범죄피해자보상법) 및 사회부조와 청소년부조(사회법전 제9권 제6조). 장기요양보험 역시 각각 가능한 재활규정이 있음에도 불구하고(사회법전 제9권 제5조, 제31조) 여기에 포함되지 않았다. 법은 또한 사회법전 제1권 제10조에 규정된 장애인보호법의 통합적 과제를 강조한다(사회법전 제9권 제1조). (중증)장애인은(사회법전 제9권 제2조) 장애 또는 그 결과의 회피 또는 완화 그리고 취업활동을 위한 참여에 대한 포괄적인 청구권을 갖고 있다(사회법전 제9권 제4조). 급여의 보장에서 수급권자의 기대가 충족되어야 하는 것이다(사회법전 제9권 제8조, 사회법전 제1권 제33조).[7]

사회보험에 대한 여러 상이한 법들은 각각 모든 분야에 재활급여를 예견하 521

임금법을 위한 잡지 2001, 302; *므로쬔스키*, 사회재판(잡지) 2001, 277이하; *트렌크-힌터베르그*, 장애인과 그 가족의 권리, 2010(37판); *벨티*, 신 법률 주보 2001, 2210.

7 *벨티/슈레크*, 재활과 참여권에 대한 사회법전 제9권의 질서기능, in: 이글/벨티(편), 장애를 가진 사람과 재활을 위한 사회적 법치국가의 책임, 2001, 131쪽 이하; *노이만*, 급여수급권자의 자기규정, in: 다이너르트/노이만(편), 재활과 장애인의 참여, 2009(2판), § 6; *벨티*, 사회재판(잡지) 2003, 379 참조.

고 있다. 재해보험은 업무상 사고 또는 직업병의 희생자를 보장하며 (재해보험법 제7권 제35조 이하 계속, 위 방주 407 참조), **의료보험**은 질병치료 외에(사회법전 제5권 제27조 (1)항 6호) 그리고 **연금보험**은 지속적인 장애로 인한 취업감소의 회피를 위한 재활을 보장하고 있다.[8] 그러나 이런 다양성은 피보험자를 다른 제공자가 책임진다는 이유로 모든 제공자가 거부할 위험을 안고 있다. 이런 위험은 **부양행정** – 오늘날 우선적으로 폭력범죄의 희생자와 병역과 공익복무 피해자에 대해 담당하고 있는 – 또 노동행정 그리고 사회부조 및 청소년부조 제공자 역시 재활을 고려해두고 있기 때문에, 더욱 높아가고 있다.

bb) 재활법의 기본원리

522 모든 재활의 목표는 장애를 갖고 있는 사람들이 사회의 구성원으로 통합되도록 하는 것이다(사회법전 제9권 제1조). 재활은 그 내용이 목표(finis, lat.)를 통해 정해지기 때문에 합목적적인 사회급여이다. 이러한 방향은 재활이 무엇일까라는 해석을 나타내고 있다. 장애인의 사회로의 **통합**서비스 재활은 역시 예방에 기여한다. 재활과 참여는 현금급여에 우선해야 한다(사회법전 제9권 제8조). 재활 – **과도적**인 것으로 그리고 장애인의 직업과 사회적 생활로의 **통합**을 목표로 하는 서비스로서 – 장기적으로 현금급여에 우선하여야만 한다. 통합과제를 인도적인 것과 같이 경제적인 동기가 행하고 있다. 교

8 *글라이체*, 연금보험을 통한 재활, in: 베커/카우프만/폰 마이델/슈멜/짜커(편), 독일에서의 노후보장, 프란쯔 룰란트 65세 생일 기념논문, 2007, 329; *라이만*, in: 사회법 핸드북, § 28; *동 저자*, in: 아이헨호퍼/리쉐/슈멜(편), 법정 연금보험의 핸드북, 사회법전 제6권, 2012(2판), 13장.

육, 훈련, 의료적 치료를[9] 연계하는 서비스로서 재활은 노동시장에서 사회급여 수급권자의 통합을 목표로 한다.[10] 장애인법은 이와 함께 장애인에 대한 국제법, 헌법과 유럽법에 근거를 둔, 포용을 통해 장애로 인한 차별의 금지를 구체화하고(기본법 제3조 (3)항 2호, 유럽연합 기능방식에 대한 조약 제19조),[11] 그에 따라 평가된다. 장애를 가진 사람에 대한 보호는 역시 국제법의 요건이다. 특히 유엔 장애인권리협약에는 차별이 없는, 장애인의 자기결정을 보장하는 입법을 요구하고 있다. 이런 의무는 또한 연방입법자를 구속한다.[12] 그것은 연방참여법과[13] 함께 그를 통해 국제법적인 요구를 충족하기 위하여 노력한다.

재활의 승인 신청은 장애인만이 할 수 있다. 모든 사회법적인 기본개념과 같 523
이 장애란 개념도 역시 법에 의해서 최종적으로 정의되는 것은 아니다. 재활서비스가 장애의 존재로 인해서 승인될 수 있는가 하는 것은 법적인 문

9 *흘라바*, 장애가 없는 건강부양, 2018.

10 *OECD*, 장애를 할 수 있는 능력으로 전환시키기, 2003; 활성화 복지국가를 위한 예: *죠르단*, 복지의 새 정치학, 1998, 15쪽; *기든스*, 좌우를 넘어서, 1994, 18쪽; *하르트만스헨*, 장애인의 노동시장 통합의 새로운 질서, 2014.

11 *다비*, 독일 헌법과 유럽공동체 법에서 장애로 인한 차별의 금지, in: 독일 사회법연맹, 49(2002), 7쪽 이하; *노이만*, in: 다이너르트/노이만(편), 재활과 장애인의 참여, 2009(2판), § 2; *라이헨바흐*, 사회재판(잡지) 2000, 660; *차허*, 장애를 가진 인간에 대한 책임에서 사회적 법치국가 in: 이글/벨티, 장애를 가진 사람과 재활을 위한 사회적 법치국가의 책임, 2001, 1쪽 이하.

12 연방노동법원 신 노동사회법 잡지-RR 2016, 191.

13 2016.12.23, 연방참여법(연방법률관보 I, 3234); *슈마흐텐베르그*, 신 사회법 잡지 2018, 337.

제이나, 장애가 되는 것 그리고 어떠한 재활서비스가 그 극복을 위해 적절한지는 의학적 문제이다. 세계보건기구는 장애 개념의 세 가지 징표를 구분하고 있다. 정상상태에서의 손상(impairment), 능력장애(disability) 그리고 사회적 불리(handicap).[14] 사회법전 제9권 2조는 그것을 따르고 있다.[15] "장애"는 그에 따라 통상 나이에 전형적인 보통 상황에서 신체적, 정신적 또는 심리적인 한 인간의 장기적인 손상상황으로 이해가 되며, 의학적인 판단에 따라 치료조처를 통해서 피할 수 있고, 제거되거나 또는 개선될 수 있는 그러한 것이다. 장애는, 단지 기존 또는 예측된 침해가 6개월 이상 지속되면 존재하게 되는 것이다. 중증장애는 장애정도가 50% 또는 그 이상에 해당되는 경우 성립한다(사회법전 제9권 제2조).

524 재활과 참여에 대한 급여는 직권으로 제공된다(사회법전 제9권 제9조). 재활은 단지 급여의 방식에 관해서만은 담당 제공자에 의한 재량급여이다. 재활을 "할 것인지" 뿐만 아니라, "어떻게" 할 것인지가 결정된다. 구제의 목표는 자기결정권이 있고, 장애가 없는 삶의 보장이다(사회법전 제9권 제1조). 예방은 재활과 참여에 대하여 우선권을 갖는다(사회법전 제9권 제3조).

525 재활은 상이한 과제와 법적 지위를 갖고 있는 사회급여 제공자에 의해 제공된다. 그 제공자는 실업보험, 연금보험, 의료보험 또는 재해보험, 부조행정, 사회부조 및 청소년부조 제공자일 수 있다(사회법전 제9권 제6조). 이러한 제

---

14 *벨티*, 사회적 법치국가에서 장애와 재활, 2005, 7; *트렌크-힌터베르거*, 장애인의 권리, 2010(37판), 43쪽 이하; *루테*, 사회재판(잡지) 2009, 569.

15 연방헌법재판소결정 96, 288, 301이하; *벨티*, in: 라흐비츠/쉘호른/벨티, 개념설명주해-사회법전 제9권, 2010(3판), 도입 방주 89쪽 이하, § 2 방주 19쪽 이하; *노이만*, 장애의 개념, in: 다이너르트/노이만(편), 장애인의 재활과 참여, 2009(2판), § 5.

공자의 다양성 속에 독일 사회보장의 특징인 등급화 된 체계가 나타나고 있다. 그런 시스템에서는 재활급여의 제공을 위한 여러 제공자의 담당권한이 의문스럽다.

그에 대해 다음 기본원칙이 적용된다. 기존의 또는 위협되는 장애가 그에 대해 사회급여 제공자가 직접적으로 책임을 져야 할 피해의 결과라면, 책임의무는 역시 재활을 포함한다. 제공자의 관할은 장애를 유발하는 피해의 원인(causa, 라틴어)과 그에 대한 근거가 되는 책임의무로부터 따른다. 이런 기본원칙은 재해보험은 업무상 사고와 직업병 희생자에 대한 재활제공자이고, 부양행정은 범죄, 병역 그리고 공익근무 희생자를 위한 재활제공자라는 것을 의미한다. 526

추가적인 담당관할을 규정하는 원칙은 장애의 결과이다. 그에 따라, 관할은 장애의 계속 기간 또는 장애의 발생 시 실현되는 각각의 사회적 위험에 대한 주된 급여를 책임지는 제공자이다. 담당관할은 합목적적으로 그 근거가 주어진다. 그런 연유로 일차적으로 의료보험이 모든 의료적 서비스의 제공자이며, 보완적인 치료와 직접적으로 연관된 재활서비스의 제공자이다. 그에 반해 연금보험은 모든 취업능력의 상실에 대처하는 서비스에 대한 재활제공자이다. 마지막으로 노동행정 기관은 우선적으로 직업적 숙련의 변경 그리고 역시 참여의 보장을 목적으로 하는 재활서비스 제공자이다.

기초보장과 사회부조 제공자는 원인과 결과를 살피고, 수단의 합목적적인 분류를 통해 상호 중복되지 않고 서로 다른 제공자에 의해서 제공되지 않는 재활을 제공한다. 이것은 장애가 특별한 사회법적 책임의무가 있는 피해의 결과도 아니며, 장애인이 특별히 보험법적 전제(보험의무 또는 보험기간)를 충족하지 못해 연금보험, 의료보험 또는 실업보험의 보호를 향유하지 못하는 경우에 적용된다. 527

528 모호한 담당관할로 인해 참여에 대한 수급권자의 권한이 좌초되지 않도록, 재활제공자들은 급여의 조정의무가 있다(사회법전 제9권 제15조). 재활절차상 다른 공적 사회급여보장과 사회적 보호를 취급하는 곳 – 특히 통합관청과 잡센터 – 이 포함되어야만 한다(사회법전 제9권 제22조). 담당관할을 가능한 조속히 규명하기 위하여, 수급권자는 신청서 제출 이후 몇 주 내에 담당관할 제공자를 통해 그의 급여를 받아야만 한다.[16] 최초 관련 재활제공자는 사회법전 제9권 14조에 따라 2주 이내에 자신의 관할을 밝혀야 하고, 그렇지 않은 경우 그 쪽에서 지체 없이 그에 대해 결정할 담당관할 제공자에 대한 탐색을 계속한다. 관할이 아닌 제공자가 급여를 제공하면, 그 제공자에게는 담당관할 제공자에 대한 보상청구권이 귀속된다(사회법전 제9권 제16조).[17] 사실확인이 의학적 소견서를 요구하면, 이것은 3주 이내에 제출되어야 하고 그리고 2주 이내에 보상되어야 한다. 충분한 이유 없이 기간이 도과한 경우에, 수급권자는 급여의무가 있는 제공자의 비용으로 채무가 있는 급여를 스스로 조달할 권리가 있다[18](사회법전 제9권 제17조 이하).

cc) 급여

529 사회법전 제9권은 의료적인 재활급여, 노동하는 삶에의 참여에 대한 생계보

---

16 연방사회법원판결 93, 283; 101, 207; *카스텐디크*, 재활제공자의 협력, in: 다이너르트/노이만(편), 장애인의 재활과 참여, 2009(2판), § 8; *벨티*, in: 라흐비츠/쉘호른/벨티(편), 2010(3판), 개념설명주해-사회법전 제9권, § 14 방주 12쪽 이하.

17 연방사회법판결 98, 267.

18 *플라게만*, 개인적인 예산 – 더 많은 참여를 위한 기회, in: 발러라드(편), 정의의 여신의 순간, 페터 크라우제 70세 생일 기념논문, 2006, 171.

장과 다른 보완적인 급여 및 공동체 삶의 참여에 대한(사회적 참여, 사회법전 제9권 제76조 이하) 급여를 구분한다. 의료적인 재활급여로서 사회법전 제9권 제42조는 장애의 회피 또는 취업능력의 제한에 대한 극복 그리고 장기요양을 필요로 하는 치료, 약재 및 보조수단 공급 및 특별한 치료법을 열거하고 있다.[19] 그러한 지원은 자활역량을 강화시켜야만 한다. 자기책임의 강화를 통한 예방과 연대의 필요성은 커지게 된다.[20] 노동하는 삶의 참여에 대한 급여는(사회법전 제9권 제49조) 그것이 노동자로서든, 자영업자로서든, 장애인들의 취업생활로의 통합에 기여한다.[21] 촉진은 또 장애인들을 위한 고유한 통합사업장(사회법전 제9권 제215조) 및 장애인을 위한 작업장(사회법전 제9권 제56조, 제219조) 속에서 이루어질 수 있다. 어떠한 참여도, 장애인 작업장에서의 협력할 능력을 얻고자 하는 장애인에 의해 청구될 수 없다.[22] 왜냐하면, 참여급여는 일반적인 노동시장에서 일할 능력이 있어야만 하는 것이기 때문이다.

장애인은 자신의 급여를 개인적 예산의 형태 또는 노동을 위한 예산(사회법전제9권 제61조)지원을 받을 수 있다.[23] 이것은 재활시설의 지원제공에 대

---

19 *므로찐스키*, 사회재판(잡지) 1999, 437.

20 *콜/카리우스*, 독일연금보험 2003, 30.

21 *벨티*, 사회적 법치국가에서 장애와 재활, 2005, 681쪽 이하; *네베*, in: 가겔(편), 사회법전 제2권/ 사회법전 제3권, 2014, 사회법전 제3권 § § 112-129 이전, 방주 1d; 연방사회법원 사회법(판결집) 4-2500 § 33 29, 33호; *트렌크-힌터베르거*, 아이헨호퍼 기념논문, 652.

22 연방사회법원판결 78, 163; 85, 298.

23 *벨티/슈레크*, 사회법 계간지 2000, 453쪽 이하; 연방사회법원판결 108, 158; 110, 83.

한 연계 없이 서비스를 얻는 것을 가능하게 하며, 장애인의 희망과 선택권을 실현하는 것이다(사회법전 제1권 제33조, 사회법전 제9권 제8조). 통합보조비를 매개로 궁핍한 장애인의 소득 및 자산의 참작하에 장애에 상응하는 생활방식의 보장을 가능하게 할 것이다(사회법전 제9권 제90조 이하). 장애인에 대한 통합지원은 결코 취업활동을 할 수 없었고, 그 때문에 사회적 사전대비 체계 내에서 재활에 대한 청구권을 얻을 수 없었던 사람들을 고려한다. 그 지원은 모든 종류의 장애에서 보장될 수 있다. 그것은 의료적이며, 취업생활로의 학교-직업적 통합에 기여한다. 가능한 급여는 행위치료,[24] 개인교습[25] 또는 공공교통수단의 사용이 장애인에게 무리한 경우의 차량운행지원 등이다.[26]

b) 장애인의 노동과 사회로의 통합

530 장애인의 노동과 사회로의 통합은 전쟁희생자 원호에서 시작되었고 그리고 1차 세계대전에서 발전하였다. 1920년 최초로 중상자법이 제정되었는데, 그것은 재정적 보상에 집중된 전쟁희생자부양을 보완하며, 자활에 대한 구제를 통해서 전쟁의 상처를 입은 사람들을 사회적으로 통합하고자 하는 것이었다. 이미 그 당시에 중상자들에 대한 고용의 의무와 해고보호법이 성립

---

24 연방행정법원판결 70, 121; 여기에서 지원조처가 성공을 약속하여야만 한다(연방행정법원판결 91, 114).

25 고등행정법원 노르트라인-베스트팔렌 행정법원 및 사회법원의 감독 결정 38, 353.

26 고등행정법원 노르트라인-베스트팔렌 사회보험, 사회부조 및 부양을 위한 중앙관보1991, 338.

하였다. 2차 세계대전 이후에는 전쟁상이용사들의 사회적 통합이 우선적으로 각주의 주 법을 통해서 그리고 독일연방공화국의 설립 이후에는 1953년 연방통일적인 **"중상자법"**에 의해서 실현되었고, 이것은 1954년에 **"중증장애인법"**으로 대체되었다. 명칭의 변경은 그것이 더 이상 전쟁상이용사의 통합만이 아니고, 전체적인 장애인의 통합을 목적으로 한다는 것을 표현하는 것이었다.[27] 이러 목표를 사회법전 제9권 역시 따르고 있다.

중증장애인법은 실질적으로 **사회법이 아니고**, 그보다는 개별적 그리고 집단적인 **노동법이다** (사회적 사법, 위 방주 3 참조). 사회법은 *중증장애인법*의 규정에 의해서, 부양행정이 장애속성의 존재 그리고 장애의 정도(GdB)에 대해서 결정하여야 하는 한에서만 관련된다(사회법전 제9권 제152조 이하). 이 결정에 대한 소송은 사회법원에 열려있다. **531**

기타 법은 20인 이상의 일자리를 갖고 있는 **사용자**에게, 최소 일자리의 5%를 중증장애인으로 **고용토록** 규정하고 있다(사회법전 제9권 제154조). 40인 미만 기업은 1명 그리고 60인 미만 고용기업은 최소한 2명의 중증장애인을 고용하여야만 한다. 이러한 의무를 이행하지 않는 사용자는 보상분담금을 납부해야 한다(사회법전 제9권 제160조). 그 사용은 용도가 정해져 있으며, 그 이득은 중증장애인의 고용촉진을 위해서 사용된다.

사업장 통합운영을 통해서 질병과 장애의 결과는 완화되어야 하고 그와 함께 고용관계의 유지에 기여하여야만 하며(사회법전 제9권 제164조 이하), 노

---

27 *벨티*, in: 사회법 핸드북, § 27 방주 1쪽 이하; *노이만*, in: 다이너르트/노이만(편), 장애인의 재활과 참여, 2009(2판), § 6 방주 44쪽 이하; *에커르츠, 다이너르트, 브라쉬*, in: 다이너르트/노이만(편), 장애인의 재활과 참여, 2009(2판), § § 14, 16이하, 19 참조.

동시장에의 통합은 통합합의(사회법전 제9권 제166조 이하)를 통해 개별적으로 규정되어야만 한다.[28] 중증장애가 있는 노동자는 추가휴가 청구권(사회법전 제9권 제208조) 그리고 특별해고제한법을 향유한다(사회법전 제9권 제168조 이하 계속). 장애인 노동자는 그 자신의 중증장애의 대표자[29]를 둘 권리를 갖고 있다(사회법전 제9권 제178조). 이것은 사용자에 대해서 그리고 나머지 노동자의 대표자에 대해서(예를 들면, 직장평의회, 공공부문직장평의회) 장애인들의 요구를 주장하게 하는 것이다. 중증장애인들은 공공승객교통 시설에서 기본적으로 무료승차에 대한 권리를 갖고 있다(사회법전 제9권 제228조 이하 계속).

참고문헌

Becker/Matthäus, Rehabilitation in der Europäischen Union, DRV(독일연금보험) 2004, 659; *Jung/Cramer/Fuchs/Hirsch/Ritz*(편), SGB IX, 2011(6판); *Dau/Düwell/Joussen*, SGB IX, 2011(3판); *Deinert/Welti*(편), Behindertenrecht 2014; *Deutscher Sozialrechtsverband*(편), Kodifikation des Rehabilitationsrechts, 37권, 1993; *동 저자*(편), Die Behinderten in der sozialen Sicherung, 49권, 2002; *Feldes/Kohler/Stevens-Badol*(편), SGB IX, 2018(4판); *Hartmannshenn*, Neuordnung der Arbeitsmarktintegration behinderter Menschen, 2014; *Lachwitz/Schellhorn/Welti*, HK-SGB IX, 2010(3판); *Deinert/Neumann*(편), Rehabilitation und Teilhabe behinderter Menschen, Handbuch SGB IX, 2009(2판); *Reimann* SRH(사회법 핸드북) § 28; *Trenk-Hinterberger*, Die Rechte behinderter Menschen und ihrer Angehörigen, 2010(37판);

---

28 *보데/데르니에덴/게르손*, 코테 기념논문, 401; *코테*, 기업(잡지) 2008, 582; *파리돈*, 활성화 복지국가에서 기업의 통합관리와 재해보험, 산재보험조합 실무그룹-보고서 3/2009; *다이너르트*, 기업의 통합관리와 기업예방, in: 벨티(편), 사회급여 제공자의 실무에서 재활권, 2009, 47; *동 저자*, 신 노동사회법 잡지 2010, 969.

29 *코테/리엡쉬* 노동과 법 2019, 4.

Welti(편), Behinderung Rehabilitation im sozialen Rechtsstaat, 2005; 동 *저자*, SRH(사회법 핸드북) § 27; 동 *저자* , Sozialrecht und Barrierefreiheit, SGb(사회재판(잡지)) 2015, 533.

V. 사회부조법

제26장 사회부조

a) 기본원칙

사회법전 제1권 제9조에 따르면 "자신의 힘으로 자신의 생계를 헤쳐나갈 수 없거나 특별한 생활여건 하에 자립할 수 없고 동시에 다른 측면에서 어떤 충분한 도움을 받지 못하는 사람은, 자신의 특별한 수요에 상응하고, 그가 자조토록 하게 하고, 공동체 참여를 가능하게 하고 그리고 인간다운 삶의 수행을 보장하는, 개인적 그리고 경제적인 지원에 대한 권리를 갖고 있다". 532

여기에서 사회부조의 과제, 종류, 전제, 척도, 목적 그리고 목표가 도출된다. 사회부조를 통해서 궁핍에 처한 사람들은 구제되어야 한다. 구제는 생계를 헤쳐나가거나 특별한 생활여건을 관리해 나가는데 기여한다. 부조의 전제는 자립할 수 없는 무능력이다. 부조의 척도는 개인적 필요이다. 급여의 목적은 자립의 지원이며 그 목표는 인간다운 존재로서의 존엄성 보장이다.

사회부조법은 1961년 이래 연방사회부조법(BSHG) 그리고 2005년 이래 사회법전 제12권에 규정되었다. 이것은 연방에 원호에 대한 경쟁적인 입법권 533

한이 귀속되는, 기본법 제74조 (1)항 7호에 기반하고 있다. 사회부조는 공동체적인 빈민구제에서 시작되었다(위 방주 18이하 계속 참조). 연방사회부조법 창출 이전에는 1924년의 제국원호의무법령(RFV)이 유효하였다.[1] 사회부조는 "사회적 네트워크하의 보호망"이다 – 다른 보호망이 없거나 또는 충분하지 않다면, 그것이 책임진다.

그런 이유로 "보조적인 기초시스템"[2]으로 지칭된다. 사회부조는 모든 사람을 위해서 기초적인 욕구의 충족을 보장하며 그리고 그와 함께 직접적으로 사회국가성의 목표를 실현한다(위 방주 7, 18, 121 참조). 물론 이러한 과제는 다른 사회급여 제공자들, 마찬가지로 사법, 즉 가족법에 의한 다른 의무가 있는 사람들의 생존보장에 대하여 후순위 – 다시 말해, 보조적인 것이다. 사회부조의 의미는, 특히 사람들이 밀집한 지역에서 증가하는데, 즉 그곳에서는 소득의 양극화가 증가하고 있기 때문이다.[3] 이러한 역설적인 현상은, "상대적인 빈곤"으로서 궁핍에 대한 사회부조에 대한 이해에서 설명된다 – 이것이 소득 격차의 증가와 함께 늘어가고 있다.

노인과 장애로 인하여 취업이 감소한 사람들에게 기초보장의 형태(사회법전 제12권 제41~46조)[4]가 보조적으로 기능한다. 내용상 같은 방향의 다른

---

1 1924년 2월 13일 공적 원호의 전제, 종류 그리고 기준에 관한 제국의 기본원칙을 대표해서 1924년 12월 4일부터(방주 45 참조).

2 *지퍼르트*, 사회법 핸드북 § 23.

3 *연방노동사회부*(편), 독일에서의 생활상황. 5. 빈곤과 부의 보고서(2017).

4 *렌/쇼흐*, 기초보장법, 2003; *부르더뮐러*, 부모의 생계와 세대간 연대, in: 고트발트/자이메/슈밥(편), 디터 헨리히 70주기 생일기념 논문, 2000, 31; *뷔트너*, 부모생계시 부담의 한계, 같은 곳, 51.

사회급여 청구권이, 보조적이지만, 그 대신에 가족생계의무에 대해서 우선적인 기초보장 모델로서 존재한다(위 방주 296 참조). 구직자 기초보장(사회법전 제2권, 참조 위 방주 482쪽 이하) 및 전쟁희생자원호에서 그에 상응하는 것을 찾을 수 있다. 한때 통일적인 것으로 생각된 사회부조는 이제 서로 영역이 구분되는 맞춤형의 부분영역으로 나뉘어있다. 사회부조법은 즉 기초보장과 생존보장의 포괄적인 법으로서 사회부조를 포괄하고 있다.[5]

사회법전 제12권 제1조, 제2조, 제9조, 제17조로부터 – 사회부조법의 개별 534
적 규정의 해석에 중심적인 – 기본원칙이 도출된다. 부조는 인간다운 삶을 가능하게 하는 것이고, 그를 위하여 자립에 대한 지원으로서 부조가 지급되며(사회법전 제12권 제1조), 그것은 자립에 대해서, 민간 또는 다른 사회급여 제공자의 급여의무에 대해 후순위적인 것이다(사회법전 제12권 2조). 부조는 개별화(사회법전 제12권 제9조) 되고, 사회부조에는 고도로 개인적인 법적청구권(사회법전 제12권 제17조)이 성립한다.

aa) 사회부조와 인간존엄

사회부조와 인간존엄의 보장(기본법 제1조 (1)항)의 관계는 연방행정법원 535
(BVerwG)[6]에 의한 관련 판결 개시 직후에 창출되었다. 인권존엄으로부터(기본법 제1조 (1)항), 개개인의 참여하에 사회부조가 법에 의해 채무가 있을 뿐만 아니라 부조수요자에 의해서 청구될 수 있다고 추론된다. 기본법 하

5 *베어리트/콘라디스/사르토리우스*(편), 생존보장법, 2012(2판).

6 연방행정법원판결 1, 159; 역시 연방헌법재판소결정 82, 60(생존권에 대한 헌법을 통한 보장의 최초의 명시적인 인정); *슈납*, 사회재판(잡지) 2010, 61 참조.

에서 인간은 항상 법적 주체로 여겨지며 그리고 그 때문에 공동체에 의한 원호의 객체로 여겨지지 않는다. 이러한 끝에 임마누엘 칸트[7]로 거슬러 올라가는, 인간은 법에서 항상 주체로 생각된다는 생각으로부터는 개별적 급여에 대한 청구권을 뒷받침할 수 없다. 그것은 오히려 일차적으로 입법자에 의해서, 필요한 경우에는 법관에 의해서 구체화[8]가 필요한 것이다.

주체로서 인간을 이해하는 것은, 먼저 그를 법적 그리고 경제적인 주체(homo faber 공작인)로 생각한다는 것을 의미한다. 인간이 우선적으로 보호가 필요하고 그리고 선험적으로 국가의 부조가 필요한 존재라면(무조건적인 기본소득에 대한 제안에 있어서처럼), 그는 주체로서가 아니고 국가적인 원호의 객체로서 이해될 것이다. 이러한 가정은, 인간이 일반적으로 행동의 자유(기본법 제2조 (1)항)와 그리고 사적 자치의 소유자라는 것에 모순되는 것이다. 모든 개인은 그런 이유로 기본적으로 그 자신과 가족을 위해서, 자신의 생업활동을 통해서 생계를 유지하는데 의존한다(사회법전 제12권 제12조 그리고 위 방주 9 참조).[9] 이와 같은 규칙의 예외만이 사회적 급여 구성요건에 의해 유형화 될 수 있는 것이다.

그 때문에 사회부조와 인간존엄의 연계에서 명제가 도출되고 – 과도적

---

7 *칸트*, 관습의 형이상학에 대한 기초, 2장, 대중적인 관습적 세상의 지혜로부터 관습의 형이상학으로 이행.

8 *베커*, 연방헌법재판소의 판결례를 통한 "기본법의 인간상", 1996; *아이헨호퍼*, 인간존엄의 사회법적인 내용, in: 그뢰쉬너/렘프케(편), 손을 댈 수 없다는 도그마, 2009, 215쪽 이하; *엔더스*, 헌법질서에서 인간존엄, 1997, 65쪽 이하, 127쪽 이하; *라이스너*, 공법에서 생존보장, 2007, 98쪽 이하; *비어리쯔-하르더*, 인간존엄과 생존보장, in: 베어리트/콘라디스/사르토리우스(편), 생존보장법, 2013(2판), 제8장.

9 *차허*, 사회재판(잡지) 1982, 329쪽 이하; 숄테, 신 법률 주보 1989, 1241.

으로 – 경제주체로서 자신의 생계를 꾸려나갈 수 없는 사람은, 인간으로서 기본적인 욕구충족의 권리를 갖고 있다. 이러한 권리를 위급 시에 국가공동체는 지켜야만 한다. 구호로서 이 책의 앞에 언급한 쉴러의 말(위 방주 1 앞 참조)은 이와 같은 맥락을 이미 일찍이 명확하고 그리고 꿰뚫어 보듯이 주목하였다. 사회부조는 경제적, 사회적 삶에 대한 모든 개개인의 참여를 보장하고 그리고 그와함께 사회적 포용을 보장하는 것이다. 빈곤은 평균소득으로부터 도출되며, 그 접근은 유형화된다. 빈곤은 그에 따라 많은 독신자, 아동, 이주배경을 갖고 있는 자, 저임금노동자 그리고 저소득 자영업자[10] 등, 빈곤으로부터 위협을 받는 이는 저임금노동자, 아동, 여성 그리고 비취업자들이다. 과거 20년간 상당히 곤궁한 상황에 처한 사람들이 줄어든 것과 동시에 소득불평등은 증가하였다. 동시에 높은 소득과 자산을 가진 사람의 숫자와 비중은 증가하였다.[11]

인간존엄으로부터 사회부조의 어떤 개별적인 청구권이 도출되지는 않는다 536
할지라도, 그럼에도 불구하고 그로부터 사회부조의 기본원칙이 도출된다. 자립에 대한 부조, 다른 급여청구권에 대한 후순위, 개별화 그리고 사회부조에 대한 주관적 권리. 사회부조는 기본적으로 단지 과도적으로 그리고 – 자립에 대한 지원으로서 – 보장되어야 한다는 것에서, 인간이 기본적으로 법적 그리고 경제적 주체로 이해된다는 것을 의미한다. 사회부조는 자립 그리고 다른 급여에 대해 후 순위인데, 이는 인간은 기본적으로 자신의 생존보장에 대하여 자신의 소득, 노동자산과 현금자산 또는 다른 사람에 대하

---

10 *크레머*, 독일에서의 빈곤, 2016.

11 연방노동사회부, 독일에서의 생활여건. 5차 빈곤과 부의 보고서(2017).

여 그에게 귀속되는 법적청구권에 의존하기 때문이다. 개별화의 기본원칙은 인간존엄의 표현이다. 왜냐하면 개개인이 – 이름없는 "번호" – 수 많은 사람 중의 한 사람 대신에 – 개인으로서 취급되기 때문이다. 마지막으로 사회부조에 대한 주관적인 권리란 인간존엄의 표현이다. 그것은 사회부조를 찾는 사람이 청원인으로서 등장하여야만 하는 것을 막는다.

bb) 자립에 대한 지원

537 부조란 수급자에게 "가능한 한, 부조로부터 독립적으로 살 수 있도록 하여야만 하고, 그에 대해 급여수급권자들 역시 자신의 힘으로 노력해야만 하는 것이다(사회법전 제12권 제1조, 제2조). 이러한 기본원칙은 "시도 여부"가 아니라, "어떻게"에 적용되는 것이다. 사회부조는 **합목적**[12] 급여이며, 가능한 한 그렇게 만들어서, 계속되는 사회부조 의존성을 피하도록 해야 하는 것이다. 여기서 결론은 사회부조가 미래지향적이지 과거에 관해 보장하는 것이 아니며, 특히 어떤 채무를 변제하는 것이 아니다[13]는 것이다. 기본적으로 사회부조권은 또한 사회적 촉진의 의무가 있는 것이다. 이에 상응하여 사회부조 제공자들은 급여수급자에게, 어떻게 그가 그런 궁핍한 삶을 극복하고, 사회적 삶에 적극적으로 참여할 것인가를 자문해야만 한다.

cc) 후순위

---

12 *로쓰켈*, 사회부조법의 구조원리, 2000, 개별적인 수많은 사례가 선도적인 원칙의 판결을 만들어낸다.

13 연방행정법원판결 66, 342; § 36 사회법전 제12권 채무는 단지 주거(그리고 부대비용)의 보장 또는 비교할만한 긴급상태의 제거에만 떠맡겨질 수 있다 참조.

후순위란 다음과 같은 의미를 갖고 있다. 부조란 단지 지원을 찾는 사람이 538
스스로 구제할 수 없고 그리고 그 부조를 역시 다른 사람 – 가족구성원 또는 다른 사회급여제공자 – 에 의해서 획득할 수 없는 경우에만 보장되어야 한다[14](사회법전 제12권 제2조). 기본적으로 모든 사람은 자신의 생계를 취업활동을 통해서 헤쳐나가야 하고, 그것을 위해 자신의 소득과 자산을 투입해야 하는 것이다. 사회법전 제12권 제2조는 사회부조는 생계의 의무가 있거나 또는 우선적으로 급여의무 제공자가 그들의 우선적인 책임으로부터 면제되지는 않는다는 것을 또한 분명하게 한다. 사회부조의 보장은 역시 생계권적인 궁핍을 제거하는 것도 아니고 또 다른 제공자들의 채권을 탕감하는 것도 아니다. 사회부조 제공자와 급여의무가 있는 제공자 사이의 보상은 보상권의 규정에 따라 이루어진다(위 방주 243 이하 계속 참조). 사회부조 제공자와 생계의무자 사이의 보상은 법적 채권의 위임을 통해 발생한다(cessio legis 양도법). 생계보장청구권은 법에 의해서 생계의 채권자와 부조의 수급자로부터 사회부조 제공자에게 이양된다(사회법전 제12권 제94조).

후순위의 법적인 특징은 사회법전 제12권 제22조가 담고 있다. 직업교육관련 필요충족에 대해서 직업교육촉진이 사회부조에 앞서 우선권을 갖는다.[15] 이에 상응하는 것은 역시 청소년부조 또는 구직자기초보장(사회법전 제12권 제21조) 그리고 사회부조의 관계에도 적용된다.[16] 사회부조권에 대한 생계권의 우위는, 생계수급권자는 기본적으로 자신의 생계청구권을 우선

14 포괄적으로 *쇼흐*. 사회부조, 2001(3판), 85쪽 이하; *슐테*, 신 법률 주보 1989, 1241 참조.

15 연방행정법원판결 71, 12; 82, 125.

16 연방행정법원 사회부조 및 사회법전을 위한 잡지 1986, 513.

순위의 것으로부터 주장하여야만 하고 그리고 궁핍 시에는 때때로 소송비용의 지원을 받는다는 것을 역시 의미한다.[17]

dd) 개별화

539 개별화는 "어떻게"에 해당하는 것이다(사회법전 제12권 제9조). 부조는 도식화되었거나 유형화된 것이 아니고, 구체적으로 부조수급자에게 개별적으로 나뉘어 보장될 수 있도록 하는 것이다. 이러한 규정은 사회서비스(예를 들면, 보호숙소) 그리고 현물급여(장애인에 적합한 주택공급)에 있어서 특별한 의미를 갖고 있다. 그에 반해서 현금급여는 후순위로 선택하는 것이다. 확실히 이들에 있어서는(예를 들면, 생계에 대한 지원의 보장) 역시 개별화가 가능하고 필요하다(장의비).[18] 부조수급자가 대략 무주택자이고 알콜중독자라면, 현금대신에 생계에 대한 부조로서 가치재의 형태로서 식품이 보장될 수 있다.[19] 사회부조 제공자에게는 이것이 그 부조의 형태나 척도에 관해서 기본적으로 재량으로 결정한다는 개별화의 원칙에 상응하는 것이다. 그런 까닭에 부조 필요자의 주택수요는 – 주거급여법의 유형화 대신에 – 구체적으로 조사되어야 하는 것이다.[20] 때문에 사회부조 제공자는 장애인 아동이 비록 스쿨버스가 운행된다 하더라도, 그 아동이 학교수업에 종일반 대신 반일반을 할 수 있다면, 스쿨버스가 다니지 않는 낮시간에, 궁극적으로 특수학교로

17 고등행정법원 함부르그 가족법전체 잡지 1989, 1202.

18 연방사회법원판결 109, 61.

19 연방행정법원판결 72, 354.

20 고등행정법원 함부르그 행정 사회법원의 후생법적 판결 37, 203, 205; 연방행정법원판결 75, 168.

의 통학은 택시로 하도록 해야한다.[21]

개별화 기본원칙의 특징 속에서 제공자는 부조의 지급을 위하여 부조수 540
급자의 희망에 상응토록 하여야만 한다(사회법전 제12권 9조 (2항), 사회법전 제1권 제33조 제2문). 이를 통해 수급자는 참여권을 얻는다. 부조는 수급권자에 대해서 뿐만아니라 수급권자와도 조율을 하여야만 한다. 이와 같은 권리는 주택교체에 대한 권한을 포괄할 수 있다.[22] 수급자 희망의 고려는 그 수용성을 높이고, 그와함께 구제의 효용성을 높인다. 궁핍한 사람의 자기결정권과 희망은 우선의 원칙을 통해서 제한된다. 시설에서의 부조에 대한 희망(요양소 또는 요양기관)은 그 필요가 통원에 의해 충족될 수 없거나 지나친 추가비용이 발생하지 않는 한(사회법전 제12권 제9조 (2)항) 단지 개별사례에 있어서만 부응할 수 있다. 사회법전 제12권 제13조는 그럼에도 불구하고 시설에 대한 필요의 충족이 무리하지 않고, 그에 반해 통원급여가 지나친 추가비용을 초래한다면, 통원치료의 우선은 포기되는 것이다. 주목할만한 것은 서비스를 통한 또는 각각의 종교적 고해시설에서의 돌봄에 대한 희망이다. 하지만 역시 이와 같은 희망에 대해서도 이런 것들이 어떤 상당한 추가비용을 초래하지 않는 경우에만 부응할 수 있다(사회법전 제12권 제9조 (3)항, (2)항).[23]

ee) 사회부조에 대한 법적 청구권

---

21 연방행정법원 사회부조 및 사회법전을 위한 잡지 1993, 198.

22 고등행정법원 함부르그 사회부조 및 사회법전을 위한 잡지 1990, 363.

23 연방행정법원판결 65, 52; *루테*, in: 하우크/노프츠(편), 사회법전 제12권, § 9 방주 37.

541 사회부조에는, 그 법이 의무급여로서 개별적인 법적요건을 형성하는 한 법적청구권이 존재한다.[24] 청구권의 내용을 규정하는 것은 제공자의 재량에 있다(사회법전 제12권 제17조). 사회부조가 기본적인 필요의 충족에 기여하는 것이기 때문에 그 청구권은 양도, 압류 또는 담보로 할 수 없다(사회법전 제12권 제17조 (1)항 2호, 위 방주 187 그리고 민법 제400조 참조). 부조필요의 전제가 해당 제공자에게 알려지는 즉시 그 청구권은 성립한다(사회법전 제12권 제18조). 그것은 신청이 필요없으며, 즉 사회부조는 직권에 의해서만 제공되는 것이다.[25] 그러나 신청은 사회부조 제공자에게 통상적인 경우에 구제의 필요에 대한 정보를 제공한다. 사회부조는 신청과 독립적으로 이루어지기 때문에 종전 판례[26]에 따르면, 역시 관할이 아닌 제공자에게 신청서 제출이나, 관할인 제공자에 대한 신청서 제출은 동일하게 되어서는 안되는 것이다(사회법전 제1권 제16조). 하지만 이러한 판례는 포기되었다. 사회법전 제1권 제16조 (2)항 제2문 – 담당관할이 아닌 제공자에 대한 신청서 제출은 담당관할인 제공자의 신청서 제출과 동일한 효력을 갖으며, 그것은 역시 사회부조에도 적용이 된다.[27]

b) 조직

24 연방행정법원판결 25, 307.

25 연방행정법원판결 66, 90, 92.

26 연방행정법원판결 69, 5.

27 연방행정법원 사회부조 및 사회법전을 위한 잡지 1996. 237.

사회부조는 지역 그리고 초지역적 제공자에 의해 보장되고 그리고 재정지원 된다(사회법전 제12권 제3조). 지역 제공자는 기초자치단체인 시와 군이다. 그들은 자치행정의 업무로 사회부조를 보장한다. 주법은 군에 속하는 읍·면이 군의 지시에 따라 사회부조의 이행을 할 수 있도록 규정하고 있다. 읍·면은 이런 경우에 주의 위임을 받아서 활동하며, 주법은 또한 초지역적인 제공자를 규정한다(사회법전 제12권 제97조 이하 계속). 주는 초지역적 제공자로서 규정한다. 542

1. 주(베를린, 브란덴부르크, 브레멘, 함부룩, 니더작센, 라인란드-팔츠, 자르란드, 작센-안할트, 슐레스비히-홀스타인, 그리고 튜링겐) 또는
2. 지자체 자치행정의 제공자(바이에른의 구단위, 노르트라인-베스트팔렌의 지역협회) 또는
3. 사회부조 보장만을 담당하는 지자체 협회(바덴 뷔템베르그, 헤센, 메클렌브르그-포어폼머른 그리고 작센의 주 복지협회)

지역 관할은 부조수급자들의 통상적인 체류에 따르며, 요양원 또는 요양기관에의 수용 시에 수용 이전 그 수급자의 통상적인 체류지에 따른다(사회법전 제12권 제98조, 제108조). 지역 제공자는 통상적이며, 초지역 제공자는 단지 예외적으로만 담당한다(사회법전 제12권 제97조). 지역과 초지역 제공자 사이에 구체적인 담당 관할 배분에 대해서는 주법이 결정한다.[28] 사회법전 제12권 제97조 (3)항은 초지역적 제공자에게 개별적인 사안영역에 대한 담당관할을, 그러나 주 입법의 유보 하에 정하고 있다. 주법은 거기에서 벗어나 지 543

---

28 그에 대해 주의 시행법: *라베*, in: 피히트너/벤젤(편), 사회법전 제12권 – 망명자 급여권을 갖고 있는 사회부조, 2009(4판), § 97 방주 2쪽 이하; 예를 들어 § 2 사회법전 제12권에 대한 튀링엔 시행법 참조.

역 제공자에게 초지역적 제공자의 과제를 또는 마찬가지로 그 반대를 할당할 수 있다. 거기에서 주 입법자는 비전형적이고 비용이 많이 드는 급여(주로 기관의 입소)를 초지역적 기관 제공자에게 그리고 전형적인 급여는 지역제공자에게 할당하려고 노력할 것이다.

544 사회서비스(요양원, 빈민시설, 사회적 쉼터)의 보장에는 **교회**(카리타스, 디아코니아 센터)와 **자유복지협회**(노동자복지, 독일 동등복지협회, 인민연대, 독일적십자사)가 활동하고 있다. 교회의 사회사업은 종교적 행사로서 신앙의 자유 보호를 향유한다(기본법 제4조 (2)항). 사회부조 제공자에 대한 이러한 협회의 관계는 "공적부조에 대한 보조성의 원칙"[29]을 따르며(사회법전 제12권 제5조 참조), 사회부조 제공자의 관할은 복지협회의 활동에 간여하지 않고 둘은 협력하도록 유지된다. 그에 따라 사회부조 제공자들은 서비스와 현물급여가 교회협회와 자유 제공자에 의해서 제공되는 경우, 이를 제공하지 말아야한다(사회법전 제12권 제5조 (4)항). 사회부조 제공자는 하지만 협회의 비용에 대해서는 참여해야 한다. 이러한 목적에 대해서 제공자와 협회사이에 개별적 시설를 위한 합의가 체결되어야 한다(사회법전 제12권 제76조 이하 계속).[30]

c) 급여

aa) 개요

545 두 종류의 급여가 구별된다. 생계에 대한 부조(bb) 및 특별한 생활여건에 있어

29 연방행정법원판결 37, 133; *쇼흐*, 사회부조, 2001(3판), 90.

30 그에 대해 *노이만*, 협동적인 사회국가에서 자유의 위험, 1992, 134쪽 이하 참조.

서의 부조(cc). 사회법전 제1권 9조, 28조에 따라, 신청자가 그의 필수적인 생계를 완전히 또는 부분적으로 스스로의 소득이나 자산으로 헤쳐나갈 수 없는 경우에 생계에 대한 부조가 보장된다(사회법전 제12권 제27조). 사회부조는 또한 수급자가 생계를 유지할 수 있지만, 그러나 그 사이에 어려운 상황(예를 들면, 질병, 임신, 장애 또는 장기요양필요)으로 인하여 부가적인 필요(의료보장, 돌봄, 통합 또는 요양)가 성립하는 경우, 개개인이 자신의 소득이나 자산으로 이를 충족할 수 없는 경우에 보장이 된다. 두 급여의 종류는 또한 궁핍의 정도에서 기본적으로 구별된다. 생계부조의 청구 이전에 신청자의 소득이나 자산은 기본적으로 완전하게 평가되고, 특별한 생활여건 하에서의 부조시에는 완화되어 평가된다(방주 588조 이하 계속 참조). 필요공동체에 부조필요자가 산다면, 거기에서의 수입은 고려된다.[31]

제공자는 필요상황의 조사에 사회부조에 대한 개인적인 열망을 포괄적으 546
로 = **전체적으로** 평가해야만 한다(전체사례-기본원칙).[32] 이 조사는 특별한 생활여건에서의 생계와 부조에 대한 청구권의 누적이 될 수 있다. 필요는 그것이 실질적이고 효과적인 한에서만 인정되며, 미래에 나타나는 수요는 – 예방적인 급여를 제외하고(예를 들면, 사회법전 제12권 제47조, 예방적인 건강부조) – 사회급여의 보장을 (여전히)정당화하지 않는다.[33] 사회부조 비용은 제공자가 지며, 거기에 연방은 노령의 기초보장과 장애로 인한 취업감소시 포

---

31 연방사회법원판결 108, 241.

32 연방행정법원판결 22, 319, 320 이하

33 연방행정법원판결 72, 88.

괄적으로 참여한다.[34]

bb) 생계에 대한 지원

547 생계에 대한 지원 청구권은 기본적으로 그의 소득과 자산에 따라 측정된, 신청자의 **궁핍상태**에 달려있다(사회법전 제12권 제2조, 제19조). 신청자가 배우자와 함께 그리고/또는 1인의 결혼하지 않은 미성년 자녀와 함께 산다면, 그에 대해 신청자의 모든 가족구성원의 소득이 기준이 된다(사회법전 제12권 제19조 (1항)). 핵가족이 **필요공동체**를 형성한다.[35] 이러한 추정은 부부가 서로 간에 그리고 부모는 그들 자녀에게 생계의 의무가 있다는 것에 근거한다(민법 제1360조, 제1601조).

그를 위해 부부는, 외적인 현상에 따라[36] 분리되어 살지 않아야 한다. 한 필요공동체 다른 구성원의 소득과 자산은 고려된다.[37] 혼인, 평생파트너(평생파트너법) 그리고 "혼인에 유사한 공동체"(사회법전 제12권 제20조)가 해당된다.[38] 후자는, 파트너 사이에는 법에 의해서 어떤 민법적인 생계의 의무가 존재하지 않기 때문에, 채무가 있는 생계에 대한 실질적으로 보장되는 것

---

34 2011.12.6. 지자체의 재정력의 강화에 대한 법. 연방정부관보 1쪽. 2563; 연방의회 회의록. 17/7141, 1쪽.

35 *뤼프너*, 아동 및 청소년부조법, in: 아흐터베르그/퓌트너(편), 특별행정법, II권, 2000(2판), § 28 방주 41.

36 고등행정법원 뤼네부르그, 행정 및 사회법원의 후생법적 판결 37, 324.

37 *벤젤*, in: 피히트너/벤젤(편), 사회법전 제12권, 2009(4판), § 36 방주 3쪽 이하, 10쪽 이하.

38 *게른후버/코에스터-발티엔*, 가족법, 2010 (6판), § 44 II.

과 같은 가상의 동일상황에 기초한다. 그를 통해서 혼인의 보호에 대한 표현(기본법 제6조 1항)으로서, 비혼관계의 생활공동체가 혼인에 대해 사회부조법적으로 더 낳은 처지가 되는 것을 피한다. "혼인에 유사한" 것으로서, 파트너가 외견상 혼인한 사람들과 같이 함께 사는, 생활공동체가 간주된다.[39]

생계부조에 대한 청구권은 **필수적인 생계의 충족**에 맞춰져 있다(사회법전 제12권 제27조 - 욕구충족원리). 그것은 법적으로 정의되는 것이 아니고, 예시된다. 영양, 숙박, 의복, 신체관리, 집기, 난방, 일상적인 생활의 개인적인 필요 등 "통상적인 범위에서 역시 환경에 대한 관계와 그리고 문화적인 삶에 참여"하는 것이다. 채무가 되는 것은 "**관례적이거나 사회문화적인 최저생계**"이다.[40] 이것은 "절대적인 최저생계"(사회법전 제12권 제39조) 또는 "적절한 생계"(민법 제1610조 (1항))를 구분한다. 절대적인 것과 비교하여 관례적인 최저생계는 단순한 생존의 보장에 국한되지 않고, 생계채무자의 급여능력의 반영으로[41] "적절한 생계"에 반하여, 개별화의 기본원칙(사회법전 제12권 제9조)에 따라 관례적인 최저생계란 **전체 주민의 생활습관**(거기에서 "관례적인")에 의해 결정된다. 사회부조는 그럼에도 불구하고 최저로서의 평균적인 삶의 기준에 대한 **참여**를 보장하는 것이 아니고, 오로지 삶의 가능성에 대한 최저의 척도를 열어주는 것이어야 한다. 이와 같은 척도는, 사회적인 삶으로부터 사회부조 수급자들의 "분리 구분"과 반대로 동시에 사회부조 수급자들이 취업자보다 높은 생활수준을 갖게 되는 것을 피하도록(사회법전 제12권 제 548

---

39 역시 남성 심리치료 환자와 그를 돌보는 여의사(바이에른 주 행정법원 행정 및 사회법원의 후생법적 판결 39, 98; 연방행정법원판결 70, 278).

40 *호프만*, 사회법 계간지 2002, 101쪽 이하; 연방행정법원판결 35, 178; 36, 256.

41 *게른후버/코에스터-발티엔*, 가족법, 2010(6판), § 46 II.

28조 (3항), (4항) – 임금격차의 원칙) 결정되어야 한다.

549 법은 관례적인 최저생계의 소득기준선을 최종적으로 결정하는 것이 아니고, 가장 중요한 징표만을 확정하는 것이다. 그것을 넘어서 필요한 경우, 사회로부터 부조수급자들의 배제를 피하기 위해서, 역시 법이 개별적으로 열거하고 있는 일회적인 필요도 충족될 수 있다(여기에는 최초 주택의 장만, 의복, 수일간의 수학여행과 같은 급여 등 – 사회법전 제12권 제31조). 행정 간소화를 위해 급여는 총액으로 산정되며, 일회적인 필요 충족의 급여는 더 이상 제공되지 않는다.[42] 무수히 많은 개별적인, 목록에 언급되지 않은 급여의 필요를 표준급여에 포함시키는 일을 현재 사회재판이 하고 있다 – 법령 개정과 무관하게[43] 연방헌법재판소[44]는 드물게나마 경제적으로 상당한, 생존에 필요한 특별수요가 인정되어야 한다는 입장이었다. 주거를 위한 비용은 적절한 수준에서 사회부조 제공자에 의해 떠맡아진다. 새로운 주택의 구입 시에도 역시 이 비용은 부담되며, 부조수급자들은 임차계약 체결 전에 사회부조 제공자에게 보고할 필요는 없다.[45] 관례적인 최저생계는 사회적이고(예를 들면, 전화나 편지 연락을 위한 일정 액수의 인정) 문화적인(예를 들면, 전시, 연극, 영화의 방문

---

42 *므로젝스키*, 사회부조 및 사회법전을 위한 잡지 2004, 198, 199, 206쪽 이하.

43 판례에 의하여 통상수요에 속하는 것으로 대략 다음 것들이 간주되었다: 실습비(주 사회법원 바덴-뷔템베르그 – 2007.2.1. – L 7 SO 4267/05), 당뇨병으로 인한 할인비(주 사회법원 헤센 – 2006.11.14. – L 9 SO 62/06 ER), 발도프학교 진학을 위한 수업료(주 사회법원 슐레스비히-홀스타인 NZS 2007, 164쪽 이하.), 책임의무보험 및 가재 손해보험 급여액(주 사회보험법원 뮌헨 브라이트 2006, 503쪽 이하)

44 연방헌법재판소결정 125, 175.

45 연방행정법원판결 107, 239.

가능성) 삶의 참여가능성이 열리도록 보장되는 것이며, 그것은 역시 사회보장의 비용을 포괄하여야만 한다(사회법전 제12권 제32조 이하 참조).

생계부조는 계속하여 또는 일회적으로 기관의 안팎에서 보장될 수 있다. 일 550
회적인 급여로서 생계부조는 부조수급자가 자신의 수단으로 자신의 통상적인 생계를 꾸려 나갈 수 있으나, 예외적인 지출을 할 수 있는 상황이 아니라면, 고려된다(사회법전 제12권 제27조, 예를 들면, 자신의 주택에서 땔감의 조달이나 보수 참조).[46] 여기에는 역시 가까운 가족구성원의 장례 비용도 포함된다.[47] 그럼에도 불구하고 이것은 오늘날 계속적인 급여 외에 더 이상 보장될 수는 없다[48](사회법전 제12권 제28조 (1항)). 주거와 난방을 위한 적절한 비용의 보상(사회법전 제12권 제35조)만이 여전히 개별적인 급여산정의 형태로서 인정된다. 이것들 역시 총액으로 가능하다.

기관 내에서의 거주를 위한 부조가 보장된다면, 관례적인 최저생계는 주로 기관의 서비스에 의해서 제공된다. 그럼에도 불구하고 부조수급자에게 기관의 급여에 의해 충족되지 않는 수요에 대한 현금청구권이 귀속된다(사회법전 제12권 제37조). 폐쇄된 기관 밖에서의 생계에 대한 계속적인 부조는 현금급여로서 보장되고 표준급여에 따라 산정된다(사회법전 제12권 제28

---

46 연방행정법원판결 90, 160.

47 연방사회법원 결정 104, 219.

48 지금까지의 판결로부터의 사례: 흑백 혹은 중고 텔레비전(연방행정법원판결 79, 17, 연방행정법원판결 106, 99; 세탁기(연방행정법원판결 107, 234); 진공청소기(고등행정법원 뤼네부르그 행정 및 사회법원의 후생법적 판결 37, 423); 장난감(고등행정법원 함부르그 행정 및 사회법원의 후생법적 판결 37, 282; 연방행정법원판결 87, 212).

조). 그 수준은 유형화되어 확정되고, 개별적인 특수성은 단지 예외적으로만 고려된다(사회법전 제12권 제28조 (1항), 제9조). 이러한 – 개별화의 기본원칙(사회법전 제12권 제9조)에서 벗어나는 급여의 보장은 현금급여의 추상성과 동등처우 기본원칙에서 정당화된다(기본법 제3조 (1항)).

표준급여는 연방에 의해 제정된 **통상수요조사법**(RBEG)[49]에 의해서 확정된다(사회법전 제12권 제28조). 기본적인 표준급여에 기반한 최초의 총괄적이고 비례적인 표준급여의 확정은, 헌법과 불합치하였다.[50] 통상수요조사법은 하위그룹의 **소득과 소비의 임의추출견본**(EVS)에 의해서 표준급여를 정한다(통상수요조사법 2조 이하 계속). 그것은 여섯 개의 통상수요층을 나이, 가구구성원의 수 그리고 가계의 운영에 따라 구분한다. 어떤 소득과 소비의 표본조사가 행해지지 않는 해에는, 그것은 법령에 의해 계속해서 정해진다(사회법전 제12권 제40조, 통상수요조사법 제7조). 그에 따르면, 성인, 독거자 또는 미혼모는 2016년 자기 자신의 가계(통상수요등급 1)에서 월 404유로의 표준급여를 받는다. 이것은 두 성인 급여수급자가 한 투입공동체에서 살게 되면 각각 364유로로 감액된다(표준수요등급 2). 기타 성인은 324유로를 받는다(표준수요등급 3). 자녀와 청소년을 위한 표준급여는 연령에 따른다. 6세에 달할때까지 237유로, 7~14세 까지는 270유로, 그리고 성년이 되었을 때까지는 306유로(표준수요등급 4~6등급)를 받는다. 유형화 된 복수의 수요에서 출발하는 부조수급자에 대해서는 (예를 들면, 연령에 의한 부조수급자 (사회법전 제12권 제41조 (2항)), 예비 엄마 그리고 장애로 인하여 취업이 감소된 사람) 총액으로

49 2011년 3월 24일, 연방법률공보 I 453쪽; *타운젠드*(편), 빈곤의 개념, 런던 1970..

50 연방헌법재판소결정 125, 175.

인정이 된다(사회법전 제12권 제30조).[51]

사회부조의 인정 시 부조수급자는 포괄적으로 관리의 대상이 되며(사회법전 제12권 제11조), 이는 급여수급자의 활성화에 기여해야 한다(사회법전 제12권 제11조 (2항)). 급여수급권자가 질병, 장애로 인한 취업의 감소 또는 연령 또는 기타 중요한 이유로 취업활동이 방해되지 않는다면, 수급자는 역시 일자리가 배정될 수 있다. 불합리한 것은, 그로 인하여 소아의 양육이 위협받는 경우의 일이다. 3세 이상의 자녀에 대해서는, 양육하는 부모에 취업활동이 가능토록 하기 위하여, 돌봄이 보장된다(사회법전 제12권 제11조 (4항)). 551

cc) 비전형적인 긴급상황으로서 특별한 생활여건의 지원(사회법전 제12권 제70-74조)

특별한 생활여건의 관리를 규정하는 부조는, 법에 의해 비전형적인 곤궁한 상황(사회법전 제12권 제70-74조)으로서 유형화된다(사회법전 제1권 제28조 (1항) 2호, 사회법전 제12권 제8조 2~8호 참조). 그것은 사회적 위험으로 인정되며, 그에 맞는 사전대비가 취해지는 상황을 의미한다. **질병**(사회법전 제12권 제47조 이하 계속), **임신**(사회법전 제12권 제50조), **노령**(사회법전 제12권 제41~46조) 그리고 **장기요양필요**(사회법전 제12권 제61~66조) 등. 사회부조법은 그와 함께 사회적 사전대비가 남기는 틈새를 메운다. 통합지원에 의한 **장애 시 보호**는 사회법전 제9권 제90조 이하에 규정되어 있다. 552

사회부조는 그처럼 **보조적인** 기초제도로서 유지된다. 새로운 사회적 위

51 *코세이루*, in: 크라이케봄(편), 사회법에 대한 주해, 2013(3판), 사회법전 제12권 제30조 방주 1호.

험에 대한 일반적인 사전대비 제도가 되는 것이 아니다. 기초보장으로서 그것은 사회부조의 법적인 급여를 포괄하고, 자산투입, 상환청구(사회법전 제12권 제43조) 및 절차법(사회법전 제12권 제44조)상의 특별규정에 의해서 보완된다. 특별한 생활여건상의 구제에 대한 추가적인 구성요건은 특별한 사회적 어려움 극복에 대한 부조(사회법전 제12권 제67조), 가계의 계속적 운영(사회법전 제12권 제70조), 노인부조(사회법전 제12권 제71조), 그리고 장애인의 부조(사회법전 제12권 제72조) 등이다.

553 질병부조 그리고 예방적인 건강부조는 환자가 자신의 수단뿐만 아니라, 의료보험에 기초한 의료서비스급여 그리고 현물급여에 대한 청구권도 갖지 못한 경우에 제공된다.[52] 질병부조는 생계부조의 모든 수급자에게 귀속되는 것은 아니다. 왜냐하면 사회부조 제공자가 부조수급자의 의료보험을 계속 제공하는 경우라면(사회법전 제12권 제32조), 보험에 대한 보호가 되고 그리고 의료보험 제공자의 우선적인 급여의무가 존재하기 때문이다.

554 질병부조가 보장되는 한, 급여의 범위는 법정 의료보험의 규정에 따른다(사회법전 제12권 제48조).[53] 이 범위 내에서 추가비용이 필요한 경우, 이것은 질병부조에 의한 대부로서 떠맡겨진다(사회법전 제5권 264조 (2항), 사회법전 제12권 제48조, 제3조).[54] 자기책임의 촉진으로 법정 의료보험에서 급여를 제한하고 배제하는 것은, 질병 시에 포괄적인 부양을 포괄하여야 하며, 그와 함께 질

52 연방사회법원 결정 116, 71: 의료보험조합에 대한 정산과 사회부조 제공자에 의한 상환.

53 연방사회법원 결정 112, 188(성인에 대한 수용방지는 파악되지 않는다)

54 고등행정법원 노르트라인-베스트팔렌 행정 및 사회법원의 후생법적 판결 42, 236; *빌크쉬*, 질병치료법과 인간존엄의 생존보장의 법, 2017.

병의 위험을 개개인에게 전가시키는 것에 대응하는, 생존보장권과 충돌한다. 치료비용은 그 때문에 사회부조법적으로 인정되어야 하는 추가요건을 나타내는 것이다.[55]

장기요양에 대한 부조(사회법전 제12권 제61~66조)는 장기요양보험 도입 이 555
전에는(위 방주 380 참조) 사회부조의 가장 비용이 많이 드는 지출유형이었다.[56] 특히, 시설입소 장기요양의 상당한 비용은 단지 소수의 장기요양보험 필요자에게만 제공할 수 있었는데, 그 때문에 이에 대해 사회부조가 책임을 지게 되었다. 이러한 부조종류는 장기요양보험 도입 이후에는 상당히 중요성을 잃게 되었다. 그러나 장기요양급여가 장기요양보험에서 완전히 수행되지 않는 한, 그것은 그 전과 같이 여전히 보조적인 기초보장으로서 필수적인 것으로 남아있다. 장기요양보호사에게 장기요양보호의 정도에 따라 장기요양수당(사회법전 제12권 제64조)이 인정될 수 있다. 청구권의 전제가 장기요양보험법에서보다도 폭넓게 해석되므로, 장기요양수당의 보장은 예를 들면, 오로지 가계부양에 대한 수요만이 존재하는 경우에도 가능하다.

d) 재정

aa) 부조수급자의 소득, 자산 그리고 노동력의 투입

보조적인 급여로서 사회부조가 보장이 되므로, 수급자는 자신의 부조의 필 556

---

55 연방헌법재판소결정 125, 175; 사회법전 2권 21조(6항); *빌크쉬*, 질병치료법과 인간존엄의 생존보장의 법, 2017, 176쪽 이하.

56 연방의회 회의록. 12/5262, 61쪽(역시 위 방주 381 참조).

요성을 피하기 위해서 먼저 자신의 소득, 자산 및 노동력을 투입해야만 한다. 충분한 소득이 존재하거나 또는 부조수급자가 자산능력이 있으면, 사회부조에 대한 어떤 청구권도 존재하지 않는다(사회법전 제12권 제2조). 부조수급자가 노동능력이 있으면, 그 소득이 얻어질 수 있도록 무리가 없는 일을 해야 한다(사회법전 제12권 제1조). 임금격차원칙으로 인해, 이러한 소득은 일하는 사람들의 생계를 충족해야만 한다. 일하는 사람과 그의 가족의 생계를 위한 소득이 충분치 않은 예외적인 경우는, 통상적으로 사회부조법의 표준급여는 수요에 따라 산정되고, 노동소득은 그 대신에 필요와 독립적으로 정해진다(위 방주 449 참조). 또한 수요가 충족되지 않는 임금이 지급되는 저임금 영역이 형성된다. 이것은 – 하여튼 국제적으로[57] – 생존을 보장하는 보상권을 포괄하도록 인정되고 있는 노동에 대한 권리에 위반되는 것이다. 법정최저임금(그에 대해 최저임금법[58] 참조)이 향후 이러한 발전에 대처하는 것이어야 한다.

557 소득의 계산은 전체 부조종류에 대해 규정되어 있어(사회법전 제12권 제82조 이하 계속), 그외에 특별한 생활여건에서의 부조에 대해서는 자체소득의 한도가 적용된다(사회법전 제12권 제85조 참조). 그에 따라 수급자의 전체 수입이 소득으로 간주되는데, 그 취득 시점에 생존보장을 위해 정해진 것이든

---

57 경제, 사회, 문화법을 위한 국제협약 제6조; 그에 대해 *아이헨호퍼*, 국제법, 유럽법 그리고 독일법에서 사회적 인권, 2012, 7장 참조.

58 일반적인 최저임금의 규정에 관한 법(최저임금법– MiLoG) 2014.8.11, 연방법률관보. 1쪽, 1348.

또는 그렇지 않든 동일하다.[59] 이 중에서 조세, 사회보험 기여금[60]그리고 홍보비 및 취업활동을 하는 자에 대한 총액은 제외된다(사회법전 제12권 제82조). 고려되는 것으로는 단지 실질적으로 처분가능한 재원[61]만이다. 산입되는 것은 그것이 연방부양법상 기초연금을 넘어서는 금액[62], 또 연방배상법에 따른 배상급여, 그리고 재소자에 대한 사회복귀 지원수당 등이다.[63] 그에 반해서 산입되지 않는 것은 구의회 원내총무에 대한 비용보상과[64], 장애인 구호사업에 대한 보조(Aktion Mensch)(사회법전 제12권 제84조 참조)[65] 및 장기요양필요가 있는 사람에게 보장된 장기요양수당은, 이 수당이 사실상 요양이 필요한 사람에게 귀속되긴 하나, 요양인력에게 돌아가는 것이기 때문에 산입되지 않는다.[66]

자산은, 사회부조가 행해지기 전에(사회법전 제12권 제90조), 그것이 비록 복권 558
당첨으로 자산이 증가하거나 또는 서비스의 청구권(크루즈여행)에 근거하더

59 *베어리트*, 신 사회법 잡지 2009, 537; 연방행정법원판결 108, 296 해당 주석과 함께. *아이헨호퍼*, 법률신문 2000, 46, 48 연방행정법원의 지금까지의 판결에 대하여(연방행정법원판결 29, 295; 45, 152, 153); 이미 이전의 욕구에 의존하는 실업부조에 대해서는 달리, 연방사회법원판결 46, 271; 72, 248.

60 생명보험액에 대하여 연방행정법원판결 106, 105 참조.

61 고등행정법원 노르트라인-베스트팔렌 행정 및 사회법원의 후생법적 판결 38, 23.

62 연방행정법원판결 69, 177, 178.

63 연방행정법원 신행정법 잡지 1991, 168.

64 고등행정법원 노르트라인-베스트팔렌 행정 및 사회법원의 후생법적 판결 39, 338.

65 연방행정법원 전 가족법 잡지 1993, 181.

66 연방행정법원판결 90, 217.

라도, 기본적으로 평가된다(사회법전 제12권 제90조).[67] 자산(그리고 소득이 아닌)은 기존의 자산대상물 탈취에 대한 반대급부 역시 자산이다. 그럼에도 불구하고 평가에는, 저당잡을 수 없는 자산에 유사한(민사소송법 제811조), 관례적인 최저생계에 상응하는 생활유지를 위해 포기할 수 없는, 대상들은 제외된다. 가재도구, 작업도구, 학문적 (서적) 또는 예술적 필요의 대상 (악기) 및 비상금 또는 동일한 가치가 있는 자산 (은행구좌) (사회법전 제12권 제90조 (2항) 참조) 등은 노령기초보장과 장애로 인한 소득감소 시 기초보장 수급자는 5000유로 이상 자산공제액이 귀속되고, 기업연금에서 100유로가 공제액으로 귀속되며, 이 금액을 넘어서는 초과액은 30%까지 면제된다.

자동차는, 매각대금이 기타자산과 함께, 보호자산의 한도를 넘어서지 않는 경우를 제외하고 평가된다.[68] 평가는 또한 이것이 곤궁함을 표현하는 것으로, 예를 들면 추가 지불된 사회부조인 경우에 제외된다(사회법전 제12권 제90조 (3항)).[69]

노후보장을 위해 획득된 자산가치도 평가되지 않는데(사회법전 제12권 제90조 (2항) 2호), 그것이 인정된 개인 사전대비 형태(기업연금 또는 Riester 연금)에 상응한다면 그러하다. 나아가 "자신의 집의 적정한 대지"(전에, "작은"[70]), 자가주택 및 토지 또는 주택소유를 위한 조달액이나 취득액은 보호자산에 속한다(사회법전 제12권 제90조 (2항) 8호). 이러한 규정은 사회부조법적

---

67 행정법원 뒤셀도르프 신 법률주보 2000, 1737.

68 연방행정법원판결 106, 105; 연방행정법원 사회부조 및 사회법전을 위한 잡지 1998, 428.

69 연방행정법원판결 45, 35.

70 이에 대해 연방행정법원판결 87, 278.

으로 그리고 주택건설정책적으로 격려된다. 왜냐하면 자신의 토지나 주택 소유를 처분해야 하는 부조수급자에게, 새로운 주택이 사회부조의 비용으로 귀속되는 것은 주택소유를 촉진하기 때문이다. 근로의지는 사회부조필요시 자신의 토지 또는 주택소유의 처분을 위협하지 않는다면 강화된다.

이러한 결과는 기본토지와 주택소유자의 일방적인 우대로서 보일수 있지만, 토지나 주택소유자의 사망 시에 그의 유산은 공공의 부담으로 우대되지는 않는다. 왜냐하면 사회부조수급자의 사망이후 유산에 귀속되는 "집의 적절한 대지"는 사회부조제공자에게 그 유산에 대한 **비용보상**의 권리를 부여하기 때문이다(사회법전 제12권 제102조). 그런 이유로 주택소유는 사회부조제공자에게는 책임의 기초로서 기여하는 것이다. 물론 이는 급여수급자의 사망 이후에야 상환이 된다.

bb) 보상과 상환청구권

사회부조는 보조액으로 그리고 **수급자**에게 비용 없이 제공되는 것이다.[71] 성 559
년수급자는 그가 사회부조 필요를 고의나 중과실로 초래하는 경우에, 비용**보상**의 의무가 있다(사회법전 제12권 제103조). 이것은, "**반사회적으로**" 행동하는 사람에게 해당된다.[72] 보상청구의 전제는 필요성이다. 부조가 그에 반해서 법적으로 위법한 것이라면, 필요성이 존재하지 않기 때문에 사회법전 제10권 제45조에 따라 사회부조 승인이 철회되고 보장된 급여는 사회법전 제

---

71 단지 예외적으로 사회부조는 대여금으로 지급되는데, 즉, 궁핍한 상황이 과도적인 경우(사회법전 제12권 제38조) 또는 상황에 따라 피할 수 없이 제공된 수요로 그것이 다른 어떤 방식으로 충족될 수 없는 경우에 그러하다(사회법전 제12권 제37조).

72 연방행정법원판결 51, 61: 밝히기보다는 확실히 더 은폐하는 공식.

10권 제50조에 따라서 반환이 요구된다. 이와 같은 보상권의 관철에는 사회법전 제12권 제103조 비용보상의 원칙이 준용된다(사회법전 제12권 제104조).

560 부조수급자의 상속인은, 피상속인의 죽음과 함께 성립하는 상속채무로서 비용보상의 의무를 진다(사회법전 제12권 제102조). 상속인의 책임은 객관적인 유산에 국한된다. 그 의무는[73] 보호자산을 고려해서 창출된다. 부조수급자에게 보호자산을 보장하지만, 상속인이 그로부터 이득을 얻는 것은 금지된다(그에 대해 방주 558 참조). 청구권은 법적인 유산으로, 제공자가 부조수급자에게 제공한 비용에 맞춰져 있다. 왜냐하면 수급자가 보호자산의 인정으로 인해 궁핍한 것으로 간주되기 때문이다. 상속인에 대한 보상권은 피상속인에 대한 부조보장이 합법적인 경우에만 성립한다.[74] 경미한 가치가 있는 유산에 대해서는 배상은 배제된다 (사회법전 제12권 제102조 (3항)).

561 사회부조 제공자가 급여를 제공하고, 그로써 필요가 충족되면, 그에 대해서 다른 급여제공자(사적인 생계, 손해배상, 노동보수 또는 다른 지불의무가 있는 사람들)가 이후에 급여를 지급했다면, 사회부조의 보충성원칙으로부터(위 방주 539 참조), 급여를 선지급한 사회부조 제공자가 마지막 급여의무시에 상환을 받아야만 한다는 결론이 된다. 왜냐하면, 그렇지 않은 경우에는 사회부조 제공자가 다른 사람이 져야만 했을 그 비용으로 침해를 받게되기 때문이다. 문제가 되는 것은 가능한 보상청구권이다(그에 대해서는 일반적으로 위 방주 234 이하 계속 참조). 노쇠한 늙은 부모 그리고 성년의 취업활동을 하는

---

73 *볼프*, in: 피히트너/벤젤(편), 사회법전 제12권, 2009(4판), § 102 방주 2, 3쪽 이하.

74 연방행정법원판결 78, 165.

자녀 사이의 생계청구권은 생계의무자의 자립범위가 문제가 된다. 연방대법원은 생계의무가 있는 사람에게 스스로의 노후보장 비용을 포함하여 자립을 인정한다.[75]

보상의 전제는 급여의무자의 사람에 따라 구분된다. 급여의무자가 사회급여 제공자라면, 사회급여 제공자는 원칙적으로 사회법전 제10권 제104조에 따라 **보상청구권**을 갖는다. 우선적인 급여의무자가 생계의 채무자라면, 생계채무자에 대한 수급권자의 청구권은 법에 의해서 사회부조 제공자에게 이양되고[76](사회법전 제12권 제94조), 마찬가지로 법적인 손해배상청구권(사회법전 제10권 제116조)과 노동계약상의 채권(사회법전 제10권 제115조)도 법적인 채권의 이양과 같이 양도된다. 단, 다른 사법상의 비용지불에 대한 청구권(예를 들면, 사회부조제공자가 궁핍한 임차인을 위해 행한, 임차인에 대한 임대인의 채무가 있는 수리의 미이행으로 인한 손해배상 청구 등)은 사회법전 제12권 제93조에서 수급자의 청구권(예를 들면 = 임차인)을 행정처분을 통해 사회부조제공자에게 양도할 가능성을 보장한다. 양도는 문서의 고지를 통해 발생하고, 채권에 대해 행정처분에 의한 당사자 교체를 야기한다.

e) 사회부조에 관한 규정의 국제적인 적용범위(사회법전 제12권 제23조 이하)

독일의 국제사회부조법은 사회법전 제12권 제23조 이하에 규정되어 있다. **562**

75 연방대법원민사판례 154, 247, 258쪽; 연방대법원민사판례 169, 59.

76 *뮐러*, 사회급여 수급자의 친족에 대한 상환청구, 2012(6판).

이 자치적인 국제사회법규범은, 그럼에도 불구하고 독일이 스위스,[77] 오스트리아[78]와 체결한 협정에 의해 수정되고, 또 유럽원호협정(EFA)[79]에 의해서 수정되는데, 그것은 유럽평의회에 의해서 다듬어지고, 한편에서 독일과 다른 한편에서는 많은 나라들과의 관계 속에서 다자간 협정으로 적용이 된다. 그 협정은 사회부조의 보장 시 협정국가 국민들의 동등처우를 보장한다.[80] 나아가 사회부조 필요로 인한 국외추방 이전의 보호의 근거가 된다. 그 외에, 명령 제7조 (2항) (유럽연합 EU) 번호 492/2011에 포함된 유럽연합 시민들 간의 국적을 이유로 한 차별의 금지가 중요성을 갖고 있다. 이러한 금지는 명령 제4조 70 (유럽연합 EU) 883/2004에 따라 역시 기초보장에도 적용이 되는데, 왜냐하면 이것은 부칙 제10항에 따라 기여금과 독립적인 현금급여로 간주되기 때문이다.[81] 유럽법원은 최근의 판결에서[82] 회원국들에게 유럽공동체 지침 RL/EG/2004/38 제24조 (2)항에 근거하여, 이주해오는 유럽연합-시민의 "사회부조급여"를 제한하는 것을 허용하고 있다. 그에 근거하여 유럽연합-외국인들은 거주 첫 5년동안에 전반적으로 국내 사회

---

77 연방법률공보 II 1953, 31쪽; II 1954, 779쪽.

78 연방법률공보 II 1969, 1쪽.

79 연방법률공보 II 1956, 564쪽.

80 주석과 함께 연방사회법원판결 107, 66. *아이헨호퍼*, 사회재판(잡지) 2011, 463, 역시 기초보장 수급자에게 확대한다.

81 *아이헨호퍼*, 사회보장(잡지) 2014, 198.

82 유럽법원 – 2013.9.19. – C-140/12 Slg. 2013(블라이); 2014.11.11 – C 333/130 Slg. 2014(다노); – 2015.9.15 – C-67/14(알히마노비치); – 2016.4.8 – C-299/14(가르시아 니에토); *얀다*, 아이헨호퍼 기념논문, 246; *발라벤스타인*, 유럽노동사회법 잡지 2016, 349; *카날란*, 유럽노동사회법 잡지 2016, 369, 414.

부조수급이 제외되고 있다.

563 독일 사회부조법은 독일에 통상적인 체류를 하고 있는 사람 그리고 독일인 또는 그와 동등한 위치에 있는 외국인(특히 유럽연합 시민)[83]에게 완전하게 적용이 된다(사회법전 제12권 제23조). 외국에서 통상적으로 체류하는 독일인이 자녀보육, 장기요양 필요, 다른 불가항력 등으로 인해서, 국내로 복귀가 가능하지 않은 상황이 아니라면 기본적으로 사회부조를 받을 수 없다(사회법전 제12권 제24조).

564 완전한 범위 내에서 사회부조는 독일에 통상적인 체류를 하고 있는 유럽연합시민들만에게 보장된다는 것은, 독일에서 그들만이 무제한적인 체재와 체류권을 갖고 있다는 것을 설명하는 것이다(AEUV 유럽연합 기능조약 제21조, 제45조). 사회부조의 여러 급여는 수급자의 국내 사회로의 장기적인 통합을 목표로 한다. 그 때문에, 이들 급여를 유럽시민에 확산하는 것은 부득이하다.

565 그럼에도 불구하고, 사회부조가 인간존엄의 보장을 위해서 보장되어야하기 때문에, 사회법전 제12권 제23조 (1항)은, 독일에 "실질적으로 체재하고 있는" 모든 사람들은 생계의 부조와 특별한 생활여건(질병, 임신, 장기요양필요) 하의 부조에 대한 청구권을 갖는다고 규정하고 있다. 어떤 청구권도 오로지 사회부조를 얻기 위해서 독일에 오려고 하는 의도를 갖고 있는 제3국인에 대해서는 존재하지 않는다(사회법전 제12권 제23조 (3항)). 망명신청자 및 출국의무가 있는 외국인에 대해서는 사회부조보장에 대한 특별규정이 존재한

83 § 2 자유이동/유럽연합 2004. 6. 30, 연방법률공보 I, 1950쪽.

다.[84] 사회부조에 대한 청구권의 근거를 위해 국내에서의 실질적 체재는 더 이상 충분하지 않다 – 외국국적자에게는 오히려 5년의 체류기간이 요구되고 있다.[85]

참고문헌

Berlit/Conradis/Sartorius(편), Existenzsicherungsrecht, 2013(2판); *Bieritz-Harder/Conradis/Thie*(편), Sozialgesetzbuch XII, Lehr- und Praxiskommentar, 2012(9판); *Hauck/Noftz*(편), SGB XII, Loseblattwerk(가제본); *Mergler/Zink*(편), Handbuch der Grundsicherung und Sozialhilfe, Kommentar, Loseblattwerk(가제본); *Schellhorn/Schellhorn/Hohm*(편), SGB XII – Sozialhilfe, 2011(18판); *Schoch*, Sozialhilfe, 2001(3판); *Siefert* SRH(사회법 핸드북) § 23.

84 1993년 6월 30일 망명자급여법(연방법률공보 I, 1074쪽); *쇼흐*, 사회부조, 2001(3판), 81; *파셀트*, 피히트너/벤젤(편), 사회법전 제12권, 2009(4판), 망명자 급여법; 망명자 급여법에 대한 주해; 연방헌법재판소판결 125, 175에 따른 그 적합성에 대해; 의심스러워하며 *키그린*, 신행정법잡지 2010, 558; *야다/빌크쉬*, 사회재판(잡지) 2010, 565; 현금급여에 대해 이제 연방헌법재판소판결 132, 134 참조.

85 2016.12.22법(연방법률공보 I, 3155쪽)은 연방사회법원판결 120, 135 아동청소년부조에 대한 반응으로 나왔다.

V. 사회부조법

제27장 아동과 청소년부조법

a) 개요

사회법전 제1권 제8조는 사회적 권리로서 "청소년과 부양권자에 대해....공적인 청소년부조의 급여에 대한 청구권을 갖는다"고 규정하고 있다. 그것은 청소년의 발전을 촉진하고, 가족 내의 교육을 지원하며 보완하는 것이다. 청소년부조를 통해서 부모집에서의 아동의 양육이 촉진되거나, 또는 부모집에서 아동의 위험시에는 지자체 또는 민간복지시설이 다른 가족이나 가정에 적절한 교육을 주선해야만 한다. 이와 같은 과제는 이미 옛날부터 알려져 있다. 가족의 연대가 하락하고, 한자녀 가정 그리고 한부모 가정의 증가 및 자녀양육과 직업활동을 연계하려고 하는 종전에 비하여 오늘날 부모세대의 기대가 증가하였으나,[1] 그것은 오늘날에도 이미 중요성이 크며, 미래에는 중요성이 더 크게 늘어날 것으로 전망된다. 이와 같은 도전에 대해 566

1 연방의회 회의록. 11/5948, 41쪽 이하; *하버만/트리에스*, 독일 공사 후생연맹 정보서비스 1990, 205.

서 아동 및 청소년부조법이 그 해답을 찾고있다. 이것은 1991년 이후 현행 사회법전 제8권 "아동과 청소년부조법 – KJHG"에 담겨있다.[2] 이는 유엔의 아동권을 구체화하고 있다.[3]

aa) 역사

567 궁핍에 처한 아동과 청소년에 대한 지원은 이미 중세시대에 지자체의 공동체적인 빈민구제에 속했다. 공동체는 고아, 버려진 아이 그리고 비혼자녀(및 그의 어머니) 들을 빈민구호소에 받아들이고 가정 내에서 그들의 유숙을 돌보았다.[4] 이러한 전통에 우선 청소년 원호교육에 관한 주법들이 연결되었다.[5] – 청소년에 대한 "강제방식에 의한 원호서비스 규정에 대해 법에 의해서만 지정될 수 있도록 한" – 바이마르공화국 헌법(WRV) 122조에 근거하여, 1922년 제국 청소년복지법이 제정되었다.[6] 그 기본구조가 1961년 제정된 청소년복지법(JWG)[7]을 거쳐, 사회법전 8권의 제정으로 이어졌다.

568 제기된 공동체 청소년업무에는 돌볼 사람이 없거나 긴급한 상황에 처한 아동과 청소년에 대한 지원과 방임된 아동의 보호가 있다. 청소년복지법(JWG)

---

2 *비스너/짜르복*, 신 아동과 청소년부조법, 1991; 독일청소년연구소(편), 청소년이 미래를 보장한다, 1991.

3 *스쿠타*, 독일 공사 후생연맹 정보서비스 2010, 453쪽 이하.

4 *피셔*, 역사에서 빈곤, 1982, 33쪽 이하; *게레멕*, 빈곤의 역사, 1988.

5 *샤르*, 빈곤법 핸드북, 1896, 559쪽 이하; *스톨라이스*, 사회법의 역사에 대한 원천, 1976, 15쪽 참조.

6 1922년 7월 9일, 제국법률공보 I, 633쪽.

7 1961년 8월 11일, 연방법률공보 I, 1205쪽.

제1조는 다음과 같다. "독일의 모든 아동은 신체적, 정신적 그리고 사회적 건강에 대한 … 교육을 받을 권리를 갖는다 … 교육에 대한 아동의 청구권이 충족되지 않으면 … 공적인 청소년부조가 이를 대신한다."

청소년부조는 그에 따라 우선적으로 가족양육에 대한 개입이었는데, 이것은 양육지원, 임의의 양육부조 또는 원호양육에 의해 행해졌다. 청소년부조는 전통적으로 빈민경찰 업무의 부분이었다. 청소년부조에 대한 이와 같은 시각은 근본적으로 바뀌었다. 사회교육의 영향 하에 청소년부조는 점차 부모의 양육의무 위반에 대한 개입과 제재 대신에, 아동과 청소년의 촉진에 대한 제안으로 보이게 되었다.[8] 이러한 전환은 전해내려오는 청소년복지법의 지배 하에 이루어졌다. 이를 법적으로 완수하는 것이, 청소년부조법 신설규정의 목적이었다.[9] 사회법전 8권의 결론부에 도달한 개혁노력은 청소년부조법을 가족양육을 보완하는 독자적인 사회정책적 과제영역이 되도록 발전시켰다.

bb) 청소년부조법의 특성

청소년부조법의 이러한 과제규정은 법령의 법적구조 속에서 그 표현을 찾 569

---

8 이러한 "청소년부조 전망의 전환"은 역시 이미 판례에서 예고되었다, 연방대법원민사판례 73, 131; 연방행정법원 사회부조 및 사회법전을 위한 잡지 1987, 434; 연방의회 회의록. 11/5948, 41쪽 이하; 11/6576, 16쪽 이하 참조. ; 역시 *뮌더*, in: 사회법 핸드북, § 25 방주 1쪽 이하; *비스너/짜르복*(편), 신 아동과 청소년부조법, 1991 참조. ; 또한: *청소년부조를 위한 작업공동체/독일 청소년연구소*, 청소년에게 미래를 보장한다, 1991; *뮌더*, 가족과 청소년부조법, 2000(4판), 2권, 13쪽 이하 참조.

9 연방의회 회의록. 11/5948, 42쪽 이하.

을 수 있는데, 이것은 많은 입법기술적인 특성에 나타난다.[10] 그리고 사회법에서 그 때문에 특별한 지위를 차지하고 있다. 그것은 모호할 뿐만 아니라 사회교육학 전문가들만이 이해할 수 있는 수많은 과제, 목표 또는 선택조항 및 법률용어가 있다. 사회법의 부분이라 할지라도, 사회법전 8권에는 통상 그 전제가 부정확하나 그럼에도 그 급여는 고도로 정확하게 규정되어야 하는, 급여법의 특징적인 모습들이 결여되어 있다. 왜냐하면 청소년부조는 우선적으로 사회법적인 서비스에 관계되는 것이기 때문이다. 그것은 사회복지 업무에 발전가능성을 열어주고 있다. 그 법은 청소년부조 제공자 부모의 권리에 대한 개입권한을 논증하는 것이 아니라, 청소년부조의 공적이며 무료복지 제공자로서의 행위의 가능성을 창출하는 것이다.

cc) 헌법적인 기초

570 아동 청소년부조의 제공자들은 직접적으로 기본권에 연계되어 있다 (기본법 제1조 (3항)). 그 행위는 특별히 자녀에 대한 돌봄과 교육에 대한 부모의 기본권과 일치토록 하는 것이다(기본법 제6조 (2항) 1문).[11] 이것은 청소년부조

---

10 그에 대해 무엇보다 *프라이스*, 법정치학 잡지 1990, 90쪽 이하; 역시 *하버만/트리에스*, 독일 공사 후생연맹 정보서비스 1990, 16이하, 205쪽 이하, 231쪽 이하, 339쪽 이하, 398쪽 이하; 1991, 48쪽 이하, 145쪽 이하; *킬*, 법정치학 잡지 1990, 94쪽 이하; *리히터*, RdJB 2000, 112쪽 이하; *뤼프너*, 신 법률주보 1991, 1쪽 이하; *비스너/짜르복*(편), 신 아동과 청소년부조법, 1991.

11 *에리히센*, 친권 – 아동의 안녕 – 국가권력, 1985, 29쪽 이하, 91쪽 이하; *오버로스캄프*, 청소년법을 위한 중앙관보 1990, 260쪽 이하; *뤼프너*, 신 법률 주보 1991, 1쪽 이하; *훼플링*, 친권, in 이젠제/키르히호프(편), 국가법의 핸드북, 제7권, (2009)3판, § 155 방주 95쪽 이하.

를 제한하고 그 목표를 규정하는 것이다. 한편에서 부모의 양육권은 그들의 "자연적인 권리"로서 기술되고 있으며, 부모에게 "최우선적으로 놓여있는 의무"로 규정된다. 이와 같이 부모의 권리는 기본권 중에서 특별한 지위를 차지한다. 그것을 "자연적인 권리"로서 파악한다는 것은, 그것이 국가의 처분에 놓여있고 국가에 의해 존중된다는 것을 의미한다.[12] 이 규정은 아동 양육에 대한 국가의 의무에 대한 부정을 규정하고 있으며, 그 정반대의 원칙을 표현하고 있다. 법적공동체가 부모로 하여금 그들 자녀의 교육을 허용하는 것이 아니고, 오히려 법적공동체의 미래 발전은, 부모들이 그들의 자녀를 독립적이고 화합능력이 있는 인간으로 키우며 – 독자적이며 동시에 연대적인 인간으로 키우는 것이다. 부모의 권리는 또한 기본법 하에서 또 그 때문에 특별한 지위를 갖는다. 왜냐하면 자격이 있는 사람이 동시에 그것을 인지할 의무가 있도록 자유를 규정하고 있기 때문이다. 부모의 권리는 부모가 그들 자녀의 교육과 돌봄을 통해서 스스로 실현할 수 있도록 하기위해서 확정되어있지 않은데, 왜냐하면 아동은 오히려 그 스스로가 자유롭고 화합능력이 있는 인간으로 성장하기 위해, 부모에 의한 돌봄과 교육에 의존하기 때문이다.[13]

부모의 권리는 두 가지 규율을 통해 제한되는데, 첫 번째는 기본법 제6조 (2 571

---

12 연방헌법재판소결정 24, 119는 이러한 권리를 그러나 그 용도가 낯선 아동을 이유로 한 법이라고 규정한다; *훼플링*, in 이젠제/키르히호프(편), 국가법 핸드북, 8권, 2009(3판), § 155 방주 14쪽 이하; *그뢰쉬너*, in: 드라이어(편), 기본법, 2004(2판), 6조 방주 65쪽 이하.

13 *뵉켄페르데*, 친권 – 아동의 권리 – 국가의 법, 에센대화, 제14권(1980), 54쪽 이하; 역시 *회플링*, in: 이젠제/키르히호프(편), 국가법 핸드북, 7권, 2009(3판), § 155 방주 14쪽 이하 참조.

항) 2문에 포함된 부모권리의 행사에 대해서 "국가공동체가 감시한다"는 규정에 의해서이고, 다른 한편에서는 기본법 제6조 (3항)에 따라 아동은 법에 기초하여서만 부모로부터 분리될 수 있다는 규정에 의해서 제한된다. 그러한 분리는 단지 "양육권자가 실패하여 포기하거나 또는 아동이 다른 이유로 방임될 위협에 있는 경우"에 한에서만 허용된다.

그에 따라 부모에 대해 국가공동체에게는 감시자의 직무가 부여된다.[14] 국가는 부모에 의한 양육과제의 이행을 감시하며, 그들이 이와 같은 과제에서 실패하는 경우에 부모에 대해 개입한다. 끝으로 부모의 실패 구성요건은 아동의 방임에 의해 결정된다. 부모의 권리는 그와 함께 신탁능력[15]을 표현하는 것인데, 그것은 부모에게 아동을 위해 믿고 맡기는 것이다. 부모는 그 아동에 대해 어떤 권리도 갖지 못하지만, 모든 아동은 그 부모에 의해 양육될 모든 권리를 갖고 있다. 부모의 교육이 실질적으로는 아동의 권리 발전의 전개에 핵심이라는 인식이 점차 증가하고 있다.

572 부모의 양육권과 국가의 감시업무는 동일한 정도로, 아동의 복지를 촉진하도록 맞춰져 있다. 국제적인 법률상황을 인식하는 가운데, 청소년부조는 아동기본권 발전의 기여에 있다. 청소년부조는 아동기본권 발전을 목표로 하

---

14 연방헌법재판소결정 10, 59; 47, 46, 70; *그뢰쉬너*, in: 드라이어(편), 기본법, 2004(2판), 제6조 기본법 방주 83쪽 이하; *회플링*, in: 이젠제/키르히호프(편), 국가법의 핸드북, 7권, 2009(3판), § 155 방주 52 이하

15 *뵉켄페르데*, 친권, 에센대화, 제14권(1980), 54쪽 이하; *회플링*, in: 이센세/키르히호프(편), 국가법 핸드북, 제7권, 2009(3판), § 155 방주 52이하, 95쪽 이하; *슐러-하름스*, 가족, 아동, 청년 그리고 직업교육지원, in: 엘러스/펠링/퓐더(편), 특별행정법, 2013(3판), § 82, 방주 291.

는 국가적 감시업무를 형성한다.[16] 이것은 아동학대와 아동방임의 주목되는 사례에 대한 반응으로서 아동양육에 대한 청소년청 통제권한의 확대로 이어졌다.[17] 결국 부모의 권리와 국가적 감시업무가 목표설정에 있어서의 수렴한다면, 이것은 역시 한편에서 양육권과 다른 한편에서 청소년 부조의 관계에 적용되는 것이다. 부모의 권리와 자녀복지에 의무가 있는 청소년부조는 서로 상호적인 전제이다. 청소년부조 없이는 많은 아동이 도움을 받지 못한 채 방임에 처할 위험에 놓일 것이고, 또 부모의 권리없이는 국가공동체 자체가, 직접적으로 자녀의 돌봄과 양육이 요구될 것인데 – 이것은 국가의 감독업무에 위반될 것이다.

b) 청소년부조의 과제

aa) 청소년부조의 목적

사회법전 제8권 제1조에 따르면 청소년부조의 목적은, "(1) 모든 젊은이는 573
자신의 발전의 촉진에 대한 권리와 자기책임을 갖고 그리고 사회적 능력이 있는 인격체로의 교육받을 권리를 갖는다. (2) 아동의 돌봄과 교육은 부모의 자연적인 권리이며 최우선적인 책무이다. 그 활동에 대해서 국가 공동체가 감시한다." 기본법 제6조 (2항)의 참조는 청소년부조에 앞선 부모의 교육

---

16 청소년부조의 기능에 대하여: *게른후버/코에스터-발티엔*, 가족법, 2010(6판), § 49; 뮌더, 가족과 청소년부조법, 2000(4판), 제2권, 13쪽 이하; *뤼프너*, 아동과 청소년부조법, in: 아흐터베르그/퓌트너(편), 특별행정법, 제2권, 2000(2판), § 29 방주 8과 더 나아가 아동의 기본권을 보장하며, *리히터*, RdJB 2000, 112, 119 참조.

17 이 문제에 대하여: *슈만*(편), 양육법, 2012.

상 책임의 우선을 강조한다.[18] 전 세계적으로 부모에 대한 사회급여는, 오늘날 그들이 부모의 의무를 충족하는 조건 하에 주어진다.[19]

교육의 목표는 이제 더 이상 유용성만이 아니고(청소년복지법 제1조), – 이상적인 교육론에 충실하게 – 인격실현이다.[20] 이 법은 "모든 젊은이"에게 귀속된다. 이는 이전의 법적 상황에 대한 두 가지의 변화가 표현되고 있다. 청소년부조는 더 이상 아동과 성년의 한계에 도달했을 때까지의 청소년에 국한 될 뿐만 아니라, 이제 "모든 젊은이"(아직 27세가 아닌, 사회법전 제8권 제7조 4호)에 적용된다. 법은 또한 그 전문에서 밝히듯 이미 그 청소년복지법이 1971년도에 헤이그 미성년자 협정을 독일법으로 수용한 이래로 독일 청소년부조법은 통상 독일에서 체류하는 모든 아동과 청소년에 적용되었다[21] (이제 사회법전 제8권 제6조 참조).

bb) 청소년부조 "급여"

---

18 연방의회 회의록. 11/5948, 42쪽, 청소년부조의 목표는 "사회화라는 의미에서 가족의 과제에 대한 국가의 개입이 아니라, 가족의 자치의 존중 하에 파트너적인 부조"라는 것이다.

19 *세계은행*, 조건부의 현금지원, 2009.

20 그런 한에서 "양육권"은 종전 법에서와 달리 이해된다: *기제*, 사회보험, 사회부조 및 부양을 위한 중앙관보 1976, 73; *폰 마이델*, 독일 행정관보 1976, 1; *차허*, 바이에른 행정관보 1976, 552; 주관적인 공법; "인격체가 된다는 것"은 개인적인 성숙의 결과이다; 이것은 국가의 급여의무의 내용이라 할 수 없고, 이를 위하여 필요한 재원의 준비라 할 수 있다.

21 *크롭홀러*, 미성년자의 보호에 대한 헤이그협정, 2판, 1977(2판), 46; *오버로스캄프*, 헤이그 미성년자보호협약, 1983.

청소년부조의 "급여"로서 법은 다음과 같이 예시하고 있다. 청소년 일자리, 청년복지 일자리 또는 교육적인 아동과 청소년보호(사회법전 제8권 제11~15조). 주간시설과 주간돌봄(사회법전 제8권 제22~26조)에 있어서와 같은 가족 내에서의 교육의 촉진(사회법전 제8권 제16~21조) 및 교육에 대한 부조와 보완적인 급여(사회법전 제8권 제27~41조) 등. 청소년 일자리는 학교 밖의 교육업무의 모든 활동을 포괄한다(예를 들면 문화의 돌봄, 전통, 스포츠, 정치, 국제관계 – 예를 들면 청소년교류).[22] "청소년복지"에는 사회적 또는 개인적으로(예를 들면 장애로 인해서) 불이익을 보는 아동이나 청소년에게 학교나 직업교육의 수료 또는 직업생활의 시작을 가능하게 하거나 또는 용이하게 하는 그런 조처가 해당된다.[23] "교육적인 아동과 청소년보호"에는 유해한 교육의 영향(예를 들어, TV시청, 게임장, 청소년 패거리)으로부터 아동과 청소년의 보호에 대한 사회교육학적 프로그램의 제공이 이해되어져야 만 한다.[24] 574

"보육시설"(= 유치원, 어린이집)에서 아동의 돌봄을 보장하는 청구권이 존재하는데, 이는 처음에는 형사법적인 낙태에 대한 동반입법으로 창출되었다.[25] 주와 지자체는 이에 따라 이러한 법적인 기본원칙을 실현하도록 되었 575

22 연방의회 회의록. 11/5948, 54 이하; 11/6576, 85쪽 이하; 청소년업무의 목표는 청소년들 위험의 예방이다; *뮌더/탐멘*, 아동과 청소년부조법/사회법전 제8권, 2002(3판), 33쪽 이하; *슐러-하름스*, 가족, 아동, 청년 그리고 직업교육지원, in: 엘러스/펠링/뮌더(편), 특별행정법, 2013(3판), § 82 방주 91 참조.

23 연방의회 회의록 11/5948, 55이하; *뮌더/탐멘*, 아동과 청소년부조법/사회법전 제8권, 2002(3판), 35쪽 이하.

24 연방의회 회의록 11/5948, 56쪽.

25 1992.7.27의 임산부와 가족부조법, 연방법률관보 I, 1398.

다[26](사회법전 제8권 제24조). 추가적인 자극은, 연방이 아동의 주간돌봄 확대에 대한 재정적 기초를 마련하면서, 주간돌봄 확대법(TAG)[27]에 의한 아동돌봄 구조개혁에 대한 정치적 토론에서 주어졌다. 지자체가 2세 이후의 아동에 시설에서의 보육, 교육과 돌봄에 대한 권리를 이행하지 못하는 경우, 아동은 자체적으로 창출한 민간 돌봄자리의 포괄적인 대체 권리를 갖는다.[28] 1세에서 3세 사이의 그들 아동이 시설에서 돌봄을 받을 수 없는 부모에게는 150유로 이상의 돌봄수당이 지급되었었다(연방 육아휴직수당 및 육아휴직에 관한 법, 제4a조 이하 계속). 이 급여는, 그러나 연방헌법재판소[29]에 의하여 폐지되었다. 연방에 통일적인 규정의 필요성(기본법 제72조 (2항))이 인정되지 않고, 그렇다면 원호영역에서(기본법 제74조 (1항) 7호) 그러한 규정의 제정을 할 연방의 입법권한이 성립하지 않는다고 보아야 하기 때문이라는 것이다.

576 양육에 대한 부조 관련 법규정은 교육상담의 과제, 교육지원, "사회교육학적인 가족부조" 및 아동의 **돌봄가정**[30] 또는 기숙사에서 전일제 돌봄을 하는 아동양육의 과제를 규정한다. 기숙사나 돌봄가정에 아동을 맡기는데 양

26 1996.1.1. 이래 그 이후 모든 3세 아동에 대하여 어린이 집에 대한 법적 청구권이 존재한다; 새 규정: 2013년부터 1세 이상 아동에 대해 어린이집에 대한 청구권이 존재한다.

27 연방법률공보 I 2004, 3852쪽; 여력이 없는 경우에 가능한 배상청구권에 대해 *파울리/보이텔*, 공공행정 2013, 445.

28 연방행정법원판결 148, 13; 연방대법원민사판결212, 303.

29 연방헌법재판소판결 140, 65.

30 민법전 §§1630 III, 1632 IV는 가족돌봄을 인정한다, 호흐/뤼셔(편), 법에서 가족, 2002, 111쪽 이하 참조.

육을 담당하는 사람들은 아동의 부모와 협력해야만 한다(사회법전 제8권 제37조). 사회법전 8권 제38조는 기숙사 또는 돌봄가정에서 아동양육시에 대리권과 직접 양육과제를 수행하는 사람에게 유리하게, 보호권과 자산관리권(민법 제1629조, 제1626조) 에 대한 부모의 권리를 수정한다. 그에 따라 기숙사원장 또는 돌봄부모에게 부모를 대신해서 "일상적인 생활의 법적업무"의 체결에 대한 대리권이 귀속된다. 또한 그들은 아동을 위하여 생계급여, 보험급여 그리고 사회급여 청구권을 행사할 수 있다. 아동이 가정돌봄이나 또는 기숙사에 맡겨지면, 청소년청은 역시 아동의 생계를 확보해야만 한다.[31] 만일 생계의무가 있는 사람이 생계의무를 이행하지 못하면, 이런 맥락에서 한부모 슬하의 12세까지의 국내아동에 대해 **생계보조비**가 지급된다. 그것은 최저생계비로부터 산출되며(민법 제1612a조), 아동수당 역시 참작된다. 이 급여는 최대 72개월까지 지급된다. 생계보조비는 다른 부모 한편이 지불의무가 있는 부모에 대해 제공되어야 할 정보를 거부하거나, 친부의 확인을 거절하거나 또는 친부의 체재조사에 협력할 것을 거부하면 지급되지 않는다. 청소년청이 생계보조를 지급하게 되면, 이행되지 않은 사법적인 청구권은 법에 의해 청소년청에 넘어간다(생계보조비법 제7조).

cc) 청소년부조에 대한 "기타과제"

청소년부조에 관한 "기타과제"에 관해서는 법이 사회법전 제8권 제2조 (3 **577**

---

31 드물지 않게 경제적부조 보장에 대한 청구권이 청소년부조법적인 논쟁의 중심에 서 있다: 대략 연방행정법원판결 67, 256, 260; 52, 214; 연방행정법원, 행정 및 사회법원의 후생법적 판결 36, 89; 행정대법원 바덴-뷔템베르그, 행정 및 사회법원의 후생법적 판결 27, 248 참조.

항)에 전체적으로 13개의 상이한 내용의 개별 조처들을 열거하고 있다(사회법전 제8권 제41~60조). 그와 같이 청소년청은 대략 아동 또는 청소년을 과도적으로 돌보거나 기숙사 또는 돌봄가정에 청소년의 배정 시 교정을 담당한다(사회법전 제8권 제42조). 더 나아가 청소년청의 기숙사 또는 돌봄부모 감독에 대한 청소년청 법은(사회법전 제8권 44~49조) 가족법[32]과 청소년법적[33] 절차(사회법전 제8권 제50~52조)에 있어서와 같이 규정되어 있다. 지원, 돌봄 또는 후견인[34]으로서의 청소년청의 과제는 사회법전 제8권 제53~58조에 지정되어 있다. 마지막으로 청소년청은 아동과 청소년 또는 아버지에 대한 혼외자녀 어머니의 사법상의 청구권을 인증하고 그리고 증명할 수 있다. 이러한 청소년청에 작성된 생계에 대한 증명으로부터 – 민사소송법 제794조 (1항)에 상술된 부분을 넘어서 – 직접 집행을 수행할 수 있다(사회법전 제8권 제60조).

c) 조직과 재정

aa) 공적 제공자

578 청소년부조는 공적 제공자에게 위임된다. 하지만 공적 제공자의 독점적 권한은 아니다. 오히려 거기에는 민간 그리고 교회 복지시설이 활동하고 있다.

---

32 특별히 부모의 이혼 이후 그리고 별거생활에서의 부모양육에 대한 결정(민법전 §§ 1671 이하) 참조.

33 이에 대해 특별히 청소년재판법 § 38 (청소년재판부조)와 청소년재판법 § 24 (보호관찰부조) 참조.

34 *뮌더*, 가족 및 청소년부조, 2000(4판), 142쪽 이하.

사회법전 제8권 제3조는 이러한 다양성을 인지하고 그의 보존과 발전을 요구한다.[35] 공적 청소년부조 내에서는 지역과 초지역적인 제공자가 구별된다. 주법이 명시적으로 허용하는 한, 초지역적 청소년부조 제공자는 주이고, 지역적 제공자는 구, 구없는 시 또는 구에 속하는 지자체이다(사회법전 제8권 제69조). 모든 공적 제공자는 청소년부조의 이행을 위해 청소년청을 설치해야 한다. 주 차원에서는 주 청소년청이 설치된다. 청소년청은(주 청소년청) 행정 이외에 청소년부조위원회가 포함된다(주 청소년부조위원회). (사회법전 제8권 제70조). 청소년부조위원회는 읍·면 지자체 대표자에 의해서 선출된다. 거기에는 청소년부조 영역에서 특별한 경험이 있는 사람들이 속한다. 이런 사람의 선발을 위한 제안은 지방 대표기관 및 청소년부조의 각 영역에서 활동하는 사람들이 3:2 해법에 따라 제시된다. 청소년부조위원회는 청소년부조에 대한 계획을 발전시키고 그리고 모든 청소년부조에 대한 당면한 문제점을 논의한다.

bb) 공적 – 자유제공자의 관계

청소년부조의 계획 및 그 문제에 대한 논의를 통해서 공적 제공자는 청소년 579
부조에 대한 전체적인 책임을 진다[36](사회법전 제8권 제80조 (2항) 2호). 민간 사

---

35 기본적으로 연방헌법재판소판결 22, 180을 통해 입증되었다. 여기서 사회국가원리(기본법 제20조, 제28조)의 해석을 위하여 주요한 기본원칙이 발전되었는데, 그것은 입법자는 정의로운 사회질서를 창출할 의무가 있다는 것이다; 이러한 의무는 그러나 입법자에게 사회정책의 모든 과제를 국가관청을 통해 해결하도록 부과하고 있는 것은 아니다. 오히려 국가는 역시 민간제공자를 사회정책적 과제의 이행을 위하여 끌어들일 수 있을 것이다.

36 연방의회 회의록. 11/5948, 101.

회정책적인 책임에 대한 공적 책임의 순위에 상응해서[37], 공적 청소년부조는 자유제공자들의 업무를 촉진하고, 이것이 이미 자유로운 제공자에 의해 제공, 유지, 점유되는 한에서는, 자신의 급여, 시설 또는 서비스를 보고 배운다(사회법전 제8권 제4조). 이런 목적의 청소년부조의 제공자와 시설 사이에 기본개요 협약, 총괄협약, 개별계약에 의해 급여의 수준이 결정되고, 보상기준이 이뤄지며, 수급권자에게는 급여제공자 중에서의 선택의 자유를 그리고 제공자들에게는 품질과 효율성을 보장하여야만 한다.[38]

cc) 재정

580 청소년부조 – 그 중에서 적잖은 – 의 비용이 제공자에 의해 마련된다. 공적 제공자는 돌봄가정이나 또는 기숙사에 아동을 위탁하는 비용을 지불한다(사회법전 제8권 제91조). 생계를 보장해야 할 의무가 있는 부모는 그들의 급여능력의 범위에서 비용의 부담에 참여한다[39](사회법전 제8권 제92조 이하). 부양의무자가 의무를 망각하면, 청소년부조 제공자가 아동 또는 청소년에 대하여 선급여를 지급할 수 있다. 그 대신 부양의무자에 대하여 아동에게 귀속되는 생계청구권의 수준을 그 이행의 과정에서(= 당사자교체, 행정처분에 의해

---

37 *슈린*, 칸넨기써/폰 마이델(편). 핸드북 사회정책, 1988, 85쪽 이하.

38 *스테어/힐케*, 청소년법을 위한 중앙관보 1999, 155.

39 연방헌법재판소판결 97, 332; *스테어*, in: 하우크/노프츠(편), 사회법전 제8권, 가제본, § 90 방주 2쪽 이하; *슈미트-옵키르셔*, in: 뮌더(편), 아동과 청소년부조법, 2011, 3.4. (탁아소와 어린이집에서의 아동의 촉진); 연방행정법원 독일행정관보 1994, 818; 연방행정법원판결 107, 188 (어린이집을 위한 기여); *베커*, 지원의 정의와 헌법, 2001, 274쪽 이하; *예스타에드트*, 독일행정관보 2000, 1820 참조.

초래된) 넘겨받아(사회법전 제8권 제94조) 생계의무자에게 그 구상을 청구할 수 있다.

참고문헌

Hauck/Noftz(편), SGB VIII, Loseblattwerk(가제본); *Kunkel/ Kepert/ Pattar*(편), SGB VIII, 2018(7판); *Münder/Meysen/ Trenczek*(편), Frankfurter Kommentar zum SGB VIII, 2019(8판); *Schuler-Harms*, Familien, Kinder-, Jugend- und Ausbildungshilfe, in Ehlers/Fehling/Pünder(편), Besonderes Verwaltungsrecht, 2013(3판), § 82; *Schumann*(편), Das erziehende Gesetz, 2012; *Skutta*, Der Beitrag der Kinder- und Jugendhilfe zur Umsetzung der Kinderrechte, NDV(독일 공·사적 돌봄단체 정보서비스) 2010, 453; *Wiesner*, SGB VIII, 2015(5판)

역자 후기

이 책의 번역은 번역자가 의도했던 것보다 참으로 많은 시간이 걸린 작업이었다. 애초 2016년 가을 한국사회보장법학회 주최 국제학술세미나에서 원저자인 아이헨호퍼 교수를 초청하여 갖은 세미나를 계기로 번역작업이 추진되었다. 그로부터 5년여의 시간이 흘러 번역출판사인 '인간과 복지'와 원 출판사인 'Mohr Siebeck'의 한 차례 계약이 3년뒤에 재계약을 체결하는 우여곡절 끝에 이제 마무리를 하고 독자에게 선을 보이게 되었다.

이 번역서는 기획과 추진이 번역자의 주도로 시작되었지만, 그 내용의 완성은 많은 사람들의 협조와 조력이 없었다면 사실상 불가능한 일이었을 것이다. 번역 작업은 무엇 때문에 하는가라는 질문을 던지면, 일단 이 번역서의 경우 독일어권에서 공부를 하지 않은 국내 사회보장법학도와 전문가들에게 온전한 독일 사회법의 실체와 내용을 전달해주는 의미가 있을 것 같다. 번역자 역시 스스로 외람되게도 한국의 사회보장법학의 발전을 위하여 비교법적 차원에서 사회법의 원조격에 해당하는 독일 사회법의 대표 학자의 대표 저서를 번역한다는 나름의 의의를 부여할 수 있었다. 그러나 번역을 통한 그 전달작업은 의외로 무척 힘든 작업임을 솔직하게 고백하고 싶다. 무엇보다 본문의 가독성이 만족스럽지 않은 부분이 여전히 많은 것은 차치하고서라도, 원저자 의도에 왜곡 없이 내용에 대한 소개가 정확히 이루어졌는지에 대해 여전히 조심스러운 마음이다. 이 책의 번역기획과 착수, 초고를 번역한 이후 자체 검독과 외부 검독자에 의한 2차에 걸친 검독과정까지 본 번역자에게는 끝이 없는 참으로 길고도 힘든 과정이었다. 번역은 제2의 창작이라는 말이 정말로 실감이 난다. 이제 그 긴 번역작업의 여정을 마무리하고자 한다. 원래 인문학도로서 독일에서 유럽사회정책 박사학위를 취득한 번역자가 법전원에서 사회정책과 사회법을 가르치며 우리나라 사회보장법학의 발전에 기여하고픈 희망 속에, 사회법의 모국이라 할 수 있는 독일 사회법의 번역 필요성을 절감하면서 번역작업에 착수하였다. 그러나 국내에 관련 기준서가 거의 전무한 실정에서 사회법 전공서의 번역과정은 그 자체가 참으로 지난한 작업이었다. 사회법이 아직 우리나라에서 그 역사가 길지않다보니 사회보장법 관련 법령은 늘어만 가는데 관련 법률과 판례는 체계적이지 않고 사회보장법 판례가 축적되어가는 상황에서도 아직 우리나라 사회보장법의 연원이나 체제, 관련 논문이나 판례 평석 등도 그 폭과 깊이가 일천한 실정이다. 돌아보면 이런 현실에서 독자적인 독일 사회법의 번역은 어쩌면 무모하기까지 한 일이었던 것같다. 무엇보다 사회법 번역의 가장 큰 어려움은 우리 사회보장법상 개념과 독일 사회법의 용어와 개념상의 통일성을 확립하는 문제였다. 이것은 양국의 사회법 내지 사회보장법을 관통하여 비교법적으로 조망할 수 있는 전문성이나 각론과 총론에 대한 기본적인 이해가 없이는 사실상 쉽지않은 일이었다. 둘째, 전문서에 대한 번역이기 때문에 번역문언 자체 못지않게 국내에서 통용되는 주요 용어나 개념들에 대하여 최소한 주요 전문가들과의 협의나 공유과정을 통하여 공감할 수준의 표준적 용어나 개념을 만들어가는 과정이 중요한 일이라 여겨졌다. 표준화 된 개념이나 공통적인 용어없이 번역자의 취향에 따라 편의적으로 이루어지는 다양한 번역은 전문법 영역에서는 가급적 지양되어야 할 일일 것이다. 이 때문에 전문가의 검독이나 번역내용에 대한 공유과정은 필수적이라고 느끼게 되었다. 이 과정을 통하여 독일의 제도가 그 시간적 공간적 차이에도 불구하고 그 간극을 최소화하여 국내 독자들이 바로 이해할 수 있는 수준의 전문서의 번역을 하는 것은 단순히 언어적인 문제만이 아님을 깨닫게 되었다. 단어 하나하나, 문장 하나하나가 처음부터 끝까지 아예 모두 검증되어야 할 것들이었음을 너무 늦게 깨닫게 되었다. 의욕에 앞서 시작한 시행착오 속에서 길고도 고독한 여정이 계속되었다. 그런 과정에서 동 번역서만을 위한 시간을 내는 것이 생각만큼 쉽지않았다. 번역서를 내는 작업은 지연되며 해를 넘기며 지루하게 계속되었다. 그렇게 몇 해를 보내면서 매듭을 짓지 못한 채 2018년 연구년을 맞아 독일 뮌헨의 'Max-Planck 사회법 및 사회정책 연구소(MPI)' 에 7개월간 체류하며 대략적인 작업을 진척시킬 수 있었다. 2019년 9월 귀국 후 초벌 번역본에 대한 두 단계에 걸친 국내 전문가들의 검독을 요청하며 많은 오류와 용어와 개념상의 통일을 개선할 수 있었다. 첫 번째 1차 검독을 맡아준 전광석 연세대 법전원 교수, 박지순 고려대 법전원 교수, 권혁 부산대 법전원 교수가 기본적인 내용상 오류, 용어와 개념 그리고 문맥상의 정확도를 크게 바로 잡아주었다. 처음부터 전공용어의 오류를 바로 잡고 국내 독자들에게 통용될 수 있는 가독성이 있는 수준으로 만들 것을 1차 목표로 하였기에 이 과정은 중요한 의미를 갖는 것이었다. 세 분이 한분 한분 너무도 자신들의 일같이 초고를 읽고 하나하나 소중한 의견을 주셨다. 깊은 감사의 마음을 이 자리를 빌어 전한다. 특히, 독일에서 사회법과 노동법을 전공하여 두 나라의 사회법상 제도의 차이점을 정확히 이해하시는 세 분의 도움은 가장 기본적인 것이었다. 이후 1차 검독본을 토대로 자체 검독작업을 진행 후 국내의 사회보장법 주요 전문가들의 2차 검독을 거치게 되었다. 2차 검독에는 김복기 서울대 법전원 교수, 도재형 이화여대 법전원 교수 그리고 김린 인하대 법전원 교수와 서울서부지방법원의 차성안 판사가 맡아주었다. 이 분들 모두는 번역자와 한국사회보장법학회에서 오랫동안 같이 학회활동을 같이 한 동료 학자이자 사회보장법에 대한 이해가 깊은 전문가들이다. 이분들의 2차 검독은 무엇보다 국내 사회보장법학도나 일반인의 관점에서 가독성 높은 수준으로 번역을 개선하고자 하는 것이었다. 2차 검독과정을 거치며 다시 내용과 체제가 크게 개선되었다. 한 분 한 분 원고를 읽고 사회보장법에 대한 동지적 연대감을 갖고 예외 없이 자신들의 일처럼 교정과 수정작업, 질문과 검독자의 소중한 의견을 주었다. 참으로 그 고마움을 잊을 수가 없다. 2차 검독을 맡아준 네 분 선생님들께도 이 자리를 빌어 깊은 감사의 마음을 전한다. 1, 2차 검독과정을 거치며 번역작업은 개별 작업이라기보다는 사실상 부분 공동 작업이 되었다고 할 수 있다. 그 탓에 내용에 대한 오류없이 가독성 높은 수준의 번역서로 읽힌다면 그것은 오로지 사실상 부분 공동작업에 참여한 위 일곱 분의 소중한 검독작업의 덕이요, 그럼에도 불구하고 여전히 어떤 오류나 가독성이 떨어지는 부분은 오로지 본 번역자의 역량의 한계 탓이라 말하고 싶다. 아무튼 다시 2차 검독을 마친 후에 마지막으로 2020년 중반에 들어 번역서를 내기로 약정한 '인간과 복지'의 이명묵 대표와의 출판교정 작업은 코로나19로 찌든 2020년도 내내 또 다시 지난한 작업의 과정이 계속되었다. 대부분 번역자가 약정한 시간을 지키지 못한 채 2020년도 말까지 시간이 그렇게 가고 말았다. 처음 번역작업에 대한 제안을 하고 한번 독일 출판사와 재계약을 한 이후 2019년도 5월경 독일에서 검독전 초고를 보낸 후 모두 합해 거의 1년 반의 시간이 다시 흘렀다. 그간의 이 대표의 인내는 부처와 같이 느껴졌다. 아마도 그것은 어떻게든 출판사로서 이 번역작업을 마무리하여야 한다는 염원으로 인내하지 않았을까 한다. 출판사의 이익을 기대할 수 없는 전문 번역서에 그렇게 시간과 노력을 투자한 이 대표와는 거의 운명공동체(?)가 되었으며 이 자리를 빌어 그간의 번역자의 능력과 부덕에도 한없는 이해와 관용을 보여주신데 대해 깊은 감사의 마음을 전하고 싶다. 아무튼 차라리 처음부터 집필을 하는 것이 더 낫지 않았을까 할 정도로 전문서의 번역작업은 특별한 일임을 깊이깊이 깨닫게 된 것 같다. 돌아보면 처음 원서의 번역을 시작할 때 구술하면 타이핑을 해주던 아내는 초기에 동반작업자이었다. 더운 여름날 아파트에서 땀을 흘리며 방학 중에 한 페이지 한 페이지씩 작업을 하며 그렇게 수년의 여름시간이 갔었고 수정을 거듭하며 용어나 개념 그리고 문맥의 의미를 맞춰가며 처음 고단한 여정을 같이 해준 아내 이영숙과, 아빠 번역책 언제나 오는지 늘 묻곤하던 아이들의 긴 호기심속에 그 시간을 버텨준 가족 모두의 인내에 감사한다. 또한, 이 번역서는 무엇보다 원 저자인 아이엔호퍼 교수의 전적인 신뢰와 지원이 없었다면 더 어려웠을 것이다. 10판에서 수정된 부분을 표시한 11판 원본을 미리 보내주고 수년간 출간의 지연에도 전적인 신뢰를 갖고 아낌없는 마음의 지원을 해주신 아이엔호퍼 교수님에게 특별한 감사를 드리며, 혹여 아직도 많은 곳에 있을지도 모르는 원저자의 의도와 다른 오역이나 오류 등에 대한 책임은 오로지 번역자의 책임이라 생각한다. 아울러 아이엔호퍼 교수의 제자이기도 한 근로복지공단 연구원 김영미 박사는 학회지 「사회보장법학」에 번역서의 서평을 기꺼이 맡아주었다. 처음 아이엔호퍼 교수의 초청과 안내에 수고해주신 덕에 오늘에 이르게 되었음에 언제나 진지하고 성실한 김영미 박사에게 깊은 마음의 감사를 드리고 싶다. 아울러, 출판사의 마지막 교정작업에 수고해주신 광주대 이용교교수님의 노고에 특별한 감사를 드린다. 이교수님의 기여는 우리나라에서 사회법과 사회복지학 분야의 향후 보다 긴밀한 협력작업을 위한 중요한 의의를 갖고 있다고 생각한다. 또한 복잡한 전문서의 까다로운 편집을 끝까지 책임져준 이현정선생에게도 깊이 감사드린다.

마지막으로 뮌헨에서 초고를 탈고할 무렵 자정을 지난 깊은 밤 Max-Planck사회법 연구소(MPI)를 나서며 연구소가 위치한 'Amalienstr. 33' 길 건너 아내와 딸아이가 기다리던 기숙사로 향하던 기억이 새롭다. 그때 텅 빈 길 한복판에서 사회법이란 무엇인가? 나는 왜 모든 것이 잠든 이 시간까지 역사적인 그 수많은 전진과 후퇴, 시행착오 속에 오늘에 이른 독일 사회법을 대하며 이것이 우리의 사회보장법에 주는 어떤 함의를 생각하고 있는가하고 질문을 던지곤 했던 기억이 새롭다. 독일의 사회법은 사회법의 원조이면서 그 전문서의 번역본은 독일 밖 특히 아시아에서는 아직 (일본의 노동법 번역 이외) 번역본이 없다고 한다. MPI 연구소 객원교수로 같은 방을 쓰던 일본 메이지대학의 중견 사회보장법 학자인 고니시 히로부미 교수가 한국 번역작업을 주목하며 바라보던 모습이 생생하다. 최근 대만과 중국의 아이헨호퍼 교수 제자들이 공동번역을 하고 있다는 얘기가 있었는데 성공적인 번역과 그들 나라에 주는 시사점이 풍부해지는 계기가 되기를 바란다. 모쪼록 이번에 번역출판을 계기로 한국에서 독일 사회법에 대한 보다 정확한 이해와 연구에 이 번역서가 작은 기여가 되기를 진심으로 기대하며, 아직 일천한 우리나라의 사회보장법연구에 비교법적 차원에서 더욱 풍부한 논의의 계기가 되기를 기원한다.

2020. 12. 8. 새벽

전주 건지산 기슭 연구실에서

역자 이호근

약어 색인

a.A.	anderer Ansicht	다른 견해
a.F.	alte Fassung	이전 해석
Abb.	Abbildung	그림
ABl.	Amtsblatt	관보
AcP	Archiv für die civilistische Praxis	민사실무기록
AEUV	Vertrag über die Arbeitsweise der EU	유럽연합의 기능에 관한 조약
AFBG	Gesetz zur Förderung der beruflichen Aufstiegsfortbildung	직업 전문성개발 촉진법
AFG	Arbeitsförderungsgesetz	고용촉진법
AG	Aktiengesellschaft	주식회사
Alt.	Alternative	대안
Anm.	Anmerkung	주의
Ap	Arbeitsrechtliche Praxis	노동법실무
ArGV	Verordnung über die Arbeitsgenehmigung für ausländische Arbeitnehmer	외국인 노동자에 대한 취업허가 규정
Art.	Artikel	조항
ASU	Arbeitsmedizin Sozialmedizin Umweltmedizin (Zeitschrift)	산업의학, 사회의학, 환경의학 (잡지)
ASVG	Allgemeines Sozialversicherungsgesetz (Österreich)	일반 사회보험법 (오스트리아)
AuB	Arbeit und Beruf	일과 직업
AufenthG	Aufenthaltsgesetz	체류법

Aufl.	Auflage	판
A G	Arbeitnehmerüberlassungsgesetz	노동자파견법
AuR	Arbeit und Recht (Zeitschrift)	노동과 법 (잡지)
AVG	Angestelltenversicherungsgesetz	사무직노동자보험법
BA	Bundesagentur für Arbeit	연방고용공단
BABl.	Bundesarbeitsblatt	연방노동관보
BAföG	Bundesausbildungsförderungsgesetz	연방직업교육촉진법
BAG	Bundesarbeitsgericht	연방노동법원
BAGE	Entscheidungssammlung des Bundesarbeitsgerichts	연방노동법원판결집
BayLSG	Bayerisches Landessozialgericht	바이에른 주 사회법원
BayVGH	Bayerischer Verwaltungsgerichtshof	바이에른 주 행정법원
BB Beilage	Betriebsberater – Beilage	사업장 상담: 정기간행물
BBesG	Bundesbesoldungsgesetz	연방급여법
BBiG	Berufsbildungsgesetz	직업훈련법
Bd.	Band	권
BDSG	Bundesdatenschutzgesetz	연방정보보호법
BeckOK GG	Beck'scher Onlinekommentar zum Grundgesetz	출판사 Beck의 기본법 온라인 해설
BEG	Bundesentschädigungsgesetz	연방보상법
BetrAVG	Gesetz über die betriebliche Altersversorgung	기업노령연금법
BFHE	Entscheidungen des Bundesfinanzhofs	연방재정법원판결집
BG	Berufsgenossenschaft	산재보험조합
BGB	Bürgerliches Gesetzbuch	민법전
BGBl.	Bundesgesetzblatt	연방법률관보
BGE	Entscheidungen des Bundesgerichts (Schweiz)	연방법원판결집 (스위스)
BGHZ	Entscheidungen des Bundesgerichtshofs in Zivilsachen	연방대법원민사판결집
BIP	Bruttoinlandsprodukt	국내총생산
BKGG	Bundeskindergeldgesetz	연방아동수당법
BKK	Betriebskrankenkasse	기업의료보험조합
BKVO	Berufskrankheitenverordnung	직업병령

Bley/ Kreikebohm/ Marschner	Sozialrecht, 2007 (9. Aufl.)	블라이/크라이케봄/마쉬너 저, 사회법, 2007 (9판)
BMAS	Bundesministerium für Arbeit und Soziales	연방노동사회부
BMinG	Bundesministergesetz	연방장관법
BMWA	Bundesministerium für Wirtschaft und Arbeit	연방경제노동부
BSG	Bundessozialgericht	연방사회법원
BSGE	Entscheidungen des Bundessozialgerichts	연방사회법원판결집
BSHG	Bundessozialhilfegesetz	연방사회부조법
BT-Drucks.	Bundestagsdrucksache	연방의회 회의록
BVertG	Bundesverfassungsgericht	연방헌법재판소
BVerfGE	Entscheidungen des Bundesverfassungsgerichts	연방헌법재판소판결집
BVerwG	Bundesverwaltungsgericht	연방행정법원
BVerwGE	Entscheidungen des Bundesverwaltungsgerichts	연방행정법원판결집
BVFG	Gesetz über die Angelegenheiten der Vertriebenen und Flüchtlinge	추방 및 난민 문제에 관한 법
BVG	Bundesversorgungsgesetz	연방부양법
Cons. Const.	Conseil Constitutionnel	헌법위원회 (프랑스)
d.h.	das heißt	즉
DAngVers	Die Angestelltenversicherung (Zeitschrift)	사무직노동자보험 (잡지)
DB	Der Betrieb (Zeitschrift)	사기업 (잡지)
DDR	Deutsche Demokratische Republik	독일민주공화국 (구 동독)
Denkschrift 60 Jahre BSG	Masuch/Spellbrink/Becker/Leibfried (Hg.), Grundlagen und Herausforderungen des Sozialstaats. Denkschrift 60 Jahre Bundessozialgericht. Eigenheiten und Zukunft von Sozialpolitik und Sozialrecht, Band 1, 2014	마주흐/스펠브링크/벡커/라이프리드 (편), 사회국가의 기초와 도전, 연방사회법원 60주년 기념논집, 사회정책과 사회법의 특성과 미래, 1권, 2014
ders.	derselbe	같은 사람
Die BG	Die Berufsgenossenschaft (Zeitschrift)	산재보험조합 (잡지)

dies.	Dieselben	같은
DIW	Deutsches Institut für Wirtschaftsforschung (Zeitschrift)	독일경제연구소 (잡지)
DJT	Deutscher Juristentag	독일법률가대회 (잡지)
DJZ	Deutsche Juristenzeitung	독일법률신문 (잡지)
DLRG	Deutsche Lebensrettungsgesellschaft	독일생명구조협회
DM	Deutsche Mark	독일 마르크
DNotZ	Deutsche Notarzeitschrift	독일 공증인잡지
DOK	Die Ortskrankenkasse	독일 지역의료보험조합
DöV	Die öffentliche Verwaltung	공공행정
DRdA	Das Recht der Arbeit (Zeitschrift, Österreich)	노동법 (잡지, 오스트리아)
DRV	Deutsche Rentenversicherung	독일연금보험
DVBl.	Deutsches Verwaltungsblatt	독일행정관보
ebd.	ebenda	같은 곳
EBM	Einheitlicher Bewertungsmaßstab	통일 평가척도
ecolex	Entscheidungssammlung	판례집
ed.	Editor (Herausgeber)	편집인 (편집자)
EFG	Entscheidungen der Finanzgerichte	재정법원판결집
EFZG	Entgeltfortzahlungsgesetz	임금계속지급법
EGMR	Europäischer Gerichtshof für Menschenrechte	유럽인권법원
EGBGB	Einführungsgesetz zum Bürgerlichen Gesetzbuch	민법전 입문법
EinlALR	Einleitung zum Allgemeinen Landrecht	(1794년 프로이센 국가에 대한) 일반국가법 서문
EKD	Evangelische Kirche in Deutschland	독일 개신교교회
EM	Erwerbsminderung	취업능력감소
EP	Entgeltpunkt	수입포인트
Erl.	Erläuterungen	해설
Erlenkämper/ Fichte	Sozialrecht, 2008 (6. Aufl.)	에렌켐퍼/피히테 저, 사회법, 2008 (6판)
EStG	Einkommensteuergesetz	소득세법
EU	Europäische Union	유럽연합

EuGH Slg.	Entscheidungen des Europäischen Gerichtshofs	유럽법원판결집
EuGRZ	Europäische Grundrechtszeitschrift	유럽기본법 잡지
EuSozR	Europäisches Sozialrecht	유럽사회법
EUV	Vertrag über die Europäische Union	유럽연합에 관한 협약
EuZA	Europäische Zeitschrift für Arbeitsrecht	유럽노동법 잡지
EuZW	Europäische Zeitschrift für Wirtschaftsrecht	유럽경제법 잡지
EVS	Einkommens- und Verbrauchsstichprobe	소득 및 소비의 견본
EWG	Europäische Wirtschaftsgemeinschaft	유럽경제공동체
EWR	Europäischer Wirtschaftsraum	유럽경제영역
EzA	Entscheidungssammlung zum Arbeitsrecht	노동법판례집
f./ff.	folgend/folgende	다음의/다음 페이지 이하
FamFG	Gesetz über das Verfahren in Familiensachen und in den Angelegenheiten der freiwilligen Gerichtsbarkeit	가족문제와 임의재판 사안의 절차법
FamRZ	Zeitschrift für das gesamte Familienrecht	가족법전체 잡지
FEVS	Fürsorgerechtliche Entscheidungen der Verwaltungs- und Sozialgerichte	행정법원 및 사회법원의 돌봄법 판결들
FNA	Forschungsnetzwerk Alterssicherung	노후보장 연구네트워크
FPR	Familie, Partnerschaft und Recht (Zeitschrift)	가족, 파트너 그리고 법 (잡지)
FreizügG/EU	Freizügigkeitsgesetz EU	자유이동법 유럽연합
FG	Finanzgericht	재정법원
FRG	Fremdrentengesetz	외국인 연금법
FS	Festschrift	기념논문집
FS Eichenhofer	Stamatia Devetzi/Constanze Janda (Hg.), Freiheit – Gerechtigkeit – Sozial(es) Recht, Festschrift für Eberhard Eichenhofer, 2015	스타마티아 데베찌/콘스탄쩨 얀다 (편), 자유-정의-사회법, 에버하르트 아이헨호퍼 기념논문집, 2015
FS Höland	Wolfhard Kothe/Nadine Absenger (Hg.), Menschenrechte und Solidarität im internationalen Diskurs, Festschrift für Armin Höland, 2015	볼파르트 코테/나딘 압젱어 (편), 국제적인 담론에서의 인권과 연대, 아민 회란트 기념논문집, 2015

FS Kothe	Ulrich Faber/Kerstin Feldhoff/Katja Nebe/Kristina Schmidt/Ursula Waßer (Hg.), Gesellschaftliche Bewegungen – Recht unter Beobachtung und in Aktion, Festschrift für Wolfhard Kothe, 2016	울리히 파버/케어스틴 펠트호프/카티야 네베/크리스티나 슈미트/우슬라 바써 (편), 관망과 행동 속에서의 사회운동과 법, 볼파르트 코테, 기념논문집, 2016
Fuchs/Preis	Fuchs/Preis, Sozialversicherungsrecht, 2009 (2. Aufl.)	푹스/프라이스, 사회보험법, 2009 (2판)
GBA	Gemeinsamer Bundesausschuss	합동연방위원회
GG	Grundgesetz	기본법
GK-SGB	Gemeinschaftskommentar zum Sozialgesetzbuch	사회법전에 대한 공동체 주해
GKV-WSG	Gesetz zur Stärkung des Wettbewerbs in der gesetzlichen Krankenversicherung	법정의료보험에서의 경쟁력 강화에 관한 법
GmbH	Gesellschaft mit beschränkter Haftung	유한회사
GMG	Gesundheitsmodernisierungsgesetz	건강현대화법
GmS-OGB	Gemeinsamer Senat der Obersten Gerichtshöfe des Bundes	연방대법원 합의심
GRV	Gesetzliche Rentenversicherung	법정연금보험
GS	GroBer Senat	대합의심
GSP	Gesundheit und Sozialpolitik (Zeitschrift)	건강과 사회정책 (잡지)
GVG	Gesellschaft für Versicherungswissenschaft und -gestaltung e.V.	보험학 및 보험형성 학회
h.M.	herrschende Meinung	지배적인 의견
Hg.	Herausgeber	발행자
HS-KV	Schulin (Hg.), Handbuch des Sozialversicherungsrechts – Krankenversicherungsrecht, Bd. 1, 1994	슐린 (편), 사회보험법핸드북 – 의료보험법, 1권, 1994
HS-UV	Schulin (Hg.), Handbuch des Sozialversicherungsrechts – Unfallversicherung, Bd. 2, 1996	슐린 (편), 사회보험법핸드북 – 재해보험법, 2권, 1996
HS-RV	Schulin (Hg.), Handbuch des Sozialversicherungsrechts – Rentenversicherung, Bd. 3, 1999	슐린 (편), 사회보험법핸드북 – 연금보험법, 3권, 1999
HS-UV	Schulin (Hg.), Handbuch des Sozialversicherungsrechts – Pflegeversicherungsrecht, Bd. 4, 1997	슐린 (편), 사회보험법핸드북 – 장기요양보험법, 4권, 1997

i.d.F.	in der Fassung	~의 해석에서
i.S.d.	im Sinne des	~의 의미에서
IAO	Internationale Arbeitsorganisation	국제노동기구
IfSG	Infektionsschutzgesetz	감염보호법
ILO	International Labour Organisation	국제노동기구
InfAuslR	Informationsdienst zum Ausländerrecht	외국인 법에 대한 정보서비스
IPR	Internationales Privatrecht	국제사법
ISR	Internationales Sozialrecht	국제사회법
JuS	Juristische Schulung (Zeitschrift)	법교육 (잡지)
JWG	Jugendwohlfahrtsgesetz	청소년복지법
JZ	Juristenzeitung	법률신문 (잡지)
KassKomm	Leitherer (Hg.), Kasseler Kommentar Sozialversicherungsrecht, Loseblattwerk	라이터러(편), 카셀 사회보험법 주해, 가제본
KG	Kommanditgesellschaft	합자회사
KJHG	Kinder- und Jugendhilfegesetz	아동 및 청소년 부조법
KOM	Mitteilungen der Europäischen Kommission	유럽집행위원회(공지)
KOV	Kriegsopferversorgung	전쟁희생자지원법
Krauskopf-SozKV	Krauskopf, Soziale Krankenversicherung, Pflegeversicherung, Loseblattwerk	크라우스코프 저, 사회 의료보험, 장기요양보험, 가제본
Kreßel/ Wollenschläger	Leitfaden zum Sozialversicherungsrecht, 1996 (2. Aufl.)	크레셀/볼렌슐레거 저, 사회보험법 가이드, 1996(2판)
KritV	Kritische Vierteljahresschrift für Gesetzgebung und Rechtswissenschaft	입법과 법학 비판계간지(잡지)
KrV	Die Krankenversicherung (Zeitschrift)	의료보험 (잡지)
KSchG	Kündigungsschutzgesetz	해고보호법
KSVG	Künstlersozialversicherungsgesetz	예술인사회보험법
KV	Krankenversicherung	의료보험
KVG	Krankenversicherungsgesetz	의료보험법
LAG	Gesetz über den Lastenausgleich	(전쟁) 부담균형법
LPartG	Lebenspartnerschaftsgesetz	생활동반자법

LSG	Landessozialgericht	주 사회법원
LVA	Landesversicherungsanstalt	주 보험공단
M	Mark (Zahlungsmittel der DDR)	마르크 (동독 지불수단)
MdE	Minderung der Erwerbsfähigkeit	소득능력 감소: 일실이익
MedR	Medizinrecht	의료법
MedSach	Der medizinische Sachverständige	의료전문가
MiLohnG	Mindestlohngesetz	최저임금법
MittLVA	Mitteilungen der Landesversicherungsanstalt	주보험공단 공지
Mrd.	Milliarden	10억
MRK	Menschenrechtskonvention der Vereinten Nationen	유엔인권협약
MS	Maschinenschrift	타이프 라이터제작 원고
Muckel/Ogorek	Sozialrecht, 2011 (4. Aufl.)	묵켈/오고렉 저, 사회법, 2011 (4판)
MünchArbR	Münchener Handbuch zum Arbeitsrecht	뮌헨 노동법/핸드북
MVZ	Medinzinisches Versorgungszentrum	의료지원센터
NdsVBl.	Niedersächsische Verwaltungsblätter	니더작센 행정관보
NDV	Nachrichtendienst des Deutschen Vereins für öffentliche und private Fürsorge	독일 공·사적 돌봄단체 정보서비스
Nedj	Nederlandse jurisprudentie	네델란드 판례
NJW	Neue Juristische Wochenschrift	신 법률 주보
NJW-RR	Neue Juristische Wochenschrift – Rechtsprechungs-Report	신 법률 주보 - 판례 - 보고
Nrn.	Nummern	번호
NS	Nationalsozialismus	국가사회주의
NVwZ	Neue Zeitschrift für Verwaltungsrecht	신 행정법 잡지
NZA	Neue Zeitschrift für Arbeits- und Sozialrecht	신 노동사회법 잡지
NZS	Neue Zeitschrift für Sozialrecht	신 사회법 잡지
öD	öffentlicher Dienst	공공서비스
OECD	Organization for Economic Co-operation and Development	경제협력 및 개발기구

OEG	Opferentschädigungsgesetz	피해자보상법
OGH SSV NF	Entscheidungen des Obersten Gerichtshofes (Österreich) in Sozialrechtssachen, neue Folge	사회법문제 최고법원 판결집 (오스트리아), 신(판) 시리즈
OHG	Offene Handelsgesellschaft	합명회사
OVG	Oberverwaltungsgericht	고등행정법원
P	Pacific Reporter	태평양 리포터
p.	page	페이지
PflegeV	Pflegeversicherung	장기요양보험
PflVG	Pflichtversicherungsgesetz	의무보험법
Pieters/ Zaglmayer	Pieters/Zaglmayer, Social Security Cases in Europe, 2006	피에터스/자글마이어 저, 유럽사회보장사례, 2006
PSV	Pensionssicherungsverein	연금보험연맹
PsychThG	Psychotherapeutengesetz	심리치료사법
RBEG	Regelbedarfs-Ermittlungsgesetz	규제요구심사법
RdA	Recht der Arbeit	노동법
RFV	Reichsfürsorgepflichtverordnung	제국원호의무령
RGBl.	Reichsgesetzblatt	제국법 관보
RGZ	Entscheidungen des Reichsgerichts in Zivilsachen	민사부문 제국법원판결집
RHG	Reichshaftpflichtgesetz	제국책임의무법
RL	Richtlinie	지침
Rn.	Randnummer	방주번호
RsDE	Beiträge zum Recht der sozialen Dienste und Einrichtungen	사회서비스와 시설 법에 대한 기고
Rspr.	Rechtsprechung	판례
RÜG	Rentenüberleitungsgesetz	연금이전법
RV	Rentenversicherung	연금보험
RVO	Reichsversicherungsordnung	제국보험령
S.	Seite	쪽
SDSRV	Schriftenreihe des Deutschen Sozialrechtsverbandes	독일 사회법연합 출판물시리즈
SF	Sozialer Fortschritt (Zeitschrift)	사회 진보 (잡지)
SG	Sozialgericht	사회법원

SGb	Die Sozialgerichtsbarkeit (Zeitschrift)	사회법원 재판법 (잡지)
SGB	Sozialgesetzbuch	사회법전
SGB-AT	Sozialgesetzbuch Allgemeiner Teil	사회법전 총칙
SGG	Sozialgerichtsgesetz	사회법원법
SJZ	Schweizerische Juristenzeitung	스위스 법률신문
SozR	Sozialrecht (Entscheidungssammlung)	사회법 (판결집)
SozSich	Soziale Sicherheit (Zeitschrift)	사회보장 (잡지)
SozVers	Sozialversicherung (Zeitschrift)	사회보험 (잡지)
SR	Soziales Recht (Zeitschrift)	사회법 (잡지)
SR Aktuell	Sozialrecht Aktuell (Zeitschrift)	시사 사회법 (잡지)
SRH	Ruland/Becker/Axer (Hg.), Sozialrechtshandbuch , 2018 (6.Aufl.)	루란드/베커/악서 (편), 사회법핸드북 2018 (6판)
StGB	Strafgesetzbuch	형법전
StuW	Steuer und Wirtschaft (Zeitschrift)	조세와 경제 (잡지)
SV	Soldatenversorgung	군인부양
SVA	Sozialversicherungsabkommen	사회보험협정
SVG	Soldatenversorgungsgesetz	군인부양법
TAG	Tagesbetreuungsausbaugesetz	일일돌봄확대법
ThAGSGBXII	Thüringer Ausführungsgesetz zum SGB XII	사회법전 12권에 관한 튀링엔 시행법
TVG	Tarifvertragsgesetz	단체협약법
Tz.	Textziffer	텍스트항
u.a.	unter anderem	무엇보다도
Übk.	Übereinkommen	협정
UN-BRK	UN-Behindertenrechtskonvention	유엔-장애인권리협약
UnterhVG	Unterhaltsvorschussgesetz	생계비 선금지원법
USG	Gesetz über die Sicherung des Unterhalts der zum Wehrdienst einberufenen Wehrpflichtigen und ihrer Angehörigen	병역의무 소집 명령을 받은 병역의무자와 그 가족의 생계보장에 관한 법
UV	Unfallversicherung	재해보험
UWG	Gesetz über den unlauteren Wettbewerb	불공정경쟁방지법
v.	von	~의

VDR	Verband der Deutschen Rentenversicherungsträger	독일연금보험연합
VersAusglG	Versorgungsausgleichsgesetz	부양보상법
VersR	Versicherungsrecht (Zeitschrift)	보험법 (잡지)
VG	Verwaltungsgericht	행정법원
VGH	Verwaltungsgerichtshof	행정대법원
vgl.	vergleiche	참조
VN	Vereinte Nationen	유엔
VO	Verordnung	명령/규칙
VOE	Verbrechensopferentschädigung	범죄피해자보상
VSSR	Vierteljahresschrift für Sozialrecht	사회법 계간지
VVaG	Versicherungsverein auf Gegenseitigkeit	교차 보험단체
VVDStRL	Veröffentlichungen der Vereinigung deutscher Staatsrechtslehrer	독일 국가법학자학회 출판물
VVG	Versicherungsvertragsgesetz	보험계약법
VwGH	(österreichischer) Verwaltungsgerichtshof	(오스트리아) 행정법원
VwGO	Verwaltungsgerichtsordnung	행정법원령
VwVfG	Verwaltungsverfahrensgesetz	행정절차법
Wannagat	Lehrbuch des Sozialversicherungsrechts, Bd. 1, 1965	사회보험법 교과서, 1권, 1965
WHO	World Health Organization (Weltgesundheitsorganisation)	세계보건기구 (세계보건기구)
WM	Wertpapier-Mitteilungen	유가증권-공지
WoGG	Wohngeldgesetz	주거급여법
WRP	Wettbewerb in Recht und Praxis	법과 실무에서 경쟁
WRV	Weimarer Reichsverfassung	바이마르공화국 헌법
WSI	Wirtschafts- und sozialwissenschaftliches Institut des DGB	독일노동조합연맹 경제사회과학연구소
WzS	Wege zur Sozialversicherung (Zeitschrift)	사회보험으로의 길 (잡지)
z.B.	zum Beispiel	예를 들어
ZAR	Zeitschrift für Ausländerrecht	외국인 법 잡지
ZAS	Zeitschrift für Arbeits- und Sozialrecht	노동사회법 잡지

ZDG	Zivildienstgesetz	병역대체 복무법
ZESAR	Zeitschrift für Europäisches Arbeits- und Sozialrecht	유럽노동사회법 잡지
ZfJ	Zentralblatt für Jugendrecht	청소년법 중앙관보
Zfs	Zentralblatt für Sozialversicherung, Sozialhilfe und Versorgung	사회보험, 사회부조 및 돌봄 중앙관보
ZfSH/SGB	Zeitschrift für Sozialhilfe und Sozialgesetzbuch	사회부조 및 사회법전 잡지
ZG	Zeitschrift für Gesetzgebung	입법 잡지
ZgS	Zeitschrift für die gesamte Staatswissenschaft	전체 국가학 잡지
ZIAS	Zeitschrift für ausländisches und internationales Arbeits- und Sozialrecht	외국 및 국제 노동사회법 잡지
ZJJ	Zeitschrift für Jugendkriminalität und Jugendhilfe	청소년 범죄와 청소년 지원 잡지
ZPO	Zivilprozessordnung	민사소송법령
ZRP	Zeitschrift für Rechtspolitik	법정책학 잡지
ZSR	Zeitschrift für Sozialreform	사회개혁 잡지
ZTR	Zeitschrift für Tarifrecht	단체협약법 잡지
ZVersWiss	Zeitschrift für die gesamte Versicherungswissenschaft	전체 보험학 잡지

색인

저자 소개

에버하르트 아이헨호퍼(Eberhard Eichenhofer)

독일 예나대학교(Friedrich-Schiller-Universität Jena) 명예교수(민법 및 사회법)로 독일을 대표하는 사회법학자임. 1950년 독일 남부 Ulm에서 출생. 1971년 Tübingen대학교 법학과를 거쳐, 1972/3년 Saarbrücken대학교에서 법학공부. 1979년 Saarbrücken대학교에서 박사학위("Leitende Angestellte" als Begriff des Unternehmensrechts)를 취득하고, 1982년 독일 연방노동사회부(BMAS)와 1982~1989년 München의 Max-Planck-Institut의 '해외 및 국제 사회법' 연구위원을 역임. 1987년 Saarbrücken대학교에서 '민법, 국제사법, 독일 및 국제 노동사회법' 교수자격(Habilitation)을 취득하고, 1989년부터 Osnabrück대학교 '민법 및 사회법' 교수로 초빙되어 1997년까지 재직함. 이후 Jena대학교 '사회법 및 민법' 교수로 옮겨 재직하다, 2016년에 퇴직함. 2009/2010 예나대학교 법과대학 학장을 역임하였으며, 오스트리아 Wien 경제대학교와 폴란드 Poznan Adam-Mickiewicz-Univerisität, 벨기에 Leuven대학의 방문교수를 역임함, 2003년 스웨덴 Göteborg대학교 명예박사학위 수여 및 독일 Göttingen 학술원 교신회원임. 그 외에 '유럽 사회법 및 노동법잡지(ZESAR)' 와 '사회재판(Sozialgerichtsbarkeit)' 및 '유럽사회보장저널(EJSS)' 등 독일 및 유럽의 주요 사회법저널의 편집위원을 역임함. 주요 저서로는 『Sozialrecht(Mohr Lehrbuch 11판)』(2019)을 비롯하여 『Sozialrecht der Europäischen Union』(2018), 『SGB I: Allgemeiner Teil』(2017, G. Bigge외 공저), 『SGB X Kommentar: Sozialverwaltungsverfahren und Sozialdatenschutz』(2016, U. Wenner와 공저), 『Recht Des Aktivierenden Wohlfahrtsstaates』(2015), 'Handbuch der gesetzlichen Rentenversicherung - SGB VI(2012, W. Schmähl외 공저)', 『Soziale Menschenrechte Im Volker-, Europaischen Und Deutschen Recht』(2012), 『80 Jahre Weimarer Reichsverfassung - Was Ist Geblieben?』(1999), 『Internationales Sozialrecht(1994)', 'Recht der sozialen Sicherheit in den USA』(1990), 『Internationales Sozialrecht und internationales Privatrecht』(1987)등 독일 사회법과 국제사회법 관련 다수의 저서가 있다.

역자 소개

이호근(Ho-Geun Lee)
독일 마르부르크대학교(Philipps-Universität Marburg)에서 '유럽사회정책'에 대한 연구 『Die Europäische Sozialpolitik im System der Mehrebenenregulation』(2000)로 박사학위(Ph.D.)를 받았음. 경제사회발전 노사정위원회 수석전문위원(2000~2007)을 거쳐, 2007년 이후 전북대학교 법학전문대학원 교수로 재직 중임. 제12대 한국사회정책학회장(2012~2013), 제3대 한국사회보장법학회장(2016~2017)을 역임하고, 전북지방노동위원회 공익위원(2008~2014)을 거쳐 현재 중앙노동위원회 공익위원(차별시정심판)(2014~2020)을 맡고 있음. 주요 관심분야는 노동시장 이중구조와 사회적 양극화 문제임. 최근 논문으로 "플랫폼 노동 등 고용형태의 다양화와 사회보장법 개선방안에 대한 연구"(2020), "임신 근로자 태아의 건강손상 시 산재보험 적용방안에 관한 연구"(2020), "독일의 청년실업 및 고용대책"(2017), "산업재해보상보험법상 적용대상 범위 관련 개선방안 — 특수형태근로종사자 산재보험 적용방안을 중심으로"(2015), "「주거급여법」 도입과 사회적 취약계층 주거권확보를 위한 주거정책 및 법제도 개선방안"(2015), "「고용보험법」 사각지대 문제와 '겐트 시스템(Ghent System)'이 주는 시사점"(2015), "노동시장양극화와 사회통합방안"(2013), "고령자 고용촉진 법·제도의 실효성 증진 방안"(2013), "정리해고 등 기업의 고용조정과 독일의 '조업단축 지원금' 제도의 고용안정망 역할에 관한 고찰"(2012), "사회보장법 총론의 가능성"(2012) 등이 있으며, 저서로는 『각 노동유형과 각국의 대응방안에 관한 연구』(2018), 『한국 노동운동 위기의 원인과 대안적 모색』(2010) 등과, 『디지털시대의 고용안정망』(2020), 『복지국가 쟁점』(2019), 『청년실업, 노동시장, 그리고 국가』(2017), 『비정규노동과 복지—노동시장 양극화와 복지전략』(2012), 『덴마크 일자리 창출방안에 관한 연구』(2009) 등의 공저가 있다.
lhg618@jbnu.ac.kr

사회법

에버하르트 아이헨호퍼 저
이호근 역

발행인 · 이명묵
편　집 · 이현정

발행일 · 2020.12. 31.
발행처 · 도서출판 인간과복지
신　고 · 제 406-251002011000054 호
주　소 · 경기도 파주시 회동길 145
아시아출판문화정보센터 301호
전　화 · 02-383-0743
팩　스 · 02-382-3486
E-mail · hwbook22@daum.net
홈페이지 · www.hw-book.co.kr

값 · 30,000원

ISBN 978-89-8007-216-3 93360